STUDIEN ZUR DEUTSCHEN SPRACHE

21

Studien zur deutschen Sprache
FORSCHUNGEN DES INSTITUTS FÜR DEUTSCHE SPRACHE

Herausgegeben von
Ulrike Haß-Zumkehr, Werner Kallmeyer und Bruno Strecker

Band 21 · 2001

Katharina Meng

Russlanddeutsche Sprachbiografien

Untersuchungen zur sprachlichen
Integration von Aussiedlerfamilien

Unter Mitarbeit von Ekaterina Protassova

gnv Gunter Narr Verlag Tübingen

Die Deutsche Bibliothek – CIP-Einheitsaufnahme

Meng, Katharina:
Russlanddeutsche Sprachbiografien : Untersuchungen zur sprachlichen Integration
von Aussiedlerfamilien / Katharina Meng. – Tübingen : Narr, 2001
  (Studien zur deutschen Sprache ; Bd. 21)
  ISBN 3-8233-5151-6

© 2001 · Gunter Narr Verlag Tübingen
Dischingerweg 5 · D-72070 Tübingen

Das Werk einschließlich aller seiner Teile ist urheberrechtlich geschützt. Jede Verwertung außerhalb der engen Grenzen des Urheberrechtsgesetzes ist ohne Zustimmung des Verlages unzulässig und strafbar. Das gilt insbesondere für Vervielfältigungen, Übersetzungen, Mikroverfilmungen und die Einspeicherung und Verarbeitung in elektronischen Systemen.
Gedruckt auf säurefreiem und alterungsbeständigem Werkdruckpapier.

Internet: http://www.narr.de
E-Mail: info@narr.de

Gesamtherstellung: Hubert & Co., Göttingen
Printed in Germany

ISSN 0949-409X
ISBN 3-8233-5151-6

Inhalt (Kurzfassung)*

1. Einführung 9
2. Sprachliche Entwicklungen im Überblick 25
3. Sprachbiografien zu einer russlanddeutschen Familie:
   Kirillovs 103
4. Sprachbiografien zu einer russlanddeutschen Familie:
   Sennwalds 247
5. Zusammenfassung: sprachliche Integration durch Veränderungen in der deutsch-russischen Zweisprachigkeit 441
6. Anhang 1: Leitfaden für die sprachbiografischen
   Erstgespräche, Transkriptionszeichen 479
7. Anhang 2: Dokumente zur Geschichte und sprachlichen
   Entwicklung der Russlanddeutschen 485
8. Literatur 515
9. Detailliertes Inhaltsverzeichnis 529
10. Stichwortverzeichnis 537

---

* Eine ausführlichere Inhaltsangabe findet sich am Ende des Buches. Sie soll die Orientierung im Text erleichtern.

Vorbemerkung

Ich möchte mich bedanken: bei den russlanddeutschen Familien für ihre Geduld und das Vertrauen, mit dem sie mir gestatteten, an ihrem Leben teilzunehmen; bei Ekaterina Protassova, die – bezogen auf die gesamte Projektzeit – nur relativ selten und kurz in Mannheim sein konnte, aber auch aus der Ferne eine stets engagierte und anregende Diskussionspartnerin war; bei meinen Projektkollegen Nina Berend und Ulrich Reitemeier, den Mitgliedern des Projektbeirates Norbert Dittmar, Heinrich Löffler und Kurt Rein, den Herausgebern der „Studien zur deutschen Sprache" Bruno Strecker, Reinhard Fiehler und Hartmut Schmidt und vielen anderen Kolleginnen und Kollegen für ihr Interesse an meiner Untersuchung und stimulierende Diskussionen; bei Elena Borovkova, Marina Denissova und Anna Petrova für ihre Unterstützung bei der Transkription und Interpretation der russischsprachigen Aufnahmen und schließlich bei Christine Klumpp, Angelika Eck und Sabine Danilejko, die als studentische Hilfskräfte über Jahre dazu beitrugen, das Material zu ordnen und aufzubereiten.

April 2001

                                                        Katharina Meng

1. Einführung

1.1 Zum Kontext der Untersuchung

Im Jahre 1992 wurde am Institut für Deutsche Sprache in Mannheim das Projekt „Sprachliche Integration von Aussiedlern" ins Leben gerufen. Das war eine Reaktion auf die Tatsache, dass innerhalb weniger Jahre viele ethnische Deutsche aus Osteuropa nach Deutschland übersiedelten – vor allem in Folge der Liberalisierung der sowjetischen Auswanderungspolitik durch Gorbatschow, des Zusammenbruchs der Sowjetunion und der politischen Wende in Polen und Rumänien. In der Zeit von 1980 bis 1997 waren das mehr als 2,8 Millionen Menschen, darunter allein 1,6 Millionen aus der Sowjetunion.[1] Diese Zuwanderer werden offiziell als Aussiedler bzw. Spätaussiedler[2] bezeichnet.

Auch in der Zusammensetzung der Projektgruppe und den sich entwickelnden Kooperationsbeziehungen spiegelten sich die veränderten politischen Verhältnisse in Mittel- und Osteuropa wider. Der Projektgruppe gehörten drei Wissenschaftler an: Ulrich Reitemeier, Nina Berend und ich. Ulrich Reitemeier hatte schon zuvor am IDS in Mannheim gearbeitet, insbesondere zur sprachlichen Kommunikation in Institutionen. Nina Berend – selbst Russlanddeutsche – kam aus der Sowjetunion, wo sie an der Universität Omsk bereits zu den russlanddeutschen Dialekten geforscht hatte. Ich war bis zur Auflösung der Akademie der Wissenschaften der DDR am Zentralinstitut für Sprachwissenschaft in Ostberlin tätig. Dort hatte ich mich an der Entwicklung einer linguistischen Pragmatik beteiligt und empirisch vor allem auf dem Gebiet der kindlichen Sprachentwicklung und der Kommunikation im Kindergarten gearbeitet.

Die drei wissenschaftlichen Mitarbeiter des Aussiedler-Projekts setzten sich das Ziel, aus ihrer je spezifischen wissenschaftlichen Arbeitstradition und mit jeweils eigenen Erhebungen[3] Beiträge zur Dokumentation und Untersuchung der sprachlichen Integration zu leisten und ein möglichst facettenreiches Bild

---

[1] Siehe Info-Dienst Deutsche Aussiedler 99/1998, 4-5.
[2] Zum juristisch definierten Status des Aussiedlers und Spätaussiedlers siehe Haberland 1991, Juncker 1994, Puskeppeleit 1995, Dokument 12 im Anhang 2 und Reitemeier (im Druck).
[3] Zu Beginn der Projektarbeit gab es so gut wie keine Dokumentationen der sprachlichen Kommunikation von Aussiedlern in Deutschland. Auch nach Abschluss unseres Projekts hat sich dies nicht grundsätzlich geändert, wenn man einmal von Baur et al. 1999 absieht. Hier und da vorhandene Ton- und Videoaufnahmen stehen der wissenschaftlichen Öffentlichkeit noch kaum zur Verfügung. Bei den meisten empirischen Untersuchungen handelt es sich um Fragebogenerhebungen und Querschnittstudien.

dieses Prozesses zusammenzufügen. Der gemeinsame Ausgangspunkt bestand in der Feststellung von Kommunikations- und Interaktionsschwierigkeiten zwischen Deutschen aus Deutschland und Deutschen aus Osteuropa und der wechselseitigen Empfindung von Fremdheit und Distanz. Ihre Überwindung würde ohne sprachliche Integration der Zuwanderer nicht möglich sein. Wir verstanden sprachliche Integration als Erwerb von Kenntnissen und Fähigkeiten, durch die es den Aussiedlern schrittweise möglich würde, den sprachlichen und interaktiven Anforderungen gerecht zu werden, die sich aus dem Leben in der neuen Gesellschaft ergaben. Nina Berend analysierte in diesem Zusammenhang die Veränderung der mitgebrachten russlanddeutschen Dialekte in Deutschland. Ihre 1998 erschienene Monografie trägt den Titel „Sprachliche Anpassung. Eine soziolinguistisch-dialektologische Untersuchung zum Rußlanddeutschen". Ulrich Reitemeier beschäftigte sich mit der Kommunikation zwischen Aussiedlern und Binnendeutschen. Er arbeitet in einer soziologisch-interaktionistischen Tradition. Seine Monografie trägt den Titel „Aussiedler treffen auf Einheimische. Paradoxien der interaktiven Identitätsarbeit und Vorenthaltung der Marginalitätszuschreibung in Situationen zwischen Aussiedlern und Binnendeutschen". Meine Untersuchung befasst sich vor allem mit der Veränderung der deutsch-russischen Zweisprachigkeit der Russlanddeutschen in Deutschland.

1.2 Die Entwicklung des Untersuchungszuschnitts

Der Gegenstand meiner Untersuchung hat sich im Verlaufe der ersten Erhebungen und Auswertungen verschoben: von russlanddeutschen Kindern und ihren Müttern auf russlanddeutsche Familien als Ganze. Ich werde im vorliegenden Abschnitt umreißen, wie es zu dieser Veränderung kam, denn anders sind die Beschaffenheit meines Materials, die Zusammensetzung der Informantengruppe und die mit Ekaterina Protassova praktizierte Kooperation nicht zu erklären.

Mein ursprünglicher Zugang zur sprachlichen Integration der Russlanddeutschen war dadurch geprägt, dass der kindliche Spracherwerb seit längerem Schwerpunkt meiner wissenschaftlichen Interessen war und ich zu diesem Thema mit russischen Kollegen von der Sowjetischen Akademie der Wissenschaften und der Sowjetischen Akademie der Pädagogischen Wissenschaften zusammengearbeitet hatte, auch mit Ekaterina Protassova. Dies war bedeutsam, wenn man die sprachlichen Integrationsvoraussetzungen der russlanddeutschen Kinder ins Auge fasste. Es war davon auszugehen, dass in ihrer sprachlichen Sozialisation sowohl das Russische als auch das Deutsche eine Rolle spielt. Aber es war unbekannt, wann, wo und wie die Kinder mit diesen beiden Sprachen konfrontiert werden, wie sie mit dem sprachlichen Angebot umgehen, wie ihr Deutsch- und ihr Russischerwerb unter diesen Bedingungen verlaufen, welchen Risiken die Erwerbsprozesse ausgesetzt sind, zu welchen Ergebnissen sie führen und welcher Unterstützung die Familien gegebenenfalls bedürfen. Kurz: Es war unbekannt, welchen Spracherwerbstypen die Sprachentwicklungen der russlanddeutschen Kinder zugerechnet werden müssen, ob sie den bereits ermittelten Typen ('monolingualer Erstspracherwerb', 'doppelter Erstspracherwerb', 'Zweitspracherwerb des Kindes' usw.) subsumiert werden können oder aber in den Erwerbsbedingungen und -ergebnissen so stark von den bekannten Entwicklungen abweichen, dass neue Typen postuliert werden müssen.[4]

Bei der Untersuchung von Zweisprachigkeit in den Sprachen Deutsch und Russisch sollte man – wie für vergleichbare Fälle wiederholt einleuchtend vorgeschlagen[5] – so vorgehen, dass man die Aneignung des Deutschen durch deutsch-russisch bilinguale Sprecher mit der Aneignung des Deutschen durch deutsch monolinguale Sprecher und die Aneignung des Russischen durch deutsch-russisch bilinguale Sprecher mit der Aneignung des Russischen durch russisch monolinguale Sprecher vergleicht, im konkreten Fall also das Deutsch der russlanddeutschen Kinder mit dem Deutsch der binnendeutschen Kinder und ihr Russisch mit dem Russisch der russischen Kinder. Dies strebte ich an. Die Voraussetzungen schienen günstig. Ich verfügte aus meiner vorherigen Arbeit über Korpora zum Deutscherwerb bei monolingualen Klein- und Vorschulkindern. Meine russische Kollegin Ekaterina Protassova hatte, wie ich wusste, Daten zur Sprachentwicklung monolingual russischsprachiger Kinder erhoben. In der Hoffnung, dass es möglich sein würde, im Rahmen des Aussiedlerprojekts langfristig mit Ekaterina Protassova zusammenzuarbeiten, begann ich, die familiäre Kommunikation in russlanddeutschen Aussiedlerfamilien zu erkunden.

Dazu suchte ich ab August 1992 mehrere Mannheimer[6] Aussiedlerheime auf, um russlanddeutsche Eltern mit kleinen Kindern kennen zu lernen, die bereit sein könnten, sich an meinen Erhebungen zu beteiligen. Ich stellte mein Anliegen offen vor und präsentierte mich als Wissenschaftlerin und Lehrerin, die mit der sprachlichen Entwicklung von Kindern befasst ist, sowie als Person, die Deutsch und Russisch spricht, öfter in der Sowjetunion war und sich für das Leben dort interessiert. Die Familien waren erst kurze Zeit in Deutschland. Sie waren außerordentlich eingespannt in die Verarbeitung der auf sie einströmenden Eindrücke und die Absolvierung der vorgegebenen Aufnahmeschritte samt Sprachkurs und zahlreichen Behördengängen. Aber gerade deshalb waren sie auch dankbar für Gelegenheiten, ihre Erfahrungen und Probleme ohne sprachliche Barrieren besprechen zu können. Daher war

---

[4] Zu Spracherwerbstypen siehe vor allem Klein 1992 und Rehbein/Grießhaber 1996.
[5] Siehe Selinker 1969, Scarcella 1983, Grießhaber 1990 u.a.
[6] Zur sozialen und sprachlichen Charakteristik von Mannheim als Aufnahmeort vgl. Kallmeyer 1994, 18-20.

es letztlich nicht schwer, Familien für die Teilnahme zu gewinnen. Ich konnte mit Querschnitt- und Längsschnittaufnahmen beginnen.

Im Rahmen der *Querschnitt*aufnahmen lernte ich 37 Familien kennen; im Rahmen der *Längsschnitt*untersuchung entstanden sehr nahe Beziehungen zu fünf Familien, die nicht nur durch mein Untersuchungsanliegen gestaltet wurden, sondern auch durch die verschiedensten Angebote und Anliegen der Familien. Ich wurde zu einer Partnerin der Familien, zu einer Person, mit der man Erziehungsprobleme besprechen kann, die sich für die Erinnerungen an das frühere Leben und die Überlegungen dazu interessiert, die man um Rat und Hilfe bitten kann, wenn etwas Wichtiges in Deutschland unverständlich oder unlösbar erscheint, die sich freut, die Angehörigen und Freunde der Familie kennen zu lernen, und die die russlanddeutsche Küche zu schätzen weiß.

Durch mein Hineinleben in die Welt der russlanddeutschen Aussiedler gelangte ich zu einem grundsätzlichen Verständnis ihrer Situation, das durch folgende Einsichten gekennzeichnet war:

- Die soziale Einheit, die für die sprachliche Integration der Aussiedler aller Generationen in Deutschland von entscheidender Bedeutung ist, ist die Familie.

- Die sprachliche Integration der russlanddeutschen Familien in die deutschsprachige Gesellschaft ist wesentlich durch die sprachlichen Einstellungen, Fähigkeiten und Praktiken geprägt, die sich in der russlanddeutschen Gemeinschaft im Laufe von Jahrzehnten ausgebildet haben.

- Die sprachliche Integration ist ein lang währender Prozess, dessen Verlauf und Ergebnisse man frühestens nach mehreren Jahren abschätzen kann.

- Die sprachliche Integration – insbesondere der russlanddeutschen Kinder – wird langfristig nur dann befriedigend verlaufen, wenn die monolingual deutsche Gesellschaft sich bereit findet, die Integrationssituation in ihrer ganzen Komplexität zur Kenntnis zu nehmen und die Zuwanderer bei ihrer Bewältigung zu unterstützen.

1.3   Der sprachbiografische Ansatz: Die sprachliche Integration aus lebensgeschichtlicher und situativ-interaktiver Perspektive

Ich werde in dieser Publikation mein soeben umrissenes Verständnis der sprachlichen Integration russlanddeutscher Aussiedler vorstellen. Dazu soll gezeigt werden, wie sich meine Einsichten einerseits aus der teilnehmenden Beobachtung der Aussiedlerfamilien und andererseits aus vorhandenen Ergebnissen der Zweisprachigkeits- und Spracherwerbsforschung ableiten. Jedoch fiel es mir nicht leicht, dafür eine geeignete Ordnungs- und Präsentationsform zu finden. Schließlich bin ich zur Form der familienbezogenen Sprachbiografie[7] gelangt, in der die sprachliche Entwicklung jeweils einer konkreten Person in der Wechselwirkung der Familienmitglieder unterschiedlichen Alters rekonstruiert wird. Ich stelle damit in dieser Publikation nicht nur meine Forschungsergebnisse zur sprachlichen Integration zur Diskussion, sondern mit den *Sprachbiografien*[8] auch eine linguistische Untersuchungs- und Textform.

Bei der Darstellung der sprachlichen Integration in Form von Sprachbiografien ließ ich mich von folgenden Überlegungen leiten: Zweisprachigkeits- und Spracherwerbsforschung[9] hat es empirisch mit nahezu endlosen Abfolgen von sprachlichen Interaktionen zu tun. Sie ist aber nicht an diesen Interaktionen an sich interessiert, sondern an den in ihnen zu Tage tretenden sprachlichen Fähigkeiten und Fähigkeitsentwicklungen der Interaktanten sowie an den Eigenschaften der Interaktanten und den Interaktionskonstellationen als Bedingungen des Fähigkeitserwerbs. Und: Einsprachige und mehrsprachige Entwicklungen eines Menschen sind letztlich nur durch Geburt und Tod begrenzt. Sie können aber nie in toto erfasst werden. Bei ihrer Untersuchung ist immer zu entscheiden, welche Entwicklungsphasen und Fähigkeitsbereiche rekonstruiert werden sollen und aus welchem Blickwinkel man Erwerbssequenzen und Erwerbskonstellationen betrachtet – eher aus einer Vogel- und Panoramaperspektive oder eher aus einer Nahperspektive. Beide Perspektiven sind notwendig und müssen einander ergänzen. Es fragt sich, wie das in einem konkreten Forschungsprozess am aufschlussreichsten geleistet werden kann.

---

[7] „Bio- heißt leb-, -graf heißt schreib-, eine Biografie ist eine schriftliche Lebensbeschreibung und Punkt. Oder? Das Wort wird schon lange auch für den Lebenslauf selbst verwendet und nicht nur für dessen Beschreibung. 'Er hat eine Biografie' bedeutet nicht nur, dass eine in seinem Regal steht. Seit der Wende hat dieser sekundäre Gebrauch wie ein Buschbrand um sich gegriffen ... In der ZEIT letztens gesichtet wurden: eine gebrochene Biografie, viele larmoyante Biografien, die Berufsbiografie, die (Normal-)Erwerbsbiografie, die Vollzeitarbeitsbiografie und eine ganze intellektuelle Biografie lang" (Zimmer 1999, 2). Ich verwende das Wort *Biografie* in dieser Publikation in seiner primären Bedeutung: 'Lebensbeschreibung'.

[8] Zu sprachbiografischen Ansätzen siehe auch Kummer-Hudabinnigg 1986, Reershemius 1987, Wildgen 1988, Bechert/ Wildgen 1991, 45-47, Meng 1995, Betten/Du-nour 1995, Betten 1996 und Franceschini 1999.

[9] Siehe vor allem Skutnabb-Kangas 1981, Lüdi/Py 1984, Klein 1992, Fletcher/Mac Whinney 1995 und Romaine 1995. – Bei der Diskussion von sprachlichen Entwicklungen benutze ich die Ausdrücke 'Erwerb', 'Lernen' und 'Aneignung' als Varianten (so auch Klein, vgl. 1992, 31-32), obwohl das – wie von mehreren Autoren angemerkt wurde (s. Ehlich 1996, 3-4) – nicht unproblematisch ist.

Mein Vorgehen ist durch zwei Strategien charakterisiert. Erstens: Ich beschreibe die sprachliche Integration im Wesentlichen aus der Panoramaperspektive. Zweitens: An unterschiedlichen Stellen schalte ich jedoch aus der Panoramaperspektive in die Nahperspektive um. Dieses Umschalten hat die Funktion, die aus der Ferne wahrnehmbaren Konturen verlässlicher zu erkennen und punktuell genauer zu erkunden.

Die Panoramaperspektive besteht darin zu zeigen:

- Die sprachliche Integration einer Person ist eine Phase ihrer lebenslangen sprachlichen Entwicklung, die von den vorhergehenden Phasen bestimmt ist und sich auf die folgenden Phasen auswirkt.

- Die sprachliche Integration ist das gemeinsame Werk der Person und ihrer Interaktionspartner in ihren Sprach- und Kommunikationsgemeinschaften.

Diese Sicht nenne ich die *lebensgeschichtliche Perspektive*.

Die Nahperspektive besteht darin zu fragen:

- Wie kommuniziert eine Person in einer konkreten Situation und zu einem bestimmten Zeitpunkt ihrer sprachlichen Entwicklung mit bestimmten Partnern?

- Was kann man aus dieser sprachlichen Interaktion im Hinblick auf bestimmte sprachliche Fähigkeiten der Person, ihre sprachliche Entwicklung und den Verlauf der sprachlichen Integration ableiten?

Diese Sicht nenne ich die *situativ-interaktive Perspektive*.

Die lebensgeschichtliche Perspektive bezieht individualgeschichtliche, familiengeschichtliche und gesellschaftsgeschichtliche Gegebenheiten der sprachlichen Entwicklung auf die sprachliche Integration einer Person. Individualgeschichtlich ist wichtig, welche Sprachen die Person wann lernt. Familiengeschichtlich ist zu berücksichtigen, welche Sprachen der Person in ihrer Familie zugänglich werden. Die gesellschaftsgeschichtlichen Gegebenheiten bestehen darin, welche Sprachen in den staatlich verbundenen Kommunikationsgemeinschaften der Person benutzt werden und wie diese Gemeinschaften die Verwendung der jeweiligen Sprachen ausgestalten.[10] Aus der lebens-

---

[10] Zur Geschichte der Russlanddeutschen, auch unter sprachlichen Aspekten, siehe das von Stricker 1997 herausgegebene Überblickswerk, das zahlreiche Literaturangaben enthält. Zum allgemeineren Problem der Nationalitäten in der Sowjetunion siehe Simon 1986 und Jur'ev 2000, zur sprachlichen Entwicklung der Nationalitäten in der Sowjetunion Lötzsch

geschichtlichen Perspektive werden Grundlinien der sprachlichen Entwicklung einer Person einschließlich der sprachlichen Integration rekonstruiert.

Unter situativ-interaktiver Perspektive wird die Person, deren sprachliche Entwicklung rekonstruiert werden soll, daraufhin betrachtet, wie sie in einer bestimmten Situation sprachlich handelt. Ihr sprachliches Handeln in dieser Situation ist ein Moment ihrer sprachlichen Entwicklung. Wenn diese Person lebensgeschichtlich bekannt und der Entwicklungsmoment repräsentativ ausgewählt ist, erbringt die Analyse Einsichten nicht nur in den jeweiligen sprachlichen Entwicklungsstand, sondern auch in den Entwicklungs- und Integrationsprozess.

1.4   Die Datengrundlage der Sprachbiografien

Die Datenerhebung wurde erst in späteren Untersuchungsphasen durch das Ziel geleitet, Sprachbiografien zu erarbeiten (siehe dazu Abschnitt 1.2). Jedoch ist es möglich, alle verfügbaren Daten dafür zu nutzen. Ausgangsdaten für die Sprachbiografien sind die sprachbiografischen Gespräche. Sie werden im Abschnitt 1.5 genauer dargestellt. Hier sei zunächst ein Überblick über das Gesamtkorpus gegeben. Das Korpus besteht aus Ton- und Videoaufnahmen und in Ausnahmefällen auch aus Gesprächsnotizen. Folgende Arten von Kommunikationsereignissen sind dokumentiert:

– sprachbiografische Gespräche: Die meisten Informanten wurden nur einmal interviewt ('sprachbiografische Erstgespräche'). In fünf Familien wurden außer den Erstgesprächen nach meist vier oder fünf Aufenthaltsjahren erneut Interviews durchgeführt, vor allem um Informationen über den weiteren Verlauf der sprachlichen Integration zu erhalten ('sprachbiografische Wiederholungsgespräche');

– Erwachsenen-Kind-Interaktionen: In allen Familien wurden die Eltern vor oder nach dem Interview gebeten, gemeinsam mit ihrem Kind ein Bilderbuch anzusehen und mit dem Kind über die Bilder zu sprechen, nach Möglichkeit einmal auf Russisch und einmal auf Deutsch. In den Familien der Querschnittuntersuchung war die Datenerhebung damit beendet. Die fünf Familien der Längsschnittuntersuchung wurden meist bis zum sechsten Aufenthaltsjahr regelmäßig aufgesucht und teilnehmend beobachtet, anfangs monatlich, später in größeren Abständen. Einige Eltern aus der Längsschnittuntersuchung nahmen mit ihrem Kind auch an einer Mutter-Kind-Gruppe teil, deren Treffen ich fast zwei Jahre lang vierzehntägig organisierte. Seit die sprachbiografische Zielsetzung der

---

1992 und zur sprachlichen Entwicklung der Russlanddeutschen Schirmunski 1992/1926-1931, Berend/Jedig 1991 und Berend 1998.

Untersuchung feststand, wurden auch die Großeltern und Urgroßeltern der fünf Längsschnittfamilien in ihren Interaktionen mit den Kindern dokumentiert;

- Kommunikationsereignisse anderer Art: Diese kamen oft ohne mein Dazutun zustande, so z.B. viele *Tischgespräche* in russlanddeutschen Familien und Begegnungen im Rahmen von Familienfeiern, zu denen ich eingeladen wurde. Aber auch Gespräche mit Binnendeutschen sind hier einschlägig, wenn es in ihnen zu Äußerungen über Russlanddeutsche kam. Einige dieser Gespräche habe ich bewusst gesucht, z.B. mit Kollegen meiner erwachsenen Informanten oder mit Lehrern der kindlichen Informanten;

- einschlägige Gelegenheitsfunde wie Briefe, Urkunden u.a.

Die meisten Gespräche fanden in russlanddeutschen Familien- und Freundeskreisen statt. An ihnen war in der Regel außer mir kein Außenstehender beteiligt. Manchmal jedoch brachte ich eine Person mit, die vorgeblich oder tatsächlich deutsch oder russisch einsprachig war: die Studentinnen Christine Klumpp oder Manuela Nikolai als Partnerinnen, die nicht in der Lage waren, auf Russisch zu kommunizieren, bzw. die russischen Kolleginnen Anna Petrova, Elena Borovkova oder Ekaterina Protassova, die als einsprachig russisch vorgestellt wurden. Dadurch sollte die Möglichkeit geschaffen werden, die Informanten in Anforderungssituationen zu beobachten, die sich von der familiären unterschieden.

Die mündlichen Kommunikationsereignisse, an denen ich teilnahm, konnten selbstverständlich nicht vollständig mit Kassettenrekorder oder Videokamera festgehalten werden. Mir stehen jedoch 385 Ton- und Videokassetten mit ca. 580 Stunden aufgezeichneter Kommunikation russlanddeutscher Familien zur Verfügung. Die Daten dokumentieren im Wesentlichen die sprachliche Integration der Aussiedler in den ersten sechs Aufenthaltsjahren in Deutschland.

Zu den Lese- und Schreibfähigkeiten wurden keine systematischen Sprachproben erhoben.

1.5   Die sprachbiografischen Gespräche

Die sprachbiografischen Gespräche sind für die Erarbeitung der Sprachbiografien zentral. Daher sollen die Prinzipien ihrer Durchführung hier beschrieben werden. Den sprachbiografischen Gesprächen hatte ich von Anfang an zwei Funktionen zugeordnet: Sie sollten einerseits einen Zugang zum

Wissen der Informanten über ihre eigene sprachliche Entwicklung und die ihrer Angehörigen eröffnen, und sie sollten andererseits Sprachproben auf Russisch und auf Deutsch erbringen, auf deren Grundlage der Entwicklungsstand der Zweisprachigkeit im Zeitraum des Gesprächs erschlossen werden konnte.

Im Hinblick auf das Wissen der Informanten interessierten zunächst allgemeinbiografische Angaben und Angaben zur sprachlichen Entwicklung und zu ihren Bedingungen. Jedoch war mir nicht nur an Fakten gelegen. Ich wollte auch wissen, wie der Informant seine eigene sprachliche Entwicklung und die seiner Angehörigen erlebt hat und erlebt, wie er versucht hat und versucht, sie zu gestalten, wie er ihre Ergebnisse bewertet und welche gesellschaftlichen Folgen er mit den erreichten oder nicht erreichten Ergebnissen verbindet. Um diese verschiedenartigen Informationen zu bekommen, musste im Gespräch eine zweckmäßige Balance zwischen thematischer Steuerung durch die Interviewerin und Gestaltungsmöglichkeiten durch den Informanten gefunden werden. Die Lösung dafür bestand in einer Form, in der narrative Passagen und stärker interviewartige Passagen einander abwechselten. In den interviewartigen Passagen benutzte ich einen schriftlichen Leitfaden mit den Fragen, die ich immer stellen wollte.[11] In den narrativen Passagen wurden Rederecht und Thematik interaktiv frei bestimmt. Gegenstände, die sich in den ersten sprachbiografischen Gesprächen als narrationsfördernd erwiesen hatten, wurden allmählich regelmäßig benutzt, so ein Band mit Landkarten zu den verschiedenen Regionen der Sowjetunion, der vor allem die Väter anregte, oder eine kleine Kasperpuppe, die dazu diente, die sprachbiografischen Gespräche mit den Müttern durch spielerische Dialoge mit den kleinen Kindern zu unterbrechen und die Atmosphäre aufzulockern.

Auch die im sprachbiografischen Gespräch praktizierte Sprachenwahl stand mit dem Ziel in Verbindung, einen möglichst ungehinderten Zugang zum Wissen der Informanten zu finden. Um bei den Aussiedlern gar nicht erst die Sorge aufkommen zu lassen, ein Gespräch mit mir könne durch ihre noch verschütteten oder eingeschränkten Deutschfähigkeiten belastet werden, teilte ich bereits bei der Vorbesprechung mit, ich verstünde und spräche auch Russisch, und wenn sie es wünschten, könnten sie ihre Beiträge auf Russisch formulieren. Im Verlauf der sprachbiografischen Gespräche nahm ich alle russischsprachigen Beiträge der Aussiedler kooperativ auf.

Die Funktion der sprachbiografischen Gespräche, Proben in russischer und deutscher Sprache zu erbringen, wurde folgendermaßen erreicht: Der russischsprachige Anteil ergab sich nahezu von selbst. In fast allen Gesprächen äußerten sich die Aussiedler gern, spontan und umfangreich auf Russisch. Mit der deutschsprachigen Interaktion war es komplizierter. Die deutschspra-

---

[11] Dieser Leitfaden befindet sich im Anhang 1.

chigen Verstehensfähigkeiten wurden dadurch in Anspruch genommen, dass mindestens die ersten zehn Fragen – relativ einfache Fragen nach Name, Geburtsdatum, -ort usw., die im Deutschkurs oft geübt werden – auf Deutsch gestellt wurden. Falls der Adressat Verstehensschwierigkeiten hatte, wurde die Frage auf Deutsch wiederholt, oder er konnte die Frage im Leitfaden mitlesen, wenn ihm Leseverstehen leichter fiel als Hörverstehen. Nur wenn das alles nicht zum Verständnis einer Frage führte, wurde sie auf Russisch gestellt. Zeigte sich bei den ersten zehn Fragen, dass die deutschsprachigen Verstehensfähigkeiten des Informanten durch dieses Vorgehen überfordert waren, wurde das Interview durchgängig auf Russisch fortgesetzt. Die deutschsprachigen Sprechfähigkeiten der Informanten wurden dadurch in Anspruch genommen, dass ich die Aussiedler in der Vorbesprechung bat, mindestens am Anfang des sprachbiografischen Gesprächs nach Möglichkeit Deutsch zu sprechen, damit ich einen Eindruck von ihren deutschsprachigen Sprechfähigkeiten gewinnen könne.

1.6 Die Informanten

Im Laufe der Erhebungen zu meinem Projektteil habe ich mit zahlreichen russlanddeutschen Aussiedlern, aber auch Aussiedlern aus Polen, Rumänien und Ungarn und mit anderen mehrsprachigen Personen gesprochen. Viele lernte ich auf meine Initiative hin kennen, andere zufällig. Von den Russlanddeutschen kann ich 147 Menschen (genauer: 134 Russlanddeutsche und 13 Familienmitglieder anderer Nationalität) als Informanten in dem Sinne ansehen, dass sie mich über grundlegende Daten ihrer eigenen Person und ihrer Angehörigen in Kenntnis setzten und mir gestatteten, Gespräche, an denen sie beteiligt waren, auf Ton- und/oder Videokassette aufzuzeichnen. Die 147 Informanten waren untereinander teilweise verwandt. Insgesamt hatte ich es mit 42 Familien zu tun. Sie lassen sich allgemein wie folgt charakterisieren: Die meisten Familien übersiedelten zwischen 1990 und 1993 nach Deutschland. Alle stammen aus der Sowjetunion bzw. der GUS. Vor der Ausreise waren 61% in Kasachstan wohnhaft, 24% in Russland, 10% in Kirgisistan und 5% in anderen Staaten der GUS.

Alle meine Informanten gehören den Migrationsgenerationen IA und IB[12] an: Sie sind im Herkunftsland Sowjetunion[13] bzw. der GUS geboren (Generation I), befinden sich aber zum Zeitpunkt der Migration in unterschiedlichen Phasen ihrer Sprachentwicklung. Die Informanten, die zum Zeitpunkt der Übersiedlung 14 Jahre und älter sind (Generation IA), sind in ihren sprachlichen

---

[12] Ich folge hier der Terminologie von Haugen 1953, 334-335, wie aus den Erläuterungen deutlich wird.

[13] Nur sehr wenige meiner Informanten wurden noch vor der Gründung der Sowjetunion geboren. Ihr Geburtsland war dann Russland.

Fähigkeiten bereits relativ stark festgelegt. Die Jüngeren, die bei der Übersiedlung höchstens 13 Jahre alt sind (Generation IB), sind in ihren sprachlichen Fähigkeiten noch vergleichsweise offen für Neuerwerbungen.

Die Unterscheidung der Generationen IA und IB ist jedoch relativ grob. Ergebnisse der Forschungen zum Zweitspracherwerb und zur Ausbildung von Mehrsprachigkeit[14] legen nahe, die Generation IB mindestens in Vorschulkinder und Schulkinder zu untergliedern. Eine Untergliederung der Erwachsenengeneration IA ist bei den Russlanddeutschen ebenfalls geboten. Das ergibt sich aus den jeweils charakteristischen politischen Rahmenbedingungen des Spracherwerbs bei den Urgroßeltern, Großeltern und jungen Eltern im Herkunftsland. Die Urgroßeltern hatten in ihrer frühesten Kindheit darunter zu leiden, dass Deutschland und Russland im Ersten Weltkrieg Kriegsgegner waren.[15] Nach der Oktoberrevolution kam ihnen jedoch der Neuansatz in der sowjetischen Nationalitätenpolitik[16] zugute. Ihr Schulunterricht wurde in deutscher Sprache abgehalten. Teilweise erfuhren sie sogar eine bilinguale Ausbildung. Die Großeltern waren als Kinder dem radikalen Wandel der sowjetischen Nationalitätenpolitik in den 30er Jahren unterworfen, der bereits vor dem deutschen Überfall einsetzte, durch diesen aber beschleunigt und ins Extrem getrieben wurde. Ihre Muttersprache war es nun nicht mehr wert, Schulsprache zu sein; und sie wurde darüber hinaus zur *Sprache der Faschisten* und blieb es bis lange in die Nachkriegszeit hinein, bis schließlich Deportation und Sonderansiedlung unter polizeilicher Überwachung (*Kommandanturaufsicht*) 1955 aufgehoben wurden.[17] Die jungen Eltern wiederum wuchsen im Wesentlichen ohne ethnische Konflikte auf. Aber Deutsch wurde für sie nicht mehr Unterrichtssprache, sondern höchstens Gegenstand fremdsprachlichen Unterrichts. Die postsowjetischen nationalen Auseinandersetzungen erlebten sie nur noch in ihren Anfängen.[18]

Aufgrund sprachlicher und historischer Umstände habe ich es bei meinen Informanten demnach mit sechs Altersgruppen zu tun, die in Tabelle 1 näher bestimmt werden.

---

[14] Ein Überblick über Forschungsergebnisse zum Zusammenhang von Migrationsalter und Zweitspracherwerb findet sich u.a. bei Skutnabb-Kangas 1981, 166-174, und Fthenakis et al. 1985, Kapitel 3.
[15] Siehe dazu Brandes 1997.
[16] Siehe dazu Simon 1986 und Lötzsch 1992.
[17] Siehe Brandes 1997 und Hilkes/Stricker 1997.
[18] Eine informative Darstellung der Situation vor der Aussiedlung findet man in Oxen 1995.

Tab. 1: Die Altersgruppen der Informanten

Altersgruppe	Alter zum Zeitpunkt der Migration	Anzahl der Informanten
1. Klein- und Vorschulkinder, geboren zwischen 1984 und 1992	Zwischen - 0;5[19] und 7;9[20] Jahre alt, durchschnittliches Migrationsalter: 3;9	43 (29%)
2. Schulkinder, geboren zwischen 1979 und 1986	Zwischen 7;2 und 13;1 Jahre alt, durchschnittliches Migrationsalter: 9;10	15 (10%)
3. Jugendliche, geboren 1976 und 1977	16 Jahre alt	3 (2%)
4. Junge Eltern, geboren zwischen 1948 und 1972, meist zwischen 1955 und 1969	Zwischen 20 und 44 Jahre alt, durchschnittliches Migrationsalter: 30 Jahre	59 (40%) Darunter: 48 Russlanddeutsche und 11 Personen anderer Nationalität
5. Großeltern, geboren zwischen 1921 und 1950	Zwischen 40 und 72 Jahre alt, durchschnittliches Migrationsalter: 55 Jahre	21 (15%) Darunter: 19 Russlanddeutsche und 2 Personen anderer Nationalität
6. Urgroßeltern, geboren zwischen 1907 und 1924	Zwischen 66 und 82 Jahre alt, durchschnittliches Migrationsalter: 75 Jahre	6 (4%)
Summe der Informanten aus russlanddeutschen Familien		147 Personen (100%)

Wenn man die Altersstruktur meiner Informanten mit der Altersstruktur der Aussiedler in Deutschland vergleicht,[21] erkennt man: Die Klein- und Vorschulkinder sind in der Informantengruppe deutlich überrepräsentiert; die Schulkinder und Jugendlichen sind unterrepäsentiert; die anderen Informantengruppen entsprechen in etwa ihrem Anteil an der Gesamtpopulation. Damit soll nicht gesagt sein, dass ich statistische Repräsentanz für die verschie-

---

[19] Wie in entwicklungspsychologischen Publikationen üblich, bedeutet die Zahl vor dem Semikolon die Anzahl der Jahre und die Zahl nach dem Semikolon die Anzahl der Monate. Die Angabe des Einreisealters mit - 0;5 (lies: minus 0;5) mag verwundern. Sie soll besagen, dass das Kind, das im Leib seiner Mutter nach Deutschland kam, fünf Monate nach der Übersiedlung der Familie geboren wurde.

[20] Einige Vorschulkinder sind zum Zeitpunkt der Übersiedlung bereits sieben Jahre alt. Das ist dadurch zu erklären, dass die Einschulung in der Sowjetunion und ihren Nachfolgestaaten in der Regel erst mit sieben Jahren stattfindet, und zusätzlich dadurch, dass manche Eltern angesichts der bevorstehenden Übersiedlung nach Deutschland darauf verzichteten, ihr Kind noch in die russischsprachige Schule zu schicken.

[21] Im Info-Dienst Deutsche Aussiedler werden regelmäßig statistische Angaben über die Aussiedler veröffentlicht, zuletzt in Nr. 1998/99. Dort finden sich auf Seite 23 auch Angaben zur Altersstruktur. Von 1995-1997 waren etwa 8% der Aussiedler Klein- und Vorschulkinder, etwa 29% der Personen zwischen 6 und 19 Jahren, etwa 41% der Personen zwischen 20 und 44 Jahre alt, etwa 15% der Personen zwischen 45 und 64 Jahren alt und etwa 7% älter als 65 Jahre.

denen Altersgruppen angestrebt hätte. Im Gegenteil. Ich habe mich vom Beginn der Erhebungen an – wie bereits dargestellt – auf die jungen Eltern und ihre kleinen Kinder konzentriert. Sie sind deshalb stärker vertreten als die anderen Informantengruppen. Mit Kindern, die bereits vor der Übersiedlung die Schule besuchten, und Jugendlichen werde ich mich in dieser Publikation nicht beschäftigen.

Die jungen Familien waren zum Zeitpunkt der Erstaufnahmen etwa ein bis zwei Jahre in Deutschland. Großeltern und Urgroßeltern habe ich erst später in die Erhebung einbezogen, als ich mich entschlossen hatte, familienbezogene Sprachbiografien zu erarbeiten. Die Großeltern und Urgroßeltern stammen vor allem aus den fünf Familien der Längsschnittuntersuchung.

1.7 Die Erarbeitung der Sprachbiografien

Bei der Erarbeitung der Sprachbiografien ging ich folgendermaßen vor. Ich entwickelte im Verlaufe eines längeren Zeitraums Raster von Fragen, die ich als Richtschnur für die Abfassung einer jeden Sprachbiografie benutzte (siehe Abschnitt 2.2). Den Kern des Rasters bildeten selbstverständlich die Fragen des Interviewleitfadens (siehe Abschnitt 1.5 und Anhang 1). Aber durch die teilnehmende Beobachtung, die Erstauswertung der Aufnahmen[22] und die fortgesetzte Lektüre zur Zweisprachigkeit[23] war mir die Bedeutsamkeit weiterer Aspekte bewusst geworden, die zur Zeit der Abfassung des Interviewleitfadens noch außerhalb meines Wissens oder meiner Aufmerksamkeit lagen. Die Frageraster waren nicht für alle Informanten vollkommen gleich, denn für die sprachlichen Entwicklungen von Kindern beispielsweise sind partiell andere Fragen relevant als für die sprachlichen Entwicklungen von Erwachsenen. Die Frageraster definieren die lebensgeschichtliche Perspektive der Sprachbiografien.

In den Sprachbiografien habe ich dann die Fragen für jedes Familienmitglied beantwortet. Die auf den Kassetten dokumentierten Gespräche dienten mir dabei auf mehrfache Weise als Datengrundlage, und zwar:

---

[22] Die Erstauswertung bestand darin, dass ich die Aufnahmen anhörte, Notizen zum Inhalt und zu Besonderheiten der darin fixierten Kommunikation anfertigte und eine Liste der Ausschnitte zusammenstellte, die eventuell transkribiert werden sollten.

[23] Mit dem Stichwort 'Zweisprachigkeit' beziehe ich mich hier auf unterschiedliche Forschungsstränge: Forschung zu Arten individueller und gesellschaftlicher Mehrsprachigkeit siehe Skutnabb-Kangas 1981, Stölting-Richert 1988 und Romaine 1995, zu Spracherhalt und -verlust siehe Fishman 1966 und Appel/Muysken 1987 sowie zu Sprachkontakten siehe Weinreich 1977/1953, Haugen 1953, Clyne 1975, Appel/Muysken 1987 und Bechert/Wildgen 1991.

1) als Quelle für Aussagen der Informanten über ihre eigene sprachliche Entwicklung und die anderer Personen. Dabei handelte es sich teilweise um spontane Formulierungen alltäglicher Beobachtungen, Bewertungen und Erklärungen sprachlicher Entwicklungen und teilweise um Reaktionen auf Fragen. Meine Informanten machten vor allem in den Interviews sprachbiografische Aussagen,[24] darüber hinaus aber auch in vielen anderen Interaktionen. Wenn der Rekorder in dem Moment nicht angeschaltet war und die sprachbiografische Äußerung des Informanten sich mir einprägte, habe ich sie sobald wie möglich in einer 'Gesprächsnotiz' festgehalten. Die Aussagen der Informanten über sprachliche Entwicklungen wurden sämtlich als Mosaiksteine für die zu erarbeitenden Sprachbiografien herausgeschrieben, teilweise nur sinngemäß, teilweise wörtlich;[25]

2) als sprachliche Daten, auf deren Basis ich meinerseits Beobachtungen zu den sprachlichen Praktiken der Sprecher anstellen und Schlüsse auf bestimmte Aspekte ihrer sprachlichen Fähigkeiten im Aufnahmezeitraum ableiten konnte – ergänzend zu den Selbst- und Fremdbeobachtungen der Informanten, die mir in ihren sprachbiografischen Aussagen zugänglich wurden;

3) als eigene sprachliche Welt, in der ich mich, gelöst von unmittelbaren Interaktionsverpflichtungen, bewegen und in der ich allmählich Intuitionen darüber ausbilden konnte, welche sprachlichen Erscheinungen neu und repräsentativ für bestimmte Entwicklungstendenzen der Personen im Erhebungszeitraum sind.

In der ersten Funktion verhalfen mir die Aufnahmen vor allem dazu, die sprachlichen Entwicklungen unter der lebensgeschichtlichen Perspektive zu betrachten. In der zweiten und dritten Funktion nutzte ich die Aufnahmen, um die sprachlichen Entwicklungen der Sprecher unter situativ-interaktiver Perspektive zu analysieren.

---

[24] Man kann auch zusammenhängende sprachbiografische Aussagen eines Informanten als 'Sprachbiografie' bezeichnen: als Lebensbeschreibung unter sprachlichem Gesichtspunkt. Eine Sprachbiografie dieser Art wäre eine 'naive Sprachbiografie'. Die Sprachbiografien, die ich in dieser Publikation vorlege, sind demgegenüber 'wissenschaftliche Sprachbiografien'. Wissenschaftliche Sprachbiografien unterscheiden sich von naiven dadurch, dass sie naive sprachbiografische Aussagen zur Grundlage nehmen und sie durch Reflexion der zu berücksichtigenden Inhalte und der Rekonstruktionsmethoden vertiefen, ergänzen und systematisieren. Ich reserviere den Ausdruck 'Sprachbiografien' in dieser Publikation für wissenschaftliche Sprachbiografien.

[25] In den Sprachbiografien dieses Bandes werden die Informanten oft zitiert, zum großen Teil wörtlich, häufig aber auch nur sinngemäß – mit der Angabe, in welcher Sprache die Äußerung erfolgte. Damit hoffe ich die Vorstellungskraft des Lesers anzuregen und ersatzweise mit der sprachlichen Wirklichkeit zu verbinden, die ihm unmittelbar nicht zugänglich ist und die sich allein begrifflich nur unzureichend darstellen lässt.

Die Sprachbiografien zu den Familien werden stets durch einen Überblick über die verwandtschaftlichen Beziehungen zwischen den sprachbiografisch darzustellenden Personen und die Aussiedlungsgeschichte der Familie eingeleitet. Danach beschreibe ich die einzelnen Familienmitglieder sprachbiografisch, ausgehend von den jüngsten und endend mit den ältesten. Jede Sprachbiografie beginnt mit der Darstellung der sprachlichen Entwicklung unter lebensgeschichtlicher Perspektive und wird – in den meisten Fällen – durch Text- oder Transkriptanalysen fortgesetzt, in denen Momente der sprachlichen Integration unter situativ-interaktiver Perspektive untersucht werden. Abschließend verknüpfe ich die Sprachbiografien der Familienmitglieder mit Hilfe der Methode der sprachlichen Netze[26] und vergleiche die Prozesse der sprachlichen Integration bei den einzelnen Familienmitgliedern.

1.8 Zur verwendeten Terminologie

Es war mein Bestreben, die Sprachbiografien so abzufassen, dass sie sowohl von einem breiteren Publikum als auch von Fachkollegen verschiedener Disziplinen gelesen werden können. Demgemäß wurde auf Spezialtermini verzichtet, wo immer es möglich war. Andererseits wollte ich mit meinen Untersuchungen an vorhandene wissenschaftliche Ergebnisse anknüpfen und deutlich machen, wie die sprachlichen Integrationsprobleme der Russlanddeutschen in einem neuen Licht erscheinen, wenn man sie im Kontext der Forschungen z.B. zu Typen des Spracherwerbs oder zu Sprachkontakt, -erhalt und -verlust bei anderen Gruppen betrachtet. Daraus folgte die Notwendigkeit, einige Termini zu benutzen (etwa 'Submersion'), in denen sich langjährige Forschungsbemühungen niederschlagen. Weitere terminologische Beziehungen ergaben sich aus der Tatsache, dass die Russlanddeutschen Deutsch und Russisch sprechen und diese beiden Sprachen von zwei Philologien, der Germanistik und der Russistik, untersucht werden, die in je eigenen Forschungstraditionen ihre terminologischen Systeme entwickelt haben, die nicht ohne weiteres ineinander überführt werden können. Es war andererseits unmöglich, die in ihnen jeweils verkörperten – wenn auch nie endgültigen – Einsichten nicht zu nutzen. Schließlich führte auch gerade der sprachbiografische Ansatz zur Berücksichtigung weiterer sprachbezogener Begriffe und Bezeichnungen: der Alltagskategorien der Informanten. Diese sind ihrerseits durch die Schule und andere Verknüpfungen mit wissenschaftlichen Denk- und Klassifizierungsweisen verbunden, ein Sachverhalt, der bisher nur wenig durchleuchtet wurde.

Die verwendeten Kategorien werden in der Regel beim ersten Vorkommen erläutert. Das Stichwortverzeichnis am Ende der Publikation informiert darüber, auf welchen Seiten die wichtigsten Termini benutzt werden.

---

[26] Siehe Barden/Großkopf 1998.

1.9 Zum Aufbau des Buches

In Kapitel 2 werden die sprachbiografischen Gespräche überblicksartig ausgewertet und generationstypische Sprachentwicklungsverläufe für die jungen Eltern, Großeltern und Urgroßeltern ermittelt. Für die Kinder war das leider nicht möglich; mit ihnen konnten keine sprachbiografischen Gespräche geführt werden. Die Analyse beruht vor allem auf den Erstgesprächen. Zur Zeit der Erstgespräche haben die Informanten meist nur Anfangserfahrungen mit der sprachlichen Integration. Die in Kapitel 2 vorgestellten Ergebnisse bilden den Verstehens- und Interpretationshintergrund für die Sprachbiografien in den Kapiteln 3 und 4.

Die Kapitel 3 und 4 enthalten mehrere Sprachbiografien, jeweils auf eine Großfamilie bezogen. Diese beiden Kapitel ergänzen und vertiefen die Analyse des Kapitels 2. Sie zeigen, wie unterschiedliche Menschen auf für sie charakteristische Weise mit den sprachlichen Anforderungen ihres Lebens umgehen. Die Kapitel 3 und 4 wenden sich auch den Kindern erstmals ausführlich zu. Sie beschäftigen sich detailliert mit den Bedingungen der sprachlichen Integration in Deutschland und den sprachlichen Veränderungen in den ersten sechs Aufenthaltsjahren.

Im Kapitel 5 werden die Beobachtungen zu den sprachlichen Entwicklungen der Russlanddeutschen und speziell ihrer sprachlichen Integration in Deutschland resümiert.

Das Buch enthält zwei Anhangskapitel. In Anhang 1 findet sich der Leitfaden für die sprachbiografischen Erstgespräche und eine Übersicht über die in den Transkripten verwendeten Transkriptionsrichtlinien und -zeichen. Anhang 2 beinhaltet Dokumente, die die Existenzbedingungen der Russlanddeutschen als Minderheit und damit auch ihre sprachliche Entwicklung entscheidend bestimmten und bestimmen.

2. Sprachliche Entwicklungen im Überblick

2.1 Zielstellung des Kapitels

Dieses Kapitel soll einen Überblick über die Sprachentwicklungen bei Russlanddeutschen einschließlich ihrer sprachlichen Integration in Deutschland vermitteln. Dazu werden die sprachliche Entwicklung vor der Übersiedlung nach Deutschland und die sprachliche Entwicklung in Deutschland gegenübergestellt. Empirische Basis dafür sind vor allem die entsprechenden Auskünfte der Informanten in den sprachbiografischen Gesprächen, besonders den Erstgesprächen, teilweise auch den Wiederholungsgesprächen der Längsschnittuntersuchung.

2.2 Schwerpunkte der sprachbiografischen Erstgespräche

Die sprachbiografischen Erstgespräche fanden von Ende 1992 bis Anfang 1995 statt. Die Informanten lebten zu dem jeweiligen Zeitpunkt unterschiedlich lange in Deutschland. Einige waren erst vor drei Monaten übergesiedelt, zwei bereits vor 15 bzw. 16 Jahren. Insgesamt stehen Daten aus 66 sprachbiografischen Erstgesprächen mit erwachsenen russlanddeutschen Informanten zur Verfügung. Zusätzlich liegen aus den fünf längsschnittlich beobachteten Familien 3 Wiederholungsinterviews mit Urgroßeltern, 7 Wiederholungsinterviews mit Großeltern und 16 Wiederholungsinterviews mit jungen Eltern vor.[27] Diese fanden 1997 und 1998 statt, als die Familien fünf Jahre und länger in Deutschland lebten.

Die Aussagen über die eigene Sprachentwicklung und die nahe stehender anderer Personen beruhen auf Beobachtungen und Selbstbeobachtungen[28], zum Teil aber auch auf Überlieferungen aus dem Familien- und Bekanntenkreis. Viele Aspekte von Sprachlernprozessen und ihren Ergebnissen sind der Selbstbeobachtung nicht oder nur unter besonderen Vorkehrungen zugänglich. Das ist bei ihrer Nutzung für die Sprachbiografien zu bedenken.

---

[27] Für die Wiederholungsinterviews gab es keinen Leitfaden. In ihnen stellte ich einige Fragen zu Details der Entwicklung der Informanten, wenn sich für mich bei der Auswertung der Erstinterviews Lücken oder Unklarheiten ergeben hatten. Im Übrigen sagte ich den Informanten, ich sei vor allem an ihren Erfahrungen in Deutschland interessiert, und überließ ihnen, welche Themen sie aufwerfen und in welcher Richtung und Detaillierung sie sie jeweils ausführen wollten.

[28] Zu den Möglichkeiten und Grenzen der Selbstbeobachtung im Hinblick auf die sprachliche Entwicklung siehe Dimroth 1993.

Bei der Durchführung und Auswertung der sprachbiografischen Gespräche kam es darauf an, die Faktoren, die die Sprachentwicklungen von Russlanddeutschen ausmachen und bestimmen, so weit wie möglich zu rekonstruieren, und zwar sowohl aus der Sicht der Informanten als auch bezogen auf die bisherige einschlägige Forschung. Bei der Planung und Auswertung der Gespräche ließ ich mich von vorhandenen Untersuchungen zur Zweisprachigkeit, zu Spracherhalt und -verlust, zur Nationalitäten- und Sprachenpolitik sowie nicht zuletzt zu Spracherwerbstypen und -typologien anregen, insbesondere von Appel/Muysken 1987, Berend[29] 1998, Born/Dieckgießer 1989, Buchsweiler 1984, Fishman 1966, Glazer 1966, Klein 1992, Kloss 1966 und 1980, Lötzsch 1992, Lüdi 1996, Öktem/Rehbein 1987, Rehbein/Grießhaber 1996, Romaine 1995, Simon 1986 und Skutnabb-Kangas 1981. Die Schwerpunkte, die ich in den Interviews ansprach, stehen gemäß den bisherigen Forschungsergebnissen in einem Zusammenhang mit den Entwicklungsbedingungen und -verläufen von Zweisprachigkeit im Allgemeinen oder speziell bei Russlanddeutschen. Die Auswertung beschränkte sich jedoch nicht auf eine Kategorisierung der Äußerungen der Informanten bezüglich der im Voraus gesetzten Themen und der mit ihnen verbundenen Annahmen. Vielmehr interessierte auch, ob die Informanten gleiche oder ähnliche Interpretationskategorien benutzen und ähnliche Zusammenhänge für die sprachlichen Entwicklungen in ihrer Gruppe sehen oder ob sie zusätzliche Gesichtspunkte einbringen. Im Wechselspiel von Erwartungen, Aussagen der Informanten, Nachdenken über die Aussagen und fortgesetzter Lektüre ergaben sich die Schwerpunkte für die Auswertung, die in 2.2.1 – 2.2.4 dargestellt sind. Ich informiere dort jeweils auch darüber, welche Fragen in der Regel gestellt wurden, ohne dass die Kommunikation in den sprachbiografischen Gesprächen sich darauf beschränkte.[30]

2.2.1 Schwerpunkt 1: Der Erstspracherwerb

a) Die erste(n) Sprache(n): monolingualer oder doppelter Erstspracherwerb[31]

In den sprachbiografischen Gesprächen wurde der Ausdruck 'Muttersprache' mit Bedacht vermieden, weil er vieldeutig ist. Nach Skutnabb-Kangas wird er häufig mit einer oder mehreren der folgenden Bedeutungen verwendet: Sprache, die zuerst gelernt wird, Sprache, die am besten beherrscht wird, Sprache, die am häufigsten benutzt wird, Sprache, mit der man sich selbst

---

[29] Ich danke Nina Berend für die Überlassung einer frühen Variante des Fragebogens zu ihrer soziolinguistischen Erhebung.

[30] Zu den Prinzipien der Durchführung der Interviews siehe Kapitel 1.

[31] In der Terminologie von Rehbein/Grießhaber 1996 gehört die erste Sprache (bzw. gehören die ersten Sprachen) zu den Sprachen L1-Ln, die ein Individuum erwirbt. – Zu den Termini 'doppelter Erstspracherwerb', 'bilingualer Erstspracherwerb' oder 'simultaner Erwerb zweier Sprachen im frühen Kindesalter' und der entsprechenden Forschung siehe De Houwer 1995 und Tracy 1996.

identifiziert, oder Sprache, mit der man identifiziert wird (s. Skutnabb-Kangas 1981, Kapitel 2). Entsprechend kann die Antwort, welche Muttersprache jemand hat, ganz verschieden ausfallen. Sie kann sogar verschieden ausfallen, wenn man die Frage nach der Muttersprache ein und demselben Menschen stellt, jedoch in verschiedenen Lebensphasen. Im Folgenden geht es zunächst darum, welche Sprache(n) ein Informant in der frühen Kindheit (bis zum Alter von drei, vier Jahren) als Erste zu erwerben begann, weil er sie in seiner Familie hörte.[32]

Fragen: Welche Sprache haben Sie als Kind zuerst gelernt? Von wem haben Sie diese Sprache gelernt? Was für ein Deutsch hörten Sie in Ihrer Familie?[33]

b) Soziolinguistische Charakteristik des Kindheitsortes des Informanten

Die Kindheitsorte sollen – sofern das sachlich möglich ist – einem der drei Ortstypen zugeordnet werden, die Berend 1998 als wesentlich für den Deutscherhalt bei den Russlanddeutschen in der gegenwärtigen Situation angibt: a) Stadt ('Assimilationstyp'), b) ländliche Siedlung mit sprachlich gemischter Bevölkerung ('Umbruchstyp') oder c) ländliche Siedlung mit überwiegend bzw. vollständig deutschsprachiger Bevölkerung ('Beharrungstyp', 'Sprachinsel') (s. Berend 1998, 25-26). Hiermit ist der Gesichtspunkt der Umgebungssprachen[34] der Familie und des Kindes angesprochen.

Fragen: In was für einem Ort sind Sie aufgewachsen? Welche Nationalitäten lebten dort? Welche Nationalität war am stärksten vertreten?

c) Die ethnische Zugehörigkeit der Eltern

Hier handelt es sich im Grunde darum, ob das Kleinkind mit mehreren Familiensprachen konfrontiert wurde bzw. wie die Familie gegebenenfalls mit mehreren Familiensprachen umging. In der Forschung zu Spracherhalt und Sprachwechsel und im Alltagswissen ist gut bekannt, dass interethnische Ehen die familiäre Tradierung von Minderheitssprachen in Frage stellen.[35]

Frage: Welche Nationalität haben Ihre Eltern?

---

[32] Rehbein/Grießhaber 1996 nennen die Sprache bzw. die Sprachen, die ein Kind in seiner Familie hört, die Familiensprachen F1-Fn. Familiensprachen können auch gemischte Sprachen sein.

[33] Diese Frage beruht auf dem Wissen, dass die russlanddeutschen Varietäten im Wesentlichen dialektale Varietäten sind. Interessant ist, ob den Sprechern diese Tatsache bewusst ist und welche Konsequenzen sie für das Prestige der russlanddeutschen Varietäten hatte. Zur Bedeutung des Status einer Sprache für Spracherhalt bzw. -verlust siehe Appel/Muysken 1987.

[34] Rehbein/Grießhaber 1996 nennen die Sprachen der Umgebung die Institutionssprachen I1-In. Spracherwerbstypen werden für die Autoren durch unterschiedliche Konstellationen der L-, F- und I-Sprachen konstituiert.

[35] Siehe Appel/Muysken 1987, 35-36.

d) Der familiengeschichtliche Hintergrund des Spracherwerbs

Hier interessiert, ob die Familie während des Zweiten Weltkrieges in Deutschland oder in Gebieten lebte, die von Deutschland besetzt waren, oder aber in einer asiatischen Region der Sowjetunion. Es ist zu vermuten, dass die beiden Alternativen starke Wirkungen auf die Einstellung der Familie zur deutschen Sprache und zu Deutschland hatten. Dieser Zusammenhang ist meines Wissens bisher nicht untersucht worden. Erste Hinweise auf ihn habe ich durch die sehr unterschiedlichen Aussiedlungsgeschichten der Familien, die während des Krieges in der Sowjetunion lebten, und derjenigen, die unter deutscher Besatzung lebten, erfahren.

Fragen: Woher stammen Ihre Eltern und Ihre Großeltern? Wo haben Ihre Großeltern und Eltern während des Zweiten Weltkrieges gelebt?

2.2.2 Schwerpunkt 2: Die Sprachentwicklung im Vorschul- und Schulalter

Es soll erkundet werden, welche Formen eines sukzessiven kindlichen Bilingualismus oder eines Zweit- oder Fremdsprachenerwerbs des Erwachsenen der Informant erfuhr und welche Folgen sie für die Bewahrung und Verwendung seiner Erstsprache/Erstsprachen hatten.

a) Sukzessiver Bi- oder Multilingualismus

Von einem sukzessiven Bi- oder Multilingualismus spreche ich mit Rehbein/ Grießhaber 1996 dann, wenn ein Kind zeitlich nach Beginn des Erwerbs seiner Erstsprache bzw. seiner Erstsprachen, jedoch vor der Pubertät – in der Regel zwischen dem vierten und zwölften Lebensjahr – außerhalb der Familie eine zweite oder weitere Sprachen erlernt, und zwar überwiegend in der alltäglichen Kommunikation.[36]

Fragen: Haben Sie nach der (den) zuerst in der Familie gelernten Sprache(n) später noch andere Sprachen gelernt? Von wem haben Sie sie gelernt? Wie geschah das?

b) Erstalphabetisierung und Unterrichtssprache

Es ist von entscheidender Bedeutung für die Weiterentwicklung einer Erstsprache oder einer kindlichen Mehrsprachigkeit, unter welchen Umständen und in welcher Sprache das Kind zuerst lesen und schreiben lernt und welche Sprache in seinen ersten Schuljahren Unterrichtssprache ist. Im Anschluss an Skutnabb-Kangas unterscheidet man hier vor allem die Konstellationen

---

[36] Klein nennt diesen Erwerbstyp Zweitspracherwerb des Kindes (s. Klein 1992, 27).

Submersion und Immersion. Die metaphorisch gebrauchten Ausdrücke *submersion* (englisch: 'Untertauchen') und *immersion* (englisch: 'Tauchen, Eintauchen, Untertauchen, Einsinken') wurden zu Termini für Typen schulisch vermittelter kindlicher Zweisprachigkeit. Für die Terminologisierung waren Skutnabb-Kangas' Verallgemeinerungen der zweitsprachlichen Unterrichtung von Kindern in Kanada und Schweden ausschlaggebend. Mit *immersion* (*language bath* – 'Sprachbad') bezeichnet sie die Spracherwerbskonstellation von Kindern der Mehrheitsgesellschaft, die zuerst in einer Minderheitssprache und später in ihrer Muttersprache, der Mehrheitssprache, alphabetisiert und unterrichtet werden. Der prototypische Fall waren die anglophonen Kinder in Kanada, die zuerst auf Französisch lesen und schreiben lernten und für die Französisch jahrelang die einzige Unterrichtssprache war. Bei diesen Kindern nahm die Erstsprache Englisch keinen Schaden; die Kinder bildeten durch das 'Eintauchen in die französische Sprache' eine stabile englisch-französische Zweisprachigkeit aus. Mit *submersion* (*language drowning* – 'sprachlich-kommunikatives Ertrinken', *sink-or-swim* – 'Geh unter oder schwimm') bezeichnet Skutnabb-Kangas die Konstellation von Kindern aus sprachlichen Minderheiten, die von Anfang an in der Sprache der Mehrheit unterrichtet werden (Skutnabb-Kangas 1981, 138-141). Der prototypische Fall waren finnischsprachige Kinder in Schweden, die auf Schwedisch lesen und schreiben lernten. Diese Kinder erwarben weder ein hinreichendes Finnisch noch ein hinreichendes Schwedisch, die beiden Sprachen beeinträchtigten sich gegenseitig. Beim Vergleich von Immersion und Submersion gelangte Skutnabb-Kangas zu der Schlussfolgerung, dass folgende Faktoren für die extrem unterschiedlichen Ergebnisse zweitsprachlichen Unterrichts verantwortlich sind:

– der unterschiedliche Status der Mehrheits- und der Minderheitssprache: Erwerb und Bewahrung von Sprachen mit hohem Status sind generell weniger gefährdet als Erwerb und Bewahrung von Sprachen mit niedrigem Status,

– die soziale Situation der Familien: Die Kinder der Immersionsprogramme kommen meist aus bildungsorientierten Mittelstandsfamilien, die Kinder der Submersionsprogramme aus weniger bildungsorientierten Arbeiterfamilien,

– die Motivation für die Beteiligung an zweitsprachlichem Unterricht: Die Entscheidung für die Teilnahme an einem Immersionsprogramm wird von den Familien aus eigenem Antrieb getroffen; falls das Kind darin keinen Erfolg hat, kann es ohne bleibende negative Konsequenzen in eine Schule mit Unterricht in der Mehrheitssprache wechseln. Für die Teilnahme an einem Submersionsprogramm gibt es meist keine Alternative; ein Scheitern des Kindes hat lebenslange Konsequenzen,

- die Kommunikationsmöglichkeiten in der Klasse: An den Immersionsprogrammen nehmen meist nur Kinder teil, die alle zu Beginn monolingual in der Mehrheitssprache sind und damit gleiche Voraussetzungen für den Erwerb der Minderheits- und Unterrichtssprache haben; die Lehrer verstehen die Mehrheitssprache; die Kommunikation zwischen Schülern und Lehrern ist ungehindert möglich. Die Schulprogramme in der Mehrheitsprache sind nur für die Kinder aus den Sprachminderheiten Submersionsprogramme, diese Kinder müssen sich in Konkurrenz mit den Mehrheitskindern auf einen Unterricht einstellen, der nicht für sie konzipiert wurde; die Lehrer verstehen die Sprache der Minderheitskinder meist nicht; die Kommunikation zwischen den Mehrheitskindern, den Minderheitskindern und den Lehrern ist erschwert,

- die Kommunikationsmöglichkeiten zwischen den Eltern, den Kindern und der Schule: In den Immersionsprogrammen gibt es keine Kommunikationshindernisse, die Eltern beteiligen sich aktiv; in den Submersionsprogrammen gibt es erhebliche kommunikative Barrieren zwischen den Lehrern und den Eltern und zunehmend auch zwischen den Eltern und den Kindern, die Eltern bleiben passiv,

- das Selbstwertgefühl der Kinder und Eltern: In den Immersionsprogrammen haben Eltern und Kinder ein hohes Selbstwertgefühl; in den Submersionsprogrammen empfinden sich Eltern und Kinder häufig als minderwertig (s. Skutnabb-Kangas 1981, Kapitel 7).

Wie man sieht, ist der Zusammenhang zwischen einem zweitsprachlichen Unterricht und den zweisprachigen Fähigkeiten von Kindern durch viele Faktoren vermittelt. Daher – und aus Gründen ganz anderer Art – kommt es auch immer wieder zu Kontroversen über die erforderlichen Konsequenzen, u.a. in der Bildungspolitik. Skutnabb-Kangas' Verallgemeinerungen werden jedoch weithin für plausibel gehalten.[37]

Fragen: In welcher Sprache haben Sie lesen und schreiben gelernt? In welcher Sprache wurde Ihr Schulunterricht abgehalten?

---

[37] Man vergleiche dazu u.a. Fthenakis et al. 1985, BAGIV (Hg.) 1985, Baur/Meder 1989 und 1992, Stölting-Richert 1988 und 1996, Bericht über die Schulbildung von Migrantenkindern in der Europäischen Union von 1994 sowie die Mitteilung der Beauftragten der Bundesregierung für die Belange der Ausländer „Integration oder Ausgrenzung? Zur Bildungs- und Ausbildungssituation von Jugendlichen ausländischer Herkunft" von 1997.

c) Deutschunterricht

Für die Integration in Deutschland ist wichtig, ob der Informant im Herkunftsland auf Deutsch lesen und schreiben gelernt hat, wenn schon nicht im Anfangsunterricht, so doch später im Fremdsprachenunterricht.

Frage: Hatten Sie in der Schule Deutschunterricht? Wie war er?

d) Allgemeinbildung und berufliche Bildung

Allgemeinbildung und berufliche Bildung wirken sich auf die sprachliche Entwicklung aus, weil sie notwendig ein bestimmtes Maß des rezeptiven und produktiven Umgangs mit der jeweiligen Standard- und Schriftsprache einschließen. Lehr-/Lernsituationen verlangen und ermöglichen die Entwicklung und Nutzung sprachlicher Fähigkeiten. Das gilt insbesondere für komplexe situationsentbundene sprachliche Fähigkeiten textuellen und diskursiven Charakters. Allgemeinbildung und berufliche Bildung lassen ferner vorsichtige Schlüsse darauf zu, welche Einstellung ein Informant zu geistiger Tätigkeit ausbilden und welche Techniken geistiger Arbeit er erwerben konnte bzw. auch darauf, zu welchen Stufen der Bildung ihm Zutritt gewährt wurde. Die Bildung ist auch von Bedeutung für das Selbstbewusstsein der Sprecher und ihren Status in der Gesellschaft und wirkt über diese Vermittlung auf Erhalt bzw. Verlust der Minderheitensprache ein.[38]

Frage: Welche Schulbildung haben Sie? Welchen Beruf/welche berufliche Ausbildung haben Sie?

2.2.3 Schwerpunkt 3: Die sprachliche Situation vor der Ausreise nach Deutschland

a) Die Einschätzung der eigenen Deutschfähigkeiten vor der Ausreise

Bei der Einschätzung der eigenen sprachlichen Fähigkeiten musste eine Fähigkeitsebene angesprochen werden, die Aussagen auf der Grundlage alltäglichen Sprachbewusstseins ermöglicht. Die Unterscheidung der sprachlichen Fähigkeitsbereiche Hörverstehen, Sprechen, Lesen und Schreiben hat sich in vielen Untersuchungen als eine solche Ebene erwiesen.

Fragen: a) Wie gut konnten Sie vor der Ausreise Deutsch verstehen (gar nicht, etwas, mittelmäßig, gut)? b) Wie gut konnten Sie vor der Ausreise Deutsch sprechen (gar nicht, etwas, mittelmäßig, gut)? c) Wie gut konnten Sie vor der Ausreise Deutsch lesen (gar nicht, etwas, mittelmäßig, gut)? d)

---

[38] Siehe Appel/Muysken 1987 zur Bedeutung des Status der Gruppe für Spracherhalt bzw. -verlust.

Wie gut konnten Sie vor der Ausreise Deutsch schreiben (gar nicht, etwas, mittelmäßig, gut)?

b) Die Einschätzung der eigenen Russischfähigkeiten vor der Ausreise

Fragen: a) Wie gut konnten Sie vor der Ausreise Russisch verstehen (gar nicht, etwas, mittelmäßig, gut)? b) Wie gut konnten Sie vor der Ausreise Russisch sprechen (gar nicht, etwas, mittelmäßig, gut)? c) Wie gut konnten Sie vor der Ausreise Russisch lesen (gar nicht, etwas, mittelmäßig, gut)? d) Wie gut konnten Sie vor der Ausreise Russisch schreiben (gar nicht, etwas, mittelmäßig, gut)? e) Hat man, wenn Sie in Ihrer alten Heimat Russisch sprachen, erkannt, dass Sie keine Russin/kein Russe sind?

Die letzte Frage beruht darauf, dass die Einschätzung einer Sprechweise als *muttersprachlich* oder *fremdsprachlich* zu den grundlegenden alltäglichen Typisierungen gehört.[39]

c) Die dominante Sprache vor der Ausreise

Frage: Welche Sprache haben Sie vor Ihrer Ausreise am besten beherrscht?

d) Der Sprachengebrauch vor der Ausreise

Die Tatsache, dass jemand zu einem bestimmten Zeitpunkt über bestimmte sprachliche Fähigkeiten verfügt, bedeutet nicht notwendig, dass er sie auch in Anspruch nimmt. Er nutzt sie z.B. nicht, wenn er in seiner Umgebung keine Partner mit komplementären sprachlichen Fähigkeiten hat oder weil er – aus welchen Gründen auch immer – eine andere Sprache bevorzugt.

Fragen: In welcher Sprache haben Sie vor der Ausreise a) mit Ihrem Ehepartner, b) mit Ihrem Kind/Ihren Kindern, c) mit Ihren Eltern, d) mit Ihren Geschwistern, e) mit Ihren Großeltern gesprochen?

e) Soziolinguistische Charakteristik des Ortes, aus dem der Informant nach Deutschland übersiedelte

Fragen: In was für einem Ort haben Sie vor der Ausreise gelebt? Welche Nationalitäten lebten dort? Welche Nationalität war am stärksten vertreten?

---

[39] Siehe Ehlich 1986 und Stölting-Richert 1996 über vor allem phonologische und syntaktische Auffälligkeiten in der Sprechweise von Zweitsprachensprechern.

f) Bedingungen der familiären Kommunikation: Die ethnische Zugehörigkeit des Ehepartners

Frage: Welche Nationalität hat Ihr Mann bzw. Ihre Frau?

Hier gilt erneut, dass es in interethnischen Ehen nicht selbstverständlich ist, welche Sprache die Eheleute untereinander und gegenüber den Kindern benutzen. Die Minderheitssprache ist dabei stets in Gefahr, aufgegeben zu werden.

2.2.4 Schwerpunkt 4: Ergebnisse und Bedingungen der sprachlichen Integration in Deutschland

a) Die Einschätzung der eigenen Deutschfähigkeiten zum Zeitpunkt des Interviews

Fragen: a) Wie gut können Sie jetzt Deutsch verstehen (gar nicht, etwas, mittelmäßig, gut)? b) Wie gut können Sie jetzt Deutsch sprechen (gar nicht, etwas, mittelmäßig, gut)? c) Wie gut können Sie jetzt Deutsch lesen (gar nicht, etwas, mittelmäßig, gut)? d) Wie gut können Sie jetzt Deutsch schreiben (gar nicht, etwas, mittelmäßig, gut)?

Nach der Einschätzung der eigenen Russischfähigkeiten zum Zeitpunkt des Interviews habe ich bezeichnenderweise nicht gefragt. Veränderung und eventueller Abbau des Russischen bei den Erwachsenen lagen in der Untersuchungsphase, in der die sprachbiografischen Erstgespräche durchgeführt wurden, noch außerhalb meines Horizonts.

b) Der Sprachengebrauch zum Zeitpunkt des Interviews

Fragen: In welcher Sprache sprechen Sie jetzt a) mit Ihrem Ehepartner, b) mit Ihrem Kind/Ihren Kindern, c) mit Ihren Eltern, d) mit Ihren Geschwistern, e) mit Ihren Großeltern?

c) Aufenthaltsdauer

Frage: Seit wann leben Sie in Deutschland?

d) Besuch eines Deutschkurses

Frage: Haben Sie einen Deutschkurs besucht? War er für Sie nützlich?

e) Kommunikationsgelegenheiten in Deutschland

Fragen: Welche Tätigkeit üben Sie gegenwärtig aus? Arbeiten Sie? Nehmen Sie an einer Weiterbildung/Umschulung teil? Sind Sie wegen Arbeitslosigkeit oder der Betreuung Ihres Kindes zu Hause? Wo wohnen Sie gegenwärtig, a) im Übergangswohnheim oder b) in einer eigenen Wohnung?

f) Zielvorstellungen zur sprachlichen Entwicklung des Kindes/Enkels

Fragen: Welche Sprachen sollte Ihr Kind/Enkel lernen? Haben Sie sich überlegt, wie Sie Ihr Kind/Ihren Enkel beim Lernen dieser Sprache/dieser Sprachen unterstützen könnten?

Diese Fragen sagen etwas über die Bewertung der beiden mitgebrachten Sprachen Deutsch und Russisch zum Zeitpunkt der sprachbiografischen Gespräche und bevorzugte Spracherwerbs- und Sprachvermittlungsstrategien aus.

g) Reaktionen der einheimischen Deutschen und anderer Kommunikationspartner in Deutschland auf die Sprechweise des Informanten

Hier geht es darum, wie die Kommunikationspartner in Deutschland die Sprechweise des Informanten wahrnehmen (als *normal* und vertraut oder als irgendwie auffällig) und wie sie ggf. die Wahrnehmung einer Auffälligkeit zum Ausdruck bringen. Ausgehend von der Einordnung sprachlicher und anderer wahrnehmbarer Merkmale schreiben die Kommunikationspartner dem Sprecher Mitgliedschaft zu ihrer eigenen sozialen Gruppe oder einer anderen Gruppe zu.[40]

Leider ist mir die Bedeutung dieses Faktors erst bewusst geworden, nachdem die Interviewphase bereits abgeschlossen war. Hinweise auf ihn erhielt ich durch mehrere Informanten. Es hätte sich gelohnt, systematisch danach zu fragen.

2.3   Ergebnisse der sprachbiografischen Gespräche: Die Kinder

Im Folgenden werden die Ergebnisse der sprachbiografischen Gespräche generationsweise vorgestellt. Denn ich gehe angesichts der historischen Entwicklung der Bedingungen von Spracherwerb und -verwendung bei den Russlanddeutschen und angesichts vorliegender Forschungen (Berend 1998, Dietz/Hilkes 1993, Rosenberg/Weydt 1992) davon aus, dass es wesentliche

---

[40] Siehe Ehlich 1986 zu den Folgen von Xenismen in der Sprechweise eines Sprechers.

Unterschiede zwischen den sprachlichen Entwicklungen der einzelnen Generationen gibt.

Die Kinder konnten – in Abhängigkeit von ihrem Alter – nur im Ausnahmefall interviewt werden. In diesem Abschnitt wird lediglich mitgeteilt, was die Eltern, Großeltern und Urgroßeltern über den rezeptiven und produktiven Sprachengebrauch der Kinder ihrer Familie vor der Ausreise sagten. Von den 42 interviewten russlanddeutschen Eltern gaben 41 an, vor der Ausreise mit ihren Kindern stets Russisch gesprochen zu haben. Eine Mutter sagte, sie habe zu ihren Kindern Deutsch gesprochen, die Kinder hätten auch gut verstanden, aber meist auf Russisch geantwortet (MW, F45). Es handelt sich bei dieser Mutter um die älteste Person unter den jungen Eltern meiner Untersuchung (Geburtsjahr: 1948). Ihr Sprachengebrauch ist eher für die Großelterngeneration charakteristisch.

Bei den Großeltern und Urgroßeltern war das Bild vielgestaltiger als bei den Eltern. Nach ihrer Darstellung gab es in der Kommunikation zwischen ihnen und den (Ur)Enkeln die folgenden vier Typen des Sprachengebrauchs:

- (Ur)Großeltern und (Ur)Enkel sprechen sich gegenseitig nur auf Russisch an: Russisch > < Russisch,
- (Ur)Großeltern und (Ur)Enkel sprechen sich gegenseitig teilweise auf Russisch und teilweise auf Deutsch an: Russisch, Deutsch > < Russisch, Deutsch,
- Die (Ur)Großeltern sprechen die (Ur)Enkel auf Deutsch an, die (Ur)Enkel antworten auf Russisch: Deutsch > < Russisch,
- (Ur)Großeltern und (Ur)Enkel sprechen sich gegenseitig nur auf Deutsch an: Deutsch > < Deutsch.

Gemäß den Aussagen von 19 interviewten Großeltern und 5 interviewten Urgroßeltern waren diese vier Typen des Sprachengebrauchs in ihren Familien vor der Ausreise so verteilt, wie in Tabelle 2 angegeben ist.

Tab. 2: Typen des Sprachengebrauchs zwischen (Ur)Großeltern und (Ur)Enkeln vor der Ausreise gemäß Aussagen der (Ur)Großeltern (n=24)

Typen des Sprachengebrauchs	Häufigkeit
Russisch > < Russisch	13 (54%)
Russisch, Deutsch > < Russisch, Deutsch	4 (17%)
Deutsch > < Russisch	5 (21%)
Deutsch > < Deutsch	2 (8%)
Summe	24 (100%)

Die Aussagen der Eltern und (Ur)Großeltern lassen erwarten, dass bei den nach Deutschland zugewanderten russlanddeutschen Kindern Russisch die dominante Erstsprache ist, zu der bei einigen Kindern geringe, eher rezeptive als produktive Kenntnisse des Deutschen hinzutreten. Diese Kinder erfahren in Deutschland keine Erstalphabetisierung in ihrer Erstsprache. Das, was sie in ihren Familien als Säuglinge, Kleinkinder und Vorschulkinder sprachlich gelernt haben, wird nicht zur Basis ihres schulischen Lernens. Vielmehr müssen sie in der Schule meist gleichzeitig erste mündliche Deutschkenntnisse und die Grundlagen deutsch-schriftsprachlicher Fähigkeiten erwerben. Das ist Unterricht vom Typ der Submersion. Sie befinden sich damit in der charakteristischen Situation von Minderheitenkindern, die für Eltern und Kinder mental, sozial und emotional sehr schwer zu bewältigen ist.

2.4 Ergebnisse der sprachbiografischen Gespräche: Die jungen Eltern

Es wurden 42 junge russlanddeutsche Mütter und Väter interviewt. Zum Zeitpunkt der Interviews waren die Eltern zwischen 3 und 67 Monaten in Deutschland, mit einer durchschnittlichen Aufenthaltsdauer von 17 Monaten. Aus den Interviews lassen sich folgende allgemeine Züge in den Sprachentwicklungen der jungen Eltern rekonstruieren.

2.4.1 Der Erstspracherwerb der jungen Eltern

a) Die Erstsprache(n): monolingualer oder doppelter Erstspracherwerb

Die Frage nach der Erstsprache kann eigentlich nur jemand ohne Zögern beantworten, der in einer monolingualen und relativ statischen Umgebung sprechen gelernt hat. Der Befragte kann dann ableiten, dass er – wie alle anderen auch – diese und nur diese Sprache als Säugling und Kleinkind gehört und angefangen hat sie zu lernen. Menschen, die in multilingualen und sich rasant verändernden Gesellschaften sprechen gelernt haben, können demgegenüber nicht immer mit Sicherheit sagen, welches ihre Erstsprache war. Dies ist die Situation meiner russlanddeutschen Informanten. Einige waren sich dieser Problematik bewusst. Sie antworteten auf die Frage, welche Sprache sie zuerst lernten, z.B. so: *Das weiß ich nicht. Doch wohl Deutsch. Und Russisch zusammen* (AF, Kass. 068).[41] Oder: *Meine Mutter sagt: Deutsch* (GS, Kass. 207). Die meisten jungen Mütter und Väter jedoch beantworteten die Frage nach der Erstsprache mit einem Gefühl der Gewissheit, das sie aus der Gewissheit der familiengeschichtlichen Überlieferung gewonnen haben dürften. Ihre Angaben sind in Tabelle 3 zusammengefasst.

---

[41] Äußerungen von Informanten werden in diesem Kapitel in normalisierter und – falls es sich im Original um russischsprachige Äußerungen handelt – ins Deutsche übersetzter Form zitiert. Ab dem nächsten Kapitel kommt es auch genau auf die verwendete Sprache und die sprachlichen Formulierungen an. Entsprechend ändert sich dann die Zitierweise.

Tab. 3: Die Erstsprache(n) der jungen Eltern gemäß Selbstaussage (n=42)

Genannte Sprachen	Anzahl der Informanten
Deutsch	21 (50%)
Russisch	7 (17%)
Deutsch und Russisch	12 (28%)
Deutsch und eine andere Sprache	2 (5%)
Summe	42 (100%)

Von den 42 Eltern erfuhren 28 (67%) die Anfänge eines monolingualen Erstspracherwerbs. Bei 50% war das Deutsche in der frühen Kindheit die erste und einzige Sprache; bei 17% war das Russische in dieser Zeit die erste und einzige Sprache. 33% erfuhren einen doppelten Erstspracherwerb. Das heißt, bereits in der Familie und auch gegenüber dem Säugling und Kleinkind wurden zwei Sprachen gesprochen. Bei 28% waren das Deutsch und Russisch; bei 5% waren das Deutsch und Kasachisch bzw. Deutsch und Ukrainisch.

Das Deutsch, das in den Familien gesprochen wurde, wurde von den Informanten u.a. wie folgt benannt: *Deitsch, Deutsch/Hochdeutsch/deutsche Umgangssprache, Deutsch, aber nicht nach der Literatur, u"nser Deutsch, Haussprache, Küchensprache/Dialekt/Dilek*(!) *vonne Palz, Dilek*(!) *Schwabisch, Altdeutsch aus Schwabeland, Plattdeutsch, Ploddütsch, Wolgadeutsch, wie im Elsass.* 88% der Informanten charakterisierten ihre Familiensprache als Dialekt, aber nur wenige konnten den Dialekt so benennen, dass man ihn auf dieser Grundlage mit einem binnendeutschen Dialekt in Beziehung setzen könnte.[42] 10% gaben an, in der Familie Hochdeutsch gelernt zu haben; 2% gaben an, zu Hause sowohl Hochdeutsch als auch einen Dialekt gelernt zu haben.

Nach der Spezifik des Russischen, Ukrainischen oder Kasachischen, das in den Familien gelernt wurde, wurde im Interview nicht systematisch gefragt. Aber einige Informanten kamen von sich aus darauf zu sprechen. Einer – nur einer, bezeichnenderweise jemand mit Hochschulbildung – betonte, er hätte in seiner Umgebung höchstens ein *Familienrussisch, Dorfrussisch* oder *Straßenrussisch* gehört, das sich zum Russisch eines Universitätsabsolventen wie eine andere Sprache verhalte, *Hochrussisch* habe er erst auf der Hochschule gelernt (VS, Kass. 249). Mehrere Informanten erläuterten mir, im Russischen

---

[42] Meine Informanten zeigten in dieser Hinsicht also ähnlich globale Identifizierungskategorien für das Deutsch ihrer Familie wie die von Berend (s. Berend 1998, 16-17). Einigen Informanten (z.B. LB, Kass. 345b) wird die anfängliche Unfähigkeit zur genauen Einordnung ihres elterlichen Dialekts später selbst zu einem merkwürdigen Faktum. Dies ist dann eines unter vielen Symptomen sprachlicher Integration.

gebe es auch Dialekte, aber es komme nie vor – wie in Deutschland häufig –, dass sich die Sprecher verschiedener Dialekte nicht einmal verstehen könnten; und wichtiger als die Dialektunterschiede sei die Tatsache, dass Menschen vieler verschiedener Nationalitäten zusammenlebten und auf Russisch miteinander verkehrten, und zwar Menschen sowohl slavischer (Russen, Ukrainer, Polen, Weißrussen) als auch nichtslavischer Nationalitäten (Tataren, Kirgisen, Kasachen, Usbeken, Esten, Moldauer u.a.), und *alle sprechen Russisch mit ihrem eigenen Akzent, das ist normal* (MS und VS, Kass. 071; PK, Kass. 017; AO, Kass. 039).

Interessant und aufschlussreich ist, welche Vorstellungen die Informanten darüber haben, wer ihnen welche Sprache in früher Kindheit beibrachte. Bei den Informanten, deren früher Spracherwerb monolingual deutsch war, waren sowohl Eltern als auch Großeltern an der Tradierung des Deutschen beteiligt. Bei den Informanten, deren früher Spracherwerb zweisprachig deutsch-russisch bzw. zweisprachig deutsch-ukrainisch war, scheint es der Tendenz nach die Sprachenzuordnung Großeltern-Deutsch, Eltern-Russisch sowie Mutter-Ukrainisch gegeben zu haben. Bei 85% der frühen Bilingualen waren die Großeltern an der Vermittlung des Deutschen beteiligt, die Eltern nur bei 38%. Das Kasachische des einen bilingual deutsch-kasachischen Informanten wurde – gegen den Willen der Eltern – durch die älteren Geschwister vermittelt, während er sein Deutsch von den Eltern erwarb (WG, Kass. 117). Die Geschwister spielten nach Meinung mehrerer Informanten überhaupt eine große Rolle für den frühkindlichen Spracherwerb. Die Informanten hatten meist ein bis zwei, manchmal aber auch bis zu acht, neun Geschwister. So berichtete Frau EB, sie seien sechs Kinder gewesen, die Eltern wären von der Beschaffung der notwendigsten Lebensmittel (im weitesten Sinne) so sehr in Anspruch genommen gewesen, dass für die Erziehung keine Zeit blieb; die Geschwister mussten sich gegenseitig allein erziehen; sie hätten mehr Russisch als die Eltern gekonnt und miteinander *gemischt* gesprochen. Ihr Mann PB hatte ähnliche Erfahrungen gemacht. Er sagte, er habe mit seinen Geschwistern *ералаш* (*eralaš* – 'Wirrwarr')[43] gesprochen. Als ich das nicht verstand, erläuterte mir seine Frau, er meine eine lustige Kindersendung aus dem Fernsehen, in der immer alles bunt durcheinander ging – so, *mit Humor*, hätten sie in der Kindheit alle Sprachen durcheinander gebracht (Kass. 010; ähnlich auch BS, Kass. 088 u. 091). Die Eltern waren darüber oft empört, forderten die Kinder auf, Deutsch zu sprechen, und bestraften sie, wenn sie es nicht taten. Der eine oder andere Vater versuchte auch, härter durchzugreifen. Aber die Eltern *mussten vor allem arbeiten* und konnten die Kinder nicht davon abbringen, mehr und mehr Elemente der

---

[43] Jahrzehntelang existierte unter diesem Namen eine Fortsetzungsfolge von satirischen Kurzfilmen für Kinder; sie wurden meist vor dem Hauptfilm im Kino gezeigt; später liefen sie auch im Fernsehen.

Mehrheitssprache aufzunehmen, untereinander zu verwenden und *mal so mal so* zu sprechen (WB, Kass. 347; MW, F45; WG, Kass. 117).

b) Erstspracherwerb und soziolinguistische Charakteristik des Kindheitsortes

Es soll nun geprüft werden, ob der Typ des frühen Spracherwerbs mit der soziolinguistischen Charakteristik des Kindheitsortes zusammenhängt. Bei den jungen Eltern ist übrigens der Kindheitsort in den meisten Fällen auch der Ort, aus dem sie nach Deutschland übersiedelten. Siehe dazu Tabelle 4 und Abbildung 1.

Tab. 4: Erstspracherwerb und soziolinguistische Charakterisierung des Kindheitsortes der jungen Eltern (n=42)

Ortstyp nach Berend 1998	Monolingual deutsch	Monolingual russisch	Bilingual deutsch – russisch	Bilingual deutsch und eine andere Sprache	Summe
Stadt	9 (47%)	3 (16%)	5 (26%)	2 (11%)	19 (100%)
Mehrsprachiges Dorf	11 (50%)	4 (18%)	7 (32%)	0	22 (100%)
Deutsches Dorf	1	0	0	0	1
Summe	21	7	12	2	42

Abb. 1: Erstspracherwerb und soziolinguistische Charakterisierung des Kindheitsortes der jungen Eltern (n=42)

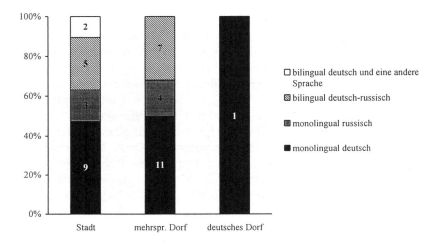

Es ist durchaus bezeichnend für die Spracherwerbssituation der jungen Eltern, dass nur ein Informant in einem deutschen Dorf (einer deutschen Sprachinsel) aufwuchs; und es erscheint als selbstverständlich, dass dieser Informant einen monolingualen Erstspracherwerb des Deutschen hatte. Die beiden anderen Ortstypen wirken sich dahingehend aus, dass im Dorf die Wahrscheinlichkeit des Deutscherwerbs – sei er monolingual oder bilingual – etwas größer ist (82%) als in der Stadt (73%). Dies entspricht den Beobachtungen von Berend 1998 zur Rolle des Ortstyps für den Spracherwerb: Städte (Assimilationstyp) fördern die sprachliche Integration in die Gemeinschaft der Russischsprachigen; dies ist für die Russlanddeutschen seit Jahrhunderten belegt;[44] mehrsprachige Dörfer bilden einen Umbruchstyp.

c) Erstspracherwerb und ethnische Zugehörigkeit der Eltern

Betrachten wir nun, wie der Typ des Erstspracherwerbs mit der ethnischen Zusammensetzung des Elternpaares zusammenhängt. Siehe Tabelle 5.

Tab. 5: Erstspracherwerb und ethnische Zusammensetzung des Elternpaares der jungen Eltern (n=42)

Ethn. Zusammensetzung des Elternpaares	Monolingual deutsch	Monolingual russisch	Bilingual deutsch-russisch	Bilingual deutsch und eine andere Sprache	Summe
Beide Eltern sind Deutsche	20 (57%)	4 (11%)	10 (29%)	1 (3%)	35 (100%)
Der Vater ist Deutscher, die Mutter ist nicht Deutsche	1 (14%)	3 (43%)	2 (29%)	1 (14%)	7 (100%)
Summe	21	7	12	2	42

Wir erkennen einen starken Zusammenhang. Wenn beide Eltern Deutsche sind, ist die Wahrscheinlichkeit eines monolingualen Deutscherwerbs ganz erheblich höher (57%), als wenn die Mutter nicht deutscher Nationalität ist (14%). Wenn der Vater Deutscher ist und die Mutter nicht, dann sehen einige Eltern eine Möglichkeit der Lösung ihres Kommunikationsproblems darin, die Mehrheitssprache Russisch auch zur Familiensprache und zur Sprache dem Kind gegenüber zu machen (43%); andere entscheiden sich für einen doppelten Erstspracherwerb Minderheitssprache Deutsch/Mehrheitssprache Russisch (29%); wieder andere für den doppelten Erstspracherwerb Deutsch als Sprache des Vaters sowie Sprache der Mutter, in unserem Beispiel Ukrainisch (14%). Es ist aber für die sprachliche Situation der jungen Eltern auch

---

[44] Auch anderen Orts tendieren städtische Gruppen eher dazu, ihre Minderheitensprache aufzugeben, als ländliche Gruppen. Man vgl. u.a. Appel/Muysken 1987, 36-37.

bezeichnend, dass ihre Eltern es zu knapp einem Drittel (29%) für sinnvoll gehalten haben, ihre Kinder zweisprachig in der Mehrheitssprache Russisch und in der Minderheitensprache Deutsch zu sozialisieren, und zwar unabhängig von der ethnischen Zusammensetzung des Elternpaares.

Abb. 2: Erstspracherwerb und ethnische Zusammensetzung des Elternpaares der jungen Eltern (n=42)

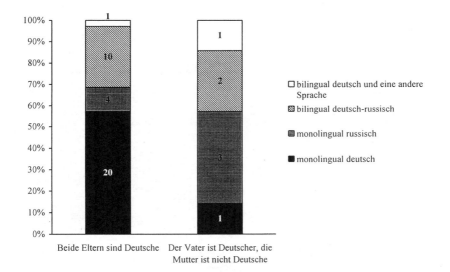

d) Erstspracherwerb und familiengeschichtlicher Hintergrund

Das Stichwort 'familiengeschichtlicher Hintergrund' bezieht sich hier auf den Aufenthaltsort der Familie während des Zweiten Weltkrieges. Tabelle 6 beruht auf der Frage nach einem Zusammenhang mit dem Typ des Erstspracherwerbs.

Tab. 6: Erstspracherwerb der jungen Eltern und Aufenthaltsort der Familie während des Zweiten Weltkrieges (n=42)

Aufenthaltsort der Familie während des Krieges	Monolingual deutsch	Monolingual russisch	Bilingual deutsch- russisch	Bilingual deutsch- andere Sprache	Summe
Asiatische Gebiete der Sowjetunion	13 (46%)	5 (18%)	8 (32%)	2(4%)	28 (100%)
Von Deutschland besetzte Gebiete bzw. Deutschland	8 (57%)	2 (14%)	4 (29%)	0	14 (100%)
Summe	21	7	12	2	42 (100%)

Abb. 3: Erstspracherwerb der jungen Eltern und Aufenthaltsort der Familie während des Zweiten Weltkrieges (n=42)

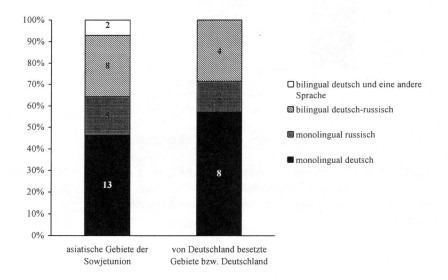

Es zeigt sich wiederum ein deutlicher Zusammenhang. Die Eltern der jungen Eltern, die während des Zweiten Weltkrieges unter deutscher Besatzung oder in Deutschland lebten, befanden sich länger in einer deutschsprachigen Kommunikationsgemeinschaft, waren stärker der Erwartung ausgesetzt, Deutsch zu sprechen, und identifizierten sich vermutlich stärker mit der deutschen Sprache und mit Deutschland. Sie lernten auch erst spät Russisch. Daher ist bei ihren Kindern der monolinguale Deutscherwerb häufiger. Wenn die Eltern der jungen Eltern während des Krieges in einer asiatischen Region der Sowjetunion lebten, kamen sie früher mit dem Russischen oder einer anderen Umgebungssprache wie zum Beispiel Kasachisch in Berührung und erfuhren den Druck, sich wegen der deutschen Kriegsschuld von Deutschland und der deutschen Sprache zu distanzieren. Dies zeigt sich in einem höheren Anteil des monolingual russischen Spracherwerbs, des bilingual deutsch-russischen und sonstigen bilingualen Spracherwerbs bei ihren Kindern.

2.4.2 Die Sprachentwicklung der jungen Eltern im Vorschul- und Schulalter

a) Sukzessiver Bi- oder Multilingualismus

Alle früh monolingualen Informanten gaben an, nach der Erstsprache später auch Deutsch bzw. Russisch – jeweils komplementär zur Erstsprache – erworben zu haben. Von den sieben Informanten, bei denen Deutsch nicht zu den Erstsprachen gehörte, (s. oben Tabelle 3) sagten sechs aus, sie hätten als Vorschulkinder später auch Deutsch gelernt, und zwar von den Großeltern. Die 23 Informanten, bei denen Russisch nicht zu den Erstsprachen gehört hatte, gaben alle an, später Russisch gelernt zu haben, und zwar unter den folgenden Bedingungen. Siehe Tabelle 7.

Tab. 7: Der Erwerb des Russischen als Zweitsprache (n=23)

Erwerbskontext	Anzahl
Als Vorschulkind von den Spielgefährten in der Nachbarschaft und im Kindergarten (Zweitspracherwerb des Kindes, sukzessive Zweisprachigkeit)	11 (48%)
Als Schulkind in der Schule (Submersion)	11 (48%)
Als junger Erwachsener beim Studium und in der Armee (Zweitspracherwerb des Erwachsenen)	1 (4%)
Summe	23 (100%)

Das bedeutet, dass fast[45] alle Informanten der Elterngruppe in ihrer Kindheit und Jugend in einem bestimmten Grade deutsch-russisch bilingual waren. Im Erwerbsprozess war die Mehrheitssprache Russisch eher mit den Eltern, Geschwistern und Altersgefährten verbunden und die Herkunfts- und Minderheitssprache Deutsch eher mit den Großeltern. Das ist eine charakteristische

---

[45] In der Elterngruppe begegnete nur eine Ausnahme. Wir werden sie später in Kapitel 4 genauer kennenlernen: Marina Sennwald.

Konstellation für Integrationsphasen von Sprachminderheiten.[46] Sie führt zu Bewertungen der beiden konkurrierenden Sprachen, die die Gefahr des Verlusts der Herkunftssprache und des Übergangs der ganzen Gruppe zur Mehrheitssprache mit sich bringen.

b) Unterrichtssprache

Unterrichtssprache war für alle 42 Informanten der Generation der jungen Eltern das Russische. Für einen großen Teil der russlanddeutschen Kinder (50%) bedeutete das aufgezwungene Submersion mit allen für diesen Unterrichtstyp charakteristischen negativen Folgen für die sprachliche, geistige und emotionale Entwicklung der Kinder und die Stellung ihrer Familien in der Gesellschaft: Entwertung der Erstsprache Deutsch; Gefahr des subtraktiven Bilingualismus, der darin besteht, dass mit dem Erwerb der Zweitsprache die Entwicklung der Erstsprache stagniert und die Erstsprache aufgegeben wird; Erschwerung der Kommunikation zwischen den Kindern und ihren Eltern einerseits und den in der Mehrheitssprache monolingualen Lehrern und Mitschülern andererseits; Konkurrenzsituation mit den in der Mehrheitssprache einsprachigen Mitschülern; geringe Erfolgsaussichten in der schulischen Entwicklung; Mangel an Selbstvertrauen und Selbstbewusstsein bei Kindern und Eltern; Marginalisierung und Identitätskonflikte (s. Skutnabb-Kangas 1981, 191; Fthenakis et al. 1985). Junge Eltern, die vor der Schule noch nicht Russisch gelernt hatten, berichteten in den Interviews von massiven Schwierigkeiten in der Schule, die ihre Eltern dann veranlassten, entgegen den eigenen Wünschen und der ethnischen Identifizierung in der Familie verstärkt zum Gebrauch des Russischen überzugehen (LB, Kass. 034 u. 054). Nach allem, was gerade auch über die emotionalen Konsequenzen von Submersion bei Sprachminderheiten bekannt ist, ist es nicht verwunderlich, dass diese Informanten als Erwachsene im Interview demonstrativ ihr Deutschtum betonten und es gegen andere ethnische Zugehörigkeiten hervorkehrten: *Russe bleibt Russe, auch wenn er Gold im Munde hat. Ich will, dass unsere deutsche Nationalität weitergeht und meine Kinder deutsch sind, fertig!* (KB, Kass. 054).

Für die deutsch-russisch zweisprachigen Kinder war der Unterricht mit Russisch als Unterrichtssprache vermutlich etwas weniger mit schulischem Misserfolg verbunden, aber er bedrohte auch bei ihnen die deutsche Komponente in der Zweisprachigkeit und erschwerte eine ausgeglichene emotional-soziale Entwicklung. Fraglich ist auch, was für eine Bilingualität bei diesen Kindern vorlag und wie gut sie wirklich dem russisch einsprachigen Unterricht folgen konnten.

---

[46] Siehe Kloss 1980.

Mehrere junge Eltern berichteten, dass sie sich spätestens ab dem Schulalter weigerten, mit den Eltern und Großeltern weiterhin Deutsch zu sprechen, und zunehmend empfindlich reagierten, wenn sie in ihrer Umgebung daraufhin angesprochen wurden, warum denn beispielsweise die Großmutter oder die Mutter nicht Russisch sprächen oder sich ihr Russisch so merkwürdig anhöre – sie wollten gerne sein wie alle anderen Kinder und Jugendlichen, sie wollten *dazugehören* (LK, Kass. 226). Dies ist eine charakteristische Folge der Erfahrung, dass die Erstsprache nicht würdig ist, wählbare Unterrichtssprache zu sein. Bei einer Änderung der Umstände kann diese Erfahrung leicht in eine aggressive und sogar militante Ablehnung der Mehrheitssprache oder anderer Minderheitensprachen und ihrer Träger umschlagen.

c) Deutschunterricht

Etwa zwei Drittel der Informanten der Elterngruppe hatten in der Schule Unterricht in Deutsch als Fremdsprache, die anderen hatten keinen derartigen Unterricht, wohl aber Unterricht in einer anderen Fremdsprache (oder auch mehreren). Viele Informanten betonten, dass das Fach Deutsch als Fremdsprache durch zu wenig Stunden vertreten war, dass häufig Lehrerwechsel stattfand oder Unterricht ausfiel, dass sie aber als Jugendliche auch kein sonderliches Interesse an diesem Fach hatten: Deutsch war nicht *modern*, es war die *Sprache der alten Leute* (AO, Kass. 039 u.a.), viel lieber lernten sie Englisch oder hätten sie Englisch gelernt (WS, s. Abschnitt 4.3.1).

Viele Informanten erwähnten, dass sie in ihrer Schulzeit in der Sprache der jeweiligen Titularnation (Kasachisch, Kirgisisch, Moldauisch) unterrichtet worden seien; sie hätten allerdings meist nicht viel gelernt, denn die Kasachen, Kirgisen und Moldauer ihrer Umgebung hätten Russisch gekonnt und es oft vorgezogen, Russisch zu sprechen; die Sprache der jeweiligen Titularnation habe daher keinen besonderen Wert besessen und man habe schnell wieder vergessen, was man gelernt habe. Einige Väter gaben an, sie hätten vor allem ein paar Schimpfwörter über die Schulzeit hinaus behalten und sie auch öfter benutzt (WS, Kass. 074).

d) Allgemeinbildung und berufliche Bildung

Von meinen 42 Informanten aus der Elterngruppe haben 31% acht Klassen der allgemeinbildenden Schule absolviert, 69% zehn Klassen.

Ihre berufliche Bildung wird durch folgende Angaben charakterisiert. 33% sind ohne Berufsausbildung, 41% haben eine Lehre abgeschlossen, 12% verfügen über eine abgeschlossene Fachschulbildung (Technikum) und 14% über eine abgeschlossene Hochschulbildung.

2.4.3 Die sprachliche Situation der jungen Eltern vor der Ausreise nach Deutschland

a) Die Einschätzung der eigenen Deutschfähigkeiten vor der Ausreise

Wie die Informanten ihre Deutschfähigkeiten vor der Ausreise einschätzten, kann aus Tabelle 8 entnommen werden.

Tab. 8: Die Deutschfähigkeiten der jungen Eltern vor der Ausreise gemäß Selbsteinschätzung (n=42)

Grad der Selbsteinschätzung	Gesprochenes Deutsch Verstehen	Deutsch Sprechen	Deutsch Lesen	Deutsch Schreiben
gut	17 (41%)	7 (17%)	3 (7%)	1 (2%)
mittelmäßig	9 (21%)	5 (12%)	4 (10%)	4 (10%)
etwas	13 (31%)	23 (54%)	18 (43%)	20 (48%)
gar nicht	3 (7%)	7 (17%)	17 (40%)	17 (40%)
Summe	42 (100%)	42 (100%)	42 (100%)	42 (100%)

Abb. 4: Die Deutschfähigkeiten der jungen Eltern vor der Ausreise gemäß Selbsteinschätzung (n=42)

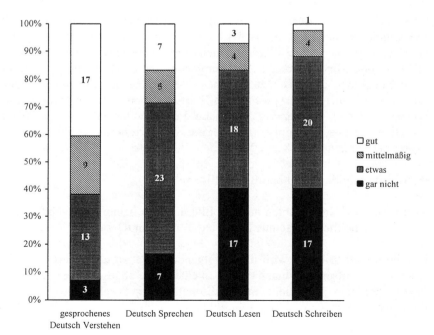

Tabelle 8 und Abbildung 4 zeigen ein deutliches Gefälle einerseits zwischen mündlichen und schriftlichen Deutschfähigkeiten und andererseits zwischen mündlich-rezeptiven und mündlich-produktiven Fähigkeiten. Der Bereich, der am ehesten entwickelt ist, ist das Verstehen gesprochener Äußerungen. Wenn man bedenkt, dass viele junge Eltern sagten, sie hätten gesprochenes Deutsch nur zu wiederkehrenden elementaren Sachverhalten des häuslichen Lebens gehört, dann kann man sich vorstellen, wie klein die rezeptive Basis ist, die in Deutschland allmählich erweitert und in produktive Fähigkeiten überführt werden muss.

b) Die Einschätzung der eigenen Russischfähigkeiten vor der Ausreise

Von den befragten Eltern gaben 39 (93%) an, sie hätten vor der Ausreise Russisch so gut wie ein Russe/eine Russin beherrscht, niemand habe sie an ihrer Sprechweise als Nicht-Russe/Nicht-Russin erkannt. 3 Personen (7%) gaben an, Russisch gut, aber nicht ganz so gut wie ein Russe beherrscht zu haben. Von ihnen stammte einer aus einem bis in die Gegenwart deutschsprachigen sibirischen Dorf (NI, F25); zwei stammten aus Regionen, in denen nicht das Russische Mehrheitssprache war, sondern das Kasachische bzw. Moldauische und Ukrainische (WG, F28; AB, F20). Die Maßstäbe für das eigene Russisch waren aber offenbar nicht sehr differenziert (wenn auch vermutlich kaum undifferenzierter als bei den Russen der unmittelbaren Umgebung). Kein Informant sprach darüber, dass er eine regionale Varietät des Russischen verwendet. Nur ein Informant sagte, er könne neben *Familienrussisch* auch *Hochrussisch*, und man spürte, dass er sich damit dem Russisch seiner Verwandten und Bekannten im Übergangswohnheim überlegen fühlte; lediglich zwei Akademiker unter den Aussiedlern akzeptierte er für sich als Gesprächspartner, selbstverständlich nicht nur, aber auch aus sprachlichen Gründen (VS, Kass. 071). Dieser Informant aber war eine Ausnahme.

Es wird deutlich: Die jungen russlanddeutschen Eltern hatten sich in der Regel die Mehrheitssprache Russisch in einem solchen Grade angeeignet, dass sie in ihrer sozialräumlichen Umgebung – meist ungelernte Arbeiter und Arbeiter mit abgeschlossener Lehre – nicht sprachlich auffielen. Aber das bedeutet zugleich, dass ihnen die Kultur- und Bildungssprache[47] Russisch nur partiell zur Verfügung stand – ein deutlicher Nachteil, solange es darum ging, gleichberechtigte Entwicklungsmöglichkeiten zu finden und an der Gestaltung der russischsprachigen Gemeinschaft teilzunehmen; ein deutlicher Nachteil auch, wenn es in Deutschland darum geht, Maßstäbe und Methoden sprachlich-geistiger Tätigkeit im Deutschen auszubilden und dabei von den Erfahrungen im Russischen auszugehen.

---

[47] Siehe zu Russisch als Bildungssprache u.a. Domaschnew 1995.

c) Die dominante Sprache vor der Ausreise

39 Eltern (93%) gaben an, die von ihnen am besten beherrschte Sprache sei vor der Ausreise das Russische gewesen. Ein Informant sagte, Deutsch sei die Sprache, die er vor der Ausreise am besten beherrscht habe. Er stammte aus einer ungewöhnlich vielsprachigen Region Tadschikistans. Zwei Informanten gaben andere Mehrheitssprachen (Kasachisch, Moldauisch) als bestbeherrschte an.

d) Der Sprachengebrauch vor der Ausreise

In den sprachbiografischen Gesprächen wurde systematisch nach dem Sprachengebrauch vor der Ausreise innerhalb der Familie gefragt. Jedoch verbieten sich angesichts der Differenziertheit der Antworten simple Quantifizierungen. Folgende Tendenzen aber lassen sich zunächst für die Adressierung der jungen Eltern erkennen. Je älter die Angehörigen waren, desto mehr sprachen sie die jungen Leute auf Deutsch an und desto weniger auf Russisch. Das gilt offenbar sowohl für die Menge der Äußerungen in der jeweiligen Sprache als auch für die Anzahl der Sprecher in einer Altersgruppe, die Deutsch bzw. Russisch sprachen. Das heißt erstens: Die Großeltern sprachen auch zu den Jungen mehr Deutsch als die Eltern, diese mehr Deutsch als die älteren Geschwister der Interviewten, die älteren Geschwister mehr Deutsch als die jüngeren Geschwister, die Geschwister mehr Deutsch als die Ehepartner und die Ehepartner mehr Deutsch als die Kinder. Und das heißt zweitens: Nach Meinung der jungen Eltern gab es in der Altersgruppe der Großeltern mehr Personen, die überhaupt in der Lage waren, Deutsch zu sprechen, als in der Altersgruppe der Eltern, in dieser mehr als in der Altersgruppe der älteren Geschwister usw. Je älter ein Russlanddeutscher war, desto eher musste man ihm Deutsch als diejenige Sprache zuschreiben, von der aus er sich orientierte. Dies war die Erfahrung der jungen Eltern als Adressaten. Für ihre Beteiligung als Sprecher beschrieben sie folgende Tendenz: Je jünger ein Angehöriger war, desto mehr und selbstverständlicher sprachen sie ihn auf Russisch an; je älter er war, desto mehr verringerte sich der Anteil ihrer auf Russisch an ihn gerichteten Äußerungen.[48]

Obwohl also die Alten und Älteren eher Deutsch sprachen und die Jungen und Jüngeren eher Russisch, war Kommunikation zwischen ihnen möglich, denn man hatte in der jeweils nicht gut oder bevorzugt gesprochenen Sprache doch wenigstens Verstehensfähigkeiten. Siehe dazu Tabelle 8. Abbildung 5 soll die zweisprachige intergenerationelle Kommunikation in russlanddeutschen Familien veranschaulichen.

---

[48] Siehe auch Berend 1998, 66-67, zu diesem Sprachengebrauch.

Abb. 5: *Die zweisprachige intergenerationelle Kommunikation in russlanddeutschen Familien vor der Ausreise*

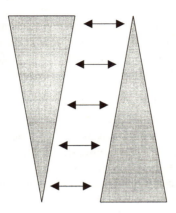

Die Generation der Großeltern der jungen Eltern:

Deutsch als gern und selbstverständlich gesprochene Sprache

Die Generationen der jungen Eltern und ihrer Kinder:

Russisch als gern und selbstverständlich gesprochene Sprache

Die Situation war jedoch noch komplizierter. Sprachenwahl und sprachliche Fähigkeiten hingen nach der Erfahrung der befragten jungen Eltern nicht nur von der Generationszugehörigkeit des Sprechers und des Adressaten ab, sondern auch vom Gesprächsgegenstand. Ein junger Vater sagte, Deutsch sei die *Küchensprache* gewesen, man habe sie nur benutzen können, um über einfache Dinge des Haushalts und des Familienlebens zu sprechen; sowie man aber z.B. über die Schule, die Arbeit oder Krankheiten habe sprechen wollen, habe man auch in der Familie stets Russisch gesprochen (AM, Kass. 367).

Der letzte Faktor, den einige junge Eltern als wichtig für die Sprachenwahl in ihrem Herkunftsland betrachteten, war der Kommunikationsort: zum einen öffentlich, z.B. im Bus oder im Geschäft, zum anderen privat. Mehrere berichteten von feindseligen Reaktionen der Umgebung auf die Verwendung des Deutschen in der Öffentlichkeit. Aber es wurde nicht ganz klar, wann es dazu gekommen war. Wurde in den Familien nur über derartige Reaktionen aus der Nachkriegszeit berichtet oder hatten sie sich noch in den Sechziger-, Siebzigerjahren zugetragen? ES sagte mir: *Wir wollten – gemeint ist: im Bus – nicht Deutsch sprechen, wir wollten nicht zeigen, dass wir Deutsche sind, die Deutschen wurden verachtet, deshalb sprachen wir gemischt* (!) (Gesprächsnotiz). Seine Schwester MS berichtete: *Meine Mutter hat mich immer aufgefordert, nicht Deutsch zu sprechen, auch als ich noch ganz klein war und nicht alles auf Russisch konnte; deshalb habe ich Deutsch auch vergessen* (Kass. 071). Ihr Mann ergänzte: *Die Kasachen sprachen sogar in den großen Städten im Bus laut Kasachisch; die Deutschen haben sich immer geniert; es kam dort nicht vor, dass im Bus jemand laut Deutsch gesprochen hätte, und wenn doch, dann war das ein Ausländer* (Kass. 071). EP sagte: *Wenn sich die Kirgisen trafen, sprachen sie Kirgisisch; wir durften – gemeint ist: im Bus und an ähnlichen Orten – nicht Deutsch sprechen, das war verboten, das war unerträglich* (Kass. 018). PB sagte: *In Kirgisien sprachen wir auch im Bus und überall in der Öffentlichkeit unseren deutschen Dialekt, wenn wir alleine waren; wenn andere Leute dazu kamen, sprachen wir Russisch* (Kass. 010). AD sagte: *In der Öffentlichkeit sprachen wir immer etwas mehr Russisch als zu Hause, aber das hing auch von der Sprachenkenntnis des anderen ab: mit meinen Eltern z.B. sprach ich zu Hause nur Deutsch, in der Öffentlichkeit Deutsch und Russisch, mit den Kindern sprach ich überall Russisch, mit meinem Mann und den Geschwistern überall Russisch und Deutsch* (Kass. 007). Es fällt auf, dass die jungen Eltern, die den Kommunikationsort als wichtig für die Sprachenwahl darstellten und unter dem sprachlichen Selbstbewusstsein der Kirgisen und Kasachen litten, sämtlich Kinder von Eltern waren, die während des Zweiten Weltkrieges unter deutscher Besatzung gelebt hatten. Diese Familien hatten in ihrem ethnischen Selbstverständnis die schroffsten Brüche erfahren: während des Krieges – positive Diskriminierung und Bevorteilung durch die deutschen Besatzungsbehörden,[49] nach dem Kriege – Bezichtigung des Verrats an der Heimat und Zuschreibung von Mitverantwortung für die Leiden ihrer sowjetischen Landsleute. Für diese Familien war es am schwersten, ein ausgeglichenes ethnisches Selbstbewusstsein und eine ausgeglichene Beziehung zu den Vertretern anderer Ethnien zu finden. Die einzige junge Mutter, die die Bedeutsamkeit des Kommunikationsortes für die Sprachenwahl erwähnte und deren Familie während des Krieges in Sibirien gelebt hatte, sagte: Feindseligkeiten wegen des Verwendens der deutschen Sprache habe sie in ihrer Kindheit und Jugend nicht erlebt; ihre Eltern hätten freilich davon berichtet; aber sie und ihre Mutter hätten in der Öffentlichkeit ohne Scheu Deutsch gesprochen, nämlich immer dann, wenn nicht alle verstehen sollten, was sie sich zu sagen hatten (MK, Kass. 006).[50]

e) Bedingungen der familiären Kommunikation: Die ethnische Zugehörigkeit des Ehepartners

Von meinen 42 Informanten aus der Elterngruppe waren 30 (71%) mit einem Russlanddeutschen/einer Russlanddeutschen verheiratet, 10 (24%) mit einem Menschen russischer Nationalität und 2 (5%) mit einem Menschen anderer Nationalität. In 7 (58%) von den 12 Fällen nicht-deutscher Ehepartner handelte es sich um die Mutter, in den verbleibenden 5 (42%) Fällen um den Vater. Es fragt sich, ob ein Zusammenhang zwischen der Nationalität des Ehepartners und den Deutschfähigkeiten vor der Ausreise besteht. Das soll am Beispiel des bestentwickelten Fähigkeitsbereichs – dem Verstehen

---

[49] Mehrere Informanten haben mir berichtet, welche Vorteile sie von der deutschen Besatzung hatten. Zu dem Problemkomplex findet man zahlreiche Details bei Buchsweiler 1984 und Hansen (Hg.) 1994. Vgl. dazu auch die Dokumente 3 und 4 in Anhang 2.

[50] Der Übergang aus dem Russischen ins Deutsche diente auch familienintern manchmal dazu, bestimmte Informationen auf bestimmte Familienmitglieder zu beschränken (s. LS, Kass. 009; AF, Kass. 068).

deutschsprachiger Äußerungen – geprüft werden. Siehe Tabelle 9 und Abbildung 6.

Tab. 9: Ethnische Zugehörigkeit des Ehepartners und Fähigkeiten im Verstehen deutschsprachiger Äußerungen gemäß Selbsteinschätzung (n=42)

Grad der Selbsteinschätzung	Ehepartner ist Deutsche(r)	Ehepartner ist nicht Deutsche(r)	Summe
gut	13 (43%)	4 (33%)	17
mittelmäßig	6 (20%)	3 (25%)	9
etwas	8 (27%)	5 (42%)	13
gar nicht	3 (10%)	0	3
Summe	30 (100%)	12 (100%)	42

Abb. 6: Ethnische Zugehörigkeit des Ehepartners und Fähigkeiten im Verstehen deutschsprachiger Äußerungen gemäß Selbsteinschätzung (n=42)

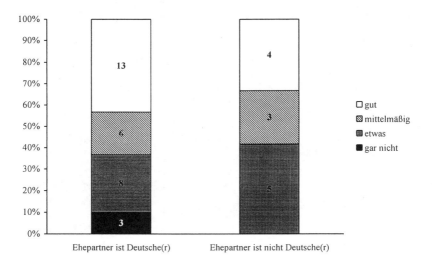

Es zeigt sich ein Zusammenhang zwischen den Deutsch-Verstehensfähigkeiten vor der Ausreise und der nationalen Zugehörigkeit des Ehepartners. Wenn der Ehepartner Deutscher ist, ist der Anteil derjenigen jungen Eltern, die ihre Deutsch-Verstehensfähigkeiten als gut (43%) einschätzen, deutlich höher, als wenn der Ehepartner nicht Deutscher ist (gut – 33%). Jedoch ist der Zusammenhang nicht so stark, wie man erwarten könnte, wenn man wenig über den Sprachengebrauch der jungen Russlanddeutschen weiß:

Auch wenn der Ehepartner Deutscher ist, gibt es unter den Informanten dieser Untersuchung immerhin 10%, die von sich sagen, sie verstünden gar nicht Deutsch. Dies hängt damit zusammen, dass – wie oben ausgeführt – Deutsch am ehesten die Sprache des Umgangs mit den älteren Generationen war, nicht die Sprache der jungen Erwachsenen untereinander. Wenn jedoch beide jungen Ehepartner Russlanddeutsche sind, dann steigt die Häufigkeit der Kommunikation in deutscher Sprache allein deswegen, weil die Großeltern und Urgroßeltern beider Seiten das Deutsche – mehr oder weniger regelmäßig – verwenden.

2.4.4 Ergebnisse und Bedingungen der sprachlichen Integration der jungen Eltern in Deutschland zum Zeitpunkt des sprachbiografischen Gesprächs

a) Die Einschätzung der eigenen Deutschfähigkeiten zum Zeitpunkt des sprachbiografischen Gesprächs

In Tabelle 10 wird gegenübergestellt, wie die 42 interviewten Eltern ihre Deutschfähigkeiten vor der Ausreise und zum Zeitpunkt des sprachbiografischen Gesprächs bewerteten, welchen Fortschritt sie also bei sich selbst im Wiedererwerb und Ausbau des Deutschen wahrnahmen.

Tab. 10a-d: Die Deutschfähigkeiten a) vor der Ausreise und b) zum Zeitpunkt des sprachbiografischen Gesprächs gemäß Selbsteinschätzung (n=42)

Tab. 10a: Gesprochenes Deutsch Verstehen a) vor der Ausreise und b) zum Zeitpunkt des sprachbiografischen Gesprächs

Grad der Selbsteinschätzung	a) vor der Ausreise	b) zum Zeitpunkt des sprachbiografischen Gesprächs
gut	17 (41%)	15 (36%)
mittelmäßig	9 (21%)	19 (45%)
etwas	13 (31%)	8 (19%)
gar nicht	3 (7%)	0
Summe	42 (100%)	42 (100%)

Tab. 10b: *Deutsch Sprechen a) vor der Ausreise und b) zum Zeitpunkt des sprachbiografischen Gesprächs*

Grad der Selbsteinschätzung	a) vor der Ausreise	b) zum Zeitpunkt des sprachbiografischen Gesprächs
gut	7 (17%)	12 (29%)
mittelmäßig	5 (12%)	18 (43%)
etwas	23 (54%)	12 (28%)
gar nicht	7 (17%)	0
Summe	42 (100%)	42 (100%)

Tab. 10c: *Deutsch Lesen a) vor der Ausreise und b) zum Zeitpunkt des sprachbiografischen Gesprächs*

Grad der Selbsteinschätzung	a) vor der Ausreise	b) zum Zeitpunkt des sprachbiografischen Gesprächs
gut	3 (7%)	8 (19%)
mittelmäßig	4 (10%)	22 (53%)
etwas	18 (43%)	11 (26%)
gar nicht	17 (40%)	1 (2%)[51]
Summe	42 (100%)	42 (100%)

Tab. 10d: *Deutsch Schreiben a) vor der Ausreise und b) zum Zeitpunkt des sprachbiografischen Gesprächs*

Grad der Selbsteinschätzung	a) vor der Ausreise	b) zum Zeitpunkt des sprachbiografischen Gesprächs
gut	1 (2%)	6 (14%)
mittelmäßig	4 (10%)	14 (34%)
etwas	20 (48%)	21 (50%)
gar nicht	17 (40%)	1 (2%)
Summe	42 (100%)	42 (100%)

---

[51] Hier handelt es sich um einen jungen Vater, der erst seit sechs Monaten in Deutschland lebt. Er ist auch derjenige, der erklärt, nicht deutsch schreiben zu können.

Abb. 7: Die Deutschfähigkeiten a) vor der Ausreise und b) zum Zeitpunkt des sprachbiografischen Gesprächs (2./3. Aufenthaltsjahr) gemäß Selbsteinschätzung (n=42)

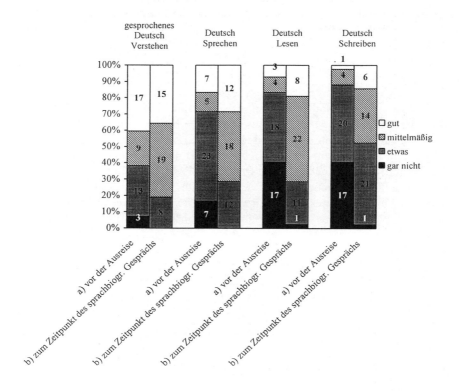

Beim Verstehen gesprochener deutschsprachiger Äußerungen zeigt sich ein erster Erfolg sprachlicher Integration darin, dass der Anteil der jungen Eltern, die angaben, vor der Ausreise *gar nicht* (7%) oder nur *etwas* (31%) verstanden zu haben, auf 19% mit der Einschätzung *etwas* zurückgegangen ist. Im durchschnittlich 17. Aufenthaltsmonat verstehen – nach eigener Einschätzung – 81% *mittelmäßig* bis *gut*, vor der Ausreise waren es 62% – wiederum nach eigener, mit Skepsis zu betrachtender Einschätzung. Aufschlussreich ist, dass der Anteil derjenigen, die vor der Ausreise glaubten, gut zu verstehen, von 41% auf 36% zurückging. Das dürfte damit zusammenhängen, dass in Deutschland die Verstehensanforderungen gegenüber der Herkunftsgesellschaft ganz erheblich ansteigen: Man muss gesprochenes Deutsch in Funktionsbereichen verstehen lernen, die in der Herkunftsgesellschaft Domänen des Russischen waren: Behördenkommunikation, Arzt-Patienten-Kommunikation, Kommunikation mit den Lehrern der Schule usw. Und es ist ein anderes Deutsch, das in Deutschland gesprochen wird: regional zum Teil variabler oder jedenfalls anders, mit zahlreichen Lexemen, die im Herkunftsland unbekannt waren.

Im Hinblick auf das Deutschsprechen gaben 71% der jungen Eltern an, vor der Ausreise *gar nicht* (17%) oder nur *etwas* (54%) Deutsch gesprochen zu haben. Der Anteil dieser beiden Gruppen ist im Zeitraum des sprachbiografischen Gesprächs auf 28% mit dem Wert *etwas* zurückgegangen – immerhin noch ein erheblicher Anteil mit geringen Sprechfähigkeiten. Aber die sprachliche Integration ist doch deutlich vorangeschritten, wenn nunmehr 29% meinen, *gut* Deutsch zu sprechen und 43% *mittelmäßig*.

Beim Deutsch Lesen scheint es auf den ersten Blick die größten Fortschritte gegeben zu haben. Hatten vor der Ausreise nur 17% gemeint, *mittelmäßig* oder *gut* Deutsch zu lesen, sind es jetzt 72%. Aber zur Einordnung dieser Selbstbewertungen muss man wissen, dass viele der von mir interviewten Russlanddeutschen unter Deutsch Lesen vor allen Dingen verstanden, mit dem lateinischen Alphabet vertraut zu sein. Was Lesefähigkeiten sonst noch alles einschließen können, davon scheinen nur wenige eine Vorstellung zu haben, auch im Hinblick auf das Russische. Das ist ein Ausdruck der Dominanz des Mündlichen in der Kommunikationspraxis, die bereits im Herkunftsland gegeben war.[52]

Auch im Deutsch Schreiben gibt es Fortschritte. Nur 12% waren der Ansicht, dass sie vor der Ausreise *mittelmäßig* (10%) oder *gut* (2%) Deutsch schreiben konnten, nunmehr sind es 34% bzw. 14%. Die Zunahme der Lese- und Schreibfähigkeiten ist ein unbezweifelbares Verdienst der Deutschkurse des Arbeitsamtes. Aber auch hier gilt wieder, dass es sich vor allem um elementare Fertigkeiten im Umgang mit dem lateinischen Alphabet handelt. Im günstigsten Fall kommt etwas Übung im Variieren von Bewerbungsmustern und ähnlichen alltagspraktisch wichtigen Textsorten hinzu.

Die Fortschritte bei der Reaktivierung und Erweiterung der Deutschkenntnisse sind aus der Sicht der interviewten jungen Eltern in den ersten zwei/drei Aufenthaltsjahren beträchtlich. Dennoch berichten alle von großen Problemen in der sprachlichen Kommunikation mit einheimischen Deutschen. Es wird durch genauere Analysen zu ermitteln sein, worin diese Probleme sich äußern und worin sie begründet sind. Siehe dazu vor allem die Kapitel 3 und 4.

Nach der Einschätzung der Russischfähigkeiten zum Zeitpunkt des sprachbiografischen Gesprächs wurde nicht gefragt, und die Informanten sprachen diesen Punkt von sich aus nicht an.

---

[52] Nach Einschätzung von Protassova (mündliche Mitteilung) spielt die schriftliche Kommunikation in Deutschland generell eine größere Rolle als in der Herkunftsgesellschaft.

b) Der Sprachengebrauch zum Zeitpunkt des sprachbiografischen Gesprächs

Über ihren eigenen Sprachengebrauch in der Familie zum Zeitpunkt des sprachbiografischen Gesprächs machten die jungen Eltern folgende Aussagen. Die wenigsten Veränderungen gebe es in der Kommunikation mit dem Ehepartner und anderen Gleichaltrigen. Zu ihnen spreche man Russisch wie immer (PK, Kass. 017; AD, Kass. 007). VS begründete das so: *Bevor ich Deutsch radebreche, spreche ich Russisch* (Kass. 070-072). Nur eine junge Frau, und zwar gerade die Informantin, die aus einem russlanddeutschen Dorf stammte und in Kasachstan mit ihren Eltern und den zahlreichen Geschwistern immer Deutsch gesprochen hatte, gab an, jetzt auf einmal mehr Russisch zu ihnen zu sprechen. Seit sie in Mannheim lebe, sei sie ganz *verrückt* geworden: Heiße es denn nun *Zaun* oder *Zoon*? Bevor sie sich über jedes deutsche Wort den Kopf zerbreche, sage sie lieber *забор* (zabor – 'Zaun') (NI, Kass. 097). Zu den älteren Verwandten, vor allem den Eltern, und zu den Kindern – und dies war neu! – sprachen die jungen Mütter und Väter nach eigenen Angaben nun mehr Deutsch als früher, vielleicht *halbe halbe* oder *halber Deutsch und halber Russisch* oder *50 zu 50 Deutsch und Russisch* (WS, Kass. 074; LS, Kass. 009; PK, Kass. 017; MR, Kass. 105). AB sagte, wenn sie mit ihrer Tochter spreche, fange sie meist auf Deutsch an, höre aber auf Russisch wieder auf (Kass. 069). Die größten Veränderungen im innerfamiliären Sprachengebrauch nahmen die jungen Eltern bei ihren Kindern wahr: Sie sprächen nun *Deutsch und Russisch zusammen* (AF, Kass. 068) und *Russisch ganz durcheinander* (LS, Kass. 009).

Zum Sprachengebrauch der Familienmitglieder untereinander in der Öffentlichkeit betonten mehrere junge Eltern, sie sprächen dort nach Möglichkeit Deutsch, denn *wir sind jetzt in Deutschland, und die Leute gucken sonst* (WS, Kass. 031), oder aber, wenn es nicht anders ginge, sprächen sie *leise* Russisch:[53] *Wir haben Angst* (PB, Kass. 010; s. auch AD, Kass. 007, und PK, Kass. 017). LB sagte: *Es gibt Deutsche, hier geborene Deutsche, die hassen es, wenn wir Russisch sprechen; die drehen sich um und sagen: Wir sind in Deutschland!* (Kass. 345).[54] Und wie schon im Herkunftsland, vergleichen sich Russlanddeutsche, wie mir einige berichteten, voll ambivalenter Gefühle mit anderen Minderheitengruppen, in diesem Falle mit den Türken: *Die Tür-*

---

[53] Zum sog. Flüstersyndrom siehe Berend 1998, 70. Dass Sprecher von Minderheitssprachen unter der Wirkung der prestigereichen Mehrheitssprache dazu tendieren, ihre Minderheitssprache nur noch flüsternd zu gebrauchen, wurde in verschiedenen Ländern beobachtet. Vgl. Nelde 2000 zur 'whisper language' in Namibia und den Niederlanden.

[54] Mehr als ein Drittel der russlanddeutschen und polendeutschen Informanten von Schafer et al. haben eine Diskriminierung ihres Russisch- bzw. Polnischsprechens durch einheimische Deutsche erfahren. Viele ihrer Befragten ziehen es deshalb vor, in der Öffentlichkeit möglichst gar nicht oder nur leise zu sprechen, auch dann wenn sie Deutsch sprechen, damit man sie nicht an ihrer Sprechweise als Zuwanderer erkennt (Schafer et al. 1995, Kapitel 3.2).

ken sind schon lange hier, sie genieren sich nicht mehr, in der Straßenbahn laut Türkisch zu sprechen (WS, Kass. 031; PB, Kass. 010). LB, die zusammen mit einer russlanddeutschen Bekannten als Küchenhilfe arbeitet, wurde unter der Bedingung eingestellt, dass sie mit ihrer Kollegin in der Küche nicht Russisch spreche: *Unser Chef hat von Anfang an gesagt: Ich will kein Russisch hören!* (Kass. 345).

Ein anderes, zusätzliches Verständnis von Öffentlichkeit wurde in den sprachbiografischen Gesprächen ebenfalls thematisiert: Ein Informant, der allerdings schon sechs Jahre in Deutschland lebte, betonte, dass man bei Öffentlichkeit nicht nur an eine binnendeutsche Öffentlichkeit denken dürfe. Es gebe auch eine russlanddeutsche Öffentlichkeit. Er z.B. sei in einer Firma des *multilevel network marketing* tätig. Dort arbeiteten über ganz Deutschland verstreut vielleicht 100 000 *Russlands*(!)*deutsche*, und sie hätten großartigen Erfolg. Woanders würde man sie ja nur zu körperlich schwerer und schlecht bezahlter Arbeit zulassen. Aber in der Marketing-Firma könnten sie ihre Fähigkeiten zeigen; und dort spreche man bei der Geschäftsvorstellung und Produktvorführung selbstverständlich Russisch. Auch die Schulungen fänden auf Russisch statt. Er träume davon, bald in der Ukraine oder Russland Filialen der Firma aufzubauen, und dafür wäre es gut, auf Russisch im Training zu bleiben (AM, Kass. 367).

c) Besuch eines Deutschkurses

Von den 42 Eltern hatten 40 Personen (95%) einen Deutschkurs besucht. Zwei nahmen nicht am Deutschkurs teil. Dabei handelte es zum einen um eine junge Mutter, die niemanden hatte, der ihr Kleinkind während des Unterrichts betreute. Weiterhin hatte ein Vater es vorgezogen, sofort eine Arbeit aufzunehmen. Er war der Ansicht, bei der Arbeit würde er nicht nur Geld verdienen, sondern auch besser und schneller Deutsch lernen als mit Hilfe des Kurses. Die Orientierung auf den Deutscherwerb bzw. -wiedererwerb in alltäglicher Kommunikation bei der Arbeit war unter meinen Informanten sehr stark ausgeprägt. Der Deutschkurs erfuhr bei den meisten jungen Eltern eine eher negative Bewertung, weil meist keine Beziehung zu ihren deutschsprachigen Voraussetzungen und ihren bevorzugten Sprachlernstrategien hergestellt werden konnte.

d) Deutschsprachige Kommunikationsgelegenheiten

Deutscherwerb bzw. -wiedererwerb durch Kommunikation setzt voraus, dass bei der Arbeit oder in der Freizeit Deutsch sprechende Kommunikationspartner zur Verfügung stehen. Das war zum Zeitpunkt des sprachbiografischen Gesprächs nur für wenige gegeben. Von den 42 interviewten Eltern wohnten 35 (83%) noch im Übergangswohnheim, nur sieben (17%) hatten bereits eine eigene Wohnung. Im Übergangswohnheim sind die meisten Kommunikationspartner ebenfalls Russlanddeutsche. Was für ein deutschsprachiges Angebot sie sich gegenseitig vermitteln, ist in Abschnitt 4.2 dargestellt. Tagsüber besuchten fünf Informanten (12%) noch den Sprachkurs und sieben (17%) absolvierten eine Umschulung. Diese zwölf Personen empfingen ein zielsprachliches Angebot im Deutschen. 11 Personen (26%) hatten bereits Arbeit gefunden. Ihre Arbeit war aber meist nicht kommunikationsintensiv. Die Kollegen waren oft ebenfalls Russlanddeutsche oder andere Zuwanderer, die, wenn sie überhaupt Deutsch miteinander sprachen, nur ein Deutsch sprechen konnten, das stark durch ihre dominanten Sprachen beeinflusst war (kontaktsprachliches Deutsch) oder allgemein Züge von Lernersprachen trug (lernersprachliches Deutsch). 19 der interviewten Eltern (45%) hatten entweder noch keine Arbeit gefunden oder konnten wegen der Betreuung der Kinder keine Arbeit aufnehmen. Diese Informanten erhielten ihr sprachliches Angebot fast nur von anderen Russlanddeutschen. Das heißt, die meisten Eltern hatten zum Zeitpunkt des sprachbiografischen Erstgesprächs kein intensives binnendeutsches Sprachangebot.[55]

e) Zielvorstellungen zur sprachlichen Entwicklung des Kindes

Auf die Frage, welche Sprachen das Kind gemäß dem Wunsch der Eltern lernen sollte, antworteten 3 Eltern (7%), ihr Kind solle möglichst *perfekt* Deutsch lernen, das genüge. 26 Eltern (62%) antworteten, ihr Kind solle Deutsch lernen und Russisch nicht vergessen; es sei immer gut und nützlich, mehrere Sprachen zu sprechen; man habe auch noch Verwandte und Freunde im Herkunftsland, es wäre bedauerlich, wenn die Kinder eines Tages mit ihnen nicht mehr sprechen könnten. 13 Eltern (31%) antworteten, ihr Kind solle Russisch nicht vergessen, Deutsch *perfekt* lernen und außerdem noch weitere Sprachen wie z.B. Englisch. Die Frage, wie sie ihr Kind beim Lernen dieser Sprache/dieser Sprachen unterstützen könnten, überraschte die meisten Eltern. Der Erhalt des Russischen schien ihnen gesichert, wenn man in der Familie nur weiterhin Russisch spreche. Die Frage nach der Förderung des kindlichen Deutscherwerbs brachte die Eltern eher in Verlegenheit. Einige sagten, sie vermittelten den Kindern, was sie selbst könnten, aber eigentlich müssten sie darauf warten, dass die Kinder in Kindergarten und Schule Deutsch lernten, dann hätten auch die Eltern jemanden, von dem sie selbst *richtig* Deutsch lernen könnten. Einige wenige Eltern hatten sich vorgenommen, ihren Kindern Lesen und Schreiben auf Russisch beizubringen. Aber sie waren überzeugt, dass die Kinder zuerst auf Deutsch Lesen und Schreiben lernen müssten, danach könnte man ihnen auch ein zweites Alphabet zumuten. Deutsch sei wichtiger als Russisch, und die Kinder dürften nicht überfordert werden.

---

[55] Zur Wechselwirkung von sprachlicher Integration, Arbeitssuche, Arbeit und Arbeitslosigkeit siehe die sehr informativen Ergebnisse der qualitativen Befragung von Schafer et al. 1995.

Man erkennt aus diesen Antworten: Erstens, die Eltern legen Wert auf den Erwerb des Deutschen bei ihren Kindern und halten den Deutscherwerb für das Wichtigste in der sprachlichen Entwicklung ihrer Kinder. Zweitens, sie schätzen ihre mitgebrachte dominante Sprache Russisch und Zweisprachigkeit generell und wünschen, dass die Kinder ihre bereits erworbenen Russischkenntnisse nicht aufgeben. Drittens, die Eltern haben jedoch wenig Wissen darüber, wie kindliche Zweisprachigkeit entstehen, aber auch wieder verloren gehen kann.

2.5 Ergebnisse der sprachbiografischen Gespräche: Die Großeltern

Es wurden 19 russlanddeutsche Großeltern interviewt. Zum Zeitpunkt der Interviews waren sie zwischen 19 Monaten und 16 Jahren in Deutschland, mit einer durchschnittlichen Aufenthaltsdauer von 38 Monaten, wenn man von den zwei Großeltern absieht, die seit 15 bzw. 16 Jahren in Deutschland lebten.

2.5.1 Der Erstspracherwerb der Großeltern

Bei meinen Informanten aus der Generation der Großeltern waren stets sowohl Vater als auch Mutter Russlanddeutsche. Der monolinguale Deutscherwerb war für sie charakteristisch. Er war bei 18 Großeltern (95%) gegeben. Sie lernten Deutsch von den Eltern, Großeltern und Geschwistern. Nur eine Großmutter absolvierte einen doppelten Erstspracherwerb Deutsch/Russisch. Sie wurde nach dem zweiten Weltkrieg – 1950 – in einer großen Stadt des Urals geboren, wo Russisch selbstverständlich dominante Sprache war; und sie hatte ältere Geschwister, die mit ihr Russisch sprachen. Von ihnen lernte sie Russisch. Von den beiden russlanddeutschen Eltern lernte sie Deutsch (LM, Kass. 113). Mit dieser Spracherwerbssituation ist sie eher den Älteren unter den jungen Eltern vergleichbar als den anderen Großeltern.

Die Bezeichnungen, die die Großeltern zur Bezeichnung ihres Deutschs benutzten, unterschieden sich kaum von den Bezeichnungen, die wir von den jungen Eltern kennen.

Von den Großeltern stammten 9 (47%) aus einem deutschen Dorf, 3 (16%) aus mehrsprachigen Dörfern und 7 (37%) aus einer Stadt.

2.5.2 Die Sprachentwicklung der Großeltern im Vorschul- und Schulalter

a) Sukzessiver Bi- und Multilingualismus: Russisch als Zweitsprache

Von den 18 Großeltern, deren Erstspracherwerb monolingual deutsch war, gaben nur drei an, vor der Schule etwas Russisch gelernt zu haben. In allen drei Fällen waren die Nachbarkinder ihre Lehrer. Dass Nachbarkinder Russisch sprachen, war für die frühe Kindheit der Großeltern noch etwas Untypisches. Dazu kam es durch Urbanisierung und Landflucht der jungen Urgroßeltern-Paare, so im Falle von FM, deren Eltern Anfang der 30er Jahre ihr deutsches Dorf in der Ukraine verließen und in Odessa Arbeit suchten, wo FM dann geboren wurde (Kass. 378). Dazu kam es weiterhin durch Flucht vor Verfolgung, so im Falle von AB, der 1924 in einer mennonitischen deutschen Kolonie in der Ukraine geboren wurde, dessen Eltern Ende der 20er Jahre am liebsten nach Amerika ausgewandert wären, es aber nicht erreichen konnten[56] und daher in der Großstadt Dneproges (heute Zaporož'e) untertauchten, wo sie unter Russen und Ukrainern lebten (AB, Kass. 387). Dazu kam es schließlich 1941 durch Deportation in ein russisches oder nordkasachisches Dorf und Einquartierung bei einer russischen Familie wie bei FS (Kass. 127). Die meisten Großeltern (14, d.h. 74%) lernten Russisch erst in der Schule – in der Form der Submersion. Ein Großvater lernte es sogar noch später – bei der Arbeit.

b) Unterrichtssprache und Deutschunterricht

Für zwölf Großeltern (63%) war allein Russisch die Unterrichtssprache. Dabei handelt es sich meist um die etwas jüngeren Großväter und Großmütter. Sieben Großeltern (37%) haben sowohl das Deutsche als auch das Russische bzw. Ukrainische als Unterrichtssprache erfahren. Hinter dieser zusammenfassenden Zahl verbergen sich unterschiedliche politische Konzepte für die Bildung der deutschen Minderheit in der Sowjetunion und schroffe Konzeptwechsel, wie sie für die Sowjetunion der 20er und 30er Jahre typisch waren.[57] Die Informantin IS, geboren 1921 in der Stadt Balzer im Gebiet Saratov, kam in den Genuss des Neuansatzes der sowjetischen Nationalitätenpolitik, zu der auch gehörte, den Kindern nationaler Minderheiten Erstalphabetisierung und Allgemeinbildung in ihrer Muttersprache zuteil werden zu lassen. IS konnte daher in der Autonomen Republik der Wolgadeutschen eine zehnjährige Schulbildung in deutscher Sprache und mit zusätzlichem Unterricht in Russisch als Fremdsprache und eine dreijährige Hochschulbildung absolvieren, die ein Jahr lang ganz in deutscher Sprache vermittelt wurde und dann einen allmählichen Übergang ins Russische vollzog (Kass.

---

[56] Siehe dazu auch Brandes 1997, 181-188, sowie den autobiografischen Bericht von Driedinger in Tietz 1995.
[57] Siehe dazu Buchsweiler 1984, Lötzsch 1992 und Simon 1986.

353).⁵⁸ Auch KM, der 1932 in einem wolgadeutschen Dorf geboren wurde, konnte seine deutschsprachige Erstalphabetisierung und Schulbildung noch unter diesen Prämissen beginnen. Aber IS und KM mussten ihre Ausbildung in deutscher Sprache jäh abbrechen – wegen des deutschen Überfalls und der darauf folgenden Deportation. Erst Jahre nach Beendigung des Krieges konnten sie weiterlernen; und das geschah dann in russischer Sprache. Anders lag der Fall der Großeltern AB, FS, VS, CF und FM. Sie wurden zwischen 1924 und 1934 in deutschen Dörfern der Ukraine bzw. in Odessa geboren. Als sie eingeschult wurden, war für den Ältesten von ihnen – AB – Deutsch noch Unterrichtssprache, aber das nicht einmal ein Schuljahr lang. Für die vier Jüngeren war sofort Russisch Unterrichtssprache.⁵⁹ Deutsch wurde für die deutschen Kinder aus der Ukraine erst wieder Unterrichtssprache, als ihre Kindheitsorte von rumänischen und deutschen Truppen erobert und besetzt worden waren, und die Bewohner in den „Reichsgau Wartheland" ziehen mussten, wo die „volksdeutschen Umsiedler" auch durch die Schulpolitik „rückgedeutscht" werden sollten.⁶⁰ Hier erfuhren FS, VS, CF und FM Unterricht in deutscher Sprache. Nach der Beendigung des Krieges wurden sie und ihre Familien „repatriiert".⁶¹ Aus der versprochenen „Rückkehr in die Heimat" wurden zwangsweise Ansiedlung, meist in Sibirien, und Schwerstarbeit, und das auch für die inzwischen Vierzehn- und Fünfzehnjährigen. An weiteres Lernen war für sie jahrelang nicht zu denken.

In Deutsch als Fremdsprache wurden nach dem Krieg nur die etwas jüngeren, d.h. nach 1939 geborenen Großeltern unterrichtet. Unter meinen 19 Großeltern-Informanten sind das sechs (32%). Die in den 20er Jahren und 30er Jahren geborenen Großeltern kommen als Analphabeten im Deutschen nach Deutschland, wenn sie nicht vor dem Krieg oder während des Krieges Deutsch als Unterrichtssprache erfuhren. Aber auch Letzteres konnte ja unter

---

⁵⁸ Diese Form der Schulbildung ist vergleichbar mit manchen Spracherhaltprogrammen und Typen bilingualen Unterrichts jüngerer Zeit. Siehe Skutnabb-Kangas 1981, Fthenakis et al. 1985 und Rehbein 1985. Für diese Konstellation setzen Rehbein/Grießhaber 1996 einen eigenen Spracherwerbstyp an: Spracherwerbstyp 10 – Erwerb von L1 und L2 im bilingualen Unterricht.

⁵⁹ Siehe zur Aufhebung des Konzepts der nationalsprachlichen Schule in der Sowjetunion im Allgemeinen und der Ukraine im Besonderen und zur Einführung von Russisch als obligatorischem Unterrichtsfach im Jahre 1939 und zunehmend auch als Unterrichtssprache Lötzsch 1992.

⁶⁰ Siehe Benz 1992 und Hansen 1995.

⁶¹ Zur Vereinbarung der drei Alliierten Großbritannien, UdSSR und USA vom Februar 1945 darüber, die in Deutschland befindlichen sowjetischen Staatsbürger in die Sowjetunion zurückzusenden, notfalls auch gegen ihren Willen, siehe Jacobmeyer 1992. Fraglich ist, ob in der Vereinbarung ein Unterschied gemacht wurde zwischen den nach Deutschland verschleppten Zwangsarbeitern aus der Sowjetunion und den in Deutschland befindlichen Russlanddeutschen, die zum großen Teil eingebürgert worden waren und somit nunmehr eine doppelte Staatsbürgerschaft besaßen. Zur Einbürgerung der Russlanddeutschen siehe Hansen 1995, 27-29.

den damaligen chaotischen Bedingungen nur zu sehr eingeschränkten Ergebnissen führen.

c) Allgemeinbildung und berufliche Bildung

Die Allgemeinbildung der 19 interviewten Großeltern ist in Tabelle 11 zusammengefasst, die berufliche Bildung in Tabelle 12.

Tab. 11:   Die Allgemeinbildung der Großeltern (n=19)

Absolvierte Klassen	Anzahl
zwei Klassen	1 (5%)
vier Klassen	3 (16%)
fünf Klassen	4 (21%)
sieben Klassen	1 (5%)
acht Klassen	4 (21%)
zehn Klassen	6 (32%)
Summe	19 (100%)

Es ist bezeichnend, dass die Großeltern, die zehn Klassen der allgemeinbildenden Schule absolvierten, relativ jung sind. Sie wurden erst gegen Ende des Krieges oder nach Kriegsende geboren (mit Ausnahme von IS, die in der Wolgarepublik die Schule besuchte). Die älteren Großeltern konnten vor dem Krieg und während des Krieges meist nur eine notdürftige Elementarbildung erwerben. Wenn es ihnen überhaupt gelang weiterzulernen, dann fand das meist erst lange nach Kriegsende an der Abendschule statt.

Tab. 12:   Die berufliche Bildung der Großeltern

Grad der beruflichen Bildung	Anzahl
ohne berufliche Ausbildung	11 (58%)
abgeschlossene Lehre	5 (26%)
abgeschlossene Fachschulausbildung	2 (11%)
abgeschlossene Hochschulausbildung	1 (5%)
Summe	19 (100%)

Mehrere Großeltern erreichten ihre Berufsabschlüsse viele Jahre nach Kriegsende durch Fern- oder Abendstudium.

2.5.3 Die sprachliche Situation der Großeltern vor der Ausreise nach Deutschland

a) Die Einschätzung der eigenen Deutschfähigkeiten vor der Ausreise

Tab. 13: Die Deutschfähigkeiten der Großeltern vor der Ausreise gemäß Selbsteinschätzung (n=19)

Grad der Selbsteinschätzung	Gesprochenes Deutsch Verstehen	Deutsch Sprechen	Deutsch Lesen	Deutsch Schreiben
gut	18 (95%)	13 (68%)	4 (21%)	4 (21%)
mittelmäßig	1 (5%)	2 (11%)	2 (11%)	2 (11%)
etwas	0	4 (21)%	9 (47%)	7 (37%)
gar nicht	0	0	4 (21%)	6 (31%)
Summe	19 (100%)	19 (100%)	19 (100%)	19 (100%)

Abb. 8: Die Deutschfähigkeiten der Großeltern vor der Ausreise gemäß Selbsteinschätzung (n=19)

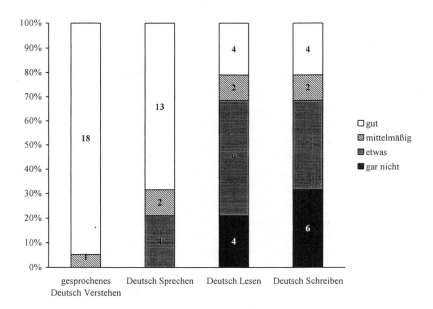

Auch bei den Großeltern haben wir wieder eine Dominanz des mündlichen Deutschs gegenüber dem schriftlichen und des Verstehens gegenüber dem Sprechen.

b) Die Einschätzung der eigenen Russischfähigkeiten vor der Ausreise

Die Antworten der Großeltern auf die Frage, wie gut sie vor der Ausreise Russisch sprachen, sind in Tabelle 14 zusammengefasst.

Tab. 14: *Russisch Sprechen der Großeltern vor der Ausreise gemäß Selbsteinschätzung (n=19)*

Selbsteinschätzung	Anzahl
Wie ein Russe/eine Russin	12 (63%)
Nicht so wie ein Russe/eine Russin	7 (37%)
Summe	19 (100%)

Zwei Drittel der Großeltern sind der Auffassung, sie sprächen ein muttersprachliches Russisch und seien an der Art ihres Russischsprechens nicht als Nicht-Russen erkennbar. Immerhin ein Drittel spricht nach eigener Einschätzung ein mehr oder weniger auffälliges, nichtmuttersprachliches Russisch. Die sieben Großeltern, die ihr eigenes Russisch als von dem der Muttersprachler abweichend erfahren haben, waren überwiegend diejenigen, die als Kinder und Jugendliche während des Krieges unter deutscher Besatzung gelebt hatten und nach dem Krieg kaum oder erst spät Bildungsgelegenheiten bekamen (FS, VS, CF, GK). Aber auch drei Großeltern, die während des Krieges nicht unter deutscher Besatzung gelebt hatten, gaben an, Russisch nicht so gut wie ein Russe sprechen zu können. Diese Großeltern waren während des Krieges in kasachischen Dörfern, und die Kasachen sprachen damals noch kaum Russisch. Die Schule konnten diese Großeltern als Kinder so gut wie nicht besuchen: Sie – nicht mehr Kleinkind, noch nicht Jugendlicher und damit Angehöriger der Arbeitsarmee – mussten ihren Müttern helfen, damit die Familie nicht erfror oder hungers starb. Manche dieser Großeltern blieben bis zu ihrem vierzehnten, fünfzehnten Lebensjahr auch im Russischen Analphabeten (KM, LK, OK). Ihr Russisch konnte sich dann nicht mehr stark entwickeln. So bildeten die als Kinder „repatriierten" Informanten und die zu den Kasachen deportierten Informanten als Jugendliche kein *sauberes* Russisch mehr aus, es war und blieb ein *komisches Russisch*, eines mit *deutschem Akzent,* wie eine junge Mutter (MS) die Sprechweise ihrer Eltern charakterisierte. Ihr Mann VS ergänzte: *Aber ihr Deutsch ist au"ch komisch, es ist mit Russisch vermischt – unglückseliges Deutsch, unglückseliges Russisch* (Kass. 071). Freilich war diese Art kontaktsprachlichen Deutschs und kontaktsprachlichen Russischs mit den skizzierten Biografien nicht notwendig verbunden. Großmutter CF, die als Kind unter den „Reichsdeutschen" gelebt hatte und mit 15 Jahren erstmals in eine russischsprachige Umgebung kam, hat – nach der Meinung ihrer Tochter, nicht allerdings nach ihrer eigenen Meinung – Russisch *perfekt* gelernt und spricht – auch nach meiner Einschätzung – ein standardnahes flüssiges Deutsch (Kass. 140).

c) Die dominante Sprache vor der Ausreise

Tabelle 15 gibt an, welche Sprache oder Sprachen die Großeltern ihrer eigenen Meinung nach vor der Ausreise am besten beherrschten.

Tab.15: Dominante Sprache der Großeltern gemäß Selbsteinschätzung (n=19)

Genannte Sprache(n)	Anzahl
Deutsch	3 (16%)
Russisch	13 (68%)
Deutsch und Russisch in gleicher Weise	3 (16%)
Andere Sprachen	0
Summe	19 (100%)

Die drei Großeltern, die Deutsch als ihre dominante Sprache angaben (FS, VS, CF), hatten einen Teil ihrer Schulbildung mit Deutsch als Unterrichtssprache absolviert und während des Krieges – d.h. in den für die Sprachentwicklung entscheidenden Jahren der frühen und mittleren Kindheit – in den von Deutschland besetzten Gebieten gelebt. Die Großeltern, die nichtdeutsche Ehepartner haben und deshalb in der Familie mehr Russisch zumindest hörten, wenn nicht gar sprachen, gaben an, Russisch sei ihre dominante Sprache. Zur Gruppe mit Dominanz des Russischen gehören aber außer ihnen fast alle Großeltern, die, unabhängig von der Nationalität ihres Ehepartners, dadurch vereint sind, dass sie seit dem Kleinkindalter in einer Umgebung mit der Mehrheitssprache Russisch lebten und ihre Schulbildung mit Russisch als Unterrichtssprache erwarben. Das scheinen somit die wesentlichen Faktoren für die Dominanz des Russischen in ihrer zweisprachigen Kompetenz zu sein.

d) Der Sprachengebrauch vor der Ausreise

Auf ihre Sprachenwahl im Herkunftsland angesprochen, betonten viele Großeltern die Bedeutsamkeit der folgenden Faktoren: die Lebensphase und die jeweilige Zusammensetzung des Kreises der Gesprächsteilnehmer. Allgemein stellten sie fest, dass der Anteil des Deutschen im Verlaufe ihres Lebens zurückgegangen sei. Dies geschah vor allem aus folgenden Gründen. Als Kinder und Jugendliche litten sie darunter, dass alle sie spüren ließen: *Du bist der Letzte, der Niederste, dein Vater hat meinen Vater umgebracht* (GS, Kass. 148). Aber sie lernten allmählich Russisch, sie lernten und arbeiteten. Die Verletzungen wurden nicht vergessen, und es kamen auch immer wieder neue Verletzungen hinzu. So berichtete OK von einem Oberingenieur, der zu sagen pflegte: *Ich achte die Deutschen, aber in meiner Gegenwart wird nicht Deutsch* gesprochen (OK, Kass. 226). Die Großeltern mussten lernen, darüber hinwegzuhören (KM, Kass. 379). Man gehörte allmählich dazu – zur Gemeinschaft der Russischsprechenden.[62] Als junge Erwachsene lebten die Großeltern noch jahrelang mit ihren Eltern zusammen, und diese sprachen – so wurde berichtet – alle besser Deutsch als Russisch. Mit ihnen also musste man regelmäßig Deutsch sprechen. Als die Großeltern jung waren und daran dachten, eine Familie zu gründen, bekamen sie von ihren Eltern selbstverständlich gesagt: *Nimm eine Frau/einen Mann aus deiner Nation – jede Sau bleibt an ihrem Trog!* (Kass. 286 und zahlreiche Hörbelege). Und die jungen Russen/Ukrainer usw., die sich in einen Russlanddeutschen/ eine Russlanddeutsche verliebt hatten, bekamen zu Hause gesagt: *Wir brauchen in unserer Familie keinen Feind: keinen Faschisten und keinen Verräter der Heimat. Pass auf!* (GS, Kass. 148). *Du willst einen Deutschen heiraten?! Die Deutschen haben den Krieg angefangen!* (SH, Kass. 398). Aber die jungen Leute hörten oft nicht auf die Alten; sie hatten bereits andere Prinzipien. *In der Liebe zählt die Nation nicht, die Zeiten haben sich geändert* (GS, Kass. 148). Oder: *Er wurde nach dem Krieg geboren, er hat mit dem Krieg nichts zu tun!* (SH, Kass. 398). Die jungen Russlanddeutschen heirateten – manche einen Russlanddeutschen/eine Russlanddeutsche, manche einen Russen/eine Russin oder jemanden einer anderen Nationalität, und sie machten ihre eigenen Lebenspläne: übersiedelten ins Neulandgebiet oder in eine Industriestadt, wo man Arbeit und Wohnung finden konnte – und mehr und mehr Russisch sprach, weil das die alleinige Sprache war, in der man *die technischen Wörter* der Arbeit gelernt hatte und in der man sich mit jedem Kollegen und Nachbarn austauschen konnte (GS, Kass. 148; KM, Kass. 286). Die Eltern der Großeltern zogen noch die ältesten Kinder auf – diejenigen unserer jungen Eltern, die in der Geschwisterreihe am Anfang stehen – und brachten ihnen Deutsch bei. Später waren die Eltern der Großeltern zu alt, um noch Kleinkinder zu betreuen, und es wurde üblicher, dass die jungen Familien nicht mehr mit den Großeltern in einem Haushalt leben. So wuchsen die jüngeren Kinder mehr mit ihren Eltern und im Kindergarten auf und sprachen Russisch.

In der Folge dieser veränderten Lebensbedingungen wurde der Anteil des Russischen auch im Sprachgebrauch der Großeltern größer. Die meisten sagten, sie hätten vor der Ausreise *so und so* gesprochen, und zwar mit den Eltern, Altersgefährten, dem Ehepartner und den älteren Kindern etwas mehr

---

[62] Die dominante Sprache ist in den letzten Jahren zu einem wesentlichen Klassifizierungskriterium für einen Teil der Bewohner der GUS-Staaten geworden. In den Zeitungen liest man ständig von den Problemen der 'russischsprachigen Bevölkerung'. Siehe zu diesen Problemen auch UNHCR 1994 und 1996.

Deutsch als Russisch (GS, Kass. 207; IS, Kass. 353), mit den jüngeren Kindern und Enkeln mehr Russisch als Deutsch. Für die Kommunikation außerhalb der Familie war wichtig, wer bei dem Gespräch zugegen war. Waren nur Russlanddeutsche anwesend, sprach man *gemischt*; wenn außerdem andere Personen anwesend waren, sprach man Russisch (FS, Kass. 252; MS, Kass. 071) – aus Vorsicht, aber auch aus Höflichkeit. Höflichkeit in der Sprachenwahl ist für Sprecher von Minderheitensprachen ein ständiges kompliziertes Problem des kommunikativen Alltags. Die Sprache der Arbeit war im Wesentlichen das Russische (LK und OK, Kass. 226 u. 227; IS, Kass. 353), in manchen Dörfern daneben auch das Tatarische (KM, Kass. 286).

e) Bedingungen der familiären Kommunikation: Die ethnische Zugehörigkeit des Ehepartners

Von den 19 interviewten russlanddeutschen Großeltern haben 15 (79%) einen Ehepartner, der ebenfalls russlanddeutscher Nationalität ist, zwei haben einen Ehepartner russischer Nationalität (ein Ehemann, eine Ehefrau), ein Großvater hat eine sowjetische Bulgarin zur Frau – ebenfalls Angehörige einer deportierten Minderheit –, ein Großvater hat eine asiatische Ukrainerin geheiratet. Die nichtdeutschen Ehepartner sprachen vor der Ausreise in der Familie Russisch, hatten sich aber doch bestimmte rezeptive Fähigkeiten im Deutschen angeeignet. Die Zahl der interviewten Großeltern ist zu klein, als dass es sinnvoll wäre, nach quantitativen Zusammenhängen zwischen den Deutschfähigkeiten der Großeltern und der ethnischen Zugehörigkeit ihres Ehepartners zu suchen.

2.5.4   Ergebnisse und Bedingungen der sprachlichen Integration der Großeltern in Deutschland

Zum Zeitpunkt des sprachbiografischen Gesprächs hielten sich die interviewten Großeltern, wie bereits gesagt, zwischen 19 Monaten und 16 Jahren in Deutschland auf. Bei diesen großen Unterschieden in der Aufenthaltsdauer ist es selbstverständlich problematisch, die Befragungsergebnisse zusammenzufassen. Da die Großeltern aber häufig sagten, ihr Deutsch habe sich in Deutschland nur anfangs sehr verändert, scheint eine Zusammenfassung unter Vorbehalt möglich zu sein. Dabei ist eine Konfrontation mit den Deutschfähigkeiten vor der Ausreise wiederum aufschlussreich.

a) Einschätzung der eigenen Deutschfähigkeiten zum Zeitpunkt des sprachbiografischen Gesprächs

Tab. 16a-d: Die Deutschfähigkeiten der Großeltern a) vor der Ausreise und b) zum Zeitpunkt des sprachbiografischen Gesprächs gemäß Selbsteinschätzung (n=19)

Tab. 16a: Gesprochenes Deutsch Verstehen a) vor der Ausreise und b) zum Zeitpunkt des sprachbiografischen Gesprächs

Grad der Selbsteinschätzung	a) vor der Ausreise	b) zum Zeitpunkt des sprachbiografischen Gesprächs
gut	18 (95%)	15 (79%)
mittelmäßig	1 (5%)	4 (21%)
etwas	0	0
gar nicht	0	0
Summe	19 (100%)	19 (100%)

Tab. 16b: Deutsch Sprechen a) vor der Ausreise und b) zum Zeitpunkt des sprachbiografischen Gesprächs

Grad der Selbsteinschätzung	a) vor der Ausreise	b) zum Zeitpunkt des sprachbiografischen Gesprächs
gut	13 (68%)	13 (68%)
mittelmäßig	2 (11%)	6 (32%)
etwas	4 (21%)	0
gar nicht	0	0
Summe	19 (100%)	19 (100%)

Tab. 16c: Deutsch Lesen a) vor der Ausreise und b) zum Zeitpunkt des sprachbiografischen Gesprächs

Grad der Selbsteinschätzung	a) vor der Ausreise	b) zum Zeitpunkt des sprachbiografischen Gesprächs
gut	4 (21%)	5 (26%)
mittelmäßig	2 (11%)	6 (32%)
etwas	9 (47%)	7 (37%)
gar nicht	4 (21%)	1 (5%)
Summe	19 (100%)	19 (100%)

Sprachliche Entwicklungen im Überblick

Tab. 16d: *Deutsch Schreiben a) vor der Ausreise und b) zum Zeitpunkt des sprachbiografischen Gesprächs*

Grad der Selbsteinschätzung	a) vor der Ausreise	b) zum Zeitpunkt des sprachbiografischen Gesprächs
gut	4 (21%)	4 (21%)
mittelmäßig	2 (11%)	5 (26%)
etwas	7 (37%)	8 (42%)
gar nicht	6 (31%)	2 (11%)
Summe	19 (100%)	19 (100%)

Abb. 9: *Die Deutschfähigkeiten der Großeltern: a) vor der Ausreise und b) zum Zeitpunkt des sprachbiografischen Gesprächs (2./3. Aufenthaltsjahr) gemäß Selbsteinschätzung (n=19)*

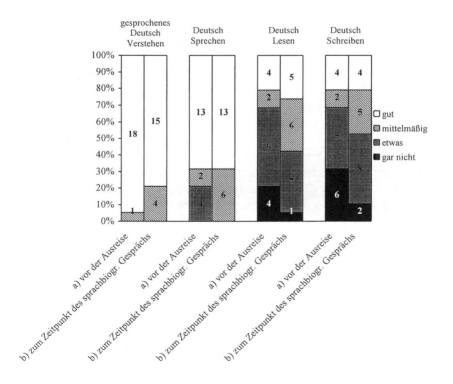

Beim Verstehen zeigt sich wiederum – wie bei den jungen Eltern, s. Abbildung 7 – das Phänomen, dass der Anteil der Informanten, die vor der Ausreise meinten, *gut* Deutsch zu verstehen, kleiner geworden ist. Auch nach mehrjähriger Anwesenheit in Deutschland sagten viele Großeltern, sie verstünden *nicht alles*. Sie führten das zum Teil auf die verschiedenen deutschen Dialekte zurück. Einfacher sei für ihr Verstehen, wenn der Gesprächspartner *Literatursprache*[63] spreche (AB, Kass. 387). Ansonsten gilt, was bereits für das Verstehen bei den jungen Eltern ausgeführt wurde. Bei der Entwicklung der Sprechfähigkeiten ist zunächst positiv zu vermerken, dass zum Zeitpunkt des sprachbiografischen Gesprächs kein Großvater und keine Großmutter mehr sagte, sie spreche nur *etwas* Deutsch; alle glaubten, *mittelmäßig* oder *gut* zu sprechen. Dennoch berichteten viele über anfängliche Enttäuschungen oder auch anhaltende Resignation. FM sagte: *Ich habe immer gedacht, ich kann gut Deutsch, aber ich kann ja nur unsere Umgangssprache* (Kass. 379). KM sagte: *Ich konnte auf Deutsch nur die Haussprache. Weißt du, was ich meine? Haussprache ist, wenn man immerzu dasselbe sagt, nichts Neues. Ich musste die technische Sprache lernen. Die deutsche Sprache ist hier auch ganz anders als bei uns an der Wolga* (Kass. 286). GS sagte: *Ich kann jedem Antwort geben, aber ich kann nichts erklären; die Deutschen wissen so wenig über Russland, aber ich kann es ihnen noch nicht sagen, das ist zu schwer* (Gesprächsnotiz). AB sagte: *Ich kann Deutsch sprechen, aber nur über den Alltag, nicht über Politik* (Kass. 387). Einige Großeltern sagten, sie hätten zunächst ihren mitgebrachten Dialekt ganz abstreifen wollen, später aber erfahren, dass gerade er ihnen gute Dienste leiste und die Verständigung erleichtere (GS, Kass. 148).

Der sehr große Anteil der Großeltern, die *gar nicht* oder nur *etwas* Deutsch lesen konnten (68%), ist stark zurückgegangen, aber er ist immer noch beträchtlich (42%). Bei den deutschsprachigen Schreibfähigkeiten ist es ähnlich. Die Fähigkeiten auch derjenigen Großeltern, die meinten, sie könnten nunmehr auf Deutsch *mittelmäßig* bis *gut* schreiben, muss man sich sehr elementar vorstellen. Zur Veranschaulichung zitiere ich aus einem von einer Russlanddeutschen geschriebenen Lebenslauf: *ich ging in die Deutsche Schuhle ... wir sind geflüchten nach Rumen und Ungarn ... dan furen wir nach Polen ... wir wurden im lager mit Stacheldraht umzeumt ... in die vie wagen geladen* (FM).

b) Der Sprachengebrauch in Deutschland

Die interviewten Großeltern haben in Deutschland unterschiedliche Präferenzen für ihren Sprachengebrauch in der Familie. Einige berichteten, dass sie überwiegend Russisch oder aber *gemischt* sprächen: *etliches Mal*

---

[63] 'Literatursprache' ist ein Terminus der Russistik, der durch den Schulunterricht auch in die Allgemeinbildung eingeht. Siehe auch Kapitel 5.1.

Deutsch, etliches Mal Russisch (AB, Kass. 387; ähnlich auch LK, Kass. 226; FS, Kass. 249; FS, Kass. 127; IS, Kass. 353). Andere berichteten, sie bemühten sich, auch in der Familie überwiegend Deutsch zu sprechen, und suchten die Angehörigen ebenfalls dahin zu bewegen. Als Gründe führten diese Großeltern an: *Wir sind Deutsche, keine Russen, wir wollen Deutsche sein und leben in Deutschland* (OK, Kass. 227). Oder: *Wir haben uns nicht verrusst*[64], *wir haben Deutsch nicht verlernt – aus Liebe, und darum wollen wir Deutsch sprechen* (FM, Kass. 379). Oder es wurde gesagt, die Kinder und Enkel würden nie Deutsch lernen, wenn man in der Familie nicht Deutsch spreche (FM, Kass. 379). Die Großeltern, die sowohl Deutsch als auch Russisch in der Familie sprachen, sagten demgegenüber, es wäre bedauerlich, wenn die Enkel Russisch vergäßen, und sie würden es nicht vergessen, wenn man zu Hause neben Deutsch auch Russisch spräche (LK, Kass. 226). Manchmal fanden sich in einer Familie Anhänger beider Strategien (z.B. OK vs. LK), und es kam zu Auseinandersetzungen zwischen ihnen; oder die Meinungsverschiedenheit wurde einfach dadurch behoben, dass jeder so sprach, wie er es für richtig hielt – zweisprachige Familienkommunikation in Deutschland. In der Öffentlichkeit bemühten sich die Großeltern darum, wie sie sagten, nur Deutsch zu sprechen (s. z.B. GS, Kass. 207).

c) Besuch eines Deutschkurses

Ein Deutschkurs wird für Aussiedler nur finanziert, wenn sie zum Zeitpunkt der Übersiedlung noch im berufsfähigen Alter sind und in ihrem Beruf Aussichten auf einen Arbeitsplatz bestehen. Dementsprechend haben von meinen 19 Informanten der Großelterngeneration 12 (63%) einen Deutschkurs besucht. Diejenigen Großeltern, die als Analphabeten im Deutschen kamen, erwarben im Deutschkurs elementarste Fähigkeiten im Lesen und Schreiben. Ansonsten empfanden sie den Kurs als *Zeitvertreib*, den sich zu erlauben sie nicht gewohnt waren – sie zogen es fast alle vor, so schnell wie möglich eine Arbeit aufzunehmen, wenn sie denn eine fanden (KM, Kass. 287). *Wir brauchten keinen Deutschlehrer*, sagte FM stolz (Kass. 379). Diese Reaktion war natürlich einerseits durch den Wunsch und die Notwendigkeit bedingt, Geld zu verdienen. Sie zeigt aber andererseits auch eine charakteristische Einstellung vieler Russlanddeutscher aller Generationen zum Sprachunterricht.

---

[64] Das Verb *verrussen* dürfte eine Nachbildung des russischen Verbs обрусеть (*obruset'*- 'sich russifizieren, (geschätzte) Eigenschaften der Russen annehmen' oder auch 'zum orthodoxen christlichen Glaubensbekenntnis übertreten') mit Mitteln des Deutschen sein, allerdings wohl mit eher negativer Konnotation. Ein prominentes Beispiel für die Russifizierung eines Deutschen oder Deutschstämmigen im Sinne von обрусеть (*obruset'*) war der 1997 verstorbene Pianist Svjatoslav Richter.

d) Deutschsprachige Kommunikationsgelegenheiten

Deutschsprachige Kommunikationsgelegenheiten ergeben sich für Aussiedler am ehesten in Schulungen und Weiterbildungskursen und bei der Arbeit. Von den 19 Großeltern meiner Untersuchung erfuhren zwei Großmütter (MK, F18; LM, F29), die im Alter von 40 bzw. 42 Jahren nach Deutschland übersiedelten und bereits gute mündliche Deutschfähigkeiten mitbrachten, eine Fortbildung, in der sie Gelegenheit hatten, regelmäßig mit einheimischen Deutschen zu kommunizieren. Die eine von ihnen konnte diese Möglichkeit erfolgreich für sich nutzen. Sie bekam eine Stelle als Kindergärtnerin. Die andere, ebenfalls Kindergärtnerin, hatte bei der Fortbildung und beim Praktikum im Kindergarten keine erheblichen sprachlichen Schwierigkeiten. Aber sie war so befremdet von den Erziehungszielen und -praktiken in Deutschland, dass sie sich freiwillig zurückzog und in einer freikirchlichen Gemeinde unter Russlanddeutschen Zuflucht und Geborgenheit suchte. Die anderen Großeltern fanden meist nur vorübergehend Arbeit, obwohl sie im Verhältnis zu den einheimischen Großeltern jung und bereit waren, beträchtliche Zugeständnisse zu machen, was Arbeitsinhalt und Bezahlung betraf. *Uns braucht niemand* (GS, Gesprächsnotiz) – eine bittere Erfahrung für Menschen, die im Herkunftsland gesellschaftliche Anerkennung und Selbstwertgefühl gerade durch Arbeit gewonnen hatten.[65] Keine Arbeit zu finden bedeutet auch Beschränkung in den Kommunikations- und Deutschlerngelegenheiten.

e) Zielvorstellungen zur sprachlichen Entwicklung der Enkel

Die Großmütter und die Großväter, die ich in meiner Untersuchung kennen gelernt habe, sind in hohem Maße engagierte Großeltern. Sie sind meist mit Selbstverständlichkeit bereit, ihre oft zahlreichen Enkel regelmäßig in die Kindergärten und Schulen zu bringen und abzuholen, für sie zu kochen und sie zu betreuen, wenn die Eltern arbeiten. Sie nehmen deswegen viele Unbequemlichkeiten auf sich und verstehen nicht, warum die binnendeutschen Großeltern das oft nicht tun. Auf Grund des regelmäßigen Umgangs mit den Enkeln wissen sie gut über deren Entwicklung Bescheid und haben ausgeprägte Zielvorstellungen auch für den Spracherwerb. Von den 19 Großeltern waren nur zwei (11%) der Ansicht, es genüge, wenn ihre Enkel Deutsch lernten. 17 Großeltern (89%) waren der Meinung, ihre Enkel sollten mindestens Deutsch und Russisch beherrschen.

---

[65] Siehe zu ähnlichen Beobachtungen auch Schafer et al. 1995.

2.6 Ergebnisse der sprachbiografischen Gespräche: Die Urgroßeltern

Ich habe innerhalb meiner Untersuchung fünf Urgroßeltern interviewt. Sie lebten zum Zeitpunkt des Interviews zwischen 12 und 78 Monaten in Deutschland, mit einer durchschnittlichen Aufenthaltsdauer von 45 Monaten. Zusätzlich zu dem, was sie mir mitteilten, nutze ich, was Informanten der Großelterngeneration über ihre Eltern berichteten.

2.6.1 Der Erstspracherwerb der Urgroßeltern

Bei meinen Informanten aus der Generation der Urgroßeltern waren stets sowohl Vater als auch Mutter Russlanddeutsche. Der Erstspracherwerb war für alle fünf Informanten monolingual deutsch. Drei Urgroßeltern sagten, sie hätten in ihren Familien einen deutschen Dialekt gelernt, zwei sagten, in ihren Familien habe man eher *Literaturdeutsch* gesprochen.

2.6.2 Die Sprachentwicklung der Urgroßeltern in der späteren Kindheit und in der Jugend

Zwei der Urgroßeltern haben ihre Schulbildung allein mit der Unterrichtssprache Deutsch absolviert, drei erfuhren sowohl Deutsch als auch Russisch als Unterrichtssprache. Dies beruhte teilweise auf Entscheidungen der Eltern zugunsten einer bilingualen Ausbildung ihrer Kinder (siehe Urgroßmutter AS, Abschnitt 4.6), teilweise war das bereits Ausdruck einer neuen, gegen die nationalen Minderheiten gerichteten Schulpolitik (UM, Kass. 355). Die beiden Urgroßeltern, die in der Schule nicht Russisch lernten, erwarben ihre Russischkenntnisse erst als Erwachsene – als Deportierte und Zwangsangesiedelte, also in der Erwerbsform des Zweitspracherwerbs bei Erwachsenen, die meist nur zu geringen Fähigkeiten führt.

Die Bedingungen ihres Schulbesuchs schilderten alle fünf Urgroßeltern als sehr schwierig: Erster Weltkrieg und Bürgerkrieg, Hunger, Mangel an allem, extreme Unsicherheit in allen Lebensbereichen. Dennoch konnten sie mehr als nur Grundschulbildung erreichen, worauf sie selbst und die Familien zu Recht stolz sind (s. die Abschnitte 3.6 und 4.6). Eine Urgroßmutter absolvierte acht Klassen, zwei sieben, eine sechs und lediglich der eine Urgroßvater, der aus einer kinderreichen Bauernfamilie stammte, konnte nur fünf Jahre zur Schule gehen; seit er zehn Jahre alt war, musste er dem Vater bei der Feldarbeit helfen (US, Kass. 210). Eine berufliche Ausbildung erfuhr nur eine Informantin, und diese auch gleich eine etwas anspruchsvollere (AB, s. Abschnitt 4.6). Alle anderen waren ihr Leben lang ohne Spezialbildung an den verschiedensten Arbeitsplätzen tätig – lange Zeit bis zu tödlicher Erschöpfung.

Alle fünf Urgroßeltern heirateten russlanddeutsche Partner.

2.6.3 Die sprachliche Situation der Urgroßeltern vor der Ausreise nach Deutschland

a) Die sprachliche Entwicklung der Urgroßeltern im Erwachsenenalter

Das Erwachsenenalter der Urgroßeltern fällt in die Zeit des Zweiten Weltkrieges und der Nachkriegsperiode. Der Weltkrieg bedeutete für die Russlanddeutschen aus der Ukraine, unter deutscher Besatzung zu leben, sich von den Ukrainern, Polen, Juden[66] und anderen Nationalitäten im Sinne der „nationalsozialistischen Volkstumspolitik" zu distanzieren, Monate auf dem Treck in Richtung Westen zu verbringen, im „Warthegau" die Höfe der vertriebenen Polen zu übernehmen und nach Kriegsende auf Beschluss der Alliierten „repatriiert" zu werden, meist in den Norden Russlands, nach Sibirien oder Kasachstan, wo sie als vermeintliche oder auch wirkliche Helfer Hitlers den ganzen Hass der Überlebenden erfuhren.[67] Die Russlanddeutschen, die vor dem Kriege weiter östlich in der Sowjetunion gelebt hatten, wurden, ohne dass sie sich etwas hatten zuschulden kommen lassen, in die asiatischen Teile des Landes deportiert und arbeiteten unter unsäglichen Bedingungen in der Arbeitsarmee bzw. in der Landwirtschaft.[68] Siehe den Text (T01), ein menschliches und sprachliches Dokument aus dieser Zeit – den Brief eines jungen Mannes an seine Schwester, eines jungen Mannes, der nicht Vater, Großvater und Urgroßvater werden konnte, weil er in der Arbeitsarmee an Erschöpfung starb.

Die Jahre der Arbeitsarmee und des Lebens unter Aufsicht des Innenministeriums (unter dem sog. Kommandanturregime[69]) waren unter sprachlichem Gesichtspunkt oft Jahre des Dialektausgleichs und des Russischerwerbs. Die „Arbeitsarmisten" waren offenbar im Wesentlichen nach Nationalitäten zusammengefasst.[70] Die russlanddeutschen Arbeitsarmisten sprachen untereinander meist Deutsch; die Befehle wurden auf Russisch gegeben (IS, Kass. 353). UM berichtete: *Auf der Krim habe ich Schwäbisch gesprochen, jetzt nicht mehr so stark. In der Arbeitsarmee waren wir Deutsche von der Wolga, vom Kaukasus und aus Kasachstan. Meinen Mann habe ich dort kennen gelernt. Er kam von der Wolga. Wir haben uns anfangs oft kaum verstanden*

---

[66] Zur Geschichte der jüdischen Minderheit in der Sowjetunion, die dort als Nationalität galt, vgl. Simon 1986, 77-82 und passim.
[67] Zu den Details siehe Buchsweiler 1984, Benz 1992, den Artikel „Gnadenlos niedergeschossen" in der Zeitschrift Spiegel Nr. 12/1998 und die Berichte über den Prozess gegen Alfons Götzfrid, z.B. von Martenstein 1999, sowie Anhang 2, Dokumente 3 und 4.
[68] Siehe Anhang 2, Dokumente 5-7.
[69] Siehe Anhang 2, Dokument 8.
[70] Nach Scherbakowa 1996 wurden alle zwölf deportierten Völker bis 1957 als „Sonderkontingente" behandelt; die Arbeitsfähigen mussten in „Arbeitskolonnen" generell schwere und unqualifizierte Arbeit verrichten, wobei sie teilweise schlechter als Lagerhäftlinge behandelt wurden und oft hungers starben (Scherbakowa 1996, 198-199).

und mussten alles wiederholen und noch einmal anders sagen; aber später ging es (Kass. 355).

Die Kriegs- und Nachkriegserfahrungen hinterließen in den Generationen der Urgroßeltern und Großeltern bleibende Verletzungen. Manche fanden Halt und Trost in religiösen Verheißungen. Mehrere Großeltern berichteten mir, ihnen sei von *einem alten Mann/einer alten Frau* – also jemandem der Ur- oder Ururgroßelterngeneration – geweissagt worden: *Pass auf. Es kommt die Zeit, da müssen alle wieder heim. So steht es in der Schrift. Die Juden machen sich schon auf den Weg. Ih"r werdet es erleben. Wi"r vielleicht nicht mehr* (s. OK, Kass. 226; KM, Kass. 286). Wenn die Rede von *Heimkehr* war, hätten einige an die Krim oder die Wolga – die Heimat vor der Deportation – gedacht, andere aber auch an Deutschland. Die Erfüllung der Weissagung wurde mit strengen Pflichten verknüpft. Man habe sich darauf vorzubereiten und *sauber* zu bleiben und *sich* nicht zu *verrussen*, indem man einen Russen/ eine Russin heiratet und Russisch spricht.[71]

Andere Urgroßeltern und ältere Großeltern lebten mit ihrem Zorn und richteten ihn, je nach persönlicher Erfahrung und Verarbeitung des Erfahrenen, gegen die Kommunisten oder die Juden oder die Russen oder die Deutschen in Deutschland oder gegen sich selbst oder die eigenen Kinder und Enkel, die nicht mehr Deutsch sprechen. Großmutter FS berichtete, dass ihre Schwiegermutter beim Fernsehen immer gesagt hätte, die sowjetische Regierung, das sei keine Regierung, das seien *Banditen*. Großvater GS stimmt zu: *Meine Mutter hatte Recht, jetzt schreibt man die Wahrheit über die Zeit. Meinen Großvater hat man auf Banditenart abgeholt. Die Sowjetregierung hat uns viel Böses zugefügt. Wir waren ohne Vater, erniedrigt, beleidigt, ohne Ernährer; Mutter war eine rechtlose Frau. Die Wut hat sie aufgefressen* (Kass. 148). Aber er findet es nicht richtig, dass seine Mutter ihm und seinen Geschwistern verbot, Russisch zu sprechen, dass sie ihre Kinder zwingen wollte, nur die deutsche Sprache zu benutzen: *Ich spüre bis heute, wie sie immer geschimpft hat. Wenn sie das nicht getan hätte, hätte ich bestimmt schneller Russisch gelernt und in der Schule besser verstanden* (GS, Kass. 398). Auch CF empfindet nach Jahrzehnten immer noch Zorn – Zorn auch darüber, dass es in der Sowjetunion nie zu einer Entschuldigung, ja nicht einmal zur Wahrnehmung der Geschichte der Russlanddeutschen gekommen ist: *Keiner*

---

[71] Siehe zu einem der Heimatbegriffe, die bei Russlanddeutschen begegnen, auch die folgende Erklärung: „Heimat wird von den meisten unter einem theologisch-eschatologischen Blickpunkt gesehen: nämlich die Sammlung aller Völker vor der Wiederkunft Jesu Christi auf dem Gebiet ihrer Nationalstaaten. Die prophetischen Stellen des Alten Testaments über die Sammlung des Volkes Israel werden auf die Sammlung aller Völker am Ende der Zeit erweitert. Auf diesem Hintergrund ist es auch verständlich, daß für viele Christen die Auswanderung in die BRD nicht eine Flucht, sondern ein Gehorsamsschritt angesichts der anbrechenden Endzeit ist" (Schott 1998, 6-7). Siehe auch Oxen 1995 zur Tradierung eines Deutschland-Mythos in der russlanddeutschen Gemeinschaft.

wusste etwas über die Russlanddeutschen, wir waren da und doch nicht da (Kass. 140). Urgroßmutter UM sagte: *Die anderen Nationen gehen auf die Straße, die können auftreten und sagen: Ich bin der und der, ich wi"ll das haben, ich mu"ss das haben. Nicht die Deutschen* (d.h. die Russlanddeutschen). *Die stehen und halten den Mund. So war es und so ist es und so bleibt es* (Kass. 123). Zu ihrer mit einem Russen verheirateten Enkelin, in gereiztem Ton: *Wenn dein Mann Deutscher wäre, würdet ihr beide Deutsch sprechen und nicht weinen, weil ihr jetzt in Deutschland seid* (Kass. 123). *Die Juden? Ich bin kein hassiger Mensch auf Nationen, aber ich will eins sagen: Die Juden haben uns alle verachtet. In Deutschland wurden die Ju"den von den Deu"tschen verachtet, in der Ukraine haben sie u"ns verachtet* (Kass. 355). FM sagte: *Die Juden? Der Hitler hat sie fortgeschickt, der Kohl holt sie wieder her. Wie das damals in der Ukraine war, das haben wir nicht so verstanden, ich war ja ein Kind, die Zeit wa"r so, man hat sich darüber nicht den Kopf zerbrochen* (Kass. 378 u. Gesprächsnotiz). Der Zorn war oft – wie der Glaube an die Heimkehr – mit der Forderung an die Jungen verbunden, *sich* nicht zu *verrussen*. So berichten die jungen Eltern BS und IS, ihre Großeltern hätten ihnen immer wieder gesagt: *Heirate nur einen Deutschen! Ein schlechter Deutscher ist besser als ein guter Russe* (Kass. 088 u. 091). Für die Jungen war es schwer, darauf zu reagieren.

Wieder andere Urgroßeltern und Großeltern verbargen ihre Erfahrungen in sich, schwiegen, sahen, dass die Jungen ihr eigenes Leben lebten, ließen sie leben und sprechen, wie sie leben und sprechen wollten. Viele junge Eltern sagten in den Interviews, ihre Eltern und Großeltern hätten nichts über die Kriegszeit erzählt (AO, Kass. 039; KB und WB, Kass. 345 u.a.).

So vergingen Jahrzehnte. Es kam nicht zur *Heimkehr*, es kam nicht zur Entschuldigung, und es kam nicht zu einer gemeinsamen und auch öffentlichen geistigen Verarbeitung des Geschehenen.[72] Aber der Alltag wurde allmählich

---

[72] Noch zu Beginn der Amtszeit von Gorbatschow war die politische Führung der Sowjetunion nicht bereit, anzuerkennen, welches Unrecht sie den sowjetischen Bürgern deutscher Nationalität zugefügt hatte. Das lässt sich etwa aus folgendem Dokument schließen. Am 2. Dezember 1985 fand in Moskau eine Beratung führender Mitarbeiter der Zentralkomitees der Unionsrepubliken, der Gebietskomitees der Kommunistischen Partei und des KGB zum Thema „Über Maßnahmen zur Abwehr der propagandistischen Kampagne im Westen zur Lage der Bürger deutscher Nationalität in der UdSSR" statt. Einleitungsreferat und Schlusswort hielt der Sekretär des ZK der KpdSU Michail V. Zimjanin. Er sagte u.a.: „Der Gegner trommelt gegenwärtig im Wesentlichen auf die jüdische Bevölkerung, die deutsche, die armenische und die Krimtataren ein ... Viele Deutsche beklagen sich, dass ihre Leistungen während des Krieges nicht gewürdigt werden. Die Sowjetmacht hat in der Beziehung zu den Deutschen außerordentlichen Humanismus gezeigt. Unser Gewissen ihnen gegenüber ist rein. Die Präventivmaßnahmen damals im Kampf gegen den blutigen Feind waren berechtigt. Jetzt muss man das Feuer auf den Gegner konzentrieren. Man muss von grundsätzlichen Positionen aus vorgehen, den Feind schonungslos zurechtweisen. Gegenwärtig ist es nicht erforderlich, die Frage der Schaffung einer deutschen Autonomie aufzuwerfen. Wir wissen Bescheid. Wenn die Zeit gekom-

leichter und normaler. Es entwickelten sich, wenn auch in ständigem Widerstreit, neue Prinzipien des Zusammenlebens: *Such nicht die Nation, sondern den Menschen in der Nation* (NK, Kass. 006). Oder in einer anderen Formulierung: *Es kommt nicht darauf an, welcher Nation jemand angehört, wenn er nur ein Mensch ist* (AB, Kass. 069).

Das alles bedeutete auch, dass die deutsche Sprache an praktischem und symbolischem Wert verlor. Allmählich verstanden auch alle Urgroßeltern Russisch, wenigstens etwas (LK, Kass. 226). Allmählich sprachen sie es auch, wenn auch häufig in fossilisierten Lernerformen, wie sie oft das Ergebnis von Zweitspracherwerb im Erwachsenenalter unter beschränkten Kommunikationsbedingungen sind.[73] Großmutter FM charakterisierte das Russisch ihrer Mutter folgendermaßen: *Meine Mutter hat immer gewelscht, sie sprach nie ein sauberes Russisch, ich habe sie immer kritisiert und verbessert – so wie mein Sohn jetzt mich kritisiert und verbessert, wenn ich Deutsch spreche* (Kass. 378).

b) Die Einschätzung der eigenen Deutschfähigkeiten vor der Ausreise

Tabelle 17 lässt erkennen, wie die interviewten Urgroßeltern die eigenen Deutschfähigkeiten vor der Ausreise einschätzten.

Tab. 17: Die Deutschfähigkeiten der Urgroßeltern vor der Ausreise gemäß Selbsteinschätzung (n=5)

Grad der Selbsteinschätzung	Gesprochenes Deutsch Verstehen	Deutsch Sprechen	Deutsch Lesen	Deutsch Schreiben
gut	5 (100%)	5 (100%)	2 (40%)	1 (20%)
mittelmäßig	0	0	3 (60%)	4 (80%)
etwas	0	0	0	0
gar nicht	0	0	0	0
Summe	5 (100%)	5 (100%)	5 (100%)	5 (100%)

Wir können bei den Urgroßeltern – wie schon bei den jungen Eltern und den Großeltern – feststellen, dass die Sprecher ihre mündlichen Fähigkeiten für entwickelter halten als ihre schriftsprachlichen Fähigkeiten. Aber anders als die jungen Eltern und die Großeltern meinten die Urgroßeltern, Deutsch nicht nur gut zu verstehen, sondern auch gut zu sprechen. Im schriftsprachli-

---

men ist, werden wir sie lösen. Obwohl das schwierig ist. Aber gegenwärtig sind dafür die Bedingungen nicht vorhanden. Es ist nicht notwendig, die Frage aufzubauschen" (Bericht über die Beratung aus dem Archiv des ZK der Kommunistischen Partei Kasachstans, nach Auman/Čebotareva (Hg.) 1993, 214f., übers. von KM).

[73] Vgl. auch HDP 1975.

chen Bereich allerdings schätzten auch sie ein, dass ihre rezeptiven Fähigkeiten (Lesen) entwickelter sind als ihre produktiven (Schreiben). Hinsichtlich des Lesens ist zu bedenken, dass es sich hauptsächlich auf Gesangbuch und einfache Bibeltexte und erst ab den späten 50er Jahren auch auf einfache Zeitungstexte bezog. Ein Beispiel für das schriftliche Deutsch einer Anfang des 20. Jahrhunderts an der Wolga geborenen Urgroßmutter ist der folgende Glückwunsch für ihre Tochter IS aus dem Jahre 1980, den diese – neben anderen Briefen der Mutter – mit nach Deutschland brachte und aufbewahrt hat: *Vihl Glück zu deinem Geburztache. Glück und Sechen auf ale deinen wechen, wünsche Dir Vihl Glück und ein Langes Leben bis ihns Hohe Alter hinein. V. Deiner Nichtvergesene Mama.*

c) Die Einschätzung der eigenen Russischfähigkeiten vor der Ausreise

In Bezug auf die eigenen Russischfähigkeiten sagten alle fünf interviewten Urgroßeltern aus, dass sie vor der Ausreise nicht so gut Russisch gekonnt hätten wie ein Russe. Als am besten beherrschte Sprache gaben drei Urgroßeltern das Deutsche an. Aber zwei waren immerhin der Ansicht, sie beherrschten Deutsch und Russisch in gleicher Weise (s. die beiden Urgroßmütter der Familie Sennwald, Abschnitt 4.6).

d) Der Sprachengebrauch der Urgroßeltern vor der Ausreise

Vier der interviewten Urgroßeltern gaben an, in der Familie zum Ehepartner und den Geschwistern stets überwiegend Deutsch gesprochen zu haben und zu den Kindern, Enkeln und Urenkeln in den letzten Jahren Deutsch und Russisch. Urgroßmutter AB sprach in der Familie etwas mehr Russisch als die anderen Urgroßeltern, nämlich auch zu ihren jüngeren Geschwistern. Der junge Vater AO berichtete, dass seine Großeltern nur mühsam Russisch gesprochen hätten und immer und überall schnell wieder ins Deutsche zurückgekehrt seien, wenn der Gesprächspartner Deutsch verstand; darauf hätten die Leute auch in der Öffentlichkeit nicht negativ reagiert, sondern es als normal empfunden (Kass. 039). Manche junge Eltern sagten, dass ihre Großeltern zwischen Deutsch und Russisch durchaus hätten wechseln können, in der Familie oft Russisch sprachen, aber untereinander in ihren deutschen Dialekt übergingen, wenn die jungen Familienmitglieder etwas nicht verstehen sollten (AF, Kass. 068). Großmutter LM berichtete von ihrer weißrussischen Schwiegermutter, dass sie neben ihrer Muttersprache Russisch auch Deutsch gekonnt und alles verstanden habe und ihren Ehrgeiz darein setzte, dass in der Familie weißrussische und deutsche Traditionen verbunden wurden (Kass. 113). Urgroßmutter UM war stolz darauf, von ihrem estnischen Stiefvater auch Estnisch gelernt und mit ihm gesprochen zu haben (Kass. 123).

2.6.4 Ergebnisse und Bedingungen der sprachlichen Integration der Urgroßeltern in Deutschland

a) Die Einschätzung der eigenen Deutschfähigkeiten zum Zeitpunkt des sprachbiografischen Gesprächs

Die Urgroßeltern besuchten in Deutschland keinen Deutschkurs und waren nicht berufstätig. Sie wohnten entweder allein mit ihrem Ehepartner oder, falls verwitwet, mit einem ihrer Kinder zusammen, oft auch abwechselnd über längere Zeiträume hinweg bei diesem oder jenem Kind. Ihre Kommunikationspartner waren also fast ausschließlich Russlanddeutsche. Von daher änderten sich ihre sprachlichen Gewohnheiten nur wenig.

Tab. 18a-d: Die Deutschfähigkeiten der Urgroßeltern a) vor der Ausreise und b) zum Zeitpunkt des sprachbiografischen Gesprächs gemäß Selbsteinschätzung (n=5)

Tab. 18a: Gesprochenes Deutsch Verstehen a) vor der Ausreise und b) zum Zeitpunkt des sprachbiografischen Gesprächs

Grad der Selbsteinschätzung	a) vor der Ausreise	b) zum Zeitpunkt des sprachbiografischen Gesprächs
gut	5 (100%)	4 (80%)
mittelmäßig	0	1 (20%)
etwas	0	0
gar nicht	0	0
Summe	5 (100%)	5 (100%)

Tab. 18b: Deutsch Sprechen a) vor der Ausreise und b) zum Zeitpunkt des sprachbiografischen Gesprächs

Grad der Selbsteinschätzung	a) vor der Ausreise	b) zum Zeitpunkt des sprachbiografischen Gesprächs
gut	5 (100%)	4 (80%)
mittelmäßig	0	1 (20%)
etwas	0	0
gar nicht	0	0
Summe	5 (100%)	5 (100%)

Tab. 18c: Deutsch Lesen a) vor der Ausreise und b) zum Zeitpunkt des sprachbiografischen Gesprächs

Grad der Selbsteinschätzung	a) vor der Ausreise	b) zum Zeitpunkt des sprachbiografischen Gesprächs
gut	2 (40%)	4 (80%)
mittelmäßig	3 (60%)	1 (20%)
etwas	0	0
gar nicht	0	0
Summe	5 (100%)	5 (100%)

Tab. 18d: Deutsch Schreiben a) vor der Ausreise und b) zum Zeitpunkt des sprachbiografischen Gesprächs

Grad der Selbsteinschätzung	a) vor der Ausreise	b) zum Zeitpunkt des sprachbiografischen Gesprächs
gut	1 (20%)	2 (40%)
mittelmäßig	4 (80%)	2 (40%)
etwas	0	1 (20%)
gar nicht	0	0
Summe	5 (100%)	5 (100%)

Abb. 10: Die Deutschfähigkeiten der Urgroßeltern a) vor der Ausreise und b) zum Zeitpunkt des sprachbiografischen Gesprächs (4. Aufenthaltsjahr) gemäß Selbsteinschätzung (n=5)

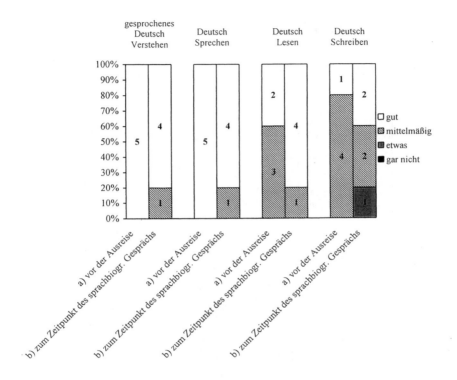

Beim Vergleich der Deutschfähigkeiten vor und nach der Ausreise gaben die Urgroßeltern für zwei Fähigkeitsbereiche (Verstehen und Sprechen) an, sie seien zum Zeitpunkt des Interviews niedriger als vor der Ausreise. Dies kann nur dadurch erklärt werden, dass die Bezugsgrößen in Deutschland andere sind als in der Herkunftsgesellschaft: Die kommunikativen Aufgaben des Deutsch Verstehens und Sprechens sind erheblich vielfältiger und anspruchsvoller geworden.

b) Der Sprachengebrauch zum Zeitpunkt des sprachbiografischen Gesprächs

Die interviewten Urgroßeltern gaben an, nunmehr in Deutschland in der Familie mehr Deutsch zu sprechen als früher, aber doch auch Russisch, je nachdem, welche Sprachen ihr Gegenüber in welchem Grade beherrscht.

Vier der fünf interviewten Urgroßeltern wünschten, dass ihre Urenkel Deutsch lernen und Russisch nicht vergessen sollten.

2.7 Vergleich der Generationen

2.7.1 Der Erstspracherwerb

a) Die erste(n) Sprache(n)

Abb. 11: Die Erstsprachen im Vergleich

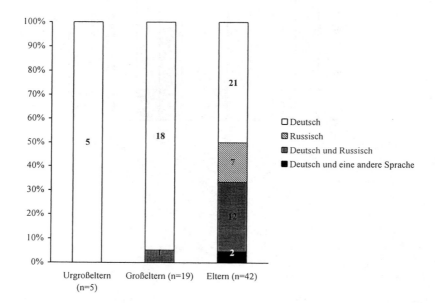

Von der Generation der Urgroßeltern bis zur Generation der Eltern zeigt sich eine zunehmende Vielfalt der Erstsprachen, ein sinkender Anteil des Deutschen und ein wachsender Anteil des Russischen. Diese Tendenz wird noch stärker sichtbar, wenn wir auch die Kinder betrachten: Ihnen gegenüber sprachen die Eltern vor der Ausreise kaum noch Deutsch (s. 2.2.1). Diese Tendenz wird auch in repräsentativen Erhebungen seit längerem bestätigt (s. Born/Dieckgießer 1989, 193f.; Krieger 1996).

b) Die Kindheitsorte im Vergleich

Abb. 12: Die Kindheitsorte im Vergleich

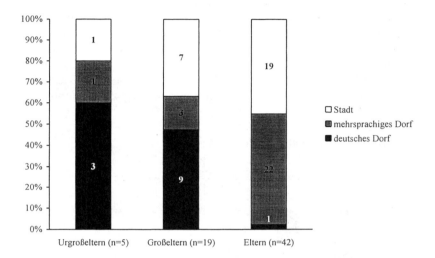

Der Vergleich der Kindheitsorte zeigt einen drastisch sinkenden Anteil deutschsprachiger Dörfer und einen stark wachsenden Anteil vor allem der Städte.[74] Das ist einerseits eine Konsequenz der Deportation und der mit ihr verbundenen gewaltsamen Auflösung großräumiger deutschsprachiger Kommunikationsgemeinschaften, andererseits auch eine Folge von Modernisierung und Urbanisierung und der mit ihnen einhergehenden steigenden Mobilität der Menschen. Bei den Städten darf man nicht nur die wachsende Zahl der Stadtbewohner je Generation der Informanten sehen. Vielmehr ist auch der gänzlich veränderte soziolinguistische Charakter der Städte in Rechnung zu stellen, in denen einerseits die Urgroßeltern und älteren Großeltern und andererseits die jüngeren Großeltern und die Eltern geboren wurden: In Katharinenstadt (später Marxstadt, heute Marx) und Balzer an der Wolga sowie in Odessa und Evpatorija/Krim waren die Deutschen Anfang des Jahrhunderts zwar keine numerische Mehrheit, aber doch eine ökonomisch starke und sozial angesehene Minderheit. Das wirkte sich auf den Status ihrer Sprache aus. Deutsch war nicht nur nicht gefährdet, Deutsch wurde auch von Vertretern anderer Nationalitäten als Zweit- und Fremdsprache gelernt, z.B. von den russischen oder ukrainischen Arbeitern in den Mühlen und Fabriken deutscher Unternehmer. In dem Sinne war Deutsch in Russland und der frühen Sowjetunion in einigen Regionen eine Mehrheitssprache. Ganz anders

---

[74] Siehe zur Veränderung der Wohnorte der Russlanddeutschen im Herkunftsland auch Dietz/Hilkes 1993, zu ihren Wohnorten in den 80er Jahren Auman/Čebotareva (Hg.) 1993.

war die soziolinguistische Situation in den uralischen und asiatischen Städten, die meist erst während des Zweiten Weltkrieges und danach zu großen Industriezentren geworden waren. Hierher kamen freiwillig und gezwungenermaßen Menschen aus allen Gegenden der Sowjetunion und Menschen aller sowjetischen Nationalitäten. Ihre Verkehrssprache wurde das Russische. Die deutsche Sprache und alles Deutsche war zu dieser Zeit wegen des „Nationalsozialismus" und des Krieges so diskreditiert, dass kaum jemand wagte, sich dazu zu bekennen.[75] In diesem Sinne wirkten die Städte nach dem Zweiten Weltkrieg in einem noch höheren Grade als sonst in Richtung Assimilation an die Mehrheitssprache, und dies auch schon im Hinblick auf die Familiensprache.

c) Die ethnische Zugehörigkeit der Eltern

Abb. 13: Die ethnische Zugehörigkeit der Eltern im Vergleich

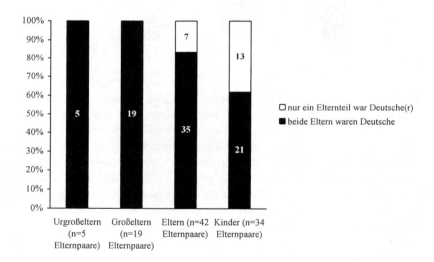

Die Anzahl interethnischer Elternpaare wuchs nach dem Zweiten Weltkrieg und insbesondere nach der Aufhebung des Kommandanturregimes deutlich an. Das hatte zur Folge, dass die jungen Eheleute bereits in der Phase des frühen Spracherwerbs ihrer Kinder mehr und mehr zur Mehrheitssprache Russisch übergingen.[76]

---

[75] „Wir haben die deutsche Sprache gehasst, ja, wir haben sie mitgehasst. Jetzt bedauern viele, dass sie nicht mehr Deutsch können", sagte ein Karpatendeutscher mit Bezug auf die Kriegs- und Nachkriegszeit in der Sendung „Regionen Europas – Karpatenukraine" im Deutschlandfunk am 1.11.1998.

[76] Zur Anzahl interethnischer Ehen bei den Russlanddeutschen in den 80er Jahren siehe Auman/Čebotareva (Hg.) 1993, 201.

2.7.2 Die Sprachentwicklung im Vorschul- und Schulalter

a) Sukzessiver Bi- oder Multilingualismus, Erstalphabetisierung und Unterrichtssprache

Abb. 14: Der Russischerwerb im Vergleich

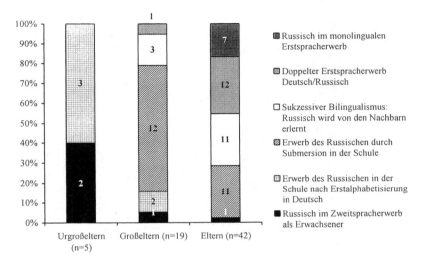

Die drei Generationen haben in sehr verschiedenen Erwerbsformen Russisch gelernt. Bei den Urgroßeltern und Großeltern unserer Untersuchung kam es noch nicht vor, dass Russisch als einzige Erstsprache erworben wurde, und auch der doppelte Erstspracherwerb Deutsch-Russisch war noch die große Ausnahme. Bei den jungen Eltern machten diese beiden Formen schon fast die Hälfte des Russischerwerbs aus. Die typische Erwerbsform für die Großeltern war die Submersion im russischsprachigen Schulunterricht bei meist sehr kurzer Schulzeit – eine sehr ungünstige Erwerbsform, die häufig nur im Bereich der situativen Alltagsrede zu flüssigem Sprachgebrauch führt und ernsthafte Grenzen im komplexen, insbesondere auch schriftlichen Bereich zeitigt. Die Urgroßeltern hatten teilweise relativ gute Bedingungen für den Russischerwerb, nämlich dann, wenn sie die Mehrheitssprache in mündlicher und schriftlicher Form nach der Erstalphabetisierung in ihrer Erstsprache Deutsch erlernten. Diese an sich günstige Konstellation war jedoch in der Regel nicht von Dauer und von daher zum Scheitern verurteilt. Noch ungünstiger war es für den Erwerbserfolg, wenn die Urgroßeltern Russisch erst im Erwachsenenalter als Zweitsprache erwarben, dazu noch unter den materiellen und emotionalen Bedingungen der Kriegs- und Nachkriegsjahre. Hier waren minimale Ergebnisse vorprogrammiert.

Abb. 15: Die Unterrichtssprachen im Vergleich

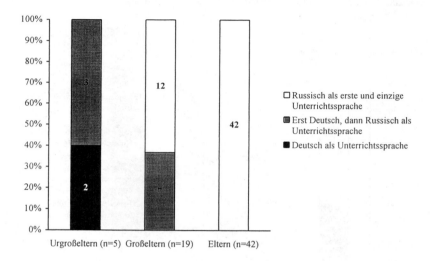

Wenn man davon ausgeht, dass eine ausgeglichene deutsch-russische Zweisprachigkeit die besten Voraussetzungen sowohl für die Bewahrung der russlanddeutschen Kultur als auch für eine gleichberechtigte Teilnahme am Leben der Gesamtgesellschaft gewährleistet hätte, muss man die Schulform 'Erst Deutsch, dann Russisch als Unterrichtssprache' am höchsten einschätzen. Diese war bei den Urgroßeltern und Großeltern noch teilweise gegeben, bei den jungen Eltern schon nicht mehr. Hier zeigt sich ein deutlicher Zusammenhang zwischen dem forcierten Abbau einer Minderheitensprache, der Geringschätzung einer stabilen Zweisprachigkeit und der Präferenz einer Einsprachigkeit in der Mehrheitssprache einerseits und der Schulpolitik andererseits, wie er für viele Gesellschaften – auch die deutsche – charakteristisch ist.

b) Schulbildung und berufliche Bildung

Abb. 16: Die Schulbildung im Vergleich

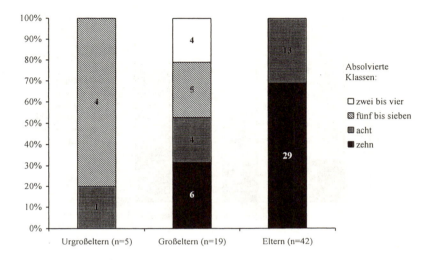

Bei der allgemeinen Schulbildung zeigt sich über die drei Generationen hinweg ein deutlicher Anstieg der absolvierten Klassen. Bei den Großeltern allerdings werden sehr unterschiedliche Tendenzen innerhalb einer Altersgruppe deutlich. Fast ein Viertel dieser Gruppe (21%) erwarb nur eine sehr geringe Bildung (zwei bis vier Klassen), während mehr als die Hälfte acht oder gar zehn Klassen absolvieren konnte. Hier macht sich außerordentlich bemerkbar, ob das Schulalter in die Kriegs- oder unmittelbare Nachkriegszeit fiel oder nicht.[77]

---

[77] Zur Entwicklung des Bildungswesens und der Bildung bei den Russlanddeutschen im Herkunftsland siehe auch Dietz/Hilkes 1993, Hilkes 1997 und Stricker 1997 sowie die dort angegebene Literatur.

Abb. 17: Die berufliche Bildung im Vergleich

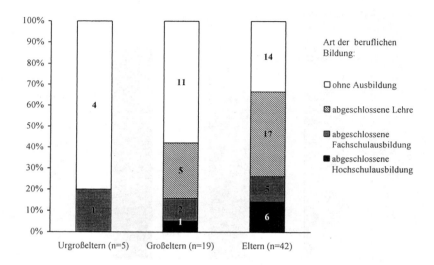

Im Bereich der beruflichen Bildung zeigt sich – im Unterschied zur schulischen – eine kontinuierlichere Verbesserung. Wenn man allerdings die relativ gute schulische Bildung der Elterngeneration mit ihrer beruflichen Bildung vergleicht, dann erscheint das Niveau der beruflichen Qualifikation niedrig. Am auffälligsten ist, dass 33% der Eltern völlig ohne berufliche Bildung geblieben sind[78] – eine für die soziale Integration in Deutschland bedenkliche Tatsache, wenn man berücksichtigt, in welch höherem Maße ungelernte Arbeiter hier gegenwärtig und wohl auch in Zukunft von Arbeitslosigkeit bedroht sind. Es ist anzunehmen, dass zwischen den mehrfachen Brüchen in der Schulpolitik und insbesondere der Schulsprachenpolitik zu den Schulzeiten der drei Erwachsenengenerationen und ihrer beruflichen Bildung enge Wechselbeziehungen bestehen, die sich noch auf die sprachliche und soziale Integration in Deutschland auswirken. Unter den Sprachentwicklungsbedingungen der Russlanddeutschen ab den 30er und besonders den 40er Jahren konnte sich keine stabile Wertschätzung von Zweisprachigkeit und anspruchsvoller allgemeiner und beruflicher Bildung ausprägen, konnten keine familiären Traditionen der Weitergabe erwachsen. Das ist in hohem Maße eine Folge des von Deutschland ausgelösten Zweiten Weltkrieges und insofern – ein „Kriegsfolgenschicksal", dessen Überwindung noch Jahre ei-

---

[78] In dem von Auman/Čebotareva (Hg.) 1993 veröffentlichen Bericht einer Kommission der KPdSU vom 17. September 1985 heißt es u.a., die deutsche Bevölkerung der Sowjetrepublik Kasachstan sei im Bildungsniveau erheblich hinter den Russen und den Kasachen zurückgeblieben, es gebe deutlich weniger Deutsche mit mittlerer und höherer Schulbildung (s. ebd., 207f.), ähnlich auch im Bericht vom 2.12.1985 (s. ebd., 212ff.).

ner sensiblen Förderung der allgemeinen und beruflichen Bildung der Aussiedler bedarf.[79]

2.7.3 Die sprachliche Situation vor der Ausreise nach Deutschland

a) Die Einschätzung der eigenen Deutschfähigkeiten vor der Ausreise

Abb. 18: Deutsch Verstehen vor der Ausreise im Vergleich

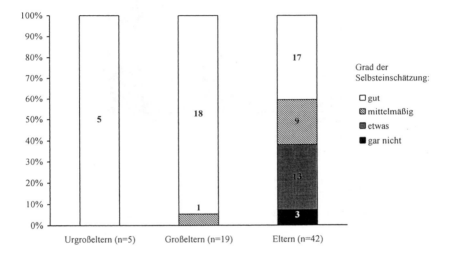

---

[79] In den parlamentarischen Debatten über die Neufassung des Bundesvertriebenengesetzes in den Jahren 1992 und 1993 spielte die Frage, ob und in welcher Hinsicht die Russlanddeutschen noch immer unter einem *Kriegsfolgenschicksal* leiden, eine zentrale Rolle. Siehe z.B. „Das Kriegsfolgenrecht. Bilanz und Ausblick" in Info-Dienst Deutsche Aussiedler Nr. 42, 38.

Abb. 19: Deutsch Sprechen vor der Ausreise im Vergleich

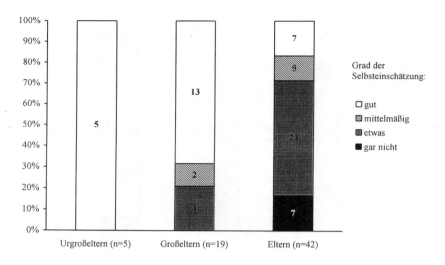

Abb. 20: Deutsch Lesen vor der Ausreise im Vergleich

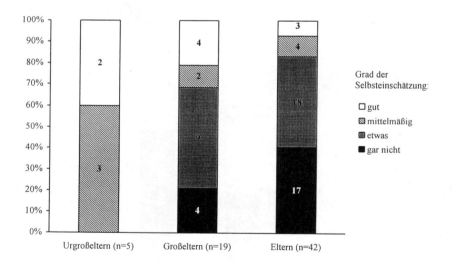

Abb. 21: Deutsch Schreiben vor der Ausreise im Vergleich

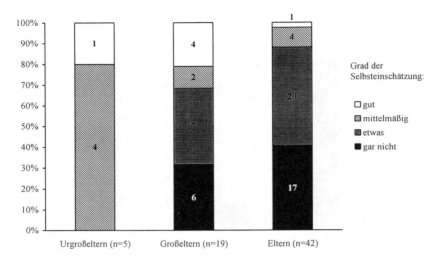

In allen vier Bereichen der Deutschfähigkeiten zeigt sich ein krasser Abfall von der Urgroßelterngeneration bis zur Elterngeneration. Die schriftsprachlichen Fähigkeiten sind dabei in einem höheren Grade betroffen als die mündlichen Fähigkeiten.

b) Die Einschätzung der eigenen Russischfähigkeiten vor der Ausreise

Abb. 22: Russischfähigkeiten vor der Ausreise im Vergleich

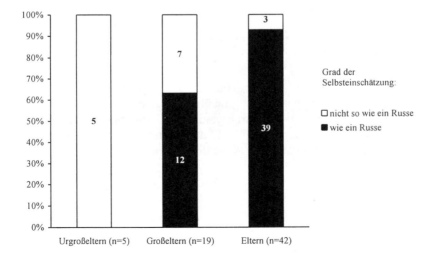

c) Die dominante Sprache vor der Ausreise

Abb. 23: Die dominante Sprache vor der Ausreise im Vergleich

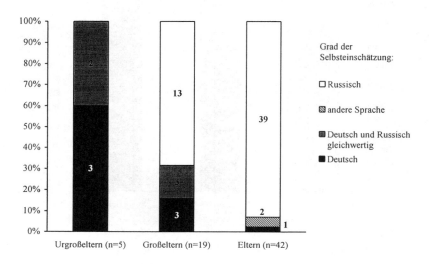

Wenn man die Deutsch- und die Russischfähigkeiten über die drei Generationen hinweg vergleicht, zeigt sich andeutungsweise eine Tendenz von der deutschen Einsprachigkeit über eine transitionale Zweisprachigkeit zur russischen Einsprachigkeit, die jedoch in dieser Sprachgemeinschaft mehr als die drei dargestellten Generationen umfasst. In den meisten nationalstaatlich und offiziell monolingual verfassten Gesellschaften durchlaufen Sprachminderheiten eine ähnliche Entwicklung.

2.7.4   Ergebnisse und Bedingungen der sprachlichen Integration in Deutschland

Im Folgenden werden die Ergebnisse der sprachlichen Integration in Deutschland zum Zeitpunkt des sprachbiografischen Gesprächs in den drei Generationen verglichen. Die durchschnittliche Aufenthaltsdauer betrug zum Zeitpunkt des Interviews, wie bereits ausgeführt, bei den Urgroßeltern 45 Monate, bei den Großeltern 38 und bei den Eltern 17 Monate.

a) Die Einschätzung der eigenen Deutschfähigkeiten zum Zeitpunkt des sprachbiografischen Gesprächs im Vergleich

Abb. 24: Deutsch Verstehen zum Zeitpunkt des sprachbiografischen Gesprächs im Vergleich

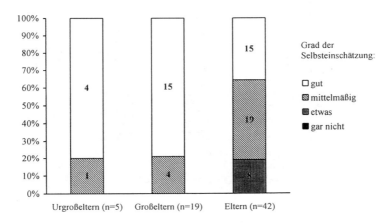

Abb. 25: Deutsch Sprechen zum Zeitpunkt des sprachbiografischen Gesprächs im Vergleich

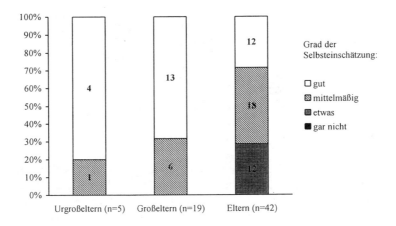

Abb. 26: Deutsch Lesen zum Zeitpunkt des sprachbiografischen Gesprächs im Vergleich

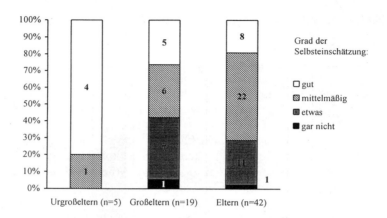

Abb. 27: Deutsch Schreiben zum Zeitpunkt des sprachbiografischen Gesprächs im Vergleich

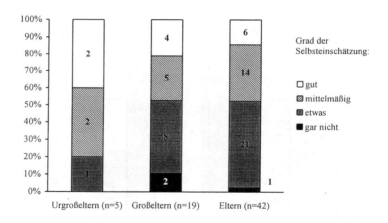

Zwischen den drei Generationen zeigen sich zum Teil wesentliche Unterschiede in den Deutschfähigkeiten. In den Hörverstehens- und Sprechfähigkeiten gleichen sich Urgroßeltern und Großeltern und unterscheiden sich gemeinsam positiv von den jungen Eltern. In den schriftsprachlichen Fähigkeiten Lesen und Schreiben gleichen sich eher Großeltern und Eltern und heben sich negativ von den Urgroßeltern ab, wobei die Fähigkeiten der Großeltern tendenziell geringer sind als die der Eltern. Diese unterschiedlichen Ergebnisse der sprachlichen Integration sind auf verschiedene Zusammenhänge zurückzuführen: a) Die drei Generationen kamen mit unterschiedlichen deutschsprachigen Voraussetzungen nach Deutschland. Die sprachlichen Veränderungen in der Sprachgemeinschaft der Russlanddeutschen waren kein kontinuierlicher historischer Prozess,[80] sondern eher ein Bruch, den vor allem die Urgroßeltern als junge Erwachsene nach ihrer Aneignung deutsch-schriftsprachlicher Fähigkeiten und die Großeltern als Kinder ohne Möglichkeit der Aneignung deutsch-schriftsprachlicher Fähigkeiten zu spüren bekamen. b) Die drei Generationen erfahren in Deutschland eine unterschiedliche institutionelle Förderung ihrer Deutschfähigkeiten. Deutschkurse gibt es im Wesentlichen nur für junge Erwachsene. c) Die drei Generationen erfahren in Deutschland in unterschiedlichem Grade die Notwendigkeit und die Möglichkeit des Deutschlernens im Umgang mit Binnendeutschen und Deutsch sprechenden ausländischen Kollegen. Am relativ größten sind sie für die jungen Eltern, aber auch für diese sind sie nicht ausreichend. Deren nicht ausreichende Deutschfähigkeiten zum Zeitpunkt des Interviews dürften ihre Voraussetzungen für die Teilnahme am Arbeitsprozess und für die Förderung ihrer Kinder erheblich einschränken.

b) Zielvorstellungen zur sprachlichen Entwicklung der Kinder/(Ur)Enkel im Vergleich

Abb. 28: Die Zielvorstellungen zur sprachlichen Entwicklung der Kinder/(Ur)Enkel im Vergleich

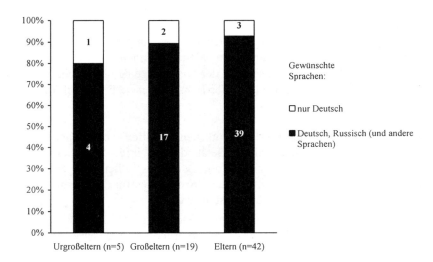

---

[80] Ein solcher im Wesentlichen kontinuierlicher Prozess der sprachlichen Assimilation einer Sprachminderheit an die Sprachmehrheit liegt wohl bei den etwa 10 Millionen Deutschen vor, die im Laufe der letzten 250-300 Jahre nach Amerika ausgewandert sind – etwa zeitlich und zum großen Teil auch sozial parallel zur Auswanderung nach Russland. Siehe Kloss 1966.

Alle drei Erwachsenengenerationen wünschen in einem sehr hohen Maße eine mehrsprachige Entwicklung ihrer Kinder bzw. (Ur)Enkel, wobei diese Tendenz deutlich von der ältesten Erwachsenengeneration bis zur jüngsten steigt. Diese Einstellung birgt möglicherweise ein Konfliktpotential gegenüber großen Teilen der binnendeutschen Bevölkerung.[81]

2.8 Zusammenfassung

Auf der Grundlage von 66 Erstinterviews mit russlanddeutschen erwachsenen Aussiedlern wurden gruppentypische Sprachentwicklungen für die Generationen der Urgroßeltern, Großeltern und jungen Eltern erarbeitet. Obwohl die Anzahl der Informanten (5 vs. 19 vs. 42) und die Aufenthaltsdauer in Deutschland (durchschnittlich 45 vs. 38 vs. 17 Monate) unterschiedlich sind und einen strengen statistischen Vergleich nicht zulassen, spricht doch viel für eine Verallgemeinerbarkeit der Ergebnisse, zumal sie die Ergebnisse anderer Untersuchungen (vor allem Rosenberg/Weydt 1992, Berend 1998 und die zahlreichen Publikationen von Dietz und Hilkes[82]) bestätigen, präzisieren und vertiefen.

Für die sprachlichen Entwicklungen in der Herkunftsgesellschaft zeigten sich große Veränderungen in der Erstsprache bzw. den Erstsprachen. Während der frühe Spracherwerb der Urgroßeltern und Großeltern fast durchgängig monolingual deutsch war, fanden sich bei den jungen Eltern verschiedene Formen des monolingualen und bilingualen Erstspracherwerbs. Bei den Kindern waren charakteristischerweise der monolinguale Russischerwerb und nur noch eingeschränkt ein bilingualer Erstspracherwerb russisch-deutsch zu beobachten.

Das Deutsch, das in den russlanddeutschen Familien weitergegeben wurde, war fast immer eine dialektale Varietät, die bei ihren Sprechern und den Sprechern benachbarter Kommunikationsgemeinschaften nur ein geringes Ansehen genoss[83] und hinsichtlich des Prestiges häufig der Kultur- und Bildungssprache Russisch gegenübergestellt wurde.

---

[81] Siehe die Ergebnisse von Meyer et al. 1997, die besagen, dass bilinguale Aussiedlerkinder von ihren binnendeutschen Klassenkameraden und Lehrern in bayrischen Schulen eher abgelehnt werden als monolingual deutsche Aussiedlerkinder, obwohl (oder weil?) die bilingualen Aussiedlerkinder gute schulische Leistungen aufweisen.
[82] Siehe die ständig aktualisierte Bibliographie von Berend/Meng/Reitemeier zur sprachlichen Integration von Aussiedlern.
[83] Siehe Dinges 1923. Der Komponist Alfred Schnittke (geboren 1934 in Engels an der Wolga, gestorben 1998 in Hamburg) sagte in einem seiner Gespräche mit Ivaškin über seinen frühen Spracherwerb: „Ich begann auch nicht Russisch zu sprechen, sondern Deutsch, jedoch in dem entstellten Deutsch, das die Deutschen an der Wolga sprachen. Meine Eltern sprachen untereinander Deutsch. Wobei meine deutsche Mutter schlechter

Komplementär zum Erwerb des Deutschen vollzog sich in den drei Erwachsenengenerationen der Erwerb des Russischen. Wenn die Urgroßeltern überhaupt Russisch lernten, dann erst in der mittleren Kindheit oder als Erwachsene – zwei Erwerbsformen, die unterschiedliche Erfolgsaussichten haben. Der größte Bruch in der sprachlichen Entwicklung der russlanddeutschen Kommunikationsgemeinschaft vollzog sich in der Kindheit der Großeltern. Sie lernten Russisch durch Submersion in der Schule und wurden durch die Vorschriften des Kommandaturregimes daran gehindert, eine mittlere oder höhere Schulbildung zu erreichen. Das hatte zur Folge, dass ihre Erstsprache Deutsch sich nicht mehr weiterentwickelte und ihre Zweitsprache Russisch ebenfalls nur ein geringes Aneignungsniveau erreichte, zumindest was den schriftsprachlichen Bereich betraf.

Wesentliche Ursachen für diese Veränderungen in den Spracherwerbsprozessen dürften die – auf verschiedene Faktoren, vor allem aber die Deportation zurückgehende – Auflösung der geschlossenen deutschen Siedlungsgebiete seit den 30er und 40er Jahren und die Diskreditierung alles Deutschen durch den Zweiten Weltkrieg sein.[84] Die abrupt veränderten Bedingungen des Spracherwerbs und -gebrauchs sind ein „Kriegsfolgenschicksal", das nicht nur die einzelnen Personen der Urgroßeltern- und der Großelterngeneration, sondern auch – durch sie vermittelt – die beiden Folgegenerationen tief geprägt hat und bis heute nachwirkt. So steht die relativ niedrige allgemeine und vor allem berufliche Bildung damit in Verbindung. Die niedrige soziale Stellung einer Sprechergruppe wirkt auf ihr gesellschaftliches Prestige und das Prestige ihrer Sprache zurück – ein sich selbst verstärkender negativer Kreislauf.

Deutsch sprach als mein jüdischer Vater, denn der Vater wurde in Frankfurt geboren. Aber die Mutter stammte von den Wolgadeutschen und sprach Dialekt ... Interessant ist, dass ich mit dem Vater zu Hause Russisch sprach, aber mit der Mutter Deutsch. Ich genierte mich, mit dem Vater Deutsch zu sprechen, weil er richtig sprach, aber mit der Mutter sprachen wir 'von gleich zu gleich'. Die Großmutter [gemeint ist die Großmutter mütterlicherseits, KM], die uns erzog, konnte überhaupt nicht Russisch. Die Großmutter von Seiten des Vaters konnte Deutsch, sie und der Großvater sprachen miteinander Deutsch. Das war eine viel richtigere, intelligentere deutsche Sprache, obwohl sie nicht einmal Deutsche waren. Sie kamen ja aus der Gegend um Riga, aus Libana. Die baltischen Juden aus Handwerkerkreisen, die wurden in ihrer Lebensform Intellektuelle. Sie sprachen Deutsch und nicht Jiddisch. Denn Jiddisch ist nicht die Sprache aller Juden. Vor allem die baltischen Juden waren mehr auf die deutsche Seite ausgerichtet" (Ivaškin (Hg.) 1994, 13-14, übers. von KM).

[84] Vgl. auch Kloss 1966 und Bausch 1997 zum religiös-gesellschaftlichen Inseldasein als einem wesentlichen Faktor für den Erhalt des Deutschen in einigen wenigen Siedlungen in den USA bis in die Gegenwart. Die Rolle der geographischen Verteilung der Sprecher für Spracherhalt bzw. -verlust unterstreichen auch Appel/Muysken 1987. Die beiden letztgenannten Autoren nennen unter den weiteren wichtigen Determinanten auch das Ansehen der Sprechergruppe.

In den vielen Jahrzehnten, die seit dem Ende des Zweiten Weltkrieges vergangen sind, wurden in der Sowjetunion keine Formen institutioneller Unterstützung gefunden, die den Russlanddeutschen zur Entwicklung einer stabilen deutsch-russischen Zweisprachigkeit oder einer anspruchsvollen russischen Einsprachigkeit und zur Hebung ihrer schulischen, beruflichen und gesellschaftlichen Position verholfen hätten. (Eine deutsche Einsprachigkeit als wünschenswert für das Leben in einem industrialisierten multinationalen Staat, wie er die Sowjetunion war, anzusehen, wäre anachronistisch.) Alle demographischen, statusbezogenen und institutionellen Faktoren, die in Sprachkontaktsituationen eine Rolle spielen, wirkten bei den Russlanddeutschen in Richtung Verlust der Minderheitssprache, ohne durch eine funktional differenzierte Aneignung der Mehrheitssprache ausgeglichen zu werden.

Wird die deutsche Gesellschaft in der Lage und willens sein, das sprachliche „Kriegsfolgenschicksal" der Aussiedler zu überwinden?

Das Kapitel „Sprachliche Entwicklungen im Überblick" konnte zur Darstellung der sprachlichen Integration noch nicht viel beisteuern. Der Integrationsprozess wird in den beiden Folgekapiteln am Beispiel zweier Familien einschließlich der Kinder genauer betrachtet werden. Wenn wir die stark zusammenfassende und verallgemeinernde Perspektive dieses Kapitels verlassen, können dann auch Wiedererwerb und Ausbau bzw. primäre Aneignung deutschsprachiger Form-Funktionszusammenhänge detaillierter betrachtet werden. Dabei darf die Beziehung zu den mitgebrachten sprachlichen Integrationsvoraussetzungen und zur meist dominanten Sprache Russisch selbstverständlich nicht aus dem Auge verloren werden.

Dieses Überblickskapitel soll mit einem Brief beendet werden, den ein junger 20-jähriger Arbeitsarmist schrieb – ein Dokument deutsch-schriftsprachlicher Fähigkeiten im Herkunftsland und ein Dokument der Erinnerung an die Russlanddeutschen, die in der Arbeitsarmee ums Leben kamen.

2.9 (T01) Jakob Isaak: Brief aus der Arbeitsarmee, deutsch, geschrieben 1943 in der Sowjetunion

2.9.1 (T01) Brief aus der Arbeitsarmee

/Adresse:/

Кирг. ССР

Kirgisische SSR

г. Пржевальск

Stadt Prževal'sk

ул. III интернациональная дом №44

III. Internationale Str. Haus 44

пол.: Исаак Наталия Ив.

Empfänger: Isaak, Natalija Ivanovna

/Absender:/

Молотовская обл.

Gebiet Molotov[85]

ж. д. ст. Ваская

Bahnstation Vaskaja

раб. пос. Гремячинск шахта 62

Arbeitersiedlung Gremjačinsk Grube 62

Барак №1

Baracke Nr. 1

Исааку Якову Ив.

Isaak Jakov Ivanovič

19/IV 43[86]

Guten Tag Liebe, liebe Schwester Neta!

Da ich ebend einen Brief von Dir erhalten habe, will ich versuchen gleich zurückzuschreiben. Bevor ich anfange zu schreiben, wünsche ich Dier eine Herzliche, schöne Gesundheit. Arbeitete bis zum 2/IV in Утёс[87] im забой[88]. Da war ich ganz aus die Kraft gegangen, der Arzt in Утёс glaubte mir es nicht, das ich so schwach war, weil ich so groß und breit war. Den 2/IV war unser Политрук[89] im Цех[90] gerade zum mittagessengehen u. ich ging nicht weit vur ihm und fiehl eimal nach dem andermal hin, da kam er zu unser Барак[91], als wir gegesen hatten sagte zu mir, Heinr. Frießen, Her. Görzen, Joh. Martes von den Bogomasower wir solten uns bereit machen u. nach Гремячинск[92] fahren. Da graulte ich mich wie der Teufel vor dem Kreutz.

---

[85] Heute Gebiet Perm'.
[86] Angabe des Datums nach russischer Norm: arabische Zahl für den Tag, römische Zahl für den Monat, arabische Zahl für das Jahr.
[87] Russ., in kyrillischer Schrift: Ort Utës.
[88] Russ., in kyrillischer Schrift: 'Stollen'.
[89] Russ., in lateinischer Schrift: Abkürzung für 'Politischer Leiter'.
[90] Russ., in lateinischer Schrift: 'Abteilung'.
[91] Russ., in lateinischer Schrift: 'Baracke'.
[92] Russ., in kyrillischer Schrift: Ort Gremjačinsk.

Es hielf nichts zu wir machten uns bereit ich nahm mir an meine Sach nach die Station zu tragen für ein Glaß Tabak. Als der Datschner[93] kam, schmißen wir Gleich unsere Sachen nein und selber ich u. Onkel Frießen kammen nicht mit. Wir befrachten uns es beim Deschurne[94] er sagte das wier bis zum nächßten tag warten müßen. Den andern Tag bekamen wir bei unser Politruk schon nichs zu essen zu kaufen war auch nichs. Zum glück Görzen Her. bekam ich jilli jilli[95] huntert гр[96] für 20 Rub[97] ausgebetelt sonst war ich den Tag über hungrig gewesen. Als wir nachs in Ваская[98] ankamen war die Speißehalle schon zu so das ich mit den leren Magen schlafen gehen mußte, u. dazu hatten sie unsere sachen noch zimlich beraubt Hein. Frießen war Brot weg. Ich hatte noch 4 Gläßer Mähl gekauft, 1 Котелок[99] Kartoffeln die Galoschen u. ein halbliterkrug. Morgen gingen wier in die schpeißehalle da war ich schon sehr schwach, kaufte mich 1 klgr. Brot zu 180 Rbl[100]. 2 Suppen aß mich für 2 tage satt. Da namen wir unsere Sachen u schlepten nach Гремячинск[101]. Als wir auf dem Weg kamen war ich wieder ganz kaput u ich wartete bic[102] ein vorwärk er nahm meine Sachen für 50 Rbl. Als er losführ, solte ich auch hinerangehen doch ich war zu schwach fiel hin. Der Furmann sagte gib dein Gürtel kanst selbst mit. Mir war schon nichß zu schade, ich wollt nur nach Гремячинск. Hier liege ich jetzt in die Balnize[103] bin geschwollen. Morgens bekomen wir Suppe und 800 гр[104] Brot Mittags Suppe u zweites Kalatets[105] u Kartoffeln, abens Suppe, zweites wieder so so sollen wir hir 14 Tage ausruhen Von den Bogomasower bin ich hier alein in die Bolnitze[106]. Habe schon ein Schach ausgeschnitten. etliche haben Domino so das es nicht so einsam ist spielen wir. Als sie mir den Brief im Krankenhaus brachten, und ich in efnete u Dir Neta erblickte rollten meine Trenen über den Wangen. Den ich dachte geich an David er wird doch wol tot sein. Von Johan weiß ich auch nichs. Deine Freundinen sind alle in Orsk[107] Dyck Юстина[108] ist Brigadir Neta Kröker ist da. Heute Nachs hatte es hier gereg-

---

[93] Von Russ. *дачный поезд* (*dačnyj poezd*) – 'Vorortzug', ins Deutsche integriert.
[94] Russ., in lateinischer Schrift: 'der Diensthabende', ins Deutsche integriert.
[95] Russ., in lateinischer Schrift: *еле-еле* (*ele-ele*) – 'mit knapper Not', ins Deutsche integriert.
[96] Russische Abkürzung für 'Gramm' (*g*), in kyrillischer Schrift.
[97] Abkürzung für 'Rubel'.
[98] Russ., in kyrillischer Schrift: Ort Vaskaja.
[99] Russ., in kyrillischer Schrift: 'Soldatenkessel, Kochgeschirr'.
[100] Abkürzung für 'Rubel'.
[101] Lateinisch-kyrillische Mischform für den Ort Gremjačinsk.
[102] Lateinisch-kyrillische Mischform für deutsch *bis*.
[103] Russ., in lateinischer Schrift: *больница* (*bol'nica*) – 'Krankenhaus', ins Deutsche integriert und angelehnt an die russische Aussprache des *o* vor der betonten Silbe als *a*.
[104] Abkürzung für 'Gramm', in kyrillischer Schrift.
[105] Russ., in lateinischer Schrift: *холодец* (*holodec*) – 'Sülze', ins Deutsche integriert.
[106] Russ., in lateinischer Schrift, in der Schreibung leicht variiert gegenüber zuvor *Balnize*: 'Krankenhaus', ins Deutsche integriert.
[107] Siehe zu Orsk als Einsatzort von Arbeitsarmisten Dokument 6 im Anhang 2.
[108] Russ., in kyrillischer Schrift: 'Justina'.

net u regnet jetzt die arbeiter gehen nicht auf arbeit so daß es zimlich kühl hir Drinen ist (kein Holz) Du fregst wie ich die Feiertage ferbracht habe 8 Marz war ein общи суботник[109]. Freunde waren genug aber die Mögligkeit u die Freundinen waren nicht. Bekam von Tießen Grete den 5. einen Brief denen gehtes noch besser sie hoffen auch zum Frühlig nach hauße zu kommen. Ja Neta von all den Freunden die du da aufgereit haßt weiß ich nichs. Nun so muß ich schlißen. Schlecht geschrieben gut gemeint, sei Herzlich gegrüßt von dein Bruder Ja. Isaak

Onkel Joh. Kröker u Peter ist den 3/IV Gestorben.

Досвидание Наташа! Не падай духом. Чем лучше ты будешь работать, чем добросовестнее вы относитесь к своей работе, тем быстрее будет победа над проклятым Гитлеризмом. С приветом Яша[110] Ja Neta wenn du nur kanst, fahre nach hauße ich komme wen der Krieg enigt sei nochmals gegrüßt von Jaшa[111]

2.9.2   Kommentar zu (T01)[112]

Demonstrationszweck: Dieser Text ist das einzige umfangreichere Schriftstück in unserem Korpus, das die schriftsprachlichen Deutschfähigkeiten eines Russlanddeutschen im Herkunftsland dokumentiert. Zugleich und vor allem ist es ein bewegendes Zeugnis aus der schwersten Epoche in der Geschichte der Russlanddeutschen, der Zeit der Deportation und der Arbeitsarmee.[113]

Der Autor des Briefes: Autor des Briefes ist Jakob Isaak. Er wurde am 18. März 1923 geboren, vermutlich in Bogomasowo, einer mennonitischen Siedlung in der Nähe von Orenburg, südwestlich des Urals. Er starb – wie seine beiden Brüder Johann und David – in der Arbeitsarmee an Unterernährung und Erschöpfung. Der Brief wurde kurz vor dem Tode geschrieben. Die Adressatin des Briefes, Jakob Isaaks Schwester Neta, blieb am Leben. Sie übersiedelte nach Deutschland und übergab den Brief ihres Bruders Christian

---

[109] Russ., in kyrillischer Schrift: 'allgemeiner Subbotnik/freiwilliger, unentgeltlicher Arbeitseinsatz', das Adjektiv *общи* ist ins Deutsche integriert, das Substantiv *суботник* fehlerhaft geschrieben.
[110] Russ., in kyrillischer Schrift: 'Auf Wiedersehen, Nataša! Behalte den Kopf oben. Je besser du arbeitest, je gewissenhafter ihr euch zu eurer Arbeit verhaltet, desto schneller kommt der Sieg über den verfluchten Hitlerismus. Mit Gruß Jaša'. Die russische Form für 'Auf Wiedersehen' ist teilweise fehlerhaft geschrieben.
[111] Lateinisch-kyrillische Mischform für Jaša, eine russische Kurzform für *Яков* (*Jakov* – 'Jakob').
[112] Autorinnen dieses Kommentars sind Katharina Meng und Ekaterina Protassova.
[113] Siehe die Beschlüsse des Staatskomitees für Verteidigung vom 10.1.1942 (Dokument 6) und vom 7.10.1942 (Dokument 7) im Anhang 2.

Tietz, der 1992-93 Texte von Russlanddeutschen sammelte und sie unter dem Titel „Zuhause in der Fremde" publizierte.[114] In dieser Sammlung findet sich auch der obige Brief, und zwar in einer in Orthographie, Interpunktion und Grammatik normierten Fassung. Wir danken Christian Tietz dafür, dass er uns zur Publikation in diesem Band eine Kopie des Originalbriefes überließ. Aus sprachwissenschaftlichen Gründen haben wir die ursprüngliche Fassung wiederhergestellt. Da der Autor des Briefes in der Broschüre „Zuhause in der Fremde" mit seinem tatsächlichen Namen genannt wird, haben wir hier auch – anders als bei allen anderen Informanten – auf ein Pseudonym verzichtet. In der Broschüre sind weitere Dokumente publiziert, die es erlauben, sich ein Bild von der soziolinguistischen Situation des Dorfes Bogomasowo zu machen.

Zum Deutsch des Brieftextes: Wir möchten uns an dieser Stelle darauf beschränken, einige Eigentümlichkeiten zu benennen, die den Brief und vermutlich das Deutsch vieler Russlanddeutscher der Urgroßelterngeneration kennzeichnen. Die meisten dieser Merkmale werden später anhand von Transkripten im Detail besprochen. Auffällig sind:

– Spuren der regionalen Färbung der Sprechweise des Schreibers, u.a. in der Schreibweise (*befrachten* statt *befragten*),

– die Reduktion des deutschen Kasussystems, vor allem die Verdrängung des Dativs durch den Akkusativ (*aus die Kraft, nach die Station, von dein Bruder* usw.),

– Übernahmen russischer Lexeme in den deutschen Text,

– die phonologische (an der Schreibung erkennbare) und grammatische Integration[115] der russischen Lexeme in das Sprachsystem des Deutschen,

– die Mischung kyrillischer und lateinischer Grapheme.

---

[114] Siehe Tietz (Hg.) o. J.
[115] Zum Integrationsbegriff in der Sprachkontaktforschung siehe Weinreich 1977/1953.

3. Sprachbiografien zu einer russlanddeutschen Familie: Kirillovs

3.1 Die Großfamilie Kirillov

Die Großfamilie, auf die ich mich zusammenfassend mit dem Namen Kirillov beziehe, ist eine weit verzweigte Familie mit überwiegend russlanddeutschen, aber auch russischen Mitgliedern aus vier noch lebenden Generationen. Zu ihr gehören auch die Eheleute Margarita Kirillov geborene Butz und Valerij Kirillov mit ihren beiden Kindern Xenia und Georg. Diese junge Familie steht im Mittelpunkt meiner Beobachtungen. Die ersten Mitglieder der Großfamilie kamen 1984 nach Deutschland. Die jungen Kirillovs übersiedelten 1992. Georg war zu diesem Zeitpunkt fast fünf Jahre alt, Xenia fast sechs. Als ich die Aufnahmen in der Familie beendete, lebten die jungen Kirillovs in einem Dorf in Baden-Württemberg – im gleichen Ort mit der Großmutter, den Eltern, Brüdern, Schwägerinnen, Neffen und Nichten von Frau Kirillov. Andere Verwandte wohnten in Mannheim oder anderswo in Baden-Württemberg, einige lebten in Russland, einige in Kasachstan. Von den in Russland und Kasachstan Lebenden warten manche auf den Aufnahmebescheid aus Deutschland, andere – insbesondere die Verwandten des russischen Vaters von Georg und Xenia – haben nicht die Absicht oder die Möglichkeit zu emigrieren.

Im Folgenden werde ich Sprachbiografien zu den Kindern Georg und Xenia, den Eltern, den Großeltern mütterlicherseits und der Urgroßmutter der Kinder erarbeiten. Abbildung 29 gibt einen Überblick über die Familienmitglieder, die sprachbiografisch beschrieben werden.

Die Sprachbiografien beruhen auf folgenden Daten:

(1) Kommunikationsereignisse in und mit der Familie Kirillov, die ich als teilnehmende Beobachterin unmittelbar verfolgen konnte, und zwar

   (a) Kommunikationsereignisse, die ich initiierte, in einem bestimmten Maße zu lenken suchte und meist mit Kassetten- oder Videorekorder aufzeichnete (sprachbiografische Gespräche, Treffen einer Mutter-Kind-Gruppe, narrative Interaktionen, Diskussionen zum sprachlichen Netz der Familienmitglieder und zu ihrer Einstellung hinsichtlich gemischtsprachiger Kommunikation),

   (b) Kommunikationsereignisse, an denen ich auf Wunsch der Familie teilnahm, teils um sie zu unterstützen (z.B. bei der Rechtsberatung, bei einer Gerichtsverhandlung), teils um zur Erinnerung der Familie

Videoaufzeichnungen anzufertigen (z.B. bei der Einschulung des Sohnes),

(c) Kommunikationsereignisse, die sich im Verlaufe unserer nun mehr als sechs Jahre dauernden Bekanntschaft zufällig ergaben (z.B. Begegnungen auf der Straße),

(2) Kommunikationsereignisse der Familie, die die Familie selbst aus eigenen Beweggründen mit Rekorder aufzeichnete (z.B. eine Geburtstagsfeier) und die ich nur durch die Aufzeichnungen kennen lernte,

(3) Kommunikationsereignisse, an denen kein Mitglied der Familie teilnahm, in denen aber die sprachlichen Entwicklungen von Mitgliedern der Familie, und zwar ausschließlich der Kinder, Gesprächsgegenstand waren (meine Gespräche mit den Lehrerinnen und Lehrern der Kinder),

(4) Schriftstücke, die von Mitgliedern der Familie zu nichtwissenschaftlichen Zwecken angefertigt wurden (z.B. Briefe),

(5) Dokumente von Institutionen, die Aussagen über die sprachlichen Fähigkeiten von Mitgliedern der Familie Kirillov enthalten (z.B. Schulzeugnisse der Kinder) sowie

(6) Aussagen und Urteile von deutschen und russischen Muttersprachlern über die deutsch- bzw. russischsprachigen Fähigkeiten von Mitgliedern der Familie Kirillov, beruhend auf eigener Beobachtung oder dem Anhören meiner Ton- und Videoaufnahmen.

Abb. 29: Familie Kirillov – die sprachbiografisch dargestellten Mitglieder

Xenias und Georgs Urgroßmutter mütterlicher-großmütterlicherseits Emma Dankert geb. Korn Geboren 1907 in Katharinenstadt an der Wolga (später Marxstadt)		
Xenias und Georgs Großmutter mütterlicherseits Nora Butz geb. Dankert Geboren 1939 in Marxstadt an der Wolga	Xenias und Georgs Großvater mütterlicherseits Paul Butz Geboren 1938 in Marxstadt an der Wolga	
Xenias und Georgs Mutter Margarita Kirillov geb. Butz Geboren 1967 in Kasachstan	Xenias und Georgs Vater Valerij Kirillov Geboren 1963 in Sibirien	
Xenia Geboren 1986 in Kasachstan	Georg Geboren 1987 in Kasachstan	

In den Gesprächen, die die Familie Kirillov und ich gemeinsam hatten, verwendeten wir sowohl die russische als auch die deutsche Sprache. Oft genug erfolgte die Sprachenwahl dabei spontan in Abhängigkeit von den Fähigkeiten oder momentanen Neigungen einer der beteiligten Personen. Manchmal bat ich um die Verwendung nur einer der beiden Sprachen, hatte damit aber selten Erfolg. Deshalb brachte ich bei meinen Besuchen der Familie gelegentlich jemanden mit, der tatsächlich oder vorgeblich nur eine der beiden Sprachen beherrschte, um nach Möglichkeit Sprachproben in der dann jeweils erforderlichen Sprache zu bekommen (s. auch Abschnitt 1.4).

Insgesamt hatte ich etwa 70 Stunden Gelegenheit zur Kommunikation mit der Familie oder Einzelnen ihrer Mitglieder und dies in sehr unterschiedlichen Situationen. Ich meine daher, über einen guten Einblick in ihre sprachliche Praxis zu verfügen.

3.2 Die Kinder Xenia und Georg

3.2.1 In Kasachstan: Xenia im Alter bis zu 5;9 Jahren, Georg im Alter bis zu 4;10 Jahren

Im Jahre 1986 wurde dem Ehepaar Margarita und Valerij Kirillov das erste Kind geboren – ein Mädchen. Sie nannten es Ksenija. 1987 folgte ein Junge. Er bekam den Namen Jurij. Die junge Familie lebte in einer großen ländlichen Siedlung in der kasachischen Steppe unweit einer Stadt (Kass. 173a). Sie bewohnten gemeinsam mit einem Bruder von Frau Kirillov und dessen Familie ein dörfliches Haus mit Hof und Garten. Die Kinder – Ksenija und Jurij, ihr Cousin und ihre Cousine, alle mit nur geringen Altersunterschieden – wurden tagsüber abwechselnd von Ksenijas und Jurijs Mutter und ihrer Tante betreut. Später, ab etwa vier Jahren, besuchten sie den Kindergarten. Die Siedlung, in der Ksenija und Jurij ihre frühe Kindheit verbrachten, war multiethnisch und multilingual. Es lebten dort Kasachen, Russen, Aserbaidschaner, Deutsche und andere (Kass. 006, 037, 073). Die Kinder werden gelegentlich auch mit den Sprachen dieser verschiedenen Bevölkerungsgruppen konfrontiert worden sein. In ihrer Familie und im Kindergarten jedoch erlebten sie – nach übereinstimmenden Aussagen der Eltern und der Großeltern – die russische Sprache als die am meisten verwendete und alle verbindende. Sie wurde ihre Erstsprache.

Für Xenias und Georgs sprachliche Entwicklung scheint mir wichtig zu sein, dass sie das Russische in ihrem Familienkreis nicht nur als alltäglich verwendete Sprache erfuhren, sondern auch in komplexen, poetisch und rhetorisch gestalteten Diskursen: Ihr Großvater mütterlicherseits liebte es (und liebt es noch immer, s. Abschnitt 3.5), Märchen zu erzählen. Die Kinder hörten ihm, wie ich von Frau Kirillov (Kass. 006a) und Herrn Kirillov (Kass. 019a) erfuhr, unermüdlich zu, und auch für die Erwachsenen war das gemeinsame Anhören der Märchen eine wichtige Familientradition.[116]

3.2.2 In Deutschland

3.2.2.1 Erstes und zweites Aufenthaltsjahr: Xenia im Alter von 5;9 – 8 Jahren, Georg im Alter von 4;10 – 7 Jahren

Ich lernte die Kinder sechs Monate nach ihrer Übersiedlung nach Deutschland kennen. Sie hießen nun nicht mehr Ksenija und Jurij, sondern Xenia und Georg[117] und wohnten in einem Übergangswohnheim für Aussiedler. Kin-

---

[116] Siehe auch Meng/Borovkova 1999 sowie Meng 2000.
[117] Das Kriegsfolgenbereinigungsgesetz vom 21.12.1992 enthält Regelungen dafür, dass Spätaussiedler ihren Namen in deutscher Form führen können. Die Regelungen legen

dergartenplätze standen ihnen nicht zur Verfügung, wie mir die Mutter mitteilte, besorgt um eine Gelegenheit für ihre Kinder, Deutsch zu lernen (Kass. 006a).

Als ich – auf der Suche nach Informanten – das Übergangswohnheim erstmals betrat, saß Georg mit einem anderen Jungen im Treppenhaus. Auf meine auf Deutsch gestellte Frage, wie er heiße, antwortete Georg: *Georg*. Auf meine auf Deutsch gestellte Frage, wie alt er sei, zeigte er mir sechs Finger. Ich gestehe, dass ich den Eindruck bekam, dieses Kind sei in seiner Entwicklung erheblich zurückgeblieben. Meine letzte auf Deutsch gestellte Frage, ob seine Eltern zu Hause seien, verstand Georg nicht. Ich wiederholte die Frage auf Russisch, Georg verstand und brachte mich zu seinen Eltern.

Ich sah Georg und seine Schwester Xenia in den nächsten Monaten, dem dritten Vierteljahr ihres Lebens in Deutschland, dann öfter. In dieser Zeit scheiterten alle meine Versuche, mit ihnen Deutsch zu sprechen. Sie verstanden mich nicht. Mutter und Großeltern waren, wie sie mir sagten, der Meinung, dass die Kinder schon einiges auf Deutsch verstünden, und wendeten sich gelegentlich mit deutschen Äußerungen an sie. Andererseits hielten sie es für erforderlich, meine auf Deutsch an die Kinder gerichteten Fragen ins Russische zu übersetzen, damit Xenia und Georg antworten konnten (Kass. 019b). Die Mutter sprach die Kinder – meinen Wahrnehmungen zufolge – ganz überwiegend auf Russisch an.

Auf Russisch waren Xenia und Georg sprechfreudig und gewandt. Als ich das erste Mal ein Bilderbuch mit in die Familie brachte, um in einer experimentnahen Situation Sprachproben auf Deutsch und auf Russisch zu erheben, bemühte sich Georg nachhaltig um das Rederecht auf Russisch und, nachdem er es erhalten und mit Erfolg genutzt hatte, sogar auf Deutsch. Hier aber musste er bald aufgeben (Kass. 019b). In seiner russischen Erzählung benutzte er bezeichnenderweise vereinzelt deutsche Wörter: *а потом katze кушает* (*a potom katze kušaet* – 'und dann isst die *Katze*', Kass. 019b), offenbar ohne es zu bemerken – eine Spur der mütterlichen und großelterlichen Anstrengungen, den Kindern Deutsch beizubringen.

---

nahe, dass es für ein Kind integrationsfördernd sei, seinen mitgebrachten Namen *Roman* oder *Vladimir* abzulegen und statt dessen *Reinhold* oder *Waldemar* zu heißen – zu einer Zeit, in der kein einziger altdeutscher Name zu den Vorzugsnamen gehört, sondern statt dessen Namen hebräisch-griechisch-lateinischen Ursprungs und auch slavische Namen wie z.B. *Sascha* oder *Boris*. Einer eventuellen Namensänderung müsste eine qualifizierte Beratung über die Soziolinguistik von Namen vorangehen, sonst kann die Namensänderung dazu beitragen, das außerhalb Deutschlands gelebte Leben zu entwerten, den Namensträger zu verunsichern und ihn – den *Reinhold* oder *Waldemar* – in den Augen einheimischer Deutscher als altmodisch-deutsch-national zu verunglimpfen. Zu diesem Problemkreis s. Weitershaus 1990 und Kohlheim 1998. Zum Transfer von Eigennamen in Sprachkontaktsituationen siehe auch Weinreich 1977/1953, 75f.

Soweit ich beobachten konnte, sprachen die Kinder in dieser Anfangszeit untereinander und mit dem Vater nur Russisch. Auch an die Mutter wendeten sie sich auf Russisch, und zwar auch dann, wenn diese Deutsch zu ihnen gesprochen hatte. Bei Georg war das die einzige Konstellation, die ich sah. Bei Xenia machte sich sprachlich schon bald bemerkbar, dass sie sechs Monate nach ihrer Ankunft in Deutschland eingeschult wurde. Sie kam in eine sogenannte Vorbereitungsklasse, eine Klasse, in die nur Kinder mit nichtdeutscher Muttersprache gehen. Sie hatte zunächst Angst vor der Schule, wie mir die Mutter sagte, lebte sich dann aber rasch ein. Ich stellte fest, dass sie ihrer Mutter schon wenige Wochen nach Schulbeginn gelegentlich auf Deutsch antwortete oder sich gar auf Deutsch an sie wandte – in auffälligem Unterschied zu Georg. Am Ende des ersten Schuljahrs, weniger als anderthalb Jahre nach ihrer Ankunft in Deutschland, fiel sie mir durch flüssige, „akzentfreie" Äußerungen auf, und man hätte im ersten Moment annehmen können, hier spreche ein Kind mit deutscher Muttersprache. Dass dies nicht so war, wurde jedoch schnell offensichtlich. Worin die Defizite genau bestanden, muss durch eine detaillierte Sprachstandsanalyse auf der Basis der vorliegenden Aufnahmen ermittelt werden. Die Erwachsenen der Familie bemerkten Xenias Fortschritte im Deutschen mit Freude, sahen in ihr mehr und mehr eine Deutsch-Autorität, von der sie selbst lernen konnten und mit der sie kooperierten, wenn das Verstehen in einem Gespräch mit einheimischen Deutschen nicht problemlos möglich war (Kass. 037a).

Georg kam in die Schule, als die Familie anderthalb Jahre in Mannheim lebte. Er sprach und verstand zu diesem Zeitpunkt nach meiner Beobachtung noch schlecht Deutsch. Er besuchte – wie seine Schwester – zwei Jahre lang eine Vorbereitungsklasse, in der mehrere russlanddeutsche Kinder und andere Kinder mit nichtdeutscher Muttersprache lernten. Er fühlte sich in der Klasse wohl und ging mit großem Eifer zum Unterricht, wie mir die Großeltern voller Freude berichteten (Kass. 165a).

Die Mutter und die Großeltern von Xenia und Georg waren von Anfang an sehr daran interessiert, dass die Kinder schnell Deutsch lernten, und bemühten sich, sie darin zu unterstützen (Kass. 006a). Allerdings reichten ihre Kräfte nicht weit. Ihre eigene Beherrschung des Deutschen war, wie wir noch sehen werden, begrenzt; und das einzige Verfahren, ihre Deutschkenntnisse an die Kinder weiterzugeben, bestand zunächst darin, ihnen ein paar Wörter (Zahlwörter, wenige Substantive) und von den Vorfahren ererbte Verse (*Ich bin klein, mein Herz ist rein ...*) beizubringen.

3.2.2.2 Drittes und viertes Aufenthaltsjahr: Xenia im Alter von 8 – 10 Jahren, Georg im Alter von 7 – 9 Jahren

Ab Xenias drittem Aufenthaltsjahr in Deutschland gewann ich den Eindruck, dass sich das Mädchen das Deutsche in einer erstaunlichen Geschwindigkeit aneignete. Die Mutter antwortete in dieser Zeit auf meine Frage, welche Sprache Xenia nunmehr leichter falle, stolz: Für sie ist das *egal* (Kass. 166a). Der Großvater sagte: *Die kann schon mehre spreche als wie mir!* (Kass. 165a), und die Großmutter berichtete, dass Xenia sie oft anrufe, um ihr etwas aus den Schulbüchern auf Deutsch vorzulesen. Das stimmte die Großeltern, die selbst nie auf Deutsch lesen und schreiben gelernt haben, glücklich; und sie bewunderten ihre Enkelin – ihr *Augenlicht*, wie die Großmutter diese ihre Lieblingsenkelin zärtlich nennt (Kass. 165a, 181b). Xenias Lehrerin in der Grundschule war des Lobes voll über den Lerneifer des Kindes. Xenia fühlte sich von dieser Anerkennung offensichtlich getragen. Sie sprach damals mit mir über ihre Erlebnisse und Zukunftschancen (sinngemäß: Ob ich es schaffe, in die Realschule zu kommen? Oder gar ins Gymnasium?), berichtete, dass sie viel lese und sich aus der Kinderbibliothek Bücher ausleihe; erzählte mir einen Film, den sie gesehen hatte – dies alles auf Deutsch (Kass. 203a). Mir fiel jedoch auf, dass die in Xenias Äußerungen zutage tretenden Deutschkenntnisse sehr instabil wirkten: Eben noch hatte sie eine ganze Geschichte erzählt, fünf Minuten später fiel es ihr schwer zu sagen, dass die Mutter *nebenan bei der Nachbarin* ist – sie sagte: *Mutter ist die Nachbarin daneben* – und der Vater *um halb zwei* nach Hause kommt. Die Lehrerin hatte Ähnliches beobachtet: Heute setze Xenia die Artikel im richtigen Geschlecht vor die Substantive, morgen purzelten sie schon wieder wie Kraut und Rüben durcheinander. Die Lehrerin zögerte auch, eine Vermutung darüber auszusprechen, was Xenia von den schulischen Diskursen und Texten wirklich versteht. Xenias Klasse, die zur Hälfte aus Kindern mit Deutsch als Erstsprache und zur anderen Hälfte aus Kindern mit einer nichtdeutschen Erstsprache bestand, wurde offiziell nicht mehr als Vorbereitungsklasse geführt, war es aber ihrem Leistungsvermögen nach noch. Sie arbeitete – als eine dritte Klasse – mit Materialien der zweiten Klasse und galt als leistungsschwach und langsam. Die Lehrerin berichtete mir, wie betroffen sie war, als sich in einem Test zeigte, dass den Kindern viele elementare Wörter des Deutschen dem Sinn nach noch nicht zur Verfügung standen. Dies war der Hintergrund, vor dem sich Xenia in der Grundschule glücklich als erfolgreich Deutsch lernendes Kind wahrnahm. Als Probe für Xenias schriftliches Deutsch im dritten Aufenthaltsjahr in Deutschland sei hier ein Brief zitiert, den das Mädchen schrieb, als sie die dritte Klasse besuchte.

(B1)

Brief von XK an zwei Projektmitarbeiterinnen

Hallo Katarina Wie gehst euch? Uns gehst gut! Wie gehst Christina. Sei ihr alle gesund? Alls bleib alle gesund. Alls gute wünsche ich euch. Von Xenia Alls gut wünsche ich auch Christina

XK (8;9), Brief

Der Brief enthält eine Reihe von Orthografie- und Interpunktionsfehlern, die binnendeutsche Kinder des gleichen Alters wahrscheinlich auch machen würden. Als charakteristisch für russlanddeutsche Kinder erscheint mir jedoch die Unsicherheit in Bezug auf die Flexionsendungen: *uns gehst gut, ihr sei, alls gut.*

Nun zu Xenias Russischfähigkeiten im dritten Aufenthaltsjahr. Meinen und Protassovas[118] Beobachtungen zufolge verlief auch zu dieser Zeit ein großer Teil der Kommunikation zwischen Xenia, ihrer Mutter und ihrem Bruder auf Russisch, wenn auch der deutsche Anteil unübersehbar gewachsen war. Xenia wechselte manchmal mitten im Satz und nur für ein Wort aus dem Russischen ins Deutsche. Vgl. (B2).[119]

(B2)

Die Familie trinkt gemeinsam Kaffee. Xenia möchte ihren Kaffee süßen und fragt die Mutter.

XK: Там Zucker есть, мам?
XK: Tam Zucker est', mam?
XK: Ist dort *Zucker*, Mama?

XK (8;10), Kass. 199a

Aus dem dritten Aufenthaltsjahr datiert die Tonaufzeichnung einer Interaktion zwischen Mutter und Tochter: Die Mutter half Xenia bei den Mathematikaufgaben. Dies spielte sich vollständig auf Russisch ab. Mit dem Vater sprach Xenia ohnehin Russisch. Er sagte zu dieser Zeit /auf Russisch, sinngemäß/: Xenia wird Russisch nie vergessen. Er berichtete mir, dass die Tochter sich beteilige, wenn er seinem Vater in Kasachstan Briefe schreibe; sie wolle auf Russisch schreiben lernen (Kass. 173b). Xenia hatte in Ka-

---

[118] Siehe Protassova 1996, 22.
[119] Die Beispiele werden in der Regel folgendermaßen dargeboten: Beschreibung der Situation, in der die Äußerung beobachtet wurde; Wortlaut der Äußerung. Falls es sich um eine russische oder teilweise russische Äußerung handelt, wird sie in den russischen Bestandteilen im kyrillischen Alphabet fixiert. In der nächsten Zeile wird die kyrillische Schreibweise nach den Vorschriften des Dudens transliteriert. Darauf folgt ggf. die Übersetzung ins Deutsche. In der Übersetzung werden aus dem Deutschen übernommene Bestandteile von russischen Äußerungen kursiv hervorgehoben. – Nach dem Wortlaut der Beispieläußerung wird die Quelle angegeben, meist als Angabe des Sprechers und der Kassette, auf der die Äußerung angehört werden kann. – Das Beispiel wird durch einen Kommentar zu relevanten linguistischen Aspekten abgeschlossen.

sachstan, also vor ihrer Einschulung, aus eigener Initiative durch das Fernsehen russische Buchstaben lesen und schreiben gelernt. Ihre Kenntnisse des kyrillischen Alphabets wurden jetzt aber seit Schulbeginn mehr und mehr durch die Aneignung des lateinischen Alphabets überlagert. Als sie im dritten Aufenthaltsjahr allein einen Brief an die Verwandten in Kasachstan schreiben wollte, war das, wie die Mutter sagte, *eine Katastrophe.* Als ich mich zu dieser Zeit mit Xenia über ihre Sprachkenntnisse und ihren Sprachgebrauch unterhielt, war sie der Ansicht, dass sie schon besser Deutsch als Russisch spreche, und wollte sich dies durch die Mutter bestätigen lassen. Als die Mutter widersprach, schien Xenia enttäuscht zu sein, stimmte aber schließlich zu: *Ich spreche Russisch besser, aber Deutsch spreche ich auch gut.* Xenia berichtete mir, dass sie mit den Freundinnen mehr und mehr Deutsch spreche, auch mit denen, die Russisch könnten. Als ich nach den Gründen fragte, war die Antwort /sinngemäß/: Die Leute lachen uns sonst aus (Kass. 215). Auf meine vorgebrachte Meinung, es sei doch schön, wenn man zwei Sprachen – Russisch und Deutsch – richtig könne, und meine Anregung, Xenia solle fortfahren, auch Russisch zu lesen und zu schreiben, reagierte sie zwar zustimmend, aber ohne Enthusiasmus. Sie berichtete, dass ihre türkische Freundin noch nicht richtig Deutsch könne, aber immer Deutsch spreche und manche türkische Wörter vergessen habe. Ihr ginge es mit Russisch auch so (Kass. 215). Ein Beispiel für Xenias Russisch nach dreieinhalb Aufenthaltsjahren in Deutschland bietet Transkript (T02). Dort erkennt man in ihrer Erstsprache erhebliche Korrosionserscheinungen.[120]

Georg sprach im dritten Aufenthaltsjahr nach Meinung der Eltern (Kass. 166a, 173a) und Großeltern (Kass. 165a) noch nicht so gut Deutsch wie seine Schwester. Als ich mich zu dieser Zeit auf Deutsch mit ihm über seine Erinnerungen an Kasachstan unterhielt, bemerkte ich, dass er meine Fragen nicht immer verstand, sein Nichtverstehen aber nur manchmal anzeigte und in anderen Fällen einfach nicht reagierte (s. auch Nikolai 1996). Seine Beiträge zu unserem Gespräch schlossen sich sprachlich öfter nicht adäquat an meine Äußerungen an, gelegentlich, wenn auch nur selten, musste Georg ins Russische wechseln (Kass. 215). Als wir gemeinsam den Zeichentrickfilm „Der Maulwurf" betrachtet hatten und ich ihn bat, den Film, der ihm sehr gefallen hatte, seiner Mutter zu erzählen, erklärte er mir, er sei dazu auf Deutsch nicht in der Lage (Kass. 166b).

Hinsichtlich seiner Russischfähigkeiten fühlte sich Georg in dieser Zeit noch sicherer. In der Familienkommunikation neckte er seine Schwester auf Russisch, warnte er sie, widersprach er der Mutter, bat er, weigerte er sich, gab er die Uhrzeit an usw. (Kass. 199, 205).[121] Er war auch anstandslos bereit,

---

[120] Siehe zum Begriff der Sprachkorrosion Protassova (im Druck) und Abschnitt 5.4.3 in diesem Band.
[121] Siehe Protassova 1996, 21.

mir sein Lieblingsmärchen zu erzählen. Es war das Märchen *Sivka-Burka, die graubraune Stute*, das sich durch eine höchst komplexe Handlung auszeichnet. Georg kannte es von seinem Großvater (s. auch T09). Er erzählte das Märchen selbstbewusst und gelassen, zum Teil mit einer differenzierten Lexik und relativ komplexen syntaktischen Strukturen, in einem märchentypischen Stil, auch mit gelegentlichen Regionalismen und substandardsprachlichen Ausdrücken, wie sie für die Kommunikation der Familie Kirillov kennzeichnend sind. Allerdings zeigten sich auch schon lexikalische Fehlentscheidungen und Lücken sowie Unsicherheiten hinsichtlich bestimmter grammatischer Formen, so bei der Bildung des Genitivs nach Zahlwörtern (Kass. 174a). Die Aufnahme insgesamt erweckt – nach dem Urteil von Elena Borovkova – bei einem russisch-muttersprachlichen Hörer den Eindruck, hier erzähle ein Kind ein ihm gut bekanntes Märchen in seiner Muttersprache.

Anders stellen sich Georgs Russischfähigkeiten zu diesem Zeitpunkt dar, wenn man sie auf der Basis der Nacherzählung des Zeichentrickfilms „Der Maulwurf" bewertet. Der Film zeigt eine für Kinder sehr ansprechende Handlung, tut dies jedoch ohne Sprache. Die Kinder müssen das, was sie sehen, also selbstständig in Sprache fassen. Georg versuchte dies auf Russisch zweimal (auf Deutsch sei er, wie er erklärte, dazu nicht fähig, s.o.), einmal für seinen Vater und einmal für seine Mutter. Dabei stieß er auf umfassende Lücken in seinem Wortschatz: So wusste er nicht, wie man 'Fuchs', 'Maulwurf', 'Fass', 'Besen' oder 'Farbe' auf Russisch benennen kann oder welche Ausdrücke Tätigkeiten wie 'Herausklettern' charakterisieren. Um diese Lücken auszugleichen, wählte er zum Teil Umschreibungen (z.B. /auf Russisch/ 'der kleine Schwarze' für 'Maulwurf'), zum Teil deutsche Lexeme (z.B. *Fuchs* im russischen Diskurs); oft genug konnte er wegen des Fehlens von geeigneten Wörtern oder Ersatzstrategien eine angefangene Assertion nicht zu Ende führen und war auf die vermutend-mitkonstruierende und mitformulierende Hilfe seiner Zuhörer angewiesen. Infolge der lexikalischen Lücken war es unmöglich, aus Georgs Diskursbeiträgen zu verstehen, um was es in dem Film ging. Auch in den grammatischen Konstruktionen seiner russischen Nacherzählungen zeigten sich Korrosionserscheinungen. Jedoch waren sie nicht so häufig und so weit reichend, dass sie zu einem Scheitern der Kommunikation hätten führen müssen. Aufschlussreich war ferner, dass Georg aus den unterstützenden Aktivitäten seiner Mutter in der Rolle der Zuhörerin umgehend Nutzen für die sprachliche Gestaltung seiner Beiträge ziehen konnte. Sie wurden verständlicher und detaillierter, wenn die Mutter nachfragte, Formulierungsvorschläge anbot und ernsthafte Verstehensbemühungen zeigte (Kass. 166b).

Noch deutlicher als bei der Märchenerzählung zeigte sich das Eindringen des Deutschen in Georgs Russisch, wenn er über seine Erfahrungen in Deutschland und speziell in der Schule sprechen wollte.[122] Siehe (B3).

(B3)

Eine russische Besucherin der Familie – Ekaterina Protassova – fragte Georg, was für Zensuren er in der Schule bekomme.

GK: Какие ноты? По дойчу два, по *mathematik* один у меня *bis* два, один до два.
GK: Kakie noty? Po dojču dva, po mathematik odin u menja bis dva, odin do dva.
GK: Welche *Noten* ich habe? In *Deutsch* zwei, in *Mathematik* habe ich eins *bis* zwei, eins bis zwei.

GK (8;4), Kass. 251a

Georg übernimmt hier mehrere deutsche Lexeme in seinen russischen Diskurs. Sie sind in der Übersetzung kursiv geschrieben. Die meisten von ihnen werden unflektiert in den russischen Zusammenhang eingebaut. Andere deutsche Lexeme erhalten russische Flexionsendungen: *po dojču* ('in *Deutsch*'). Die russische Präposition *po* verlangt den Dativ. Dieser ist durch das an den Stamm *Deutsch-* angehängte *-u* ausgedrückt. Georg hat durchaus noch ein Gespür dafür, dass seine Äußerung auf Russisch nicht ganz geglückt ist und seiner Gesprächspartnerin unverständlich sein dürfte. Er versucht sich zu korrigieren, indem er ein deutsches Element durch das entsprechende russische ersetzt: *odin u menja bis dva, odin do dva* ('eins *bis* zwei, eins bis zwei'). Aber auch dadurch entsteht keine wirklich russische Äußerung. Normgerecht müsste sie lauten: *между единицей и двойкой* (*meždu edinicej i dvojkoj* – wörtlich: 'zwischen einer Eins und einer Zwei').

Georg hatte in Kasachstan – wie seine Schwester – aus eigenem Antrieb etwas Russisch lesen und schreiben gelernt. Als ich ihn im dritten Aufenthaltsjahr danach fragte, holte er ein russisch-deutsches Wörterbuch und las mir daraus vor – mit offensichtlichem Stolz. *Wenn ich einen Brief schreibe, guck ich immer hier,* sagte er. Dann fuhr er fort, wie in (B4) dokumentiert.

(B4)

Georg kündigt BW1[123] an, ihr einen Brief auf Russisch zu schreiben.

GK: Ich schreib zu euch Russisch.

GK (7;11), Kass. 215

Diese Äußerung zeigt, dass sich Georg an einer russischen Formulierung orientiert: *я к вам пишу* (*ja k vam pišu*). Die Verwendung der Präposition *k* ('zu') im Zusammenhang mit *писать* (*pisat'* – 'schreiben') war zu Puschkins Zeiten gänzlich unauffällig, ist es jedoch im gegenwärtigen Russisch nicht. Sie wirkt einerseits dörflich und veraltet. Andererseits entspricht sie einer analytischen Tendenz des modernen Russisch (s. Zemskaja 1996), die darin besteht, Bedeutungsbeziehungen in der Oberflächenstruktur von Äußerungen zu verdeutli-

---

[122] Siehe Protassova 1996, 23.
[123] Die Sigle BW1 steht in diesem Band grundsätzlich für die Autorin KM.

chen. Die Bedeutungsbeziehung Aktant-Rezipient, die bereits durch den präpositionslosen Dativ ausgedrückt wird, wird durch die Verwendung der Präposition *k* ('zu') unterstrichen. In Georgs Äußerung *Ich schreib zu euch Russisch* ist weiterhin die Verwendung von *euch* (2. Person Plural) als Hörerdeixis für einen (nicht mehrere) Adressaten bemerkenswert. Man könnte sie als direkte Übersetzung der russischen Hörerdeixis *вам* (*vam* – 2. Person Plural, höfliche Anrede) verstehen, aber auch als veraltete deutsche Höflichkeitsform. Die *Ihr*-Anrede findet sich bei Russlanddeutschen sehr häufig; die *Sie*-Form bereitet den Aussiedlern nicht nur in eigenen Formulierungen, sondern bereits beim Verstehen Schwierigkeiten und führt oft zu Missverständnissen. Die *Ihr*-Form hält sich vermutlich so hartnäckig im Deutsch der Aussiedler, weil sie eben in zwei sprachlichen Zusammenhängen einen systematischen Platz hat: im System der russischen Anredeformen und im System der Anredeformen der russlanddeutschen Dialekte.

Georg besuchte in der Schule weiterhin eine Vorbereitungsklasse. In den Schulberichten wurde er als *aufgeschlossenes, lernwilliges Kind* dargestellt. Gewürdigt wurden eifrige und konstante Beteiligung am Unterrichtsgespräch, geistige Selbstständigkeit, Verantwortungsbewusstsein und Kooperationsbereitschaft. Am Ende des zweiten Schuljahrs – nunmehr schon dreieinhalb Jahre in Deutschland – erhielt er in Deutsch die Note 'gut'; seine Lese-, Schreib- und Rechtschreibfähigkeiten wurden positiv bewertet, allerdings hieß es auch, dass er noch Mühe habe, sich verständlich mitzuteilen. Nach dem Anhören der Kassetten aus dieser Zeit – insbesondere eines Gespräches mit Georg über seine Ferien (Kass. 251) – meine ich allerdings, dass diese Bewertung seiner Deutschfähigkeiten nur relativ berechtigt war: Es zeigte sich, dass er einem Gespräch auf Deutsch folgen konnte und thematisch passende Beiträge zu liefern imstande war. Aber er hatte auch bei Themen seiner kindlichen Alltagswelt erhebliche lexikalische und grammatische Lücken. Viele Lexeme konnte er nur probierend[124] benutzen und war also auf die aktive Mitarbeit eines des Deutschen kundigen Zuhörers angewiesen. So sprach er immer von *untertach* und *teuch*, als er berichten wollte, dass er bereits unter Wasser, 'untertauchend', schwimmen könne. Öfter musste er zu mimischen und pantomimischen Mitteln Zuflucht nehmen, indem er z.B. vorführte, wie er die Rutsche im Schwimmbad hinunterrutschte: *ich nur so* (plus pantomimische Demonstration) (Kass. 251a). Als Georg in die Regelklasse übergegangen war, sank seine Deutschzensur sofort auf 2,75 ab.

In der Kommunikation untereinander und mit den Eltern verwendeten Xenia und Georg im dritten und vierten Aufenthaltsjahr, wie ich beobachten konnte, sowohl das Deutsche als auch das Russische, häufig im unmittelbaren Wechsel (Kass. 173b, 194a, 199a, 203a). Regularitäten und Funktionen dieses Wechsels warten noch auf eine genaue Analyse.

---

[124] Es wäre sinnvoll, das Konzept des Sprachprobierens, das Redder/Martens 1983 und Garlin 1994 für andere Spracherwerbskonstellationen entwickelt haben, auch auf unsere Daten anzuwenden.

Gegen Ende des vierten Aufenthaltsjahres entschied sich Familie Kirillov, gemeinsam mit den Eltern und Brüdern von Frau Kirillov aus Mannheim weg aufs Land zu ziehen. Dafür wurden verschiedene Gründe angeführt (Kass. 295a): Im Dorf seien die Wohnungen billiger als in der Stadt; der Familie gefalle das ländliche Leben ... Und nicht zuletzt: Frau Kirillov wollte auf jeden Fall umziehen; ihre Mannheimer Wohnung lag in unmittelbarer Nähe eines Übergangswohnheims für Aussiedler; Xenia und Georg spielten täglich mit den Kindern aus dem *Lager* und sprachen mit ihnen Russisch; Frau Kirillov wollte diesen Zustand beenden. Xenia berichtete: *Wohin wir jetzt ziehn, da sprechen alle Deutsch. Drum will Mama auch, dass wir da hinziehn. Weil wir da besser Deutsch lernen* (Kass. 295a).

3.2.2.3 Fünftes und sechstes Aufenthaltsjahr: Xenia im Alter von 10 – 12 Jahren, Georg im Alter von 9 – 11 Jahren

Mit dem vierten Aufenthaltsjahr ging für Xenia das Leben in Mannheim und auch die Grundschulzeit zu Ende. Im Abschlusszeugnis der Grundschule hatte sie in Deutsch die Zensur 3,5, in Mathematik 3,75, in Religion und im Heimat- und Sachunterricht 3, ansonsten 2 und 2,5. Sie erhielt die Empfehlung, ihre Schulbildung in der Hauptschule fortzusetzen – in der *Restschule*, wie ein Lehrer sagte und erläuternd fortfuhr: *Schule für Problemkinder und Lernschwache*. Xenia war enttäuscht. Aber ihr glückliches Naturell ließ sie gleich einen Ausweg ins Auge fassen: *Ich mach noch den Test, dass ich in die Realschule komme. Wenn ich s schaffe, geh ich in die Realschule* (Kass. 295a). Inzwischen hat sie die fünfte Klasse der Hauptschule mit einem Lob „Für gute Leistung und gutes Verhalten" abgeschlossen. In Deutsch bekam sie die Zensur 3. Eine Probe ihres schriftlichen Deutschs nach fast fünf Jahren Aufenthalt in Deutschland findet sich am Ende dieses Kapitels als (T03). Xenia fühlt sich in ihrer Hauptschulklasse wohl. Vor allem macht es ihr Spaß, mit ihren Schulkameraden Fußball zu spielen. Auf meine Frage, ob sie *vorn, hinten oder im Mittelfeld* spiele, sagt sie: *manchmal wie.*[125] Als sie ihr sprachliches Netz zusammenstellt, rechnet sie neben vielen russlanddeutschen Schulkameraden auch *Deutsche aus Deutschland, Deutsche aus der Türkei* (!) und eine Griechin zu ihren Schulfreundinnen und -freunden, weiterhin auch die Lehrer und vor allem ihren Klassenlehrer, der sehr lustig sei und den Schülern seine Liebesgeschichten von früher erzähle (Kass. 344a). Der Klassenlehrer seinerseits charakterisierte Xenia folgendermaßen: „Sie ist sehr kontaktfreudig und verfügt über einen ansprechenden Freundeskreis in der Klasse. Ihr freundliches und lustiges Wesen lässt X. auch bei Lehrerinnen und Lehrern äußerst beliebt sein. Im Unterricht ist sie aufmerksam, be-

---

[125] Bei der Konstruktion dieses deutschen Ausdrucks hat sich Xenia offenbar von zwei russischen Formulierungsmöglichkeiten leiten lassen und diese vermischt: *иногда то, иногда другое* (inogda to, inogda drugoe – 'manchmal das eine, manchmal das andere') sowie *когда как* (kogda kak – wörtlich: 'wann wie', gemeint ist: 'je nachdem').

teiligt sich am Unterrichtsgeschehen und erledigt ihre Aufgaben in der Regel pünktlich und sauber ... Sprachlich sind verständlicherweise noch Defizite zu verzeichnen. Sie scheut sich jedoch nicht, von der deutschen Sprache regen Gebrauch zu machen. Dass dabei der für Russendeutsche typische Akzent noch in Ansätzen zu hören ist, wirkt kaum störend, schmälert das Sprechinteresse in keinster Weise und wird auch von den Mitschülern nicht als Anlass zum Hänseln oder Nachäffen genommen. Das Lesen bereitet ihr keine Schwierigkeiten, so dass X. sich auch häufig beim Vorlesen meldet. Nur bestimmte grammatikalische Wendungen oder gar Fremdwörter, die ihr auch beim Schreiben oder in der Unterhaltung Schwierigkeiten machen, werden von ihr nicht immer erkannt und deshalb falsch wiedergegeben ... Grundsätzlich sind sowohl im schriftlichen als auch im mündlichen Sprachgebrauch ständig Fortschritte zu verzeichnen. Aufgrund des mit 'gut' einzustufenden Fleißes leistet X. auch in den Sachfächern und musischen Fächern gute Arbeit, so dass die schulische Laufbahn einen guten Abschluss an der Hauptschule erwarten lässt." (Bericht des Klassenlehrers). Die Wahrnehmungen des Klassenlehrers stimmen mit meinen überein: Xenia hat noch einen leichten russischen Akzent, der sich vor allem in der Aussprache des *r* und der gelegentlichen Palatalisierung von Konsonanten vor *e* und *i* zeigt. An ihrem Wortschatz erkennt man, dass sie nicht so lange und intensiv in einer deutschsprachigen Umgebung gelebt hat wie gleichaltrige Kinder aus monolingual deutschen Familien. So sagt sie z.B. *Fahrtenkontrolle* statt *Fahrkartenkontrolle,* vereinfacht damit in charakteristischer Weise ein komplexes Kompositum ihrer Umgebungssprache und bildet ein neues, im Zusammenhang durchaus passendes Wort. Leider liest Xenia nicht mehr gern, wie sie mir berichtete (Kass. 344a), so dass der Einfluss des schriftlichen Deutschs auf ihren Zweitspracherwerb begrenzt ist.

Meine Frage, welche Sprache sie nunmehr, im fünften Aufenthaltsjahr, besser beherrsche, stimmte Xenia unschlüssig. *Weiß ich net*, antwortete sie. Mutter und Tante, die unser Gespräch anhörten, waren übereinstimmend der Meinung, dass Xenia nun besser Deutsch spreche. Xenia akzeptierte diese Einschätzung, auch weil sie in den russischsprachigen Gesprächen mit ihrer erst kürzlich übergesiedelten Cousine die Erfahrung machen musste, dass sie zunehmend Schwierigkeiten hat, sich auf Russisch auszudrücken und Russisch zu verstehen. Sie sagte /sinngemäß/: Russisch spreche ich wahrscheinlich nicht so gut, ich wohne doch schon so lange in Deutschland, aber wenn die Cousine etwas sagt und ich das nicht verstehe, dann frage ich immer nach (Kass. 344a). Xenia erklärte auf meine Frage, dass sie Russisch nicht vergessen und auch auf Russisch lesen und schreiben üben möchte. Aber das Angebot der Tante, die mit ihren Kindern täglich Diktate auf Deutsch und auf Russisch schreibt, sich den Diktatübungen anzuschließen, nahm sie praktisch nicht an, ohne es direkt zurückzuweisen. Xenia sprach nun in der Familie meistens Deutsch, immer wieder aber auch etwas Russisch. Dabei konnte ich beobachten, dass ihr das Umschalten vom Deutschen ins Russische häufig nicht mehr ohne weiteres gelang und die Partner nicht immer sofort verstanden, um was es Xenia ging (Kass. 344a).

Nun zu Georg. Im sechsten Aufenthaltsjahr besuchte ich Familie Kirillov mehrmals an ihrem neuen Wohnort, einem hübsch gelegenen Dorf in *Badisch-Sibirien*.[126] Ich wollte hören und sehen, wie sich die Großfamilie Kirillov in der neuen Umgebung fühlt, und mit den Lehrern der Kinder über deren sprachliche Entwicklung sprechen. Als ich in die Schule kam, erwarteten mich Georg und sein Cousin Raimund freudig und brachten mich zu ihrem Klassenlehrer. Nach dem Gespräch wollten sie wissen, was der Lehrer gesagt habe. Sie führten mich durch das Dorf und zeigten das Geschäft, wo es Eis gibt und wo wir selbstverständlich Eis kauften. Sie berichteten mir von ihrer Fußballmannschaft und ihren neuen Freunden – alles durchgängig auf Deutsch, wenn auch teilweise nicht ohne Anstrengung. Die durchgängige Verwendung des Deutschen erstaunte mich, denn in der Familie wurde weiterhin sowohl Deutsch als auch Russisch gesprochen.

Georgs Lehrer war mit der Entwicklung des Jungen zufrieden. Georg könne dem Unterricht folgen, wenn er aufpasse. Seine Leistungen in Deutsch seien guter Durchschnitt, allerdings sehr wechselhaft: manchmal fast keine Fehler, dann wieder übermäßig viele Fehler. Der Wortschatz sei noch ärmer als bei einheimischen Schülern. Im Aufsatz verfehle Georg gelegentlich das Thema. In Mathematik sei er stärker als in Deutsch. Das Fach Mathematik sei ein guter Gradmesser für Verstehensfähigkeiten – wegen der Textaufgaben, die schon recht schwierig seien. Manchmal sei Georg allerdings zu schnell beim Rechnen, denke nicht genügend über den Text der Aufgabe nach und lese ihn nicht zwei- oder dreimal durch. Dann ergäben sich Fehler. Freilich, die vierte Klasse sei die schwerste Klasse der Grundschule. Da müsse der Lehrer die Anforderungen steigern, um die Leistungsfähigsten herauszufiltern. Georg werde eine Empfehlung für die Hauptschule erhalten. Dort werde er mehr sprachliche Förderung finden als in der Realschule, wo die Fachlehrer stärker ihr Fach im Auge hätten als den Schüler.

Die Ausführungen von Georgs Lehrer über das Verstehen regten mich an, Georgs Deutscherwerb im fünften und sechsten Aufenthaltsjahr durch ein Dokument zu repräsentieren, an dem man Verstehensprobleme erörtern kann. Siehe (T04).

Die familiäre Kommunikation bei Georg zu Hause verlief auch im sechsten Aufenthaltsjahr von Kirillovs mehrsprachig in dem Sinne, dass jeder die

---

[126] Wie mir Einheimische sagten, ist dieser alte Name für die Gegend erstens dadurch motiviert, dass sie hoch im Odenwald liegt, wo es kälter als im Rheintal ist, und zweitens dadurch, dass sie abgelegen ist: Man braucht von Mannheim aus drei Stunden, wenn man mit den öffentlichen Verkehrsmitteln dorthin gelangen möchte.

Sprache benutzte, die er bevorzugte und/oder am besten beherrschte. Mit 'Sprache' sind hier verschiedene Varietäten des Deutschen und des Russischen und Mischvarietäten gemeint. Die Beherrschung war unterschiedlich, weil Familie Kirillov sowie Großmutter, Eltern und Geschwister von Frau Kirillov, die alle in unmittelbarer Nachbarschaft miteinander lebten, verschiedene sprachliche Entwicklungen durchlaufen hatten und zu verschiedenen Zeiten nach Deutschland übergesiedelt waren. Alle Familienmitglieder einte, dass sie Russisch und Deutsch in empraktischer häuslicher Kommunikation verstanden. Sie waren – außer durch ihre unterschiedlichen Grade der Beherrschung des Russischen und Deutschen – darin verschieden, dass sie in ihrem Spracherwerb nicht die gleichen Ziele verfolgten. Georgs Cousin und Klassenkamerad Raimund versuchte – mit bewusster Unterstützung durch seine Eltern –, sowohl möglichst schnell Deutsch zu lernen als auch sein Russisch zu erhalten. Er riskierte in der Schule Konfrontationen mit einem Jungen, der die Kinder *Russen* nannte und sie damit beschimpfen wollte. Raimund erreichte, dass einige einheimische Kinder ein wenig Russisch lernten, wie er mir sagte und wie ein Junge des Dorfes bestätigte (Kass. 359a, 360a). Georg reagierte auf die erlebte Abwertung seiner Erstsprache anders. Es fiel mir in dieser Zeit zunehmend auf, dass er, auch wenn die anderen Gesprächsteilnehmer Russisch sprachen, selbst Deutsch sprach, manchmal als Einziger in der Runde (Kass. 346a). Dies hatten auch Urgroßmutter, Großeltern und Tante schon beobachtet, wie sie mir mitteilten (Kass. 360a). Gleichzeitig war deutlich, dass er dem russischen Gespräch folgen konnte. Seine Beiträge waren inhaltlich passend, wenn auch oft gemischtsprachig realisiert. Siehe (B5).

(B5)

Georg betrachtet ein Bild in einem Buch.

GK: а вот это geil.
GK: a vot éto geil.
GK: Aber das hier ist *geil*.

GK (10;2), Kass. 359a

Wenn man Georgs Aufmerksamkeit auf eine gemischtsprachige Äußerung lenkte, konnte er ihre russischen und deutschen Teile ohne Schwanken bestimmen, sie aber nicht mehr zu einer einheitlich deutschen oder russischen Mitteilung umformulieren (Kass. 344b). Die Erwachsenen und selbst die Mutter wandten sich gelegentlich noch auf Russisch an ihn, die Mutter vor allem, wenn sie ihn tadelte oder ihm Aufträge erteilte (Kass. 360b). Aber seine Verwandten und selbst einheimische Freunde (Kass. 359a) bemerkten, dass Georg dabei war, das Russische zu vergessen. Sein Onkel sagte /auf Russisch/: 'Er macht viele Fehler, er weiß viele Wörter nicht mehr, er ist zu jung nach Deutschland gekommen' (Kass. 347b). Georg selbst sagte, er wolle Russisch vergessen, weil manche Kinder in der Schule ihn Russe nennen und er in Deutschland lebe; nach Kasachstan wolle er nicht mehr, dort gebe es kein Geld und kein Essen, reisen wolle er später nach Amerika (Kass. 359a). Die Mutter gab zu, dass sie die Kinder in diesem Sinne orientiere. Ganz würden die Kinder das Russische ohnehin nicht vergessen, denn man spreche ja in der Familie weiterhin Russisch. Georgs Vater hörte zu und sagte nichts (Kass. 335b). Der Großvater seufzte und sagte /sinngemäß/: Wenn er wenigstens in Kasachstan Russisch lesen und schreiben gelernt hätte, dann würde er es nicht vergessen (Kass. 359a). Er war unsicher, was er von Georg und den anderen Enkeln sprachlich verlangen sollte. *In Gesellschaft* sollten sie seiner Meinung nach Deutsch sprechen – *wie die Gesellschaft*, und sie wollten ja auch so schnell wie möglich Deutsch lernen und verlören so eben das Russische. Aber das wäre bedauerlich (Kass. 358b). Die Zweisprachigkeit der Kinder war für die Familie offensichtlich ein Thema, mit dem Unbehagen und Meinungsverschiedenheiten verbunden waren. Selbst Georg empfand das so. Als ich zu dieser Zeit eine russische Besucherin – Elena Borovkova – in die Familie brachte und sie den Kindern ein Buch mit witzigen Textaufgaben in russischer Sprache[127] zeigte, fühlte er sich sehr angeregt, versuchte daraus vorzulesen, bemühte sich, die Aufgaben zu lösen – und musste schließlich erklären, dass er sie nicht verstehe (Kass. 358a, 359a) – er, der in der Familie und in der Schule als *guter Mathematiker* angesehen war. Ein Beispiel für Georgs Russisch im sechsten Aufenthaltsjahr ist (T05).[128]

Xenias und Georgs Sprachentwicklung ist weder im Deutschen noch im Russischen abgeschlossen. Man weiß nicht, ob sie ihr Deutsch weiter ausbauen oder aber auf dem nunmehr erreichten Stand verharren werden. Man weiß noch nicht endgültig, ob sie ihr Russisch verlieren. Entscheidendes wird davon abhängen, welche Anregungen und Angebote sie aus ihrer Umgebung bekommen. Es ist auffällig und bedenkenswert, dass Xenias und Georgs Cousin und Cousine, die nach der Absolvierung der zweiten bzw. fünften Klasse der russischen Schule nach Deutschland übersiedelten und von ihren Eltern nicht nur zum Erwerb des Deutschen, sondern auch zur Bewahrung

---

[127] Es handelt sich um das Buch Задачник (*Zadačnik* – 'Aufgabenbuch') des renommierten Kinderbuchautors Grigorij Oster. Dieses Buch setzt allerdings eine genaue Kenntnis des sowjetischen Lebens voraus und nimmt in zahlreichen Anspielungen darauf Bezug. Insofern ist es nicht sehr geeignet, das Russische bei Aussiedlerkindern zu stützen, die in einer anderen gesellschaftlichen Umgebung leben und sich mit anderen Problemen auseinandersetzen.

[128] Die Transkripte in diesem Band wurden nach den Transkriptionsrichtlinien des IDS (vgl. dazu Anhang 1) gestaltet und mit Hilfe des Programms SyncWRITER in den Computer eingegeben. Vgl. zum Programm SyncWRITER Rehbein et al. 1993 und Walter/Knorr 1990-1994.

des Russischen angehalten wurden, bald bessere Zensuren auch in Deutsch mit nach Hause brachten als die beiden Kirillov-Kinder.

3.2.3 (T02) Xenia (9;2): *Kommunion*, russisch, 42 Monate

(T02) Xenia: Kommunion 2.8.95, 251aoVidXK(9;2)Komru42

1 BW1: ну это был большой праздник для * Ксени↓ *2*
ÜbBW1: Na das war ein großes Fest für Xenia.

2 BW1: да расскажи→
ÜbBW1: Na erzähl!
EP: почему↑ *
ÜbEP: Warum?
XK: AUSLASSUNG потому что у
ÜbXK: Weil ich hatte /

3 XK: меня / мне кажет/ я в kirch пошла→ * у меня
ÜbXK: Mir schei/ Ich bin in die *Kirche* gegangen, ich hatte ein

4 XK: белое платье было так я как * теперь zu den christen
ÜbXK: weißes Kleid, weil ich jetzt *zu den Christen gehör.*

5 EP: а как называется этот
ÜbEP: Und wie heißt dieses Fest?
XK: gehör↓ AUSLASSUNG

6 BW1: ну Катя вообще
ÜbBW1: Na Katja kennt dieses
EP: праздник→
XK: канунион↓ AUSLASSUNG
ÜbXK: *Kanunion.*

7 BW1: не знает этот праз/ этого праздника↓ расскажи ей
ÜbBW1: Fe/ dieses Fest überhaupt nicht. Erzähl ihr, was das

8	BW1:	что это такое→ что там было↓ AUSLASSUNG		
	ÜbBW1	ist, was war dort?		
	XK:			все эти
	ÜbXK			Alle diese
9	XK:	наши verwandten приходили↓ и как же / все тётя *		
	ÜbXK	unsere Verwandten sind gekommen. Und wie denn / Alle Tante		
10	BW1:		бабушки→	
	ÜbBW1		die Großmütter,	
	XK:	тёти→ * потома дяди мои→ *1,5*		агă
	ÜbXK	Tanten, dann meine Onkel,		hm̌
11	BW1:	дà		
	ÜbBW1	ja.		
	XK:	дедушки→ и там потома когда мы домой пошли		
	ÜbXK	die Großväter, und dort dann, als wir nach Hause gingen, konnte		
12	XK:	тама можно было сниматься всё→		
	ÜbXK	man sich dort fotografieren lassen alles,		
13	XK:	фотографировать→ * мы Катарины фото уже		
	ÜbXK	fotografieren, wir haben Katharina schon ein Foto		
14	BW1:	м̌	дā дā	
	ÜbBW1	Hm̌	Ja, ja.	
	XK:	дали→вы можете потом посмотреть как↓ *		
	ÜbXK	gegeben, Sie können dann sehen wie.		
15	EP:	обязательно↓ *		
	ÜbEP	Unbedingt.		
	XK:	я вам не показала мою платье→ она		
	ÜbXK	Ich habe Ihnen nicht mein Kleid gezeigt, es		

16	BW1:	ну может быть сегодня вечером↓
	ÜbBW1	Na vielleicht heute abend.
	EP:	ну почему же так↓
	ÜbEP	Na warum denn nicht?
	XK:	дома висела↓
	ÜbXK	hing zu Hause.
17	BW1:	можешь ещё показать↓
	ÜbBW1	Kannst es noch zeigen.
	EP:	покажешь↑ м̌
	ÜbEP	Zeigst es? Hm̌
	XK:	можно→ дā * мы дома там
	ÜbXK	Vielleicht. Ja, wir haben zu Hause
18	XK:	когда с к/ с kirche мы пришли мы / потома
	ÜbXK	dort, als wir aus der K/ aus der *Kirche* kamen, haben wir / Dann dann
19	XK:	потом мама сделала tisch→ мы тама потом
	ÜbXK	hat Mama den *Tisch* gemacht, wir haben dort dann gegessen,
20	XK:	покушали→ потом * я платье сняла→ мы играли↓
	ÜbXK	dann habe ich das Kleid ausgezogen, wir haben
21	XK:	** а в kirche тама всё мы пе:ли→ ** там
	ÜbXK	gespielt. Und in der *Kirche* dort haben wir immer gesungen, dort hat
22	BW1:	а какие
	ÜbBW1	Und was
	XK:	нам geschenke потома дали→ * в kirche↓ **
	ÜbXK	man uns dann *Geschenke* gegeben, in der *Kirche*.
23	BW1:	подарки ты получила→
	ÜbBW1	für Geschenke hast du bekommen?
	XK:	одна вот такая картинка *
	ÜbXK	Ein so ein solches Bildchen, wo unser

| 24 | XK: | где наш вот это / как заходишь только в kirch там |
| | ÜbXK | also äh / Wenn du gerade in die *Kirche* dort hineingehst, |

| 25 | XK: | один крестик висит→ * и тама Jesus→ вот э"ту |
| | ÜbXK | hängt ein Kreuzchen, und dort ist *Jesus*, also die"ses *Bild* |

| 26 | XK: | мы bild получили→ и одну книжечку где gebete * |
| | ÜbXK | haben wir bekommen, und ein Büchlein, wo *Gebete*, wo die |

| 27 | XK: | где >>моли"твы<< все↓ * вот это мы ещё |
| | ÜbXK | *Gebe"te* alle sind. Also das haben wir noch |

| 28 | XK: | получили↓ * потом всё↓ * а на коминьо"н та"ма |
| | ÜbXK | bekommen. Das ist dann alles. Aber zur *Komminio"n* do"rt |

| 29 | XK: | мы мы получали много пода:рок→ |
| | ÜbXK | haben wir wir viele Geschenke bekommen, |

Kommentar.[129] **Demonstrationszweck:** Das Transkript (T02) demonstriert Sprachkorrosionserscheinungen im Russischen bei Xenia Kirillov gegen Ende des vierten Aufenthaltsjahres in Deutschland. Wir gehen davon aus, dass solche Sprachkorrosionserscheinungen charakteristisch für Personen sind, die als ältere Vorschulkinder nach Deutschland übersiedelten und dort eingeschult wurden. Diese Kinder haben zum Zeitpunkt der Ausreise den frühkindlichen Erwerb des Russischen als Erstsprache abgeschlossen, aber noch keine Alphabetisierung erfahren, weder auf Russisch noch in einer anderen Sprache. Die Ausbildung komplexer Sprachfähigkeiten (Lesen, Schreiben, Nutzung der Sprache zum Wissenserwerb in wahrnehmungsentbundenen Situationen) bei diesen Kindern ist demnach Aufgabe der Schule in Deutschland. Bei russlanddeutschen Kindern, die in Deutschland eingeschult werden, verläuft die Korrosion des Russischen schneller und tiefgreifender als bei Jugendlichen und Erwachsenen. Das Ziel der Analyse des ausgewählten Transkripts besteht darin, die sprachliche Verarbeitung der neuen Erfahrungen und deren Konsequenzen für die Erstsprache zu zeigen.

Zur Gesprächssituation: Am Tag der Aufnahme sind die Kinder Xenia (XK) und Georg Kirillov (GK) ins Institut für Deutsche Sprache (IDS) eingeladen. Ekaterina Protassova (EP) und Katharina Meng (BW1) holen sie von der elterlichen Wohnung ab, um sie ins IDS zu führen. Solche Einladun-

---

[129] Autorinnen dieses Kommentars sind Katharina Meng und Ekaterina Protassova.

gen werden öfter ausgesprochen, um den Kindern neue Eindrücke zu vermitteln und sich bei ihnen und ihren Eltern für die langjährige Kooperation zu bedanken. Die Kinder kommen gern ins IDS, u.a. weil sie dort auf dem Computer schreiben dürfen und meist ein Besuch im Eiscafé folgt. Selbstverständlich werden bei diesen Gelegenheiten auch Ton- und Videoaufnahmen gemacht, die sonst in der Wohnung stattfinden. Das im Transkript ausschnittweise dokumentierte Gespräch kommt zustande, als XK, GK, EP und BW1 auf die Straßenbahn warten und einsteigen, um ins IDS zu fahren. Wie BW1 ist auch EP den Kindern aus vorherigen Begegnungen bekannt. Die Kinder wissen, dass EP in Moskau lebt und nur gelegentlich nach Deutschland kommt. Die Anwesenheit von EP wird regelmäßig dazu benutzt, Anlässe für russischsprachige Gespräche zu schaffen. Einige Wochen vor der Aufnahme hatte Xenia ihre Erstkommunion. Auf dieses Fest kommt sie von sich aus immer wieder zu sprechen. Zum Zeitpunkt der Aufnahme ist XK 9;2 Jahre alt, lebt seit dreieinhalb Jahren in Deutschland und hat soeben die dritte Klasse absolviert.

Zu den Merkmalen von Xenias Russisch: Xenias Russisch ist regional gefärbt.[130] Das erkennt man an den Deixeis *потома* (*potoma* – 'dann', FF10, 11, 18, 22) und *тама* (*tama* – 'dort', FF12, 19, 21, 25, 28), die XK neben den literatursprachlichen Varianten *потом* (*potom*, FF14, 19, 28) und *там* (*tam*, FF11, 17, 21, 24) gebraucht. Regional sind auch die Verwendung des Genitivs (*-ы*) anstelle des Dativs (*-e*) im Wort *Katharina* (F13)[131] und die Verwendung der Präposition *с* (*s* – 'aus') anstelle der Präposition *из* (*iz*) in der Wendung *с kirche мы пришли* (*s kirche my prišli* – 'wir kamen aus der Kirche', F18). Allgemein umgangssprachlich sind die Interjektion *ага* (*aga* – 'hm', F10) und die Wortfolge in dem Satz *так я как * теперь zu den christen gehör↓* (*tak ja kak * teper' zu den christen gehör* – 'weil ich jetzt zu den Christen gehör', FF4-5). Selbstverständlich finden sich auch zahlreiche Merkmale, die charakteristisch für das gesprochene Russisch sind: Abbrüche (FF2-3, 9, 23-24), eine durch besondere Intonationsverläufe kompensierte freie Wortstellung und Wiederholungen. In diesen Aspekten dürfte sich Xenias Russisch kaum von dem Russisch ihrer Altersgefährten in Kasachstan unterscheiden.

Kinder dieses Alters – Grundschüler – werden in der Schule charakteristischerweise mit sprachlichen Aufgaben konfrontiert, die sie zwingen, komplexe Sachverhalte sprachlich so zu formulieren und zu explizieren, dass ein Adressat sie verstehen kann, ohne dass eine gemeinsame Wahrnehmungssi-

---

[130] Wir danken Aleksandr R. Balajan vom Moskauer Institut für Russische Sprache „A. S. Puschkin" für Beratungen und Kommentare zur Regionalität des Russischen.
[131] Zemskaja (Hg.) 1996, 275, beobachtete, dass die Kasusendungen in der Gegenwartssprache abgeschwächt werden und es dadurch häufiger zu einer Verwechslung der Kasus kommt.

tuation oder gemeinsames Erfahrungswissen zur Verfügung stünde. Die Kinder lernen dabei, mit welchen sprachlichen Verfahren sie die ihnen noch selbstverständliche Tendenz überwinden können, auf Vorgestelltes nur durch Deixeis zu verweisen. Auch bei Xenia beobachten wir diese für Grundschüler typische Neigung: Sie verwendet zahlreiche deiktische und phorische Elemente anstelle von Symbolfeldausdrücken, z.B. wenn sie sagt: *и там потома когда мы домой пошли тама можно было сниматься всё* → (*i tam potoma kogda my domoj pošli tama možno bylo snimat'sja vsë* – 'und dort dann, als wir nach Hause gingen, konnte man sich fotografieren alles' – FF11-12). Was ist hier mit 'dort', 'dann' und 'alles' gemeint? Xenia ringt um geeignete Formulierungen. Sie benutzt – wie auch viele andere Informanten – den russischen Ausdruck für 'alles' im Sinne von 'und so weiter', wenn ihre Ausdrucksmöglichkeiten nicht ausreichen.

Ein weiteres anschauliches Beispiel für dieses Ringen finden wir in FF23-26. Dort möchte XK die Frage beantworten, welche Geschenke sie von der Kirche zur Kommunion bekommen hat, nämlich – wie wir später von der Mutter erfuhren – ein Foto des Kruzifixes, das im Inneren der Kirche hängt, und ein Gebetbuch. An Xenias Antwort fallen folgende Besonderheiten auf:

– Sie leitet ihre Antwort auf die Frage, welche Geschenke sie bekommen habe, mit einer Nominalphrase im Nominativ ein: *одна вот такая картинка* (*odna vot takaja kartinka* – 'ein so ein solches Bildchen'). Der Nominativ ist in Reaktion auf das transitive Verb der Frage nicht am Platze, jedoch in der Alltagssprache nicht ungewöhnlich.

– Der erste Bestandteil der Nominalphrase ist das Zahlwort *одна* (*odna* – 'ein'). Dies ist im Russischen zwar möglich, jedoch nicht sehr verbreitet. Es ist auffällig, dass XK in dem kurzen Transkript gleich drei solcher Numeralien benutzt (außer in F23 noch in F25 und F26). Wir kennen diese Erscheinung auch von anderen russlanddeutschen Kindern in Deutschland[132] und interpretieren sie folgendermaßen: Im Sprachkontakt von Deutsch und Russisch versuchen die Kinder im Russischen Formen auszubilden, die der Unterscheidung von Determiniertheit und Indeterminiertheit im Deutschen entsprechen und auf Deutsch vor allem durch die Artikel ausgedrückt werden.

– In den weiteren Antwortbemühungen von Xenia erkennen wir ein Suchen nach geeigneten russischen Symbolfeldausdrücken und Namen für 'Jesus', 'Kirche', 'Kruzifix' und 'Gebet'. Die russischen Lexeme scheinen einem unmittelbaren Zugriff nicht zur Verfügung zu stehen. Manchmal, wenn Xenia kein passender russischer Ausdruck einfällt, bricht sie eine bereits begonnene Äußerung ab, vgl. z.B. *где наш вот это* / (*gde naš*

---

[132] Vgl. Protassova (im Druck).

vot èto / – 'wo unser also äh /', F24). Manchmal, wenn sie die passenden russischen Wörter nicht findet, greift sie zu deutschen (FF22, 24, 25, 26). In manchen Fällen benutzt sie sowohl ein deutsches als auch ein russisches Wort für den gleichen Gegenstand, zum Teil kurz nacheinander (FF26-27: *и одну книжечку где gebete * где моли"твы все↓ i odnu knižečku gde gebete * gde moli"tvy vse* – 'und ein Büchlein, wo die *Gebete*, wo die Gebe"te alle sind'), zum Teil in größerem Abstand voneinander (FF22 bzw. 29: *geschenke* bzw. *подарки*; FF23 bzw. 26: *картинка* bzw. *bild*). In beiden Fällen entstehen repetitive Setzungen.[133] Interessant ist auch die Dopplung *сниматься всё фотографировать* (*snimat'sja vsë fotografirovat'* – 'sich fotografieren lassen alles, fotografieren', F12). Eine Bedeutung von *сниматься* (*snimat'sja*) ist 'sich fotografieren lassen'. Daneben hat das Verb jedoch noch viele andere Verwendungsweisen. Xenia fügt den Internationalismus *фотографировать* (*fotografirovat'*) hinzu, der ähnlich auch im Deutschen vorhanden ist. Sie scheint damit die intendierte Bedeutung von *сниматься* absichern zu wollen.

– Das Mädchen hatte offensichtlich kaum Gelegenheit zu komplexen russischsprachigen Diskursen über das Thema der Kommunion. Sie weiß nicht, wie 'Jesus' auf Russisch heißt (*Иису"с – Iisu"s*). Die russischen Diminutiva, die sie in diesem Zusammenhang gebraucht, sind nicht angemessen. Mit *крестик* (*krestik* – 'Kreuzchen') kann man sich zwar auf ein Kreuz an der Halskette beziehen, aber nicht auf ein Kruzifix. Dieses heißt auf Russisch *распятие* (*raspjatie*). Eine religiöse Darstellung kann man nicht als *картинка* (*kartinka* – 'Bildchen') bezeichnen.

Anders als Kinder, die durch Familie und Schule eine sprachliche Förderung erfahren, die an den frühen Spracherwerb anknüpft, bleibt Xenia in ihrem Ringen um komplexe russischsprachige Diskurse allein. In ihren Formulierungsversuchen erzeugt sie sprachliche Formen, die für ihr Alter ungewöhnlich sind. So schreibt sie dem russischen Neutrum *платье* (*plat'e* – 'das Kleid', F15) das feminine Genus zu, wie wir aus dem auf dieses Substantiv bezogenen Possessivum *мою* (*moju* – Akk.Sg.Fem.) und der Anapher *она* (*ona* – Nom.Sg.Fem.) erkennen. Die falsche Genuszuschreibung würde vermutlich nicht vorkommen, wenn XK auch Russisch lesen und schreiben und dabei der sächlichen Endung von *платье* begegnen würde, die in der mündlichen Kommunikation schwer wahrzunehmen ist, weil sie nicht betont wird. Allerdings existiert in Kindersprache und volkstümlicher Rede auch das Femininum *платия* (*platija* – 'Kleid'), das allerdings nur selten und zudem bei den gleichen Sprechern stets in Konkurrenz mit der neutralen hochsprachlichen Variante beggenet. Oder: In F29 verwendet XK das Wort *подарок* (*podarok* – 'Geschenk') in der Funktion eines Genitivs Plural (analog zu

---

[133] Zum Begriff der repetitiven Setzung s. auch Protassova (im Druck).

марок), obwohl es sich um eine Nominativ- und Akkusativform im Singular Maskulinum handelt.[134] Solche Fehler sind selbstverständlich bei jüngeren Kindern nicht selten, und im muttersprachlichen Unterricht erfahren sie deshalb gebührende Aufmerksamkeit. XK aber hat keinen solchen Unterricht in russischer Sprache und macht daher mit neun Jahren Fehler, die charakteristisch für Vorschulkinder sind.

Die deutschen Ausdrücke, denen man in XKs russischem Diskurs begegnet, sind auffällig – nicht nur, weil sie in russischer Umgebung erscheinen. Das deutsche Wort *Kommunion* spricht Xenia unterschiedlich aus: als *kanunion* (F6), *komin'on* (F28) und in weiteren, hier nicht dokumentierten Varianten. Das kommt wahrscheinlich daher, dass das Wort auch in der Familie benutzt wird, für alle Familienmitglieder neu ist und nur mündlich rezipiert wird. Es ist mit den vielen Nasalen schwer auszusprechen und bedarf in seiner Lautgestalt eines längeren Aneignungsprozesses. Ebenso scheint die Bedeutung des Wortes *Kommunion* nicht ganz klar zu sein, wie man aus Xenias Formulierung *а на коминьо"н та"ма мы мы получали много пода:рок↓* (*a na komin'o"n ta"ma my my polučali mnogo podarok* – 'Aber zur *Komminio"n* do"rt bekamen wir wir viele Geschenke', FF28-29) entnehmen kann: Ist *Kommunion* die Zeremonie in der Kirche oder das damit verbundene Familienfest oder beides? Nachdem zuvor von den Geschenken die Rede war, die Xenia aus Anlass der Kommunion in der Kirche bekommen hatte, ist es nicht ganz verständlich, warum nunmehr mit Kontrastakzent und *a* (*a* – 'aber') erneut von Geschenken zur Kommunion gesprochen wird. Auch das deutsche Wort *Kirche*, das XK in ihren russischen Diskurs übernimmt, ist in der Aussprache nicht stabil. Bald wird es mit *e*-Apokope dialektal als *kirch* realisiert, bald als *kirche*. Die letzte Variante könnte man als standardsprachliche deutsche Form oder aber als Lokativ des russischen Lehnwortes *кирха* (*kirha* – 'deutsche Kirche in Russland') oder der dialektalen deutschen Form *kirch* ansehen. Die deutschen Anteile in Xenias russischem Diskurs (FF4-5: *zu den christen gehör*, F9: *verwandten,* F19: *tisch,* F22: *geschenke,* F25: *Jesus,* F26: *bild,* F26: *gebete*) werden deutsch ausgesprochen. Die Wörter *фотографировать* (*fotografirovat'* – 'fotografieren') und *фото* (*foto* – 'Foto') nehmen der Aussprache nach eine Mittelposition zwischen Russisch und Deutsch ein. Die Intonation fluktuiert zwischen beiden Sprachen. Die aus dem Deutschen übernommenen Wörter werden ohne Artikel in die russischen Sätze eingegliedert. In der Äußerung *вот э"ту мы bild получили→* (*vot ė"tu my bild polučili* – 'also die"ses *Bild* haben wir bekommen', FF25-26) erkennen wir an der Form *эту* (*ėtu* – 'dieses', Akk.Sg.Fem.), dass XK dem deutschen Wort *bild* das gleiche feminine Genus zuschreibt wie seinem russischen Äquivalent *картина* (*kartina* – 'Bild', Fem.).

---

[134] Ähnlich benutzt auch Georg die Nominativ-Form *козлёнок* (*kozlënok* – 'Geißlein') als Genitiv-Plural-Form. Vgl. (T05), F16.

Zusammenfassung: XK kommt im russischen Diskurs nicht ohne Elemente der neuen Umgebungssprache Deutsch aus. Ihr fehlen die von der Schule zu vermittelnden komplexeren sprachlichen Fähigkeiten in ihrer Erstsprache. Xenias Grammatik des Russischen befindet sich nicht mehr auf alterscharakteristischem Niveau.

3.2.4 (T03) Xenia (10;7): Aufsatz *Operation*, deutsch, 59 Monate

Ein trauriges Erlebnis

Am einen wunder schönen Morgen fuhren wir zu meiner Oma. Als wir dort waren sagte meine Oma: „Wir müssen den Opa ins Krankenhaus bringen." Meine Mutter fragte erstaunt, was mit den Opa ist. Oma erzählte es ihr, dass Opa sein Auge 2 Tage schon weh tut. Ich fragte meine Mutter was loß sei aber sie antwortete nicht und nahm mich mit. Als wir im Krankenhaus ankammen half mein Vater den Opa ins Krankenhaus. Da kam der Artzt entgegen. Meine Mami erzählte den Artzt alles und der Doktor brach in ins Krankenkabine. Als der Doktor rein ging, fragte ich meine Mutter was los sei sie erzählte mir alles. Nun warten wir auf den Artzt bis erraus kommt, aber er kam nicht raus. Es vergingen Stunden und wir warten und warten aufgerecht. Plötzlich kammen sie raus. Wir standen aufgerecht da, bis die Oma den Artzt fragte, was der Opa hatte. Der Artzt sagte zwar 1 minute nichs dann sagte er wir müssen ihn oparieren, in zwei Tage.

Zwei Tage gingen schnell um. Am den Tag alls Opa opariert wurde war ich ihm Krankenhaus. In zwei Stunden kam der Artzt rauß und sagte fröhlich, er hat die oparriezion über standen. Wir waren so fröhlich.

Am 24. 11. 96 kam er raus. Die ganze Familie war sehr fröhlich. Ich hatte den ganzen Tag mit Opa verbracht. Ich hatte Angst um ihn, aber aber hast über standen, ich war so froh Das war der schönste Tag der Welt.

Kommentar des Lehrers: *Vielfach Fehler in Grammatik und Rechtschreibung. Teilweise umständlich und holprig erzählt. Keine Spannung!*

Zensur: 3,5

Kommentar. Demonstrationszweck: Der Text, ein während des Unterrichts geschriebener Aufsatz, soll zeigen, in welchem Grade sich Xenia das Deutsche angeeignet hat und vor welchen Erwerbsaufgaben sie steht, als sie fünf Jahre in Deutschland lebt und die fünfte Klasse der Hauptschule besucht.

Zu den sprachlichen Merkmalen des Aufsatzes: Der Text zeigt, dass Xenia in ihrem Deutscherwerb grundlegende Schritte absolviert hat. Sie verfügt über ein umgangssprachliches, durch die mündliche Kommunikation geprägtes Deutsch, das sie in die Schriftform überträgt und benutzt, um komplexere Zusammenhänge – hier ein für sie bedeutsames Ereignis aus der Familiengeschichte – situationsgelöst darzustellen und einen narrativen Text zu produzieren. Gemäß den Anforderungen der Institution Schule und im Interesse der Erweiterung ihrer sprachlich-kommunikativen Fähigkeiten in Richtung Schriftsprachlichkeit wird sie sich mit folgenden Erwerbsaufgaben auseinander setzen müssen:

– Lösung von den Wirkungen des Dialekts auf ihre Rechtschreibung: Man merkt diesem Aufsatz (und den anderen mir zur Verfügung stehenden Schriftstücken des Mädchens) an, dass Xenias sprachliche Umgebung durch dialektale Äußerungen geprägt ist. Xenia hört in Familie, Schule und Nachbarschaft einen aus Kasachstan mitgebrachten deutschen Ausgleichsdialekt, die Mannheimer regionale Umgangssprache und den Ortsdialekt des badischen Dorfes, in dem die Familie im fünften Aufenthaltsjahr wohnt. Der mitgebrachte Dialekt der Familie und der Dialekt der neuen Umgebung haben zahlreiche Gemeinsamkeiten. Sie schlagen sich in Xenias Aufsätzen vor allem in zwei Typen von Rechtschreibproblemen nieder: im Ersatz des *g* durch *ch* als Folge der Spirantisierung des *g* im mündlichen Diskurs (*aufgerecht* statt *aufgeregt*) sowie in Unsicherheit bei der Schreibung stimmhafter und stimmloser Konsonanten (*Prokramm* statt *Programm*[135]; *brügeln* statt *prügeln**).

– Lösung von der dialektspezifischen Bildung grammatischer Formen, Aneignung des standardsprachlichen Formensystems: Die Xenia zugänglichen Dialekte zeichnen sich durch eine starke Reduktion des substantivischen Kasussystems aus. Der Genitiv ist weitgehend durch einen possessiven Dativ ersetzt, der Dativ wird mehr und mehr durch den Akkusativ verdrängt. So sagen selbst einheimische Lehrer: *bei de Hausaufgabe* statt *bei den Hausaufgaben, bei schwierige Wörder* statt *bei schwierigen Wörtern* ... Entsprechend ihrer dialektalen Umgebung schreibt auch Xenia: *Opa sein Auge* statt *Opas Auge*; *mit den Opa* statt *mit dem Opa*; *Vater half den Opa* statt *Vater half dem Opa, sie erzählte den Artzt alles* statt *sie erzählte dem Arzt alles*; *in zwei Tage* statt *in zwei Tagen*.

– Entwicklung von Bewusstheit im Hinblick auf charakteristisch mündliche Ausdrucksformen, ihre schriftsprachlichen Äquivalente und die kommunikativ angemessene, auch kreative und unter Umständen provokative Verwendung und Verknüpfung stilistisch markierter sprachlicher Formen: Xenia verfügt noch nicht über ein entsprechendes Sprachbe-

---

[135] Die mit * gekennzeichneten Beispiele stammen nicht aus dem hier dokumentierten Aufsatz, sondern aus anderen Schriftstücken von Xenia, die etwa zur gleichen Zeit verfasst wurden.

wusstsein. Das zeigt die Verwendung von Formen wie ... *was mit den Opa ist* statt *was mit dem Opa/Großvater geschehen ist/sei*; *er ging rein* statt *er ging hinein* usw. Die ausgesprochen mündlichen Formen und die familiär-kindlichen Benennungen der Familienmitglieder (*Opa, die Oma, meine Mami*) kontrastieren mit schriftsprachlichen – wenn auch zum Teil klischeehaften – Ausdrucksweisen (*an einem wunderschönen Morgen; Meine Mutter fragte erstaunt, was mit den Opa ist*), ohne dass ein Gespür für diesen Kontrast und damit ein Gestaltungswille erkennbar wären.

– Aneignung reifer Formen narrativer Texte, unter anderem durch eine systematische Nutzung verbaler Tempusformen zur Versprachlichung der zeitlichen Verhältnisse der Ereigniselemente untereinander und zur Hervorhebung besonders bedeutsamer Ereignisabschnitte: Xenia verfügt zwar prinzipiell bereits über das Präteritum als Grundtempus für Narrationen, aber die Kontrastierungen des Präteritums mit dem Präsens und mit dem Plusquamperfekt wirken noch nicht überzeugend. Sie schreibt *Nun warten wir auf den Artzt* statt *Nun warteten wir auf den Arzt* und *Ich hatte den ganzen Tag mit Opa verbracht* statt *Ich verbrachte den ganzen Tag mit Opa/Großvater*.

Die bisher erwähnten Spracherwerbsaufgaben stehen nicht nur vor Xenia, sondern auch vor vielen gleichaltrigen Kindern, die in Deutschland geboren und monolingual deutsch aufgewachsen sind, zumal wenn sie von den Eltern wenig standardsprachliche Anregungen empfangen und selbst nicht gerne lesen.

Xenias Spracherwerbssituation ist jedoch zusätzlich dadurch gekennzeichnet, dass der elementare Erwerb des Deutschen nicht abgeschlossen ist und das Mädchen auch in Bereichen noch lernersprachliche Formen ausbildet und testet, in denen sich gleichaltrige monolingual deutsche Kinder längst sicher bewegen.[136] So hat sie Schwierigkeiten mit dem Genus von Substantiven – einem grammatischen Bereich, der von monolingual deutschen Kindern relativ fehlerfrei angeeignet wird.[137] Sie schreibt: *ins Kabine* statt *in die Kabine; eine von den Vögeln* statt *einer von den Vögeln**. Die letzte Form könnte eventuell unter dem Einfluss des Russischen gebildet worden sein. Das russische Wort *птица* (ptica – 'Vogel') ist ein Femininum. Schwierigkeiten hat Xenia auch mit der Bildung der Pluralformen (*Amsel* statt *Amseln**; *keine normale Vögel* statt *keine normalen Vögel**)[138] und den Präteritumsformen. Sie schreibt: *brach* statt *brachte; stoßte* statt *stieß*; schreite* statt *schrie**;

---

[136] Für einen Überblick über frühe Stadien des Spracherwerbs durch monolingual deutschsprachige Kinder s. Mills 1986.
[137] Vgl. dazu Mills 1986, 172-173.
[138] Zur Aneignung der Morphologie des Deutschen im kindlichen Zweitspracherwerb und speziell des deutschen Pluralsystems durch Aussiedlerkinder s. die Arbeiten von Wegener (Wegener 1995 u.a.).

saßen zu statt *sahen zu**. Interimsformen finden sich bei Xenia auch im Bereich phonologischer Wortformen, wie die Schreibweisen *oparieren* statt *operieren* und *Oparriezion* statt *Operation* bezeugen, sowie lexikalischer Bedeutungen, hier vor allem bei den Präpositionen: *In zwei Stunden kam der Artzt raus* statt *Nach zwei Stunden kam der Arzt heraus*; *er flog an Markus zu* statt *er flog auf Markus zu**; *schmiß sich an sein Bett* statt *schmiß/warf sich auf sein Bett**. Bemerkenswert ist, dass es in diesen Beispielen um die Verwendung von Präpositionen mit primären temporalen und lokalen Bedeutungen geht, nicht um abgeleitete, übertragene Bedeutungen.[139] In einem anderen Elementarbereich des Deutscherwerbs wird sehr deutlich, welche Form-Funktionsbeziehungen Xenia bereits bewältigt und welche sie sich noch erschließen muss: bei der Verwendung des Artikels, einem schwierigen Problemkreis für viele Deutsch Lernende. Es fällt auf, dass Xenia nie einen Artikel auslässt, wo einer hingehört. Dies kam bei ihr früher vor, und dies kommt bei ihrem gleichaltrigen Cousin, der erst wenige Monate in Deutschland ist, sogar sehr oft vor. Der Junge muss hier noch Regularitäten rekonstruieren, die Xenia bereits in ihre Deutschkompetenz aufgenommen hat. Xenia arbeitet schon an einem anderen Aspekt dieses Problemkreises: Wann kann man oder muss man den Artikel mit der Präposition verschmelzen? Die entsprechenden Regularitäten sind ihr bisher nicht klar, wie die folgenden Beispiele aus ihren Aufsätzen zeigen: *am einen wunder schönen Morgen* statt *an einem wunderschönen Morgen*; *am den Tag* statt *an dem Tag*; *von den Boden* statt *vom Boden**; *am dem Kragen* statt *am Kragen**.

Da Deutsch Xenias Zweitsprache ist, kommt sie nicht umhin, ihre Erstsprache Russisch mindestens gelegentlich als Ausgangs- und Vergleichspunkt für die Konstruktion von deutschen Formen zu benutzen. Am deutlichsten wird das im vorliegenden Dokument bei Xenias graphischer Wiedergabe von langen und kurzen Vokalen. Das Mädchen ist offensichtlich unsicher, ob es *kamen* oder *kammen* heißen muss und worin der Unterschied zwischen *ihn* und *in* sowie *den* und *denn* besteht; sie schreibt *gestrieten* statt *gestritten** usw. Die orthografische Realisierung von vokalischer Länge und Kürze ist zweifellos auch ein Problem für monolingual deutsche Schüler. Für Kinder mit Russisch als Erstsprache ist sie jedoch noch komplizierter. Denn die Unterscheidung der Vokale nach Länge und Kürze, die im Deutschen mit der Qualität gekoppelt ist, also 'lang' mit 'geschlossen' und 'kurz' mit 'offen', gibt es im Russischen nicht. Im Russischen haben Vokallänge und -kürze keine bedeutungsdifferenzierende Funktion. Aus den genannten Unterschieden ergeben sich bei Deutsch Lernenden mit Russisch als Muttersprache Schwierigkeiten hinsichtlich der Perzeption und Artikulation der deutschen Vokale und sekundär hinsichtlich ihrer graphischen Unterscheidung.[140] Die

---

[139] Zur Aneignung von deutschen Präpositionen im Zweitspracherwerb s. auch Grießhaber (im Druck).
[140] Vgl. Müller 1983, 37-39, und Frohne 1992, 9-10.

Tatsache, dass wir diesen Fehlertyp nicht nur bei Xenia, sondern auch in den Aufsätzen von Xenias Bruder, Cousins und Cousinen öfter finden, spricht für den Einfluss des Russischen auf diesen speziellen Aspekt der Orthografie.

Bei aller Aufmerksamkeit für das, was der wiedergegebene Aufsatz über Xenias bisher erreichte und auch noch nicht erreichte schriftsprachliche Fähigkeiten im Deutschen aussagt, sollten wir eines nicht übersehen: Er ist ein anrührendes Dokument ihrer liebevollen Beziehung zum Großvater, den wir in Abschnitt 3.5 genauer kennen lernen werden. Xenia vermag diese Beziehung nicht nur irgendwie auszudrücken, sondern dem Leser auch zu vermitteln – eine beachtliche sprachliche Leistung.

3.2.5 (T04) Georg (9;0): *Kerze*, deutsch, 51 Monate

(T04) Georg: Kerze 09.04.96, 293bVidGK(9;0)Kerzedt50

1 MN: das gibt dann so=n richtiges familienfest↓ da freus=dich
  GK: jà:

2 MN: auch schon drauf↓ ** nájà kommunion is=n tolles fest↓ des

3 MN: hat mir auch gut gefalln↓ da gab=s gutes essen:→ ** ma

4 MN: konnt mit andren kindern spieln→   da sieht ma wieder
  GK: jóà:

5 MN: seine ganzen verwandten→   hm̌ ja das fand=
  GK: und kerze haltn↓

6 MN: ich auch toll in=er kirche↓
  GK: morgen mussn wir ei/ die kerze

7 MN: wo wo müsst ihr die
  GK: mit↓ dass wir pru/ prüfn↓ **

8 MN: mitbringen↑   hm̌ und wer prü"ft die kerze↑
  GK: in die kirche→ **

| 9 | MN: | wer i"s dis↑ | arbeitet der |
| | GK: | der thomas→ hm̆ in der kirche→ ** |

| 10 | MN: | in der kirche oder→ * | is=es |
| | GK: | hm̆ der ist immer in der kirche→ der |

11	MN:	/ àhá der pfarrer↓ * hm̆ ** und * da
	GK:	ist der pater→
	GKK:	NICKT

| 12 | MN: | müsst ihr morgen eure kerze mitbringen damit er sie sich |
| | GK: | um zehn uhr↓ |

| 13 | MN: | anschaut→ ** àhá ** ájà und * äh musstet ihr euch |
| | GKK: | NICKT |

14	MN:	ähm jetz vorbereiten auf die kommunion↑ musstet ihr da
	GK:	#hm̆:
	GKK:	#LÖST

15	MN:	schon vorher öfter mal zum pfarrer→ *2* oder
	GK:	weiß nich→#
	GKK:	BLICKKONTAKT, SCHAUT ZUR SEITE# ZUCKT

16	MN:	nur morgen↓ *2*
	GK:	hm̆ ich weiß net→
	GKK:	SCHULTERN ZUCKT SCHULTERN

17	MN:	also bei mir war=s so als ich kommunion
	GK:	#LACHT#
	GKK:	#VERLEGEN# BLICKT MN WIEDER AN

| 18 | MN: | hatte→ da m/ hatten wir v/ ähm han wir uns immer v/ ähm |

| 19 | MN: | vorher mi=m pfarrer getroffn↓ das war einmal die woche→ |

| 20 | MN: | * da ham wir auch über / wie im religions/ äh unterricht übe:r |

21	MN:	* gott jesus gesprochen→# das nannte ma so
	GK:	hm̄ jā
	GKK:	NICKT

| 22 | MN: | kommunionsunterricht→ * hattest du auch so=n unterricht↑ |
| | GKK: | NICKT |

23	MN:	des hattest du↓ ** und wie oft wa"r der↑ **
	GK:	jàhá
	GKK:	NICKT NICKT

| 24 | GK: | hm̄:: ** neun oder zehn vielleicht→ ** zehn mal vielleicht↓ |
| | GKK: | UEBERLEGT |

25	MN:	zehn mal↓ ** un hat dir des spaß gemacht↑
	GK:	#jă::# **
	GKK:	#ÜBERZEUGT#,

| 26 | MN: | das fand ich damals auch immer ganz schön→ |
| | GKK: | NICKT |

Kommentar. Demonstrationszweck: (T04) hält einen Ausschnitt aus einem Gespräch zwischen einer einheimisch-deutschen Studentin – Manuela Nikolai (MN) – und Georg (GK) im fünften Aufenthaltsjahr von GK fest. MN versteht und spricht nicht Russisch. Die Partner sind für ihren Austausch allein auf die beiderseitigen Deutschkenntnisse angewiesen. (T04) soll veranschaulichen, dass es auch in dieser relativ späten Phase der sprachlichen Integration in hohem Maße von dem Muttersprachler und seinem Engagement abhängt, wie weit das Gespräch entfaltet wird und ob auftauchende Verständnisschwierigkeiten behoben werden können.

Zur Gesprächssituation: Der Ausschnitt ist einem der zehn Interviews entnommen, die Manuela Nikolai und ich mit russlanddeutschen Grundschülern führten, um von ihnen Informationen über ihr Befinden in Deutschland und Sprachproben zu verschiedenen Zeitpunkten ihrer Integration zu erhalten. Das spezielle Ziel von Nikolai bestand darin, auf der Basis dieser Interviews zu untersuchen, wie die Partner manifeste Verstehensprobleme gemeinsam bearbeiten. Die Interviews gleichen sich darin, dass die interviewten Kinder – entgegen den charakteristischen Merkmalen der Diskursart – nur relativ kurze Beiträge liefern und die erwachsenen Interviewerinnen daher umso aktiver werden müssen. Allerdings traten nur wenig manifeste Verstehensprobleme auf. Nikolai erklärt dies nach sorgfältigen Analysen damit, dass die muttersprachlichen Interviewerinnen sich offenbar bemühten, den nichtmuttersprachlichen Kindern nur solche Verstehens- und Formulierungsleistungen abzuverlangen, die sie bei ihrem jeweiligen Erwerbsstand im Deutschen zu bewältigen in der Lage waren (s. Nikolai 1996).

Der gewählte und in (T04) dokumentierte Ausschnitt entstammt dem dritten Interview mit Georg. Er kennt Manuela Nikolai zu diesem Zeitpunkt bereits und tritt ihr aufgeschlossen gegenüber. Dem Interview ist eine längere, fröhliche, zum Teil ausgelassene Spielepisode vorausgegangen. Der Ausschnitt gehört einer der späteren Interviewphasen an, als Georg sich bereits an die etwas formellere Kommunikationssituation gewöhnt hat. Die Phase wurde dadurch eingeleitet, dass MN fragte, welche Feste Georg in Deutschland gefallen. Georg erwähnte zunächst Ostern, Weihnachten und seinen Geburtstag. Dann kam die Rede auf seine bevorstehende Kommunion.

Der Gesprächsverlauf: MN möchte, dass Georg ausführlich über die Kommunion spricht. Sie hat ihn bereits durch verschiedene Impulse dazu anzuregen versucht (durch Fragen nach dem Datum des Festes, den eingeladenen Gästen) und fährt ab F1 damit fort, indem sie wertende und generalisierende Vorwegzusammenfassungen gibt (*das gibt dann so=n richtiges familienfest↓*, F1, sowie *nájà kommunion is=n tolles fest↓*, F2) und eine Vermutung über Georgs Einstellung zu diesem Fest verbalisiert (*da freus=dich auch schon drauf↓*, FF1-2). Nach jeder Sprechhandlung gibt MN dem Jungen Gelegenheit, das Rederecht zu übernehmen, wie man vor allem an den Pausen zwischen ihren Beiträgen erkennt. Aber Georg reagiert entweder nur minimal (F1) oder gar nicht. Auch die vielfach bewährte Strategie,[141] durch die Darstellung eigener Erlebnisse den Partner zur Verbalisierung vergleichbarer Erlebnisse anzuregen, hat erst Erfolg, nachdem MN sie mehrfach angewandt hat: *des hat mir auch gut gefalln↓ da gab=s gutes essen:→* usw. (FF2-6). Nun erst thematisiert Georg ein Detail der Kommunion, das ihm wichtig ist: *und kerze haltn↓* (F5). MN versteht diese Äußerung, obwohl sie keine Angaben zu den Aktanten und Umständen des Kerze-Haltens enthält. Sie versteht sie aufgrund ihres Wissens über den Ablauf von Kommunionen; und sie bringt Georg gegenüber zum Ausdruck, dass sie verstanden hat und – wie er – an der Kerzenzeremonie Gefallen findet (FF5-6). Georg teilt dann einen Aspekt der Vorbereitung auf die Kommunion mit: *morgen mussn wir ei/ die kerze mit↓ dass wir pru/ prüfn↓* (FF6-7). MN reagiert darauf mit Verzögerung. Vielleicht will sie Georg Gelegenheit geben fortzufahren. Vielleicht

---

[141] Diese Strategie ist anderen überlegen, wenn Vorschulkinder zur Darstellung eigener Erlebnisse angeregt werden sollen. Vgl. Meng 1991, 27ff.

aber braucht sie auch Zeit, um seine Äußerungen zu verarbeiten. Das wäre verständlich: Der Umlaut *ü* ist zunächst – wie charakteristisch für Personen, die auf der Basis des Russischen Deutsch lernen – durch einen *u*-Laut ersetzt und wird erst im zweiten Versuch dem zielsprachlichen *ü* angenähert. Das könnte die Perzeption der Äußerungen erschwert haben. Weiterhin fehlen Äußerungsbestandteile, die für die Rekonstruktion des propositionalen Gehalts wichtig sind. Man weiß nicht sofort, was mit der Kerze geschehen soll, denn das Prädikat ist unvollständig realisiert (*mussn mit*, FF6-7), und es wird kein Ort genannt, von dem aus man erschließen könnte, welche Personen involviert sind (wer ist mit den beiden *wir* gemeint?). MN ergänzt den fehlenden Prädikatsteil aus ihrem Kommunions-Wissen und erfragt dann schrittweise – nicht ohne Georg Gelegenheit zu einer Selbstergänzung zu geben – Ort (F7) und Aktanten (F8) des Kerze-Prüfens. Den Prüfer kann Georg nicht sofort durch Symbolfeldausdrücke, zum Beispiel einen Gattungsnamen als *pater* oder *pfarrer* charakterisieren, und es fehlt ihm vielleicht auch das Gespür dafür, dass seine Gesprächspartnerin allein durch die Nennung des Vornamens des Prüfers (*Thomas,* F9) und des Ortes, an dem der Prüfer die Kerzen-Prüfung vornimmt (*in der kirche,* F9), nicht hinreichend über dessen Person informiert ist. Erst durch mehrfache koordinierte Beiträge beider Partner (FF9-11) wird MN klar, um wen es sich handelt. Dieses Ergebnis wird beiderseits nachdrücklich bestätigt (F11), was Georg jedoch kaum anregt, nunmehr weitere Informationen über die Kommunion zu geben. Vielmehr überlässt er MN wieder das Rederecht, zunächst zu einer Zusammenfassung des bisher Verstandenen (FF11-13), dann zur Einführung eines neuen Subthemas aus dem Bereich 'Kommunion' mit Hilfe einer Frage: *musstet ihr euch ähm jetz vorbereiten auf die kommunion*↑ (FF13-14).

Dass dies ein initiierender Beitrag ist, der von ihm einen Anschlussbeitrag verlangt, versteht Georg wohl. Er zeigt mit einem *hm:* (F14) an, dass er an einer Reaktion arbeitet. Zugleich legt die Tatsache, dass er durch eine Kopfbewegung den bisher bestehenden Blickkontakt zu MN löst und zur Seite schaut, nahe, dass er nicht verstanden hat, was von ihm erwartet wird. Allerdings kann er sein Verstehensproblem nicht genauer bestimmen. MN stellt eine zweite Frage: *musstet ihr da schon vorher öfter mal zum pfarrer*→ (FF14-15). Georg gibt wiederum zu erkennen, dass er nicht versteht, was für ein Beitrag von ihm erwartet wird. MN unternimmt einen dritten Versuch, indem sie fragt: *oder nur morgen*↓ (FF15-16) und damit ihre vorhergehende Entscheidungsfrage in eine Alternativfrage umwandelt. Georg gibt in Reaktion darauf zu, dass er immer noch nicht weiß, was er machen soll. Er zeigt Symptome äußersten Unbehagens (FF15-16).

Nach so vielen vergeblichen Bemühungen, eine gemeinsame Ausgangsbasis für einen Gesprächsabschnitt zu etablieren, ist zu fragen, durch welche Merkmale MNs Äußerungen für Georg unverständlich gewesen sein könnten. Dafür gibt es zwei Gruppen möglicherweise ausschlaggebender Äußerungseigenschaften.

Erstens: Der Wissensbereich, in dem MN eine Lücke verspürt, die Georg ausfüllen soll, wird von ihr unzureichend eingegrenzt und charakterisiert. Der Junge wird durchaus verstanden haben, dass es weiterhin um seine Kommunion geht, als MN fragte: *musstet ihr euch ähm jetz vorbereiten auf die kommunion*↑ Vermutlich kannte er auch das hier wesentliche Verb *sich vorbereiten*. Dieses allerdings kann im Hinblick auf die Kommunion vieles bedeuten und für die verschiedenen Beteiligten des Festes Unterschiedliches: bestimmte Aktivitäten für die Kinder, die die Kommunion empfangen, andere Aktivitäten für den Pfarrer, wieder andere für die Eltern. Die Frage von MN ist unbestimmt im Hinblick auf die Personen, die sich auf die Kommunion vorbereiten, und im Hinblick auf den Inhalt der Vorbereitungstätigkeiten. Die zweite Frage von MN kann man so verstehen, dass sie die Vagheit der ersten Frage partiell eingrenzt: *musstet ihr da schon vorher öfter mal zum pfarrer*→ Aus dieser Formulierung wird deutlich, dass es MN offenbar um gemeinsame Vorbereitungsaktivitäten des Pfarrers und jedenfalls auch Georgs geht. Offen bleibt weiterhin, welche Personen mit dem *ihr* gemeint sind (die anderen Kinder, die gemeinsam mit Georg die Kommunion empfangen werden, oder die Mitglieder seiner Familie?) und um welche Arten von Aktivitäten es geht. Die dritte Frage von MN *oder nur morgen*↓ deutet an, dass sie bei den Vorbereitungsaktivitäten einmalige und wiederholte Tätigkeiten unterscheidet. Beim Nachdenken über ihr kommunikatives Anliegen könnte man erwägen, dass die Kerzenprüfung eine einmalige Tätigkeit ist und dass sich MN nunmehr offenbar für wiederholte gemeinsame Tätigkeiten von Pfarrer und einer unbestimmten Gruppe, zu der Georg gehört (= *ihr*), interessiert. Somit könnten die zweite und die dritte Frage von MN als Versuche angesehen werden, den Wissensbereich, über den sie in der eingeleiteten Gesprächsphase sprechen möchte ('sich auf die Kommunion vorbereiten'), zu präzisieren. Diese Versuche jedoch, die ja auch nur den Charakter von andeutenden Winken haben, genügen für Georg nicht. Er weiß nicht, worauf es MN ankommt. Er kann die Fragen nicht auf einen bestimmten Komplex seines Wissens beziehen. Sie bleiben für ihn zu vage. Warum aber gelingt es ihm nicht, speziell im Hinblick auf diesen Punkt zurückzufragen? Georg ist dazu prinzipiell in der Lage, wie mit Hilfe mehrerer Transkripte belegt werden kann. Hier aber scheint er ungewöhnlich verwirrt zu sein.

Zweitens: Georgs Verwirrung kann vielleicht auf die Häufung spezifizierender Deixeis, Partikeln und Adverbien zurückzuführen sein, die im Rederaum auf etwas bezogen werden müssen, was seinerseits durch *sich vorbereiten* und *zum pfarrer müssen* unspezisch ausgedrückt wurde: a) *musstet ihr euch jetz vorbereiten* – wie sollen das Präteritum und das *jetz* zusammenpassen und gemeinsam das *sich vorbereiten* situieren? b) *musstet ihr da schon vorher öfter mal zum pfarrer?* Ist das Adverb *da* temporaldeiktisch verwendet oder lokaldeiktisch oder wie? Was bedeutet *schon vorher*? Was bedeutet *mal* oder *öfter mal*? Was bedeuten alle diese Ausdrücke gemeinsam?

Es gibt also, so ist zu vermuten, für Georg eine Vielzahl unterschiedlicher, sich gegenseitig potenzierender Faktoren in MNs Äußerungen, die es ihm unmöglich machen, auf ihre Gesprächsinitiative einzugehen. Dabei dürften Deixeis und Partikeln schwerer als verständnisbehindernde sprachliche Mittel zu identifizieren sein als Symbolfeldausdrücke, was dazu führt, dass Georg nur Hilflosigkeit anzeigen kann.

MN jedenfalls erkennt, dass ein völliger Neuanfang vonnöten ist. Ab *also bei mir war=s so als ich kommunion hatte→* (FF17-18) wird Georg und auch den Lesern des Transkripts klar, dass sie nunmehr eine ganz andere Strategie einschlägt. Sie bemüht sich, für den Jungen und sich eine gemeinsame wissensmäßige Ausgangsbasis aufzubauen, innerhalb derer sie später für sich eine Wissenslücke angeben kann, die Georg schließen soll. Diese Ausgangsbasis besteht in Wissen über ihre eigene Kommunion und den vorausgehenden Kommunionsunterricht. Georg ist fähig und bereit, dieser Strategie zu folgen. Er sieht MN wieder an, verarbeitet ihre Assertionen, baut daraus Diskurswissen auf und gibt seiner Gesprächspartnerin dies durch Interjektionen, Responsive und Gesten zu verstehen (FF21, 22). So in ihrem Vorgehen ermutigt, stellt MN ihre erste Frage, erhält prompt eine Antwort, bestätigt die Antwort, fragt weiter und erhält wieder Bescheid, als Georg die erforderten Wissenspartikel in seinem Gedächtnis gefunden hat. Die Gesprächsphase kann zur beiderseitigen Erleichterung erfolgreich abgeschlossen werden.

Zusammenfassung: Das Transkript zeigt zweierlei:

a) Es ist Georg im fünften Aufenthaltsjahr und im Alter von 9;0 Jahren auch bei guten emotionalen Beziehungen zum Partner und in der dyadischen Situation noch kaum möglich, im deutschsprachigen Interview entfaltete Gesprächsbeiträge zu liefern. Der erwachsene deutsch-muttersprachliche Partner muss zahlreiche und vielfältige Anstrengungen auf sich nehmen, damit die Verständigung über einen komplexeren Sachverhalt gemeinsam bewerkstelligt werden kann. Die Interaktion zwischen dem Kind, für das Deutsch eine Zweitsprache ist, und der deutsch-muttersprachlichen Erwachsenen erinnert in vielen Punkten an die Interaktionen zwischen monolingual deutschsprachigen Vorschulkindern und ihren erwachsenen Kommunikationspartnern bei der Darstellung von Erlebnissen der Kinder.[142]

b) Georg gelingt es nur unter Schwierigkeiten, eigene Verstehensprobleme und Verstehensprobleme seiner Partnerin als solche zu erkennen und erfolgreich zu bearbeiten. Er greift stattdessen auf elementarere Strategien wie die

---

[142] Vgl. Meng 1991, 105-110.

Signalisierung von Hilflosigkeit zurück. Dies ist nicht ohne weiteres vereinbar mit dem in der Literatur verfügbaren Wissen über die ontogenetische Entwicklung der Verständnissicherung.[143] Offenbar kann zunächst nur für die Erstsprache angenommen werden, dass ältere Grundschüler in der Lage sind, den Verstehensprozess in einem erheblichen Maße zu reflektieren und daraus erforderliche Reparaturaktivitäten und -anforderungen abzuleiten. In Bezug auf die Zweitsprache muss der Aneignungsprozess möglicherweise erneut durchlaufen werden. Hier sind dringend genauere Untersuchungen erforderlich. Die Relevanz für den Schulunterricht liegt auf der Hand.

3.2.6 (T05) Georg (10;2): *Geißlein*, russisch, 65 Monate

(T05) Georg: Geißlein   19.6.97, 358aoVidGK(10;2)Geißru65

1 GK: и потома * он ушёл этому ** bäcker↓ ** которого
  ÜbGK   Und dann ging er zu diesem *Bäcker*.   Der alles

2 GK: всё делает↓ ** brot→ всё→ * хлеб→
  ÜbGK   macht.   *Brot*,   alles, Brot,
  EB: пекарь↓ **
  ÜbEB   Bäcker.

3 GK: он ему пошёл→ * и сказал чтоб он ему Stimme
  ÜbGK   er ging zu ihm   und sagte, dass er ihm die *Stimme* na
  EB: м̌
  ÜbEB   hm̌

4 GK: * вот эту ** голос *hell* сделал↓ * как у вон той
  ÜbGK   diese Stimme *hell* machen soll.   Wie da bei der Mama.

5 GK: маме↓ SEUFZT и ** потом он опять пришёл→ и *
  ÜbGK   Und dann kam er wieder   und

6 GK: пел→ козля:тушки→ ребя:тушки→ отвори:тесь→
  ÜbGK   sang: Geißlein,   Kinderchen,   macht auf,

---

[143] Vgl. Meng/Kruse 1984, 14-28, und Nitsche 1991, 233-236, zur Ontogenese der Verständnissicherung.

7	GK:	отопри:тесь→ ваша ма:ть пришла→ молочка:
	ÜbGK	schließt auf, eure Mutter ist gekommen, hat Milch
8	GK:	принесла↓ ** и они открыл→ *1,5* и PUSTET он
	ÜbGK	mitgebracht. Und sie machten auf, und er fraß sechs
9	GK:	шестеро съел↓ ** а=один спрятался↓ когда
	ÜbGK	auf. Aber eins versteckte sich. Als er
	EB:	м̌ **
	ÜbEB	hm̌
10	GK:	он: ушёл / * и мама потом пришла→ и увидела
	ÜbGK	wegging / Und dann kam die Mutter und sah, dass die
11	GK:	что дверь открытая↓ *1,5* тама зашла→ и потом
	ÜbGK	Tür auf ist. Dort kam sie rein, und dann
12	GK:	один * этот ** козлёнок рассказал где этот волк
	ÜbGK	erzählte ein dieses Geißlein, wo dieser Wolf alles was er gefressen
13	GK:	всё * чо он съел→ * и потом они туда пошли→ *
	ÜbGK	hat, und dann gingen sie dorthin,
14	GK:	* и: эта * козлиная м:а*ма * она * bau/ вот это
	ÜbGK	und diese Ziegenmutter, sie hat den *Bau/* na das abgeschnitten,
15	GK:	отрезала→ ** живот→ *1,5* и: вытащила * тех
	ÜbGK	den Bauch, und zog jene Geißlein
16	GK:	* козлёнок→ * и туда соль и камни→ *1,5*
	ÜbGK	heraus, und darein Salz und Steine,
	EB:	м̌ **
	ÜbEB	hm̌
17	GK:	и потом ещё
	ÜbGK	und dann nähte sie das noch
	EB:	и на этом сказка кончилась↓
	ÜbEB	Und damit endete das Märchen.

18	GK:	зашила"↓ ** и к:огда он проснулся ему пить
	ÜbGK	zu. Und als er erwachte, wollte er gern trinken.

19	GK:	охота↓ * ему это всё ** так бо"льно * было↓ *
	ÜbGK	Ihm tat das alles so we"h.

20	GK:	и он там увидел вот это * *brunnen* где всё с
	ÜbGK	Und er sah dort na äh einen *Brunnen*, wo man alles mit
	EB:	m̂ **
	ÜbEB	hm̂

21	GK:	этой *becher* ** ну * воду" выливают наверх→ *
	ÜbGK	diesem *Becher* na das Wasser nach oben gießt,

22	GK:	2,5* *becher brunnen* / как это / *1,5* ну с этой / **
	ÜbGK	*Becher Brunnen* / wie das / na mit diesem /

23	GK:	вот такая большая / ** и там: *brunnen*↓ *
	ÜbGK	äh so ein großer / und dort ist ein *Brunnen*.

24	GK:	m̌ так вытас/ хотел попить→
	ÜbGK	hm̌ So zog/ wollte er trinken,
	EB:	фонтан→ m̌ *
	ÜbEB	Springbrunnen? hm̌

Kommentar.[144] **Demonstrationszweck:** Auch in diesem Transkript geht es – wie in (T02) – um die Korrosion der Erstsprache Russisch bei einem russlanddeutschen Kind, in diesem Fall bei Georg. Zur Zeit der Aufnahme lebt Georg seit 65 Monaten in Deutschland. Die Voraussetzungen für die weitere Entwicklung seiner Erstsprache und den Erwerb der Zweitsprache Deutsch sind bei ihm im Wesentlichen die gleichen wie bei seiner Schwester Xenia. Der Vergleich von (T02) und (T05) wird uns erlauben, erste Generalisierungen zur Sprachkorrosion bei Kindern vorzunehmen, die vor dem Erwerb komplexer sprachlicher Fähigkeiten in ihrer Erstsprache in eine sprachliche Minderheitensituation geraten.

---

[144] Autorinnen dieses Kommentars sind Elena Borovkova und Katharina Meng.

Zur Gesprächssituation: Die Aufnahme stammt aus einem Gespräch zwischen Georg und einer russischen Besucherin der Familie, Elena Borovkova (EB). Georg muss in diesem Gespräch versuchen, Russisch zu sprechen, denn ihm ist gesagt worden, EB komme aus Russland und verstehe und spreche nicht Deutsch. Im Laufe der längeren Unterhaltung bittet EB den Jungen, ihr ein Märchen auf Russisch zu erzählen, eines von denen, die er von seinem Großvater gehört hat. Georg entscheidet sich für „Die sieben Geißlein". Soviel wir von Georgs Eltern und Lehrer erfahren konnten, hat der Junge das Märchen nicht auf Deutsch gehört, gelesen oder geschrieben. Er kennt also wahrscheinlich keine deutsche Version, die sich der ihm bekannten russischen entgegenstellen könnte. Dennoch fällt es ihm sehr schwer, seiner Zuhörerin aus Russland das Märchen zu erzählen. Georg hat in der letzten Zeit, wie er sagt, mehr Deutsch als Russisch gesprochen und will das Russische sogar vergessen.

(T05) hält einen Ausschnitt aus Georgs Märchen von den sieben Geißlein fest: Der Wolf geht zum Bäcker, damit dieser ihm die Stimme hell mache. Als er mit seiner neuen hellen Stimme das Lied der Ziegenmutter singt, lassen sich die Geißlein täuschen und öffnen ihm die Tür. Der Wolf frisst sechs Geißlein. Das Siebente kann sich verstecken. Die Mutter kommt heim, und das jüngste Geißlein erzählt ihr, was geschehen ist. Mutter und Geißlein gehen den Wolf suchen. Sie finden ihn schlafend und schneiden ihm den Bauch auf, um die anderen sechs Geißlein zu retten. Anstelle der sechs Geißlein legt die Ziegenmutter dem Wolf Salz und Steine in den Bauch und näht ihn wieder zu. Als der Wolf aufwacht, spürt er großen Durst und geht zu einem Brunnen. Er beugt sich hinunter, um zu trinken. Da ziehen ihn die schweren Steine in das Wasser, und er ertrinkt.

Zu den Merkmalen von Georgs Russisch: Die Aufnahme soll unter phonologisch-prosodischen, lexikalischen, morphologischen und syntaktischen Gesichtspunkten betrachtet werden. Bei jedem dieser Aspekte können Besonderheiten festgestellt werden, die für Georg typisch sind und den Einfluss seiner Zweitsprache Deutsch auf seine Erstsprache Russisch belegen.

In Aussprache und Intonation sind folgende Merkmale interessant. Manche Wörter werden – wie bei den Eltern und Großeltern – substandardsprachlich realisiert, so z.B. *потома* (*potoma* – 'dann', F1) (neben der standardsprachlichen Form *потом* (*potom*), FF5, 10, 13, 17) oder *чо* (*čo* – 'was', F13) statt standardsprachlich *что* (*čto*). Einen russisch-mundartlichen Einfluss sehen wir in der Verwechslung von Genitiv und Dativ: Georg benutzt die Dativform *-e* anstelle der Genitivform *-ы*, z.B. in *маме* (*mame* – 'der Mutter', F5).[145]

---

[145] Eine Verwechslung von Genitiv und Dativ zeigt sich auch bei Georgs Schwester Xenia. Vgl. Transkript T02, F13.

Der Einfluss des Deutschen zeigt sich in folgenden Merkmalen von Georgs Sprechweise:

- Georg spricht die russischen Konsonanten, insbesondere die Nasale, mit viel mehr Spannung aus, als es im Russischen üblich ist, z.B. das *н* in *он* (*on* – 'er', F1) und das *м* in *мама* (*mama* – 'Mama', F14).

- Anlautendes *k* wird auffällig aspiriert, z.B. in *козлиная* (*kozlinaja* – 'Ziegen-', F14).

- Das Märchen enthält einen mehrfach wiederkehrenden Vers, mit dem der Wolf die Geißlein zu täuschen versucht und Einlass begehrt:

  козля:тушки, ребя:тушки,

  отворитесь, отопритесь,

  ваша ма:ть пришла,

  молочка: принесла

  kozljatuški, rebjatuški,
  otvorites', otoprites',
  vaša mat' prišla,
  moločka prinesla.

  Geißlein, Kinderchen,
  macht auf, schließt auf,
  eure Mutter ist gekommen,
  hat Milch mitgebracht (FF6-8).

Es ist auffällig, wie Georg diesen Vers spricht. Die prosodische Realisierung zeigt, dass der Junge das Märchen tatsächlich oft gehört hat. Die Melodie hat sich ihm eingeprägt. Durch seine Sprechweise charakterisiert er sprachmalend die alte Geiß. Jedoch die genaue Realisierung der einzelnen Lexeme bereitet ihm Schwierigkeiten, als wenn er sie nicht verstanden hätte[146] oder auf einmal nicht mehr versteht. Die beiden Imperative spricht er unsicher, in mehreren gleichsam tastenden Varianten aus, bevor er die richtige Form findet. Bei *отопритесь* von *отпирать* (*otpirat'* – 'aufschließen') kann man sich das noch erklären. Das Verb ist vor allem in Märchentexten gebräuchlich. Im Alltag verwendet man es kaum. Nur selten sagt jemand *отопри дверь* (*otopri dver'*) statt des üblichen *открой дверь* (*otkroj dver'* – 'öffne die Tür'). Man kann Georgs Unsicherheit bei diesem Verb erkennen, wenn er mehrmals ansetzt und sagt: *от/ опу:тесь* (*ot/ opites'*) und dann noch fragt: *или как↑*(*ili kak↑* – 'oder wie?', vollständige Fassg.: F17). Beim nächsten Versuch hat er mit einem anderen, auch wenig frequenten Verb *отворитесь*

---

[146] Eine ähnliche Erscheinung findet man bei sehr kleinen Kindern, die in frühen Phasen des Erwerbs ihrer Muttersprache bereits erste Kinderverse lernen.

(*otvorites'*) Schwierigkeiten. Er entstellt es zu *от/ оровитесь* (*ot/ orovites'*) und lässt ihm ein weiteres Verb folgen, das zwar lautlich ähnlich, dafür aber semantisch ganz unpassend ist: *отправитесь* (*otpravites'* – 'geht los, fahrt ab', vollständige Fassg.: F21). Erst beim dritten Versuch gelingt es Georg, den Vers lexikalisch richtig zu realisieren, woraus wir erkennen können, dass sein Gefühl für die erforderliche russische Formulierung zwar verdeckt, aber noch vorhanden ist: *отвори:тесь, отопри:тесь* (FF6-7).

Aus lexikalischer Sicht fällt Folgendes auf:

- Es ist für Georg schwer, ein passendes russisches Wort für die Bezeichnung der Richtung einer Bewegung zu finden. Er sagt: *тама зашла* (*tama zašla* – 'sie kam dort', F11) statt *туда зашла* (*tuda zašla* – 'sie kam dorthin').

- Er gebraucht zum Teil Verbindungen, die im Russischen nicht üblich sind, z.B. *козлиная мама* (F14). Er übernimmt das Adjektiv *козлиная* (*kozlinaja* – 'Ziegen-') aus Fügungen wie *козлиная борода* ('Ziegenbart') oder *козлиная шкура* ('Ziegenfell'). Zusammen mit *мама* ist es jedoch nicht am Platze. Im vorliegenden Fall hätte man entweder das Wort *коза* (*koza* – 'Ziege') oder die Verbindung mit dem Genitiv *мама козлят* (*mama kozljat* – 'die Mutter der Geißlein') verwenden müssen.

- Georg muss häufig nach geeigneten Wörtern zur Darstellung der Märchenhandlung suchen. Oft findet er zuerst deutsche Wörter: *Bäcker* (F1), *Brot* (F2), *Stimme* (F3). Manchmal stellt sich ein wenig später das entsprechende russische Lexem ein, und Georg nimmt dann eine Selbstkorrektur vor, z.B. bei *Brot – хлеб* (F2). Manchmal sucht er vergebens nach dem russischen Ausdruck und muss paraphrasieren, um der russischsprachigen Zuhörerin klar zu machen, was er sagen möchte (s. Georgs Versuche, auf Russisch zu erklären, dass der Wolf zum Bäcker ging, FF1-2). Er ist dabei auf die aktive Unterstützung durch seine Gesprächspartnerin angewiesen. Diese ist dazu nicht immer in der Lage, weil sie ja nur bedingt voraussehen kann, was er sagen möchte. So treffen ihre Unterstützungsbemühungen auch nicht immer ins Schwarze.[147]

Ein Beispiel für letzteres finden wir in FF20-24. Georg hat in seinem Vorstellungsraum die Szene offenbar klar vor sich: Der Wolf geht im Wald zu einem Brunnen, an dessen Rand ein Schöpfbecher mit einer Kette befestigt ist, damit Vorübergehende sich Wasser heraufholen und trinken können. Als

---

[147] Derartige Beispiele lassen sich auch für andere Zuhörer finden. Sie zeigen, dass es bei aller unaufhebbar-notwendigen Kooperation zwischen den Gesprächspartnern darum gehen muss, Souveränität in der Entwicklung von Formulierungs- und natürlich auch Verstehensfähigkeiten zu erlangen.

der Junge diese seine Vorstellung versprachlichen möchte, fällt ihm das Wort *колодец* (*kolodec* – 'Brunnen') nicht ein. Er sucht nach dem Lexem, produziert zunächst zwei Verzögerungssignale (*вот это* – *vot èto* – 'na äh'[148]) und dann eine ungefüllte Pause. Seine Anstrengung ist vergebens. Er kann sich nicht an das russische Wort erinnern. In seiner Formulierungsnot greift er zu dem deutschen Äquivalent *brunnen* (F20). Aber er spürt, dass das angesichts der vorauszusetzenden sprachlichen Fähigkeiten seiner Zuhörerin nicht angemessen ist. Deshalb bemüht er sich, die Bedeutung des deutschen Wortes *brunnen* durch eine Paraphrase auf Russisch wiederzugeben: *brunnen где все с этой becher/* (*brunnen gde vsë s ètoj becher* – '*Brunnen*, wo alles mit diesem *Becher*', FF20-21). Nach dem glücklichen russischen Auftakt bricht gleich wieder das Deutsche ein: *becher*. Georg stockt sofort (s. Pausen und Verzögerungssignal in F21). Dann führt er noch die Paraphrase zu Ende, überlegt lange (2,5 Sekunden, F22), wiederholt die beiden deutschen Lexeme *becher* und *brunnen* und drückt andeutungsweise aus, dass er nach den russischen Entsprechungen sucht: *как это /* (*kak èto /* 'wie das /', F22). Er sucht weiter. Das russische Wort für 'Becher' (*кружка* – *kružka*, ein Femininum) liegt ihm schon auf der Zunge, wie man an den femininen Endungen der deiktischen Determinative und des Adjektivs *с этой* (*s ètoj* – 'mit dieser') und *такая большая* (*takaja bol'šaja* – 'so eine große') erkennen kann (F23). Aber er kann es nicht fassen. Weitere Pausen und die Wiederholung des deutschen Lexems *brunnen* (F23) zeigen deutlich, dass Georg nicht wird sagen können, was er sagen möchte. Die Zuhörerin hat ungefähr verstanden, worum es ihm geht, und schlägt das Wort *фонтан* (*fontan* – 'Springbrunnen') vor. Georg ist nicht mehr in der Lage, gelassen zu prüfen, ob dieser Vorschlag geeignet ist, und bestätigt ihn sofort. Daraufhin bestätigt auch die Zuhörerin, dass sie nunmehr verstanden habe (F24). Erst viel später wird ihr klar, was Georg bei seinen Formulierungsbemühungen vorgeschwebt hat: ein typisch russischer Brunnen im Walde, den man *колодец* (*kolodec*) nennt.

Schwierigkeiten, russische Lexeme zu reaktivieren, zeigen sich in der Märchenerzählung durchgängig. Manche Segmentabbrüche sind nur dadurch zu erklären, dass Georg kein passendes Wort findet und ihm deswegen nichts anderes übrig bleibt, als das Segment nicht zu Ende zu führen (vollständige Fassung: FF47-49). Wenn man bedenkt, dass Georg das Märchen von seinem Großvater oft und immer nur auf Russisch gehört hat, ist die begrenzte Verfügbarkeit der russischen Lexeme besonders auffällig.

Vom morphologischen Standpunkt aus sind folgende sprachliche Erscheinungen interessant:

---

[148] Vgl. zu *вот* (*vot*) und *это* (*èto*) als Verzögerungssignalen auch den Kommentar zu (T09).

– Georg hat zahlreiche Probleme mit der Kongruenz zwischen Anaphern und finiten Verben in der Vergangenheitsform: *и они открыл* (*i oni otkryl*, F8) statt *и они открыли* (*i oni otkryli*). Georg möchte sagen: 'und sie öffneten'. Er verbindet jedoch die pluralische Subjekt-Anapher mit einem finiten Verb im Singular. Die vollständige Fassung des Märchens enthält viele weitere Beispiele dieses Typs.

– Schwierigkeiten hat Georg auch mit der Kongruenz von Anapher und Genus des Bezugsnomens bzw. Sexus der gemeinten Person. So verwendet er die maskuline Form der Anapher *он* (*on* – 'er') für die Ziegenmutter (vollständige Fassung: FF12-13). Durch derartige Gebrauchsweisen wird das Verstehen erheblich erschwert.

– Georg bildet oft falsche Kasusformen oder gebraucht die Kasusformen falsch. So sagt er: *он ушёл этому bäcker↓ которого всё делает↓* (*on ušël ètomu bäcker↓ kotorogo vsë delaet↓*, FF1-2) statt *он пошёл к этому bäcker↓ который всё делает↓* – 'er ging zum Bäcker↓ der alles macht↓') und verwendet also das Relativum im Akkusativ statt im Nominativ. Im folgenden Beispiel ist die Form des Akkusativ Plural falsch gebildet: *вытащила тех козлёнок* (*vytaščila teh kozlënok* – 'zog jene Geißlein heraus', FF15-16) statt *вытащила тех козлят* (*vytaščila teh kozljat*). Das könnte auf den Einfluss einer russischen Mundart zurückzuführen sein, drückt aber wohl eher die zunehmende Korrosion von Georgs Russisch aus. – Georg kann auch die Kollektivzahlen nicht (mehr?) richtig deklinieren: *и он шестеро съел* (*i on šestero s"el* – 'und er fraß sechs auf', FF8-9) statt *и он шестерых съел* (*i on šesterych s"el*). Das ist allerdings auch für viele Russen schwierig. Es sind fast nur Rundfunk- und Fernsehsprecher, die in diesem Bereich die von der normativen Grammatik vorgeschriebenen Formen benutzen.[149]

– Manchmal verwendet Georg im russischen Diskurs deutsche Wörter und überträgt ihre morphologischen Merkmale auf das Russische. So ist das russische Substantiv *голос* (*golos* – 'Stimme') ein Maskulinum. Georg verknüpft es jedoch mit einem femininen Determinativum *эту* (*ètu* – 'diese', F4), wahrscheinlich, weil das deutsche Äquivalent für 'Stimme' ein Femininum ist.

– Georg gebraucht die Aspektformen des Verbs falsch. Das ist für Sprecher mit Deutsch als Erstsprache, die Russisch als Fremdsprache lernen, ein typischer Fehler. Z.B.: *и он начал с этой zunge попить* (*i on načal s*

---

[149] Zemskaja (Hg.) 1996, 239, beobachtete, dass in der Gegenwartssprache auch bei der Deklination einfacher Kollektivzahlen wie *шестеро* (*šestero* – 'sechs') immer häufiger Normverletzungen auftreten.

ètoj zunge popit' – 'Und er begann mit dieser *Zunge* zu trinken', vollständige Fassung: F53). попить (*popit'* – 'trinken') ist eine vollendete Verbform. Das Verb начал (*načal* – 'begann, fing an') verlangt jedoch unbedingt eine unvollendete Verbform. An anderer Stelle verwendet Georg eine unvollendete und eine vollendete Form als Konjunkte. Das ist im Russischen nicht akzeptabel: потом он опять пришёл и пел (*potom on opjat' prišël i pel* – 'dann kam er wieder und sang', FF5-6) statt потом он опять пришёл и спел oder запел (*potom on opjat' prišël i spel* oder *zapel*). Die Häufung solcher Verwendungsweisen zeigt, dass Georg offensichtlich bereits Schwierigkeiten hat, den vollendeten und unvollendeten Aspekt zu unterscheiden.

– Georg zeigt Unsicherheit bei der Auswahl von Possessiva (vollständige Fassung: F3). Dies ist dadurch zu erklären, dass das deutsche Possessivum *ihr* sich sowohl auf ein Femininum im Singular als auch auf einen Plural beziehen kann. Im Russischen entsprechen diesen beiden Bedeutungen verschiedene Formen: её (*eë* – 'ihr', Fem.Sg.) versus их (*ih* – 'ihr', Pl.).

Zum Gebrauch der Syntax ist bei Georg Folgendes zu bemerken:

– In der vollständigen Fassung (FF33-34) benutzt Georg die volle Form des Adjektivs открытая (*otkrytaja* – 'geöffnete, offene') anstatt der hier erforderlichen Kurzform открыта (*otkryta* – 'geöffnet, offen'). Dies muss aber keine Wirkung des Deutschen sein. Es kann sich um einen mundartlichen Einfluss handeln.

– Georg schwankt in der Wortfolge des komplexen Satzes zwischen den Regeln der deutschen und der russischen Syntax. Das ist z.B. in der folgenden Konstruktion der Fall: когда мама хотела молоко и творогу всё брать сказала она им что они *aufpassen müssen* (*kogda mama hotela moloko i tvorogu vsë brat' skazala ona im čto oni aufpassen müssen* – 'Als die Mama Milch und Quark, das alles einkaufen wollte, sagte sie ihnen, dass sie *aufpassen müssen*', vollständige Fassg.: FF4-7). Im einleitenden Nebensatz bildet Georg mit den Prädikatsteilen eine Klammer. Das ist für das Russische ungewöhnlich. Es müsste heißen: когда мама хотела брать молоко и творогу всё (*kogda mama hotela brat' moloko i tvorogu vsë* – 'Als die Mama einkaufen wollte Milch und Quark, das alles ...') oder noch besser: когда мама пошла покупать молоко и творог всё. Im Hauptsatz platziert Georg das Verb in Spitzenposition. Das ist für die deutsche Syntax charakteristisch, wenn dem Hauptsatz ein Nebensatz vorausgeht. Im Russischen klingt das sehr fremd. Hier müsste der Hauptsatz folgendermaßen beginnen: она сказала... ('sie sagte ...'). In anderen Nebensätzen bemüht sich Georg, das finite Verb an die letzte Stelle zu setzen (vgl. z.B. vollst. Fassg.:

FF26-27). Wenn er kein passendes Verb findet, was in zwei Sätzen der Fall ist, weil man hier im Deutschen das Kopulaverb *sein* gebrauchen würde, das im Russischen aber nicht verwendet wird, macht er entweder eine lange Pause (vollst. Fassg.: FF33-34) oder sagt ein Wort, das gar nicht zum Kontext passt wie *всё* ('alles', vollst. Fassg.: FF34-35).

- Manchmal hat man den Eindruck, dass GK Sätze aus dem Deutschen ins Russische zu übersetzen versucht, so z.B. bei: *и он начал с этой zunge попить* (*i on načal s ėtoj zunge popit'* – 'Und er begann mit dieser *Zunge* zu trinken', vollst. Fassg.: F53). In diesem Satz übersetzt er die deutsche Präposition *mit* als *с* ins Russische. Das Russische würde im vorliegenden Fall mit dem reinen Instrumental, also ohne Präposition, auskommen.[150]

- Das letzte Beispiel zeigt außerdem, dass Georg sich bemüht, im artikellosen Russischen einen Artikel zu gebrauchen, indem er das deiktische Determinativum *этой* (*ėtoj* – 'diese') einfügt. Dasselbe Bestreben kann man auch an anderen Stellen beobachten: *он ушёл этому bäcker* (*on ušël ėtomu bäcker* – 'er ging (zu) diesem *Bäcker*', F1); *как у вон той мами* (*kak u von toj mami* – 'wie bei dieser Mama', FF4-5). Georg prägt damit dem Russischen ein Strukturmerkmal des Deutschen auf.

Zusammenfassung: In Georgs Familie wird im Zeitraum der Aufnahme regelmäßig sowohl Deutsch als auch Russisch gesprochen. Dennoch ist er selbst nicht mehr problemlos in der Lage, Russisch zu verstehen und sich auf Russisch auszudrücken. Andererseits macht er trotz der beobachteten Verstehens- und Formulierungsschwierigkeiten durchaus den Eindruck eines auf Russisch sozialisierten Kindes, das seine Erstsprache noch nicht verloren hat.

Georg weist in seinem Russisch viele Ähnlichkeiten mit seiner Schwester Xenia auf: eine regional- und substandardsprachliche Färbung als mitgebrachte Qualität der Erstsprache sowie Neukonstruktionen, die unter dem Druck der deutschen Sprache entstehen: der dem Russischen an sich fremde systematische Ausdruck von Definitheit und Indefinitheit in Bezug auf Substantive,[151] die Veränderung des Genus russischer Substantive nach dem Vorbild ihrer deutschen Äquivalente, der Ersatz russischer Lexeme durch deutsche. Die letzte Erscheinung ist allerdings bei Georg viel stärker ausgeprägt als bei Xenia. Auch zeigen sich bei ihm Unsicherheiten im Gebrauch der Aspekte des Verbs, die bei Xenia nicht zu beobachten waren. Insgesamt gewinnt man den Eindruck, dass Georg im Russischen bereits erheblich un-

---

[150] Vgl. aber Zemskaja (Hg.) 1996 zur Tendenz des gegenwärtigen Russisch, die Kasusbedeutungen durch die Verwendung von Präpositionen zu verdeutlichen.
[151] Eine ähnliche Wirkung der Zweitsprache Deutsch auf die Erstsprache beobachteten Rehbein/Grießhaber 1996, 73, auch bei türkischen Kindern.

sicherer ist als seine Schwester. Allerdings ist zu bedenken, dass die Aufnahme mit Xenia aus dem vierten Aufenthaltsjahr stammt und die mit Georg aus dem sechsten.

3.2.7 Xenia und Georg – Zusammenfassung

Xenias und Georgs **sprachliche Praktiken und Fähigkeiten** sind **zum Zeitpunkt der Übersiedlung nach Deutschland** – Xenia ist 5;9 und Georg 4;10 Jahre alt – durch folgende Merkmale gekennzeichnet: **Russisch** ist ihre einzige Sprache – mithin sowohl vom Standpunkt der Aneignungsfolge als auch vom Standpunkt der Gebrauchshäufigkeit und des Beherrschungsgrades ihre Erst- und Muttersprache. Ihr Russisch ist regional gefärbt. Es ist altersgemäß relativ gut ausdifferenziert. Aber der Russischerwerb ist nicht abgeschlossen – weder im mündlichen Bereich und noch im schriftlichen Bereich. Die Kinder haben bisher kaum schriftsprachliche Fähigkeiten erworben. Vom **Deutschen** kennen sie nur einige wenige Lexeme und Kinderreime. Sie haben also zum Zeitpunkt der Übersiedlung einen monolingualen Spracherwerb im Russischen in ersten wesentlichen Phasen absolviert. Mit der Übersiedlung beginnt für sie eine völlig neue Etappe des Spracherwerbs. Diese ist dadurch gekennzeichnet, dass sie nach ihrer Erstsprache Russisch das Deutsche als Zweitsprache erwerben. Sie werden einen sukzessiven Bilingualismus ausbilden, von dem wir zunächst nicht wissen, ob er vorübergehend oder stabil sein wird.

Das **sprachliche Angebot**,[152] das Xenia und Georg am Anfang der sprachlichen Integration (**erstes und zweites Aufenthaltsjahr**) in der Familie als der wesentlichen Institution des kindlichen Spracherwerbs erfahren, ist durch folgende Merkmale gekennzeichnet: Die Familiensprache ist im Wesentlichen das **Russische**, und zwar in einer regionalen Varietät, die einige deutsche Elemente enthält. Vom Großvater hören die Kinder ein relativ differenziertes, dialektales Russisch (Märchen als komplexe Diskursform). Auch außerhalb der Familie – durch die Bekannten und Nachbarn im Übergangswohnheim – werden sie häufig mit Russisch konfrontiert. Dieses Russisch ist im Wesentlichen ebenfalls regional und mündlich geprägt. Standardsprachliches mündliches Russisch und schriftsprachliches Russisch lernen die Kinder nicht kennen. Aus dem Verhalten ihrer deutschen und zum Teil auch ihrer russlanddeutschen Kommunikationspartner erfahren Xenia und Georg, dass ihre Erstsprache Russisch in der neuen Umgebung wenig Wertschätzung genießt. Als zweite, jedoch noch untergeordnete Familiensprache kommt allmählich auch das **Deutsche** zur Geltung. Dabei handelt es sich um Varietäten des Deutschen, die in unterschiedlichen Graden regional markiert sind,

---

[152] Bei der Darstellung des sprachlichen Angebots handelt es sich zum Teil um eine Vorwegzusammenfassung dessen, was in den folgenden Abschnitten über den Sprachgebrauch in Xenias und Georgs Familie ausgeführt wird.

aber sämtlich fragmentarischen und russisch-kontaktsprachlichen Charakter tragen. Gleiche Merkmale weist auch das Deutsch auf, das sie im Übergangswohnheim hören. In der Schule, in die Xenia kurz nach der Übersiedlung und Georg im zweiten Aufenthaltsjahr eintritt, werden sie mit Deutsch als Unterrichtssprache konfrontiert. Ihr Deutscherwerb erfolgt unter den Bedingungen der Submersion ihrer Erstsprache unter die Mehrheitssprache. In der Schule, der wesentlichen Bildungsinstitution, hören die Kinder von den Lehrern im Wesentlichen standardsprachliches Deutsch, von den Mitschülern in der Vorbereitungsklasse hören sie fragmentarisches kontaktsprachliches Deutsch.

Aufgrund ihrer mitgebrachten sprachlichen Fähigkeiten und des sprachlichen Angebots in Deutschland sind Xenias und Georgs **sprachliche Praktiken und Fähigkeiten** im frühen Stadium der sprachlichen Integration (**erstes und zweites Aufenthaltsjahr**) durch folgende Merkmale gekennzeichnet: Sie sprechen in der Familie fast durchgängig **Russisch**, verwenden dabei aber mehr und mehr lexikalische Elemente aus dem Deutschen. Ihr mitgebrachter, alterstypischer Wunsch, auf Russisch lesen und schreiben zu lernen, besteht noch. Sie unternehmen von sich aus Lese- und Schreibversuche in russischer Sprache. Auf **Deutsch** entwickeln sie erste rezeptive Fähigkeiten, die sich darin beweisen, dass sie auf deutschsprachige Äußerungen reagieren, zunächst teilweise auf Russisch, dann mehr und mehr auf Deutsch. Georgs Verstehensfähigkeiten entwickeln sich langsamer als Xenias. Seine sprachlichen Anschlusshandlungen an deutschsprachige Äußerungen eines Partners sind häufig inadäquat. Xenia verfügt bald über eine flüssige, nahezu „akzentfreie" Aussprache. Ihre lexikalischen und grammatischen Deutschfähigkeiten jedoch wirken auffällig instabil.

Mit fortschreitender sprachlicher Integration der Familie und Fortsetzung des Schulbesuchs verändert sich das **sprachliche Angebot**, das Xenia und Georg empfangen. Im **fünften und sechsten Aufenthaltsjahr** ist es durch folgende Merkmale gekennzeichnet. Beide Kinder hören im Familien- und Freundeskreis immer noch sehr viel **Russisch**. Aber das Russisch der Familie hat sich verändert und diversifiziert. Bei allen Sprechern weist es zunehmend deutsche Einflüsse auf, und zwar bei den Erwachsenen vor allem lexikalische Übernahmen und bei den Kindern zusätzlich Einflüsse des phonologischen und grammatischen Systems des Deutschen. Xenia und Georg erfahren weiterhin kein standardsprachliches mündliches Russisch und kein schriftsprachliches Russisch. Ihre russischsprachigen Kommunikationspartner zeigen zunehmend Unsicherheit hinsichtlich der Normen des Russischen. Die Kinder erleben weiterhin die Abwertung ihrer Erstsprache Russisch. Neben die Familiensprache Russisch tritt zunehmend die Familiensprache **Deutsch**. Einige Erwachsene und fast alle Kinder der Großfamilie sprechen überwiegend Deutsch. Die in der Familie gesprochenen Varietäten des Deutschen sind in unterschiedlichen Graden und Arten regional und russisch-kontaktsprachlich geprägt. In der Schule erfahren die Kinder schriftsprachliches Deutsch und gesprochenes standardsprachliches Deutsch von den Lehrern und einigen Mitschülern sowie weiterhin kontaktsprachliche und/oder regionale und/oder jugendsprachliche Varietäten von den Mitschülern.

Aufgrund der in Deutschland gemachten sprachlichen Erfahrungen sind Xenias und Georgs **sprachliche Praktiken und Fähigkeiten im fünften und sechsten Aufenthaltsjahr** durch folgende Merkmale gekennzeichnet: Sie sprechen im Familien- und russlanddeutschen Freundeskreis noch **Russisch**, aber der Anteil des Russischen sinkt drastisch. Xenia berichtet, dass sie sich immer häufiger nicht an russische Wörter erinnern kann. Bei Georg findet sich eine wachsende Zahl von Äußerungsabbrüchen, weil ihm keine geeigneten sprachlichen Mittel mehr zur Verfügung stehen. Es sind zunehmend lexikalische Fehlentscheidungen und Lücken zu beobachten, die der Junge durch Umschreibungen ausgleicht. Er zeigt auch Unsicherheit bei der Bildung elementarer grammatischer Formen und sehr häufiges sprachliches Probehandeln, ohne zu sprachlichen Formen zu gelangen, die ihn selbst überzeugen. Georg wird zunehmend von der sprachlichen Unterstützung seiner Gesprächspartner abhängig. Besondere Schwierigkeiten haben beide Kinder bei der Versprachlichung von Erfahrungen aus der neuartigen deutschen Alltagswelt. Xenias und Georgs Russisch weist zunehmend Einflüsse des Deutschen auf: immer mehr lexikalische Übernahmen, russisch-deutsche Dopplungen, Code-Wechsel und gemischtsprachige Äußerungen. Deutsche Konstruktionen werden mit Mitteln des Russischen nachgebildet. Sprachkorrosion zeigt sich auch im Elementarbereich. Komplexe Diskurse auf Russisch fallen den Kindern schwer. Bei Georg scheinen die beiden Sprachen Russisch und Deutsch in stärkerer wechselseitiger Abhängigkeit zu stehen als bei Xenia. Der Junge vollzieht zunehmend einerseits grammatische Integrationen deutscher Lexeme in das grammatische System des Russischen und andererseits Übertragungen lautlicher, morphologischer und syntaktischer Merkmale des Deutschen auf das Russische (Überkreuztransfer).[153] Beide Kinder haben Grenzen in der Fähigkeit, gegenüber nicht-deutschsprachigen Partnern die Verwendung deutscher Elemente im Russischen zu kontrollieren. Mit der Einschränkung der Sprechfähigkeiten im Russischen gehen bei Xenia und Georg Einschränkungen der Verstehensfähigkeiten einher. Man kann beobachten, dass sie differenzierteres Russisch nicht oder nur mit Mühe verstehen. Auch die Einstellung zur russischen Sprache hat sich im fünften und sechsten Aufenthaltsjahr verändert. Xenia legt auf ihre Russischfähigkeiten keinen Wert mehr. Bei Georg zeigen sich zunächst noch Bereitschaft und Fähigkeit zu komplexen Diskursen (Märchen) in russischer Sprache. Später bekundet er den Wunsch, Russisch zu vergessen. Lese- und Schreibversuche finden sich nicht mehr. Insgesamt kann man sagen, dass das Russische bei Xenia und Georg deutlich abgebaut ist. Es ist jedoch noch

---

[153] Zum wichtigen Begriff des Überkreuztransfers siehe Rehbein/Grießhaber 1996.

nicht verloren. Es könnte durch persönliche und gesellschaftliche Aufwertung und geförderte Verwendung wieder auf- und ausgebaut werden. Aber es ist bedroht. Die Erstsprache Russisch ist zu einer korrodierten Sprache geworden. Xenias und Georgs **Deutsch** hat sich nach **fünf bis sechs Aufenthaltsjahren** in folgender Weise entwickelt. Das Deutsche ist nach Meinung der Familienangehörigen, die freilich nur das Russische kompetent beurteilen können, bei Xenia bereits die stärkere Sprache. Das trifft zumindest quantitativ zu. Xenia reagiert auf an sie gerichtete russischsprachige Äußerungen zunehmend auf Deutsch. Sie verwendet das Deutsche zunehmend auch gegenüber russlanddeutschen Altersgefährten; und da sie sich generell mehr auf die Kommunikation mit den Altersgefährten (die verschiedene Erstsprachen haben) und damit auf das Deutsche als gemeinsame Sprache orientiert – allerdings in deren jugendsprachlichen mündlichen Formen –, nimmt der Anteil des Deutschen an ihrer Sprachproduktion zu. Xenias Deutsch ist regional und soziolektal beeinflusst, woraus sich Probleme in Rechtschreibung und Grammatik ergeben. Darüber hinaus ist es auch im Elementarbereich noch durch lernersprachliche Formen und Interferenzen aus dem Russischen geprägt, was sich in einem leicht fremdsprachlichen 'Akzent', Abweichungen in Wortbildung und -gebrauch, Grammatik und Rechtschreibung äußert. Die Aneignung komplexer Diskurs- und Textformen des Deutschen hat erst begonnen. Wieweit sie führen wird, ist auch im sechsten Aufenthaltsjahr offen, insbesondere weil Xenia nachlassendes Interesse für Lesen und schriftsprachliche Kommunikation generell zeigt. Auch Georg bevorzugt mehr und mehr das Deutsche für seine Äußerungen, in der Öffentlichkeit ohnehin, aber auch in der Familie. Er reagiert auf russischsprachige Partneräußerungen immer häufiger in deutscher Sprache. Das bedeutet jedoch nicht, dass seine deutschsprachigen Produktionsfähigkeiten sich stark entwickelt hätten. Georg liefert meist nur elementare Gesprächsbeiträge. Er weicht vor komplexen deutschsprachigen Anforderungen aus. Er hat Schwierigkeiten, sich verständlich mitzuteilen, und zwar aufgrund lexikalischer Lücken sowie Unsicherheiten bezüglich der Lautgestalt und der Bedeutung von Lexemen und grammatischen Form-Funktionsbeziehungen. Er zeigt eine beträchtliche Instabilität seiner Deutschfähigkeiten und nutzt zur Kompensation noch in hohem Maße mimische und pantomimische Kommunikationsformen. Aber auch im Verstehen deutscher Diskurse erlebt Georg weiterhin Schwierigkeiten, die er nur zum Teil anzeigt und aktiv bearbeitet, insbesondere bei situationsentbundener Kommunikation. Georg orientiert sich stark auf die sprachliche Unterstützung durch den Partner. Das gilt selbst für Gespräche mit seinen Altersgefährten. Deutsch ist von der Gebrauchshäufigkeit her mindestens gleichberechtigt neben das Russische getreten. In diesem Sinne verfügen die Kinder nun über zwei Sprachen: Russisch und Deutsch. Aber das so häufig benutzte Deutsch ist weiterhin lerner- und kontaktsprachlich geprägt, sein Erwerb ist nicht abgeschlossen, seine Beherrschung ist instabil.

3.3 Xenias und Georgs Vater: Valerij Kirillov

3.3.1 In Kasachstan

Valerij Kirillov ist Russe, Sibirier, wie er nicht ohne Stolz sagt (Kass. 173a). Er wurde 1963 geboren und hat zehn Klassen der sowjetischen allgemeinbildenden Schule und eine halbjährige Berufsausbildung absolviert. Vor der Ausreise arbeitete er als Traktorist in einer Kiesfabrik.

In der Schule wurde Valerij Kirillov auch in Deutsch als Fremdsprache unterrichtet. Aber damals wollte das Deutsche nicht in seinen Kopf, wie er mir auf Russisch berichtete, und er konnte sich nicht vorstellen, wozu es ihm je nützen sollte. Auch auf ungesteuertem Wege erwarb er vor der Aussiedlung keine Sprache außer dem Russischen, obwohl er als Kind im sibirischen Altajgebiet und später in Kasachstan in multilingualen Umgebungen lebte. Es war für ihn selbstverständlich, dass die russische Sprache in allen Kommunikationssituationen verwendet werden konnte, auch in den Gesprächen mit seiner späteren Frau und deren Familie. Und es war und ist für ihn selbstverständlich, dass auch diejenigen in der städtischen Öffentlichkeit Russisch sprachen, deren Familiensprache eine andere war, z.B. Kasachisch (Kass. 173b).

Valerij Kirillov erwarb in Familie, Schule und Arbeitsumgebung ein regional-umgangssprachlich geprägtes Russisch, wie meine russischen Kolleginnen Anna Petrova, Ekaterina Protassova und Elena Borovkova in ihren Kommentaren zu den Aufnahmen mit VK feststellten. Als Belege seien die Beispiele (B6)-(B10) angeführt.

(B6)

VK:	дитя"м, людя"м...
VK:	ditja"m, ljudja"m...
VK:	den Kindern, den Leuten...

VK, Kass. 173

In den Beispielen liegen Abweichungen von der standardsprachlichen Wortbetonung vor. Standardsprachlich müsste es *де"тям* (*de"tjam*) und *лю"дям* (*lju"djam*) heißen.

(B7)

VK:	я ряскался с ней.
VK:	ja rjaskalsja s nej.
VK:	Ich lernte sie kennen.

VK, Kass. 173

VK gebraucht hier ein Verb dialektaler Herkunft. Hochsprachlich müsste es lauten: *я познакомился с ней* (*ja poznakomilsja s nej*).

(B8)
VK: он вперёд хотел жениться на ней.
VK: on vperëd hotel ženit'sja na nej.
VK: Er wollte sie zuerst heiraten.

VK, Kass. 173

Das Adverb *вперёд* (*vperëd*) ist ein Substandardlexem. Seine standardsprachliche Entsprechung ist *сначала* (*snačala*).

(B9)
VK: у него было день рождения.
VK: u nego bylo den' roždenija.
VK: Er hatte Geburtstag.

VK, Kass. 173

In der von VK verwendeten Variante stimmen Subjekt und finites Verb im Genus nicht überein. Das ist eine grammatische Form, die gegenwärtig noch als Normverstoß gilt, aber häufig verwendet wird. Standardsprachlich müsste man sagen: *у него был день рождения* (*u nego byl den' roždenija*).

(B10)
VK: приедь!
VK: pried'!
VK: Komm (gefahren)!

VK, Kass. 173

Auch dieser Imperativ verstößt gegen die standardsprachliche Norm. Normgemäß heißt es: *приезжай* (*priezžaj*).

Wenn man Valerij Kirillov zuhört, dann gewinnt man den Eindruck, dass Lesen und Schreiben in seiner kommunikativen Praxis nach der Schulzeit keine große Rolle mehr spielten. VK äußert sich zwar auf Russisch gelegentlich gern in umfangreicheren Gesprächsbeiträgen, aber er muss sehr um die Formulierungen ringen. Seine Beiträge enthalten viele kurze, nicht zu Ende geführte Sprechhandlungen, in denen nur angedeutet ist, was er ausdrücken will.

Aber wenn Valerij Kirillov vielleicht auch nach der Schulzeit nur noch wenig gelesen hat, so wurde mir doch schon bei unserer ersten Begegnung deutlich, dass er einige komplexere Formen der Kommunikation durchaus zu schätzen weiß. Er war es, der mir zuerst von der Märchentradition der Familie und seiner Freude an ihr sprach (Kass. 019a).[154]

---

[154] Vgl. dazu Abschnitt 3.5.

3.3.2 In Deutschland

3.3.2.1 Erstes und zweites Aufenthaltsjahr

In den ersten anderthalb Jahren unserer Bekanntschaft hörte ich von Valerij Kirillov kein deutsches Wort außer gelegentlich eingeflochtenen und als spaßig markierten Floskeln wie *verstehn?* (Kass. 019a). An auf Russisch geführten Gesprächen beteiligte er sich lebhaft.

VK besuchte zusammen mit anderen *Kasachstanern*, wie er sich ausdrückte, acht Monate lang einen Deutschkurs für Aussiedler, der ihn sehr entmutigte. Er verstand fast nichts von dem, was die Lehrerin sagte. Es gab so gut wie keine Sprechgelegenheiten. In den Pausen unterhielten sich die *Kasachstaner* auf Russisch. VK fragte mich zu Beginn unserer Bekanntschaft, ob ich ihm nicht Deutschunterricht in Form von Gesprächen erteilen könne. Für den Deutscherwerb setzte er nach den Erfahrungen mit dem Sprachkurs seine ganze Hoffnung auf künftige Kontakte mit deutschen Arbeitskollegen (Kass. 006). Jedoch wurde er auf der ersten Arbeitsstelle gleich nach dem Probemonat wieder entlassen. Als Begründung sagte man ihm, er verstehe die Arbeitsanweisungen nicht. Dabei hatte er sich Abende lang abgemüht, die erforderlichen deutschen Bezeichungen zu lernen.

Der Sprachkurs zeitigte bei Valerij Kirillov aber immerhin das Ergebnis, dass seine verschütteten deutschen Lesefähigkeiten aktiviert wurden. Das war umso wichtiger, als er sich in der neuen Umgebung schneller an optischen als an akustischen Zeichen zu orientieren schien. Mit auf Deutsch beschrifteten Stadtplänen, Schaubildern usw. konnte er bald umgehen. Das führte dazu, dass Frau und Schwiegereltern, die von Anfang an über viel mehr Deutschkenntnisse verfügten, ihn in der Öffentlichkeit dennoch als verlässliche Stütze empfanden und auch wegen seiner Orientierungsleistungen bewunderten, wie sie mir mitteilten.

3.3.2.2 Drittes und viertes Aufenthaltsjahr

Das dritte Jahr des Lebens in Deutschland sollte für die junge Familie Kirillov eine dramatische Zeit werden. Zunächst aber ließ es sich gut an. Auch für Valerij. Er fand Arbeit in einer Speditionsfirma. Dort ging er mit Kollegen um, die alle verschiedene Muttersprachen hatten, untereinander aber Deutsch sprachen. In der Kommunikation mit ihnen lernte er allmählich, wie er mir sagte, gesprochenes Deutsch verstehen und auch selbst etwas sprechen. Zu seinem Arbeitgeber entwickelte sich eine Beziehung, die Valerij als freundschaftlich empfand. Der Chef und seine Frau luden Valerij und Margarita Kirillov ins Restaurant zum Mittagessen ein, sie besuchten Valerij aus Anlass seines Geburtstages in seiner Wohnung, man begann sich zu duzen

(Kass. 166b). Zwar fühlte sich Valerij Kirillov unterbezahlt – er arbeitete in der Regel zehn Stunden täglich, aber er empfand auch, dass er als guter Arbeiter geschätzt wurde. Das tat ihm wohl, wie ich aus seinen Darstellungen schloss.

Auch mit der Tatsache, dass seine Muttersprache in der neuen Umgebung eine wenig geschätzte Sprache ist, lernte er allmählich zu leben. Bei der Arbeit in der Speditionsfirma hatte er es gelegentlich mit russischsprachigen Kunden zu tun. Mit ihnen konnte er zu seiner Freude frei, d.h. ungehemmt durch sprachliche Grenzen, plaudern, wenn auch immer nur für ein paar Minuten. Er nannte diese Kunden *rusaki"* (Kass. 173a). *Rusaki"* gab es auch unter seinen Kollegen. Zum Wort *rusak* und analog zur entsprechenden femininen Form *rusačka* siehe (B11).

(B11)

VK berichtet seiner russischen Besucherin EP, was für Kollegen er hat.

VK: Там работают югославы, итальянцы, немцы. Говорят между собой по-немецки. И русаки есть. Они говорят между собой по-русски.
VK: Tam rabotajut jugoslavy, ital'jancy, nemcy. Govorjat meždu soboj po-nemecki. I rusaki est'. Oni govorjat meždu soboj po-russki.
VK: Dort arbeiten Jugoslawen, Italiener und Deutsche. Sie sprechen miteinander Deutsch. Auch *rusaki* gibt es dort. Die sprechen untereinander Russisch.

VK, Kass. 173a

Was ist ein *rusak*? Als Bedeutungsangabe zu diesem Wort findet man in russisch-deutschen Wörterbüchern und auch in russischen erklärenden Wörterbüchern häufig nur 'grauer Hase'.[155] Andere erklärende Wörterbücher führen für *rusak* zusätzlich folgende Bedeutung an: 'allgemein russischer Mensch'[156] oder 'Mensch mit den Zügen des russischen Volkscharakters, guter einfacher russischer Mensch'.[157] *Rusak* dürfte mit *russkij* ('russisch, Russe') und *rusyj* ('hellbraun, blond') verwandt sein. Das Ableitungsmorphem -*ak* wird bei der Bildung von Zugehörigkeitssubstantiven häufig verwendet, ohne – wie die entsprechenden Entlehnungen ins Deutsche – eine pejorative Bedeutung zu übermitteln, z.B.: сибиряк (*sibirjak* – 'Sibirier') oder поляк (*poljak* – 'Pole'). In Deutschland wird das Wort *rusak* gegenwärtig vermutlich viel häufiger gebraucht als in Russland, und es erfährt hier eine Bedeutungsverschiebung. Wie ich nach und nach lernte, ist dieses Wort ein wesentlicher Bestandteil des Russischen mindestens der Aussiedler, wenn nicht gar überhaupt der russischsprachigen Migranten in Deutschland.[158] Es wird benutzt, um Menschen zu bezeichnen, die aus der GUS

---

[155] Vgl. Lohovic 1960, 690, und etwas ausführlicher auch Ožegov 1963, 680.
[156] Vgl. Dal' 1994/1903-1909, Band 4, 114.
[157] Vgl. Volin/Ušakov 1939, Band 3, 1405, hier mit der Charakteristik des Ausdrucks als substandardsprachlich (prostrečie) und familiär.
[158] Nach Erkundungen von Protassova in Köln wird das Wort *rusak* von russischsprachigen Juden in Deutschland zur Selbstbezeichnung abgelehnt, u.a. weil es substandardsprachlich ist. Nach Beobachtungen von Kuznecova in München ist russischsprachigen Juden in Deutschland das Wort *rusak* in der Bedeutung 'russischsprachiger Mensch' unbekannt.

kommen und/oder die Russisch als ihre 'normale' Sprache sprechen. Wesentliches Bedeutungsmerkmal sind also territoriale Herkunft eines Menschen und seine dominante Sprache – unabhängig von Nationalität und staatsanhörigkeitsrechtlichem Status oder Pass in Deutschland. Die hohe Frequenz dieses Wortes bei den Aussiedlern[159] verrät sehr viel über das Selbstverständnis dieser Gruppe oder jedenfalls eines Teils von ihr. Das Wort *rusak* wird – wegen der hohen Verwendungsfrequenz und der Bedeutungsverschiebung – von russischsprachigen Menschen in der GUS als Slang- oder Jargon-Wort der Emigranten empfunden.

Valerij Kirillov fand auch heraus, dass es die Möglichkeit gibt, die für den deutschen Führerschein erforderte zusätzliche Fahrprüfung in einer russischsprachigen Variante abzulegen; und er bestand sie. Er bekam das Gefühl, den neuen Lebensanforderungen gewachsen zu sein, und erwog, Vater und Bruder aus Kasachstan einzuladen, um ihnen zu zeigen, wie es ihm in Deutschland geht. Die ersten Rückschläge – seine Frau wurde krank, musste operiert werden und wurde aus ihrem Beschäftigungsverhältnis entlassen – konnten ihm seine Zuversicht nicht nehmen.

Dies alles stellte er ausführlich dar, als ich eines Tages, gegen Ende des dritten Aufenthaltsjahres, die Familie besuchte. Valerij hatte gerade die Fahrprüfung bestanden und einen Kaufvertrag über ein gebrauchtes Auto abgeschlossen. Beides stimmte ihn so froh, dass er bereit war, mit mir Deutsch zu sprechen, worum ich ihn monatelang vergebens gebeten hatte. Was ich zu hören bekam, war eine unter sprachlichem Gesichtspunkt höchst merkwürdige Mischung aus Russisch und Deutsch, die an anderer Stelle im Detail analysiert werden müsste. Manche Passagen könnte man als grundsätzlich Russisch mit deutschen Einsprengseln ansehen; andere Passagen als grundsätzlich Deutsch mit russischen Einsprengseln; zwischen beiden fanden sich fließende Übergänge. Wenn der Anteil des Deutschen groß war, wusste ich manchmal nicht, was VK meinte. Seine Frau unterstützte unseren Austausch dann durch für mich verständlichere Formulierungen. Wenn ich VK auf Deutsch eine Frage stellte, dann war er es, der öfter nicht verstand, oder der zwar verstand, aber nicht in der Lage war, auf Deutsch zu antworten. Wieder unterstützte ihn seine Frau, indem sie meine deutschen Fragen ins Russische übersetzte oder anstelle ihres Mannes auf Deutsch beantwortete. Einen Großteil der deutschen Fragmente in seinen Gesprächsbeiträgen dürfte VK bewusst benutzt haben. Schließlich wollte er ja in diesem Gespräch Deutsch sprechen. Andere deutsche Fragmente schienen ihm unwillkürlich zu unterlaufen, wie z.B. das sehr häufige *aber* oder *wie gesagt*. Wie dem auch sei: Das Gespräch entwickelte sich zu einer grundlegenden Bilanz des Lebens in Deutschland, wie VK es zu dem Zeitpunkt sah. Er sagte /auf Russisch/: Ich habe früher darüber nachgedacht, ob ich zurückkehre. Aber jetzt nicht mehr.

---

[159] Gusejnov hat – vor allem in Bremen – beobachtet, dass sich die russlanddeutschen Aussiedler häufig selbst als *rusaki* bezeichnen; einige von ihnen sähen darin ein Schimpfwort, die meisten aber eine in ihrer Gemeinschaft entstandene, neutrale Selbstbezeichnung (Gusejnov 1997, 37).

Ich habe eine Wohnung bekommen, ich habe Möbel gekauft, ich habe ein Auto gekauft, ich arbeite, ich will nicht zurück (Kass. 173a).

Ein ganz anderes Bild bot sich beim nächsten Besuch, als ich kam, um die Zeugnisse der Kinder zu sehen: Valerij schwieg auf Russisch und auf Deutsch. Nur zögernd ließ er mich wissen, dass er seit drei Monaten keinen Lohn von seiner Firma erhalten habe, dafür aber nun *Kündigung*. Ich weiß nicht, auf welche Weise sich VK an der kommunikativen Klärung der damit entstandenen sehr prekären Situation der Familie beteiligte. Seine Frau sagte mir, er habe sich jetzt erst den mit der Speditionsfirma abgeschlossenen Arbeitsvertrag gründlich angesehen, den er seinerzeit unterschrieben hatte, ohne viel zu verstehen. Er begriff, dass er sich einverstanden erklärt hatte, Überstunden ohne Bezahlung zu leisten (Kass. 203a). Aber das half jetzt nichts mehr. Das Wichtigste war für die Familie, dass VK neue Arbeit fand. Er suchte und hatte zu seiner großen Erleichterung Glück, aber nach der Höhe des Lohns und einem Arbeitsvertrag wagte er nicht zu fragen (Kass. 194b). Das Zweitwichtigste war, den ausstehenden Lohn einzutreiben. Die Umstände – einschließlich der sprachlichen Fähigkeiten der Betroffenen – brachten es mit sich, dass dies Margarita Kirillovs Aufgabe wurde. Siehe Abschnitt 3.4.

Gegen Ende des vierten Aufenthaltsjahres ergab sich zufällig die Gelegenheit, Valerij Kirillov im Gespräch mit einer Russin, Ekaterina Protassova, aufzunehmen und so eine Probe seines Russischs aus dieser Zeit zu bekommen.[160] Er benutzte in seinen Beiträgen zahlreiche deutsche Wörter, obwohl er davon ausgehen musste, dass seine Adressatin sie nicht versteht. Siehe (B12).

(B12)

VK berichtet seinem russischen Gast, EP, vom Besuch seines Vaters in Mannheim und dessen Plänen, aus Kasachstan nach Russland zurückzukehren, wo er früher gelebt hat. Er lässt den Vater in wörtlicher Rede sagen:

VK: я с Казахстана, наверно, перееду в Русланд.
VK: ja s Kazachstana, naverno, pereedu v Russland.
VK: Ich werde wohl von Kasachstan nach *Russland* übersiedeln.

VK, Kass. 266a

VK legt seinem Vater hier eine Bezeichnung in den Mund, die dieser unmöglich benutzt haben kann, nämlich die deutsche Bezeichnung *Russland*. Der Vater wird vermutlich *Россия* (*Rossija* – 'Russland') gesagt haben, wenn er überhaupt eine Staatsbezeichnung wählte und nicht eher eine Bezeichnung für eine Region (z.B. 'Sibirien' oder 'Altaj'). Das deutsche Wort *Russland* wird im russischen Diskurs russlanddeutscher Aussiedler und ihrer russischen Angehörigen oft benutzt. Für Russischsprechende, die im russischen Sprachraum

---

[160] Dieses Beispiel und seine Analyse stammen aus Protassova 1996, 24.

leben, gilt die Verwendung dieses Wortes als ein Merkmal des Emigranten-Jargons.[161] Es kann zwei Bedeutungen haben, die beide für Aussiedler wichtig sind, von den Deutschen aber häufig nicht unterschieden werden: Bezeichnung für den Staat, der auf Deutsch offiziell *Russische Föderation*[162] heißt, sowie Bezeichnung für das gesamte Gebiet, das früher offiziell *Union der Sozialistischen Sowjetrepubliken* oder *Sowjetunion* hieß. Für die zuletzt genannte Bedeutung war im russischsprachigen Alltag das Wort Союз (*Sojuz* – 'Union') gebräuchlich. Manche Aussiedler benutzen es auch in Deutschland weiterhin, wenn sie unter sich sind. Zugleich machen sie zunehmend die Erfahrung, dass die meisten Deutschen nicht wissen, was gemeint ist, wenn man ihnen gegenüber von der *Union* spricht, und dass die Deutschen das Wort *Russland* benutzen, wenn sie über die Sowjetunion sprechen. Die Häufigkeit dieser Erfahrung führt dazu, dass die Aussiedler den deutschen Namen *Russland* in ihren russischsprachigen Diskurs übernehmen, meist wohl, ohne sich dessen bewusst zu sein. Sie benutzen ihn teils für 'Gebiet der ehemaligen Sowjetunion' und teils für 'Russische Föderation'. Der Übernahme des deutschen Namens *Russland* in das Russisch der Aussiedler liegt die Berücksichtigung von Vorwissen und Perspektive der Binnendeutschen zugrunde. Valerij Kirillov hatte in der zitierten Passage die zweite Bedeutung im Sinn: Russland als Staat im Gegensatz zum Staat Kasachstan. Diese Unterscheidung ist für alle Bewohner der ehemaligen Sowjetion neu und wichtig und dürfte die zu sowjetischen Zeiten prominentere Unterscheidung in Regionen überlagern. Es wäre wünschenswert zu untersuchen, wie die Sprecher im binnenrussischen Sprachraum damit umgehen. Für die Bezeichnung des Staates der Russischen Föderation bietet sich auf Russisch natürlich das Wort Россия (*Rossija*) an. VK benutzte es nicht, sondern er benutzte auffälligerweise das deutsche Wort *Russland* – zur Wiedergabe der Rede eines Russen aus der 'Union' und gegenüber einer Russin aus der 'Union'. Das legt nahe, dass sich der Sprecher die komplexen kommunikativen Zusammenhänge seiner ursprünglichen Sprachgemeinschaft nicht mehr vergegenwärtigen kann und die sprachlichen Gegebenheiten in Deutschland bereits als selbstverständlich unterstellt.

3.3.2.3 Fünftes und sechstes Aufenthaltsjahr

Im fünften Aufenthaltsjahr zog Familie Kirillov aus Mannheim fort (s. Abschnitt 3.2.2). Danach sah ich Valerij Kirillov nur noch selten und kurz. Seine sprachliche Entwicklung konnte ich nicht im Detail verfolgen, auch weil er in jeder Sprache sofort verstummte, wenn er meinen Kassetenrekorder sah – ganz im Unterschied zu den anderen Familienangehörigen. In Familie und Großfamilie beteiligte er sich, Berichten seiner Frau und Schwiegereltern zufolge, *normal* an allen Gesprächen: teils auf Russisch, teils auch auf Deutsch (Kass. 295a). Bei Verstehens- und Formulierungsschwierigkeiten im Umgang mit einheimischen Deutschen sprang stets seine Frau für ihn ein (Kass. 336b). Sie sagte zu mir /sinngemäß/: Valerij spricht nur mit sehr guten Bekannten Deutsch, nicht mit Unbekannten (Kass. 335b). Mit seinen Arbeitsstellen hatte VK jahrelang wenig Glück: Er fand immer einmal wieder

---

[161] Vgl. Protassova 1996, 24.
[162] Anstelle von *Russischer Föderation* müsste man auf Deutsch richtiger von *Russländischer Föderation* sprechen, um die Unterscheidung von русский (*russkij*) und российский (*rossijskij*) mit Mitteln des Deutschen nachzubilden und die Bezeichnung für eine Nationalität (*russkij*) von der Bezeichnung für ein Staatsterritorium (*rossijskij*) abzuheben – eine Differenz, die für einen multiethnischen Staat und die in ihm Lebenden sehr wichtig ist.

Arbeit, leistete dann meist zahlreiche Überstunden, auch in der Hoffnung, dass aus Probezeit oder aushilfsweiser Anstellung ein Arbeitsverhältnis auf Dauer würde. *Haija*, sagte seine Frau, *vielleicht übernehmen für immer* (Kass. 360b) – mit pfälzischer Interjektion und russisch determinierter Nichtrealisierung von Subjekt (*sie*) und Objekt (*ihn*) anstelle von *vielleicht übernehmen sie ihn für immer*. Die Hoffnung wurde erst im sechsten Aufenthaltsjahr erfüllt. Er bekam eine Anstellung als Kraftfahrer in einem Unternehmen, das seine Erzeugnisse in alle Regionen Deutschlands liefert, insbesondere auch in die neuen Bundesländer. Bald waren ihm Stralsund und Suhl vertraute Orte. Seinen Angehörigen galt er als jemand, der weit herumgekommen ist und sich auskennt. Nach den Jahren des Bangens und der Unsicherheit war er nun mit seiner Situation einigermaßen zufrieden. Als seine Frau ihm sagte, dass sie schwanger sei, freute er sich sehr. Er hatte sich schon lange gewünscht, noch einmal ein kleines Kind zu haben. Es war auch kein Zufall, dass er es sich gegen Ende des sechsten Aufenthaltsjahres leistete, seine Eltern und Geschwister in Kasachstan zu besuchen. Er hatte sie lange nicht gesehen.

3.3.3 Valerij Kirillov – Zusammenfassung

Valerij Kirillov – bei der Übersiedlung 28 Jahre alt - kommt mit folgenden **sprachlichen Voraussetzungen** nach Deutschland. **Russisch** ist seine einzige Sprache. Er hat sie im monolingualen Erstspracherwerb ausgebildet und im muttersprachlichen Schulunterricht ausgebaut. Er spricht ein muttersprachliches, regional und mündlich geprägtes Russisch. Seine schriftsprachlichen Fähigkeiten sind nicht trainiert. Wie die meisten Sprecher von Mehrheitssprachen sah er bisher keine Veranlassung, andere Sprachen zu erlernen, obwohl er in multilingualen Gemeinschaften lebte.

Das **sprachliche Angebot**, das Valerij Kirillov am Anfang der sprachlichen Integration (**erstes und zweites Aufenthaltsjahr**) in Familie und Übergangswohnheim erfährt, ist – wie bei seinen Angehörigen – durch folgende Merkmale gekennzeichnet: Es ist ein regionales, mündlich geprägtes, leicht deutsch beeinflusstes **Russisch**. Standardsprachliches Russisch hört VK nach der Übersiedlung nicht mehr. Auch er erlebt – wie Xenia und Georg –, dass Russisch in der deutschen Gesellschaft wertlos ist und weitgehend abgelehnt wird. **Deutsch** erwirbt VK vor allem im Typ 'Zweitspracherwerb I beim Erwachsenen'. Er hört Deutsch in der Familie vor allem von den Schwiegereltern, und zwar in einer stark dialektalen, mündlichen und russisch-kontaktsprachlichen Prägung. Der Deutschkurs für Aussiedler, an dem VK teilnimmt, soll den ungesteuerten Erwerb um das Moment der Steuerung ergänzen und den Lernenden zielsprachlichen Input bieten, aber dieser Input ist so weit von seinen Erwerbsvoraussetzungen – den bevorzugten Lernstrategien und den verfügbaren Deutschkenntnissen – entfernt, dass VK den Input nicht in ein Intake umwandeln kann. Auf der Arbeit verkehrt VK überwiegend mit nichtdeutschsprachigen Kollegen, so dass er dort höchstens ein stark kontaktsprachliches Deutsch hört.

Valerij Kirillovs **sprachliche Praktiken und Fähigkeiten** im **ersten und zweiten Aufenthaltsjahr** weisen folgende Merkmale auf: VK spricht **Russisch**, wo immer es möglich ist. Seine russisch-schriftsprachlichen Fähigkeiten nimmt er wenig in Anspruch: Nur selten empfängt und liest er einen Brief aus Russland oder Kasachstan, nur selten schreibt er selbst einen Brief. Auch standardsprachliches mündliches Russisch – etwa in Rundfunk und Fernsehen – hört er wenig. Er erfährt die abwertende Einstellung der deutschen Mehrheitsbevölkerung zum Russischen, schätzt sie aber nicht als Gefahr für sein eigenes Russisch und das seiner Angehörigen ein. Er trifft keine Maßnahmen zur Stützung der Russischfähigkeiten der Kinder. Der ungesteuerte Erwerb des **Deutschen** geht bei VK sehr mühsam voran. Er hat große Schwierigkeiten, gesprochenes Deutsch zu verstehen, und bevorzugt daher deutsch-schriftsprachliche oder nonverbale Informationsmöglichkeiten. Gespräche auf Deutsch meidet er und lässt im Notfall seine Frau für sich sprechen.

Das Valerij Kirillov zur Verfügung stehende bzw. von ihm aufgesuchte **sprachliche Angebot** weist im **fünften und sechsten Aufenthaltsjahr** folgende Merkmale auf. Im **Russischen** gleicht es dem seiner Kinder und anderen Angehörigen, d.h. es ist regional und mündlich und zunehmend deutsch-kontaktsprachlich geprägt. Ein **Deutsch-Angebot** empfängt VK fast nur von Migranten, d.h., es ist ebenfalls stark kontaktsprachlich.

Für Valerij Kirillovs **sprachliche Praktiken und Fähigkeiten** im **fünften und sechsten Aufenthaltsjahr** stehen mir nur wenige Daten zur Verfügung. Deshalb lässt sich lediglich summarisch sagen, dass VK für die alltägliche Kommunikation weiterhin über das **Russische** verfügt, es aber mehr und mehr deutsch-kontaktsprachlich gestaltet. Seine rezeptiven **Deutsch**-Fähigkeiten sind deutlich erweitert, wie man an seinen Reaktionen im Gespräch merkt, aber er vermeidet es immer noch weitgehend, Deutsch zu sprechen.

3.4 Xenias und Georgs Mutter: Margarita Kirillov

3.4.1 In Kasachstan

Die Mutter von Xenia und Georg ist Russlanddeutsche. Sie wurde 1967 in Kasachstan geboren und absolvierte dort acht Klassen der allgemeinbildenden Schule, wo sie auch Deutschunterricht hatte, sowie drei Jahre Berufsschule. Sie ist von Beruf Näherin.

Margarita Kirillov wurde, wie sie mir berichtete, bis zum siebten Lebensjahr von ihren Großeltern väterlicherseits betreut, die kaum Russisch sprachen. Deutsch wurde Margaritas Muttersprache. Erst in der Schulzeit wurde es durch das Russische verdrängt. Jedoch blieben die Deutschkenntnisse so weit erhalten, dass sie die deutschsprachigen Äußerungen der Großeltern meist verstand, wenn sie ihnen auch zunehmend auf Russisch antwortete. Die Großeltern väterlicherseits lebten bis zu ihrem Tode 1976 bzw. 1983 mit Margarita, ihren Geschwistern und Eltern in einem Haushalt, d.h. bis zu Margaritas neuntem bzw. sechzehntem Lebensjahr (Kass. 006b). Die allgemeine Familiensprache war Russisch. Dies änderte sich selbstverständlich nicht, als Margarita und Valerij 1985 heirateten, im Gegenteil: Die neue russische Verwandtschaft bekräftigte die Verwurzelung im Russischen.

Margarita beherrscht nach eigener Aussage und nach Aussage ihres Mannes das Russische wie eine Russin. Sie ist, wie beide meinen, an ihrem Russisch nicht als Nichtrussin zu erkennen, sondern nur an ihrem Mädchennamen Butz (Kass. 037a).

3.4.2 In Deutschland

3.4.2.1 Erstes und zweites Aufenthaltsjahr

Margarita Kirillov (MK) besuchte in Deutschland den Deutschkurs für Aussiedler und aktivierte dort ihre mündlichen und schriftlichen Deutschkenntnisse. Als ich sie kennen lernte – sechs Monate nach ihrer Übersiedlung aus Kasachstan –, verstand sie, verglichen mit anderen Russlanddeutschen ihrer Generation, bereits relativ gut Deutsch (Kass. 006). In dem Interview, das ich im 15. Aufenthaltsmonat, so weit es ging, auf Deutsch führte, verstand sie viele Fragen sofort. Andere verstand sie nur teilweise, war aber in der Lage zu markieren, was sie verstanden hatte und was nicht, und so das Verstehensproblem gemeinsam mit mir zu bearbeiten. Aber es gab auch eine nicht kleine Zahl von Interviewfragen, die sie auf Deutsch nicht verstand, und zwar deutlich solche, in denen behördensprachliche Ausdrücke verwendet wurden (z.B. *Familienstand, Ehepartner*) oder die syntaktisch/semantisch etwas komplexer waren (z.B. *Gibt es Situationen, in denen Sie sich besonders bemühen, Deutsch zu sprechen?*). In diesen Fällen bat sie mich, die Frage auf Russisch zu wiederholen (Kass. 037a, b).

Mit dem Sprechen des Deutschen hatte Margarita Kirillov anfangs größere Schwierigkeiten als mit dem Verstehen. Ihr war das durchaus bewusst, und deshalb versetzte sie jedes voraussehbare Gespräch mit alteingesessenen Deutschen in Erregung und teilweise sogar Angst. Sie sagte /sinngemäß/: Wenn ich zum Arbeitsamt muss, kann ich die ganze Nacht nicht schlafen (Kass. 037a). MK wog oft ab, ob sie sich einem solchen Gespräch stellen sollte oder nicht. Nicht selten verzichtete sie, auch wenn die Kommunikation sehr wichtig gewesen wäre. Was blieb, waren Hilflosigkeit und Verunsicherung. Das spürte ich besonders, als sie am Beginn unserer Bekanntschaft darauf zu sprechen kam, wie die Situation der Kinder in der Schule sein würde. MK war auf Deutsch nicht in der Lage, die von ihr gewünschten Informationen von den Lehrern einzuholen und das entsprechende ihr zugesandte Material zu lesen, Konfliktfälle zu klären (z.B. als Georg auf dem Schulweg verprügelt worden war) und die Interessen ihrer Kinder zu verteidigen (Kass. 006a). In anderen, weniger offiziellen Situationen war MK von Anfang an auf Deutsch durchaus initiativreich. Sie hatte dafür mehrere Motive: Sie ist ein geselliger Mensch, der Freude an Gesprächen hat; sie weiß, dass sie bestimmte wichtige Informationen nur von einheimischen Deutschen bekommen kann; und nicht zuletzt: Sie möchte ihre Deutschfähigkeiten so schnell wie möglich verbessern, und das heißt für sie unter anderem, sie möchte *richtig* Deutsch sprechen lernen: *wir sprechen nicht richtig, wir sprechen so, wie unsere Eltern sprechen,* sagte sie mir. Gerade in der letzten Hinsicht setzte sie große Hoffnung in ihre Kinder; /sinngemäß/: Ich lerne jetzt von Xenia Deutsch, denn sie lernt es gleich richtig (Kass. 037a).

Noch größer als mit dem Sprechen waren die Schwierigkeiten mit dem Schreiben. Margarita Kirillov war, wie sie mir mitteilte, zunächst nicht in der Lage, deutschsprachige Formulare selbstständig zu verstehen und auszufüllen und Anträge, Bewerbungen und Ähnliches abzufassen. Sie ersuchte dazu Verwandte aus der älteren Generation oder Mitarbeiter des Roten Kreuzes um Unterstützung (Kass. 037a).

Nach dem Deutschkurs machte Margarita Kirillov eine Umschulung zur Bäckergehilfin. Die in der Bäckerei gegebenen Möglichkeiten zur Kommunikation mit Einheimischen beflügelten sie sehr und förderten deutlich ihre Verstehens- und Sprechfähigkeiten. Sie wurde jedoch nach Abschluss des Kurses sofort entlassen, als sie erkrankte, mehrere Wochen krankgeschrieben war und operiert werden musste (Kass.181IIa).

Für ihre Kinder wünschte MK von Anfang an, dass sie schnell und gut Deutsch lernen und Russisch nicht vergessen. Sie hielt und hält es nicht für nötig, irgendwelche speziellen Maßnahmen zur deutsch- oder russischsprachigen Förderung von Xenia und Georg zu treffen. Auf meine Frage, ob ich den Kindern russischsprachige Kinderbücher mitbringen solle, reagierte sie eher uninteressiert und ablehnend. Dass die Kinder in der Schule von Anfang an mit Deutsch als Unterrichtssprache konfrontiert wurden, war für sie eine Gegebenheit, die sie von sich aus nicht problematisierte. Zum Sprachgebrauch der Familie teilte mir MK im zweiten Aufenthaltsjahr folgende Überlegungen mit: Man wolle und solle eigentlich mehr Deutsch sprechen, um zu üben, aber das dauere meist zu lange, daher werde überwiegend Russisch gesprochen und nur je nach den Möglichkeiten der einzelnen Familienmitglieder und des Augenblicks Deutsch; in der Öffentlichkeit aber (z.B. in der Straßenbahn) müsse Deutsch gesprochen werden, vor allem weil sonst feindselige Reaktionen einheimischer Deutscher zu befürchten seien. Wenn die Kinder das nicht täten, müsse man sie zur Ordnung rufen (Kass. 037b). Valerij Kirillov stimmte seiner Frau in allen diesen Punkten voll zu: So habe man es mit der Hauptsprache in der Sowjetunion gehalten, so müsse man es auch hier tun. Valerij und Margarita Kirillov empfinden es als ungehörig, wenn in Deutschland in der Öffentlichkeit laut eine andere Sprache als Deutsch verwendet wird, z.B. Türkisch oder Russisch – dies meine Quintessenz aus mehreren Gesprächen mit Kirillovs über dieses Thema. Siehe dazu auch das Transkript (T06), das darüber hinaus eine Vorstellung von Margarita Kirillovs deutschsprachigen mündlichen Ausdrucksfähigkeiten am Beginn des zweiten Aufenthaltsjahres vermittelt.

3.4.2.2 Drittes und viertes Aufenthaltsjahr

Wie für Valerij so verlief auch für Margarita das dritte Jahr zunächst ermutigend. Sie erholte sich langsam von ihrer Operation, und sie fand in ihrer einheimisch-deutschen Nachbarin, Frau Sachse, eine Freundin, mit der sie sich bis heute häufig trifft, anstehende Probleme berät oder aber auch einfach nur plaudert. *Mir hocke jo jede Da:ch zsamme, o:ms spiel'n mir als 'Mensch ärger dich nicht'* ('Wir hocken ja jeden Tag zusammen, abends spielen wir manchmal 'Mensch ärgere dich nicht''), sagte mir die Nachbarin auf gut Mannheimerisch, als ich ihr gegenüber meine Freude darüber ausdrückte, wie sehr sich Margaritas deutschsprachige Verstehensfähigkeiten in der letzten Zeit entwickelt hätten (Kass. 194b). Am Anfang ihrer Bekanntschaft übernahm es die Freundin gelegentlich, einen Brief für Familie Kirillov aufzusetzen oder ein Telefongespräch in ihrem Namen zu führen. Für Margarita war das nicht nur emotional entlastend, sondern auch sprachlich eine Gelegenheit, am Modell zu lernen. Dem Modell folgend traute sie sich kommunikativ allmählich mehr zu. *Sie hat Courage*, sagte Frau Sachse damals anerkennend zu mir.

Und Courage war nun in der Tat vonnöten. Der Arbeitgeber von Valerij Kirillov hatte die Familie durch seine Zahlungsschwierigkeiten in eine schlimme finanzielle Krise gebracht. Courage und sprachlich-kommunikative Fähigkeiten einer ganz neuen Qualität wurden gebraucht. Mit wem konnte man jetzt beraten, was zu tun sei? Würde man die Ratschläge und Informationen verstehen? Welche Institutionen waren einschlägig: das Gericht? Wie wendet man sich in welchem Gericht an wen? Wie ist die Aufgabenteilung der im Gericht tätigen Menschen, des – wie man lernt –: *Rechtsberaters, Richters, Gerichtsvollziehers* usw.? Wie kann man sie in Anspruch nehmen? Was kann man tun, wenn die ersten Schritte nicht zum Erfolg führen? Wo und wann ergeben sich eventuell neue finanzielle Belastungen für die Rechtsbeistandsuchenden? Soll man einen Rechtsanwalt nehmen? Wäre man in der Lage, ihn zu bezahlen? In den erforderlichen sprachlich-kommunikativen Aktivitäten müssen, wie man sieht, (a) Deutschkenntnisse im üblichen Sinn, (b) Kenntnisse eines speziellen Wortschatzes und Stils (für Beispiele siehe unten) sowie (c) Institutionskenntnisse erworben und in Anspruch genommen werden. Die Anforderungen an die kommunikative Kompetenz sind so hoch, dass ein Aussiedler normalerweise verzweifeln und aufgeben würde. Was kostet es schon allein für Anstrengungen und Ängste, einen Satz wie den folgenden vor Gericht sagen zu können: *Ich beantrage die Beklagte – Die im Übrigen ein Mann ist! – gemäß Klage vom ... zu verurteilen.* Im Falle von Familie Kirillov fügte es sich so, dass ich sie damals noch in teilnehmender Beobachtung begleitete und mit ihnen zusammen versuchte zu lernen, was getan werden konnte. So war noch jemand involviert, der wenigstens in ausreichendem Maße über Kenntnisse des Typs (a) verfügte, um sich Kenntnisse der Typen (b) und (c) anzueignen. Mit meiner und der Freundin Hilfe und immer wieder gejagt durch angemahnte finanzielle Verpflichtungen kämpfte Margarita Kirillov nach besten Kräften: Es wurde die *Vergleichsverhandlung* des Arbeitsgerichts absolviert; Herrn Kirillov wurde ein *vollstreckbarer Titel* zugesprochen, eine *Klageerweiterung nach Fälligkeit* wurde angekündigt und die *Vollstreckung* durch den *zuständigen Gerichtsvollzieher* beantragt. Freilich nützte das alles nichts. Es stellte sich heraus, dass die Firma im Handelsregister nicht eingetragen und die Vollstreckung deshalb nicht möglich war.[163]

Die zunehmende Wiederbelebung, Erweiterung und Nutzung des Deutschen bewirkten allmählich Veränderungen in Margarita Kirillovs Russisch. Ihr mitgebrachtes Russisch, das in den ersten Mannheimer Aufnahmen dokumentiert ist, wurde von Russisch-Muttersprachlern als gut entwickelt, allerdings regional gefärbt und bereits damals leicht durch das Deutsche beeinflusst eingeschätzt.[164] Die Prägung von Frau Kirillovs Russisch durch ihr Deutsch wurde nun immer stärker. Vier kurze Beispiele (B13)-(B16) seien angeführt.[165] Sie stammen alle aus russischsprachigen Gesprächen, an denen – neben mir (BW1) – eine Russisch-Muttersprachlerin – Ekaterina Protassova (EP) – beteiligt war.

---

[163] Dass solche Erfahrungen auf dem Arbeitsmarkt keine absoluten Ausnahmen sind, kann man z.B. dem Jahresbericht 1998 des Caritasverbandes Mannheim entnehmen. Dort heißt es zur beruflichen Situation der Aussiedler: „In zunehmendem Maße werden Aussiedler von Zeitarbeitsfirmen angestellt, meist jedoch nur für einen kurzen Zeitraum und zu fragwürdigen Bedingungen. Die Kehrseite davon ist jedoch, dass in einigen Fällen die Arbeitgeber den Lohn schuldig bleiben und dies Zahlungsforderungen und Arbeitsgerichtsprozesse zur Folge hat" (Sozialberatungsstelle Caritas 1998, 21).
[164] Vgl. Protassova 1996, 21.
[165] Beispiele und Interpretationen sind Protassova 1996, 23f., entnommen.

(B13)

MK spricht über einen Verkehrsunfall und seine Folgen.

MK: Он сам не работает, получил операцию /
MK: On sam ne rabotaet, polučil operaciju /
MK: Er arbeitet selbst nicht, hat eine Operation bekommen /
EP: Что получил?
EP: Čto polučil?
EP: Was hat er bekommen?
MK: Операцию на нёбу, аварию сделал, он был совсем перевернулся.
MK: Operaciju na nëbu, avariju sdelal, on byl sovsem perevernulsja.
MK: Eine Operation am Gaumen, er hat einen Unfall gemacht, er hatte sich ganz überschlagen.

MK, Kass.251a

Diese Äußerungen von MK weichen in mehrfacher Hinsicht von charakteristisch russischen Formen ab und scheinen Wort-für-Wort-Übersetzungen aus dem Deutschen zu sein oder mindestens Verunsicherung bezüglich elementarer Ausdrucksweisen der bislang dominanten Sprache zu bezeugen. Es ist bezeichnend, dass EP nicht umgehend versteht, sondern nachfragen muss. Denn auf Russisch kann man nicht sagen: 'jemand bekam eine Operation', sondern: 'man operierte ihn', was dem Deutschen *er wurde operiert* entspricht, oder 'man machte ihm eine Operation'. In der Wendung 'am Gaumen' ist der Kasus falsch gebildet, es müsste heißen *на нёбе* (*na nëbe*). Und es ist kein idiomatisches Russisch, wenn man sagt: 'er machte einen Unfall'. Statt des von MK benutzten Verbs *делать* (*delat'* – 'machen') müsste man das Verb *устроить* (*ustroit'*) oder *попасть* (*popast'*) benutzen und sagen: *он устроил аварию* (*on ustroil avariju* – 'er verursachte einen Unfall') oder *он попал в аварию* (*on popal v avariju* – 'er geriet in einen Unfall'). Die Form *был перевернулся* (*byl perevernulsja* – 'hatte sich überschlagen') ist im Russischen völlig inakzeptabel. Sie scheint dem deutschen Plusquamperfekt nachgebildet zu sein. Auf Russisch müsste man einfach nur sagen: *перевернулся* (*perevernulsja*).

(B14)

MK berichtet EP über die gerichtliche Auseinandersetzung mit dem Arbeitgeber ihres Mannes.

MK: Где мы *Versicherung* делали, у него адвокат есть.
MK: Gde my *Versicherung* delali, u nego advokat est'.
MK: Wo wir die *Versicherung* gemacht/abgeschlossen haben, hat er einen Rechtsanwalt.

MK, Kass.266a

Zum Ersatz des russischen Verbs *застраховаться* (*zastrahovat'sja* – 'sich versichern') oder der russischen Wendung *получать страховку* (*polučat' strahovku* – 'eine Versicherung bekommen') konstruiert MK eine analytische Wendung aus dem deutschen Substantiv *Versicherung* und dem russischen Verb *делать* (*delat'* – 'machen'), vermutlich um das Wort *Versicherung* benutzen zu können, das ihr für den entsprechenden juristischen Akt in

Deutschland passender erscheint als das mitgebrachte russische Verb *страховаться* (*strahovat'sja* – 'sich versichern').[166]

(B15)

BW1 fragt, ob ein Verwandter von MK noch in dem Betrieb arbeitet, in dem er auf Probezeit angestellt war.

MK: Да, он fest.
MK: Da, on fest.
MK: Ja, er ist *fest* [angestellt].

MK, Kass. 266a

Das Wort *fest,* meist verwendet wie im hier gegebenen Zusammenhang, wird sehr früh als neues deutsches Wort gelernt und von vielen Aussiedlern häufig benutzt. Dafür gibt es folgende Gründe: In der Sowjetunion war die Unterscheidung von befristeten und unbefristeten Arbeitsverhältnissen unbekannt oder zumindest ohne praktische Bedeutung.[167] In Deutschland treffen die Zuwanderer ständig auf sie. Sie ist von erheblicher persönlicher Relevanz, und es gibt kaum etwas inniger Erstrebtes als ein *festes* Arbeitsverhältnis. Aber: Das Wort *fest* wird meist als unanalysierte Einheit gelernt. Kaum jemand erkennt in den Anfangsstadien der sprachlichen Integration seine Wortart und syntaktische Funktion. Daher werden mit seiner Hilfe auf Russisch und auf Deutsch Äußerungen gebildet, die gegenüber den normalen deutschsprachigen Verwendungsweisen als unzulässige Verkürzungen erscheinen. So auch im vorliegenden Beispiel.

(B16)

MK berichtet, wie ein Russlanddeutscher am Ende des obligatorischen Kurses zu den Verkehrsregelungen in Deutschland die schriftliche Prüfung ablegte: Er verstand die letzten sechs Fragen nicht und kreuzte einfach auf gut Glück eine der vorgegebenen Antwortalternativen an.

MK: Последние шесть вопросов он не понимал, только так – kreuzen.
MK: Poslednie šest' voprosov on ne ponimal, tol'ko tak – kreuzen.
MK: Die letzten sechs Fragen verstand er nicht, einfach nur so – *kreuzen.*

MK, Kass.266a

Auch hier scheint MK das aus dem Deutschen übernommene Element als feste, unanalysierte Einheit zu benutzen. Man weiß nicht recht, ob sie *kreuzen* als Verb versteht (anstelle von *ankreuzen*) oder als Substantiv im Plural (anstelle von *Kreuze*) oder wie sonst.

---

[166] Unabhängig von diesem Beispiel haben mir mehrere russlanddeutsche Informanten berichtet, dass das Wort *Versicherung* eines der ersten neuen deutschen Wörter war, die sie in Deutschland lernen mussten. Der Abschluss von Versicherungen (Krankenversicherung, Kraftfahrzeugversicherung usw.) gehört zu den frühen Interaktionen mit Behörden, denen sich alle Aussiedler stellen müssen und die als sachlich und sprachlich besonders kompliziert erlebt werden. Der Abschluss von Versicherungen und die Notwendigkeit der Auswahl zwischen verschiedenen Versicherungen war kein individuell zu bewältigender Bestandteil des Lebens in der Sowjetunion.

[167] Die Informanten geben hier unterschiedliche Auskünfte.

Die Übernahmen aus dem Deutschen, die wir hier in Margarita Kirillovs Russisch beobachten konnten, sind außerordentlich charakteristisch für den Einfluss der neuen Umgebungssprache Deutsch auf das mitgebrachte Russisch. Es handelt sich vor allem um lexikalische Übernahmen für neue oder andersartige Realien, die allerdings öfter Konsequenzen für den Aufbau ganzer Syntagmen haben. Nachbildungen deutscher grammatischer Strukturen mit Mitteln des Russischen sind bei den Erwachsenen noch selten, kommen aber bereits vor.

3.4.2.3 Fünftes und sechstes Aufenthaltsjahr

Die finanziellen Probleme trugen mit dazu bei, dass Familie Kirillov aus Mannheim fort und aufs Land zog, wo – wie man annahm – das Leben billiger ist. Weiterhin wollte Margarita gerne wieder wie vor der Aussiedlung mit ihren Eltern und Brüdern in unmittelbarer Nachbarschaft leben (Kass. 295a) und sich auf jeden Fall weit von jeglichem Aussiedlerheim mit seinem Krach und Schmutz entfernen, wie sie fast hasserfüllt sagte (Gesprächsnotiz). Erst Jahre später wird mir bewusst, dass Margarita und mit ihr andere Russlanddeutsche den Integrationserfolg einer Familie auch daran messen, in der wievielten Wohnung diese Familie wohnt. So sagte MK im sechsten Aufenthaltsjahr über russlanddeutsche Bekannte anerkennend /sinngemäß/: Sie sind seit langem in Deutschland, sie haben schon die vierte Wohnung (Gesprächsnotiz). Nicht mehr im Übergangsheim und auch nicht in der ersten, vom Wohnungsamt vermittelten Wohnung zu wohnen, bedeutet vieles: zur selbstständigen Orientierung in den Wohnbedingungen fähig zu sein; das meist problematische Umfeld der Sozialwohnungen nicht länger ertragen zu wollen[168] und schließlich eine Wohnung finanzieren zu können, die den eigenen Bedürfnissen eher entspricht.

Margaritas Erwartungen an das neue Wohnumfeld erfüllten sich in mancherlei Hinsicht. Die Luft in dem Odenwald-Dorf war *frisch* und die Leute *scheen*, wie MK sagte. Die Großfamilie Kirillov fand in den Besitzern des Dreifamilienhauses, in dem sie nun wohnten, Nachbarn, mit denen man auch einmal einen kurzen Schwatz machen konnte und die mit darüber nachdachten, was ein Behördenbrief bedeuten mochte, wenn MK das nicht verstand – und sie war es, der man in der Familie nunmehr am ehesten zutraute, mit schriftlichem Amtsdeutsch fertig zu werden (Kass. 347a, b). Auch die Freundin aus Mannheim, Frau Sachse, blieb ihnen freundschaftlich verbunden.

---

[168] Swiaczny hat in einer Analyse des räumlichen Verhaltens der Mannheimer Aussiedler ermittelt, dass ihre Wohnstandorte durch ihre Lage auf dem Wohnungsmarkt bestimmt werden. Aussiedler bemühen sich – wie ähnlich auch Ausländer – vor allem um preisgünstigen Wohnraum, und dieser ist am ehesten entlang der Ausfallstraßen und in der Nähe von Industrie- und Gewerbegebieten zu finden und weist damit eine schlechte Wohnqualität auf (Swiaczny 1999, 54).

Man telefonierte öfter und besuchte sich gegenseitig; und als Kirillovs drittes Kind geboren wurde, das nach der Großmutter den Namen Nora erhielt, wurde Frau Sachse die Patin des Mädchens. Aber Arbeit fand Margarita Kirillov in der Abgeschiedenheit ihres neuen Wohnortes immer nur aushilfsweise und kurzzeitig. So kam es, dass ihr kommunikatives Umfeld sich doch im Wesentlichen auf die Verwandten beschränkte. Als ich am Anfang des siebten Aufenthaltsjahres die Aufnahmen in der Familie Kirillov beendete, spielte Margarita bereits mit dem Gedanken, erneut umzuziehen – in einen Ort, der nicht ganz so abgelegen ist wie ihr schönes Dorf in Badisch-Sibirien. Aber bis dahin sollte noch einige Zeit vergehen.

Nach dem Verlassen Mannheims versuchte Margarita – wie mir eine Nichte berichtete –, in der Großfamilie ein neues Sprachreglement durchzusetzen: Keiner dürfe mehr Russisch sprechen; wer es doch tue, habe eine Geldbuße zu zahlen (Kass. 344b). Das Vorhaben ließ sich nicht verwirklichen, schon allein deshalb nicht, weil der ältere Bruder mit seiner Familie gerade erst nach Deutschland übersiedelt war. Auch Margarita selbst konnte sich nicht voll an ihre Regel halten, wie mir die Verwandten lachend sagten. Sie fiel, wie Ekaterina Protassova[169] und ich beobachteten, vor allem dann ins Russische, wenn sie ihren Kindern gutes Benehmen beibringen wollte. Siehe (B17).

(B17)

Während des gemeinsamen Abendbrotessens mit den Kindern. MK ist unzufrieden damit, in welcher Haltung Georg sich über seine Tasse beugt und wie er den Kakao daraus schlürft.

MK: *хорошо ешь, не торопись, wieder machst du halbes tasse mit zunge!*
MK: horoso eš', ne toropis', wieder machst du halbes Tasse mit Zunge!
MK: Iss vernünftig, mach nicht so schnell, *wieder machst du halbes Tasse mit Zunge.*
MK, Kass. 199a; ähnlich auch Kass. 360b

Aber es fiel auf, dass sie in den familiären Aufnahmen aus dieser Zeit selbst überwiegend Deutsch sprach. Sie zeigte weiterhin Distanz zum Dialektsprechen und erklärte mir, wie die Dorfbewohner einige Wörter aussprächen: Sie sagten *mosche* statt *morgen* usw. Bei der Wahrnehmung der Sprechweise der Einheimischen bewahrte sie zum Teil ihre mitgebrachten Hörmuster und Bewertungen. So fand sie es gar nicht schön, dass die Deutschen das *r* nicht *raussprechen*, sondern es verschlucken wie zum Beispiel in *mosche* (Kass. 359b). Sie bezog sich hier auf das deutsche Reibe-*r*, das mit dem russischen Zungenspitzen-*r* kontrastiert, das die Russlanddeutschen auch in ihrem Deutsch realisieren und als Muster ansehen.[170]

---

[169] Vgl. Protassova 1996, 22.
[170] Vgl. dazu Frohne 1992, 23f.

Margaritas Deutsch in dieser Zeit, im sechsten Aufenthaltsjahr, klang relativ standardnah – verglichen mit ihren Eltern und auch mit einigen einheimischen Dorfbewohnern, die ich hören konnte, und dennoch weiterhin fremd. In (T07) ist es durch ein Dokument belegt. Hier sei nur ein kurzes Beispiel angeführt, das für MK, aber auch viele andere Russlanddeutsche charakteristisch ist. Siehe (B18).

(B18)
BW1:   Hallo, Margarita, wie geht es dir?
MK: So langsam.

MK, zahlreiche Hörbelege

MK will ausdrücken, was man in idiomatischem Deutsch folgendermaßen sagen würde: *so einigermaßen* oder *es geht* oder auch *naja*. Die von ihr verwendete Form ist eine Lehnübersetzung typisch russischer Antwortmöglichkeiten auf die Frage nach dem Ergehen: потихоньку (*potihon'ku* – 'langsam, allmählich') oder auch помаленьку (*pomalen'ku* – 'allmählich, leidlich'). MKs Mutter antwortet auf die Ergehensfrage meist: *so sachtig* (zahlreiche Hörbelege). Sie verwendet mit *sachtig*[171] einen dialektalen Ausdruck für die auch von MK intendierten Bedeutungen – ein Beispiel für die Prägung des Russlanddeutschen durch den Kontakt mit dem Russischen sowie für sprachliche Tradierung und zugleich sprachlichen Wandel in einer russlanddeutschen Familie.

Im deutsch-schriftsprachlichen Bereich schien Margarita Kirillov nicht mehr die Hoffnung zu haben, ihre Fähigkeiten weiterentwickeln zu können. Die Verbindung von sprachlichem und institutionellem Wissen, die für das Verstehen und Beantworten von amtlicher Post ausschlaggebend ist, sah sie als unüberwindliche Hürde an. Ich schließe das daraus, dass sie lieber die Rechnungen bezahlte, die der mit der Vertretung ihres Mannes beauftragte Anwalt ab und zu schickte, obwohl sie die Angelegenheit gern schon lange als hoffnungslos beendet hätte und sie auch nicht verstand, wofür die Familie zahlen sollte. Aber auf eine grundsätzliche Klärung der Situation mit dem Anwalt auf telefonischem oder brieflichem Wege, die ich ihr mehrmals empfahl, wollte sie sich unter gar keinen Umständen einlassen.[172]

Margarita Kirillov sprach meinen Beobachtungen zufolge und ihren Absichten gemäß im sechsten Aufenthaltsjahr in der Familie nur noch selten konti-

---

[171] Vgl. dazu das standardsprachliche *sacht* und das umgangssprachliche *sachte* (WDG 3112).
[172] Margarita Kirillov bildet in dieser Hinsicht keine Ausnahme. Das lässt sich z.B. durch folgende Passage aus dem Jahresbericht 1998 der Sozialberatungsstelle für Aussiedler des Caritasverbandes Mannheim belegen: In der Regel sind die Deutschkenntnisse „ausreichend, um eine kommunikative Alltagskompetenz zu entwickeln. Der Umgang mit Behörden oder das Verstehen von rechtlichen Sachbegriffen machen eine differenzierte Sprachkenntnis erforderlich. Meistens scheitern sie bei den im Amtsdeutsch verfassten behördlichen Schreiben. Besonders gravierende Auswirkungen hat diese Situation dann, wenn Anträge nicht gestellt oder Ablehnungsbescheide hingenommen werden, obwohl ein Widerspruch vielleicht gute Chancen gehabt hätte" (Sozialberatungsstelle Caritas 1998, 20).

nuierlich Russisch, sondern überwiegend Deutsch mit gelegentlichen Wechseln ins Russische. Wenn es jedoch notwendig war, etwa weil ein russischsprachiger Gast ohne Deutschkenntnisse kam, konnte sie ohne Schwierigkeiten ins Russische übergehen und dort verweilen. Sie sprach dann ein Russisch von zweifellos muttersprachlicher Qualität, das – im Vergleich zu ihren Eltern – nur leicht regional geprägt war.[173] Siehe (B19)-(B23).

(B19)

MK: в спалене.
MK: v spalene.
MK: Im Schlafzimmer.

MK, Kass. 336a

Die von MK verwendete Form für 'Schlafzimmer' ist regional geprägt.

(B20)

MK: на"чала убегать.
MK: na" čala ubegat'.
MK: Sie begann wegzulaufen.

MK, Kass. 336a

Die Anfangsbetonung des Verbs – statt начала" – ist eine allgemein 'volkssprachliche' Form.[174,175]

(B21)

MK: ихние дети.
MK: ihnie deti.
MK: Ihre Kinder.

MK, Kass. 336a

Die Ableitung von Numerus-, Kasus- und Genusformen von dem in der possessiven Bedeutung nichtflektierbaren *ux* (*ih* – 'ihre') gilt als typische Substandardform.

---

[173] Ich stütze mich hier auf Kommentare von Borovkova, Denissova, Petrova und Protassova.
[174] 'Volkssprache' ist ein Versuch, den Terminus der Russistik *просторечие* (*prostorečie* – 'einfache Sprechweise') ins Deutsche zu übersetzen. Wir benutzen diese Übersetzungsvariante hier jedoch nur ausnahmsweise und verwenden im Folgenden meist den Ausdruck 'Substandard' (vgl. auch Abschnitt 5.4). Die Analyse russischer Formen mit Hilfe fremder linguistischer Termini ist ein Problem, dessen wir uns (Borovkova, Denissova, Meng, Petrova und insbesondere Protassova (s. dies. 1996, 6)) sehr bewusst sind und das wir nur bedingt gemeistert haben. – Im russischen muttersprachlichen Unterricht werden die Schüler auf die beschränkte Verwendbarkeit 'volkssprachlicher', substandardsprachlicher Ausdrücke aufmerksam gemacht.
[175] Diesem Betonungsmuster folgte auch Gorbatschow, von dessen Sprechweise sich viele Russen distanzierten, weil sie nicht normgerecht sei.

(B22)
MK: они проснулися.
MK: oni prosnulisja.
MK: Sie sind aufgewacht.

MK, Kass. 336a

Bei der Reflexivendung des Verbs handelt es sich um eine Substandardform anstelle der standardsprachlichen Form *-сь* (*-s'*).

(B23)
MK: видать.
MK: vidat'.
MK: Offensichtlich.

MK, Kass. 336a

Die standardsprachliche Variante zu dieser Substandardform ist *очевидно* (*očevidno*).

Die Tatsache der Verwendung regionaler und substandardsprachlicher Formen im alltäglichen Familiengespräch lässt allein noch keine verallgemeinernde Bewertung der sprachlichen Fähigkeiten eines Sprechers zu. Wichtig ist, ob sich sein sprachliches Repertoire auf diese Formen beschränkt, wie er sie einsetzt und welche Sensibilität er für wechselnde kommunikative Erfordernisse hat. In diesem Zusammenhang ist es aufschlussreich, genauer zu verfolgen, wie Margarita Kirillov im sechsten Aufenthaltsjahr mit ihrem Sohn ein Buch betrachtete und auf Russisch die Bilder kommentierte, nachdem ich sie aufgefordert hatte, Georg eine Geschichte zu erzählen.[176] Das Erzählen von Märchen und das Erzählen zum Bilderbuch wird von vielen Eltern als eine kommunikative Interaktion praktiziert, in der sie das Kind mit bestimmten nichtalltäglichen Diskurstypen und allgemein mit situationsentbundener Rede bekannt machen und es so – absichtlich oder ohne sich dessen bewusst zu sein – auf die Schule und die situationsentbundene Kommunikation in ihr vorbereiten.[177] Aus Margarita Kirillovs Kommunikation zum Bilderbuch (Kass. 336a)[178] können wir schließen, dass sie diese Art von Interaktion normalerweise nicht praktizierte und mindestens keine Freude daran hatte (vielleicht auch nicht die Fähigkeit), ihren Sohn durch einen komplexen Diskurs zu fesseln und zu vergnügen, einen Diskurs, der aus sich heraus verständlich ist und der Bilder nur zu seiner Ergänzung oder Kontrastierung bedarf. Sie begann ihre Darstellung kaum wie eine Geschichte, sondern

---

[176] Ich muss dieses 'in Auftrag gegebene' Kommunikationsereignis als Beurteilungsbasis benutzen, weil mir in meinen zahlreichen und zum Teil ausgedehnten Besuchen bei Kirillovs kein nicht-organisierter Fall einer komplexeren Kommunikation zwischen Mutter und Kindern begegnete.
[177] Vgl. zur Bedeutung des Erzählens von Erlebnissen und Geschichten und des Bilderbuchs für die kindliche Sprachentwicklung u.a. Heath 1983 und 1986 sowie Meng 1991 und 1995a und zu seiner Funktion als 'Kulturtechnik' Rehbein 1987.
[178] Ich verwende im folgenden Kommentare von Borovkova.

eher bürokratisch (und zwar naiv-bürokratisch, nicht etwa spielerisch): *дело было в большой спалене* (*delo bylo v bol'šoj spalene* – 'Die Sache spielte sich in einem großen Schlafzimmer ab'), benannte nahezu alles, was auf den Bildern zu sehen war, und zwar in simpelsten Sprechhandlungen, und arbeitete keinen Handlungsverlauf und keine Perspektive heraus. Ich hatte nicht den Eindruck, dass MK sich aus Protest gegen die aufgezwungene Kommunikation so verhielt. Sie glaubte, wie mir schien, zu tun, was man in einer solchen Situation tut. Wenn diese Interpretation richtig ist, dann besagt sie, dass MK auch in ihrer dominanten Sprache Russisch nur relativ elementare kommunikative Fähigkeiten entwickelt hatte. Diese allerdings schienen stabil zu sein. Zu diesem Urteil kommt man insbesondere dann, wenn man MK mit ihren Kindern vergleicht. Bei ihr traten kaum Wortfindungsprobleme wie bei Xenia und Georg auf. Nur sehr selten wechselte MK in dem langen Kommunikationsereignis ins Deutsche, und wenn dann meist bei diskursgliedernden Ausdrücken (*nun*) oder zur Dopplung eines russischen Ausdrucks durch einen deutschen, wenn sie sich nicht ganz sicher war, ob der russische die adäquate Bezeichnung darstellte. Siehe (B24).

(B24)

MK erzählt ihrem Sohn eine Geschichte zu einem Bilderbuch, in dem ein Hamster abgebildet ist.

MK: вылез хомяк или кто тут hamster.
MK: vylez homjak ili kto tut hamster.
MK: Es kletterte ein Hamster heraus, oder wer ist das hier – *Hamster*.

MK, Kass. 336a

Lediglich in der Satzgliedfolge und insbesondere der Stellung des finiten Verbs in Neben- und Hauptsatz zeigten sich in MKs Bildgeschichte Wirkungen des Deutschen.

3.4.3   (T06) Mutter MK: *Sagt deutsch*, deutsch, 15 Monate

(T06) Mutter MK: Sagt deutsch   21.5.93,   037boVidMK(25)Deutschdt15

1 BW1:   jà
   MK: nu ich sag i:"mmer→ sagt=deutsch↓ oder bleibt still↓ *

2 BW1:   jà àhá aber warum↓
   MK: ru:ssisch das ah' ** hm̄ / * ABWEHR DES

3 MK: SOHNES – AUF DEUTSCH –, DER SICH NONVERBAL UM MKs

| 4 | BW1: | jà |
| | MK: | AUFMERKSAMKEIT BEMÜHT i=muss russisch sagen↓ das |

| 5 | BW1: | jà |
| | MK: | ah schne"ll geht ru:ssisch↓ und ich habe immer gesagt→ |

6	BW1:	halt den mund→ jà warum↑ *
	MK:	#cha:lt s m/# LACHT mund→ nu ja' das
	MKK	#HÄLT SICH DEN MUND ZU, SIEHT BW1 FRAGEND AN#

| 7 | MK: | / straß/ wa/ wann fahrt fährt und ah ru:ssisch ** kreischt und |

| 8 | BW1: | is doch nich schlimm→ is doch nich |
| | MK: | alle leute schauen des neē |

9	BW1:	schlimm→ nein↑ LACHT
	MK:	ich will net↓ #hmíhm̀# * wann i"ch kann
	MKK	#VERNEINEND#

10	BW1:	jà
	MK:	nicht in deutsch sagen ich bleib still↓ #dass leute nicht
	MKK	#ZÖGERND- - - - - - - - -

11	BW1:	warum nicht↓ **
	MK:	wissen von Russ/ aus Russland ich bin↓#
	MKK	- #

| 12 | BW1: | warum sollen die leute das nicht wissen↓ |
| | MK: | nein * will net→ hm̄ * will |

| 13 | BW1: | warum nicht↓ |
| | MK: | net↓ nū das ist nicht alle leute so→ ei/ ei/ * ein |

| 14 | MK: | ** mensch is so→ àh sprechst du russisch bi"st du |

| 15 | MK: | ru:ssisch↓ a"ndere sagt→ āh ruseschwein↓ das * ich will |

| 16 | BW1: | já gibt es das↑ hast du schon getroffen↑ solchen |
| | MK: | net↓ jà jà |

| 17 | BW1: | menschen↑ * já ** oft schon↑ |
| | MK: | jà *1,5* und immer sag/ nich |

| 18 | MK: | i"mmer / но sagen→ wa"rst du in Russland äh fahr und dort |
| | ÜbMK | aber |

| 19 | BW1: | já |
| | MK: | li/ äh leb wieder↓ du bist ru:ssisch↓ und ich sag→ warum |

| 20 | MK: | ich bin ru:ssisch→ ich bin deutsch→ und ich habe in |

| 21 | BW1: | jà |
| | MK: | Russland gewohnen→ und ich bin deutsch↓ *1,6* |

| 22 | MK: | #wa:"s von deutsch↓# wann chast du chier geboren da"nn |
| | MKK | #EMPHATISCH- - - - - # |

| 23 | MK: | bist du deutsch↓ und du chast in Deutsch/ #ah in in |
| | MKK | #KORRIGIERT |

| 24 | MK: | Russland# geboren dann bist du deut/ ** ah deutsch / |
| | MKK | SICH# |

25	BW1:	jā so einen hast
	MK:	#du bist ru:ssisch↓# * ich habe fortgegehen↓
	MKK	#KORRIGIERT SICH#

26	BW1:	du schon getroffen↑ já einen mann oder eine frau↑
	MK:	#jà# frau↓
	MKK	#BESTIMMT#

| 27 | BW1: | wie alt war die↑ òh |
| | MK: | * sie is=schon alt↓ *1,5* |

Kommentar. Demonstrationszweck: Mit Hilfe des Transkriptausschnittes sollen drei Aspekte der sprachlichen Integration von Margarita Kirillov illustriert und dargestellt werden:

a) MKs Maximen der Sprachenwahl für öffentliche Situationen,

b) MKs mündliche Deutschfähigkeiten zu Beginn ihres zweiten Aufenthaltsjahres in Deutschland,

c) charakteristische kommunikative Belastungen, zu denen es kommt, wenn zwei Personen sich in einer Sprache unterhalten, die für den einen Partner eine täglich benutzte und auf muttersprachlichem Niveau beherrschte Sprache ist und für den anderen Partner eine bisher nur wenig benutzte und beherrschte Sprache.[179]

Zur Gesprächssituation: Der Ausschnitt stammt aus einem sprachbiografischen Gespräch zwischen MK und mir (BW1).[180] Dem Gespräch, dem die hier dokumentierte Passage entnommen ist, waren mehrere längere und verschiedenartige Begegnungen zwischen MK und BW1 vorausgegangen. Sie kannten sich bereits seit einem Dreivierteljahr. Für MK war von Anfang an kennzeichnend, dass sie Deutsch sprechen wollte und die Möglichkeit, ins Russische überzugehen, nach Kräften vermied. Sie berichtete während des Interviews, dass sie sich bemühe, mit allen Personen, die Deutsch könnten, auch Deutsch zu sprechen, und nur ins Russische wechsle, wenn es schnell gehen müsse oder ihr Gesprächspartner nicht verstehe. Wenn ich die ersten Aufnahmen von MK mit derjenigen vergleiche, der der transkribierte Ausschnitt entstammt, fällt auf, dass MK nunmehr, nach 15 Monaten Aufenthalt in Deutschland, nur noch selten ins Russische ausweichen muss. Das war am Anfang viel häufiger der Fall. Mit den Kindern, die während des Interviews zugegen sind und die Aufmerksamkeit der Mutter öfter beanspruchen, spricht sie überwiegend Deutsch, auch wenn diese sich auf Russisch an sie wenden. Manchmal wird MK ungeduldig, wenn die Kinder sich streiten oder einer Aufforderung nicht Folge leisten. Dann geht sie für einige kurze Äußerungen ins Russische über.

Der Gesprächsverlauf: Das Transkript fixiert die Gesprächspassage, in der es um die Sprachenwahlen von Frau Kirillov in Deutschland geht. Es setzt mit der Antwort von Frau Kirillov auf die Frage von BW1 ein, in welcher Sprache sie mit ihren Kindern in der Straßenbahn spreche. Frau Kirillov beginnt mit einem verallgemeinernden Selbstzitat, das als solches durch die Redeeinleitung *nu ich sag i:"mmer→* gekennzeichnet ist (F1). Durch das Selbstzitat *sagt=deutsch↓ oder bleibt still↓* teilt MK mit, welche Maximen

---

[179] Unter diesem Aspekt ist (T06) mit (T04) vergleichbar.
[180] Zu den Prinzipien der Durchführung der sprachbiografischen Gespräche s. Kapitel 1.

der Sprachenwahl sie ihren Kindern für den öffentlichen Raum der Straßenbahn vermittelt: Sie sollen dort Deutsch sprechen oder aber schweigen. BW1 scheint die erste Äußerung sofort zu verstehen, wie man aus ihrem *jà* (F1) entnehmen kann. Das ist nicht selbstverständlich, denn MK benutzt hier anstelle des erforderlichen Verbs *sprechen* das Verb *sagen,* das entweder ein Akkusativobjekt verlangt oder erwarten lässt, dass eine Redewiedergabe folgt. Nach dem zweiten Teil des Selbstzitats bestätigt BW1 erneut, und zwar doppelt und nachdrücklich (durch das *àhá* – F2), dass sie den Inhalt von MKs Maxime verstanden hat. Allerdings fährt sie mit einem *aber warum↓* fort und lässt damit erkennen, dass sie zwar den Inhalt der Maxime verstanden hat, nicht aber weiß, aus welchen Voraussetzungen und/oder Zielen dieser abgeleitet ist. Durch das *aber* wird darüber hinaus eine mögliche Meinungsverschiedenheit hinsichtlich der Maxime angedeutet. Mit der Ergänzungsfrage *aber warum↓* ersucht BW1 die Gesprächspartnerin also um eine Begründung[181] oder gar Rechtfertigung ihrer Maxime für die Sprachenwahl in der Öffentlichkeit. MK scheint dieses Ersuchen von BW1 zu verstehen, schon bevor es vollständig formuliert ist, und darauf reagieren zu wollen. Sie hat aber mit den Formulierungen Schwierigkeiten, wie wir an den gefüllten und ungefüllten Pausen (*ah' ** hm* – F2) sehen. Die Schwierigkeiten können darauf zurückzuführen sein, dass MK ihre Aufmerksamkeit zwischen dem Sohn und BW1 teilen muss (s. FF2-4). Sie können aber auch daher rühren, dass es MK Mühe macht, auf Deutsch zu sagen, was sie sagen möchte. Es fällt auf, dass sie nicht direkt auf BW1' Bitte um Begründung ihrer Maxime reagiert, sondern – auf der sprachlichen Oberfläche unvermittelt – darüber zu sprechen beginnt, wann sie das Russische verwendet: wenn es schnell gehen muss (FF2-5). Vielleicht reagiert sie damit auch gar nicht auf BW1' Begründungsersuchen, sondern setzt fort, was sie unabhängig von BW1' Beitrag hatte sagen wollen. Aber in beiden Fällen ist der Zusammenhang ihrer Äußerungen nicht rekonstruierbar, denn MK gibt keine Hinweise darauf, wonach sie sich richtet, wenn sie Russisch bzw. Deutsch spricht. Die Verstehensbestätigungen von BW1 in F4 und F5 können sich daher nur auf die jeweils unmittelbar vorhergehende Äußerung von MK beziehen, nicht auf den Zusammenhang ihrer Äußerungen. Mit *und ich habe immer gesagt→ cha:lt s m/ mund→* (FF5-6) kehrt sie dann an den Anfang der Gesprächspassage zurück, indem sie ihre Sprachverwendungsmaxime für die Straßenbahn erneut durch ein Selbstzitat mit Redeeinleitung formuliert. Das Selbstzitat entspricht wahrscheinlich nicht der Formulierung, die sie ihren Kindern gegenüber tatsächlich gebraucht. Sie sagt in der Straßenbahn vermutlich zu ihnen: *halt s maul.* Dies muss im Kontext der mitgebrachten und wiedererweckten wolgadeutschen Regionalsprache nicht so grob klingen,

---

[181] Zu Begründungen vgl. Ehlich/Rehbein 1986, Kapitel 5.

wie es sich auf Hochdeutsch anhört.[182] Regionale Varietäten und Standardsprache unterscheiden sich häufig in der stilistischen Konnotation und auf ihrer Basis in der Bevorzugung oder Meidung einzelner Ausdrücke. MK scheint das bereits zu spüren. Sie vollendet die ihr auf der Zunge liegende, wohlvertraute[183] Fügung nicht, sondern bricht ab und fordert BW1 mimisch-pantomimisch auf, ihr bei der Suche nach der stilistisch angemessenen Variante behilflich zu sein (F6). BW1 souffliert den gesuchten hochdeutschen Ausdruck. MK übernimmt das entscheidend-unterschiedliche Lexem *mund*. Damit ist das Gespräch erneut an der Stelle, an der BW1 zuvor bereits eine Begründung für MKs Maxime verlangte. BW1 bestätigt erneut ihr Verständnis des Inhalts der Maxime und fragt erneut nach ihrer Begründung. MK gibt sie. Sie lautet sinngemäß: Ich möchte nicht, dass in der Straßenbahn alle Leute auf uns schauen, weil wir Russisch sprechen (FF6-9). Dies zu sagen, fällt MK schwer, wie wir aus den wiederholt abgebrochenen Anfängen (F7) sehen. Schließlich aber gelingt es ihr, in F9 die Struktur zu Ende zu führen, obwohl BW1 ihr das durch überlappende Dissensbekundungen nicht gerade leicht macht. In MKs Begründung fallen außer den wiederholten Anfängen folgende sprachliche Merkmale auf:

a) MK verwendet fälschlich *wann* für *wenn*.[184] Dies kann durch die mitteldeutsche Mundart ihrer Kindheit bedingt sein. Mundarten kommen grundsätzlich mit weniger Konjunktionen aus als die Hochsprache; und sie verwenden sie anders als die Hochsprache. Im Hessischen und im Pfälzischen – Mundarten, die den in der Familie Butz gesprochenen Varietäten des Wolgadeutschen am nächsten kommen – gilt das ausdrücklich für *wenn* und *wann*.[185] Aber auch MKs dominante Sprache Russisch könnte hier eine Rolle spielen: Wenn man MKs Begründung auf Russisch formulieren wollte, müsste man die Konjunktion когда (*kogda*) verwenden, die je nach Zusammenhang mit *als*, *wann* oder *wenn* zu übersetzen ist – eine Schwierigkeit für russischsprachige Deutschlernende.

b) MK gebraucht nacheinander die Formen *fahrt fährt* (F7), wobei die zweite Form wohl als Korrektur der ersten zu verstehen ist. Die Form *fahrt* ist eine Übergeneralisierung des Präsensstammes, wie sie in vielen Mundarten vorkommt.[186] Die Tatsache, dass MK sie verwendet, kann ein Indiz dafür sein,

---

[182] Nach Rösch 1995, 240, handelt es sich bei einer solchen Verwendung von *maul* um veralteten Sprachgebrauch; die Autorin verweist auf Luthers Formulierung *dem Volk aufs Maul sehen*.

[183] Diese Aussage gründet sich auf andere Aufnahmen mit MK und Beobachtungen zu ihrem Sprachverhalten.

[184] Siehe später auch F9 und 21.

[185] Siehe für das Hessische Hasselberg/Wegera 1976, 61-62, und für das Pfälzische Post 1992, 137.

[186] Eine ähnliche Übergeneralisierung finden wir später auch in *sprechst du russisch* (F14). Zu vergleichbaren Erscheinungen im Hessischen s. Hasselberg/Wegera 1976, 57-58, und im Pfälzischen siehe Post 1992, 127-129.

dass sie das dialektale Deutsch ihrer Kindheit allmählich in sich wiederfindet und nicht Deutsch als Zweitsprache lernt. Die Tatsache, dass sie die dialektale Form durch die hochsprachliche Form ersetzt, bezeugt MKs Streben, Standarddeutsch zu sprechen und das dialektale Deutsch abzulegen – ein Bestreben, auf das MK in unseren Aufnahmen öfter zu sprechen kommt.

c) Im Nebensatz *wann fahrt fährt und ah russisch ** kreischt* (F7) gibt es entgegen den Regeln des Deutschen kein Subjekt; daher muss der Zuhörer gedanklich Ergänzungen bzw. Korrekturen vornehmen, um zu verstehen. Im folgenden Hauptsatz *des ich will net* ist die Satzgliedfolge abweichend – eine häufige Erscheinung bei Deutschlernenden mit Russisch als dominanter Sprache (s. Frohne 1992, 112-113).

d) MK gebraucht in ihrer Begründung in auffälliger Weise das Verb *kreischen* (F7) – nach einer längeren Pause und in deutlichem Kontrast zu dem sonst ständig von ihr verwendeten *sagen*. Die Bedeutung, die sie mit *kreischen* verbindet, ist offensichtlich die des standardsprachlichen Lexems: 'schrille, misstönende Laute von sich geben' (vgl. WDG, 2228).[187] Die für das Wolgadeutsche ihrer Familie charakteristische Bedeutung des Verbs *graiʒe* ist demgegenüber 'weinen'. So finden wir es im Wolgadeutschen Sprachatlas für Marxstadt, den ursprünglichen Herkunftsort ihrer Familie (WDSA, 240), und im Sprachgebrauch des Vaters von MK (Kass. 165a). Die Verwendung von *kreischen* in standardsprachlicher Lautung und Bedeutung ist ein weiterer Beleg für MKs Orientierung auf die Hochsprache. Inhaltlich drückt die Sprecherin damit aus, dass sie den einheimischen Deutschen eine negative Einstellung zum Gebrauch des Russischen unterstellt und bereit ist, diese durch Meidung der Sprache zu berücksichtigen.

In der Reaktion auf MKs Begründung für die von ihr bevorzugte Sprachenwahl in der Öffentlichkeit greift BW1 nun gerade die Übernahme der unterstellten Einstellung der einheimischen Deutschen zum Russischen durch MK auf. Sie sagt zweimal, sie finde es nicht schlimm, wenn es auffalle, dass jemand Russisch spricht (FF8-9), und möchte MK damit zu mehr Loyalität[188] gegenüber ihrer dominanten Sprache ermutigen. MK widerspricht sofort und mit Nachdruck (FF8-9). BW1 problematisiert MKs Meinung nochmals, indem sie sie ihr erneut zur Bestätigung vorlegt: *nein↑* (F9). MK bleibt bei ihrer Position (*hḿhḿ* – F9), erkennt aber, dass ihr Begründungsversuch bisher nicht geglückt ist. Sie bezieht die Maxime der Sprachenwahl in der Öffentlichkeit nun auch ausdrücklich auf sich selbst: *wann i"ch kann nicht in deutsch sagen ich bleib still↓* (F9-10) und präzisiert ihre Begründung: *dass leute nicht wissen von Russ/ aus Russland ich bin↓* (F10-11). Auch mit die-

---

[187] Für diese Verwendungsweise durch MK gibt es weitere Belege auf Kass. 037b.
[188] Zu den verschiedenen Formen von Sprachloyalität siehe Fishman (Hg.) 1966 und Rehbein 1987.

sem Begründungsversuch gibt sich BW1 nicht zufrieden. Allerdings muss sie noch zweimal *warum* fragen, bis MK detaillierter wird. Ab F13 stellt MK dar, dass es ihr nicht so sehr darum geht, dass sie und ihre Familienmitglieder nicht als Russischsprechende auffallen, sondern dass sie die Schlüsse und Bewertungen fürchtet, die einheimische Deutsche aus der Tatsache des Russischsprechens ziehen: dass die Russischsprechenden Russen[189] sind (F14) und als *Russenschweine* beschimpft werden (F15). An der Reaktion der Interviewerin darauf ist auffällig, mit welcher Beharrlichkeit sie auf detaillierter Information besteht (FF15-17). Sie möchte im Grunde wissen, ob Frau Kirillov eine in der Sowjetunion erworbene Einstellung zur Sprachenwahl[190] auf die kommunikative Praxis in Deutschland überträgt oder tatsächlich auf Grund eigener Diskriminierungserfahrungen in Deutschland so handelt. Ab F17 berichtet MK nach langem Zögern und mehrfachen Aufforderungen durch BW1 über eine kommunikative Auseinandersetzung zwischen einer einheimisch-deutschen Person und sich. Dem Bericht geht eine Verallgemeinerung voran: Es komme *nicht i"mmer*, aber doch häufig zu derartigen Konflikten (F17). MK zitiert den zunächst nicht näher charakterisierten einheimischen Deutschen durch folgendes Zitat: *wa"rst du in Russland äh fahr und dort li/ äh leb wieder↓ du bist ru:ssisch↓* (FF18-19). Sie reagierte darauf – so berichtet sie BW1 –, indem sie die Identifizierung als Russin zurückwies, sich selbst als Deutsche identifizierte, und zwar als Deutsche, die in *Russland* gelebt hat (FF19-21). Der Wortwechsel eskaliert, wie wir der sprachmalend-emphatischen Sprechweise von MK entnehmen können (F21). Die einheimisch-deutsche Person weist MKs Selbstidentifikation als Deutsche zurück und führt dafür ein Kriterium an: Deutscher sei, wer in Deutschland geboren ist; MK sei in Russland geboren und also Russin (FF21-24). Auf BW1' Nachfrage sagt MK mit Bestimmtheit aus, dass sie an einem solchen Wortwechsel selbst beteiligt war, und zwar mit einer alten einheimisch-deutschen Frau (FF24-26). Dies endlich versteht BW1 als Begründung für die von MK angestrebte Vermeidung des Russischen in der Öffentlichkeit. Sie ist betroffen. Das – danach nicht mehr im Transkript dokumentierte – Gespräch wendet sich anderen Themen zu.

Die Darstellung der Auseinandersetzung fällt MK sehr schwer. In der Wiedergabe der Äußerungen der Partner des Wortgefechts durch MK fallen zahlreiche fremd klingende Formulierungen und Versprecher (letztere besonders FF23-25) auf, die das Verstehen erschweren. Schwer verständlich ist die Redeeinleitung in FF17-18, in der MK sich bemüht, die Häufigkeit kommuni-

---

[189] Das deutsche Wort *Russe* steht MK interessanterweise nicht zur Verfügung. Sie benutzt an seiner Stelle eine Nachbildung des russischen Worts *русский* (*russkij*), das der Form nach ein Adjektiv ist und Äqivalent sowohl des deutschen Substantivs *Russe* als auch des deutschen Adjektivs *russisch* ist. Analog benutzt sie auch das deutsche Adjektiv *deutsch* (s. FF20, 21, 22, 24).

[190] Siehe Berend 1998 zum 'Flüstersyndrom' der Russlanddeutschen – der Verheimlichung der Familiensprache in der Öffentlichkeit.

kativer Diskriminierungserfahrungen zu bestimmen: *und immer sag/ nicht i"mmer / но sagen→* Die Sprecherin beginnt zunächst, eine uneingeschränkte Verallgemeinerung zu formulieren: *und immer sag/*, bricht ab, schränkt die Verallgemeinerung ein: *nicht i"mmer /*, fährt mit einer russischen Konjunktion *но* (*no* – 'aber') und der deutschen subjektlosen, vielfältig interpretierbaren Verbform *sagen* fort. Die Verbform versteht man wohl erst dann im Sinne von MK, wenn man berücksichtigt, dass das deutsche *man sagt* im Russischen durch eine subjektlose Verbform in der dritten Person Plural ausgedrückt wird: *говорят* (*govorjat* – '[sie] sagen'). Offensichtlich steht MK die idiomatisch-deutsche Form *man sagt* noch nicht zur Verfügung, oder sie ist ihr in der angespannten Situation entfallen. MK geht deshalb von der entsprechenden russischen Form *и всегда говорят* (*i vsegda govorjat* – 'und man sagt immer') aus und übersetzt sie Element für Element und in der Reihenfolge des russischen Ausdrucks ins Deutsche. Russische Wortfolgemuster schimmern in der Platzierung des *dort* vor dem Imperativ *leb* in F18, des *ich* vor dem Verb in *warum ich bin russisch→* (FF19-20) und der Zweitstellung des finiten Verbs im Nebensatz *wann chast du chier geboren da"nn bist du deutsch* (FF22-23) durch. Zudem erscheint die Formulierung *warum ich bin russisch→* als partielle Wort-für-Wort-Übersetzung der russischen Fügung *почему русский* (*počemu russkij* – 'warum Russe?') oder der Fügung *почему ты меня русским считаешь* (*počemu ty menja russkim ščitaeš*' – 'warum hältst du mich für einen Russen?'). Russische Lautmuster werden in der Realisierung des deutschen *h* in *chast* statt *hast* (F22, 23) oder *chier* statt *hier* (F22) deutlich. Auch in Unsicherheiten bei der Unterscheidung der deutschen langen und kurzen Vokale zeigt sich ein Einfluss von MKs dominanter Sprache Russisch: MK sagt mehrfach *ru:ssisch* (FF 5, 7, 19, 25) mit langem Vokal neben dem korrekten kurzen Vokal in *russisch* (FF4, 14).[191] Charakteristische lernersprachliche Formen des Deutschen sind – unabhängig von der jeweiligen dominanten Sprache – die Formen *ich habe in Russland gewohnen* (FF20-21), *du hast geboren* statt *du bist geboren* (F22), *ich habe fortgegehen* (F25). Das Verstehen der Äußerungen von MK ist auch hier wiederum dadurch erschwert, dass MK die Beziehungen zwischen ihren Propositionen oder Sprechhandlungen nicht explizit angibt. Von den deutschen Konjunktionen scheint ihr im Wesentlichen nur das *und* zur Verfügung zu stehen.

Zusammenfassung:

a) Das Transkript belegt, dass Margarita Kirillov für die Sprachenwahl eine Maxime entwickelt oder übernommen hat, die besagt: In der Öffentlichkeit sprechen wir Deutsch. Sie gibt an, dieser Maxime selbst zu folgen oder aber zu schweigen, wenn das nicht möglich ist. Sie teilt weiterhin mit, dass sie ihre Kinder im Sinne dieser Maxime erzieht. Die Maxime ist durch den

---

[191] Siehe dazu Müller 1983, 37-38.

Wunsch bedingt, in der Öffentlichkeit nicht als Russischsprechende Aufmerksamkeit auf sich zu ziehen. Auf Befragen motiviert MK diesen Wunsch durch die Erfahrung, dass Russischsprechende als Russen beschimpft werden.

b) MK bemüht sich, ihre Maxime für die Sprachenwahl in der Öffentlichkeit und ihre Gründe für diese Maxime auf Deutsch darzustellen, genauer noch: auf Hochdeutsch. Das bereitet ihr jedoch erhebliche Schwierigkeiten, die teils durch die Brisanz des Themas und teils durch den gegebenen Stand des Wiedererlernens und Ausbaus des Deutschen und seines Umbaus in Richtung Standard bedingt sein können. Für diese Annahme sprechen folgende Äußerungsmerkmale:

- zahlreiche Neuansätze bei einzelnen Äußerungen und ganzen Gesprächsphasen sowie zahlreiche Selbstkorrekturen,

- unverbundene oder undifferenziert verbundene Sprechhandlungen (z.B. die vielen *und*), die die Zuhörerin zwingen, alternative Zusammenhänge zu entwerfen, zwischen denen häufig nicht entschieden werden kann,

- lexikalisch nicht hinreichend differenzierte Bezugnahmen auf die Gesprächsgegenstände, hier: Sprechtätigkeiten und -ereignisse, oft mit Hilfe des Verbs *sagen*, das häufig angemessen in Redeeinleitungen und transitiven Konstruktionen steht, häufig aber auch unangemessen für *sprechen*. Die unzureichende lexikalische Differenzierung erschwert die Rekonstruktion der unterschiedlichen Aspekte der Gesprächsgegenstände durch die Zuhörerin,

- Schwierigkeiten bei der Kennzeichnung des Geltungsgrades von Assertionen,

- Nutzung von Konstruktionsmustern, die aus der dominanten Sprache Russisch übertragen sind oder lernersprachliche Übergeneralisierungen darstellen und von der deutsch-muttersprachlichen Zuhörerin zusätzliche gedankliche Interpretations- und Korrekturleistungen verlangen,

- Beschränkung auf elementare Gesprächsbeiträge, die nur auf inständiges Dringen der Partnerin weitergeführt und entfaltet werden.

c) Trotz der unter (b) genannten Merkmale der Äußerungen von MK finden in der transkribierten Gesprächspassage Kommunikation und gegenseitiges Verstehen statt. Dies ist den intensiven Kooperationsanstrengungen beider Partnerinnen zu danken. MK lässt sich darauf ein, über das für sie schwierige und brisante Thema auf Deutsch zu sprechen. Sie mobilisiert alle ihr im Gesprächszeitraum verfügbaren deutschsprachigen Fähigkeiten und überwacht ihre Äußerungen im Hinblick darauf, ob sie Deutsch und sogar ob sie Hochdeutsch sind. Daher unterlaufen ihr so gut wie keine Wechsel ins Russische, und die deutsch-dialektalen Elemente werden als solche meist bemerkt und selbstständig bzw. mit Hilfe der Gesprächspartnerin durch deutsch-standardsprachliche ersetzt. Auch BW1 ist sehr daran gelegen, dass die Kommunikation gelingt. Sie leistet daher öfter Formulierungshilfen für MK, die teils von dieser erbeten werden, teils aber auch nicht. Sie bestätigt das Verstehen, wo immer es ihr möglich ist, und dringt auf Fortsetzung und Vertiefung der Kommunikation. Dabei ist sie zwei Gefahren ausgesetzt: Die eine besteht darin, sich zu sehr an Ablaufmustern (auch zeitlicher Art) zu orientieren, die für die Kommunikation unter Partnern gelten, die in der verwendeten Sprache gleich kompetent sind. Die Folge sind zu schnelle Reaktionen, verfrühte Hilfen, aufdringliche Nachfragen, die die Partnerin in ihrer kommunikativen Souveränität beeinträchtigen. Die andere Gefahr besteht darin, zu wenig wahrnehmbar zu reagieren und Verstehensbekundungen sowie Hilfen zu lange vorzuenthalten, so dass die Partnerin eventuell an ihrem kommunikativen Erfolg und der Kooperationsbereitschaft der anderen zweifelt. Offensichtlich erfordert die Kommunikation unter Partnern mit sehr unterschiedlichen Fähigkeiten in der verwendeten Sprache andere Rhythmen, Maßstäbe und Toleranzen als Kommunikation unter Partnern mit annähernd gleichen Fähigkeiten in der verwendeten Sprache. Dies gefährdet sie in höherem Maße und führt dazu, sie als besondere Anstrengung zu empfinden, von der sich beide Teilnehmer in für sie „normaleren" Kommunikationsereignissen wieder erholen müssen. Zu dieser Problematik, die zentral für interkulturelle Kommunikation ist, sind dringend weiterführende Detailuntersuchungen erforderlich.

3.4.4   (T07) Mutter MK: *Nudeln*, deutsch, 61 Monate

(T07) Mutter MK: Nudeln   10.3.97,   347boVidMK(29)Nudelndt61

1 EB: #ещё выпьем→ ещё не время→#

   ÜbEB   #Trinken wir noch.   Es ist noch nicht Zeit (aufzubrechen).#

   EBK   #GIESST ALLEN ERWACHSENEN LIKÖR EIN#

   VK: #как

   ÜbVK   Wie ein Alkoholiker.

   VKK   #LACHEND#

2 BW1:   а что я буду готовить сегодня

   ÜbBW1   Und was werde ich heute abend kochen?

   VK: алкоголик→#

3	EB:			LACHT	м̌ *
	ÜbEB				hm̌
	EBK				ZU RB
	WB:	гречка↓			
	ÜbWB	Grütze.			
	BW1:	вечером↑	LACHT		
	RB:			ма:м→	ээ дай это
	ÜbRB			Mama,	äh gib äh Tan/
	RBK			ZU EB	

4	EB:		Кат/ Катарине→
	ÜbEB		Kath/ Katharina.
	RB:	тё/ тёте Кате попробовать это	
	ÜbRB	Tante Katja zum Probieren äh	

5	EB:		ā::х
	ÜbEB		Ach.
	WB:		LACHT
	RB:	Катарине это японскую вермишель→	
	ÜbRB	Katharina äh die japanischen Nudeln,	

6	WB:		не японскую→ это
	ÜbWB		Nicht japanische, das sind
	RB:	#о: а о: тогда она будет /#	
	ÜbRB	#oh, ah, oh, dann wird sie /#	
	RBK	#SPITZBÜBISCH LACHEND#	

7	EB:	chinesische↓ сейчас мы вам дадим↓ *	
	ÜbEB	Gleich geben wir Ihnen.	
	WB:	chinesische↓	aber es so
	ÜbWB	*chinesische.*	
	BW1:		не знаю что это
	ÜbBW1		Ich weiß nicht, was
	RB:	chinesische makaroni→ ó:х	
	ÜbRB		Oh!

8	EB:	#вот тут на/ здесь
	ÜbEB	#So, hier ist auf/ hier ist
	EBK	#HÄLT BW1 DAS
	WB:	starke→ es brennt alles→
	BW1:	такое↓
	ÜbBW1	das ist.
9	EB:	написано→ прочитаете как её готовят↓# *
	ÜbEB	aufgeschrieben, lesen Sie, wie man sie zubereitet.#
	EBK	NUDELPÄCKCHEN HIN#
	MK:	#da steht
	MKK	#NIMMT
10	BW1:	разве это по-немецки↑
	ÜbBW1	Ist das etwa auf Deutsch?
	MK:	deutsch↓# kochende wasser * reinschütten→ jà
	MKK	TÜTE, SCHAUT AUF WEISSEN AUFKLEBER#
11	BW1:	LACHT #nudelsuppe
	BW1K	#LIEST VOM
	MK:	#dieses blau↓ oh b::/ oh blau sag ich↓ weiße↓#
	MKK	#ZEIGT AUF WEISSEN AUFKLEBER AUF DER NUDELTÜTE#
12	BW1:	mit schweinefleischaroma→# *1,5*
	BW1K	WEISSEN AUFKLEBER AB#
	MK:	aber schweinefleisch
13	EB:	wieviel fleisch и прочее→
	ÜbEB	und so weiter.
	BW1:	áhà
	MK:	musst du oder egal welche fleisch selbst kochen↓ da ist
14	MK:	keine fleisch drin↓ ** wir machen so→ machen in teller
15	BW1:	jà
	MK:	rein→ und dann schütten wir wa/ wasser äh kochende

186   *Russlanddeutsche Sprachbiografien*

```
16  MK:     wasser→ * und das / и fett ist drin→ * alles eingepackt↓ *
    ÜbMK                        auch

17  MK:     dann peffer→ kanz stark↓ pa/ muscht du aufpassen↓ und

18  BW1:                       áhà deswegen sagt er→ gib es mal↓ já
    MK:     ist noch was für ge/ gewürze oder was→

19  WB:              jà jà jà
    BW1:             LACHT                jà            jà
    MK:              jà      ge/ gewürze sind auch noch drin↓  und stellscht

20  BW1:                                                        hm̀hm̀
    MK:     du→ machscht du zu→ mit dampf geht das schö:n→

21  MK:     und            nach fünf minute kannst du essen↓ kannst
    VK:              fünf minut↓

22  MK:     du dazu dann hackfleisch→ #u/ das st/ äh auf sieh"st du
    MKK                              #DREHT TÜTE UM, ZEIGT BILD

23  BW1:             ách sò        jà
    MK:     auf→ * andre seite * ist↓# oder machscht du rindfleisch
    MKK     HACKFLEISCH#

24  BW1:                                 hm̀hm̀
    MK:     oder äh hm̄ äh chm̄ schweinfleisch↓   schneidscht du→

25  RB:                                                          sehr
    MK:     und kochscht du→ * und dazu↓ ** schmeckt→ aber ist *

26  WB:                                              LACHT
    BW1:             scharf↓   jájà er hat er hat so gelacht↓ da hab
    RB:     scharf↓
    MK:     scharf↓ * sehr scharf↓ * kannst du
```

| 27 | BW1: | ich mir schon gedacht→ er   er hat irgendwas im |
| | MK: | kannst du die   rote |

| 28 | BW1: | hinterkopf↓   jà * |
| | MK: | rote peffer halbes nur rein↓ kanses pack * |

29	BW1:	jà áhà
	MK:	#diese * kleine tüte da is drin# *machscht du nicht↓ *
	MKK	#ZEIGT ABBILDUNG DER PFEFFERTÜTE AUF DER

30	BW1:	jà * das werd ich kochen heute↓
	MK:	dann is ganz ganz stark↓
	MKK	PACKUNG#

Demonstrationszweck: Das Transkript soll zwei Sachverhalte zeigen:

– die mehrsprachige Kommunikation in russlanddeutschen Familien- und Freundeskreisen,

– Margarita Kirillovs Deutsch am Beginn des siebten Aufenthaltsjahres.

Zur Gesprächssituation: Die Aufnahme, die im Transkript ausschnittweise festgehalten ist, wurde in der Großfamilie Kirillov angefertigt, als diese bereits seit einiger Zeit gemeinsam in einem Dreifamilienhaus in *Badisch-Sibirien* wohnte. Mit der Aufzeichnung beendete BW1 einen eintägigen Besuch, in dessen Verlauf sie teilnehmend an den kommunikativen Praktiken verschiedener Familienmitglieder teilgenommen und in der Schule mit den Lehrern der Kinder gesprochen hatte. Zum Abschluss dieses Besuchstages und in Erwartung der Abfahrtszeit des Busses von BW1 hatte man sich in der Wohnung eines Bruders von Margarita Kirillov versammelt, um Tee zu trinken. Selbstverständlich wurde zum Tee auch etwas Süßes in Form von Gebäck und Likör angeboten. Am Teetisch waren folgende Familienmitglieder zugegen:

– WB und EB – das gastgebende Ehepaar: Waldemar Butz, der älteste Bruder von Margarita Kirillov, und seine Frau Elena, eine Russin,

– RB – ihr elfjähriger Sohn Raimund: Zwischen ihm und BW1 war in den Stunden und Wochen zuvor eine vertraute Beziehung entstanden,

– MK und VK – das Ehepaar Margarita und Valerij Kirillov, denen BW1 bereits seit Jahren freundschaftlich verbunden war.

Zum Gesprächsverlauf: Man hat am Teetisch bereits verschiedene Themen behandelt. BW1 hat von ihren Gesprächen mit den Lehrern der Kinder berichtet, und zwar auf Russisch, damit auch WB und EB, die erst vor zehn Monaten nach Deutschland übersiedelt sind, genau verstehen können, um was es ging. Dann haben Lebensmittel und Speisen aus Mittelasien, ihr Geschmack und ihre Zubereitung im Mittelpunkt des Gespräches gestanden – ein in russlanddeutschen Familien unerschöpfliches Thema, wie viele meiner Aufnahmen belegen. Gemeinsame Erinnerungen an vertraute Speisen, ihre versuchsweise erneute Zubereitung aus nicht ganz geeigneten, aromaarmen deutschen Zutaten und ihr erneuter gemeinsamer Genuss stillen das Heimweh und festigen das Gefühl der Zusammengehörigkeit. BW1 kann sich auf Grund zahlreicher und genussvoller eigener Erfahrungen von Gastfreundschaft in Russland und Mittelasien stets engagiert an diesem Thema beteiligen. Deshalb hat man ihr auch gerade eine Tüte Buchweizengrütze aus einem der zahlreichen und im Allgemeinen auch gut frequentierten russlanddeutschen Geschäfte geschenkt, damit sie sich zu Hause ein russisch-russlanddeutsches Essen bereiten kann.

Das Gespräch bewegt sich nun entspannt im Gefühl wechselseitiger Verbundenheit und in Erwartung des baldigen Aufbruchs weiter. Die Gastgeberin EB erfüllt weiterhin ihre Pflicht als Hausfrau, den Gästen etwas anzubieten (F1). Sie tut das auf Russisch, weil sie Russin ist, erst seit kurzem in Deutschland lebt und alle Anwesenden Russisch sprechen und verstehen. – VK kommentiert das erneute Eingießen des Likörs durch EB mit der russischsprachigen Äußerung 'Wie ein Alkoholiker' (FF1-2). Das ist selbstverständlich ein Scherz. Weder EB noch sonst jemand der Anwesenden ist Alkoholiker oder hat zur Zeit der Aufnahme zu viel Alkohol getrunken. Auch VK spricht Russisch. Diese Sprachenwahl entspricht seiner grundsätzlichen persönlichen Präferenz, und es gibt in der Situation keine Gründe, ihr nicht zu folgen. / Später allerdings (s. F21) respektiert er auch die von seiner Frau getroffene Sprachenwahl und sekundiert ihr auf Deutsch. / VKs Präferenz leitet sich nicht mit Notwendigkeit daraus ab, dass er Russe ist. Es gibt unter meinen Informanten Russen und Personen anderer Nationalität mit Russisch als Muttersprache, die sich stark auf den Erwerb der neuen Umgebungssprache Deutsch orientieren und jede Gelegenheit zu ihrer Praktizierung benutzen (Vater VK02, Mutter ND07, Mutter VK12, Vater AI25). – BW1 führt nun das Essen-Thema weiter, indem sie laut überlegt, was sie am Abend dieses Tages kochen könnte (FF2-3). Auch sie tut das auf Russisch, denn das gesamte Gespräch ist bisher auf Russisch geführt worden. BW1 unterläuft in ihrer Äußerung dabei ein Fehler, der bei Russisch sprechenden Deutschen häufig ist: Sie bildet eine Futurform, in der der unvollendete und vollendete Aspekt des Verbs vermischt sind. Keinem in Russisch kompetenten Sprecher würde Derartiges passieren. Der Fehler wurde sicher von allen Anwesenden registriert, jedoch von keinem korrigiert oder kommentiert, sondern vielmehr stillschweigend toleriert. BW1 erfährt überhaupt selten Korrekturen oder

Kommentare zu ihrem Russisch, wie sie auch selbst das Deutsch ihrer Gesprächspartner nur selten korrigiert oder kommentiert. Wenn das ausnahmsweise doch geschieht, dann meist auf Anforderung des Sprechers. – Auf BW1' Frage, was sie kochen könnte, antwortet Waldemar Butz mit dem Vorschlag, Buchweizengrütze zuzubereiten (F3). Er stellt damit scherzend eine Beziehung zu dem Geschenk her, das BW1 gerade von Familie Butz bekommen hat. Seine Frau und BW1 reagieren darauf mit Lachen (F3) und drücken so aus, dass sie den Vorschlag nicht unbedingt als solchen verstehen, sondern eher als Scherz. – In Raimund, dem Sohn der Familie, lösen die Frage von BW1 und der Vorschlag des Vaters eine andere Idee aus. Er wendet sich an seine Mutter, EB, und schlägt ihr seinerseits vor, 'Tante Katja', d.h. BW1, ein in der Familie beliebtes Fertiggericht zu schenken, das er 'japanische Nudeln' nennt. Er erfreut sich an der Vorstellung, dass BW1 über die unerwartete Schärfe des Gerichts erschrecken wird (F6 und sein 'Oh!' in F7). Auch RB spricht hier Russisch. Er tut das nicht, weil er nicht Deutsch sprechen kann oder will. Gerade am Tag dieser Aufnahme hatte er auf einem langen Spaziergang mit seinem Cousin Georg und BW1 durch das Dorf kontinuierlich Deutsch gesprochen und sich auch schon zuvor bei BW1 darum beworben, auf Deutsch interviewt zu werden und auf Deutsch eine Geschichte zu erzählen, obwohl er erst zehn Monate in Deutschland lebt. Die Entscheidung für das Russische in der gegebenen Situation ist vermutlich einmal adressatenbedingt – er wendet sich an seine Mutter, die von allen Mitgliedern der Großfamilie bisher am wenigsten Deutsch versteht und spricht; und sie ist vermutlich auch situationsbedingt – es handelt sich um nichtöffentliche, familiäre Kommunikation, in der auch die Eltern nicht – anders als in der Öffentlichkeit (s. (T06)) – auf die Verwendung des Deutschen drängen. – Die Mutter reagiert auf Raimunds Vorschlag zunächst mit einer sprachlichen Korrektur und impliziten Kritik, die nicht die Wahl des Russischen bzw. des Deutschen betrifft, sondern den Ausdruck, mit dem Raimund auf BW1 Bezug nimmt (F4). Er soll sie nicht 'Tante Katja' nennen, sondern 'Tante Katharina', obwohl 'Katja' die übliche Abkürzungsform für 'Ekaterina'/'Katharina' ist. Vermutlich findet die Mutter die Benennung 'Tante Katja' als zu wenig respektvoll, weil sie den Vornamen von BW1 nicht als deutsch achtet, sondern russifiziert und der Gebrauch der Kurzform eine größere soziale Nähe voraussetzt, als die Mutter sie empfindet. Raimund befolgt die Kritik sofort und modifiziert demgemäß die Formulierung seines Vorschlags (F5). Die Mutter EB reagiert erneut zurückhaltend-kritisch und zeigt das durch ihr 'Ach.' an (F5). Sie ahnt wohl, dass Raimund damit auch einen Schabernack im Auge hat, wie er gleich (F6) zugibt, und findet das nicht angemessen. Aber der Vater WB sieht das anders. Er lacht und drückt damit eine positive Bewertung des Vorschlags von Raimund aus. Allerdings korrigiert er die Charakterisierung des Fertiggerichts durch RB: Es handle sich nicht um 'japanische', sondern um 'chinesische' Nudeln. Dabei geht er überraschend mitten in der Sprechhandlung – vom Subjekt zum Prädikat – aus dem Russischen ins Deutsche über – ein Sprachenwechsel, dem auch seine Frau für eine kurze elliptische Äußerung und sein Sohn folgen (F7). Diesen Sprachenwechsel ins Deutsche kann man sich aus der Beschriftung der Verpackung erklären: Die Tüte ist primär mit einer Gebrauchsanweisung in einer asiatischen Schrift bedruckt, die von den Eltern vermutlich als chinesische Schrift gedeutet wird. Zusätzlich trägt sie einen Aufkleber in deutscher Sprache, den die Eltern konsultieren mussten, als sie begannen, dieses Fertiggericht zu benutzen. Die deutschsprachige Beschriftung und das Fehlen einer russischsprachigen Beschriftung mache ich demnach für den Wechsel ins Deutsche verantwortlich. Es handelt sich gleichsam um ein Zitat aus der Beschriftung. Bei der Mutter EB aber herrscht die Orientierung auf das Russische vor. Sie kehrt sofort wieder in ihre dominante Sprache zurück. Anders ihr Mann WB. Er zeichnet sich grundsätzlich durch das Bestreben aus, seine in der Kindheit erworbenen, aber lange verschüttet gewesenen Deutschkenntnisse wiederzubeleben. Die vage Erinnerung an die deutschsprachige Beschriftung der Tüte genügt, um ihn auf Deutsch fortfahren zu lassen. Der Vater, der durch seine positive Bewertung die Akzeptierung des Vorschlags von Raimund bewirkt hat – die Mutter holt bereits ein Päckchen 'Chinesische Nudeln' aus dem Schrank –, sorgt nun noch durch seine beiden folgenden Gesprächsbeiträge (FF8-9) dafür, dass der Vorschlag den Charakter eines Schabernacks oder Streichs verliert: Er warnt BW1 vor der Schärfe des Gewürzes der Nudeln. Vermutlich will er auf diese Weise die besondere soziale Stellung von BW1 in der Familie – der Generation der Großeltern, einem akademischem Beruf und der Gruppe der *richtigen, hier geborenen Deutschen* angehörig – absichern. Obwohl jedoch WB seine Warnungen auf Deutsch vollzieht, ist damit noch nicht bewirkt, dass die Kommunikation auf Deutsch fortgesetzt wird. BW1 drückt auf Russisch aus, dass sie das erwähnte Fertiggericht nicht kennt. EB zeigt ihr das Nudelpäckchen und macht sie auf Russisch auf die dort aufgedruckte Gebrauchsanleitung aufmerksam (FF7-8). Nun (ab F9) ergreift Margarita Kirillov zum ersten Mal zum Thema „Nudelsuppe" das Wort. Sie setzt durch, dass sie das Rederecht für die Beschreibung der Zubereitung behält, und realisiert sie unbeirrt bis zu Ende auf Deutsch. Dies dürfte ihrer Maxime entsprechen, das Deutsche zu verwenden, wann immer es geht. Außerdem erlauben ihre gegenwärtigen Deutschfähigkeiten, das in Rede stehende Thema auf Deutsch zu bearbeiten. Die Adressatin BW1 dürfte für die Sprachenwahl von untergeordneter Bedeutsamkeit sein. Zu früheren Zeitpunkten oder wenn ein spezielles Thema ungewöhnlichere deutschsprachige Anforderungen stellt, geht MK gegenüber BW1 durchaus ins Russische über.

Margarita Kirillovs Deutsch am Beginn des siebten Aufenthaltsjahres:
Margarita beschreibt die Zubereitung der Nudelsuppe in selbstständigen Worten auf Deutsch, wobei sie auf die gedruckte deutschsprachige Kochanleitung und die Gesprächsbeiträge ihrer Partner Bezug nimmt – eine komplexe Formulierungsleistung.

Um übersichtlicher zeigen zu können, welche sprachlichen Merkmale MKs Zubereitungsanleitung auszeichnen, seien im Folgenden ihre Äußerungen in Form einer Äußerungsliste angeführt. Die Liste enthält Folgendes:

- die Originaläußerungen von MK (Orig.),
- gegebenenfalls nonverbale Äußerungen, die die sprachlichen Äußerungen begleiten (unter Orig., in Kapitälchen),
- deutsche Versionen, wie ein ständig im deutschen Sprachraum lebender Deutscher sie vermutlich formuliert hätte. Diese Versionen nenne ich normalisierte Äußerungen (Norm.). Sie wurden unter möglichst weitgehender Beibehaltung der Originaläußerungen und ihrer Aufeinanderfolge, unter Berücksichtigung der mündlich-informellen Kommunikationssituation sowie mit Bezugnahme auf die tatsächlich erforderlichen praktischen Handlungen[192] bei der Essenszubereitung formuliert. In ihnen ist in eckige Klammern gesetzt, was MK in der Äußerungsoberfläche nicht ausdrückte, aber dort hätte ausdrücken müssen, mindestens im gegebenen Kon- und Kotext,
- in einigen Fällen russische Äußerungen, die inhaltlich dem entsprechen, was MK auszudrücken versuchte, und die ihr möglicherweise als strukturelle Ausgangs- und Orientierungsmuster für ihre deutschsprachigen Äußerungen dienten. Derartige russische Äußerungen führe ich nur dann an, wenn sie aufschlussreich für die von MK auf Deutsch benutzten Formen sind (Russ.). In den russischen Äußerungen erscheinen gelegentlich Nullen in eckigen Klammern [0]. Sie markieren, dass hier – durchaus legitim für russische Strukturmuster – Äußerungselemente nicht in der sprachlichen Oberfläche realisiert wurden, die in den deutschsprachigen Äußerungsäquivalenten unbedingt realisiert werden müssen.

MKs Anleitung zur Zubereitung der Nudelsuppe als Äußerungsliste:

1

Orig.: da steht deutsch↓

Norm.: Da steht [es] auf Deutsch.

Russ.: Тут [0] по-немецки.

---

[192] Welche praktischen Handlungen bei der Zubereitung der Nudeln erforderlich sind, habe ich praktisch erprobt, ähnlich wie Liebert/Schmitt 1998 das in ihrem Instruktionstest für Gebrauchsanweisungen taten.

2

Orig.: kochende wasser reinschütten→

Norm., Variante a: [Die Nudeln] ins kochende Wasser reinschütten,

Norm., Variante b: Kochendes Wasser [auf die Nudeln] gießen,

3

Orig.: aber schweinefleisch musst du – oder egal welche fleisch – selbst kochen↓

Norm.: aber Schweinefleisch – oder egal welches Fleisch – musst du selbst kochen.

4.

Orig.: da ist keine fleisch drin↓

Norm.: Da ist kein Fleisch drin.

5.

Orig.: wir machen so→

Norm.: Wir machen [es] so,

Russ.: Мы делаем [0] так,

6.

Orig.: machen in teller rein→

Norm.: [die Nudeln] machen/legen [wir] auf/in [den/einen] Teller [0/rein],

Russ.: [вермишель] [0] кладём в [0] тарелку,

7.

Orig.: und dann schütten wir wa/ wasser äh kochende wasser→

Norm.: und dann schütten wir Wa/ Wasser äh kochendes Wasser [auf/zu].

Russ.: а потом [0] заливаем кипятком,

8.

Orig.: und das/

Norm.: Und das/

9.

Orig.: и fett ist drin→ *

Üb: и=und/auch

Norm.: auch Fett ist drin,

10.
Orig.: alles eingepackt↓ *
Norm.: alles [ist] eingepackt.
Russ.: всё [0] в пакете.
11.
Orig.: dann peffer→
BEZIEHT SICH AUF DIE DER PACKUNG BEILIEGENDE PORTION PFEFFER
Norm. a: Dann [ist] [dort] Pfeffer,
Norm. b: Dann [den] Pfeffer [reintun],
12.
Orig.: kanz stark↓
Norm.: [Er/Der] [ist] ganz scharf.
Russ.: [0] [0] очень острый,
13.
Orig.: pa/ muscht du aufpassen↓
Norm. a: Pa/ [da] musst du aufpassen.
Norm. b: Pa/ [du] musst aufpassen.
14.
Orig.: und ist noch was für ge/ gewürze oder was→
Norm.: Und [es] sind noch irgendwelche Gewürze [drin] oder [so] etwas,
Russ.: и [0] ещё там есть какие-то специи или что-то такое,
15.
Orig.: ge/ gewürze sind auch noch drin↓
Norm.: [andere] Ge/ Gewürze sind auch noch drin.
16.
Orig.: und stellscht du→
Norm.: Und du stellst [es] hin/lässt es stehen,
Russ.: и [0] дашь постоять [0],

17.
Orig.: machscht du zu→
Norm.: deckst [es] zu/machst einen Deckel drauf,
Russ.: [0] накроешь,
18.
Orig.: mit dampf geht das schö:n→
Norm.: mit [dem] Dampf geht das schön,
19.
Orig.: und nach fünf minute kannst du essen↓
Norm.: und nach fünf Minuten kannst du essen.
20.
Orig.: kannst du dazu dann hackfleisch→
Norm.: Du kannst dazu dann [noch] Hackfleisch [geben],
21.
Orig.: u/ das st/ äh auf/ sie"hst du auf→ *
DREHT TÜTE UM, ZEIGT BILD HACKFLEISCH
Norm.: u/ das st/ äh auf/ siehst du [hier]auf,
22.
Orig.: andre seite * ist↓
Norm.: [Das] ist [auf] [der] anderen Seite.
23.
Orig.: oder machscht du rindfleisch oder äh hm äh hm schweinfleisch↓
Norm.: Oder du machst [dazu] Rindfleisch oder äh hm äh hm Schweinefleisch.
24.
Orig.: schneidscht du→
Norm.: Du schneidest [es]
Russ.: [0] порежешь [0],
25.
Orig.: und kochscht du→ *
Norm.: und kochst [es]
Russ.: сваришь [0]

26.

Orig.: und dazu↓ **

Norm.: und [gibst] [es] dazu.

Russ.: и добавишь [0].

27.

Orig.: schmeckt→

Norm.: [Das] schmeckt,

Russ.: [0] вкусно,

28.

Orig.: aber ist * scharf↓ *

Norm.: aber [es] ist scharf.

Russ.: но [0] остро.

29.

Orig.: sehr scharf↓ *

Norm.: Sehr scharf.

30.

Orig.: kannst du kannst du die rote rote peffer halbes nur rein↓

Norm.: Du kannst du kannst den roten roten Pfeffer nur halb rein[machen].

31.

Orig.: kanses pack * diese * kleine tüte da is drin * machscht du nicht↓

ZEIGT ABBILDUNG DER PFEFFERTÜTE AUF DER PACKUNG

Norm.: [Das] ganze Päckchen - diese kleine Tüte da ist drin - machst du [lieber] nicht [rein]/[solltest] du nicht [rein]machen.

32.

Orig.: dann is ganz ganz stark↓

Norm.: Dann ist/wäre [es] ganz ganz scharf.

Russ.: А то [0] очень остро.

An MKs Äußerungen sollen folgende sprachliche Merkmale diskutiert werden:

- ihre praktische Funktionalität,

- ihr muttersprachlicher bzw. fremdsprachlicher Charakter sowie

- ihre regionale Färbung.

Die praktische Funktionalität ist im gegebenen Zusammenhang das wichtigste Kriterium. Es ist erfüllt, wenn die Adressatin durch die Kochanleitung in die Lage versetzt wird, das Gericht herzustellen. Da die Adressatin derartige Produkte bisher nie benutzt hat und dies der Sprecherin bekannt ist, muss die Kochanleitung entsprechend detailliert gestaltet werden.

Nach meiner Einschätzung kann der von MK formulierten Beschreibung im Großen und Ganzen praktische Funktionalität zuerkannt werden. Die wichtigsten Zubereitungsschritte und -varianten werden für BW1 verständlich formuliert. Allerdings erlauben einige Äußerungen zu viel Interpretationsspielraum. Sie hätten genauer formuliert werden müssen. Das trifft z.B. auf Äußerung (2) zu. Die Entscheidung zwischen den beiden Normalisierungsmöglichkeiten ist ohne ergänzendes Vorwissen oder späteres Ausprobieren nicht möglich, weil der propositionale Gehalt unvollständig verbalisiert und nicht hinreichend durch syntaktische Beziehungen vereindeutigt ist. Hinzu kommt, dass das gewählte Verb *reinschütten* sich sowohl auf Wasser als auch auf Nudeln beziehen kann und durch die Verbpartikel *rein-* desorientierend eher auf Variante a als auf Variante b hinlenkt. Die Wahl des Verbs *gießen* oder *(r)aufgießen* anstelle von *reinschütten* hätte das Verständnis erleichtert.

Die Verwendung genauer Lexeme ist MK oft noch nicht möglich. Häufig benutzt sie das Verb *machen*, das im vorliegenden Zusammenhang öfter zu unspezifisch ist und semantisch mindestens durch eine Verbpartikel[193] hätte präzisiert werden müssen. Vgl. dazu die Äußerungen 6, 17, 23 und 31. Auch andere Verstehensunsicherheiten der Adressatin sind auf die Verwendung semantisch ungeeigneter Ausdrücke zurückzuführen, so in Äußerung 14: *was für Gewürze* statt *irgendwelche Gewürze* sowie *was* statt *so (et)was* oder in Äußerung 16: *stellen* statt *hinstellen* oder *stehen lassen*. Gelegentlich hätten Modalverben erlaubt, eine durchzuführende oder zu unterlassende Handlung genauer als solche zu kennzeichnen. Vgl. Äußerung 31.

Mit der Formulierung *muttersprachlicher* bzw. *fremdsprachlicher Charakter* nehme ich darauf Bezug, dass jeder Kommunikationsteilnehmer bei der Rezeption von Äußerungen nicht nur Verstehensleistungen vollzieht, sondern

---

[193] Verben mit trennbaren Präfixen sind bekanntermaßen auch für russlanddeutsche Aussiedler, die ihr Deutsch bereits in einem erheblichen Maße wieder aktiviert haben, ein schwieriger sprachlicher Bereich. Vgl. Uhlisch 1995, 27.

auch den Sprecher aufgrund von Sprecheigentümlichkeiten typisiert. Eine Typisierungsmöglichkeit besteht darin, den Sprecher als zugehörig zur eigenen Sprachgemeinschaft oder nicht zugehörig zu ihr – als Nicht-Mitglied – einzuordnen.[194] Sie dürfte mindestens immer dann angewandt werden, wenn eine Erstbegegnung zwischen Partnern stattfindet, aber zum Beispiel auch bei Beurteilungen eines Sprechers im Hinblick auf seine Eignung für bestimmte berufliche Aufgaben.

Bereits wenn man MKs Zubereitungsanleitung liest, ohne sie in der Tonaufnahme anzuhören, wird die fremdsprachliche Prägung ihrer Sprechweise deutlich. Dies ist sicherlich an verschiedene Äußerungsmerkmale gebunden. Hier sollen nur zwei genannt werden, die für Lernervarietäten des Deutschen auf der Basis verschiedener Ausgangssprachen charakteristisch sind, z.T. aber durch Strukturmerkmale gerade des Russischen begünstigt werden:[195]

– fremdsprachlich bedingte Abweichungen vom Genus deutscher Substantive: *kochende Wasser, welche/keine Fleisch, die Pfeffer,*

– die Nicht-Realisierung von ganzen Satzgliedern oder Bestandteilen von Satzgliedern, die im Deutschen generell oder kotextuell bedingt in der Oberflächenstruktur der Äußerungen realisiert werden müssten. Hier sind vor allem der Artikelgebrauch und die Realisierung von phorischem oder nicht-phorischem *es*[196] in Subjekt- oder Objektposition schwierig. Fehlerhaft artikellose Formen finden wir in den Äußerungen 6, 11, 18, 22 und 31. Für Unsicherheiten im Gebrauch von *es* vgl. man die Äußerungen 1, 5, 14, 16, 17, 24, 25, 26, 28 in MKs Zubereitungsanleitung. Allerdings bedürften die Verwendungsbedingungen von Anaphern, Analepsen und Deixeis im Deutschen und Russischen generell einer detaillierten vergleichenden Untersuchung,[197] um ausgangssprachlich bedingte Probleme beim Erwerb des Deutschen genauer vorhersagen und bearbeiten zu können. Auch die Realisierungsbedingungen von Kopulaverben bereiten russischsprachigen Deutschlernenden Schwierigkeiten. Vgl. dazu MKs Äußerungen 10-12.

Gegenüber diesen deutlich fremdsprachlichen Charakteristika von MKs Äußerungsfolge scheinen mir ihre Abweichungen von der deutschen Satzgliedfolge eher tolerierbar. Man vergleiche dazu die Äußerungen 13, 14, 16, 17, 20, 23, 24, 25 und 30, in denen die Sprecherin mit dem finiten Verb beginnt.

---

[194] Siehe Ehlich 1986 über Xenismen als Kennzeichen fremdsprachlichen Handelns und Ausweise der Nicht-Mitgliedschaft in der Gruppe der Muttersprachsprecher.
[195] Siehe dazu Uhlisch 1992 und 1995.
[196] Siehe zu diesen Arten von *es* sowie zur Weglassbarkeit bestimmter Satzglieder Zifonun/ Hoffmann/Strecker 1997.
[197] Siehe Frohne 1992, 68, zu diesbezüglichen Schwierigkeiten von russischsprachigen Deutschlernenden.

In empraktisch situierten Äußerungen wäre das durchaus unauffällig. Hier jedoch haben wir es mit einem komplexen Diskurs, d.h. mit einer Sprechhandlungsverkettung, zu tun. Die häufige Verwendung des Linearisierungsmusters 'Beginn mit dem finiten Verb' lässt sich vermutlich daraus erklären, dass MK sowohl von ihren russlanddeutschen Großeltern und Eltern als auch von ihren deutschen Gesprächspartnern in Deutschland vor allem empraktisch eingebettete Äußerungen hört und an situativ entbundener Kommunikation, um die sie sich hier bemüht, kaum Anteil hat. Wenn dies zutrifft, dann sind die häufigen Starts mit dem finiten Verb eher Symptome einer ungenügenden Differenzierung ihrer Deutschfähigkeiten als einer fremdsprachlichen Beeinflussung.[198]

Schließlich noch einige Worte zu regional bedingten Eigenschaften von MKs Äußerungen. Wenn wir MKs Sprechweise mit dem gesprochenen Standard des Deutschen vergleichen, dann fallen einige charakteristische Unterschiede auf:

(a) *muscht, stellscht du, machscht du, schneidscht, kochscht du,*

(b) *peffer,*

(c) *kanz stark, kanses pack.*

Die Merkmale a) und b) weisen MKs Sprechweise als pfälzisch geprägt aus (s. Post 1992, 14-16 sowie 126-127). Die stimmlose Realisierung des *g* in *kanz stark* und *kanses pack* kann man als indirektes Zeichen der Zugehörigkeit zum Pfälzischen oder – genereller – Mitteldeutschen[199] ansehen, wenn man es als eine hyperkorrekte Reaktion auf die Tendenz dieser Mundarten ansieht, die Plosive *p, t* und *k* zu 'erweichen'. MK zeigt jedoch nur wenig Neigung zur Realisierung dieser Erweichung und entsprechender hyperkorrekter Formen und befindet sich überhaupt im Kontinuum Mundart – gesprochene Standardsprache viel näher am standardsprachlichen Pol als zum Beispiel ihre Eltern:[200] Sie spricht relativ standardnah.

Zusammenfassung: Unter dem Gesichtspunkt der mehrsprachigen Kommunikation in russlanddeutschen Familien- und Freundeskreisen soll Folgendes festgehalten werden: Das Transkript bietet ein typisches Beispiel für derartige Kommunikationen unter russlanddeutschen Aussiedlern. In russlanddeutschen Aussiedlerkreisen versteht und spricht fast jeder Russisch und

---

[198] Siehe jedoch Uhlisch 1995, 27, zur Wortstellung als einem gravierenden Fehlerschwerpunkt auch bei Russlanddeutschen in einem fortgeschrittenen Stadium ihres Deutsch-Wiedererwerbs.
[199] Man vgl. z.B. die Erweichung der Verschlusslaute im Hessischen (s. Hasselberg/Wegera 1976, 38-39).
[200] Zur Dialektalität der Eltern von MK siehe Abschnitt 3.5.

Deutsch, wenn auch in individuell unterschiedlichen Graden. Daher kann jeder Sprecher zum Teil wählen, in welcher Sprache er spricht. Seine Entscheidung dürfte von folgenden Faktoren bestimmt sein:

- vom Grad der eigenen Beherrschung des Deutschen bzw. des Russischen, der seinerseits davon abhängt, welcher Generation und Nationalität der Sprecher angehört und welchen Typ sprachlicher Entwicklung er durchlaufen hat,

- von individuellen Präferenzen für eine bestimmte Sprache,

- von der sozialen Konstellation in der Gesprächsgemeinschaft und den Strategien, die sich im Ergebnis möglicherweise konfligierender Maximen für die jeweilige Kommunikationssituation durchsetzen.

Im Hinblick auf Margarita Kirillovs Deutsch am Beginn des siebten Aufenthaltsjahres können aus der Analyse des Transkripts (T07) folgende Verallgemeinerungen abgeleitet werden:

MK hat ihr in der Kindheit erworbenes Deutsch so weit wieder aktiviert und ausgebaut, dass es vielen Zwecken alltäglicher Kommunikation dienen kann. Allerdings machen sich immer noch Lücken im Wortschatz (hier besonders bei Verben) bemerkbar, die zu Verständigungsschwierigkeiten führen können.

Es ist würdigend zu vermerken, dass MK sich auf Deutsch nicht nur um empraktisch situierte Kommunikation bemüht, sondern auch um die Gestaltung komplexer Diskurse. Dabei kann sie den Zusammenhang der einzelnen Äußerungen für den Zuhörer deutlicher machen als in der ersten Zeit ihrer sprachlichen Integration (vgl. (T06)), weil ihr nunmehr syntaktische Mittel und Konjunktionen eher zur Verfügung stehen. Dennoch stößt MK bei komplexeren Darstellungen immer noch auf erhebliche Schwierigkeiten, sicher nicht zuletzt auch deswegen, weil ihre entsprechenden Russischfähigkeiten ebenfalls wenig entwickelt sind.

MKs Deutsch klingt auch im siebten Aufenthaltsjahr in hohem Maße fremd. Das liegt unter anderem an nicht normgerechten Genuszuweisungen für Nomen und der Nichtrealisierung obligatorischer Äußerungselemente (Artikel, Anaphern, Kopulaverben u.a.). Es wäre durch eine genauere Analyse zu prüfen, ob und in welcher Hinsicht hier ein Lernprozess stattgefunden hat. Die deutlich fremdsprachliche Prägung bewirkt, dass MK stets sofort als Zuwanderin erkannt wird – mit allen Konsequenzen für den Aufbau und die Gestaltung sozialer Beziehungen und die Arbeitsplatzsuche.

MKs Deutsch ist westmitteldeutsch, und zwar pfälzisch getönt, was vor allem in der s-Palatalisierung zu Tage tritt. Die Dialektalität ist erheblich schwächer als bei den Eltern und auch bei der einheimisch-deutschen Mannheimer Freundin, und sie ist von z.T. anderer Art als bei den Eltern. Mit der schwächeren und anders gearteten Dialektalität hat MK das erreicht, was sie spätestens seit der Übersiedlung nach Deutschland wollte: nicht so sprechen wie die Eltern. Dass sie dabei ist, sich sehr prominente Merkmale ihrer neuen regionalen Umgebungsvarietät anzueignen, scheint ihr bisher nicht zu Bewusstsein gekommen zu sein.

3.4.5 Margarita Kirillov – Zusammenfassung

Margarita Kirillovs **sprachliche Praktiken und Fähigkeiten** sind **zum Zeitpunkt der Übersiedlung nach Deutschland** – MK ist 24 Jahre alt – durch folgende Merkmale gekennzeichnet. **Russisch** ist unter dem Gesichtspunkt der Erwerbsreihenfolge MKs Zweitsprache. Sie hat sich diese Sprache jedoch früh (Erwerbstyp: sukzessiver Bilingualismus) angeeignet, in der Schulzeit ausgebaut, wenn auch im Unterrichtstyp Submersion, und ständig benutzt. Nach der Gebrauchshäufigkeit und dem Grad der Beherrschung ist Russisch MKs dominante Sprache. Sie spricht ein Russisch von muttersprachlicher Qualität mit regionaler Färbung. Ihre russischsprachigen Fähigkeiten sind vor allem mündlicher Natur. MK verfügt zwar über Erfahrungen und Fähigkeiten in schriftsprachlicher russischer Kommunikation, hat sie aber nach der Schulzeit nur wenig benutzt. MKs Russisch weist kaum Merkmale eines frühen Kontakts mit dem Deutschen auf. **Deutsch** ist der Erwerbsreihenfolge nach MKs Erstsprache. Sie verfügt bei der Einreise über elementare mündliche Deutschfähigkeiten rezeptiver und produktiver Natur, die sie aber lange nicht in Anspruch genommen hat. Weiterhin hat sie einige wenige schriftsprachliche Kenntnisse des Deutschen, vor allem Kenntnis der lateinischen Buchstaben. Aber auch diese sind bei der Einreise nicht aktiviert. In Gebrauchshäufigkeit, Verfügbarkeit und funktionaler Ausdifferenzierung ist MKs Deutsch mithin eine schwache, vom Verlust bedrohte Sprache.

Das **sprachliche Angebot**, das Margarita Kirillov am Anfang der sprachlichen Integration (**erstes und zweites Aufenthaltsjahr**) in der Familie erfährt, ist – wie bei Xenia und Georg – durch folgende Merkmale gekennzeichnet: Es ist ein regionales, mündlich geprägtes, leicht deutsch beeinflusstes **Russisch**, das ähnlich auch von anderen russlanddeutschen Bekannten im Übergangswohnheim verwendet wird. Standardsprachliches Russisch erfährt MK nach der Übersiedlung nicht mehr. Auch MK erlebt – wie Xenia und Georg –, dass Russisch in der deutschen Gesellschaft wertlos ist und weitgehend abgelehnt wird. **Deutsch** hört MK in der Familie vor allem von ihren Eltern, und zwar in einer stark dialektalen, mündlichen und russisch-kontaktsprachlichen Prägung. Im Deutschkurs für Aussiedler und im Umschulungskurs erfährt MK kurzfristig schriftsprachliches und standardsprachlich-mündliches Deutsch von den Lehrern. Regional und mündlich geprägtes Deutsch hört sie kurzfristig von den Kollegen und sporadisch von der einheimischen Freundin.

Margarita Kirillovs **sprachliche Praktiken und Fähigkeiten** im **ersten und zweiten Aufenthaltsjahr** weisen folgende Merkmale auf: **Russisch** spricht MK im Familien- und Bekanntenkreis nur a) wenn die Adressaten nicht Deutsch verstehen und sprechen sowie b) wenn sie sich selbst schnell und effizient ausdrücken will. Im russischen Diskurs verwendet sie zunehmend lexikalische Übernahmen aus dem Deutschen. Ihre russisch-schriftsprachlichen Fähigkeiten nimmt MK kaum mehr in Anspruch (Lesen und Schreiben weniger Briefe). Auch standardsprachliches mündliches Russisch – etwa in Rundfunk und Fernsehen – sucht sie nicht auf. MK trifft keine Maßnahmen zur Stützung des Russischs der Kinder. Sie übernimmt die abwertende Einstellung der deutschen Mehrheitsbevölkerung zum Russischen und gibt sie durch ihr Verhalten an die Kinder weiter, indem sie es auf den Bereich der häuslichen Familienkommunikation beschränkt und aus dem Bereich öffentlicher Familienkommunikation ausschließt. MK bemüht sich seit der Übersiedlung um eine Reaktivierung und Erweiterung ihrer mitgebrachten **Deutschfähigkeiten**. Dabei orientiert sie sich vollständig auf den Ausbau durch Kommunikation. Sie zeigt keine Bemühungen um eine bewusste Steuerung ihrer Deutschentwicklung. Sie verwendet Deutsch immer dann, wenn die Partner Deutsch verstehen, auch wenn in der Konstellation Russisch möglich wäre. Sie missbilligt die Nutzung anderer Sprachen als des Deutschen in der Öffentlichkeit. Wenn ihre Deutschfähigkeiten nicht ausreichen, zieht sie in privaten Räumen das Russische zur Ergänzung ihrer deutschsprachigen Äußerungen und zur Erweiterung ihrer Deutschfähigkeiten heran (Übernahmen und Code-Wechsel; Benutzung des Russischen zur Verständnissicherung und Worterklärung usw.). MK bemüht sich um ein möglichst standardnahes Deutsch. Sie lehnt die Dialektalität der Eltern ab. Sie hofft, von ihren Kindern *richtiges Deutsch* zu lernen. Bei Formulierungsschwierigkeiten im Deutschen nimmt sie mehr und mehr die Hilfe der Tochter in Anspruch. MK wirkt als Vermittlerin und Helferin in der deutschsprachigen Kommunikation zwischen Mitgliedern ihrer Familie (den Eltern, dem Ehemann, anfangs auch den Kindern) und einheimischen Deutschen. Wenn ein Kommunikationsereignis mit einheimischen Deutschen sehr hohe Anforderungen stellt, neigt MK dazu, die Kommunikation zu meiden und auf die Durchsetzung ihrer Interessen zu verzichten. MKs mündliches Deutsch ist stark durch lernersprachliche Formen und Interferenzen des Russischen auf allen sprachlichen Ebenen geprägt. Über ihre schriftsprachlichen Deutschfähigkeiten können keine Aussagen gemacht werden. Sie dürften minimal sein.

Das MK zur Verfügung stehende bzw. von ihr aufgesuchte **sprachliche Angebot** weist **im fünften und sechsten Aufenthaltsjahr** folgende Merkmale auf. Im **Russischen** gleicht es dem ihrer Kinder und ihrer Mutter. Das **Deutsch-Angebot** ist gegenüber der Anfangsphase der sprachlichen Integration dadurch gekennzeichnet, dass es kaum noch standardsprachliches und schriftsprachliches Deutsch enthält.

MKs **sprachliche Praktiken und Fähigkeiten** sind im **fünften und sechstes Aufenthaltsjahr** durch folgende Charakteristika gekennzeichnet: MK verfügt weiterhin sofort über das **Russische** für alltägliche und empratische Kommunikation. Sie hat kaum Wortfindungsprobleme. Sie verwendet es stets bei automatisierter und negativ-emotionaler Kommunikation. In ihrem Russisch nehmen die Merkmale des Kontakts mit dem Deutschen deutlich zu (lexikalische Übernahmen, vor allem für neue Realien, zum Teil unanalysiert, Wort-für-Wort-Übersetzungen aus dem Deutschen, zunehmend Unsicherheit bezüglich grundlegender grammatischer und phraseologischer Formen des Russischen). MK zeigt Grenzen in der Fähigkeit, gegenüber nichtdeutschsprachigen Partnern die Verwendung deutscher Elemente im Russischen zu kontrollieren. MK nutzt ihre russisch-schriftsprachlichen Fähigkeiten fast nicht mehr. Sie fordert ihre Kinder auf, das Russische zu *vergessen*. Das **Deutsche** wird für MK zunehmend bedeutungsvoller. Sie nutzt es in der familiären Kommunikation immer häufiger. Jedoch bleiben ihre Versuche, sich selbst und die Großfamilie auf Deutsch als einzige Familiensprache zu verpflichten, ohne Erfolg. MK eignet sich zum Teil relativ standardnahe Formen an, aber auch solche regionalen Formen, die für die neue Umgebungssprache charakteristisch sind und im mitgebrachten Deutsch der Eltern fehlen. MK beteiligt sich auch auf Deutsch kaum an standardsprachlicher und schriftvermittelter Kommunikation. Ihre Kompetenz im Umgang mit schriftsprachlicher und insbesondere institutioneller Kommunikation wächst sehr langsam. Sie bedarf darin weiterhin der Unterstützung durch einheimische Deutsche. Dennoch ist sie es, die wichtige kommunikative Aufgaben im Verkehr zwischen der Familie und deutschen Institutionen (Arbeitsamt, Arbeitgeber des Ehemannes, Gericht, Arzt usw.) erledigt. Wenn sie sich dem nicht gewachsen fühlt, verzichtet sie weiterhin aus Angst vor Versagen auf die Bearbeitung kommunikativer Aufgaben. In MKs Deutsch sinkt die Anzahl von lexikalischen Übernahmen aus dem Russischen und Code-Wechseln, aber es ist weiterhin deutlich geprägt durch lautliche, morphosyntaktische und phraseologische Eigentümlichkeiten des Russischen sowie lernersprachliche Formen. MK bleibt auf den Ausbau des Deutschen allein in der Kommunikation ausgerichtet. Sie orientiert die Kinder zunehmend auf die deutsche Sprache, unternimmt jedoch nichts zur systematischen Förderung ihrer Deutschkenntnisse.

3.5 Xenias und Georgs Großeltern mütterlicherseits: Nora und Paul Butz

3.5.1 In Kasachstan

Großmutter Nora Butz (NB) und Großvater Paul Butz (PB) sind beide Russlanddeutsche. Paul Butz wurde 1938 in Marxstadt bei Saratov in der damaligen Autonomen Sozialistischen Sowjetrepublik der Wolgadeutschen geboren. Er absolvierte in der allgemeinbildenden Schule zunächst fünf Klassen und später in der Abendschule die sechste bis achte Klasse. Er ist von Beruf Maurer und war längere Zeit als Vorarbeiter tätig. Vor etwa zehn Jahren erblindete er und musste in Rente gehen. Nora Butz wurde 1939 ebenfalls in Marxstadt geboren. Sie beendete nur vier Klassen der allgemeinbildenden Schule. Sie ist von Beruf Malerin und arbeitete im gleichen Baubetrieb wie ihr Mann, zuletzt auch sie als Vorarbeiterin.

Um die sprachlichen Entwicklungen von Nora und Paul Butz verständlich zu machen, muss ich zunächst etwas genauer auf ihre Eltern und ihre Kindheit eingehen. Über die Mutter von Nora Butz werde ich in Abschnitt 3.6 genauer berichten. Die Eltern von Paul Butz stammten aus dem wolgadeutschen Dorf Obermonjou, wo sie Bauern waren. Beide waren Analphabeten. Sie hatten keine Schule besucht, weil sie auf den väterlichen Höfen als Arbeitskräfte gebraucht wurden. Herr Butz berichtete: *Mein Mutter hat net glernt und mein Vater net. Net uf Russsch, net uf Deutsch. Mein Vater hat auch so gsagt: Die Kuh zu melge und die Sei zu fiddere, brauch man net lerne* (Kass. 181/IIb). Durch die Kollektivierung der Landwirtschaft verloren Paul Butz' Eltern ihre bäuerliche Existenzgrundlage: *28, 30 haben s alles abgenomme, das Land und s Viech auch, is die Familije auseinannergange, jeider hat sich gesucht wo Arbeit, is mein Vatter 28 niber inne Stadt*, nach Marxstadt, wo er im Fleischkombinat als Viehtreiber arbeitete (Kass. 165a). Marxstadt wurde der Geburtsort von Paul Butz. Nach dem deutschen Überfall auf die Sowjetunion 1941 wurden Nora und Paul, damals Kleinkinder von zwei bzw. drei Jahren, mit ihren Eltern in den sibirischen Altajkreis deportiert. Die Väter kamen nach Kotlas[201] in Nordrussland zur sog. Arbeitsarmee. Noras Vater überlebte die Zwangsarbeit nicht. Pauls Vater kam 1948 als Invalide zu seiner Familie nach Sibirien.

Paul und Nora wurden bis zu ihrer Einschulung von ihren Müttern und Großmüttern in einem wolgadeutschen Dialekt aufgezogen. Seit der Einschulung befanden sie sich in der Situation einer scharf ausgeprägten Diglossie: Familiensprache war für sie lange die vertraute wolgadeutsche Varietät des Deutschen, die zunächst – während des Krieges und in den ersten Jahren

---

[201] Zu Kotlas als berüchtigter nordrussischer Zentrale im 'Archipel Gulag' siehe Solschenizyn 1974.

danach – als *Sprache der Faschisten* stigmatisiert war. Schulischer Deutschunterricht war in den Kriegs- und frühen Nachkriegsjahren nur ganz ausnahmsweise möglich.[202] So lernten Paul und Nora in der Sowjetunion nie, Deutsch zu lesen und zu schreiben. Mit zunehmender zeitlicher Distanz zum Kriege milderte sich die ablehnende Haltung gegenüber den Deutschen und ihrer Sprache. Sie konnten sie nunmehr wieder in der Öffentlichkeit benutzen. Auch Paul und Nora taten das gelegentlich, besonders nach ihrer Übersiedlung in das multilinguale Kasachstan, wo man sich nun gern und mit einem gewissen Stolz in der Öffentlichkeit als Deutscher zu erkennen gab – so berichteten es mir die beiden; und ihre Tochter erinnerte sich auf ähnliche Weise (Kass. 006, 165b). Dennoch wurde im Verlaufe von Pauls und Noras Leben der Anwendungsbereich des Deutschen in der Familie eingeschränkt. Es wurde zur Sprache, in der Nora und Paul mit ihren Eltern und Schwiegereltern sprachen. Untereinander und mit ihren Kindern sprachen sie Russisch. Schulsprache, Arbeitssprache und Sprache der Öffentlichkeit war für sie das Russische ohnehin. Gemäß ihrer eigenen Einschätzung und der Einschätzung durch russische Muttersprachler – den Schwiegersohn und meine russischen Kolleginnen Anna Petrova, Ekaterina Protassova und Elena Borovkova – sprechen sie Russisch wie Russen. Die Dominanz des Russischen ist Konsequenz folgender Sachverhalte: Die Alphabetisierung vollzog sich auf Russisch; die schriftsprachlichen Fähigkeiten blieben bis zur Ausreise nach Deutschland auf das Russische beschränkt; das Russische war für sie die funktional stärker ausdifferenzierte Sprache; und schließlich: Sie selbst sahen das Russische lange Zeit als ihre 'normale Sprache' an. Ein Wechsel der Perspektive trat, so stellte Nora es dar, erst in den letzten Jahren ein: *Wie älter dass man werd, un da kriegt man mehre Bezug zu sei Volk* (Kass. 165b), sagte sie, ohne die gesellschaftlichen Veränderungen zu berücksichtigen, die solchem Einstellungswandel in der Regel zugrunde liegen.

---

[202] Das gilt im übrigen nicht nur für die Sowjetunion. Bis heute bringen es Kriege mit sich, dass man der Sprache des Kriegsgegners und allen ihren Trägern misstraut und Sprache samt Träger diskriminiert und entrechtet. So wurden z.B. während des Ersten Weltkrieges in den USA deutsche Schulen und Krankenhäuser geschlossen, und 1919 wurde Deutsch als Unterrichtsgegenstand an öffentlichen Grundschulen verboten. Deutschstämmige USA-Bürger berichten über Anfeindungen und Verdächtigungen während des Zweiten Weltkrieges, in deren Folge viele von ihnen damals endgültig darauf verzichteten, ihren Kindern Deutsch beizubringen. Siehe Kloss 1966, Tolzmann 1995, Kaul 1996. Die amerikanischen Bürger japanischer Herkunft wurden im Zweiten Weltkrieg aufgrund unbewiesener Spionage-Beschuldigungen interniert und ihrer grundlegenden bürgerlichen Rechte beraubt (Irons 1983, Artikel 'Concentration camps' in Niieja (Hg.) 1993).

3.5.2 In Deutschland

3.5.2.1 Erstes und zweites Aufenthaltsjahr

Ich lernte Paul und Nora Butz zufällig bei ihrer Tochter im Übergangswohnheim kennen, als sie bereits fast zwei Jahre in Deutschland lebten. Mir wurde bei dieser ersten Begegnung schlagartig deutlich, dass diese Großeltern von ganz entscheidender Bedeutung für die sprachliche Entwicklung ihrer Enkel waren. Sie zeigten eine beständige intensive Aufmerksamkeit für Xenia und Georg und waren tagsüber, wenn Margarita und Valerij Kirillov im Sprachkurs bzw. auf der Arbeit waren, die wichtigsten Gesprächspartner der Kinder, sei es im unmittelbaren Umgang, sei es telefonisch. Sie konnten sich gut in die kommunikative Situation der Enkel hineinversetzen, denn sie selbst waren – so ihre Wahrnehmung – als Kinder nach der Deportation mit vergleichbaren sprachlichen Problemen konfrontiert gewesen: mit der Notwendigkeit, in der Schule und anderswo ständig auf eine ihnen fremde Sprache reagieren und sich mehr und mehr dieser fremden Sprache bedienen zu müssen (Kass. 165b). Die Großeltern wünschten, dass die Enkel schnell und gut Deutsch lernten, und wollten sie dabei unterstützen, indem sie ihnen ihre eigenen Deutschkenntnisse weitergaben.

Das Deutsch der Großeltern Butz war durch folgende Merkmale gekennzeichnet:[203] Es war stark dialektal, besonders in der Lautung, aber auch in bestimmten grammatischen und lexikalischen Eigentümlichkeiten. Die systematische Verwendung bestimmter lautlicher Varianten und die systematische Nichtverwendung anderer[204] lassen darauf schließen, dass die Vorfahren von NB und PB aus dem Westmitteldeutschen stammten, jedoch nicht aus dem Pfälzischen oder Südfränkischen mit ihrer charakteristischen *s*-Palatalisierung,[205] sondern eher aus dem Hessischen.[206] Die grammatisch-dialektale Prägung zeigte sich vor allem in der Satzgliedfolge und im Kasussystem. Bei vielen russlanddeutschen Dialekten wird seit langem, mindestens seit den 30er Jahren, eine Reduktion des Kasussystems beobachtet.[207] Die russlanddeutschen Dialekte kennen keinen Genitiv mehr; sie haben ihn im Wesentlichen durch den possessiven Dativ ersetzt. Aber mehr noch. Nora Butz sagte

---

[203] Siehe dazu detaillierter Meng/Borovkova 1999 sowie (T08).
[204] Paul und Nora Butz benutzen fast nie das palatalisierte *s*, das in der Mannheimer Gegend üblich ist, z.B. wenn standardsprachlich *fest* als *fescht* gesprochen wird.
[205] Siehe zur *s*-Palatalisierung im Pfälzischen Post 1992, 102, und im Südfränkischen Berend 1998, Kapitel 4.2.
[206] Siehe auch Kauls wolgadeutsche Probanden aus Marxstadt – dem Geburtsort von PB und NB –, die ebenfalls keine *s*-Palatalisierung vollziehen (Kaul 1996, 38).
[207] Siehe zur Reduktion des Kasussystems in den russlanddeutschen Dialekten Mironov 1941 (nach Berend/Jedig 1991), Dulson 1941 (nach Berend/Jedig 1991) sowie Kaul 1996, 39-42. – Eine Reduktion des Kasussystems ist auch für viele binnendeutsche Dialekte charakteristisch.

nicht *Raimunds Frau* und auch nicht *dem Raimund sei Frau*, sondern *den Raimund sei Frau*; und sie sagte: *mit die wouhnung;* und Paul Butz sagte: *bei die* (Kass. 165). Wir finden letztlich also nur noch zwei Kasus: den Nominativ und den Akkusativ. Lexikalisch-dialektale oder lexikalisch-regionale Formen waren bei NB und PB u.a. die folgenden: der Gebrauch von *weisen* statt *zeigen*, von *scharf* statt *schnell*, von *sachtich* statt *langsam*, von *apartich* statt *getrennt*. Butzens benutzten auch dialektale Verbformen wie z.B. *gung* für *ging* oder *ich sei* für *ich bin* oder *mir sein* für *wir sind*.

Außer durch die wolgadeutsche Regionalität war das Deutsch von Xenias und Georgs Großeltern durch Wechsel ins Russische gekennzeichnet. Im deutschsprachigen Gespräch mit mir stießen Paul und Nora Butz immer wieder auf Punkte, an denen es ihnen eine kommunikative Erleichterung war, für einzelne Wörter, Syntagmen und Äußerungen oder auch ganze Äußerungsfolgen ins Russische übergehen zu können. Zu PBs Deutsch im zweiten Aufenthaltsjahr siehe auch (T08).

Nora und Paul Butz wussten natürlich, dass sie nicht ohne Anstrengungen auf beiden Seiten mit den *örtlichen* Deutschen kommunizieren können, und dieses Wissen schüchterte sie ein. Von ihrer Tochter und deren Freundin erfuhr ich, dass sich die Großeltern vor Gesprächen mit Unbekannten fürchteten. Sobald aber ein solches Gespräch zustande gekommen ist, genießen sie es durchaus, wie ich beobachten konnte (Kass. 165).

Lesen und Schreiben auf Deutsch lernte Nora Butz erst in Deutschland. Man kann sich vorstellen, wie wenig in der kurzen Zeit des Sprachkurses möglich war. Paul Butz musste wegen seines Augenleidens auf diese Erweiterung seiner deutschsprachigen Fähigkeiten verzichten.

Nora und Paul Butz wollten nicht nur, dass ihre Enkel schnell und gut Deutsch lernten. Sie legten auch Wert darauf, dass Xenia und Georg das Russische, das sie bereits sprachen, nicht vergaßen und es weiterhin nutzten. Die Bewahrung des Russischen bei den Enkeln schien ihnen gesichert zu sein, da der Vater der Kinder und andere Mitglieder der Großfamilie Russen seien und man sich ohnehin oft des Russischen bediene. Insbesondere der Großvater sprach weiterhin gern zu seinen Enkeln Russisch. Er freute sich, wenn sie ihn um ein Märchen baten, und kam ihren Wünschen sogleich nach, und dies stets auf Russisch. Zu seinem Repertoire gehörten sowohl russische Volksmärchen als auch die Puschkinschen Märchen, und er dachte sich mitunter auch Geschichten aus. Im Märchenerzählen hatte Paul Butz nach dem Urteil seines Schwiegersohnes und meinem Empfinden eine beeindruckende Fähigkeit entwickelt. Als ich eine Aufnahme davon meiner russischen Kollegin Anna Petrova vorspielte, rief sie aus: Nicht einmal im Radio hört man das so gut, und sie begann mir zu erläutern, welche sprecherischen Merkmale sich bei PB zu einer ganz eigenen russisch-volkstümlichen Kultur vereinigten. Dann seufzte sie und sagte: Es wäre deprimierend, wenn das niemand mehr zu schätzen wüsste und es verloren ginge. Siehe dazu (T09).

Xenias und Georgs Mutter war schwankend, wie sie den sprachlichen Einfluss ihrer Eltern auf die Kinder beurteilen sollte. Deren dialektales Deutsch schätzte sie nicht. Sie hätte es vorgezogen, wenn die Kinder nur von *richtigen* Deutschen *richtiges* Deutsch lernten (Kass. 037a). Das Russisch ihrer Eltern schien ihr irrelevant für die sprachliche Entwicklung der Kinder zu sein. Sogar den außergewöhnlichen Fähigkeiten ihres Vaters, Märchen zu erzählen, stand sie gleichgültig gegenüber.

3.5.2.2 Drittes bis sechstes Aufenthaltsjahr

Die weitere sprachliche Entwicklung von Nora und Paul Butz ist dadurch bestimmt, dass sie relativ wenig Umgang mit einheimischen Deutschen hatten und haben, wenn man einmal von Radio und Fernsehen absieht. Zwar ging Nora Butz kurze Zeit arbeiten, um Geld zu verdienen und von den Kollegen hiesiges Deutsch zu lernen. Sie arbeitete in einer Müllsortieranlage – bei fürchterlichem Gestank und Lärm am Fließband, wo man sein eigenes Wort nicht verstand und wohin sich *örtliche* Deutsche natürlich nicht verirrten. Sie bekam einen Ausschlag am ganzen Körper, und ihr Mann verunglückte in der Wohnung, als er sich – blind – sein Mittagessen aufwärmen wollte. Da entschieden sie, dass Nora die Arbeit und die damit verbundenen geringen Verdienstmöglichkeiten aufgab. Ein sprachlicher Gewinn war, wie NB erfahren hatte, von dieser Arbeit ohnehin nicht zu erwarten. Immerhin konnte Nora dann ihre alte Mutter zu sich nehmen und so ihren Bruder, der die Mutter mehrere Jahre betreut hatte, entlasten.

Auf diese Weise von den einheimischen Deutschen isoliert, konnten Nora und Paul Butz ihr *Altdeutsch*, wie PB sagte (Kass. 165a), nicht modernisieren und automatisieren. Allerdings kann es sein, dass sich die Dialektalität etwas abschwächte. Jedenfalls beobachtete ich, dass sie im vierten Aufenthaltsjahr einige ihrer dialektal-lautlichen Varianten im Wechsel mit den standardsprachlichen Entsprechungen gebrauchten. So variierten sie zwischen entrundeten und gerundeten Formen: *sche:n* fand sich neben *schön, lait* neben *leut, fiehren* neben *fühlen*. Das teilweise Variieren zwischen dialektalen und standardsprachlichen lautlichen Formen könnte verschiedene Ursachen haben: NB und PB hatten ihre ersten Lebensjahre in Marxstadt an der Wolga verbracht, dessen Sprechweise Dinges bereits 1923 als Stadtmundart charakterisierte, die einen Ausgleich zwischen verschiedenen westmitteldeutschen Dialekten und dem Standarddeutschen herstellte (vgl. Dinges 1923, 71). Es ist aber auch möglich, dass dieses Variieren ein Ergebnis der sprachlichen Integration in Deutschland war, das sich bei Nora und Paul Butz als eine partielle Annäherung an den Standard darstellte.[208] Die Varietät, die in meinen späteren Aufnahmen begegnet, wäre dann ihr 'Hochdeutsch' am Ende des vierten Jahres in Deutschland. Die Datenlage – vor allem das Fehlen von umfangreicheren Tonaufnahmen kurz nach der Übersiedlung – gestattet es nicht, zwischen diesen beiden Möglichkeiten zu entscheiden.

Das Russische blieb auch in den späteren Jahren des Lebens in Deutschland für Paul und Nora Butz die wichtigste Sprache der familiären Kommunikation, wie ich beobachten konnte, wie alle jüngeren Familienmitglieder berichteten[209] und wie PB selbst zu einer russischen Besucherin – Elena Borovkova (EB) – /auf Russisch/ sagte. Zu Hause spräche er meist Russisch, auch mit seiner Frau, das ginge schneller und besser, und sie brauchten nicht zu übersetzen. Sie hätten ja immerhin mehr als fünfzig Jahre dort gelebt und auf Deutsch keine Schule besucht. Er höre täglich politische Rundfunksendungen auf Deutsch, aber vor allem auf Russisch – Stimme der Freiheit aus Prag. Ihn interessiere die Entwicklung in seinem Herkunftsland; und er würde auch gern wieder dorthin zu Besuch fahren, aber das sei für ihn wegen seiner Blindheit zu beschwerlich, sagte er zu EB (Kass. 358b). Auf EBs Frage antwortete Paul Butz, er habe die Übersiedlung nach Deutschland nicht bereut, denn in Deutschland erfahre er mehr *Aufmerksamkeit* als in Kasachstan: Zuverlässig gehe seine Rente ein, eine Rente, von der er leben könne, weil er zu sparen wisse. Wenn er an Russland und Kasachstan denke, dann unterscheide er zwischen den Kriegsjahren in Sibirien und den späteren Jahren in Kasachstan. Man könne das gar nicht vergleichen. In den Kriegsjahren hätten alle eine Wut gehabt, und nicht jeder habe verstanden, wer Recht hatte, wer schuld war; es war eine Wut; er nähme das überhaupt nicht übel; sie seien Deutsche gewesen, aber Russlanddeutsche, keine Deutschen von hier; und auch die Leute von hier hätten nicht alle diesen Krieg gewollt; das seien nur die Oberen gewesen, der einfache Arbeiter nicht, dem habe man ein Gewehr in die Hand gedrückt und los! Später in Kasachstan sei die Situation ganz anders gewesen, dort habe es viele Nationalitäten gegeben; möchtest du deine Sprache sprechen – bitte schön, möchtest du Russisch sprechen – bitte schön! Heimat sei ihm Deutschland nicht, noch nicht, aber es sei die Heimat seiner Vorfahren (Kass. 358b). PB war froh über den Gedankenaustausch mit der russischen Besucherin und wollte gern, dass sie ihn verstehe.

---

[208] Siehe Berend 1998 zur 'Verhochdeutschung' als einer Tendenz der sprachlichen Integration.
[209] Siehe vor allem die Befragungen zu den sprachlichen Netzen der Familienmitglieder.

3.5.3   (T08) Großvater PB: *Privat*, deutsch, 20 Monate

(T08) Großvater PB: Privat   **26.08.92,   019aoVidPB(54)Privatdt20**

1   BW1:   jà **
    PB: un privat des is privat↓   des=s heit ** wouhns=du un

2   BW1:   kanns=du /
    PB: morje:: / **   äh это / hadd=er beim хозяин
    ÜbPB   äh /   Besitzer/Wirt

3   PB: gnomme или * im la:jer→ privat is→ или wie äh * hadd=er↓
    ÜbPB   oder   oder

4   BW1:   wir wohnen bei einer wirtin↓ jà   und: **
    PB: **   ă: нỳ нỳ нỳ нỳ
    ÜbPB   Aha, so, so, so, so.

5   BW1:   das is ihr ei"genes haus→
    PB: нỳ нỳ нỳ нỳ ich hab=s / ich
    ÜbPB   So, so, so, so.

6   BW1:   sie ist eine alte frau→ und will * jetz bei ihrem sohn
    PB: verstäh↓

7   BW1:   wohnen↓ weil sie schon sehr krank ist↓   und wi"r
    PB: ă нỳ: это /
    ÜbPB   Aha. Na das /

8   BW1:   nehmen ih"re wohnung↓ **
    PB: nu des versteih ich↓ но a
    ÜbPB   aber aber

9   BW1:   jà
    PB: потом ** kann se sa:je ich will=s haus verkauwen→ u/ un
    ÜbPB   dann

10	BW1:	jà	jà	so
	PB:	geiht fort→ un misst=ir wieder=eich suche n=neu"e alles↓ já		

11	BW1:	is=es→ jà
	PB:	вот des=s privat is privat↓ aw=wenn vun ** vun
	ÜbPB	also

12	BW1:	jă
	PB:	sozia"l ** er kriecht u:n тогда * тогда это ** kennt=ir
	ÜbPB	Sozialamt dann dann äh

13	BW1:	jà das ist
	PB:	schun * bauen↓ das wä"r schon als wie ei"eres↓

14	BW1:	besser↓ jà * aber es gibt nicht viele wohnungen vom
	PB:	jà

15	BW1:	sozialamt↓ **
	PB:	jà #jà des ah des sind so viel leu:t→ # ой wenn=
	ÜbPB	oh
	PBK	#GEDEHNT, KLAGEND---------#

16	PB:	s do driewe bei uns / ** so viel leu:t→ un un wi:ssen se→ do

17	PB:	ma/ do * krie:/ kriegt ma geld zu le"rnen un alles↓ ** un: *

18	PB:	do"rt driewe ой-ё-ёй
	ÜbPB	ojeoje

Kommentar. Demonstrationszweck: Der Gesprächsausschnitt wurde aus mehreren Gründen ausgewählt:

a) Er zeigt die sprachlichen Mittel, die Paul Butz am Anfang der sprachlichen Integration zur Kommunikation mit einheimischen Deutschen zur Verfügung stehen: Deutsch in einer dialektalen und durch das Russische geprägten Varietät.

b) Er verdeutlicht, dass der Vollzug der Kommunikation nicht allein von gemeinsam verfügbaren sprachlichen Mitteln abhängt, sondern auch von einem gemeinsamen Wissenshintergrund, der u.a. gemeinsame Kategorieninventare zur Ordnung der Wirklichkeit enthält (in unserem Beispiel: der Mietverhältnisse in Deutschland).

c) Er macht offenbar, dass die Kommunikation zwischen Aussiedlern und Einheimischen aufgrund der nur partiell gemeinsamen Sprach- und Wissensressourcen auf beiden Seiten Verständigungsarbeit unter erschwerten Bedingungen einschließt.

Zur Gesprächssituation: Das Transkript hält einen charakteristischen Teil des ersten Gesprächs zwischen Paul Butz (PB) und mir (BW1) fest. PB und BW1 lernten sich zufällig kennen, als sich BW1 im Übergangswohnheim für Aussiedler aus Polen, Rumänien und der ehemaligen Sowjetunion bei der Tochter von Herrn Butz und deren Kindern aufhielt und Paul Butz kam, um die Familie seiner Tochter zu besuchen. Zu diesem Zeitpunkt wussten Paul Butz und BW1 noch nichts übereinander. Paul Butz war bereits seit mehreren Jahren blind. Deswegen standen ihm zur sozialen Kategorisierung von BW1 keine optischen Eindrücke zur Verfügung. Das Gespräch wurde unmittelbar nach dem Eintreffen von Paul Butz durch ihn selbst initiiert, als er BW1 davon sprechen hörte, dass sie kürzlich eine neue Wohnung bekommen habe. Das Aufnahmegerät konnte erst kurz nach Beginn dieses Themas eingeschaltet werden.

Die für eine gemeinsame Kommunikation verfügbaren sprachlichen Mittel von PB und BW1: BW1 spricht ein standardnahes Deutsch, das den einheimischen deutschen Sprechern der Region Mannheim/Ludwigshafen als nicht typisch für die Gegend auffällt und das sie entsprechend kommentieren. Paul Butz wird BW1s Deutsch vermutlich als von seinem Deutsch unterschieden wahrnehmen, ohne es regional oder sozial genauer einordnen zu können.

Mit der in und um Mannheim und Ludwigshafen gesprochenen Varietät hat BW1 zum Zeitpunkt des Gesprächs nur begrenzte Erfahrungen. Sie ist erst zwei Monate vor der Aufnahme von Ostberlin nach Ludwigshafen gezogen. Auch ihr Wissen über die westdeutschen Verhältnisse, z.B. in Bezug auf Wohnungen, und den damit verbundenen Sprachgebrauch ist noch gering. Das zeigt sich u.a. darin, dass das Wort *Vermieter* nicht zu ihrem aktiven Wortschatz gehört: Sie hat zuvor immer nur in Mietwohnungen gewohnt, die kommunaler Besitz waren und kommunal verwaltet wurden (im Sprachgebrauch der DDR: von der *KWV* (*Kommunale Wohnungsverwaltung*)).

Für die Kommunikation ist wichtig, dass BW1 in der Lage ist, Russisch zu verstehen und zu sprechen. Das ist Paul Butz jedoch zum Zeitpunkt ihrer im Transkript dokumentierten Begegnung nicht bekannt.

Paul Butz spricht im vorliegenden Transkript einen deutschen Dialekt, der u.a. durch sprachliche Kontakte zum Russischen geprägt ist. Dies drückt sich darin aus, dass er gelegentlich russische Lexeme und Strukturmuster verwendet. Im vorliegenden Transkript handelt es sich dabei nur einmal um einen Symbolfeldausdruck: *хозяин* (*hozjain* – 'Besitzer, privater Arbeitgeber, Hauswirt, Hausherr, Herr, Ehemann'). Die anderen russischen Elemente sind Interjektionen *ă, нў* und *ой-ё-ёй* (*ă, nù* und *oj-ë-ëj*), paraexpeditive Ausdrücke (*вот, это* – primär Deixeis, aber häufig als Verzögerungssignale verwendet, dann vergleichbar dem deutschen *äh*) sowie die deiktisch oder paraoperativ verwendeten Ausdrücke *потом* (*potom* – 'dann, danach') und *тогда* (*togda* – 'dann, in dem Falle'), ferner die Junktoren *или* (*ili* – 'oder'), *но* (*no* – 'aber') und *a* (*a* – 'aber').[210]

Außer durch die russischen Anteile ist die Sprechweise von Paul Butz durch starke Dialektalität geprägt. Einige Varianten dieses Dialekts waren BW1 durch Erfahrungen mit der sprachlichen Variation im ostmitteldeutschen Sprachraum vertraut. Das gilt zum Beispiel für Entrundungen (*kennt* für stdt. *könnt*, *misst* für stdt. *müsst*, *eich* für stdt. *euch*) und für die Spirantisierung insbesondere des *g* (*lajer* für stdt. *lager*, *sa:ch* für stdt. *sag*; *sa:je* für stdt. *sagen*). Andere Varianten lernte sie gerade erst als charakteristisch für die Region Mannheim/Ludwigshafen kennen: die Spirantisierung des *b* (*driewe* für stdt. *drüben*), e-Synkope (*gnomme* für stdt. *genommen),* n-Apokope (*sa:je* für stdt. *sagen*), e-Apokope (*heit* für stdt. *heute*), die Senkung des *i* zu *e* (*er* für stdt. *ihr*, *werd* für stdt. *wird*) sowie die Verdumpfung des *a* zu *o* (*do* für stdt. *da*). Paul Butz verwendet häufig noch weitere Varianten, die in der westmitteldeutschen Sprachlandschaft vorkommen, jedoch nicht sehr verbreitet sind[211] und für BW1 nur mit Mühe und nachträglich als Varianten erkennbar waren: Diphthonge anstelle von standarddeutschen Monophthongen, insbesondere *ou* für langes *o* (*wouhnst* für stdt. *wohnst*) und *ei* für langes *e* (*geiht* für stdt. *geht*). Charakteristisch für Paul Butz und fremd für BW1 war auch die Verwendung der Lokaldeixis *da* (realisiert als *do*) für den Bereich der Nähe (für stdt. *hier*). Schließlich war BW1 die Verwendung der Hörerdeixis der zweiten Person Plural (*ihr*, von PB realisiert als *er*) als höfliche Anredeform nur aus älteren Texten, z.B. Märchen, bekannt, bevor sie –

---

[210] Nach Weinreich 1977/1953, 171, ist die Übernahme gerade solcher „unintegrierter kleiner Wörter" (Interjektionen, Adverbien u.a.) eine für viele Zweisprachige charakteristische Erscheinung. Häufig kommt es bei ein und demselben Sprecher zu wechselseitigen Übernahmen, in unserem Falle: von russischen „kleinen Wörtern" ins Deutsche und von deutschen „kleinen Wörtern" ins Russische.

[211] Siehe z.B. Post 1992, 79, zu Diphthongisierungserscheinungen und -gebieten im Pfälzischen.

u.a. durch Paul Butz – lernte, dass das für russlanddeutsche Aussiedler eine sehr lebendige Praxis ist.[212] Die aufgezählten lautlichen Besonderheiten der Sprechweise von Paul Butz weisen ihn klar als Sprecher einer westmitteldeutschen Varietät[213] aus, und westmitteldeutsche Varietäten waren die in der Wolgarepublik verbreitetsten deutschen Varietäten.[214] Die Zugehörigkeit seines Dialekts zum westmitteldeutschen Sprachraum bedeutet, dass einheimische deutsche Sprecher aus der Region Mannheim/Ludwigshafen vermutlich geringere Verstehensschwierigkeiten im Gespräch mit ihm gehabt hätten als BW1.

Schließlich ist charakteristisch für die Sprechweise von Paul Butz (und vieler Aussiedler am Anfang der sprachlichen Integration), dass kompliziert zusammengesetzte oder abgeleitete Wörter wie *Sozialwohnung* oder *Sozialamt* in einer reduzierten Form verwendet werden, die häufig nicht einmal mehr die gemeinte Wortart erkennen lässt. Siehe *sozial* für *Sozialamt* (F12).

Die sprachlichen Repertoires von PB und BW1 stimmen demnach nur partiell überein. Daher ist zu erwarten, dass die Kommunikation zwischen ihnen mühevoll verläuft.

Gemeinsame Wissens- und Bewertungsbestände als Grundlage der Kommunikation, Nichtübereinstimmung von Wissens- und Bewertungsbeständen als mögliches Kommunikationshindernis: Ein wesentliches Element der sozialen und sprachlichen Integration ist die Aneignung von Wissen über die Strukturen der Aufnahmegesellschaft. Dabei geht es häufig nicht lediglich um eine Erweiterung des mitgebrachten Wissens der Zuwanderer, sondern um eine mindestens partielle Neukonstitution mit Hilfe der Kategorien der Aufnahmegesellschaft. Den Neuankömmlingen ist das meist im Großen und Ganzen bewusst, und sie lernen nach und nach, welche Wissensbereiche das im Besonderen betrifft. Deshalb suchen sie das Wissen der Aufnahmegesellschaft kommunikativ zu erkunden. Das ist jedoch auch für Deutsch sprechende Zuwanderer eine schwierige Aufgabe, weil die Laut-

---

[212] Wie mir Dialektsprecher des Pfälzischen mitteilten, ist die Anrede *Ihr* auch im gegenwärtigen Vorderpfälzischen durchaus üblich. Sie drückt eine größere Nähe aus als *Sie* und mehr Ehrerbietung als *du*. Entsprechend wird sie oft gegenüber älteren Adressaten verwendet (Angelika Eck, mündliche Mitteilung).

[213] Eine sog. Heimatbestimmung der Varietät von Paul Butz, d.h. eine genauere Bestimmung derjenigen Mundart in Deutschland, mit der Paul Butz' Sprechweise größte Ähnlichkeit hat, liegt außerhalb meiner Analyseziele. Zu Heimatbestimmungen von russlanddeutschen Mundarten siehe Dinges 1923 und von Unwerth 1918. Auch eine genauere Platzierung der sprachlichen Normallage von Paul Butz auf der Skala Standard–Dialekt sowie eine Beschreibung seines Variationsraumes auf dieser Skala und der variationsbestimmenden Faktoren muss hier außer Betracht bleiben. Siehe zu Normallage und Variationsraum Hartung/Schönfeld (Hg.) 1981 sowie Donath 1986 und zu dem variationsbestimmenden Faktor der Situation bei russlanddeutschen Aussiedlern Berend 1998.

[214] Siehe dazu Dinges 1923, Berend 1998 und Wolgadeutscher Sprachatlas 1997.

Bedeutungsbeziehungen für viele Lexeme bei Vertretern der Aufnahmegesellschaft und Zuwanderern nicht übereinstimmen und viele Wissens- und Bewertungsbestandteile sowohl bei den Einheimischen als auch bei den Zuwanderern einen solchen Grad der Selbstverständlichkeit erlangt haben, dass sie in der Kommunikation vor allem als Voraussetzungen und Schlüsse wirken und sich einer direkten Verbalisierung und kommunikativen Gegenüberstellung entziehen.

Ein Lebens- und Wissensbereich von existentieller Bedeutung ist für Aussiedler seit dem Moment der Übersiedlung das Wohnen. Die Sehnsucht nach einer eigenen Wohnung wird umso größer, je länger die Familie im Übergangswohnheim lebt (von den Mannheimer Aussiedlern *lager* genannt). Zur Zeit meiner Aufnahmen wohnten die Familien häufig zwei Jahre und länger zu mehreren Personen in einem Zimmer ohne eigene sanitäre Einrichtungen und ohne eigene Küche. Mit dem Wunsch nach einer eigenen Wohnung geht die Unsicherheit angesichts der unbekannten Wohnungssituation in Deutschland einher. Die Aussiedler wissen oder lernen bald, dass sie sich nicht so einfach ein eigenes (wenn auch – mit deutschen Standards verglichen – bescheidenes) Haus bauen oder kaufen können wie in Kasachstan, wo viele Familien sich ein Haus bauten. Baugrund stand meist kostenlos zur Verfügung. Baumaterial wurde zum Teil selbst hergestellt[215] oder von Staat und Betrieb günstig angeboten. Die Arbeit wurde von den Verwandten, Kollegen und Nachbarn gemeinschaftlich vollbracht. Die Alternativen dazu in Deutschland bleiben den Aussiedlern lange Zeit unklar. Deshalb wird jede Gelegenheit, sich im Gespräch über die Wohnungssituation zu informieren, begierig genutzt. Paul Butz nimmt bezeichnenderweise sofort kommunikativen Kontakt mit der ihm noch unbekannten BW1 auf, als er sie sagen hört, sie habe eine neue Wohnung bezogen.

Der Gesprächsverlauf: Im ersten Teil des dokumentierten Gesprächsabschnittes geht es um BW1' Mietverhältnis und um Typen von Mietwohnungen in Deutschland, die die Aufnahmegesellschaft als Wohnungen auf dem *freien Wohnungsmarkt* vs. *Sozialwohnungen* klassifiziert. Im zweiten Teil geht es um die Gesamtlage in Deutschland angesichts zahlreicher Zuwanderer im Vergleich zu PBs Herkunftsland.

Teil 1 beginnt mit einer Äußerung von PB (*un privat des is privat*↓, F1), deren propositionaler Gehalt nicht ganz klar ist. Bezieht sich das durch eine Deixis (*des*) versprachlichte Subjekt auf die Wohnung oder das Mietverhältnis von BW1? Und was bedeutet hier *privat*? Auch die Illokution der Äußerung lässt sich unterschiedlich interpretieren. BW1 versteht sie als bestätigungsheischende Assertion über ihr Mietverhältnis und gibt die ihrer Mei-

---

[215] So z.B. ein auf Russisch *саман* (saman) genanntes Baumaterial: Lehmziegel mit Stroh- und Torfbestandteilen (persönliche Mitteilung von FF, F18).

nung nach erwartete Stellungnahme zum Wahrheitsgehalt der Assertion mit *ja*. PB fährt mit der Äußerung *des=s heit wouhns=du un morje::* / fort, deren Perzeption BW1 wegen der stark dialektalen Lautung nicht leicht fällt (FF1-2). Wenn man PBs Ausdruck *des=s* als *das ist* im Sinne von *das heißt* interpretiert, leitet er mit dieser Äußerung eine Explikation seiner Wohnungs- oder Mietkategorie *privat* ein. Er scheint formulieren zu wollen, was er unter einer *privat* gemieteten Wohnung versteht, hat damit jedoch Schwierigkeiten und bricht ab. Dass PB selbst seine Formulierung nicht als abgeschlossen empfindet, bleibt auch beim wiederholten Anhören der Aufnahme außer Zweifel. PB zieht den Endvokal von *morje::* stark in die Länge und behält einen progredienten Tonverlauf bei, als wolle er seinen weiterbestehenden Anspruch auf das Rederecht deutlich machen. BW1 wartet eine Sekunde – eine relativ lange Zeit.[216] Als PB danach nicht fortfährt, bemüht sich BW1, ihm Formulierungshilfe zu leisten (*kanns=du* /), ist aber nicht ganz sicher, ob sie genau das zu formulieren begonnen hat, was PB sagen wollte. Daher bricht sie ihrerseits ab, um PB die Gelegenheit zu geben, ihr Formulierungsangebot aufzugreifen und fortzuführen oder aber zu verwerfen (F2). Diese Strategie führt nicht zum Ziel. PB versucht zwar anzuschließen (mit einem deutschen und einem russischen Verzögerungssignal: *äh это* /), bricht aber wieder ab. In unmittelbarem Anschluss formuliert er eine Kette von vier dialektal deutsch-russisch gemischten Äußerungen, die man als Fragen interpretieren könnte:

(1) *hadd=er beim хозяин gnomme→*,

(2) *или * im la:jer→*

(3) *privat is →*

(4) *или wie äh * hadd=er↓*

(1)–(3) dürften Entscheidungsfragen mit den folgenden Bedeutungen sein:

(1') Habt Ihr sie beim Besitzer genommen?

(2') Oder im Lager?

(3') Ist sie privat?

(4) ist deutlich eine W-Frage, die man folgendermaßen interpretieren könnte:

(4') Oder wie habt Ihr sie (genommen)?

---

[216] Es handelt sich um eine intermediäre Pause. „... intermediäre Pausen haben in der Regel eine Länge zwischen 0.2 und 0.9 Sekunden" (Zifonun/Hoffmann/Strecker 1997, 239).

Mit Entscheidungsfrage (3) macht PB deutlich, dass er nochmals zum Ausgangspunkt des Gesprächs zurückkehrt, an dem er bereits einmal geäußert hatte *un privat des is privat↓*, was BW1 bestätigte (F1). Das kann man dahingehend verstehen, dass PB sich der Voraussetzungen dieses kurzen Anfangsaustauschs nicht mehr sicher ist und Klärungsbedarf verspürt. Worauf beziehen sich PBs Klärungsanstrengungen? Wenn wir die Anfangsäußerung *un privat des is privat↓* mit (1) in der Lesart (1') vergleichen, erscheint (1) als Paraphrase der Anfangsäußerung. Sie könnte sinnvoll sein, um zu klären, ob beide Gesprächspartner unter einer *privaten* Wohnung das Gleiche verstehen. (2) könnte in der Lesart (2') klären, ob BW1 nicht eventuell auch im *Lager*, d.h. Übergangswohnheim, wohnt und Aussiedlerin ist und daher gar nicht über das Wohnungs-Wissen verfügt, das PB sucht. Mit (3) kehrt PB zu seiner Ausgangsformulierung zurück und markiert damit seine diesbezügliche Wissenslücke als immer noch ungefüllt. Es stehen nunmehr wenigstens zwei, eventuell drei mögliche Sachverhaltsentwürfe zur Entscheidung durch die Adressatin an: (1) Trifft es zu, dass sie ihre Wohnung bei einem Wohnungsbesitzer *genommen* im Sinne von *gemietet* hat? (2) Oder aber trifft es zu, dass sie eine Wohnung im Lager bekommen hat? (3) Trifft es zu, dass das Mietverhältnis und in diesem Sinne die Wohnung *privat* ist? Bzw. *privat* genannt wird? Nach diesen Alternativen formuliert PB noch eine offene W-Frage (*или wie äh * hadd=er↓*) mit der möglichen Bedeutung (4'). Diese Fragebatterie legt nahe, dass PB in mehrfacher Hinsicht Klärung sucht:

– Klärung im Hinblick auf die Gesprächspartnerin: Wer ist sie? Ist sie eine hiesige Deutsche? Oder jedenfalls jemand, der nicht mehr im Lager wohnt?

– Klärung im Hinblick auf den Kommunikationsgegenstand 'Mietverhältnisse': Sind ihm bereits alle einschlägigen Alternativen bekannt, so dass er sie der Gesprächspartnerin bereits in Entscheidungsfragen vorlegen kann? Welche Alternativen in den Mietverhältnissen der Bundesrepublik muss er erst noch (durch W-Fragen) kommunikativ erkunden?

– Klärung im Hinblick auf den Sprachgebrauch der Aufnahmegesellschaft: Mit welchen Wörtern bezieht man sich auf welche Mietverhältnisse?

Es lässt sich auch durch wiederholtes Anhören der Tonaufnahme nicht mit Sicherheit entscheiden, welche kommunikativen Anliegen PB dazu veranlassten, an den Anfang des Wohnungsgesprächs zurückzukehren. Auch in der Situation empfand BW1 starke Unsicherheit darüber, was PB von ihr erwartete. Sie wollte sich in ihrer Reaktion auf jeden Fall kooperativ verhalten, konnte das aber nicht anders als suchend-probierend tun. Das führte zu einem längeren Beitrag von BW1 in FF4-8. Er besteht aus lexikalisch und syntaktisch einfachen, langsam gesprochenen und prosodisch deutlich gegeneinander abgegrenzten Segmenten, die teilweise mit Kontrastakzenten versehen sind. Damit weist er einige für lerneradressierte Äußerungen charakteristische Eigenschaften auf. BW1 beschreibt in ihrem Beitrag bestimmte Seiten ihres Mietverhältnisses, und indem sie das tut, führt sie einige elementare deutsche Lexeme vor, die (nach ihrem Sprachgebrauch) für die Darstellung von Mietverhältnissen erforderlich sind (*Wirtin, Wohnung*). Dem kann PB folgen. Er bestätigt mehrfach sein Verstehen (FF4, 5, 7, 8).

Der Beitrag von BW1 erfüllt offensichtlich – wenigstens partiell – den Klärungsbedarf von PB. Er weiß danach, dass BW1 eine Wohnung außerhalb des Lagers bezogen hat, wer auch immer sie sonst sein mag. Insofern ist sie Trägerin des von ihm gesuchten Wissens. Dies erreicht zu haben ist angesichts der Formulierungsschwierigkeiten von PB und der Verstehensschwierigkeiten von BW1 ein unbedingt zu konstatierender kommunikativer Erfolg.

Nach dieser Klärung kommt PB wieder auf sein vermutlich eigentliches Anliegen zurück, indem er mit einem zweifachen, auf Russisch realisierten 'aber' einsetzt und sagt: *но а потом* ** *kann se sa:je ich will=s haus verkauwen→ u/ un geiht fort→ un misst=ir wieder=eich suche n=neu"e alles↓* (FF8-10). Die Äußerung ist so zu verstehen: 'Aber dann kann sie sagen, ich will das Haus verkaufen, und geht fort, und ihr müsst euch wieder etwas Neues suchen.' PB stellt also negative Konsequenzen des Mietverhältnisses von BW1 mit der Besitzerin ihrer Mietwohnung dar, die sich aus seiner Sicht prognostizieren lassen. Im Anschluss bittet er BW1 um Bestätigung dieser seiner Prognose und damit seiner indirekt kommunizierten negativen Bewertung ihrer Wohnungssituation (s. PBs *já* in F10). BW1 signalisiert während des Beitrags von PB mehrfach ihr Verstehen und im Anschluss ihr uneingeschränktes Einverständnis mit seiner Prognose und Bewertung (*so is=es→ jà*, FF10-11). PB markiert daraufhin mit einem russischen Diskursgliederungsausdruck (*вот*) und einem Resumee (*des=s privat is privat↓*) (F11), dass das Mietverhältnis nunmehr klassifiziert ist und dass er diese Art von Mietverhältnis als *privat* bezeichnet. Er sichert das Ergebnis der Kommunikation jedoch noch zusätzlich ab, indem er die Kategorie *privat* mit der Kategorie *sozi"al* kontrastiert und darstellt, wodurch diese für ihn gekennzeichnet ist: *aw=wenn vun* ** *sozia"l er kriecht u:n тогда * тогда это ** kennt=ir schun bauen↓ das wä"r schon als wie ei"eres↓* (FF11-13). Dieser Beitrag ist meiner Auffassung nach folgendermaßen zu verstehen: 'Aber wenn Ihr eine Wohnung vom Sozialamt kriegt, dann könnt Ihr darauf bauen/ könnt Ihr Euch sicher fühlen. Eine Wohnung vom Sozialamt wäre schon fast wie Eure eigene Wohnung.'[217] Auch hier stimmt BW1 wieder uneinge-

---

[217] Hier ist auch zu erwägen, ob PB darauf Bezug nimmt, sich ein Haus zu bauen. Aufgrund ethnografischer Kenntnis erscheint mir die Zuschreibung eines Bau-Vorhabens nicht gerechtfertigt zu sein. Die finanzielle Lage der Aussiedler ist lange Zeit äußerst angespannt, so dass gar nicht an den Bau eines Hauses gedacht werden kann. Bei PB ist das zusätzlich wegen seiner Blindheit unwahrscheinlich.

schränkt zu: *jà das ist besser↓ jà* (FF13-14). Die übermittelte Information und der erreichte Konsens in der Bewertung werden von den Partnern als verallgemeinerbar behandelt. PB liefert dafür eine Grundlage, indem er sich mit der Hörerdeixis *ihr* auf BW1 bezieht. Diese Hörerdeixis lässt, wie auch *du*, zwei Lesarten zu: Gemeint sein kann der konkrete Kommunikationspartner in der Situation, aber auch ein verallgemeinerter Adressat. BW1 reagiert so, dass die generische Lesart in den Vordergrund tritt: Nach ihrer uneingeschränkten Zustimmung zu PBs Bewertung von Sozialwohnungen (FF13-14: *jà das ist besser↓ jà*) führt sie die Erörterung der Mietverhältnisse nicht mit Bezug auf ihre eigene Wohnungssituation fort, sondern argumentiert allgemein-unpersönlich: *aber es gibt nicht viele wohnungen vom sozialamt↓*. PB greift dies auf, indem er nun ebenso verallgemeinernd über die Situation in der Bundesrepublik (*do*) spricht und sie mit der Situation in seinem Herkunftsland (*do driewe bei uns* (!), *dort driewe*) vergleicht (FF16-18).

Zusammenfassung: Der erfolgte Austausch war für beide Partner anstrengend. Am Ende jedoch konnten beide in gewisser Weise zufrieden sein. Beide hatten sich als Kommunikationspartner erwiesen, die vor den ungewöhnlichen Anforderungen nicht versagten. PB, der Initiator des Gesprächs, bekam die von ihm gesuchte Bestätigung seines Wissens über Mietverhältnisse in Deutschland. Gleichzeitig erlebte er, dass das erst nach der Übersiedlung erworbene einschlägige Vokabular (*privat* vs. *sozial*) funktioniert. BW1 konnte ihre Absicht, kooperativ zu reagieren, verwirklichen, allerdings nur unter erheblichen Schwierigkeiten. Letzteres mag der Grund dafür gewesen sein, dass sie zweimal darauf verzichtete, thematisch vertiefend an die vorangegangenen Äußerungen von PB anzuknüpfen, und sich auf bloße Zustimmung beschränkte (FF10, 13-14). Kommunikation war also möglich – unter Aufbietung von Verständigungsarbeit im wahrsten Sinne des Wortes und unter partieller Einschränkung der Ansprüche an eine reibungslose und differenzierte Kommunikation.

3.5.4 (T09) Großvater PB: *Sivka-Burka*, russisch, 20 Monate

(T09) Großvater PB: Sivka-Burka   26.08.92,   019aoVidPB(54)Sivkaru20

1	PB:	про Сивку-Бурку↓ AUSLASSUNG вот ** жил-был
	ÜbPB	Von Sivka-Burka. Nun. Es lebte einmal
2	PB:	мужик с женою↓ ** у них было три сына↓ **
	ÜbPB	ein Bauer mit seiner Frau. Sie hatten drei Söhne.
3	PB:	старшего звали Гришей→ второго звали Мишей→ *
	ÜbPB	Der älteste hieß Griša, der zweite hieß Miša,

4	PB:	* а третьего звали Ва:ней↓ ** Ваня всю дорогу
	ÜbPB	und der dritte hieß Vanja. Vanja lag den ganzen Tag

5	PB:	лежал на печи↓ ** и вот спахали они зе:млю→
	ÜbPB	auf dem Ofen. Und nun, sie pflügten die Erde,

6	PB:	посеяли пшеницу→ ** взошла пшеница→
	ÜbPB	säten Weizen, der Weizen ging auf,

7	PB:	#<да такая хорошая→># *1,2* во̀:т ** и вдруг
	ÜbPB	und so ein guter! Nun. Und plötzlich kam
	PBK	#EMPHATISCH----------#

8	PB:	повадился табун лошадей ** с неба→ ** и жрать→
	ÜbPB	immer wieder eine Herde Pferde vom Himmel und fraß

9	PB:	и топтать у них пшеницу↓ отец это увидел→ ** и
	ÜbPB	und zertrat bei ihnen den Weizen. Der Vater sah das und

10	PB:	говорит↓ ** Гриша→ кто-то топчет→ и жрёт у нас
	ÜbPB	spricht: Griša, jemand zertritt und frisst bei uns

11	PB:	пшеницу↓ ** ты ста"рший→ ты пойдёшь сегодня
	ÜbPB	den Weizen. Du bist der Ä"lteste, du gehst heute als e"rster,

12	PB:	пе"рвый→ вот Гриша пошёл→ ** а Гриша был
	ÜbPB	nun, Griša ging los, aber Griša war ein

13	PB:	ло:дырь→ взял с/ одел фуфайку→ подушку→ и
	ÜbPB	Faulpelz, er nahm =/ zog die Joppe an, ein Kissen und

14	PB:	проспал↓ а: ** >>табун лошадей<< прибежало→ **
	ÜbPB	schlief. Äh die Herde Pferde kam,

15	PB:	пожрали пшеницу→ потоптали→ ** и убежали↓ **
	ÜbPB	fraßen den Weizen, zertrampelten ihn und liefen fort.

16	PB:	проснулся утром Гриша→ глянул→ а пшеница
	ÜbPB	Am Morgen erwachte Griša, schaute sich um, aber den Weizen

| 17 | PB: | опять пожрали↓ ** потоптали↓ ** < >>áй<< > |
| | ÜbPB | hatte wieder jemand gefressen. Zertreten. Ach, |

| 18 | PB: | скажу отцу что не" было никого→ всё цело→ ** |
| | ÜbPB | ich sage dem Vater, dass nie"mand da war, alles ist ganz, |

| 19 | PB: | всё це:лое→ ** вот приходит домой→ отец |
| | ÜbPB | alles ist ganz, nun, er kommt nach Hause, der Vater fragt: |

| 20 | PB: | спрашивает→ ну как→ Гриша→ не ви:дел ** кто |
| | ÜbPB | Na wie ist es, Griša, hast du nicht gesehen, |

| 21 | PB: | у нас ** жрёт и топчет пшеницу↓ нē:т папа↓ |
| | ÜbPB | wer bei uns den Weizen frisst und zertritt? Nein, Papa. |

| 22 | PB: | никого" не было↓ всё целое↓ ** ну ложи:сь↓ ** |
| | ÜbPB | Es war nie"mand da. Alles ist ganz. Na leg dich hin. |

| 23 | PB: | иди отдыхай→ * я пойду прове:рю↓ пошёл отец→ |
| | ÜbPB | Geh, ruh dich aus, ich gehe und überprüfe es. Der Vater ging, |

| 24 | PB: | посмотрел→ а пшеницу опять пожрали↓ |
| | ÜbPB | schaute nach, doch den Weizen hatte wieder jemand gefressen. |

| 25 | PB: | опять потоптали↓ *1,1* вòт << <эеē> >> говорит |
| | ÜbPB | Wieder zertreten. So. Ach, sagt der Vater zu |

| 26 | PB: | отец на Гришу↓ << <ло:дырь ты→ обма:нщик↓>> > |
| | ÜbPB | Griša. Faulpelz du, Lügner! |

| 27 | PB: | сегодня пойдёт Ми:ша↓ |
| | ÜbPB | Heute geht Miša. |

Kommentar.[218] **Demonstrationszweck**: Das Transkript wurde ausgewählt, um die beeindruckenden Erzählfähigkeiten von Xenias und Georgs Großvater Paul Butz (PB) in russischer Sprache zu dokumentieren.[219]

Als Gattung der mündlichen Rede ist das Märchen-Erzählen eine traditionelle orale Kunst. Die Begabung dazu ist nur bei wenigen Menschen vorhanden und ausgebildet (s. Lord 1960). In dem von Paul Butz erzählten Märchen Sivka-Burka sind zwei Motive verknüpft, die in der russischen volkstümlichen Märchentradition weit verbreitet sind und vielfach variiert werden: das heidnische Motiv des Pferdes, das als magischer Helfer vom Himmel kommt, und das Motiv des Ivanuška, der trotz Trägheit und Dummheit aus allen Verwicklungen als Sieger hervorgeht. Varianten beider Motive finden sich bereits in mehreren Märchen der bekannten Sammlung von A. N. Afanas'ev aus der Mitte des 19. Jahrhunderts.[220] Es existiert auch eine Fassung des Sivka-Burka-Märchens in Versen: *Конёк-горбунок* (*Konëk-gorbunok* – 'Das bucklige Pferdchen') von P. P. Eršov (Erstveröffentlichung 1834).[221] Ein inhaltlicher Vergleich der Fassung des Märchens von Paul Butz und anderer Fassungen ist hier nicht unser Ziel. Wir müssen uns darauf beschränken festzustellen, dass PBs Fassung weder mit der Fassung von Eršov noch mit der Fassung von „Wanjuschka der Dummkopf" in Pomeranceva (Hg.) 1966 identisch ist, sondern eine eigene Variation bekannter Motive darstellt. Im Folgenden sollen Beobachtungen zum Russisch von PB im Mittelpunkt stehen.

Zur Gesprächssituation: Die Aufnahme wurde bereits bei der ersten Begegnung von Paul Butz und mir gemacht. Sie kam zustande, weil Valerij Kirillov, Xenias und Georgs Vater und Schwiegersohn von PB, mich darauf aufmerksam machte, dass sein Schwiegervater sehr gut Märchen erzählen könne und die ganze Familie sich daran erfreue. Daraufhin bat ich PB, ein Märchen zu erzählen. PB war sofort einverstanden und ließ seine Enkelin Xenia ein Märchen auswählen. Xenia wünschte sich das Märchen von Sivka-Burka, der grau-braunen Stute. Das Transkript gibt nur den Anfang der wesentlich längeren Erzählung des Großvaters wieder.

Zu den sprachlichen Merkmalen der Märchen-Erzählung: Gleich mit Beginn des Märchens wird klar, dass PB ein erfahrener Erzähler ist, der den Perzeptionsprozess seiner Zuhörer zu lenken weiß und sie in seinen Bann zieht. Das grundlegende Sprechtempo ist langsam. Zwischen den einzelnen

---

[218] Autorinnen dieses Kommentars sind Katharina Meng und Ekaterina Protassova.
[219] Siehe ausführlicher zu Paul Butz' Märchen-Erzählen in russischer und deutscher Sprache Meng/Borovkova 1999.
[220] Siehe Pomeranceva (Hg.) 1966, 113-124 sowie 628.
[221] Siehe zu Sivka-Burka auch Sinjavskij 1991.

Segmenten sind relativ lange Pausen, häufig von etwa 1 Sekunde.[222] Segmentinterne Pausen finden sich kaum, und wenn, dann scheinen sie eine spezielle Funktion zu erfüllen. S. FF20-21, in denen der Vater dem ältesten Sohn die entscheidende Frage stellt: *не ви:дел ** кто у нас ** жрёт и топчет пшеницу↓ (ne videl ** kto u nas ** žrët i topčet pšenicu↓* – 'Hast du nicht gesehen ** wer bei uns ** den Weizen frisst und zertritt?') Die segmentinternen Pausen verleihen dieser Frage ein besonderes Gewicht und gestatten, die beiden Frageschwerpunkte, um die es geht, gleichberechtigt nebeneinander zu stellen: 'hast du nicht gesehen?' sowie 'wer frisst und zertritt den Weizen?'

Als weiteres Gliederungsmittel benutzt PB das Wort *вот (vot)*, das schwer zu übersetzen[223] ist, etwa: 'also, so, nun', aber auch 'äh'. Er setzt es stets an Übergangsstellen ein: zwischen Überschrift und Einführung der Personen (F1), zwischen Einführung der Personen und Darstellung des Ausgangsgeschehens (F5), zwischen Ausgangsgeschehen und Komplikation (F7), zwischen der Beauftragung des Sohnes durch den Vater und der Realisierung des Auftrags (F12), zwischen der Realisierung des Auftrags und der Kontrolle durch den Vater (F19) sowie zwischen der Kontrolle und der abschließenden Bewertung durch den Vater (F26). Keines dieser *вот* ist Verzögerungssignal. Verzögerungssignale kommen in der ganzen transkribierten Passage so gut wie nicht vor (einzige Ausnahme ist das *a:* in F15), auch Neuansätze und Versprecher finden sich kaum. In dem dokumentierten Abschnitt führte PB nur einmal (in F13) nicht unmittelbar die Struktur zu Ende, die er begonnen hatte. Er wollte vermutlich sagen *взял с собой подушку (vzjal s soboj poduška* – 'nahm ein Kissen mit'), unterbrach sich aber, stellte zunächst dar, dass Griša die Joppe anzog, und beendete erst dann die zuvor begonnene Struktur, allerdings nicht ganz eindeutig und vollständig.

Die Erzählung des Märchens wirkt nicht nur klar gegliedert, sondern auch lebhaft und dynamisch. Dies kommt teilweise durch charakteristisch eingesetzte Veränderungen der Lautstärke und der Sprechgeschwindigkeit zustande. In F7, als PB den Weizen preist, spricht er den Ausruf <*да такая хорошая*→> *(da takaja horošaja* – 'Und so ein guter!') lauter als die umgebenden Segmente. Die plötzliche Ankunft der Pferde wird durch die beschleunigte Realisierung von >>*табун лошадей*<< *(tabun lošadej* – 'die Herde Pferde', F14) sprachmalend[224] dargestellt. Den Entschluss des ältesten Sohnes, dem Vater den wahren Sachverhalt zu verbergen, übermittelt der Erzähler zunächst durch die schneller und lauter gesprochene Interjektion

---

[222] Siehe die Beobachtungen von Bose/Gutenberg (im Druck) zu charakteristischen sprecherischen Eigenschaften des Märchen-Erzählens, dem sog. Märchenton.
[223] Die traditionellen russisch-deutschen Wörterbücher berücksichtigen die Gliederungsfunktion von *вот (vot)* kaum.
[224] Siehe Redder 1994 zu Prozeduren des sprachlichen Malfeldes beim Erzählen.

< >>*ай*<< > (*aj* – 'ach', F17), bevor er den Helden seinen Gedankengang sprachlich explizit, teilweise in wörtlicher Rede sowie mit verstärkender Wiederholung und Dehnung darstellen lässt: < >>*ай*<< > *скажу отцу что не" было никого→ всё цело→ ** всё це:лое→* (*aj skažu otcu čto ne bylo nikogo→ vsë celo→ vsë celoe→* – 'ach, ich sage dem Vater, dass niemand da war, alles ist ganz, alles ist ganz', FF17-19). Allerdings hat die Aufeinanderfolge des russischen Adjektivs für 'ganz' zunächst in der Kurzform (*цело* – *celo*) und dann in der Langform (*це:лое* – *celoe*) nicht nur verstärkende Wirkung, sondern drückt unterschiedliche Aspekte des Sachverhalts aus: Die Kurzform teilt mit, dass der ganze Weizen unberührt geblieben ist. Die Langform teilt mit, dass der Weizen ganz geblieben ist. – Eine Verbindung von Variation in Tempo und Lautstärke einerseits und wörtlicher Rede andererseits haben wir auch in FF25-26. Sie dürfte bei den Zuhörern den Eindruck erwecken, der Auseinandersetzung zwischen Vater und Sohn unmittelbar beizuwohnen. Die Redewiedergabe spielt in PBs Erzählung überhaupt eine große Rolle. Mit ihrer Hilfe vergegenwärtigt er das Geschehen. Eindringlichkeit wird auch durch die Verwendung von Nomina zur Kontinuierung eines Themas und die Vermeidung von Anaphern in dieser Funktion erreicht: *посеяли пшеницу→ ** взошла пшеница→* (*posejali pšenicu→ ** vzošla pšenica→* - 'säten Weizen, der Weizen ging auf', F6).

Die Erzählung von PB ist weiterhin durch die Verwendung dialektaler, alltagssprachlicher oder aber gehobener Mittel gekennzeichnet. So spricht er z.B. nicht neutral von *крестьянин* (*krest'janin* – 'Bauer'), sondern von *мужик* (*mužik*, das in Bedeutung 'Bauer' veraltet und in der Bedeutung 'Mann, Kerl' umgangssprachlich ist; F2). Wörter wie *табун* (*tabun* – 'Herde', FF8, 14)[225] und *повадиться* (*povadit'sja* – 'sich daran gewöhnen, zu Besuch zu gehen', F8) tragen heute eine stilistisch gehobene Färbung. Zu den Wörtern, die in der Literatursprache eine negative Konnotation[226] haben, in den Dialekten[227] aber neutral sein können, gehört *жрать/пожрать* (*žrat'/požrat'* – 'fressen', FF8, 10, 15, 17, 21, 24). Das Wort *фуфайка* (*fufajka* – 'Jacke, Joppe, Wams') bezeichnet in verschiedenen Gegenden unterschiedliche Kleidungsstücke. Charakteristisch ist auch, dass die Namen der Söhne nicht in der vollen Form (Grigorij, Michail, Ivan), sondern in der familiären Verkürzung (Griša, Miša, Vanja) gegeben werden. Durch die Wendung *Ваня всю дорогу лежал на печи↓* (*Vanja vsju dorogu ležal na peči↓*

---

[225] Im Übrigen gehört das Wort *tabun* – nach den Ermittlungen von Dinges 1917 – zu den frühesten Russizismen im Wolgadeutschen (s. Berend/Jedig 1991, 46).

[226] *жрать/пожрать* (*žrat'/požrat'* – 'fressen') ist in der russischen Literatursprache auch dann negativ konnotiert, wenn es sich auf Tiere bezieht. Die Nahrungsaufnahme von Tieren benennt man auf Russisch normalerweise mit dem russischen Äquivalent für 'essen', nicht für 'fressen'.

[227] Dass Lexeme in der Literatursprache und im Dialekt unterschiedliche stilistische Bewertungen haben können, ist ein Aspekt der sprachlichen Integration, auf den mehrere der von uns beobachteten russlanddeutschen Dialektsprecher gestoßen sind. Vgl. (T06).

– wörtlich: 'Vanja lag den ganzen Weg auf dem Ofen', wobei 'den ganzen Weg' meint: 'die ganze Zeit', FF4-5) wird der Effekt erreicht, dass die Untätigkeit des jüngsten Sohnes als eine bestimmte Körperposition vorgestellt werden kann.

Auch unter den benutzten syntaktischen Mitteln tragen einige dialektalen Charakter. Die Verknüpfung eines maskulinen Kollektivums (z.B. *табун лошадей* – *tabun lošadej* – 'Herde Pferde': Nom. Sg. Mask. plus Gen. Pl.) mit einem finiten Verb in der 3. Pers. Sing. Neutrum (*табун лошадей прибежало* – *tabun lošadej pribežalo* – 'eine Herde der Pferde kam', F14) ist für Dialekte typisch. Dialektal ist ebenso folgende Fügung: *а пшеница опять пожрали↓* (*a pšenica opjat' požrali↓* – wörtlich: 'Der (!) Weizen hatte man wieder gefressen', FF16). Im Dialekt darf das Objekt an der ersten Position im Satz im Nominativ stehen, obwohl das folgende transitive Verb den Akkusativ verlangt. Dialektal ist weiterhin die Wendung *говорить на кого-то* (*govorit' na kogo-to* – 'auf jemanden sagen' statt *говорить кому-то* (*govorit' komu-to* – 'jemandem sagen'). Die unbetonten Vorsilben sind nicht so stark reduziert, wie im Standardrussischen üblich. Der Laut *g* wird südrussisch, d.h. frikativ, ausgesprochen. Dialektal ist auch das Präfix *с-* (*s*) anstelle von *вс-* (*vs-*) in *спахали* (*spahali* – 'pflügten', F5), wahrscheinlich auch in *взошла* (*vzošla* – 'ging auf', F6).

Die verwendeten sprachlichen Mittel gehören zur so genannten volkstümlichen Rede. Sie sind in Wortschatz, Syntax und Semantik aufeinander abgestimmt. Diese stilistische Einheit bewirkt auch, dass Formen, die vom Standpunkt der Literatursprache als Normenverletzungen angesehen werden müssen, akzeptabel sind.

Zusammenfassung: Das Transkript dokumentiert volkstümliches Märchen-Erzählen in russischer Sprache von hoher Qualität. Die Erzählung ist sprachlich-dialektal in sich stimmig und vereinigt tradierte und individuelle Merkmale der mündlichen Rede. Ein Einfluss des Deutschen auf das Russische des Erzählers ist in dieser Aufnahme nicht zu erkennen.

3.5.5 Nora und Paul Butz – Zusammenfassung

Die Großeltern Nora und Paul Butz – bei der **Ankunft in Deutschland** 51 bzw. 52 Jahre alt – bringen folgende **sprachliche Voraussetzungen** mit. **Russisch** ist nach der Reihenfolge der Aneignung ihre Zweitsprache. Sie haben sie unter den Bedingungen eines sukzessiven Bilingualismus und eines Unterrichts vom Typ Submersion erworben. Nach dem Grad der Beherrschung und der Verwendungshäufigkeit ist es zum Zeitpunkt der Übersiedlung ihre dominante Sprache. Ihr mündliches Russisch ist das Russisch von Muttersprachlern. Es ist regional und geringfügig deutsch geprägt. Der

Großvater PB verfügt über eindrucksvolle Fähigkeiten im Märchenerzählen, die er ständig nutzt. Die russisch-schriftsprachlichen Fähigkeiten und Erfahrungen der Großeltern sind nur elementar und gering - wegen der Submersion, der kriegs- und nachkriegsbedingt allgemein schlechten Verhältnisse in der sowjetischen Schule und der späteren beruflichen Tätigkeit. Beide Großeltern haben **Deutsch** als erste Sprache erworben, und zwar in der Form eines wolgadeutschen Dialekts, der für Deutsche aus Deutschland ohne spezielle Vorkenntnisse schwer zu verstehen ist. Über deutsch-schriftsprachliche Fähigkeiten verfügen die Großeltern nicht. Beide haben ihr Deutsch in den letzten Jahrzehnten nur wenig und in eingeschränkten Zusammenhängen benutzt. Daher ist es zu ihrer schwächeren Sprache geworden.

Die Großeltern erfahren im **ersten und zweiten Aufenthaltsjahr** folgendes **sprachliche Angebot**: Das **Russisch** der Familie und des russlanddeutschen Bekanntenkreises ist das, das auch Tochter und Enkel hören: regional, mündlich und leicht deutsch geprägt. Darüber hinaus schaltet der Großvater regelmäßig politische Rundfunksendungen in russischer Sprache ein und empfängt so aus den Medien ein standardsprachliches, komplexes Russisch. Das **Deutsch** der Familie und des russlanddeutschen Bekanntenkreises ist das Gleiche, das Tochter und Enkeln angeboten wird: in der Häufigkeit zweitrangig, regional und russisch-kontaktsprachlich geprägt und funktional auf einige mündliche Verwendungen beschränkt. Die Großmutter erfährt darüber hinaus im Deutschkurs für Aussiedler sehr kurzfristig ein schriftsprachliches und standardsprachliches Deutsch von den Lehrern. Der Großvater nimmt wegen seiner Blindheit nicht am Deutschkurs teil.

Die **sprachlichen Praktiken und Fähigkeiten** der Großeltern entwickeln sich im **ersten und zweiten Aufenthaltsjahr** in folgender Weise: Sie benutzen weiterhin das **Russische** als ihre bevorzugte Familiensprache. Der Großvater erzählt weiterhin Märchen auf Russisch. Allerdings erhöht sich nunmehr der Anteil lexikalischer Übernahmen aus dem Deutschen. Ihr Russisch ist – obwohl Zweitsprache – in Beherrschungsgrad und Verwendungshäufigkeit die stärkere und wohl darum auch bevorzugte Sprache. Sie ist lexikalisch leicht deutsch-kontaktsprachlich geprägt. Beide Großeltern aktivieren ihr mitgebrachtes, aber verdrängtes **Deutsch** in der Alltagskommunikation mit Russlanddeutschen der Großeltern- und Urgroßelterngeneration und einheimischen Deutschen. Es weist weiterhin deutliche Spuren der Kontaktsprache Russisch auf (Übernahmen aus dem Russischen, Code-Wechsel). Die Großmutter NB eignet sich im Sprachkurs elementarste deutsch-schriftsprachliche Fähigkeiten an. Die Großeltern erfahren jedoch, dass ihr Deutsch nicht genügt, um mit deutschen Institutionen und jüngeren Deutschen aus Deutschland zu verkehren, weil es zu stark russisch geprägt und dialektal ist und für zahlreiche kommunikative Aufgaben nicht ausgebildet wurde.

Im **fünften und sechsten Aufenthaltsjahr** ändert sich **das sprachliche Angebot** für die Großeltern etwas. **Russisch** ist immer noch eine wichtige Familiensprache, aber sie wird von den jüngeren Familienmitgliedern seltener gebraucht und ist stärker vom Deutschen beeinflusst. Das familiäre Russisch bleibt regional und mündlich und wird nun stärker deutsch-kontaktsprachlich. Die Einstellung einiger Familienmitglieder zum Russischen ändert sich. Es ist nicht mehr für alle die bevorzugte Sprache. Der Großvater empfängt neben dem familiären Russisch weiterhin standardsprachliches komplexes mündliches Russisch durch Rundfunksendungen. Die Großeltern hören wie ihre Tochter vor allem ein regionales, mündliches, russisch-kontaktsprachliches **Deutsch**, dies aber häufiger als zuvor. Darüber hinaus erfahren sie zunehmend eine Abwertung ihres eigenen mitgebrachten deutschen Dialekts. Der Großvater hört nunmehr auch politische Rundfunksendungen in deutscher Sprache, mithin ein standardsprachliches und komplexes Deutsch.

Die **sprachlichen Praktiken und Fähigkeiten** der Großeltern sind im **fünften und sechsten Aufenthaltsjahr** folgendermaßen beschaffen: **Russisch** bleibt für sie die bevorzugte Familiensprache. Allerdings nimmt die Zahl lexikalischer Übernahmen aus dem Deutschen zu. Sie bedauern, dass sich die Einstellung der Tochter und der Enkel zum Russischen verändert hat, nehmen das aber eher resigniert hin. Ihr mitgebrachtes dialektales **Deutsch** erfährt eine partielle 'Verhochdeutschung', weist aber weiterhin deutliche Spuren der Kontaktsprache Russisch auf (Übernahmen aus dem Russischen, Code-Wechsel). Beide können den Funktionsbereich ihres Deutschen durch die Rezeption von deutschsprachigen Fernseh- bzw. Rundfunksendungen geringfügig erweitern.

3.6 Xenias und Georgs Urgroßmutter: Emma Dankert

3.6.1 In Russland und Kasachstan

Die Urgroßmutter mütterlicher-großmütterlicherseits wurde 1907 in Katharinenstadt, dem späteren Marxstadt, an der Wolga in der Familie eines Mühlenarbeiters geboren. Sie musste zeit ihres Lebens schwer arbeiten und erwarb daher nur eine geringe Schulbildung. So sieht sie es selbst. Ihre Kinder betonen jedoch, dass sie sieben Klassen absolviert und damit eine für ihre Generation hohe Bildungsstufe erreicht hat.

Emma lebte bis zu ihrem 34. Lebensjahr in einer vollständig deutschsprachigen Umgebung. Zwar wohnten in Marxstadt auch Russen, aber nicht in Emmas Nachbarschaft. Sie hatte keinen Kontakt mit ihnen. Der Schulunterricht wurde in deutscher Sprache erteilt. Russisch lernte man später als Fremdsprache. Das war jedoch erst der Fall, als Emma die Schule bereits verlassen hatte und in einer Tabakfabrik arbeitete. 1929 heiratete Emma einen jungen Russlanddeutschen, Otto Dankert. Otto stammte aus einem wolgadeutschen Dorf, das er im Gefolge der Kollektivierung verlassen hatte. Er arbeitete nun in der Stadt, zunächst als Traktorist, später ebenfalls in der Tabakfabrik. Es wurden drei Kinder geboren. Der Überfall Deutschlands auf die Sowjetunion, die Auflösung der Wolgadeutschen Republik und die Deportation ihrer Bewohner nach Asien führten zu einer Erschütterung auch im Leben der Familie Dankert. Wie alle anderen Wolgadeutschen mussten sie binnen drei Tagen ihre Heimat verlassen. Sie wurden in den Altajkreis in Sibirien gebracht, wo Emma mit ihren drei Kindern blieb und in der Landwirtschaft arbeitete. Otto kam zur Arbeitsarmee im Gebiet Archangel'sk am Weißen Meer – *in север (sever – 'Norden') war er*, sagt ED Deutsch-Russisch gemischt. Dort verrichtete er Schwerstarbeit beim Brückenbau und starb schließlich an Unterernährung und Erschöpfung (Kass. 180a).

Emmas Lage war – außer durch den Verlust der Heimat und jeglicher überlebensnotwendiger Habe, die Trennung von ihrem Mann und die allgemeinen kriegsbedingten Entbehrungen – geprägt durch die einschneidende Veränderung ihrer sozialen und sprachlichen Situation. Aus der nahezu monolingual deutschsprachigen Umgebung der wolgadeutschen Stadt kam sie in ein sibirisches Dorf, das fast monolingual russisch war. Die Bewohner des Dorfes hatten noch nie davon gehört, dass auch in ihrem Land seit Jahrzehnten, ja Jahrhunderten Deutsche lebten. Ein Austausch darüber war schon deshalb nicht möglich, weil man nicht über eine gemeinsame Sprache verfügte. *Die Ru:se habe gar nich verstande, was wir fir Leit ware* (Kass. 180a).[228] Auf meine Frage, wie sie sich in ihrer neuen Umgebung verständigt habe, antwortete Emma Dankert: *Ja wie hab ich gesprochen? Hab gedeutet – wie ne Stumme* (Kass. 180a). Allmählich lernte sie, gesprochenes Russisch zu verstehen und etwas auf Russisch zu sagen. Zur Aneignung des kyrillischen Alphabets ist es nie gekommen. In Bezug auf die russische Sprache blieb Emma Dankert nahezu Analphabetin. Frau Dankert lernte auch in den folgenden Jahrzehnten nur begrenzt, sich auf Russisch zu verständigen. Die Notwendigkeit, in Kriegs- und Nachkriegszeiten drei Kinder allein zu ernähren und großzuziehen, nahm alle Kräfte gefangen. Später – 1957 – siedelte Frau Dankert mit ihren inzwischen erwachsenen Kindern nach Kasachstan über, wo das Alltagsleben etwas leichter war. Sprachlich hatte man es dort – neben Deutschen – mit Kasachen zu tun. Man arbeitete zwar neben- und miteinander in der Landwirtschaft, aber über die elementarsten unmittelbar ko-

---

[228] Auch von anderen Russlanddeutschen, die die Deportation nach Sibirien oder Kasachstan als Erwachsene erlebten, wurde mir berichtet, dass die einheimische Bevölkerung an den Deportationsorten häufig annahm, die Deutschen, die zu ihnen gebracht wurden, gehörten tatsächlich zu denen, die den Krieg angefangen hatten und am Tod ihrer Angehörigen schuld waren. Es handelt sich um eine Zeit vor der allgemeinen Verbreitung von Rundfunk und Zeitungen, um eine Zeit, in der man Informationen noch überwiegend vom Hörensagen empfing.

operationsbedingten Gespräche hinaus kam es kaum zur Kommunikation. In der spärlichen Freizeit blieb man im Wesentlichen auf seinen russlanddeutschen Verwandten- und Bekanntenkreis beschränkt. Dies galt jedenfalls für Frau Dankert und die Angehörigen ihrer Generation. EDs rezeptive Russischfähigkeiten entwickelten sich besser. Sie berichtete, dass sie das russischsprachige Fernsehen ohne Schwierigkeiten habe verstehen können (Kass. 180a).

3.6.2   In Deutschland: Sechstes bis achtes Aufenthaltsjahr

Frau Dankert übersiedelte 1989 nach Deutschland, weil ihr Sohn das nachdrücklich wünschte. Sie selbst habe sich davor *gefircht,* wie sie mir sagte (Kass. 181a). Sie bereue die Übersiedlung jedoch nicht. In Deutschland fiel es Frau Dankert zunächst schwer, die einheimischen Deutschen zu verstehen. Aber bald hatte sie sich daran gewöhnt. Im deutschsprachigen Gespräch mit mir zeigten sich nur solche Verstehensprobleme, die für die Kommunikation mit sehr alten Menschen charakteristisch sind. Frau Dankert ihrerseits wurde in Mannheim von Anfang an gut verstanden. Mir erscheint ihr Deutsch zwar regional gefärbt, aber relativ standardnahe. Siehe dazu (T10). Neben regional-deutschen Varianten enthält es gelegentlich russisch ausgesprochene Übernahmen aus dem Russischen: Ausdrücke, die sich als minimale Gesprächsbeiträge oder Hörersignale eignen wie z.B. *всё* (vsë – 'alles, fertig'), *так* (tak – 'so'), *конечно* (konečno – 'natürlich'), *вовово"* (vovovo" – 'jajaja' als Signal nachdrücklicher Zustimmung) oder Bezeichnungen für Gegebenheiten ihrer einstigen Arbeitswelt: *овощи* (ovošči – 'Gemüse', *начальство* (načal'stvo – 'Obrigkeit'). EDs Deutsch ist auch darin eine deutsch-russische Kontaktvarietät, dass sie einige Lexeme benutzt, die in Lautgestalt und/oder Bedeutung russischen Ursprungs sind, aber phonetisch und morphologisch in die deutschsprachige Umgebung integriert[229] wurden. So sagte Frau Dankert z.B.: In Kasachstan war es *besser mit die Produkte* (Kass. 180a). Das russische Wort für 'Lebensmittel' lautet *продукты* (*produkty*). ED spricht es deutsch aus und versieht es mit der deutschen Pluralendung -e. Manche der Übernahmen aus dem Russischen fallen Frau Dankert selbst auf (*Bis jetzt kommt immer noch Russisch vor,* sagte sie (Kass. 180a)), andere vermutlich nicht.

Emma Dankert wohnte zunächst in Mannheim bei ihrem Sohn. Dann zog sie zu ihrer Tochter Nora aufs Land nach Badisch-Sibirien. Spätestens dort war sie gelegentlich erneut mit russischsprachiger Kommunikation in der Familie konfrontiert. Ich konnte beobachten, wie sie – nunmehr 90 Jahre alt – ein russisches Gespräch aufmerksam verfolgte und sogar auf Russisch in die Debatte eingriff, als es um Themen ging, die sie interessierten: Entbindung,

---

[229] Zu diesem kontaktlinguistischen Integrationsbegriff siehe u. a. Weinreich 1977/1953, 66-69, und Clyne 1980, 642.

Waschmaschinen, Waschpulver, und vor allem: Welches Waschpulver ist besser, das deutsche oder das russische? ED war entschieden der Ansicht, das deutsche Waschpulver sei unübertroffen (Kass. 360a). ED hatte mir am Anfang unserer Bekanntschaft gesagt, sie könne auf Russisch alles verstehen und alles sagen, was sie wolle (Kass. 180a). Aber als sie nun Russisch sprach, lächelten die Angehörigen auf eine Weise, dass ich mich daran erinnerte, wie sie das Russisch der Urgroßmutter charakterisiert hatten: ED spreche sehr schlecht Russisch, man könne sie kaum verstehen, sie spreche Russisch mit einem starken deutschen Akzent (Kass. 173b). ED ihrerseits machte sich über das Deutsch ihrer Angehörigen lustig: Die Tochter könne nur schwach Deutsch, und den Mann ihrer Enkelin Margarita müsse sie schon überhaupt auf Russisch ansprechen (Kass. 180a).

3.6.3 (T10) Urgroßmutter ED: *Lesen*, deutsch, 68 Monate

(T10) Urgroßmutter ED: Lesen 30.11.94, 180aoVidED(87)Lesendt68

| 1 | BW1: | so also ihre be"ste sprache war immer deutsch↓ |
| | ED: | deutsch→ |

| 2 | BW1: | jà und war * war das irgendwie schwer in |
| | ED: | deutsch→ *3,5* |

| 3 | BW1: | Ma"nnheim das deutsche zu verstehen→ war das anders→ |

| 4 | ED: | jà ich war i/ äh das is * is uns schwe"r gfallen↓ man musst |

| 5 | BW1: | jà |
| | ED: | *1,5* arch: ** aufpassen dass ma=s verstanne hat↓ nu |

| 6 | BW1: | aber ich habe ah kei/ ** ich habe keine |
| | ED: | jetz gingts→ |

| 7 | BW1: | schwierigkeiten sie zu verstehen↓ |
| | ED: | ** ah die hawe uns au"ch |

| 8 | BW1: | jà jà |
| | ED: | verstanden gut↓ die habe uns gu"t verstanden→ aber m/ |

| 9 | BW1: | jà àhá aber jetzt geht es besser→ |
| | ED: | mi"r nicht die:"→ jà jetz geht=s |

| 10 | BW1: | jà *1,5* äh w/ was haben sie gedacht äh was sie |
| | ED: | besser→ jetz↓ |

| 11 | BW1: | für=n deutsch sprechen→ ** ha/ hat ihre mutter oder ihr |

| 12 | BW1: | vater manchmal gesagt→ na wir sprechen doch ** pfälzisch |

| 13 | BW1: | oder so was↑ ** hessisch→ nö→ nich↑ |
| | ED: | hmhm̄ *2* d/ ** |

| 14 | BW1: | ein dialekt↑ *2* |
| | ED: | das kann ich nicht sagen↓ ich hab=immer * |

| 15 | BW1: | ich finde ja↓ sie sprechen |
| | ED: | * hou"chdeutsch↓ *3,5* |

| 16 | BW1: | hochdeutsch↓ ich finde auch↓ ** ich finde ni"cht dass sie |
| | ED: | jájà |

17	BW1:	dialekt sprechen↓ nur ganz bi"sschen→ **
	ED:	#nèin# **
	EDK	#LEISE, ABER ENTSCHIEDEN#

| 18 | BW1: | hauptsächlich hochdeutsch↓ |
| | ED: | jájà s=mehrste is hochdeitsch↓ |

| 19 | BW1: | jà ** obwohl sie gar nich viel * geschrieben und gelesen |
| | ED: | ** |

| 20 | BW1: | haben in ihrem leben↓ |
| | ED: | hḿihm̀ nēin ** jā le"se tu ich viel deutsch↓ |

| 21 | BW1: | já: |
| | ED: | das hab=ich / * wie so"ll ich eich sagen↓ das ist ** |

```
22  ED:     ni"cht von der schu"le aus→ aber ich hab * die bu/

23  BW1:                                    jă:
    ED:     #buchstabe hab=ich gelernt#  in der schule→ un=dann
    EDK     #STOLZ- - - - - - - - - - - - - -#

24  BW1:                                          jă
    ED:     haw ich mich daha:m so * neinbegeben→  un=da hab=ich /

25  BW1:                      jà                        jà
    ED:     #se"lbstbildung# muss mer / ha=mer gesagt↓
    EDK     #DEUTLICH, BETONT#

26  BW1:                                          jà
    ED:     selbstbildung↓ in dei"tscher sprache↓ in * i/ in=s le:"se↓

27  BW1:                                    jà     was lesen sie
    ED:     nur mit schrei"ben is des schwach↓  hm̀hḿ

28  BW1:    denn gerne↓ *1,5*
    ED:              vorläufig / ich hab äh geschichte un=alles

29  BW1:                                                      jà
    ED:     gelese→ aber vorläufig nehm=ich nur gottes wort↓ *1,5* tu

30  BW1:              jà           jà
    ED:     ich lesen↓ weil / s=mehrste→ nu gewiss→ krieg ich auch

31  BW1:                                    jă
    ED:     als emal ei=zeitung in die hände→ ne nachricht wo ich

32  ED:     le:se→
```

Kommentar. Demonstrationszweck: Das Transkript liefert ein Beispiel für die höchste Stufe der Bewahrung des Deutschen im Kontakt mit dem Russischen und seiner Festigung nach Rücksiedlung in den deutschen Sprachraum, die in der Familie Kirillov begegnete.

Zur Gesprächssituation: Die Aufnahme entstand bei der ersten Begegnung zwischen Emma Dankert (ED) und mir (BW1). ED lebte zu dem Zeitpunkt bereits 68 Monate in Deutschland. Aufgrund ihres hohen Alters und schlechten Gesundheitszustandes hatte sie jedoch kaum sprachliche Kontakte außerhalb ihrer Familie. Es ist deshalb anzunehmen, dass sich ihr Deutsch in den Jahren des Lebens in Deutschland nicht sehr verändert hat – weder in den sprachlichen Formen und Funktionen noch in seiner aktuellen Verfügbarkeit. BW1 lebte zum Aufnahmezeitpunkt mehr als zwei Jahre im Sprachraum Mannheim/Ludwigshafen und kannte daher bereits die dortige regionale Varietät, die zahlreiche Gemeinsamkeiten mit dem Deutsch von Frau Dankert aufweist. Das ausgedehnte interviewartige Gespräch zwischen ED und BW1, aus dem der Ausschnitt stammt, verlief zwar nicht ganz ohne sprachlich bedingte Irritationen auf der einen oder anderen Seite, im Großen und Ganzen aber unproblematisch – ohne Anstrengungen und Gefährdungen.

Zu den Merkmalen von Frau Dankerts Sprechweise: Nach dem vorliegenden Transkript zu urteilen, ist Frau Dankerts Deutsch weitgehend unabhängig von ihrem Russisch geblieben. Jedenfalls lässt sich darin keine Form finden, in der man ohne weiteres eine Wirkung ihrer Zweitsprache nachweisen könnte. Frau Dankerts Deutsch weist einige derjenigen lautlichen Merkmale auf, die den meisten westmitteldeutschen Mundarten gemeinsam sind. Diese kommen bei ihr jedoch meist im Wechsel mit den entsprechenden standardsprachlichen Varianten vor. Es handelt sich vor allem um die folgenden. Siehe Tabelle 19.

Tab. 19: Regionale und standardsprachliche lautliche Varianten bei ED

Standardsprachliche Varianten	Varianten bei ED
Gerundete Vokale: ü: *jüngste* ö: *schön* eu, äu: *Leute*	Entrundete neben gerundeten Vokalen: Keine Aussage[230] Keine Aussage[231] *deutsch* neben *deitsch*[232], *euch* neben *eich*
Keine Spirantisierung: g: *sagen* b: *haben*	Spirantisierte neben nichtspirantisierten Formen: *arch* für *arg* neben *sagen* *hawe* neben *hab*
Keine *e*-Synkope: *gelernt*	Formen mit und ohne *e*-Synkope: *gfallen* neben *gelernt*
Keine *e*-Apokope: *man musste*	Formen mit und ohne *e*-Apokope: *man musst* neben *Schule*
Keine *n*-Apokope: *verstanden, haben, Buchstaben, Geschichten*	Formen mit und ohne *n*-Apokope: *verstanne, hawe, Buchstabe* als Pluralform, *Geschichte* als Pluralform neben *verstanden*
Keine *d*-Assimilation: *und, verstanden*	Formen mit und ohne *d*-Assimilation: *un, verstanne* neben *verstanden*

Dialektale Formen, die das Deutsch der Tochter und des Schwiegersohnes von ED für standarddominante Sprecher so schwer verständlich machen, fehlen bei ED weitgehend. Man vgl. dazu (T08) mit (T10). Von daher kann man der Selbsteinschätzung von Frau Dankert zustimmen: *s=mehrste is hochdeitsch* (F18) – mindestens erheblich standardnäher als die Sprechweise von Nora und Paul Butz.

---

[230] Zur Lautung des standardsprachlichen *ü* bei ED muss ein größeres Aufnahmesegment analysiert werden.

[231] Zur Lautung des standardsprachlichen *ö* muss ein größeres Aufnahmesegment analysiert werden.

[232] Manche einheimische Deutsche, die mit den mitteldeutschen Dialekten weniger vertraut sind, halten die Form *deitsch* für typisch russlanddeutsch. Sie ist jedoch auch für binnendeutsche Dialektsprecher – u.a. des Raumes Mannheim-Karlsruhe oder des Leipziger Raumes – gut belegt.

Bemerkenswert ist auch, dass ED überhaupt über eine Vorstellung von unterschiedlichen Varietäten des Deutschen verfügt. Bei vielen, vor allem jungen Russlanddeutschen gibt es ein solches differenzierteres Bild des Deutschen nicht, jedenfalls nicht vor der Ankunft in Deutschland und nicht in den ersten Phasen der sprachlichen Integration. Solange sie nicht selbst eingehende Erfahrungen mit der Sprache ihrer Großväter und Großmütter machen, kontrastieren sie schlicht Deutsch und Russisch.

Die relativ unproblematische sprachliche Verständigung, die Frau Dankert in Deutschland gelingt, dürfte vor allem auf zwei Faktoren zurückzuführen sein: ED hat in der Schule auf Deutsch Lesen und Schreiben gelernt; und sie hat durch *Selbstbildung,* wie sie sagt (F26), ihre Fähigkeit zum Lesen in deutscher Sprache erhalten, indem sie auch in Russland und Kasachstan Zeitungen, vor allem aber die Bibel und das Gebetbuch auf Deutsch las. Lesen war für die Russlanddeutschen ihrer Generation vor allem eine religiöse Betätigung. Auf diese Weise wurde auch ihr mündliches Deutsch durch einen schriftsprachlichen Standard beeinflusst. Freilich war damit nur ein kleiner Ausschnitt standardsprachlicher Deutschfähigkeiten in Anspruch genommen, der dazu noch für viele jüngere Russlanddeutsche nicht anziehend war, weil er die Isolation von der Mehrheitsgesellschaft verfestigte. Der für Minderheitenkulturen charakteristische Konflikt zwischen der Bewahrung der überlieferten Sprache und Kultur einerseits und der Öffnung für neue Entwicklungen in der Mehrheitsgesellschaft andererseits ist immer auch ein Generationenkonflikt. Er scheint häufig auf, wenn die jüngeren Mitglieder der Familie Butz-Kirillov über ED sprechen und wenn ED über die jüngeren Mitglieder der Familie spricht und man rückblickend die sprachlichen Entscheidungen und Entwicklungen des Lebens nochmals bedenkt.

3.6.4 Emma Dankert – Zusammenfassung

Emma Dankert – bei der Ankunft in Deutschland 82 Jahre alt – bringt folgende sprachliche Praktiken und Fähigkeiten mit. **Russisch** ist ihre Zweitsprache. Sie hat sie im Erwerbstyp Zweitspracherwerb I beim Erwachsenen[233] ausgebildet, der häufig nur geringe Aneignungsgrade zeitigt, zumal, wenn er – wie bei ED – unter sozial extremen Bedingungen vor sich geht. ED versteht alltägliche Kommunikation in russischer Sprache und ist in der Lage, sich auf elementare, stark kontaktsprachliche Weise produktiv an russischsprachiger Alltagskommunikation zu beteiligen. ED verfügt nur über minimale schriftsprachliche Fähigkeiten im Russischen. Sie hegt Vorbehalte gegenüber Aneignung und Verwendung des Russischen durch ihre Kinder und Enkel, die sich in Deutschland verstärkt haben.

---

[233] L2 wird in der Sprachpraxis außerhalb der Familie ohne den Besuch von Sprachunterricht ('ungesteuert') gelernt (s. Rehbein/Grießhaber 1996, 69).

Deutsch ist EDs Erstsprache. Sie hat sie im monolingualen Spracherwerb ausgebildet und im muttersprachlichen Deutschunterricht um schriftsprachliche Fähigkeiten erweitert. Deutsch war für ED zeitlebens das bevorzugte Kommunikationsmittel. Sie hat es bis zur Ausreise benutzt, wo immer es möglich war. Das gilt auch für ihre Lesefähigkeiten, die sie regelmäßig in Anspruch nimmt, wenn auch in einem eingegrenzten Funktionsbereich (Lektüre von Bibel und Gebetbuch, sehr einfache belletristische und journalistische Texte). Das Spektrum kommunikativer Aufgaben, die sie bearbeitet, ist aber – nicht nur beim Lesen – schmal. EDs Deutsch ist leicht regional und kontaktsprachlich geprägt (lexikalische Übernahmen, häufig mit lautlicher und grammatischer Integration).

Das **sprachliche Angebot**, das ED in Deutschland empfängt, bleibt sowohl für das **Russische** und als auch für das **Deutsche** auf die sprachlichen Möglichkeiten der Familie beschränkt. Im Deutschen ist es gegenüber dem der anderen Familienangehörigen durch die Bibellektüre erweitert. Entsprechend verändern sich EDs **sprachliche Praktiken und Fähigkeiten** in Deutschland kaum.

3.7 Sprachliche Netze in der Familie Kirillov

Nachdem in den Abschnitten 3.1-3.6 die deutsch- und russischsprachigen Entwicklungen von Mitgliedern der Familie Kirillov dargestellt wurden, wird in diesem Abschnitt eine Zwischenbilanz am Ende des fünften Aufenthaltsjahres in Deutschland gezogen, die sich allerdings auf diejenigen russlanddeutschen Familienmitglieder beschränkt, die im Zentrum der Beobachtungen stehen: die Kinder Xenia und Georg sowie ihre Mutter Margarita. Die Zwischenbilanz wird mit Hilfe der Netzwerkmethode nach Barden/Großkopf 1998 erarbeitet. In diesem Verfahren werden die Sprecher befragt, welche Personen zu ihrem sprachlichen Netz gehören und in welcher Sprache sie mit ihnen kommunizieren. Es lässt sich sowohl für Längsschnitt- als auch für Querschnittuntersuchungen benutzen. Ich habe es nur einmal eingesetzt, und zwar gegen Ende des fünften Aufenthaltsjahres. In den sprachlichen Netzen findet sich folgende Symbolik:

	der befragte Informant		
●	Russlanddeutsche in Deutschland	○	Russen in Deutschland
❶	verwendete Sprache: Russisch	①	verwendete Sprache: Russisch
❷	verwendete Sprache: Deutsch	②	verwendete Sprache: Deutsch
❸	verwendete Sprachen: Russisch und Deutsch	③	verwendete Sprachen: Russisch und Deutsch
◍	Deutsche aus Deutschland	◉	Ausländer in Deutschland
①	verwendete Sprache: Russisch	●	Personen in der GUS
②	verwendete Sprache: Deutsch		
③	verwendete Sprachen: Russisch und Deutsch		

Die Größe der Punkte informiert über die Häufigkeit der sprachlichen Kommunikation. Je größer der Punkt, desto häufiger findet Kommunikation statt. Es stehen drei Größen zur Verfügung:

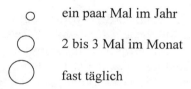

ein paar Mal im Jahr

2 bis 3 Mal im Monat

fast täglich

Personen, die in einem Kreis zusammengefasst sind, kennen sich untereinander und bilden eine relativ beständige Kommunikationsgemeinschaft. Sind Kommunikationsgemeinschaften durch eine Linie verbunden, dann findet auch zwischen ihnen sprachlicher Austausch statt.

Abb. 30: Das sprachliche Netz von Xenia (10;9) am Ende des fünften Aufenthaltsjahres (Kass. 336a,b)

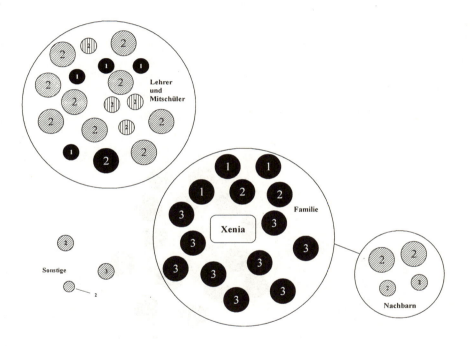

238 Russlanddeutsche Sprachbiografien

Abb. 31: Das sprachliche Netz von Georg (9;10) am Ende des fünften Aufenthaltsjahres (Kass. 336a)

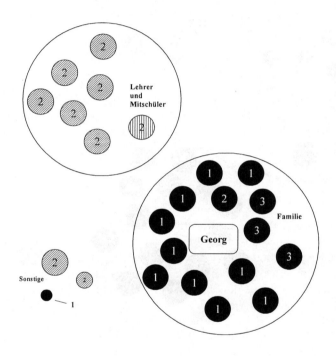

Abb. 32: *Das sprachliche Netz von Margarita Kirillov am Ende des fünften Aufenthaltsjahres (Kass. 335a)*

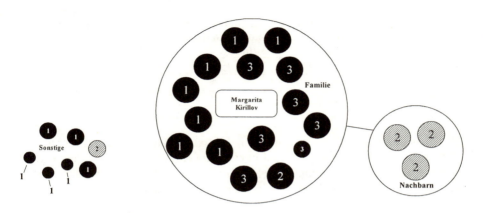

Die befragten Informanten gehören zwei bzw. drei beständigen Kommunikationsgemeinschaften an, die für die sprachliche Integration von Bedeutung sind: der Familie, der Nachbarschaft und – bei den Kindern – der Schule. Für Margarita Kirillov gab es zum Zeitpunkt der Befragung keine Kommunikation am Arbeitsplatz – sie war arbeitslos. Außerdem haben die Informanten in der Regel Kontakt zu weiteren Personen, die sich aber untereinander meist nicht kennen.

Die sprachlichen Netze dieser drei Informanten gleichen sich darin, dass die Kommunikation innerhalb der Familie der wichtigste kommunikative Bereich ist. Zwischen den Mitgliedern der Familie, und zwar nicht nur der Kernfamilie, sondern der Großfamilie, kommt es fast täglich zum sprachlichen Austausch, der von den Informanten als sehr bedeutsam empfunden wird. Da die meisten Mitglieder der Großfamilie am gleichen Ort leben, findet dieser Austausch meist unmittelbar, von Angesicht zu Angesicht, statt, zusätzlich häufig auch telefonisch. Aufschlussreich ist, dass die drei Informanten Xenia, Georg und Frau Kirillov ihrer eigenen Wahrnehmung nach die familiäre Kommunikation sprachlich unterschiedlich ausgestalten. Sie machten folgende Angaben zu den Sprachen, in denen sie mit ihren Familienangehörigen verkehren: Siehe Tabelle 20.

Tab. 20: Aussagen von Xenia, Georg und Frau Kirillov über ihre Sprachenwahlen

Informant	Anzahl der Familienangehörigen, mit denen die Kommunikation vorwiegend auf Deutsch stattfindet	Anzahl der Familienangehörigen, mit denen die Kommunikation auf Deutsch und Russisch stattfindet	Anzahl der Familienangehörigen, mit denen die Kommunikation vorwiegend auf Russisch stattfindet
Xenia	2 (Urgroßmutter ED)	9	3
Georg	1 (Urgroßmutter ED)	3	10
Margarita Kirillov	1 (Urgroßmutter ED)	7	7

Diese Angaben beziehen sich auf den Zeitpunkt, zu dem das sprachliche Netz zusammengestellt wurde, und nur auf die Kommunikation in den eigenen vier Wänden. Wenn man bedenkt, dass Xenia, Georg und ihre Mutter bei der Ankunft in Deutschland miteinander fast nur Russisch sprachen, dann spiegeln die Angaben durchaus wider, wie das Deutsche neben dem Russischen und verbunden mit ihm mehr und mehr zur Familiensprache geworden ist. Bei Georg allerdings tritt eine auffällige Verschiebung hin zum Deutschen erst nach dem im sprachlichen Netz repräsentierten Moment ein.

Was bedeutet die Aussage, man spreche im Verkehr mit einem Menschen sowohl Russisch als auch Deutsch – ein sehr häufiger Fall, wie aus Tabelle 20 zu ersehen ist? Einige Formulierungen der Informanten lassen ahnen, wie die Kommunikation beschaffen ist: Wir sprechen *halbes – Deutsch und Russisch zusammen,* sagt Margarita Kirillov, als sie die Kommunikation mit ihrer Mutter charakterisiert (Kass. 335a); Xenia sagt: *manchmal so, manchmal so, gemischt* (Kass. 336a, b). Es wäre unrealistisch, von den Informanten in dieser Hinsicht genaueren Aufschluss zu verlangen; vielmehr sind entsprechende transkriptbasierte linguistische Analysen erforderlich. Hier kann nur – unter Bezugnahme auf Beobachtungen und die in diesem Kapitel kommentierten Transkripte – festgehalten werden, dass Russisch und Deutsch in der Familie Kirillov zunehmend weniger als zwei getrennte Sprachen existieren, sondern als Extrempunkte eines Kontinuums, auf dem sich die Sprecher bewegen und platzieren – in Abhängigkeit vom Zeitpunkt ihrer sprachlichen Integration und von der jeweiligen Partnerkonstellation.

Neben der familiären Kommunikationsgemeinschaft gehören Kirillovs einer nachbarschaftlichen Kommunikationsgemeinschaft an, für deren Existenz sie dankbar sind und die für sie zu den Vorzügen des dörflichen Lebens gehört. In den entsprechenden Begegnungen erfahren sie odenwäldisches Deutsch und sprechen sie Deutsch. Allerdings muss man konstatieren, dass diese Kontakte nicht ausreichen, um als Modell und Korrektiv für einen umfassenden Ausbau ihrer Deutschfähigkeiten zu dienen. Sie sind dazu nicht intensiv, vielfältig, anspruchsvoll und notwendig genug, und sie sind ausschließlich mündlicher Natur.

Die Kinder Xenia und Georg schließlich haben an einer dritten Kommunikationsgemeinschaft teil, innerhalb derer sie zahlreiche und wichtige Impulse empfangen: ihre Schulklasse und die Schule mit den Lehrern und Mitschülern insgesamt. Hier ist Deutsch die dominante Sprache. Hier empfangen sie ein standardnahes Deutsch als Input; hier werden sie darauf orientiert, selbst Standarddeutsch zu sprechen und zu schreiben; und angesichts der Kontinuität dieser Konstellation lernen sie allmählich, aus dem Input ein Intake zu machen, d.h., das sprachliche Angebot für die Entwicklung der eigenen Deutschfähigkeiten zu nutzen. Gleichzeitig begegnen auch in der Schule andere Varietäten des Deutschen: bei den Mitschülern aus Deutschland stark regional geprägte Varietäten, bei den Mitschülern mit anderen Erstsprachen kontaktsprachlich- und lernersprachlich geprägte Varietäten. Letzteres gilt vor allem für Xenia, die in ihrer Hauptschulklasse mit Kindern binnendeutscher, russlanddeutscher und türkischer Herkunft verkehrt und in der Kommunikation mit ihnen ihre Deutschkompetenz gestaltet. Das sprachliche Angebot der Schule mag für die Bedürfnisse der Kinder nicht ausreichend sein; seine bloße Existenz jedoch unterscheidet ihr sprachliches Netz grundlegend vom sprachlichen Netz der Mutter.

3.8 Familie Kirillov – Zusammenfassung

3.8.1 Mitgebrachte sprachliche Voraussetzungen für die Integration in Deutschland

Mit Ausnahme der Urgroßmutter Emma Dankert verfügen alle Mitglieder der Familie Kirillov bei ihrer Ankunft über ein muttersprachliches, regional und mündlich geprägtes **Russisch** als ihre dominante Sprache. Diese Sprache war in ihrem Herkunftsland die Mehrheitssprache in dem Sinne, dass sie die am weitesten verbreitete, funktional differenzierteste und prestigereichste Sprache war. Daher war es für Kirillovs selbstverständlich, Russisch zu lernen. Als ihre auch individuell dominante Sprache muss sie zum Ausgangspunkt aller Lernprozesse in Deutschland werden. Die mitgebrachten Russischfähigkeiten sind innerhalb der Familie einheitlich – wenn man wiederum von der Urgroßmutter absieht –, allerdings altersgemäß unterschiedlich ausgebaut. So fehlen bei den Kindern schriftsprachliche Fähigkeiten.

Die mitgebrachten **Deutschfähigkeiten** der Familienmitglieder unterscheiden sich stärker voneinander. Die Kinder und der Vater VK haben nahezu keine Deutschfähigkeiten. Die Mutter MK und die Großeltern NB und PB verfügen bedingt über ein regional und russisch geprägtes, funktional eingegrenztes mündliches Deutsch. Sie haben keine oder fast keine schriftsprachlichen Fähigkeiten. Ihre Deutschfähigkeiten sind verschüttet. Die Urgroßmutter ED spricht ein relativ standardnahes, aber auch russisch geprägtes Deutsch, das ihr ohne weiteres zur Verfügung steht. Sie hat einfache und regelmäßig in Anspruch genommene Lesefähigkeiten.

Für die Integration sind neben den mitgebrachten sprachlichen Fähigkeiten auch die mitgebrachten **Einstellungen zu sprachlichen Konstellationen** und die mitgebrachten **Strategien zu ihrer Bearbeitung** wichtig. In dieser Hinsicht sind folgende Aspekte bedeutsam:

- Kirillovs schätzen Sprachen vor allem als Instrumente mündlicher Kommunikation und wollen sie so weit erlernen, dass sie sie in alltäglichen Situationen selbstverständlich und unauffällig benutzen können. Das Streben nach unauffälligem Sprachgebrauch heißt, als Mitglied der jeweiligen Sprachgemeinschaft gelten zu wollen und nicht unfreiwillig den Status eines Außenseiters zu erhalten. Eine Orientierung auf andere symbolische Leistungen einer Sprache oder sprachlichen Varietät – z.B. als Indikator einer bestimmten Bildungsstufe des Sprechers – konnte nicht erschlossen werden. Die Verwendung regional und mündlich geprägter, z.T. auch substandardsprachlicher Formen ist für die Familie in Rezeption und Produktion *normal*. Sie ist nicht Gegenstand der Reflexion und Ausgangspunkt spezieller Spracherwerbsbemühungen. Standard- und Schriftsprachlichkeit stellt für Krillovs kein bevorzugtes Bewertungs- und Entwicklungskriterium dar.

- Alle Mitglieder der Familie haben als Sprecher und als Hörer persönliche Erfahrungen mit gesellschaftlicher Mehrsprachigkeit. Die Verwendung unterschiedlicher kontaktsprachlicher und lernersprachlicher Varietäten des Russischen und Code-Wechsel zwischen dem Russischen und anderen Sprachen sind für sie etwas Selbstverständliches. Sprachliche „Reinheit" ist für sie kein dominantes Bewertungskriterium sprachlichen Handelns.

- Auch eine Hierarchisierung von Sprachen nach Verwendbarkeit und Prestige in Mehrheitssprachen und Minderheitssprachen gehört zu den Erfahrungen und fraglos akzeptierten Gegebenheiten. Für selbstverständlich halten Kirillovs auch, dass die Sprecher von Minderheitssprachen die Mehrheitssprache lernen müssen, während Sprecher von Mehrheitssprachen monolingual bleiben können.

- Alle erwachsenen russlanddeutschen Mitglieder der Familie hatten in ihrem Leben die gesellschaftliche Entwertung ihrer Erstsprache Deutsch zu verarbeiten, freilich unter sehr unterschiedlichen Bedingungen. Kaum erträglich und daher von lebenslang traumatischer Bedeutung war das für die Urgroßmutter, zumal sie die Mehrheitssprache Russisch erst als Erwachsene, ohne jede Hilfe und mit nur dürftigstem Angebot lernen sollte und entsprechend wenig Erfolg hatte. Die anderen Familienmitglieder erinnern ihren eigenen Übergang von der L1 Deutsch zur L2 Russisch als einen zwar schmerzlichen und anstrengenden, aber doch zu bewältigenden und bewältigten Prozess. Die damit verbundene Beeinträchtigung ihres Deutschs erscheint ihnen vor allem vom Standpunkt der sprachlichen Integration in Deutschland als bedauerlich.

– Kirillovs schätzen Mehrsprachigkeit, aber nicht auf eine solche Weise, die sie zu besonderen Anstrengungen bewegen könnte.

– Auch die nur bedingt komplementären sprachlichen Fähigkeiten der Familienmitglieder – die Urgroßmutter spricht nur eingeschränkt Russisch, die anderen Familienmitglieder sprechen nicht oder nur eingeschränkt Deutsch – und die daraus folgenden Grenzen der innerfamiliären sprachlichen Kommunikation werden nicht als Grund für verstärkte Bemühungen um Zweisprachigkeit erlebt. Die durchaus herzliche innerfamiliäre Kommunikation findet zu großen Teilen nicht sprachlich, sondern praktisch statt. Urgroßeltern und Großeltern sind in binnendeutschen Familien selten so selbstverständlich integriert wie bei Kirillovs.

– Kirillovs haben bisher nur einen einzigen schulischen Weg zur Ausbildung von Mehrsprachigkeit bei Sprechern von Minderheitssprachen erfahren: den der Submersion unter die als Unterrichtssprache benutzte Mehrheitssprache. Sie denken nicht darüber nach, ob es andere Wege geben könnte.

– Kirillovs haben keine positiven Erfahrungen mit dem durch Fremdsprachenunterricht gesteuerten Spracherwerb und gar keine Erfahrungen mit selbst gesteuertem Lernen. Sie sind daher ganz auf den „ungesteuerten", „natürlichen" Erwerbstyp orientiert.

Die sprachliche Integration kann bei der Familie Kirillov nur so erfolgen, dass die bei der Übersiedlung vorhandene Einsprachigkeit oder begrenzte Zweisprachigkeit mit Dominanz des Russischen sich zu einer wenigstens vorübergehenden Zweisprachigkeit mit wachsender Verfügbarkeit und Differenzierung des Deutschen entwickelt.

3.8.2 Das sprachliche Angebot in Deutschland

Erwerb und Veränderung von Zweisprachigkeit hängen wesentlich von dem sprachlichen Angebot ab, das die Sprecher erfahren. Das **Russischangebot** für Kirillovs ist dadurch gekennzeichnet, dass es kaum noch standensprachliche Anteile enthält und dass es für die Familie keine Instanz gibt, die sie darin unterstützt, ihr Russisch für die neuen sprachlichen Anforderungen in Deutschland weiterzuentwickeln.[234] Diese Rolle könnte partiell eine der russischsprachigen bzw. russisch- und deutschsprachigen Zeitungen übernehmen, die in den letzten Jahren für russischsprachige Zuwanderer in Deutschland erscheinen. Aber Kirillovs nehmen sie kaum zur Kenntnis. Das Russischangebot, das sie erfahren, ist das regional, mündlich und zunehmend deutsch bestimmte Russisch ihres Familien- und Bekanntenkreises, das – im Verhältnis zum Deutschen – quantitativ und qualitativ an Wirkung einbüßt. Das **Deutschangebot**, das Kirillovs empfangen, ist größtenteils ebenfalls durch Regionalität, Mündlichkeit und Kontaktsprachlichkeit gekennzeichnet. Das betrifft das Deutsch, das Kirillovs in der Familie, im russlanddeutschen Bekanntenkreis und von den meisten Kollegen bzw. Mitschülern hören. Lediglich für die Kinder spielt daneben auch die deutsche Standard- und Schriftsprache eine wichtige Rolle.

3.8.3   Veränderungen in den sprachlichen Praktiken und Fähigkeiten

Im Verlaufe der sprachlichen Integration büßt die mitgebrachte Familiensprache **Russisch** bei Kirillovs an Verwendungshäufigkeit, Unabhängigkeit, Selbstverständlichkeit und Ansehen ein, allerdings bei den Familienmitgliedern in unterschiedlichem Grade – je nach dem sprachlichen Angebot und den sprachlichen Anforderungen, mit denen sich die einzelnen auseinander zu setzen haben, und je nach ihren persönlichen Präferenzen. Bei allen bleibt das Russische regional und mündlich geprägt, bei allen verstärkt sich die bereits mitgebrachte leichte deutsche Prägung, wenn auch wiederum in unterschiedlichem Grade und mit unterschiedlichen Qualitäten. Das hat zur Folge, dass die im Herkunftsland erworbene muttersprachliche Gewissheit über die Richtigkeit und Angemessenheit sprachlicher Formen allmählich erschüttert wird und sich eine neue familienspezifische Gewissheit ausbildet, die sich von der der Russischsprechenden im Herkunftsland unterscheidet und die Kommunikation mit ihnen erschwert. Es verändert sich auch die Einstellung zum Wert der russischen Sprache. Sie ist in der Aufnahmegesellschaft eine Minderheitensprache und daher auch persönlich weniger nützlich als zuvor. Bewusste Widerstände gegen diese Veränderungen des Russischen konnte ich nicht feststellen.

Komplementär verändern sich Gebrauch und Fähigkeiten im **Deutschen.** Das Deutsche wird in der beobachteten Phase der sprachlichen Integration zunächst überhaupt zu einer der beiden Familiensprachen und dann für die jüngeren Mitglieder zur bevorzugten Familiensprache. Es bleibt ein überwiegend mündliches Medium, vor allem für die Erwachsenen. Die mitgebrachte

---

[234] Die institutionelle Unterstützung und Aufwertung ist von entscheidender Bedeutung für den Erhalt von Minderheitenprachen. Siehe Appel/Muysken 1987.

Dialektalität wird partiell eingeschränkt, soweit sie den Sprechern selbst auffällt. Einige Merkmale der neuen Umgebungsvarietät werden übernommen. Das Deutsch bleibt bei allen Familienmitgliedern russisch-kontaktsprachlich geprägt, wenn auch wiederum in unterschiedlichen Qualitäten. Die Bewältigung komplexer, notwendig standard- oder schriftsprachlicher rezeptiver und produktiver Kommunikationsaufgaben ist auch nach sechs Jahren sprachlicher Integration keinem Familienmitglied möglich. Die Beurteilungsinstanz für Richtigkeit und Angemessenheit deutschsprachiger Formen – das 'Sprachgefühl' – hat bei niemandem den Charakter muttersprachlicher Gewissheit erreicht.

Die sprachlichen Veränderungen sind bei allen Familienmitgliedern in den ersten sechs Jahren der Integration in Deutschland beträchtlich. Die jüngeren Familienmitglieder unterliegen radikaleren Veränderungen als die älteren. Die sprachliche Integration ist nach sechs Jahren so weit vorangeschritten, dass alle Familienmitglieder einen Großteil ihrer sprachlichen oder sprachlich vermittelten Bedürfnisse selbstständig erfüllen können; andere Bedürfnisse können sie nur mit Unterstützung binnendeutscher Helfer befriedigen, oder sie müssen auf ihre Befriedigung verzichten. Wo sie selbst deutschsprachig aktiv werden, können sie von binnendeutschen oder anderen deutschmuttersprachlich sprechenden Personen stets umgehend als Zuwanderer erkannt werden, die von der Toleranz- und Solidaritätsbereitschaft der Alteingesessenen abhängen.

4. Sprachbiografien zu einer russlanddeutschen Familie: Sennwalds

4.1 Die Großfamilie Sennwald

Die Großfamilie, der ich den Namen Sennwald gegeben habe, ist eine russlanddeutsche Familie, die ursprünglich aus dem Schwäbischen stammt, über viele Generationen auf der Krim lebte und dann begann, in Kasachstan Wurzeln zu schlagen. Sie besteht überwiegend aus Russlanddeutschen, hat aber in den letzten beiden Erwachsenen-Generationen durch Heirat auch Russen sowie eine Kasachin und einen Koreaner in ihren Familienverbund aufgenommen.

Die ersten Mitglieder dieser Familie kamen Ende der 80er Jahre nach Deutschland. 1992 übersiedelte das junge Ehepaar Marina und Walter Sennwald mit dem Sohn Erich, der damals 15 Monate alt war. Frau Sennwald und Erich stehen im Mittelpunkt meiner Beobachtungen. Marina Sennwald öffnete sich vom Beginn unserer Bekanntschaft an meinem Anliegen, die zweisprachige Entwicklung von russlanddeutschen Kindern in ihren Familien zu verfolgen, und unterstützte mich seitdem bis zu Erichs Einschulung dadurch, dass sie mir regelmäßige Begegnungen mit Ton- und Videoaufnahmen ermöglichte und zum Teil auch selbst Tonaufnahmen der familiären Kommunikation anfertigte. Außer der jungen Familie Sennwald habe ich Erichs Großeltern mütterlicherseits Paulina und Gildebert Schlee, Erichs Urgroßmutter mütterlicher-großmütterlicherseits Antonia Busemann, Erichs Urgroßmutter mütterlicher-großväterlicherseits Adele Schlee, Erichs Großmutter väterlicherseits Fanni Sennwald sowie Tanten, Onkel und Cousinen von Erich kennen gelernt. Im Folgenden werde ich die sprachlichen Entwicklungen von Erich, seinen Eltern, Großeltern und Urgroßmüttern darstellen. Abbildung 33 gibt einen Überblick über die sprachbiografisch beschriebenen Familienmitglieder.

Mir stehen für die Sprachbiografien der Familie insgesamt 90 Ton- und Videokassetten mit einer Aufnahmedauer von mindestens 135 Stunden zur Verfügung. Auf ihnen werden Gespräche in der Familie und Gespräche mit einheimischen, russlanddeutschen und russischen Gästen sowie in der von mir organisierten Mutter-Kind-Gruppe festgehalten. Weiterhin verfüge ich über einige Schriftstücke aus dem Besitz der Familie Sennwald und Notizen zu Begegnungen zwischen Marina Sennwald und Vertretern des Arbeitsamtes und Kindergärtnerinnen von Erich, an denen ich teilnehmen konnte.

Abb. 33: Familie Sennwald: die sprachbiografisch dargestellten Mitglieder

Erichs Urgroßeltern mütterlicher-großmütter-licherseits Antonia Busemann geb. Berger Geboren 1918 in einem deutschen Dorf auf der Krim und Heinrich Busemann Geboren 1915 in einem deutsch-ukrainisch-tatarischen Dorf auf der Krim	Erichs Urgroßmutter mütterlicher-großväter-licherseits Adele Schlee geb. Krumbach Geboren 1913 in einem deutsch-russisch-tatarischen Dorf auf der Krim		
Erichs Großmutter mütterlicherseits Paulina Schlee geb. Busemann Geboren 1940 in Evpatorija/Krim	Erichs Großvater mütterlicherseits Gildebert Schlee Geboren 1940 in einem deutsch-russisch-tatarischen Dorf auf der Krim	Erichs Großmutter väterlicherseits Fanni Sennwald geb. Post Geboren 1937 in einem deutsch-tatarischen Dorf auf der Krim	
	Erichs Mutter Marina Sennwald geb. Schlee Geboren 1968 in Džambul/Kasachstan	Erichs Vater Walter Sennwald Geboren 1965 in Džambul/Kasachstan	
	Erich Geboren 1990 in Džambul/Kasachstan		

4.2 Erich

4.2.1 In Kasachstan: Erich im Alter bis zu 1;3 Jahren

Erich wurde 1990 in Džambul (heute: Taraz) in Südkasachstan, unweit der kasachisch-kirgisischen Grenze, geboren. Džambul ist – wie ich aus Berichten der Familie Sennwald und Artikeln der Džambuler Presse, die mir Marina auslieh, weiß – eine sehr alte Stadt. Sie liegt an der Seidenstraße und der wichtigen Eisenbahnstrecke, die die Hauptstädte Kasachstans, Kirgisistans und Usbekistans verbindet; am Talas, einem reißenden Fluss, der von den Siebentausendern des Tienschan-Gebirges kommt, das man von Džambul aus sehen kann. Džambul ist – so Marina – fast so groß wie Mannheim, auch eine Industriestadt, und wird von Kasachen, Russen, Deutschen, Dunganen, Koreanern, Ujguren und vielen anderen Nationalitäten bewohnt, die miteinander Russisch sprechen (Kass. 084a).

Erichs Eltern sind beide Russlanddeutsche. Sie wählten den Namen für ihr Kind in Erinnerung an seinen bereits verstorbenen Großvater. Die junge Familie bewohnte in Džambul zuletzt ein Haus, das Großvater Erich selbst erbaut hatte. Zum Haus gehörte ein Garten. Dort lag Erich in seinem Kinderwagen. Dort tappte er durch das Gras. Dort sprachen seine Eltern und Großeltern Russisch zu ihm, ein Russisch, das einige deutsche Laute (z.B. das deutsche *l*) und Wörter (z.B. *Opa* und *Oma*) enthielt. Seine Großmutter Fanni war bereits nach Deutschland ausgesiedelt und wohnte nunmehr in Mannheim. Sie betrieb von dort aus mit Eifer die Aussiedlung ihres Sohnes und hatte Glück: Unerwartet früh bekam die junge Familie den Aufnahmebescheid aus Deutschland.

4.2.2 In Deutschland

4.2.2.1 Das sprachliche Angebot der Familie für Erich: die ersten Jahre

Familie Sennwald übersiedelte nach Mannheim, wo außer der Großmutter Fanni auch bereits die Tante Ljudmila mit ihrer Familie lebte. Sennwalds erhielten ein Zimmer im Übergangswohnheim, Tür an Tür mit Familie Kirillov.

Großfamilie, Nachbarschaft und Angestellte des Übergangswohnheims wurden für Erichs Eltern ein Netzwerk, in dem sie erste Informationen über die neuen Lebensumstände samt dem dazugehörigen Vokabular und, soweit möglich, praktische Hilfe bekamen. Für Erich wurden Großfamilie und Übergangswohnheim zur Quelle seines frühen Spracherwerbs ab 1;3 Jahren. Er hörte dort vor allem Russisch in verschiedenen Ausprägungen, so südrussisch-ukrainisch getöntes Russisch und asiatisch ausgesprochenes Russisch. Und er hörte verschiedene Varietäten des Deutschen: verschiedene Stufen der Reaktivierung des Deutschen als einer verdrängten Erstsprache, verschiedene Stufen der Aneignung des Deutschen als Zweitsprache sowie verschiedene regionale Varietäten des Deutschen: Hochdeutsch und Mannheimerisch von den binnendeutschen Angestellten des Übergangswohnheims sowie mitgebrachte russlanddeutsche Varietäten, diese vor allem von den Urgroßmüttern und Urgroßvätern der eigenen Familie und der Nachbarfamilien.

Erich lebte anderthalb Jahre im Wohnheim. Als er 2;9 Jahre alt war, bekam die Familie eine Wohnung. Bis zu seinem Eintritt in den Kindergarten mit 3;10 Jahren wurde Erich vor allem von seiner Mutter betreut, und dann, als die Mutter schließlich Arbeit fand, zunehmend von den Großmüttern und dem Großvater. Er war stets von Erwachsenen und älteren Kindern umgeben, die ihm zugetan waren und seine Entwicklung liebevoll begleiteten.

Die ganze Familie Sennwald und vor allem Erichs Mutter legten und legen auf Erichs sprachliche Entwicklung großen Wert. In den mehr als sechs Jahren meiner Bekanntschaft mit der Familie konnte ich stets Folgendes beobachten: Frau Sennwald spricht viel, lebhaft und gefühlsbetont ausdrucksvoll mit Erich. Alle Familienangehörigen bemühten sich von Anfang an, Erichs Gesprächsbeiträge zu verstehen und auf sie einzugehen; und sie interagierten mit ihm in den unterschiedlichsten Handlungszusammenhängen: beim Spiel und beim Spazierengehen, bei Arbeiten in der Küche, beim gemeinsamen Fernsehen usw. Unter sich taten sie das in den ersten drei, vier Jahren ihres Aufenthaltes in Deutschland meist auf Russisch. Sehr wichtig waren und sind für Frau Sennwald, aber auch für Erichs Groß- und Urgroßmütter Kinderreime, Singspiele, Geschichten und Märchen. Sie brachten Erich die Liedchen und Verschen bei, zu denen schon seine Eltern in ihrer Kindheit tanzten, z.B. *Мишка Косолапый* (*Miška Kosolapyj* – 'Teddy Krummfuß') oder *Идёт бычок* (*Idët byčok* – 'Geht ein Stierlein'). Die Mutter erzählte ihm die Geschichten, die ihre Eltern und Großeltern ihr erzählt hatten: *Курочка Ряба* (*Kuročka Rjaba* – 'Das Hühnchen Rjaba'), *Лисичка со скалочкой* (*Lisička so skaločkoj* – 'Das Füchslein mit dem Nudelholz'), *Горшок каши* (*Goršok kaši* – 'Der süße Brei') und die von Lev Tolstoj gesammelten und bearbeiteten Märchen, so *Три медведя* (*Tri medvedja* – 'Die drei Bären'). Es handelt es sich dabei vor allem um russische, ukrainische und deutsche Volksmärchen in russischer Sprache. Noch in Kasachstan legten Marina und Walter Sennwald Bücher, Schallplatten und Videokassetten für den damals erst einjährigen Erich in den Umzugscontainer: Bücher der russischen Kinderschriftsteller Vladimir Suteev und Eduard Uspenskij, Schallplatten mit den Liedern und Geschichten von *Чебурашка* (*Čeburaška*), dem Fabeltierchen, dessen Erlebnisse Jung und Alt entzückten, und die Serie *Ну погоди!* (*Nu pogodi!* – 'Na warte!'), eine unendliche Trickfilm-Reihe über die niederträchtigen Unternehmungen eines bösen Wolfs und die stets siegreichen Abwehrlisten eines klugen Hasen. Erich nahm alle diese Angebote mit Freuden an, und er genoss sie allein oder auch zusammen mit anderen russlanddeutschen Kindern und Erwachsenen und dazu das Erlebnis von Gemeinsamkeit, das sie stiften, wie ich damals in unserer Mutter-Kind-Gruppe und bei mehreren Familien beobachten konnte.

Die Gründe für die vorzugsweise Verwendung des Russischen in der Familie und auch gegenüber dem Kind lagen keinesfalls allein und bei allen in einer unzureichenden Beherrschung des Deutschen. Die Familie sprach Russisch, weil das die Sprache war, über die alle Mitglieder verfügten, in der alle seit langem gewohnt waren zu kommunizieren, und in der sich alle wohl und nicht überanstrengt fühlten. Alle Familienmitglieder waren sich darin einig, dass Erich das Russische erlernen soll. *Es ist gut, mehrere Sprachen zu sprechen* – dies hörte ich in der Familie Sennwald immer wieder und in vielen Variationen. Für seine Mutter kam hinzu, dass das Russische auch nach Jahren des Aufenthalts in Deutschland die einzige Sprache war, die sie ihren eigenen Ansprüchen gemäß beherrschte.

Das Bevorzugen des Russischen als Familiensprache bedeutete andererseits durchaus nicht, dass die Familie keinen Wert auf die deutsche Sprache legte. Alle Familienangehörigen waren sich in dem Wunsch einig, dass Erich – wie alle anderen Mitglieder der Familie – möglichst schnell und möglichst gut Deutsch lernen sollte. Aus vielen kleinen Beobachtungen konnte ich erschließen, dass Sennwalds folgendermaßen dachten: Wir stammen aus Deutschland; unsere Familie hat sich der deutschen Sprache und Herkunft immer verbunden gefühlt und dies auch in Kasachstan kundgetan, z.B. indem wir unseren Fähigkeiten entsprechend das Deutsche verwendeten; wir leben nun wieder in Deutschland und müssen und wollen Deutsch sprechen, um unser Leben zu bewältigen und hier nicht für immer als Fremde zu gelten. Deswegen soll auch Erich Deutsch lernen, und wir werden seinen Deutscherwerb fördern, so gut wir können.

Wie förderte die Familie Erichs Deutscherwerb? Ich beobachtete bei Marina Sennwald vom Beginn unserer Bekanntschaft an, dass sie in ihre russischen Gespräche mit Erich deutsche Wörter wie *Maus, Hundele* (das *h* nach russischer Art als *ch* gesprochen), *Elefant, danke, sag, guck mal* einschloss und in manchen Fällen von Erich deutschsprachige Beiträge im russischsprachigen Diskurs verlangte, so regelmäßig bei *danke* und *bitte* und *(Guten) Tag*. Die deutschen Ausdrücke ersetzten teilweise die russischen (s. (B1)), teilweise doppelten sie sie, wörtlich oder sinngemäß (s. (B2) und (B3)).

(B1)

Die Mutter betrachtet zusammen mit Erich das Bild eines Schneemanns. Erich zeigt auf die Möhrennase des Schneemanns.

ES: Ням ням.
ES: Njam njam.
MS: Да. Karotte.
MS: *Ja.* Karotte.

ES(2;4), Kass. 032

(B2)

MS (tadelnd): Erich! Was machst du?! Что это такое?!
MS (tadelnd): Erich! Was machst du?! Čto èto takoe?!
MS (tadelnd): Erich! Was machst du?! *Was soll das?!*

ES(2;4), Kass. 032

(B3)

Die Mutter hat gerade eine Handlung beendet, z.B. eine Tasse auf den Tisch gestellt:
MS: Вот so.
MS: Vot so.
MS: *So so.*

Zahlreiche Belege

Die russisch-deutsche Doppelung von *vot so* konnte ich bei Frau Sennwald, aber auch anderen Russlanddeutschen häufig beobachten. Ich hatte zunächst Schwierigkeiten, sie als solche zu erkennen, und fragte die Sprecher nach der Bedeutung des von mir als *votso* gehörten Bestandteils des russischen Diskurses. Es stellte sich heraus, dass sich die Sprecher keineswegs über den gemischtsprachigen Charakter dieser Äußerungsverbindung im Klaren waren.

Die im russischen Diskurs verwendeten deutschen Elemente waren in verschiedener Hinsicht dem russischen Sprachsystem angepasst, siehe (B4).

(B4)

MS: На омином spielpla"tze.
MS: Na ominom spielpla"tze.
MS: *Auf* Omas Spielplatz.

MS, Kass. 076

Die Sprecherin bildet aus dem deutschen Wort *Oma* mit den üblichen Mitteln des Russischen ein russisches Possessivadjektiv und dekliniert es regulär; das deutsche Wort *Spielplatz* dekliniert sie wie ein normales russisches Maskulinum und versieht es mit einem russischen Wortakzent.

Die Gründe für diese Übernahmen aus dem Deutschen dürften verschiedener Art sein. Sicherlich hat Frau Sennwald schon in ihrer Kindheit die auch in anderen russlanddeutschen Familien in der Sowjetunion vorhandene Tendenz ausgebildet, die eigene Beziehung zum Deutschen wenigstens symbolisch durch gelegentliche deutsche Elemente anzuzeigen.[235] Nunmehr in Deutschland, war und ist sie überdies geneigt, die neuerworbenen deutschen Ausdrücke auch in den Gesprächen mit dem Kind anzuwenden und zu festigen, denn sie hat auch für sich selbst nicht allzu viele Übungsgelegenheiten. Und schließlich spielte – wie bereits ausgeführt – auch das Bestreben eine Rolle, dem Sohn die Aneignung des Deutschen zu erleichtern und der eigenen Verantwortung für diesen Erwerbsprozess wenigstens ansatzweise gerecht zu werden. Diese Verantwortung nahm Marina Sennwald auch wahr, indem sie deutschsprachige Bilderbücher, Videokassetten (z.B. *Bambi* und *Dschungel-*

---

[235] Mackey spricht in diesem Zusammenhang von dem 'residualen Stadium' in der Entwicklung zweisprachiger Gemeinschaften: Die Eltern lehren ihre Kinder nur noch eine kleine Anzahl von Ausdrücken und festen Verbindungen aus ihrer einst dominanten Sprache; diese werden stets unter den gleichen Umständen benutzt; Tradierung und Verwendung werden als Bekenntnis zur überlieferten ethnischen Identität verstanden (s. Mackey 1987, 706).

buch) und Kartenspiele kaufte und mit Erich zusammen ansah sowie deutsche Sprachübungen mit ihm durchführte (z.B. Farbbezeichnungen oder Zahlwörter) oder Einkaufen auf Deutsch mit ihm spielte.

Die anderen Familienangehörigen verhielten sich sprachlich zu Erich auf ähnliche Weise. Insbesondere beim Vater war auffällig, dass er dem Sohn gegenüber stets mehr deutsche Elemente in seinen russischen Diskurs flocht als gegenüber anderen Familienmitgliedern.

Alles in allem bestand das Bemerkenswerteste des sprachlichen Angebots der Familie für Erich darin, dass es keine klar erkennbare Trennung zwischen dem Deutschen und Russischen gab. Auf meine mehrfach gestellte Frage an Marina nach ihren Prinzipien für die Sprachenwahl gegenüber Erich antwortete sie immer /sinngemäß/: Ich spreche, wie es sich ergibt; ich kann das nicht vorhersagen und nicht vorherbestimmen (Kass. 082). Ich beobachtete anstelle einer überlegten Sprachenwahl eine allmähliche Verschiebung des Sprachgebrauchs in der Familie: vom zunächst absolut dominierenden Russisch mit vereinzelten deutschen Elementen zu einer stetigen Zunahme des deutschen Anteils an der familiären Kommunikation. Diese Verschiebung dürfte die Resultante folgender Bestrebungen und Gegebenheiten gewesen sein: der über allem stehende Wunsch nach Nähe und Intensität des familiären Austauschs, in welcher Sprache auch immer; das Bedürfnis und die psychische, ja sogar physiologische Notwendigkeit, eine Sprache zu benutzen, bei der nicht jedes Wort und jede grammatische Form langwierig gesucht und bedacht werden muss; ein intuitiver Widerstand gegen die oft als bedrohlich und kalt erlebte Erwartung der Einheimischen, man möge möglichst schnell das Russische aufgeben – dies alles festigte das Russische in der familiären Kommunikation; die aber dennoch sich vollziehende und ja auch gewollte Erweiterung der Deutschkenntnisse, die Überzeugung, dass gute Deutschkenntnisse entscheidend für die Integration aller Familienmitglieder in die deutsche Gesellschaft sind, und das Gefühl der Verpflichtung, als Deutscher auch in der Familie Deutsch sprechen zu müssen – dies alles hatte das Anwachsen des deutschen Anteils an der familiären Kommunikation zur Folge.

4.2.2.2   5.–30. Aufenthaltsmonat: Erich bis zum Eintritt in den Kindergarten

Als ich Erich das erste Mal sah – er schlief oben im Doppelstockbett bei seiner Tante, die Mutter war zum Deutschkurs gegangen –, sagte seine Cousine stolz: *Er kann schon 'Mama' sagen.* (Kass. 009.) Wenn wir uns anfangs trafen, hielt er sich immer eng an seine Mutter. Aber in der Sicherheit der Berührung mit ihr zeigte er durchaus, dass er mich wiedererkannte, am Gespräch teilnehmen wollte und Freude an der Begegnung hatte. In dieser ersten Zeit – Erich war 1;8 bis 2;1 Jahre alt – produzierte er neben dem klar erkennbaren, eindeutig russisch ausgesprochenen und sinnvoll eingesetzten *mama* vor allem viele lautliche Äußerungen, die noch keine wiederkehrende lautliche Gestalt und keine eindeutige kommunikative Funktion aufwiesen. In Ergänzung zu seinen lautlichen Äußerungen kommunizierte er sehr gern gestisch und pantomimisch. Fragen wie die folgenden, auf Russisch gestellten 'Wo ist die Schippe? Wie spielst du mit der Schippe im Sandkasten?' beantwortete er, indem er die Schippe holte und andeutungsweise die Tätigkeit vorführte, für die die Schippe geschaffen ist (Kass. 085). Bei aller Beschränktheit des Sprechvermögens von Erich in dieser Zeit war für seine Mutter doch offensichtlich, dass er viel verstand, ja sogar, dass er neben Russisch auch etwas Deutsch verstand. Siehe (B5).

(B5)
MS /auf Russisch/: Ja, er versteht vollkommen, was ich sage. Nach meinem Gesichtsausdruck und dem, was ich zeige. Wenn ich /auf Russisch/ frage: 'Wie macht das Kätzchen?', dann antwortet er. Aber wenn ich /auf Deutsch/ frage: *Wie macht Katzele?*, schaut er. *Wie macht Katzele? Katzele?* Schließlich scheint er sich zu erinnern und sagt: *Miau.*

MS, Kass. 084

Welche Folgen die deutschen Übernahmen im russischen Diskurs der Mutter für Erichs Erwerb des Russischen und des Deutschen hatten, müsste im Detail untersucht werden. Man könnte vermuten, dass er bei manchen Lexemen so bald nicht lernte, ob sie zum Deutschen oder zum Russischen gehören. Die Wörter, die ich ihn nach *mama* als nächste sprechen hörte, waren teils hochdeutsch: *danke, Tag, tschüs, Auto, mein, nein, noch, doch, weg, Bonbon, Ball(a), Puppe, Schuhe*, teils russlanddeutsch: *wawatsch* oder *auwatsch* für *aua*, teils russisch: *nana (papa* – 'Papa'), шляпа (*šljapa* – 'Hut'), шана oder шапочка (*šapa* oder *šapočka* – 'Mütze'), зайчик (*zajčik* – 'Häschen'), мячик (*mjačik* – 'Bällchen'), вон (*von* – 'da'), всё (*vsë* – 'Schluss, zu Ende, alle alle'), тётя (*tëtja* – 'Tante'), где (*gde* – 'wo'), больно (*bol'no* – 'tut weh'), сына (*syna* – 'Söhnchen', lange zur Selbstbezeichnung benutzt), дома (*doma* – 'zu Hause'), что (*čto* – 'was'), айяйяй (*ajjajjaj* – Interjektion). Als Erich begann – gelegentlich ab 2;1, häufig ab 2;7 Jahren –, Ketten von Einwortäußerungen und dann auch Mehrwortäußerungen zu bilden, waren diese Äußerungen oft deutsch und russisch gemischt. Siehe (B6) – (B9).

(B6)
ES: Noch, тётя.
ES: Noch, tëtja.
ES: Noch, *Tante*.

ES(2;9), Kass. 048

(B7)

ES: Nein, не надо.
ES: Nein, ne nado.
ES: Nein, *nicht / ich will nicht / ich möchte nicht.*

ES(2;8), Kass. 053

(B8)

ES: Puppe. Kleine Puppe. Baby. Банты. Zwei Банты.
ES: Puppe. Kleine Puppe. Baby. Banty. Zwei Banty.
ES: Puppe. Kleine Puppe. Baby. *Schleifen.* Zwei *Schleifen.*

ES(2;9), Kass. 051

(B9)

ES: Balla. Ball где? Wo? Где Balla?
ES: Balla. Ball gde? Wo? Gde Balla?
ES: Balla. Ball *wo?* Wo? *Wo* Balla?

ES(2;9), Kass. 051

Es war zuerst die Mutter, die diese Mischungen bemerkte. Sie machte mich darauf aufmerksam und fasste ihre Beobachtungen so zusammen: *Он у нас не немец не русский* (on u nas ne nemec ne russkij, wörtlich: 'Er ist bei uns weder Deutscher noch Russe.') (Kass. 035).

Gleichwohl schien Erich bereits früh eine generelle Differenzierung zwischen den beiden Sprachen seiner Umgebung vorzunehmen. Ich schließe das aus Folgendem: Er weigerte sich anfangs und relativ lange, auf Deutsch mit mir oder meiner Kollegin zu interagieren; er wurde böse, wenn seine Mutter das von ihm geliebte Spiel 'Jemand klopft an die Tür' nicht auf Russisch mit ihm spielte und *Herein!* statt *Заходите!* (Zahodite! – 'Kommen Sie herein!') sagte. Später akzeptierte er deutschsprachige Interaktionen, vor allem mit seiner Großmutter Fanni, seinem Vater Walter und auch mit mir, zeigte sich in ihnen aber längst nicht so interessiert und ausdauernd wie in russischsprachiger Kommunikation. Als Erich 2;10 Jahre alt war, erklärte er in einer deutschsprachigen Interaktion zum ersten Mal kategorisch:

(B10)

ES: Всё. Mi:de.
ES: Vsë. Mi:de.
ES: *Schluss.* Müde.

ES(2;10), Kass. 076

Lange griff er immer wieder zu dieser russisch-deutsch gemischten Verweigerungsformel, wenn jemand aus seiner Familie mit ihm Deutsch sprechen oder gar üben wollte, während die russischsprachigen Interaktionen von seiner Seite aus so intensiv und andauernd waren, dass die Erwachsenen an ihnen viel Freude hatten, aber nicht selten auch ermüdeten, wie mir die drei Großeltern und die Mutter mehrfach berichteten.

Erich durchlebte gegen Ende seines ersten Aufenthaltsjahres in Deutschland eine, wie mir schien, tiefe Krise.[236] Er ließ seine Mutter keinen Schritt von sich, erlaubte ihr keine Kommunikation mit anderen Menschen und schlief oft mitten am Tage völlig erschöpft ein, nachdem er sich mit allen Kräften bemüht hatte, sich und seine Mutter gegenüber Kontakten zu Besuchern abzuschirmen. Marina Sennwald und ich überlegten öfter, auch rückblickend, worin die Ursachen für diese teilweise beängstigenden Verhaltensweisen gelegen haben könnten. Marina Sennwald sah Erich als sehr einfühlsames Kind, das die Stimmungen seiner Eltern im Nu übernahm. Er zeigte die geschilderten Reaktionen vor allem, als auch die Eltern eine Krise durchlebten: die Schwierigkeiten mit der neuen Sprache, das Gefühl der unzureichenden sprachlichen Qualifikation für die Erziehungsaufgaben des Vaters bzw. der Mutter, die Misserfolge bei der Suche nach Arbeit, die Enge im Übergangswohnheim, der Verlust des täglichen Kontaktes mit Freunden und den noch nicht übergesiedelten nahen Verwandten – Erichs Eltern dachten, wie sie mir später berichteten, darüber nach, ob es noch einen Weg zurück nach Kasachstan gäbe. Ich kann den Gedanken nicht verwerfen, dass die gesamte äußerst angespannte emotionale Situation der Familie dazu beitrug, dass Erich lange nur wenig Fortschritte im Spracherwerb zu machen schien. Seine Äußerungen blieben geraume Zeit selbst für die nächsten Angehörigen schwer verständlich. Immer wieder kam es zu dramatischen Szenen, weil Erich eine Äußerung an Eltern oder Großeltern gerichtet hatte, die diese nicht verstanden. An der von beiden Seiten intensiv gesuchten Lösung des Verstehensproblems vermochte sich Erich sprachlich nur durch ständige und, wie mir schien, unveränderte Wiederholungen seiner Äußerung oder aber pantomimisch und praktisch zu beteiligen, während die Erwachsenen sich bemühten, die von Erich möglicherweise beabsichtigte Mitteilung sprachlich zu formulieren (z.B. so /auf Russisch/: 'Meinst du Piroggen?') und ihm zur Bestätigung vorzulegen, bis schließlich die Lösung gefunden war. Solche Szenen konnte ich beobachten; solche Szenen wurden mir beschrieben, bis Erich etwa 3;7 Jahre alt war.

Wenn ich meine Notizen zu den Familienbesuchen und Tonaufnahmen durchblättere, wird deutlich: Die Anzahl der heftig durchlebten Situationen des Nichtverstehens nahm in dem Zeitraum ab, als sich Erichs Tendenz, ihm von den Erwachsenen vorgesprochene Wörter nachzusprechen, verstärkte und er mehr und mehr lernte, einfache semantische Beziehungen durch

---

[236] Die Erscheinungsformen dieser Krise bei Erich gleichen denen, die Vygotskij als charakteristische Symptome der 'Krise des Einjährigen' beschrieben hat (s. Wygotski 1987, 163-165). Vygotskijs Theorie der ontogenetischen Entwicklung ist unbedingt heranzuziehen, wenn eine empirisch-detailliertere und theoretisch-tiefere Analyse der zweisprachigen Entwicklung unserer kindlichen Informanten zu leisten sein wird.

grammatische Mittel des Russischen auszudrücken. Erste russische Konjugationsformen konnte ich bei Erich mit 3;3 Jahren beobachten, erste russische Deklinationsendungen mit 3;5. Eltern und Großeltern beobachteten diese Neuerwerbungen mit Erleichterung und Freude. Sie waren schon besorgt gewesen wegen des späten Beginns der sprachlichen Entwicklung von Erich. Ein Dokument von Erichs frühem Russisch und der Kommunikation mit seiner Mutter in dieser Entwicklungsphase ist (T11).

Parallel zur – dennoch unbestreitbaren – Entwicklung im Russischen machte auch Erichs Deutscherwerb in dieser Zeit deutliche Fortschritte. Spätestens ab dem Alter von 3;7 Jahren ließ er es zu, dass ich während unseres sich monatlich wiederholenden gemeinsamen Betrachtens von Bildern und Büchern Deutsch sprach. Er beantwortete meine auf Deutsch gestellten Fragen immer regelmäßiger, und die Antworten zeigten mehr und mehr, dass er die Fragen verstanden hatte; allerdings antwortete er entweder ganz in russischer Sprache oder in einer Mischung aus Deutsch und Russisch. Er war nun auch eher bereit, vorgesprochene deutsche Wörter nachzusprechen. In der Zeit, als er einen Kindergartenplatz bekam, verstand er nach den Beobachtungen von Eltern und Großeltern und auch nach meiner Einschätzung schon in einem bedeutenden Maße Deutsch und verwendete eine ganze Reihe deutscher Lexeme, freilich oft in gemischtsprachigen Äußerungen und mit russischer Aussprache. Möglicherweise wusste er auch nicht, dass die ihm bekannten Wörter verschiedenen Sprache zuzuordnen sind.

Ein für Eltern und Großeltern auffälliges Phänomen in Erichs sprachlicher Entwicklung bestand zu dieser Zeit darin, dass der Junge Laute oder Silben vertauschte, und zwar sowohl in russischen als auch in deutschen Wörtern. So sagte er: *nefilon* statt *telefon*, *убилается* (*ubilaetsja*) statt *улыбается* (*ulybaetsja*), *Hifle* statt *Hilfe* (Kass. 273b).

4.2.2.3 Drittes und viertes Aufenthaltsjahr: Erich im Alter von 3;10-5;1

Erich besuchte den Kindergarten, seit er 3;10 Jahre alt war. Er lernte zwei Kindertagesstätten kennen, beides Tagheime, beides kleine Häuser mit jeweils nur einer Gruppe. Im ersten Kindergarten hatte knapp die Hälfte der Kinder nicht Deutsch zur Muttersprache, im zweiten Kindergarten gab es solche Kinder fast nicht. Familie und Erzieherinnen gewannen den Eindruck, dass Erich nicht ungern in die Einrichtungen ging. Freilich freute er sich auch, wenn er gelegentlich zu Hause bleiben durfte, weil ein Feiertag war oder ein Familienmitglied Urlaub hatte.

Aus der Sicht der Familie änderten sich Erichs sprachliche Fähigkeiten und Verhaltensweisen seit dem Eintritt in den Kindergarten in folgender Weise. Er wurde zu Hause noch mitteilsamer als zuvor. Ich konnte einmal Zeugin seines nahezu überwältigenden Dranges nach Kommunikation werden, als seine Mutter und ich ihn zusammen aus dem Kindergarten abholten. Wir fuhren mit dem Bus. Erich legte der Mutter den Arm um den Hals, sah sie an und sprach intensiv flüsternd auf sie ein, selbstverständlich auf Russisch. Ich konnte nicht verstehen, was er sagte, es war zu leise. Als wir uns nach zwanzig Minuten Fahrzeit unserem Ziel näherten und aussteigen mussten, war Erich eingeschlafen. Das Glück der sehnlich erwarteten und nunmehr stattgehabten Kommunikation und die Anstrengungen des Tages hatten ihn erschöpft.

Gefördert durch die weiterhin intensive Kommunikation in russischer Sprache baute Erich sein Regelsystem des Russischen aus. Als er 4;2 Jahre alt war, fielen mir in seinem Russisch die für den frühen Spracherwerb charakteristischen Übergeneralisierungen grammatischer Formen auf, z.B. *возьмила* (*voz'mila* – 'sie nahm') statt *взяла* (*vzjala*) oder *пьём* (*p'ët* – 'singt') statt *поём* (*poët*). In dieser Entwicklungsphase, ab etwa 4;1 Jahren, begann er auch, russische Zeitadverbien zu benutzen: *вчера* (*včera* – 'gestern') und *сегодня* (*segodnja* – 'heute'). Selbstverständlich bedurfte es einigen Ausprobierens, bis er ihre Bedeutungen erfasst hatte. Gleichzeitig hörte Erich auf, sich auf sich selbst mit seinem Namen oder mit Kennzeichnungen wie *сына* (*syna* – 'Söhnchen') oder *мальчик* (*mal'čik* – 'Junge') zu beziehen. Er sagte nun: *я* (*ja* – 'ich'). Ein wenig später, ab etwa 4;2 Jahren, kamen neue Fragewörter – zu den bereits seit längerem (etwa ab 2;9) benutzten *где?* (*gde* – 'wo?') und *что?* (*čto* – 'was?') – hinzu: *куда?* (*kuda* – 'wohin?'), *кто?* (*kto* – 'wer?') und vor allem *зачем?* (*začem* – 'wieso? wozu?') und *почему?* (*počemu* – 'warum?'), die Lieblingswörter der nächsten Monate. Auch im phonologischen Bereich war der Erwerb von Erichs Erstsprache Russisch noch nicht abgeschlossen. Einige Laute bereiteten ihm noch Schwierigkeiten, z.B. *ч* (*č*), *т* (*t*), *ш* (*š*), *с* (*s*), *ю* (*ju*). So sagte er *пушкай* statt *пускай* (*puškaj* statt *puskaj* – 'lass!'). Der Großvater scherzte /auf Russisch/: 'Du wirst wohl ein Schwabe?' Und die Mutter kommentierte /auf Russisch/: 'Unser Erich spricht Russisch mit schwäbischem Akzent – so einen gibt es auf der ganzen Welt nicht mehr' (Kass. 201). Die Mutter unterstützte auch in dieser Zeit ES' Russischerwerb bewusst. Sie benutzte mit dem Sohn regelmäßig russische Bücher, die von sowjetischen Vorschulpädagogen für die sprachliche Förderung von Kindergartenkindern entwickelt worden waren (Kass. 239a). Er hörte weiterhin gern zu, wenn MS ihm Geschichten und Märchen auf Russisch erzählte, und stellte ihr viele Fragen dazu. Insgesamt wurde jedoch immer deutlicher, dass ES' Russisch zunehmend unter den Einfluss des Deutschen geriet. Die Familie bemerkte, wie sich Erichs deutsches Vokabular vergrößerte, seit er den Kindergarten besuchte. Bei dem von ihm bevorzugten Spiel mit Autos rief er auch zu Hause bald nicht mehr *авария* (*avarija!* – 'Unfall!'), wenn er die Autos zusammenstoßen ließ, sondern *Unfall!* Er flocht mehr deutsche Lexeme in seinen russischen Diskurs ein, so *Fußball, Pistole, Straße*(!)*bahn, Geschenk, Scheiße, Fest*, letzteres als reguläres russisches Maskulinum behandelt: *на фесте* (*na feste* – 'auf dem Fest'). Erich übernahm auch vollständige deutsche Wendungen für den häuslichen Gebrauch: *Hände waschen! Aufräumen! Essen kommen! Spinnst du?* Die Familie beobachtete den immer häufigeren Gebrauch deutscher Ausdrücke durch Erich mit widerstreitenden Gefühlen. Auf der einen Seite sah sie, dass sein Russisch untergraben wurde, auf der anderen Seite hätte sie gewünscht, er spräche bereits Deutsch wie ein einheimisches Kind.

ES' Deutscherwerb ging jedoch, soweit von außen beobachtbar, nur sehr langsam voran. Als Erich den Kindergarten einige Monate besucht hatte, bemerkten Mutter und Großmutter, dass Erich zu Hause für sich allein Deutsch zu üben schien: Er nahm ein Bilderbuch, öffnete es und tat, als ob er daraus vorlese. Die Äußerungen waren zweifelsfrei nicht als russische intendiert und realisiert, sie waren aber auch nicht deutsch. Mutter und Großmutter gewannen den Eindruck, Erich versuche die Lautmuster einer ihm fremden Sprache zu erzeugen (Kass. 208).

Als Erich fast ein Jahr im Kindergarten war, sah ich ihn das erste Mal bereit, einer auf Deutsch erzählten Geschichte seiner Mutter zuzuhören. Er war aufmerksam und stellte Fragen, die zeigten, dass er der Geschichte folgen konnte. Allerdings stellte er die Fragen auf Russisch.

Nach reichlich einjährigem Kindergartenbesuch fiel der Familie auf, dass Erich sich intensiv damit beschäftigte, herauszufinden, was *russisch* bzw. *по-русски* (*po-russki*) und *deutsch* bzw. *по-немецки* (*po-nemecki*) ist. Er hatte auch schon zuvor *gefühlt*, wie die Großmutter sagte, wo und zu wem er Russisch, wo und zu wem er Deutsch sprechen kann oder muss; so sei es für ihn selbstverständlich gewesen, die Hausbewohner mit *Guten Tag* zu grüßen und nicht etwa auf Russisch (Kass. 272). Er konnte zuvor auch insgesamt erkennen, ob jemand zu ihm die Sprache seiner Familie sprach oder nicht, und er reagierte entsprechend: kooperativ oder verweigernd. Aber bei vielen Lexemen wusste er offenbar nicht, wie sie zuzuordnen seien. Und mit den Wörtern *russisch/по-русски* und *deutsch/по-немецки* konnte er lange Zeit nichts anfangen. Fragen, in denen diese Wörter vorkamen, beantwortete er oft unzutreffend. Neu war nun, dass er sich nicht nur für sich allein mit ihrer Bedeutung auseinander setzte, sondern mit seinen Angehörigen auch darüber sprach. Seine Mutter teilte mir folgende Beobachtungen mit: Erich registriere sofort, wenn auf der Straße oder im Fernsehen jemand Russisch spricht, dann komme er glücklich gelaufen und sage /natürlich auf Russisch/: 'Mama, die sprechen wie die Leute in Džambul', oder: 'Mama, die sprechen wie wir'. Weiter: Erich nenne ihr oft ein Wort und frage, ob es russisch oder deutsch sei. Und schließlich: Erich nenne ihr oft ein russisches Wort und frage, wie es auf Deutsch heiße; manchmal wüsste sie es und sagte es ihm, manchmal wüsste sie es nicht und sie schaute zusammen mit Erich im Wörterbuch nach (Notizen vom 19.12.95).

Als Erich fünf Jahre alt wurde, besuchte ich ihn zu seinem Geburtstag. Er führte mir mit Eifer die Geschenke vor, die er bekommen hatte; wir sprachen das erste Mal lange und ausschließlich Deutsch miteinander. Sogar seine an die Mutter gerichteten Äußerungen waren deutsch. Auf Deutsch nannte er sie nun *Mutter* mit rollendem russischem *r*. Erichs Gesprächsbeiträge hatten einerseits bereits komplexe syntaktische Strukturen, andererseits zeigten sie Einflüsse des Russischen, und zwar vor allem in der Aussprache, in der Wortfolge und in der Nichtrealisierung bestimmter Satzglieder. So sagte er z.B.: *Gleich meine Mutter kommt* statt *Gleich kommt meine Mutter* oder: *Natürlich weiß das* statt *Natürlich weiß ich das* oder: *Du hast bisschen Lust, du kannst schlafen* statt *Wenn du Lust hast, kannst du bei uns schlafen/ übernachten* (Kass. 278a). Ich freute mich über Erichs Fortschritte im Deutschen. Auch seine Mutter freute sich und blieb doch traurig. Sie sagte /sinngemäß/: Erich spricht weder Deutsch noch Russisch, er mischt beide Sprachen, er hat in beiden Sprachen einen starken fremden Akzent, er kommt bald zur Schule – wie wird das werden? (Notizen vom 19.12.95; ähnlich bereits am 10.5.95.)

Die Familie fühlte sich verantwortlich für diesen – auch von mir nicht bestreitbaren – Zustand, sie sah, dass die Entwicklung bei Erich komplizierter und langsamer verlief als bei anderen Kindern, sie empfand, dass die Einheimischen der Familie dafür die Schuld zuwiesen, selten direkt, meist unausgesprochen, sie war selbst verunsichert und doch überzeugt, dass man vor allem Gelassenheit walten lassen sollte (Kass. 191).

Die Sicht der Erzieherinnen auf Erichs sprachliche Entwicklung kenne ich aus einigen wenigen Gesprächen, die ich im Beisein von Marina Sennwald mit ihnen führte. In beiden Kindergärten schilderte man Erich als *sehr scheues, zurückhaltendes Kind*, das am liebsten für sich allein spiele und am ehesten auftaue, wenn musiziert werde (Notizen vom 10.4.95, 19.10.95, 19.12.95).

Die Erzieherinnen des ersten Kindergartens hatten den Eindruck, dass Erich bei Eintritt in den Kindergarten so gut wie kein Deutsch verstand. Er habe anfangs mit ihnen Russisch gesprochen, dann aber bald begriffen, dass sie nicht verstanden. Auf Russisch habe er es noch mit den zwei vietnamesischen Kindern der Gruppe versucht. Als auch dies misslang, leitete er wohl die Verallgemeinerung ab: Im Kindergarten kann ich meine Sprache nicht sprechen. Dies prägte sich ihm offenbar so tief ein, dass er viele Monate später, als ein anderes russlanddeutsches Kind in den Kindergarten kam, auch mit diesem nicht auf Russisch verkehrte, sondern es lange nur auf Deutsch ansprach, bis er ihm erst nach vielen Wochen gelegentlich ein russisches Wort sagte. Beide Mütter waren äußerst erstaunt, als sie über die jeweils andere Familie erfuhren, sie sei russlanddeutsch. Einfache Dolmetschdienste, um die die Erzieherinnen Erich baten, konnte er nicht leisten.

Da Erich im Kindergarten erfuhr, dass er sich in der ihm zur Verfügung stehenden Sprache nicht verständlich machen konnte, schwieg er. Er schwieg, wie die Erzieherinnen mir sagten, fast sechs Monate lang. Dann habe er begonnen, Deutsch zu sprechen, aber nur *Wörter, keine kompletten Sätze,* so die Auskunft, die wir bekamen.

Marina Sennwald hatte mir berichtet, dass es in Erichs erstem Kindergarten auch nach Monaten noch nie zu einem Gespräch mit den Erzieherinnen über Erichs Entwicklung oder Entwicklungs- und Erziehungsprobleme im Allgemeinen gekommen war, weder en passant noch auf den Elternversammlungen. Nun, als wir gemeinsam mit der Erzieherin am Tisch saßen, ergriff MS die Gelegenheit und stellte dar, wie gern und aktiv Erich in seiner Familie kommuniziere. Die Erzieherin war frappiert, doch dann unterbrach sie Marina Sennwald und fragte schnell: *Aber nicht auf Deutsch, nicht wahr?* (Notizen vom 19.12.95).

In den zweiten Kindergarten brachte Marina Sennwald ihren Sohn lieber als in den ersten: Die Gruppe sei kleiner, und es gebe ein umfangreicheres Angebot für musische Betätigungen der Kinder. Mit der Erzieherin sprachen wir, als sie Erich drei Monate kannte. Sie ließ uns erkennen, dass sie Erichs sprachlichen Entwicklungsstand im Deutschen für nicht altersgemäß hielt: Er – nunmehr fast fünf Jahre alt, länger als ein Jahr im Kindergarten – spreche *nur in Wörtern, nicht in Sätzen,* er sei wegen seiner undeutlichen Aussprache schwer zu verstehen; er selbst verstehe auch oft nicht, was man zu ihm sage, das könne man aus seinen Reaktionen erkennen; und vor allem suche er kaum Gesprächsgelegenheiten; ihr sei nur ein Fall erinnerlich, wo er sich dringend habe mitteilen wollen, nämlich als seine Mutter für alle hörbar im Musikzimmer für die Weihnachtsfeier Klavier geübt habe – da habe er jedem im Kindergarten gesagt: *Meine Mutter spielt!* Auf meine Frage teilte uns die Erzieherin mit, dass sie bisher keine Gelegenheit zum Umgang mit nichtdeutschsprachigen Kindern gehabt habe und die entsprechenden Probleme auch nicht Gegenstand ihrer Ausbildung gewesen seien; das Ausbildungsprogramm sei ohnehin überlastet und ohne Polster für derartige *Abschweifungen* gewesen (Notizen vom 19.12.95).

Die Aussagen der Erzieherin zu Erichs Deutschfähigkeiten mit 5;0 Jahren bedürfen dringend einer Ergänzung, wie ich nach Anhören meiner Aufnahmen mit Erich weiß. Wohl kam es vor, dass Erich auf Deutsch Einwort-Äußerungen wie ein ganz kleines Kind produzierte und sie nur entfalten konnte, wenn der erwachsene Kommunikationspartner sich ihm ausdrücklich zuwandte und ihn sprachlich unterstützte. Aber es gab auch zahlreiche Kommunikationsereignisse, an denen sich Erich initiativreich und komplex beteiligte. Es ist hier also mit Situations-, Thema- und Partnerabhängigkeit der sprachlichen Leistungen zu rechnen – in einem Maße, wie wir sie von einsprachigen Kindern vielleicht nicht kennen.

4.2.2.4 Fünftes und sechstes Aufenthaltsjahr: Erich im Alter von 5;2-6;8

Erichs Russisch wurde in den letzten zwei bis anderthalb Jahren vor der Einschulung immer mehr in seiner Entwicklung durch das Deutsche bedrängt. Das galt bereits für das Verstehen. Hatte Erich mit drei, vier und auch noch fünf Jahren gerne Märchen und Geschichten auf Russisch angehört und mit seinen Angehörigen ausführlich darüber gesprochen, schien seine Fähigkeit, komplexe Diskurse und Texte auf Russisch zu verstehen, nun drastisch zurückzugehen. Seine Großmutter Fanni beobachtete auf der familiären Einschulungsfeier Folgendes: Erich bekam eine russische Videokassette für Kinder geschenkt und sah sie sich sogleich an. Aber er konnte dem Handlungsverlauf nicht folgen. Großmutter Fanni berichtete mir: *Marina hat misse überfihre von Russisch uf Deutsch. Dass er es versteht. Er fragt, fragt, sagt: „Übersetz!" Der Kerl versteht schon wenig. Der vergisst alles. Der will alles Deutsch* (Kass. 383a). Alltäglichen Familiengesprächen auf Russisch konnte Erich natürlich noch folgen: Sie sind normalerweise stark in der wahrnehmbaren Situation verankert und inhaltlich in hohem Maße erwartbar, so dass das Sprachverstehen im engeren Sinne eine geringere Rolle spielt.

Erichs Sprechfähigkeiten auf Russisch litten gegen Ende des Vorschulalters zunehmend unter folgenden Korrosionserscheinungen: Er konnte nicht mehr alle Phoneme des Russischen produzieren. So hörten sich bei ihm die Wörter мишка (*miška* – 'Teddy') und мышка (*myška* – 'Mäuschen') gleich an, weil er unter dem Einfluss des Deutschen dazu tendierte, die für das Russische charakteristische phonematische Differenzierung von и (*i*) und ы (*y*) aufzugeben (Kass. 292, 294). Oder er ersetzte das russische с (*s*) vor п (*p*) durch einen *sch*-Laut – wie im Deutschen in dieser Position. Er sprach also das russische Wort спорт (*sport*) wie das deutsche Wort *Sport* aus, nicht nur bei der Verbindung *sp-*, sondern auch beim *r*, das er vokalisierte (Kass. 310). In der Aneignung der russischen Morphologie schien ein Stillstand eingetreten zu sein. Erich benutzte immer noch zahlreiche Übergeneralisierungen, die für ein viel früheres Alter charakteristisch sind; darauf bezogene Korrekturen der Mutter nahm er nicht an. So sagte er z.B. надо идить (*nado idit'* – 'man muss/wir müssen gehen') statt надо идти (*nado idti*) in Parallele zu надо говорить (*nado govorit'* – 'man muss/wir müssen sprechen'), er sagte immer noch я возьмил (*ja voz'mil* – 'ich nahm') statt я взял (*ja vzjal*) in Parallele zu я говорил (*ja govoril* – 'ich sprach'); und er bildete die Präteritumsform ушёл (*išël* – 'ging') statt шёл (*šël*) in Verallgemeinerung des Präsens-Vokals *u-* (*i-*); auch mit der Form искают (*iskajut* – 'sie suchen') anstelle von ищут (*iščut*) vollzog Erich eine Übergeneralisierung – nach dem Muster von читают (*čitajut* – 'sie lesen'). In lexikalischer und phraseologischer Hinsicht waren den Gesprächsbeiträgen von Erich immer häufiger Lücken im russischen Wortschatz anzumerken. Er füllte sie durch deutsche Lexeme (z.B. сколько *Leute*? (*skol'ko Leute*? – 'Wieviel *Leute*?)) sowie gemischtsprachige Nachbildungen deutscher Wendungen aus. Das fiel vor allem auf, wenn er über das Leben im Kindergarten sprach – einen Erfahrungsbereich, dessen sprachliche Verarbeitung sich bei ihm ganz auf Deutsch vollzog. Erich sagte z.B.: *мы делали Stuhlkreis, воспитательница бастела* (*my delali Stuhlkreis, vospitatel'nica bastela* – 'Wir machten einen *Stuhlkreis*, die Erzieherin *bastel*te.') (Kass. 310). Auch Formulierungen einfacher sprachlicher Handlungen an die Adresse von Personen, die nur Russisch verstehen, fielen Erich gegen Ende des Vorschulalters oft schwer. So konnte er beim Überreichen eines Geschenks nicht auf Russisch sagen: 'Dies ist für deine Tochter zum Geburtstag.'; und seinem gerade erst aus Kasachstan übergesiedelten Cousin konnte er nicht auf Russisch sagen, was er selbst tausendfach gehört und gesagt hatte: 'Versteck dich.' Seine Mutter sagte /sinngemäß/: Er spricht schon ganz schlecht Russisch (Kass. 303); einige Wörter, die Russisch sein sollen, versteht man überhaupt nicht mehr (Kass. 313a). Erich selbst fühlte sehr wohl, dass es ihm schwerer und schwerer wurde, auf Russisch zu kommunizieren. Hatte er sich bei der Möglichkeit freier Sprachenwahl noch mit 5;2 Jahren für das Russische entschieden (Kass. 292) und mit 5;7 Jahren einen Film viel detaillierter auf Russisch als auf Deutsch nacherzählt – allerdings mit starker Hilfe der Mutter – (Kass. 303), so weigerte er sich mit 5;9 Jahren zum ersten Mal, das sehr vertraute Lottospiel auf Russisch zu spielen und ein Bilderbuch auf Russisch anzusehen; er sagte: *Ich bin müde, я не знаю* (*Ich bin müde, ja ne znaju* – 'Ich bin müde, ich weiß es nicht.', in idiomatischem Russisch hätte man allerdings allerdings sagen müssen *я не могу* (*ja ne mogu* – 'ich kann es nicht')) (Kass. 313a). Allerdings wollte er das Russische nicht vergessen, wie er mir sagte;[237] auf Deutsch gehe es nur leichter, aber er spreche zu Hause doch mit fast allen Russisch (Kass. 361a). In der Tat waren die Aufnahmen, die unbeobachtete Gespräche mit seinen Cousinen festhalten, durch viele russische Elemente gekennzeichnet. Es handelte sich allerdings um Diskurse mit ständigen Wechseln zwischen Russisch und Deutsch (Kass. 303). Die Mutter hätte Erich gerne in eine bilinguale Schule geschickt, in der auch Russisch Unterrichtsgegenstand und Unterrichtssprache ist; sie hatte gehört, es gebe eine Waldorf-Schule mit einem solchen Angebot; aber diese Schule war zu weit entfernt und kam daher nicht in Frage. Auch die Großeltern waren überzeugt, dass Erich bald nicht mehr in der Lage sein würde, Russisch zu sprechen. Der Russischverlust schritt nun unglaublich schnell voran (Notizen 24.1.97). Für die Großeltern war das nicht überraschend, wohl aber bedauerlich. Auf diese Weise hatten sie einst selbst im Kindergarten und in der Schule ihr Deutsch fast verloren; und: solche sprachlichen Abbauprozesse hatten sie bereits bei vielen Kindern verschiedener Muttersprachen beobachtet. Zu Erichs Russischfähigkeiten in dieser Zeit siehe (T13).

---

[237] Erich unterscheidet sich in dieser Hinsicht deutlich von Georg Kirillov (s. Abschnitt 3.2), zumindest zu diesem Zeitpunkt seines Lebens.

Erichs Deutscherwerb machte in den letzten anderthalb Jahren vor seiner Einschulung gute Fortschritte. Er wählte für seine eigenen Äußerungen nun mehr und mehr das Deutsche, und zwar sowohl wenn er für sich selbst seine Spielhandlungen kommentierte, als auch wenn er sich an Familienangehörige wandte. Seine Partner in deutschsprachigen Gesprächen (Familienangehörige, monolingual deutschsprachige Besucher der Familie, Erzieherinnen des Kindergartens) hatten den Eindruck, dass er auf Deutsch nicht mit Verstehensschwierigkeiten zu kämpfen hatte. Dies zeigte sich u.a. darin, dass er stets erkannte, wann ihm der jeweilige Gesprächspartner die Sprecherrolle übergab, und dass er sich bemühte, sie auszufüllen. Aber Verstehen ist auf verschiedenen Stufen möglich, und man schreibt einem mitteilsamen Kind leicht Verstehensleistungen zu, die es noch nicht vollbringen kann. Verlässliche und detaillierte Einschätzungen der Verstehensfähigkeiten von Kindern wie Erich sind dringend erforderlich, insbesondere wenn man erkennen will, was der Schulunterricht für solche Kinder bedeutet.

Erich war nun auch auf Deutsch und außerhalb der Familie sehr kommunikationsfreudig. Niemand, der ihn erst jetzt kennen lernte, konnte sich vorstellen, dass er im Kindergarten lange kein Wort gesagt hatte.[238] Die Erzieherinnen berichteten, er spreche mehr als alle anderen Kinder zusammen. Die Mutter sagte lächelnd /auf Russisch/, er sei im Kindergarten ein solcher Schwätzer geworden, weil er sechs Monate geschwiegen habe; manchmal plaudere er auch einiges aus, z.B. dass seine Mutter ihm *giftige Blumen* – Maiglöckchen – geschenkt habe (Kass. 294, 303). In seine deutschsprachigen Beiträge flocht er selten russische Elemente ein. Zumindest die Erzieherinnen hatten das noch nie beobachtet. Wenn ihm in der familiären Kommunikation ein deutsches Lexem fehlte, dann wandte er sich auf Russisch an seine Mutter, legte ihr das russische Wort vor, dessen deutsches Äquivalent ihm nicht zur Verfügung stand, und fragte danach (Kass. 294a). Aber Erich nahm nicht nur die Hilfe der Mutter für die Gestaltung deutscher Diskurse in Anspruch, er konnte und musste auch manchmal schon ihr Deutschlehrer sein. Marina Sennwald beschrieb als Beispiel dafür folgende Episode: Erich erläuterte ihr die Gebäude, die er gerade aus Bausteinen errichtet hatte, und sagte, auf eines zeigend, in einer deutsch-russisch gemischten Äußerung: *а вот это gefängnis* (*a vot èto gefängnis* – 'und das ist das *Gefängnis*'). Marina Sennwald hatte das Wort *Gefängnis* noch nie gehört und fragte Erich nach dessen Bedeutung. Er antwortete mit leichter Verwunderung und auf Russisch: 'Aber Mama, das ist, wo die Banditen sitzen' (Notizen vom Febr./ März 1996). Erichs deutsche Aussprache war noch sehr durch das Russische beeinflusst, was besonders im Zungenspitzen-*r* und im *h*, das er als *ch* realisierte, deutlich wurde. Im Übrigen schwankte seine Artikulation zwischen überstarker, die Verständlichkeit beeinträchtigender Reduktion (z.B. *Erzieh:re* statt *Erzieherin*) und auffälliger Überdeutlichkeit, besonders bei den

---

[238] Siehe die Kommentare von Nikolai vom Februar bis März 1996.

Endungen *-en* und *-er* (Kass. 361a). Sein Wortschatz war noch – im Vergleich zu monolingual deutschen Kindern – durch auffällige Lücken geprägt, was sich vor allem durch das häufig wiederholte Bilderlotto-Spiel im Detail analysieren ließe (u.a. Kass. 361a). Bereits vorhandene Lexeme waren in ihrer Lautgestalt noch unvollkommen angeeignet (z.B. *Tauchenbrille* für *Taucherbrille*, Kass. 303a), manche wurden nicht idiomatisch verwendet (Erich sagte *Kerze anschalten* statt *Kerze anzünden*, Kass. 294b), Präpositionen wurden häufig verwechselt, wenn nicht ganz und gar ausgelassen (Kass. 361a). Die Aneignung des morphosyntaktischen Systems des Deutschen war noch nicht abgeschlossen: ES benutzte z.B. falsche Pluralformen (*Mutters* statt *Mütter*, Kass. 361a), manchmal fehlten Konjugationsendungen (*mach nix* statt *macht nix*, Kass. 303a) oder Artikel (Kass. 361a). Im deutschen Gespräch war Erich initiativreich und reaktionsschnell, aber seine Gesprächsbeiträge blieben meist kurz und elementar und konnten nur mit Hilfe deutschsprachiger Erwachsener entfaltet werden; auf die Forderung, einen komplexen Diskurs zu liefern, reagierte er immer wieder mit seiner Lieblingsformel: *Noch nicht. Müde.* (Kass. 294a).

Zwei Monate vor der Einschulung resümierten Erichs Erzieherinnen seinen Deutscherwerb während der Kindergartenzeit wie folgt: Erich habe seit dem Eintritt in den Kindergarten im Deutschen sehr viel gelernt; er verstehe jetzt fast alles; beim Sprechen habe er jedoch noch Schwierigkeiten mit einigen Lauten und Endungen, der Satzgliedstellung und dem freien Erzählen; die Schule werde ihm vom Geistigen her nicht schwer fallen, wohl aber doch noch im Sprachlichen, besonders in der Orthographie, dennoch stehe seine Eignung für die Regelklasse außer Frage; die sprachlichen Schwierigkeiten, die unausweichlich seien, würden am besten mit Hilfe der Schule, insbesondere des Lesen- und Schreibenlernens überwunden, denn wer Endungen vorlesen und schreiben müsse, werde sie sich eher merken. Erichs sprachliche Schwierigkeiten seien von gleicher Natur wie die seiner Mutter, deshalb könne sie ihm auch bei seinem weiteren Deutscherwerb nur wenig helfen und sollte lieber ihre Muttersprache mit ihm sprechen, das sei die beste Basis für den Ausbau des Deutschen in der Schule, und zur Zweisprachigkeit hätten sie generell eine positive Einstellung, gewonnen durch Bekanntschaft und Erfahrung mit einer deutsch-amerikanischen Familie (Kass. 363a).

Erichs Mutter und die Kindergärtnerinnen hatten mit Genugtuung beobachtet, dass Erich sich im Kindergarten immer mehr *ohne Scheu* bewegte, wie die Erzieherinnen fanden (Kass. 363a), sich frei fühlte und zu Hause ausgeglichen, zärtlich und hilfsbereit war, wie die Mutter sagte (Kass. 303); sie sahen darin eine wesentliche Bedingung des – im Großen und Ganzen doch – erfolgreichen Deutscherwerbs. Freilich bedürfte es auch in Zukunft solcher Bedingungen. Diese seien nicht selbstverständlich, wie Erichs Eltern wussten – aus der Erfahrung mit zwei Fußballvereinen, in die Erich nur kurze Zeit gehen mochte, ohne sagen zu können, warum er sich dann strikt weigerte

(Kass. 334a-b). Zu Erichs Deutschfähigkeiten kurz vor der Einschulung siehe (T12) und (T16).

4.2.3 (T11) Erich (3;5): *Reparatur*, russisch, 27 Monate

(T11) Erich: Reparatur April 1994, 161oVidES(3;5)Reparaturru27

1	MS:	#сыно:к→# *1,5* так ты вчера чо там с папой
	ÜbMS	Söhnchen. Also was hast du gestern dort mit Papa
	MSK	#MAHNEND#
	ESK	KLOPFT LAUT MIT EINEM GEGENSTAND

2	MS:	стучал-то↓ ** чо ремонтировал↓ **
	ÜbMS	geklopft? Was hast du repariert?
	ES:	чо→ #мооточек
	ÜbES	Was? Gibst du das
	ESK	KLOPFT #SCHREIEND#

3	MS:	молоточком→ чо стучал↓
	ÜbMS	Mit dem Hämmerchen? Was hast du geklopft?
	ES:	дашь→# #тенку↓#
	ÜbES	Hämmerchen? Die Wand.
	ESK	#SCHREIEND#

4	MS:	стенку↓ э/ а чо делал→ *1,5* гвозди
	ÜbMS	Die Wand. =/ aber was hast du gemacht? Du hast
	ES:	poch poch *1,5* bum
	ÜbES	*Poch poch* *bum*

5	MS:	забивал→ что ли→ или чо↓
	ÜbMS	wohl Nägel eingeschlagen, ja? Oder was?
	ES:	ещё→ ZIEHT HEFTIG LUFT EIN
	ÜbES	noch,

6	MS:			что крутил↓ *1,5*	
	ÜbMS			Was hast du gedreht?	
	ES:	бух #мам→#	ещё кути:л↓		ну это↓
	ÜbES	bums, Mama,	hab noch gedreht.		Na das.
	ESK	#SINGEND#			

7	MS:	м́	#болтик↓ #		
	ÜbMS	hm̋	Einen kleinen Bolzen?		
	MSK		#FRAGEND#		
	ES:	*2,5* #ну та:к↓#		бо/ м̋ да̀: ** KLAGELAUT *	
	ÜbES	Na so.		Bo/ hm̋ ja.	
	ESK	#UNGEHALTEN#			

8	MS:	ну что→		>>а что→ что	
	ÜbMS	Was denn?		Aber was, was	
	ES:	* #ма:м↓#	ещё→ ** #ма"ма↓#		
	ÜbES	Mama!	Noch, Ma"ma.		
	ESK	#KLAGEND#	#KLAGEND#		

9	MS:	делал→	что→<< #сверлил↑#	#â: #	
	ÜbMS	hast du gemacht, was,	hast du gebohrt?	Aha.	
	MSK		#FRAGEND#	#VERSTEHEND#	
	ES:	ещё→		да̀	#мама→# *
	ÜbES	Noch.		Ja.	Mama,
	ESK				#KLAGEND#

10	MS:		отвёрточкой наверно↓	â:	
	ÜbMS		Mit dem Schraubenzieherchen wohl?	Aha.	
	ES:	ты (кру"ти)↓		да̀	ты не
	ÜbES	dreh du mal.		Ja.	Wei"ßt du

11	MS:	да ты объясняешь так↓ ** непонятно↓	
	ÜbMS	Ja, du erklärst das so.	Unverständlich.
	ES:	по"мнишь↓	
	ÜbES	nicht mehr?	

12	MS:	что мама не по"няла конечно↓ ** сынок→
	ÜbMS	Dass Mama natürlich nicht verstanden hat. Söhnchen,
	ES:	#всё↓#
	ÜbES	Schluss.
	ESK	#AUFBEGEHREND#

13	MS:	положи её пожалуйста↓ она мне уже не:/ уже
	ÜbMS	leg das bitte weg. Das ist mir schon =/ geht schon auf
	ES:	на рубашку↓
	ÜbES	Aufs Hemd.

14	MS:	действует на нервы↓ положи её→ и не греми↓
	ÜbMS	die Nerven. Leg das weg und klapper nicht.
	ES:	#мам→ не ругай→ я
	ÜbES	Mama, schimpf nicht, ich
	ESK	#QUENGELND,

15	MS:	#сейчас я тебе дам→
	ÜbMS	Gleich gebe ich dir,
	MSK	#MILDE, SANFT#
	ES:	хо"чу бутербродик↓# **
	ÜbES	will ein Butterbrot.
	ESK	FORDERND#

16	MS:	подожди немножко↓# ōй
	ÜbMS	wart ein bisschen. Oje,
	ES:	#я хо"чу бутербродик↓ #
	ÜbES	Ich will ein Butterbrot.
	ESK	#QUENGELND----------#

| 17 | MS: | капри:зка пришла к на:м↓ ай-ай-ай |
| | ÜbMS | was für ein launisches Menschlein ist zu uns gekommen. Oh oh oh, |

| 18 | MS: | как сты:дно↓ *1,5* капризунья↓ и терпенья |
| | ÜbMS | es ist zum Schämen. Launisches Menschelchen! Und Geduld ist |

19	MS:	совсе:м нету↓ ** лялечка это→ бэбичка
	ÜbMS	überhaupt keine da. Ein Baby ist das, ein kleines Baby.

20	MS:	маленькая↓ только /	мальчик↓
	ÜbMS	Nur /	Ein Junge?
	ES:	#+nē:in#	#мальчик↓#
	ÜbES	Nein,	ein Junge!
	ESK	#PROTESTIEREND#	#SELBSTBEWUSST#

21	MS:	#да чего-то не похоже что это мальчик↓ это
	ÜbMS	Ja, irgendwie sieht es nicht so aus, als ob das ein Junge ist. Das ist
	MSK	#KNAPP, LEICHT UNGEHALTEN- -

22	MS:	бэбичка↓#	#только сосочку
	ÜbMS	ein Baby.	Nur noch das Schnullerchen
	MSK	- - - - - - #	#KNAPP, AUFFORDERND-
	ES:	#nē:in→ не бэбичка↓#	
	ÜbES	Nein, kein Baby.	
	ESK	#RELATIV UNGERÜHRT#	

23	MS:	дать→ и в колясочку поло"жить↓#	
	ÜbMS	geben und in das Wägelchen legen.	
	MSK	- #	
	ES:		#nèin#
	ÜbES		Nein.
	ESK		#PROTESTSCHREI#

24	MS:	#néin#
	ÜbMS	Nein?
	MSK	#INTERESSIERT#

Kommentar.[239] **Demonstrationszweck:** Das Transkript fixiert eine Passage aus einer Selbstaufnahme: Sie wurde von der Familie auf Bitte der Projektleiterin angefertigt, ohne dass Wissenschaftler oder wissenschaftliche Hilfskräfte als Beobachter oder Gesprächspartner teilnahmen. Die Aufnahme repräsentiert nach Einschätzung von Marina Sennwald (MS) und auch der Autorinnen des Kommentars die alltägliche Kommunikation zwischen MS und ihrem Sohn Erich (ES) zum Zeitpunkt der Aufnahme. Erich ist 3;5 Jahre alt und geht noch nicht in den Kindergarten. Die Familie lebt seit 27 Monaten in Deutschland. Das Transkript soll den sprachlichen Entwicklungsstand des Sohnes zu diesem Zeitpunkt sowie Sprachgebrauch und Strategien der Mutter ihm gegenüber veranschaulichen.

Zur Gesprächssituation: MS und ES unterhalten sich in der Küche, während MS das Mittagessen zubereitet. Aus der Gesamtaufnahme erfährt man, dass die Mutter ein Hähnchen in den Ofen schiebt und Gemüse schält und schneidet. ES scheint mit einem Kochtopf und einem Kochtopfdeckel zu spielen. Das macht Lärm. Die Mutter bittet ihn wiederholt, nicht zu klappern. ES hat bereits vor Beginn des dokumentierten Gesprächsausschnitts ein Butterbrot von der Mutter verlangt. Die Mutter möchte dem nicht nachkommen, weil ES sonst keinen Appetit mehr hat, wenn das Mittagessen fertig ist.

Die für eine gemeinsame Kommunikation verfügbaren sprachlichen Mittel von Mutter und Sohn: Die Mutter spricht zum Zeitpunkt der Aufnahme mit dem Sohn überwiegend Russisch, weil das die einzige Sprache ist, die ihr eine befriedigende, ihre Ansprüche erfüllende Kommunikation mit ihm ermöglicht. Sie legt auch Wert darauf, dass sich der Sohn das Russische aneignet.

Das Russisch von MS ist regional gefärbt. Das zeigt sich im Transkript an folgenden Merkmalen: nichtstandardsprachliche Betonung der Wörter *по"няла* (*po"njala*) statt *поняла"* (*ponjala"*) (F13), *поло"жить* (*polo"žit'*) statt *положи"ть* (*položi"t'*) (F24), verkürztes *чо* (*čo*) statt *чего* (*čego*) oder *что* (*čto*) (FF2, 3, 5). Diese Varianten sind für einen Träger der standardsprachlichen Norm des Russischen Signale einer substandardsprachlichen Varietät.

Für die Sprechweise der Mutter ist weiterhin charakteristisch, dass sie einzelne sprachliche Funktionen dem Sohn gegenüber nicht mehr auf Russisch realisiert, sondern auf Deutsch. Ihre Verwendung von *nein* (F25) ist dafür ein Beispiel. Ihr *nein* erfolgt hier in Reaktion auf das *nein* des Sohnes (F25), der auch zuvor schon (FF21, 23) den deutschen Ausdruck statt des russischen *нет* (*net*) gebraucht hatte. Das Kind hat jedoch nur aufgegriffen, was die

---

[239] Autorinnen dieses Kommentars sind Katharina Meng und Ekaterina Protassova.

Erwachsenen seiner Umgebung, vor allem seine Mutter, ihm regelmäßig anbieten.

Die Wirkung der deutschsprachigen Umgebung auf Repertoire und Sprechweise der Mutter zeigt sich auch in MS' Verwendung zweier Lexeme für 'Säugling'. In Russland sind dafür die folgenden Ausdrücke üblich: ляля (*ljalja*) und das dazugehörige Diminutiv лялечка (*ljalečka*). MS benutzt *ljalečka* als ersten Ausdruck, als sie das Verhalten ihres Sohnes tadelt, indem sie es mit dem eines Säuglings vergleicht (F20). Aber in unmittelbarem Anschluss zu *ljalečka* benutzt sie, gleichsam als Synonym, auch бэбичка (*bėbička*) (F20). Dieses Wort kommt im Russisch des Herkunftslandes so gut wie nicht vor.[240] Bei den Russlanddeutschen in Deutschland ist es jedoch sehr häufig. Es stellt eine sprachliche Integration des im Deutschen gebräuchlichen Fremdwortes *Baby*[241] ins Russische dar: Aus dem Stamm *bab-* (im Deutschen gesprochen: *beb-*) wird durch mehrere russische Suffixe[242] ein russisches Substantiv gebildet. Von den beiden für 'Säugling' in das Gespräch eingeführten Lexemen wird im weiteren Verlauf nur noch *bėbička* weiterverwendet (durch MS und ES in F23). Die Mutter möchte wahrscheinlich ihrem Sohn das Verstehen erleichtern, indem sie das von den Russlanddeutschen häufig verwendete Wort *bėbička* bevorzugt.

Das Russisch des Jungen ist noch unvollständig. Das gilt bereits für die Aussprache.[243] Er kann z.B. eine anlautende Konsonantenhäufung nicht aussprechen und sagt тенку (*tenku*) statt стенку (*stenku*) (F3); das *l* zwischen zwei Vokalen fällt aus: ES sagt мооточек (*mootoček*) statt молоточек (*molotoček*) (F2); das *n* ist noch weich; viele Laute sind überhaupt noch nicht vorhanden, z.B. das *r*: ES sagt кутил (*kutil*) statt крутил (*krutil*) (F6). ES hat ferner einen nicht altersgemäß ausgebildeten Wortschatz. Insbesondere scheinen ihm noch elementare Symbolfeldausdrücke zur Versprachlichung von Sachverhalten zu fehlen. Die grammatische Gestaltung der kurzen Beiträge von ES lässt vermuten, dass er erste Flexionsmorpheme erworben hat: хо"чу (*hoču* – 'ich will', FF15, 17,[244] Verb, 1. Sing. Präs.), дашь (*daš'* – 'du gibst', F3) und помнишь (*pomniš'* – 'du erinnerst dich', F11, Verb, 2. Sing.

---

[240] Russen, die Kontakt zur englischen Sprache haben, gebrauchen ab und zu in das Russische integrierte Varianten des englischen Worts *baby*: бэбешка und бэбешник.
[241] Mehrere ältere Russlanddeutsche mit einer gut ausgebildeten dialektalen Deutschkompetenz führten das Wort *Baby* als Beispiel dafür an, dass ihnen das in Deutschland gesprochene Deutsch anfangs fremd vorkam, weil es ihnen gänzlich unbekannte Wörter enthielt.
[242] Es handelt sich um folgende Suffixe: Diminutivsuffix -ич- (-*ič*-), Diminutivsuffix -к- (-*k*-) und Wortbildungssuffix für feminine Substantive im Nominativ Singular -а (-*a*).
[243] Dieser Sachverhalt kann im Transkript und im Kommentar nur grob wiedergegeben werden. Erforderlich wäre eigentlich eine phonetische Transkription.
[244] Die Betonung auf der ersten Silbe ist nicht standardsprachlich, kommt aber bei Kindern häufig vor. Die Kinder übergeneralisieren dabei die Betonung der 2. und 3. Person Singular, die хо"чешь und хо"чет lauten.

Präs. und Futur), *кутил* (*kutil* – 'drehte', F6, Verb, Prät. Mask. Sing.), *крути* (*kruti* – 'dreh', F10) und *ругай* (*rugaj* – 'schimpf', F15, Verb, Imperativ Sing.), *тенку* (*tenku* – 'die Wand', F3) und *рубашку* (*rubašku* – 'das Hemd', F14, Substantiv, Fem. Akk. Sing.). Man kann dessen aber nicht sicher sein. Es könnte sich zum Teil auch um Wendungen handeln, die ES als fertige unanalysierte Bausteine erworben hat. So hört er z.B. häufig von seiner Mutter: *ты не помнишь↓* (ty *ne pomniš'↓* – 'Erinnerst du dich nicht?').

Erich hat ein starkes Bedürfnis nach Kommunikation. Um dies zu erfüllen, verwendet er außer seinen noch wenigen Symbolfeldausdrücken deutsche (!) und russische Onomatopoetika (*poch poch bum*, FF4-5, *бух* (*buh* – 'bums', F6)), Deixeis (*это* (*èto* – 'das', F7)) und paradeiktisch verwendbare Ausdrücke (*так* (*tak* – 'so' F7)), um seine Gedanken zu versprachlichen. Auffällig ist auch, dass Erich Schwierigkeiten hat, Wörter aufzugreifen, die ihm die Mutter zur Überwindung seiner Ausdrucksnot vorschlägt. Siehe z.B. MS: *болтик↓* – (*boltik↓* – 'Einen kleinen Bolzen?') ES: *бо/ м дà:* – ('*Bo/ hm jà* (F7)).

Das alles ist für die Kindersprache typisch, kommt aber normalerweise in einem jüngeren Alter vor.

Zum Gesprächsverlauf: Der transkribierte Abschnitt der Interaktion besteht aus zwei Teilen. Teil 1 (FF1-13) ist ein Gespräch über eine am Vortag ausgeübte praktische Tätigkeit von Vater und Sohn. In Teil 2 (FF13-25) findet eine Auseinandersetzung zwischen Mutter und Sohn über ES' lärmendes Verhalten und seine mangelnde Bereitschaft, die Ablehnung einer Forderung zu akzeptieren, statt. Teil 1 soll nun genauer betrachtet werden, weil hier die Strategien der Mutter zur Förderung von Erichs sprachlicher Entwicklung deutlich zu Tage treten.

Zu Teil 1: MS regt ES an, ihr zu berichten, welche Tätigkeit er am Tag zuvor mit seinem Vater gemeinsam ausgeübt habe, als sie hämmerten (FF1-2). Sie gibt ES damit Gelegenheit, über ein Ereignis aus dem Gedächtnis zu sprechen, das allerdings in der Sprechsituation eine gewisse Parallele hat: ES hämmert und spielt dabei möglicherweise die erinnerte Tätigkeit mit dem Vater nach. Die Anregung der Mutter, über die Tätigkeit des Klopfens und Hämmerns zu sprechen, kann ES daher sowohl auf die vergangene Kooperation mit dem Vater als auch auf seine aktuelle Klopf-Tätigkeit beziehen. In gleicher Weise können seine eigenen Äußerungen einen doppelten Bezug aufweisen. ES stellt die Klopf-Tätigkeit auf elementare Weise dar: Er zitiert wahrscheinlich eine Äußerung des Vaters aus der vergangenen Kooperation (*мооточек дашь→* (*mootoček daš'→* – 'Gibst du das Hämmerchen?', FF2-3)), er beantwortet eine Frage der Mutter, indem er ein Objekt des Klopfens benennt (*тенку↓* (*tenku↓* – 'Die Wand.', F3)), er stellt eine eigene Handlung aus der vergangenen Kooperation dar (*кутил↓* (*kutil↓* – 'Hab gedreht.',

F6)), er ahmt die verschiedenen Geräusche der Tätigkeit 'sprachmalend' nach (*poch poch, bum, бух* (*buh* – 'bums', FF4, 5, 6)). Die Mutter reagiert auf ES' Beiträge in jeweils spezifischer Weise: Sie paraphrasiert eigene Äußerungen, wenn ES sie nicht verstanden hat (*чо ремонтировал↓* (*čo remontiroval↓* – 'Was hast du repariert?', F2)); sie formuliert Beiträge von ES um, damit thematische Kohärenz zwischen ihnen und dem Gesprächskotext hergestellt wird (*молоточком→* (*molotočkom→* – 'Mit dem Hämmerchen?', F3)); sie übersetzt ES' onomatopoetische Äußerungen in sprachlich-darstellende (*гвозди забивал→* (*gvozdi zabival→* – 'Du hast wohl Nägel eingeschlagen?', F5)); sie fragt ihn, ob sie ihn so richtig verstanden habe (*что ли→* (*čto li→* – 'já', F5)); und sie verlangt von ihm, seine Sachverhaltsdarstellungen so weit zu versprachlichen, dass sie sie verstehen kann (*что крутил↓* (*čto krutil↓* – 'Was hast du gedreht?', F6)). Als ES darauf mit ihr nicht verständlichen deiktischen Äußerungen reagiert (*Ну это↓* (*Nu èto↓* – 'Na das.')) und (*Ну так↓* (*Nu tak↓* – 'Na so.', FF6-7)) und das gegenseitige Verstehen in Gefahr gerät, schlägt die Mutter ihm Symbolfeldausdrücke (die russischen Äquivalente für 'Bolzen' (F7), 'bohren' (F9), 'Schraubenzieher' (F10)) vor, mit deren Hilfe er seine Vorstellungen versprachlichen könnte. ES bestätigt diese Versprachlichungen. Es fällt aber auf, dass er seinerseits keine davon benutzt.

Die Flächen 7-10 fixieren eine Situation, die wir aus vielen Aufnahmen von Erichs frühem Spracherwerb kennen: die Erregung des Kindes, das sich nicht verständlich machen kann, seinen flehentlichen Appell an die Mutter, ihm bei der Versprachlichung zu helfen, und die vielfältigen Bemühungen der Mutter, dies zu tun: Signalisierung von Mitgefühl mit der Ausdrucksnot des Sohnes, vor allem durch prosodische Mittel (s. die Beschleunigung der Sprechgeschwindigkeit der Mutter in F9), Signalisierung und Thematisierung von Nichtverstehen (F7: *м́* (*hm*) bzw. FF11-12), Bereitstellung eines ganzen Repertoires von Symbolfeldausdrücken für den Wirklichkeitsbereich, der Gesprächsgegenstand ist, und Signalisierung von Verstehen (u.a. FF10, 11).

Zusammenfassung: Marina Sennwald ist eine Mutter, die sich intuitiv und auf verschiedenen Wegen bemüht, Zutritt zu den sprachlichen Fähigkeiten ihres Kindes zu finden und ihm ihre eigene Sprache – das Russische – zu erschließen. Sie verwendet dabei sprachliche Mittel und Strategien, die charakteristisch für das Register Baby Talk (Kleinkindadressierte Rede)[245] sind. Gleichzeitig ist bereits unübersehbar, dass das Kind in dieser Etappe seiner sprachlichen Entwicklung auch einen deutschsprachigen Input empfängt und verarbeitet und dass das Russisch von Mutter und Kind Spuren der deutschsprachigen Umgebung aufweist.

---

[245] Zum Register 'Baby Talk' siehe Snow 1995.

4.2.4 (T12) Erich (6;6): *Lili*, deutsch, 64 Monate

(T12) Erich: Lili, deutsch   27.06.97,   361aVidES(6;6)Lidt64

1 BW1:   #erzähl# mir mal die geschichte↓
   ES: die is mit offen schuh gegang→ die hat ei:s
   ESK: #BLÄTTERT ZU BILD 1#

2 ES: gehabt→ #*# und da:nn hat sie auf den schuh getrappel→
   ESK: #BLÄTTERT ZU BILD 2#

3 ES: und dann ist der eis runtergefa"llen vom hände→ *1,5* und

4 ES: dann kommt eine * eine frau mit eier→ *1,6* dann / ** die

5 ES: hat eier in der chand→ #*1,8*# und dann ist die ** auf den
   ESK: #BLÄTTERT ZU BILD 3#

6 ES: eis getrappel→ und dann ist die runtergefa"llen mit eier→

7 ES: und dann is ein hund gekommen→ und dann hat * der

8 ES: aufgegessen des hund↓ des ei↓ #*2*# und da:nn ist alles
   ESK: #BLÄTTERT ZU BILD 4#

9 ES: kaputt geworden→ eier eis runter→ *1,8* und dann ist der

10 ES: ma:nn ausgerutscht von eier→ und dann auf dem hund auf

11 ES: dem hund auf dem kopf ein ei hin/ reingeflogen→

12 ES: #* und dann# * ist der losgelassen der hund→ und dann ist
   ESK: #BLÄTTERT ZU BILD 5#

13 BW1:   bitte↑
   ES: er gesprungen→ und * jeder runtergefallen↓   und jeder

14 ES: runtergefalln↓ der chund ist / * die frau ist auf die mädchen

15 ES: runterge/ ge/ ** geflogen→ und dann * ist da vom mann die

16	ES:	brille r/ ** hochgeflogen→ und dann die mütze weg→ und
17	BW1:	hmhm #*2,5*#
	ES:	der hund hat gesprungen↓ gesprungen↓ und
	ESK:	#BLÄTTERT
18	ES:	dann han die jeder saubergemacht→ ** der mann hat seine
	ESK:	ZU BILD 6#
19	ES:	mütze saubergemacht→ seine brille→ der chund hat seine
20	ES:	haut saubergemacht→ und die frau hat seine * sein sein
21	ES:	kleid saubergemacht→ und die mädchen hat ni"ch
22	BW1:	nö LACHT #*1,5*#
	ES:	saubergemacht↓ * hmhm *1,2* und dann
	ESK:	#BLÄTTERT ZU
23	BW1:	hmhm *
	ES:	* hat die immer seine schuhe zug/ zugebunden↓ und
	ESK:	BILD 7#
24	BW1:	hmhm
	ES:	jetz ende↓

Kommentar. Demonstrationszweck: Das Transkript wurde ausgewählt, um zu zeigen, welchen Entwicklungsstand Erichs deutschsprachige Fähigkeiten erreicht hatten, als er 6;6 Jahre alt war. Er lebte seit mehr als fünf Jahren in Deutschland und hatte fast drei Jahre lang deutschsprachige Kindergärten besucht.

Zur Gesprächssituation: Erich (ES) nahm regelmäßig und gern an Gesprächen zu Bilderbüchern teil. Diese Gespräche wurden ihm sowohl von seiner Mutter als auch von der Untersuchungsleiterin, BW1, vorgeschlagen. Aber ES forderte die Erwachsenen seiner Umgebung auch selbst dazu auf. BW1 war stets daran interessiert, dass in den Bilderbuchinteraktionen abwechselnd Russisch und Deutsch gesprochen wurde, wobei ES, seit er größer war, jeweils selbst die Sprache wählte, in der man begann. Nachdem ES eine Zeit lang den Kindergarten besucht hatte, wollte er immer zuerst Deutsch und erst dann Russisch sprechen. So war es auch in der hier dokumentierten Aufnahme, die wenige Wochen vor Erichs Einschulung entstand. BW1 hatte zu dieser Begegnung drei Bilderbücher mitgebracht, die ES alle bereits kannte, die er aber auch immer wieder gerne ansah. Diese Bücher enthielten keinen Text. ES sollte sich eines davon aussuchen, um die darin abgebildete Geschichte zu erzählen. Er wählte das Buch „Lili und der Schnürsenkel" von Thomas Schleusing. Es besteht aus sieben Bildern (s. Abbildung 34), die im Transkript als Bild 1 bis Bild 7 bezeichnet werden. ES und BW1 saßen während des Bilderbetrachtens über Eck am Tisch, ES hatte das Buch vor sich und blätterte selbst um.

Abb. 34: Lili und der Schnürsenkel

Die Ereignisdarstellung als Sprechhandlungsverkettung: Schon ein flüchtiger Blick auf das Transkript zeigt, dass ES Erfahrung, ja sogar Routine darin hat, eine Ereignisfolge durch eine komplexe Sprechhandlungsverkettung zu versprachlichen – jedenfalls auf Deutsch. ES spricht flüssig, er macht keine ungewöhnlich langen oder häufigen Pausen, es sei denn, er braucht sie zum Umblättern. Bei seinen Formulierungen ist er nicht auf Unterstützung durch seine Zuhörerin angewiesen. Er gestaltet den Diskurs durchgängig auf Deutsch, Wechsel ins Russische kommen nicht vor – anders als in der parallelen Bilderbuchinteraktion in russischer Sprache (s. (T13)). Die Sprechhandlungsfolge weist Elemente einer Gesamtstruktur auf:

- Die Eröffnungsmarkierung braucht ES nicht unbedingt selbst vorzunehmen, weil seine Zuhörerin das bereits durch die Aufforderung *erzähl mir mal die geschichte*↓ (F1) tut und er dieser Aufforderung nachkommt, d.h., sie also auch versteht. Die Abschlussmarkierung vollzieht er mit *und jetz ende*↓ (FF23-24). Für diese Funktion kennt ES also eine Formel, die er zwar noch nicht ganz korrekt zu realisieren imstande ist, die aber – anders als in seiner russischen Ereignisdarstellung – der gleichen Sprache zugehört wie die Ereignisdarstellung selbst.

- Die einzelnen Assertionen folgen teils asyndetisch aufeinander, teils sind sie durch Konnektive miteinander verknüpft. Dabei gewinnt man den Eindruck, dass die Verwendung asyndetischer und syndetischer Verknüpfungen ansatzweise bereits einer funktionalen Systematik folgt, so z.B. als ES in FF17-18 zunächst vorwegzusammenfassend sagt, dass sich alle (*jeder*) sauber gemacht haben, und dann in FF18-21 aufzählt, wer im Einzelnen was sauber gemacht hat. Die vorwegnehmende Zusammenfassung wird als ein Schritt der Ereignisfolge mit *und dann* an die vorhergehenden Ereignisschritte angeschlossen, die Detaillierungen werden asyndetisch angeschlossen – sie stellen ja keine neuen Schritte in der Ereignisfolge dar. Die letzte Detaillierung (*und die frau hat seine * sein sein kleid sauber gemacht→*, F20-21) wird kompetent mit *und* und nicht mit *und dann* angeschlossen. Freilich sind ES' Verknüpfungsmittel noch sehr elementar. Es überwiegt *und dann*; *aber* kommt noch nicht vor, obwohl es z.B. in F21 angebracht gewesen wäre: Alle machen sich sauber, aber das Mädchen nicht. Es wäre aufschlussreich, ES' Entwicklungsstand hier mit dem monolingual deutschsprachiger Kinder zu vergleichen.

- ES' Sprechhandlungsverkettung weist eine alterstypische thematische Struktur auf. Dazu gehört u.a. folgendes: ES unterscheidet bereits kompetent zwischen Ersterwähnungen, die er in fast allen Fällen durch indefinite Kennzeichnungen (*eis, eine frau, eier, ein hund*) vollzieht, und Folgeerwähnungen, für die er meist definite Kennzeichungen (*die frau, der hund, seine brille*) benutzt. Die Hauptperson – Lili – allerdings setzt er wie viele, meist jüngere Vorschulkinder als bekannt voraus, wenn er ihre Ersterwähnung mit *die* vollzieht (F1). Auch hier wäre ein eingehender Vergleich mit anderen Kindern, die Deutsch als Erstsprache oder als frühe Zweitsprache erwerben, aufschlussreich.

Selbstverständlich ist die Ausbildung von Fähigkeiten zur Ereignisdarstellung und genereller zu komplexen Diskursen bei ES nicht abgeschlossen. So benutzt er noch kaum Anaphern, und die funktionalen Unterschiede zwischen Anaphern (*er, sie, es*) und Objektdeixis (*der, die, das*) hat er offenbar noch nicht entdeckt. Das Präteritum scheint ihm noch unbekannt zu sein; seine Wechsel zwischen Präsens und Perfekt bedürften einer genaueren Analyse. Aber hier ist zunächst zu unterstreichen, dass ES erste Schritte in der Ausbildung komplexer Diskursfähigkeiten auf Deutsch vollzogen hat – eine Grundlage für den Schulbeginn und den Unterricht, in dem komplexe Diskurse eine zentrale Rolle spielen.

Zu den Besonderheiten von Erichs Deutsch: In der Aussprache und im Wortakzent von ES bemerkt man einige wenige Momente, die vom Standpunkt des Deutschen aus problematisch sind:

- Das *h* wird häufig, aber nicht immer als *ch* realisiert, so sagt er *chund* (F14) neben *hund* (F7) und *chand* (F5) neben *hat* (F5).

- Es kommen falsche Wortakzente vor, so z.B. *runtergefa"llen* (F3) statt *ru"ntergefallen*.

In ES' Wortwahl zeigen sich erhebliche Inadäquatheiten. So müsste er statt *auf den schuh trappeln* (F2) sagen *auf den schnürsenkel treten*, ein Hund hat auf Deutsch keine *haut* (F20), sondern ein *fell*. Besondere Schwierigkeiten bereiten ES Präpositionen und trennbare Verben: statt '*von den händen fallen*' (F3) müsste es heißen '*aus den händen fallen*', statt '*auf das eis*' treten (FF5-6) müsste es heißen '*in das eis*' treten, statt '*von den eiern ausrutschen*' (F10) '*in den eiern ausrutschen*', statt *runterfallen* (F6 sowie FF13-14) *hinfallen*, statt *kaputt werden* (F9) *kaputt gehen*, statt *hin-* oder *reinfallen* (F11) lediglich *fallen*.

ES' Morphologie weist zahlreiche lernersprachliche Formen auf. Bei den Kasus bereiten Dativ und Genitiv Schwierigkeiten. ES sagt: *mit offen schuh* (F1) und lässt hier sowohl Kasus- als auch Numerusendungen weg. Eine merkwürdige Mischform ist *vom hände* (F3). *Mit eier* (F4) und *auf dem kopf geflogen* (F11) zeigen die für viele regionale Varietäten kennzeichnende Unsicherheit in der Bildung und Nutzung des Dativs, *auf dem hund auf dem kopf* (FF10-11) und *vom mann die brille* (FF15-16) sind Ersatzformen für den Genitiv, die zum Teil aus regionalen Varietäten bekannt sind, wie sie ES zweifellos auch begegnen. In der Substantivmorphologie stellt das Genus eine schwierige Erwerbsaufgabe dar. ES sagt *der eis* (F3, FF5-6). Eine Analogiebildung zum Russischen kann das nicht sein, denn dort wird das 'Eis' durch ein Neutrum bezeichnet. *Mädchen* ist für ES ein Femininum (FF14, 21). Dies kann eine Analogiebildung zum Russischen sein oder die Salienz des natürlichen Geschlechts bezeugen oder schließlich die auch im Erstspracherwerb des Deutschen begegnende Übergeneralisierung der femininen Form *die/eine/meine* usw. belegen.[246] Ein weiterer Beleg für die zuletzt genannte Tendenz könnte auch die Form *seine kleid* sein, die Erich zuerst benutzt, dann aber aus eigener Initiative korrigiert (FF20-21). In der Verbmorphologie sind die Partizipien schwierig, ES bildet sie öfter endungslos: *gegang* (F1), *getrappel* (F6). Übergeneralisierungen des schwachen Partizips kommen in diesem Transkript nicht vor, jedoch aus anderen Aufnahmen wissen wir, dass sie bei Erich häufig sind (z.B. *gegießt* statt *gegossen*, Gesprächsnotiz). Die Entscheidung, ob das Hilfsverb *haben* oder *sein* zur Bildung des Perfekts eines bestimmten Verbs erforderlich ist, ist bei ES häufig, aber nicht immer richtig. Er sagt zielsprachlich normgemäß *ist gegangen, hat gehabt, hat getrappelt, ist runtergefallen, ist gekommen, hat aufgegessen, ist ausgerutscht, ist gesprungen, ist hochgeflogen, hat sauber gemacht, hat zu-*

---

[246] Siehe Mills 1986, 174-178.

gebunden, daneben aber *ist losgelassen* und *hat gesprungen.* Auffällig ist die Verwendung des Possessivums *sein* für alle Genera: *der mann hat seine mütze sauber gemacht* (FF18-19), *der chund hat seine haut sauber gemacht* (FF19-20), *die frau hat sein kleid sauber gemacht* (FF20-21), *die* /d.h. das Mädchen/ *hat immer seine schuhe zugebunden* (F23). Dies ist eine Analogiebildung zum russischen Possessivum свой (*svoj*), das sich auf das Subjekt des jeweiligen Satzes bezieht, unabhängig davon, welches Genus dieses hat. Der Gebrauch des Possessivums *sein* ist – neben der Realisierung des deutschen *h* als *ch* – die einzige Eigentümlichkeit in Erichs Deutsch, die man eindeutig als Interferenz aus dem Russischen ansehen kann. Beide Erscheinungen sind auch als charakteristische Phänomene in den frühen Phasen des Deutscherwerbs durch russische Muttersprachler belegt.[247]

Für Erichs Syntax ist charakteristisch, dass er die typisch deutschen Muster der Satzgliedfolge (prädikativer Satzrahmen, Zweitstellung des finiten Verbs im Hauptsatz; Nebensätze sind in der vorliegenden Sprachprobe nicht enthalten) realisiert; die von ihm vollzogenen Abweichungen davon sind fast alle charakteristisch für die mündliche Kommunikation und also keine Normverletzungen.

Zusammenfassung: Erich hat sich das Deutsche bereits in einem erheblichen Maße angeeignet und ist in der Lage, eine komplexe Ereignisfolge zusammenhängend darzustellen. Die Erwerbsprobleme, mit denen er sich auseinander setzt, sind nur ausnahmsweise solche, die von Deutschlernern mit Russisch als Erstsprache bekannt sind,[248] sondern vor allem solche, die auch bei monolingual deutschen Kindern im Vorschulalter beobachtet werden: Auch diese haben Schwierigkeiten, bei der Perfektbildung die richtige Entscheidung zwischen *haben* und *sein* zu treffen (s. Mills 1986, 169-170), auch diese erwerben das Präteritum nach dem Perfekt (s. Mills 1986, 170-171),[249] auch für sie sind Dativ und Genitiv Kasus, deren Bildung nicht leicht zu durchschauen ist (s. Mills 1986, 183-188), insbesondere wenn sie mit Präpositionen verbunden sind (Mills 1986, 188-194). Erich setzt sich mit all diesen Problemen etwas später auseinander als monolingual deutsche Kinder. Das ist selbstverständliche Konsequenz seiner Erwerbsbedingungen. Daraus folgt jedoch in keiner Weise, dass seine Deutschentwicklung nicht zu voller Kompetenz führen kann. Von entscheidender Bedeutung werden hier Qualität und Intensität der deutschsprachigen Interaktion in der Schule sein, denn Erichs Familie kann trotz aller Bemühungen nicht die volle Verantwortung für seinen Deutscherwerb übernehmen.

---

[247] Siehe Uhlisch 1992, 44, und Frohne 1992, 80, zum Possessivum sowie Frohne 1992, 25-26 zur Aussprache des Lautes *h*.
[248] Für einen Überblick vgl. Müller 1983, Frohne 1992 sowie Uhlisch 1992 und 1995.
[249] Bei Deutschlernern mit Russisch als Erstsprache wurde hier genau die umgekehrte Erwerbsfolge festgestellt. Siehe Uhlisch 1995, 23-24.

Der hochwertige Input, den Erich in seiner Familie auf Russisch empfängt, insbesondere auch was situationsentbundene Kommunikation betrifft, scheint es ihm zu erleichtern, im Deutschen komplexe Diskurse zu gestalten.

4.2.5   (T13) Erich (6;6): *Lili*, russisch, 64 Monate

(T13) Erich: Lili, russisch   27.6.97,   361aVidES(6;6)Liru64

1 ES: was denn↓

   BW1:   а теперь подумай→ теперь по-русски↓ *   ну ну

   ÜbBW1   Und jetzt überleg,   jetzt auf Russisch.   Na na

2 ES: #okaỳ# она пошла m̄ *4* она пошла

   ÜbES   Sie ging hm̄ sie ging *mit* offene

   ESK   #BLÄTTERT ZU BILD 1#

   BW1:   то же самое↓ **

   ÜbBW1   dasselbe.

3 ES: mit * откры:ты:е ** туфли↓ и потом und m̄ эӭ она

   ÜbES   Schuhe.   Und dann *und* hm̄ äh sie *hat* /

4 ES: chat / und она * бы:л(а) морожен(а)↓ #*2*# и потом

   ÜbES   *und* sie war Eis.   Und dann ist

   ESK   #BLÄTTERT ZU

5 ES: она *2* на HOLT TIEF LUFT на *4* на * wie heißt des *

   ÜbES   sie auf auf auf *wie heißt des?* auf Sch/ die Fäden *getrampelt*,

   ESK   BILD 2#

6 ES: 2,5* на ш:/ ** нитки getrampelt→ un=dann is da /

   BW1:   по-

   ÜbBW1   Auf

7 ES: и потом * от морожена von *

   ÜbES   und dann vom Eis *von* von äh Hände

   BW1:   русски→ по-русски→

   ÜbBW1   Russisch, auf Russisch.

8	ES:	с эӭ ** SEUFZT ру:"ки: упал(а)→ и потом одна
	ÜbES	gefallen, und dann ein Tantchen *hat*
9	ES:	тётенька ** hat ei/ кокольки * в руки" gehabt→
	ÜbES	*Ei/* Eier in der Hand *gehabt*,
10	ES:	#*3*# und dann ch/ на морожену она *2*
	ÜbES	*und dann h/* auf das Eis ge*trampel*t,
	ESK	#BLÄTTERT ZU BILD 3#
	BW1:	hm̌ по–русски→
	ÜbBW1	Auf Russisch.
11	ES:	натрампела→ и потом она упа:ла→ ** и потом три
	ÜbES	und dann ist sie gefallen, und dann flogen
12	ES:	кокольки в/ эӭ ** ви"летели:→ и потом #*2*# этот
	ÜbES	drei Eier =/ äh raus, und dann kam dieses dieses
	ESK	#BLÄTTERT
13	ES:	*2* этот дяденька пришёл→ и потом ** он *1,5*
	ÜbES	Onkelchen, und dann ist er *wie heißt das*?
	ESK	ZU BILD 4#
14	ES:	wie heißt das: он *6* он SEUFZT * на на кокольки→
	ÜbES	er er auf auf die Eier,
15	ES:	и потом он упал на / ** тёт(ен)ька на девочку
	ÜbES	und dann fiel er auf / das Tantchen fiel auf das Mädchen,
16	ES:	упала→ х/ м̌ собака коколька на голову упала↓ и
	ÜbES	=/ hm̌ dem Hund fiel ein Ei auf den Kopf. Und
	BW1:	М̌
	ÜbBW1	Hm̌
17	ES:	потом #*# собака ist эӭ был * спри"гнала→ и потом
	ÜbES	dann *ist* der Hund äh war sprang, und dann
	ESK	#BLÄTTERT ZU BILD 5#

18	ES:	дяденьки свои очки вылетели→ * и потом * своя
	ÜbES	flog (vom) Onkelchen seine Brille weg, und dann sein Hut auf
19	ES:	шапка на кокольки↓ * потом девочка ээ * тётенька
	ÜbES	die Eier. Dann fiel das Mädchen äh das Tantchen
20	ES:	на девочку упала→ #**# и потом они всё всё чисто
	ÜbES	auf das Mädchen, und dann sie alles alles sauber sauber
	ESK	#BLÄTTERT ZU BILD 6#
21	ES:	* чисто * ma/ ээ были→ и потом дяденька свой
	ÜbES	*ma/* äh waren, und dann das Onkelchen seine *Brille*,
22	ES:	brille *2* свою шляпу→ * и: * чо ээ * собака: свою
	ÜbES	seinen Hut, und was äh der Hund sein Fell,
23	ES:	шерсть→ и по/ тётенька свою *1,5* свою **
	ÜbES	und da/ das Tantchen ihre ihre Kleidung,
24	ES:	одёжку→ и а девочка ничего↓ #*3*# она целый
	ÜbES	und aber das Mädchen nichts. Sie band den
	ESK	#BLÄTTERT ZU BILD 7#
25	ES:	день *1,5* нитки завязывала↓ ende↓
	ÜbES	ganzen Tag die Fäden zu. Ende.
	BW1:	M̌
	ÜbBW1	Hm̌

Kommentar.[250] **Demonstrationszweck:** Das Transkript wurde ausgewählt, um zu zeigen, welchen Entwicklungsstand Erichs russischsprachige Fähigkeiten erreicht hatten und wie sie mit seinen deutschsprachigen Fähigkeiten zusammenwirkten, als er 6;6 Jahre alt war. Er lebte seit mehr als fünf Jahren in Deutschland und hatte fast drei Jahre lang deutschsprachige Kindergärten besucht. Seine Familie hatte ihm stets ein umfangreiches russischsprachiges Angebot mit relativ wenig deutschen Anteilen vermittelt.

---

[250] Autorinnen dieses Kommentars sind Katharina Meng und Ekaterina Protassova.

Zur Gesprächssituation: Die Bilderbuch-Interaktion auf Russisch kam unmittelbar nach (T12) zustande. Siehe die Situationsbeschreibung dort.

Die Ereignisdarstellung als Sprechhandlungsverkettung: Die Darstellung ist trotz sehr vieler und langer Pausen und Abbrüche ein zusammenhängendes Diskursstück, das ES ohne Formulierungshilfe durch die Erwachsene zustande bringt. Sie gibt den Inhalt der Bildfolge wieder und weist folgende Merkmale einer strukturierten Sprechhandlungsverkettung auf:

- Anfang und Ende sind als solche markiert, allerdings nicht durch Mittel des Russischen: *okay* als Anfangssignal (F2), *Ende* als Beendigungssignal (F25).

- Die einzelnen Assertionen sind durch Konnektive miteinander verknüpft, freilich noch auf elementare Weise: ES benutzt 16-mal *и потом* (*i potom* – 'und dann'), außerdem *и* (*i* – 'und') und *потом* (*potom* – 'dann'); weiterhin sagt er noch zweimal *und dann* auf Deutsch (FF6, 10).

- Die Sprechhandlungsverkettung weist eine alterstypische thematische Struktur auf. Dazu gehört u.a.: Die Personen der Handlung werden durch jeweils charakteristische sprachliche Mittel als Hauptperson oder Nebenpersonen gekennzeichnet; ES unterscheidet durch sprachliche Mittel zwischen Ersterwähnungen und Folgeerwähnungen.[251]

Selbstverständlich ist die Ausbildung komplexer Diskursfähigkeiten bei Erich nicht abgeschlossen. Zu den Mängeln seiner Lili-Darstellung gehört, dass ein Einleitungsteil fehlt: ES führt – wie bei Vorschulkindern sehr häufig – die Hauptperson, das Mädchen Lili, nicht ein; das Situationselement, das später zur Komplikation führt, – Lilis nicht zugebundener Schnürsenkel – wird nur indirekt erwähnt. Der Schlussteil der Ereignisdarstellung ist nicht geglückt. Es gelingt Erich nicht, auf Russisch darzustellen, welche Konsequenzen Lili aus den Ereignissen zieht: dass sie ab nun immer die Schnürsenkel zubindet. Das liegt vor allem daran, dass er für 'immer' auf Russisch einen Ausdruck gebraucht, der 'den ganzen Tag' bedeutet. Die deutsche Version legt nahe, dass Erich den Sachverhalt sehr wohl verstanden hat, ihn aber auf Russisch nur unvollkommen verbalisieren kann.

Zu den Besonderheiten von Erichs Russisch: In Erichs Aussprache bemerkt man Momente, die vom Standpunkt des Russischen aus problematisch sind:

---

[251] Die Details dieser wichtigen Strukturebene komplexer Diskurse und der ontogenetischen Entwicklungsfolge werden an anderer Stelle behandelt. Siehe Hommel/Meng 1997.

- Es kommen falsche Betonungen vor, z.B. *с ру"ки* (*s ru"ki* – 'aus der Hand', F8) statt *с руки"* (*s ruki"*). Besser noch wäre gewesen zu sagen: *мороженo выпало из рук* (*moroženo vypalo iz ruk* – 'Das Eis fiel aus den Händen').

- Manche Vokale werden überlang gesprochen und erscheinen dadurch betont: *открыты:е* (*otkryty:e*, F3).

- Die Spiranten werden mittelweich realisiert und hören sich daher deutsch oder zumindest nicht russisch an, so das *ж* (*ž*) in *мороженa* (*moroženа* – 'Eis') oder das *ш* (*š*) in *шапка* (*šapka* – 'Mütze') und *шляпа* (*šljapa* – 'Hut').

- Die Plosive werden auf deutsche Weise behaucht, so z.B. *т* (*t*) und *к* (*k*) in *тётенька* (*tëten'ka* – 'Tantchen').

- Die Phoneme *и* (i) und *ы* (y) werden nicht systematisch unterschieden, was vor allem in den betonten Silben auffällt: Erich sagt *ви"летели* (*vi"leteli* – 'flogen raus', F12) statt *вылетели* (*vyleteli*) oder *спри"гнала* (*spri"gnala* – 'sprang', F17) statt *спрыгнула* (*sprygnula*).[252]

- Intonation und Tonmuster bei den Interjektionen *м* (*m*) und *ээ* (*äh*) lassen deutsche Einflüsse vermuten.

Andererseits werden viele und auch schwierige Wörter fehlerlos und so gesprochen, wie es für russische Muttersprachler charakteristisch ist, z.B. *завязывала* (*zavjazyvala* – 'band zu', F25) oder *своя* (*svoja* – 'sein', F18). Erich verfügt über alle russischen Phoneme. Allerdings verwendet er sie nicht systematisch gemäß dem russischen Sprachsystem. Seine phonetisch-phonologischen Fähigkeiten setzen sich aus drei Teilen zusammen: aus deutschen, russischen und gemischten.

In Erichs russischer Wortwahl und Morphosyntax zeigen sich semantische und strukturelle Inadäquatheiten und Einflüsse der deutschen Sprache. Wir führen dafür nur einige Beispiele an. Wenn Erich z.B. eine russische Präposition nicht einfällt, gebraucht er eine deutsche, so *mit* anstelle von russisch *с* (*s* – 'mit', F3). Das Ausweichen auf die Präposition der anderen Sprache sprengt die syntaktische Einheitlichkeit der Äußerung: ES benutzt das folgende Substantiv in einer Form, die Nominativ- oder Akkusativfunktion haben kann: *открытые туфли* (*otkrytye tufli*, F3), obwohl diese beiden Kasus weder nach dem deutschen *mit* noch nach seinem russischen Äquivalent *с* (*s*) zulässig sind. Der Ausdruck *туфли* (*tufli*, F3) ist nicht angebracht; er be-

---
[252] Weinreich nennt diese und ähnliche kontaktsprachlich bedingten Erscheinungen Tendenz zur Unterdifferenzierung von Phonemen (Weinreich 1977/1953, 36).

deutet 'offene, weit ausgeschnittene Schuhe', also Schuhe, die nicht mit Schnürsenkeln zugebunden werden; mit solchen Schuhen hätte sich das ganze Ereignis nicht zutragen können, weil es keinen Schnürsenkel gegeben hätte, über den Lili stolpert.

In FF3-4 möchte ES darüber sprechen, dass das Mädchen ein Eis hat und es isst. Er ringt lange um eine geeignete Formulierung, wie die gefüllten Pausen, der Abbruch nach *chat* und das auch auf der Oberfläche erkennbare Schwanken zwischen Russisch und Deutsch zeigen. Die merkwürdige Formulierung, die schließlich zustande kommt: *und* она * бы:л(а) морожен(а) ('*und* sie war Eis', F4), kann auf verschiedenen, einander überlagernden Formulierungsversuchen beruhen:

Möglichkeit a): Erich will sagen, dass Lili Eis aß. Das Verb есть (*est'* – 'essen') klingt im Präsens (ем (*em* – 'ich esse'), ешь (*eš* – 'du isst'), ест (*est* – 'er isst') usw.) ähnlich wie die entsprechenden Präsensformen von быть (*byt'* – 'sein'). Das könnte Erich dazu gebracht haben, für die Vergangenheitsbedeutung 'aß' eine Vergangenheitsform von быть (*byt'* – 'sein') statt von есть (*est'* – 'essen') zu bilden: бы:(ла) (*by"la*, F4). Die Betonung auf der ersten statt auf der zweiten Silbe ist ein typischer Fehler von Sprechern mit Russisch als Zweit- oder Fremdsprache.

Möglichkeit b): Erich will zunächst sagen, dass Lili ein Eis hatte. Die Äußerung *она chat* (*ona chat* – 'sie hat', FF3-4) wäre dann eine gemischtsprachige Formulierung mit dem russischen Ausdruck она (*ona* – 'sie') innerhalb der deutschen Konstruktion zum Ausdruck von Besitz mit Hilfe des Verbs *haben*. Diese gemischtsprachige Äußerung wird nicht zu Ende geführt. Vielleicht empfindet Erich, dass es sich bei der Konstruktion mit *haben* nicht um eine russische Konstruktion handelt. Die russische Konstruktion müsste lauten: у неё было мороженое (*u neë bylo moroženoe* – wörtlich: 'bei ihr war Eis'). Erich kann sie nicht bilden, sondern gelangt erneut zu einer gemischtsprachigen Struktur: Diesmal sind die Lexeme – vom einleitenden *und* abgesehen – alle russisch; in der syntaktischen Struktur jedoch überlagern sich die deutsche Form 'sie hatte ein Eis', wie man an она (*ona* – 'sie', F4) erkennt, mit der russischen Form 'bei ihr war ein Eis', wie sich an была мoрожена (*byla morožena* – 'war Eis', F4) zeigt.

In FF5-6 sucht Erich nach dem passenden russischen Wort für 'Schnürsenkel' zur Versprachlichung des Sachverhalts, dass Lili auf den Schnürsenkel getreten ist. Das Wort will ihm nicht einfallen. Es kommt zu ungefüllten und gefüllten Pausen. Letztere füllt er teilweise durch die Wiederholung der Präposition на (*na* – 'auf'), teilweise durch eine deutschsprachige Thematisierung seines Suchens (*wie heißt des*, F5). ES ist nahe daran, das gesuchte Lexem für 'Schnürsenkel' zu finden. Er beginnt bereits, die erste Silbe zu artikulieren ш:/ (*š*) von шнурки (*šnurki*). Dann entgleitet ihm das Wort wieder, oder er ist nicht überzeugt genug, dass es das richtige ist. Schließlich greift er – nach einer kleinen Pause – zu einem semantisch verwandten, aber nicht passenden Wort: нитки (*nitki* – 'Fäden', F6), das seine Mutter, die sich als Näherin den Lebensunterhalt verdient, oft benutzt. Bei der nächsten vergeblichen Suche nach einem russischen Lexem (für 'treten') nimmt ES mit einem deutschen Wort vorlieb: *getrampelt* (F6). Dieses scheint automatisch ein Umschalten vom Russischen ins Deutsche zur Folge zu haben, wie die Fortsetzung in F6 nahe legt: *un=dann is da* / Das Umschalten wird jedoch durch BW1 abgeblockt.

Der Sachverhalt, den ES nunmehr ausdrücken möchte, besteht darin, dass Lili das Eis aus den Händen fällt. Die Wahl der Präposition ist für Erich problematisch. Er schwankt zwischen der russischen Präposion *от* (*ot*), der deutschen *von* und eventuell auch noch den russischen *с* (*s*) oder *из* (*iz*). Eine auch für den Zuhörer klare Entscheidung ist ES nicht möglich. Er muss sich auf die wichtigsten Symbolfeldausdrücke beschränken: *и потом от мороженa von с ээ руки упала* (*i potom ot morožena von s ëë ruki upala* – 'und dann von Eis *von* aus äh äh Hände fiel', FF7-8).

Im nächsten Segment wird eine weitere Protagonistin ('Frau') der Ereignisfolge eingeführt. ES tut das in einer für russlanddeutsche Kinder bezeichnenden Weise mit der Nominalphrase *одна тётенька* (*odna tëten'ka* – 'ein Tantchen', FF8-9), die in nuce zeigt, dass der Spracherwerb dieser Kinder in einer Sprachkontaktsituation vor sich geht. Das Diminutiv *тётенька* (*tëten'ka* – 'Tantchen' für 'Frau') ist für den russischen Input charakteristisch; das Numerale lässt vermuten, dass die Kinder sich auch mit dem Deutschen auseinander setzen und im Russischen ein Äquivalent für den deutschen unbestimmten Artikel suchen. *одна тётенька* ('ein Tantchen') erscheint im Nominativ. Eine typisch russische possessive Konstruktion ist danach nicht mehr möglich. Siehe oben *у неё* – 'bei ihr' im Sinne von 'sie hat'. ES geht daher wieder zur deutschen Konstruktion für den Ausdruck von Besitz mit Hilfe des Verbs *haben* über, und zwar im Perfekt, wie es in den russlanddeutschen Dialekten und im binnendeutschen Alltagsgespräch üblich ist: *hat gehabt* (F9).

Das, was die Tante in den Händen hat, bezeichnet ES als *кокольки* (*kokol'ki*). Was er damit meint, können wir erkennen, wenn wir die Bilder betrachten: 'Eier'. Erich benutzt das Wort wie ein reguläres russisches Femininum (s. FF9, 12, 14, 16, 19), aber es ist in keinem Wörterbuch[253] zu finden, und informelle Befragungen von russlanddeutschen Informanten haben ergeben,

---

[253] Allerdings fanden wir bei Vasmer 1953, Band 1, 592-593, verwandte Einträge: das Wort *ко"ка* (*ko"ka* – 'Hühnerei'), von dem Vasmer sagt, es sei wohl ein 'Lallwort der Kindersprache' und nicht aus dem Romanischen entlehnt, sowie die als dialektal charakterisierten Ausdrücke *ко"ко* (*ko"ko*), *коко"шка* (*koko"ška*) und *ко"кочко* (*ko"kočko*), die sämtlich 'Ei' bedeuten.

dass es kontextfrei nicht verständlich ist. Wenn man erfahrenen Eltern und Großeltern jedoch die Verwendungssituation beschreibt, können sie sich erklären, was sprachlich geschehen ist: *кокольκа* (*kokol'ka*) als Nominativ Singular bzw. *кокольки* (*kokol'ki*) als Genitiv Singular und Nominativ/Akkusativ Plural beruht offenbar auf einer kindlichen Wortschöpfung onomatopoetischen Charakters, die an den Ruf anknüpft, mit dem eine russische Glucke ihre Küken ruft: *kokokoko*.[254] Das Kind kann damit die Glucke, ihre Küken, ihre Eier oder andere Dinge aus dem Umfeld von Hühnern meinen.[255] Die Erwachsenen greifen solche kindlichen Wortschöpfungen gern auf und benutzen sie in ihren an das Kind gerichteten Äußerungen,[256] wobei sie die kindliche Form nach den allgemeinen Regeln ihrer Sprache 'normalisieren': Aus der noch relativ formlosen kindlichen Benennung wird in diesem Falle ein reguläres russisches Femininum. Marina Sennwald verwendet mehrere solcher familienspezifischen Ausdrücke. Sie kommentierte das Wort *кокольки* (*kokol'ki*) folgendermaßen /sinngemäß/: *Das ist u"nser Wort, ein Kinderwort, meine Mutter sagt es nicht, meine Schwester sagt es nicht, ich weiß, dass es nicht richtig ist, ich müsste яйцо (jajco – 'Ei') sagen, aber ich liebe es.* Als weiteres ähnliches Beispiel nannte sie mir das Wort *момольки* (*momol'ki* – 'winzig kleine Dinge'). Indem Marina Sennwald diese Worte benutzt, drückt sie ihre Zuneigung zu ihrem Sohn und ihre Wertschätzung für seine sprachlichen Kreationen aus, auch noch zu einer Zeit, als er längst dem Kleinkindalter entwachsen ist. Daran kann man sich erfreuen. Aber es ist auch zu bedenken: Erich lernt Russisch nur durch seine Familie. Wenn sie die in der russischen Sprachgemeinschaft allgemein verständlichen und gebräuchlichen Ausdrücke und Bedeutungen nicht benutzt, trennen sich die familiäre Sprachpraxis und Erichs individuelle Russischkompetenz von der gesellschaftlichen. Das Beispiel ist durchaus repräsentativ für eine Gefahr, der der Spracherwerb außerhalb der jeweiligen kompakten Sprachgemeinschaft ausgesetzt ist.

Die Äußerung, in der Erich darstellt, dass die Tante Eier in den Händen trägt, enthält ein deutschsprachiges Prädikat: *hat gehabt* (F9). Dieses ist nicht nur in den verwendeten Lexemen deutsch, sondern auch in der Anordnung der Prädikatsbestandteile zu einem Satzrahmen; und es ist als Perfektform charakteristisch für das deutschsprachige Angebot in Erichs Umgebung. Darüber hinaus aktiviert es möglicherweise die Deutschkompetenz des Jungen, so dass er auch die nächste Äußerung auf Deutsch beginnt und vermutlich wieder ein Prädikat im Perfekt realisieren will: *und dann ch/* ('und dann hat', F10). BW1 jedoch lässt diesen Schwenk ins Deutsche nicht zu (F10), und ES

---

[254] Die Grundidee für diese Worterklärung verdanken wir den russlanddeutschen Großeltern, die im Mannheimer Korpus unter dem Pseudonym Steiner geführt werden.
[255] Siehe Vygotskij zum Bedeutungstyp der 'Komplexbildung', der für den frühen Spracherwerb charakteristisch ist (Wygotski 1964, 125-132).
[256] Die Verwendung solcher Ausdrücke ist ein charakteristisches Merkmal der kleinkindadressierten Rede. Siehe Snow 1995.

reagiert darauf sofort, indem er ins Russische zurückkehrt. Er äußert ein russisches Syntagma mit dem für Kinder wichtigen Wort *мороженое* (*moroženoe* – 'Gefrorenes, Speiseeis'). Als substantiviertes Partizip ist es für Kinder schwer zu deklinieren. Vielleicht gebrauchen die Aussiedlerkinder deshalb in Deutschland an seiner Statt oft das deutsche Wort *Eis*. Erich jedoch kennt und benutzt das russische Wort, und die Schwierigkeiten, auf die er bei seiner Deklination trifft, sind durchaus die gleichen, die auch Kinder seines Alters haben, wenn sie in der kompakten russischen Sprachgemeinschaft aufwachsen. Bald nach diesem Syntagma jedoch trifft er wieder auf eine Lücke in seinem russischen Wortschatz: Wie könnte er auf Russisch sagen, dass Lili auf das Eis 'getreten ist'? Ihm fällt kein russisches Wort ein. In seiner Formulierungsnot greift er zu einem deutschen Verbalstamm: *trampel-* und bildet mit russischen Affixen ein gemischtsprachiges Prädikat: *натрампела* (*natrampela* – 'trampelte', F11). Die Form enthält das perfektivierende russische Präfix *на-* (*na-*), das die Vergangenheit anzeigende russische Suffix *-л* (*-l*), das aber – homophon – auch als Bestandteil des Verbstamms angesehen werden kann, und das genusanzeigende Suffix *-а* (*-a*) in Kongruenz mit dem femininen Genus des Subjekts.

Russische Verben scheinen sich Erich besonders oft zu entziehen. In FF13-15 möchte er sagen, dass der Onkel 'ausrutschte'. Er überlegt sehr lange: zuerst 1,5, dann 6 Sekunden, und kann sich dann nicht anders helfen, als die Äußerung verblos weiterzuführen. Ein nicht bis zu Ende realisiertes deutsches Verb anstelle eines russischen vermuten wir in F21: *ma/* von *machen* für 'sauber machen', das mit *чисто* (*čisto* – 'sauber') russisch eingeleitet wurde. Eine substantivische Lücke im russischen Wortschatz füllt Erich in F22 mit dem deutschen Wort *brille* aus. Erstaunlicherweise behandelt er dieses Wort als Maskulinum, was weder der deutschen noch der russischen Norm entspricht.

In FF18, 21-23 fällt auf, dass Erich häufig Possessivpronomina benutzt, insbesondere *свой* (*svoj* – 'sein/ihr' usw.). In allen diesen Fällen ist es überflüssig, denn im Russischen wird auf Kleidungsstücke und Körperteile ohne Possessiva Bezug genommen. Wir vermuten, dass hinter diesem Gebrauch – wie auch hinter dem Gebrauch von *одна* (*odna* – 'eine', F8) – ein Bestreben steht, das, was der bestimmte und unbestimmte Artikel im Deutschen ausdrücken, auch im Russischen auszudrücken, und zwar mit den dort verfügbaren Mitteln.

Zusammenfassung: Im Großen und Ganzen kann man sagen, dass ES zum Zeitpunkt der Aufnahme über ein entwickeltes kindliches Russisch verfügt, insbesondere wenn man es mit seinem Entwicklungsstand in (T11) vergleicht. In (T13) stehen ihm z.B. substantivische Deklinationsformen und verbale Tempus- und Aspektformen durchaus zu Gebote. Aber die russischen Phoneme, Lexeme und morphosyntaktischen Formen konkurrieren mit den deutschen, wenn es darum geht, einen Gedanken zu versprachlichen.[257] Die deutschen Formen scheinen bereits jetzt die stärkeren zu sein. Sie werden die russischen nach und nach verdrängen, wenn diese nicht eine massive Stützung durch gesellschaftliche Wertschätzung, regelmäßige kommunikative Inanspruchnahme und muttersprachlichen Russischunterricht bekommen.

4.2.6 Erich – Zusammenfassung

Erichs **sprachliche Praktiken und Fähigkeiten** sind **zum Zeitpunkt der Übersiedlung nach Deutschland** – er ist 1;3 Jahre alt – dadurch gekennzeichnet, dass er sich noch im Stadium der vorsprachlichen Kommunikation befindet. Das **sprachliche Angebot**, das Erich am **Anfang der sprachlichen Integration** in der Familie empfängt, ist im Wesentlichen ein regional geprägtes Russisch. Das **Deutsch** der Familie gegenüber Erich besteht zunächst nur aus vereinzelten Lexemen und formelhaften Wendungen, die im Rahmen russischer Diskurse gebraucht werden. Im frühen Stadium der sprachlichen Integration (**erstes und zweites Aufenthaltsjahr**) sind bei Erich folgende **sprachliche Praktiken und Fähigkeiten** zu beobachten: Erichs Spracherwerb vollzieht sich sehr langsam. Er lernt zunächst altersgemäß Russisch verstehen und beginnt relativ spät (ab etwa 3;3) mit der Produktion erster grammatischer Formen des Russischen. Er spricht auch spät russische Äußerungen seiner Gesprächspartner nach. Bis 3;7 hat ES massive Schwierigkeiten, sich auf Russisch verständlich zu äußern. Der Junge produziert von früh an russisch-deutsch gemischtsprachige Äußerungen. Rezeptiv scheint er **Russisch** und Deutsch zu unterscheiden, wenn vielleicht auch nicht für jedes Lexem. Er bevorzugt deutlich russischsprachige Kommunikation. Allmählich lässt sein Widerstand gegen **deutschsprachige Kommunikation** nach. Er zeigt früh erste Verstehensleistungen einfacher deutscher Äußerungen. Er beantwortet deutschsprachige Fragen zunächst in russischer Sprache und später deutsch-russisch-gemischt. ES beginnt deutschsprachige Wörter nachzusprechen.

Mit fortschreitender sprachlicher Integration der Familie und Erichs Eintritt in den Kindergarten verändert sich das **sprachliche Angebot**, das der Junge empfängt. Es ist in den **späteren Jahren** durch folgende Merkmale gekennzeichnet. Auf **Russisch** wird Erich vor allem von seiner Mutter angesprochen. Allerdings ist es mehr und mehr ein kontaktsprachlich geprägtes Russisch. Daneben ist er weiterhin bei vielen russischsprachigen Gesprächen zugegen, die im Familien- und Bekanntenkreis geführt werden. Auch darin nimmt die Zahl der Sprachwechsel und der Übernahmen aus dem Deutschen

---

[257] Auf die komplizierte Frage, ob die beobachteten Formen des Mixens und Switchens eine Fusion oder aber eine Trennung von Erichs deutsch- und russischsprachigen Fähigkeiten anzeigen, kann hier nicht eingegangen werden. Siehe zu diesem Problemkreis u.a. Heller/Pfaff 1996.

zu. Erich erhält nur ein sehr geringes russisch-standardsprachliches Angebot (einige Videos und Kinderbücher). **Deutsch** hört Erich zunehmend vom Vater und den anderen erwachsenen und kindlichen Verwandten, hier wiederum kontaktsprachlich geprägt, und im Kindergarten, dort teils in standardsprachlich-mündlicher Varietät (von einigen Erzieherinnen), teils in regionaler Varietät (von einigen Erzieherinnen) und teils in kindersprachlichen Varietäten (von den anderen Kindern).

Unmittelbar vor der Einschulung, im **sechsten Aufenthaltsjahr**, können Erichs **sprachliche Praktiken und Fähigkeiten** folgendermaßen charakterisiert werden. Er meidet das **Russische**, das zunächst seine stärkere Sprache war, und möchte die Verarbeitung komplexer russischsprachiger Äußerungen umgehen, indem er seine Mutter um deren Übersetzung ins Deutsche bittet. Erichs Fähigkeit, komplexe kindgemäße Diskurse in russischer Sprache zu verarbeiten, scheint sich nicht weiterzuentwickeln. Erich gibt beim Sprechen die Unterscheidung von Phonemen auf, die für das Russische charakteristisch sind, aber im Deutschen nicht existieren, d.h., er spricht Russisch mit deutscher Prägung. Er macht in der Aneignung der russischen Morphologie keine Fortschritte. Frühkindliche Übergeneralisierungen morphologischer Formen scheinen zu fossilisieren. Erichs Morphosyntax zeigt Einflüsse des Deutschen. Aus den Korrekturen der Erwachsenen zieht er keinen wahrnehmbaren Nutzen für seinen Russischerwerb. Erich weist Lücken im alterstypischen russischen Wortschatz auf, die er durch deutsche Lexeme füllt. Es fällt ihm auch bei einfachen sprachlichen Handlungen schwer, sich auf Adressaten einzustellen, die nur Russisch verstehen und sprechen. Jedoch ist Erich trotz der genannten Probleme in der Lage, komplexe Diskurse auf russischer Basis zu produzieren, wenn er zum Ausgleich seiner Lücken deutsche Elemente heranziehen darf. Erich erklärt, Russisch nicht vergessen zu wollen. **Deutsch** ist unmittelbar vor der Einschulung Erichs bevorzugte Sprache: Bei freier Sprachenwahl entscheidet er sich immer öfter für das Deutsche, er kommentiert seine Spielhandlungen auf Deutsch, beantwortet russische Äußerungen seiner Kommunikationspartner meist auf Deutsch und ist auf Deutsch ein initiativreicher und sprechfreudiger Kommunikationspartner. Meist hat man den Eindruck, dass er einfache altersgemäße deutschsprachige Kommunikation ohne Schwierigkeiten versteht. Dann wieder bemerken seine erwachsenen binnendeutschen Partner bei ihm Indizien von Nichtverstehen, z.B. in Telefongesprächen, in denen das Verstehen stärker auf der Verarbeitung sprachlicher Information beruht als in der Kommunikation von Angesicht zu Angesicht. Erichs eigene Beiträge zu Gesprächen bleiben oft kurz und bedürfen zu ihrer Entfaltung der Unterstützung durch den Gesprächspartner. Erich verfügt über einige alterstypische deutschsprachige Mittel zum Erzählen einer Bilderbuchgeschichte, andere muss er sich erst noch aneignen. In Anwesenheit binnendeutscher Sprecher schaltet Erich keine russischen Elemente in seine deutschen Äußerungen ein. In russlanddeutschen Kontexten ersucht er seine Gesprächspartner bei lexikalischen Lücken im Deutschen um Hilfe, indem er ihnen den russischen Ausdruck vorlegt und nach dem deutschen Äquivalent fragt; er benutzt auch unkontrolliert russische Lexeme. Erich ist partiell in der Lage, seine Mutter beim Erwerb deutscher Lexeme zu unterstützen, indem er ihr Bedeutungserklärungen für unbekannte Wörter gibt. Erichs Aussprache des Deutschen ist teilweise russisch geprägt. Sein deutscher Wortschatz ist deutlich geringer als bei gleichaltrigen deutsch monolingualen Kindern. Erich hat insbesondere Schwierigkeiten bei der Auswahl von Präpositionen und der semantischen und stilistischen Differenzierung bedeutungsähnlicher Lexeme. Die Lautgestalt zahlreicher verfügbarer deutscher Lexeme und Morpheme ist nicht endgültig angeeignet. Die deutsche Morphologie ist nicht in gleichem Maße wie bei deutsch monolingualen Kindern entwickelt, Erich verwendet Übergeneralisierungen und lernersprachliche Formen, besonders beim Genus der Substantive.

Erichs Spracherwerb verläuft am ehesten nach Romaines kindlichem Bilingualismus Typ 6: Die Eltern sind (zunehmend) bilingual; wichtige Sektoren der Umgebung des Kindes sind (zunehmend) bilingual; das Kind wird oft mit Code-Switching und kontaktsprachlichen Äußerungen konfrontiert. Dieser Typ, in dem individueller und gesellschaftlicher Bilingualismus gleichzeitig gegeben sind, kommt nach Romaine (1995, 186) häufig vor, ist aber bisher wenig untersucht.[258] Daneben weist die Konstellation von Erichs doppeltem Spracherwerb auch diglossische Züge auf: In der Familie spricht man unterschiedliche deutsche und russische kontaktsprachliche Varietäten; im Kindergarten erfährt er auf dem Wege der Submersion nur Deutsch; seine familiären Varietäten sind im Kindergarten nicht verständlich.

4.3 Erichs Eltern: Marina und Walter Sennwald

4.3.1 In Kasachstan

Erichs Mutter Marina wurde 1968 in Džambul/Kasachstan geboren. Sie beendete die Zehnklassenschule und daneben die Musikschule. Die Zehnklassenschule vermittelte neben der Allgemeinbildung auch berufspraktische Elementarfähigkeiten in einer bestimmten Richtung, die man sich aus einem Angebotsspektrum auswählen konnte. Marina entschied sich für Grundfertigkeiten im Nähen. Sie konnte nicht ahnen, wie entscheidend das einmal für sie werden sollte. Ihr eigentlicher Beruf aber ist Musiklehrerin. Es ist, wie sie auf Russisch sagte, ein Beruf, bei dem sich die Seele auftut (Kass. 084). Sie eignete sich ihn im Verlaufe eines vierjährigen Studiums an einer Musik-

---

[258] Siehe jedoch Tabouret-Kellers Untersuchung zum elsässisch-französischen Spracherwerb von 1963. Elsässer und Russlanddeutsche teilen ohnehin einige wichtige Merkmale in Spracherwerb, Sprachgebrauch und historischer Entwicklung ihrer gesellschaftlichen Zweisprachigkeit.

fachschule in Nordkasachstan an. Marinas Muttersprache ist das Russische. Sie erlernte es von ihren Eltern und den Erzieherinnen der Krippe und des Kindergartens. Anders als ihre ältere Schwester konnte sie als Kleinkind nicht mehr der Obhut der Großeltern anvertraut werden und von ihnen Deutsch lernen.

Erichs Vater Walter wurde 1965 in Džambul geboren. Er ging acht Jahre in die allgemeinbildende Schule und drei Jahre zur Berufsschule. Von Beruf ist er Schweißer. Seine Erstsprache war das Deutsche. Er erwarb es von seiner Großmutter, die ihn bis zu seinem fünften Lebensjahr überwiegend betreute. Dann wurde er unabhängiger, spielte mit den Nachbarkindern außerhalb des Elternhauses und lernte *auf der Straße*, wie seine Großmutter zu sagen pflegte, Russisch. Das Russische wurde sehr schnell seine Hauptsprache, zumal auch die Eltern und die ältere Schwester Russisch zu ihm sprachen. Die ältere Schwester allerdings hatte länger Umgang mit der Großmutter. Dies machte sich lange in den unterschiedlichen Deutschfähigkeiten der Geschwister bemerkbar – bis hin in die ersten Aufenthaltsjahre in Deutschland (Kass. 074).

Marina und Walter hatten in ihrer Kindheit und Jugendzeit Freundeskreise, zu denen junge Leute verschiedener Nationalität gehörten und in denen man Russisch sprach. Marinas liebste Freundin in Kasachstan war Galka, eine Koreanerin. Sie steht noch heute mit ihr im Briefwechsel. 'Galka war für uns ein Mitglied der Familie, wir waren in einer Klasse, wir fuhren zusammen ins Pionierlager, später war sie meine Trauzeugin, die Nationalität spielte überhaupt keine Rolle', berichtete mir Marina /auf Russisch/ (Kass. 035). Außer mit Galka war Marina mit Ira, einer Russin, und Wassiliki, einer Griechin, eng befreundet.

In der Schule wurden Marina und Walter acht Jahre lang in Deutsch als Fremdsprache unterrichtet, aber sie hatten kein großes Interesse daran. Marina konnte dem, was die Deutschlehrerinnen wollten, bald nicht mehr folgen. Glücklicherweise ließ sich ihr Vater meist erweichen, wenn die Hausaufgabe darin bestand, einen Text aus dem Deutschen ins Russische zu übersetzen, der Vater konnte das gut, erzählte mir Marina. Ihre Deutschkenntnisse waren am Ende der Schulzeit *Nichts, Null*, wie sie sagte; freilich hätte sie deutsche Texte abschreiben können, die deutschen Buchstaben seien ihr schon von der Hand gegangen, aber sonst ... Walter hatte überhaupt keine Lust, in den Deutschunterricht zu gehen. Er hätte viel lieber Englisch gelernt, aber man schickte ihn als Deutschen in den Deutschunterricht, was ihn als Halbwüchsigen offenbar mit Proteststimmung erfüllte. Er lernte das deutsche Alphabet nur schlecht, und das, was er an Deutsch verstand, rührte eher aus der Familie als aus dem Unterricht her. Seine Fähigkeit, Deutsch zu sprechen, beschränkte sich vor der Ausreise auf einige Wendungen, die er den Großeltern gegenüber häufig gebrauchte: *Oma, kommen Sie*[259] *bitte essen.* Oder: *Bitte setzen Sie sich, Opa* (Kass. 074).

Für Marina und Walter spielte dennoch die Tatsache, dass sie Russlanddeutsche sind, eine bedeutende Rolle: Verwandtschaftliche Beziehungen wurden von ihnen – wie auch von den anderen jungen Leuten ihrer multiethnischen Freundeskreise – sehr gepflegt. Die russlanddeutschen Familien waren weit verzweigt. Nicht alle Mitglieder kannten sich persönlich. Doch Familienfeste wie Hochzeiten und Beerdigungen waren wichtige Ereignisse: genossene Geselligkeit und Befestigung eines verlässlichen Zusammenhalts. Zwei Hochzeiten führten Marina und Walter zusammen: Zwei russlanddeutsche Hochzeitspaare fuhren mit den jeweiligen Freunden und Freundinnen zum Grabmal von Ajša Bibi in der schönen Umgebung Džambuls. Ajša Bibi war, wie die Legende erzählt, ein kasachisches Mädchen, das auf dem Weg zu ihrem Bräutigam von einer Schlange gebissen wurde und starb. Der Bräutigam ließ ihr in unvergänglicher Liebe ein Grabmal errichten, zu dem sich der Tradition gemäß alle jungen Paare nach der standesamtlichen Trauung begeben. Am Grabmal von Ajša Bibi sahen sich Marina und Walter das erste Mal. Walter war dem Auto des einen Hochzeitspaares vorausgefahren, auf einem mit Luftballons geschmückten Motorrad, gleichsam als Herold der Hochzeitsgesellschaft. Marina kam mit dem anderen Brautpaar. Sie nahmen sich gegenseitig wahr, und es fand sich schnell jemand, der sie einander vorstellen konnte (Notizen vom 11.3.96). Die Eltern und Großeltern der beiden jungen Leute waren sehr erfreut, als sie sahen, was geschah. Marina erklärte mir das so /auf Russisch/: 'In der Freundschaft zählte nicht, welcher Nationalität jemand angehörte. Jedenfalls in unserer Familie nicht. Aber wenn ein Mädchen ans Heiraten dachte, dann war die Nationalität ganz wichtig. Für alle. Bei den Muslimen – den Kasachen und Usbeken – spielte das eine gewaltige Rolle. Ich denke, ihnen wurde nicht erlaubt, jemanden aus einer anderen Nationalität zu heiraten. Meine Eltern passten natürlich auch auf. Für sie war das wohl eine Art Stolz. Die ältere Generation sorgte sich immer darum, dass die deutsche Nation nicht ganz ausstirbt.' /Marina lacht, als ob sie um Entschuldigung bitten wollte./ 'Wir waren ja nicht mehr so viele in der Sowjetunion. Darum bemühten sich die Älteren, Bekanntschaften zu vermitteln, auch mit Hilfe von Verwandten oder Bekannten. Bei uns war es schon nicht mehr so streng wie in Mamas Generation. Das heißt, Mamas Schwester hat ja auch schon einen Russen geheiratet. Und ihr Bruder hat eine Russin zur Frau. Bei uns waren schon Großmutter und Großvater anders, sie waren keine Nationalisten, sie dachten nicht, dass nur die Eigenen etwas wert sind, Großmutter ist aus einer ziemlich gebildeten Familie, mein Urgroßvater war

---

[259] Es ist unter Russlanddeutschen – und auch in anderen eher ländlichen Kulturen – durchaus üblich, die Großeltern und Schwiegereltern und manchmal sogar die Eltern mit *Sie* anzusprechen.

weit herumgekommen, für ihn war nicht so wichtig, woher ein Mensch stammt, sondern was für eine Seele er hat' (Kass. 292).

Marina und Walter kannten sich nun. Sie sprachen miteinander Russisch, sie schrieben einander auf Russisch Briefe, als Marina zur Fortsetzung des Studiums nach Nordkasachstan zurückfuhr, und sie heirateten schließlich auf Russisch. Zur Trauzeugin wählte sich Marina ihre koreanische Freundin Galka, Walter wählte sich seinen tatarischen Freund Rašid zum Trauzeugen. Die Sprache, in der sie mit den Trauzeugen, ihren damals vertrautesten Freunden, verkehrten, war selbstverständlich das Russische. Als ihr Sohn geboren wurde, gaben sie ihm einen deutschen Namen: *Erich*, nach Walters Vater, und diesen Namen verwandelten und verwandeln sie nach deutschen und vor allem nach russischen Mustern vielfach, um ihre Zärtlichkeit auszudrücken; besonders Marina ist darin unerschöpflich: *Erichlein, Erichle, Eriša, Eriček, Era, Erunja...* (Kass. 074). Marinas und Walters Russisch ist ein Russisch muttersprachlicher Qualität von leicht asiatisch-regionaler Prägung. Letztere zeigt sich vor allem in der Aussprache. So realisieren Russischsprechende aus den asiatischen GUS-Staaten die russischen Endungen *-in* und *-ina* als *-yn* bzw. *-yna*. Sie sprechen also z.B. das Possessivadjektiv *Маргаритина* (*Margaritina*) als *Маргаритына* (*Margarityna*) aus.²⁶⁰ Marinas Russisch ist darüber hinaus durch individuelle Merkmale gekennzeichnet: durch Neuschöpfungen der verschiedensten Art, durch eine Mischung stilistischer Varianten und eine Vorliebe für emotional gefärbte Ausdrücke. Zu ihrem Wortschatz gehören Wörter, deren besondere Färbung sich nicht ins Deutsche übersetzen lässt: die substandardsprachlichen Ausdrücke *одёжка* (*odëžka* – 'Kleidung'), *сына* (*syna* – 'Söhnchen'), *заборешь* (*zaboreš'* – 'du wirst Sieger werden') (Kass. 106), *шаришься по шкафам* (*šariš'sja po škafam* – 'du wühlst in den Schränken') (Kass. 245), die volkstümlichen Ausdrücke *люлюкочка* (*ljuljukočka* – Anredeform für das Kind), *дверька* (*dver'ka* – 'das Türlein'), *печеньки* (*pečen'ki* – 'die Kekslein'), *какачки* (*kakački* – 'Aa'), *как каплюшка-ватрушка рядышком* (*kak kapljuška-vatruška rjadyškom* – '(du hängst) an mir wie ein Tröpfchen-Plunderchen') (Kass. 257). Bezeichnend ist, dass viele dieser Ausdrücke Diminutivinfixe enthalten.

Walters und Marinas Russisch war vermutlich bereits im Herkunftsland durch einige, ihnen selbst nur teilweise bewusste Spuren des Kontakts mit dem Deutschen gekennzeichnet. Das könnte man daraus schließen, dass beide – wie auch viele andere Russlanddeutsche – schon kurz nach der Übersiedlung im russischen Diskurs eine Konjunktion gebrauchen, die *aby* oder *aba* gesprochen wird. Zwar gab es im Altrussischen eine Konjunktion *абы* (*aby* – 'dass, damit, wenn', siehe Vasmer 1953, 2), und auch das Ukrainische kennt eine ähnlich klingende: *або* (*abo* – 'oder'), aber die Verbreitung von

---

²⁶⁰ Vgl. Protassova 1996, 9.

aby/aba unter den Russlanddeutschen aller Generationen und Aufenthaltszeiten in Deutschland lässt vermuten, dass es sich um eine mitgebrachte Kontaktform des deutschen *aber* handelt. Zwei Beispiele dafür, wie Marina und Walter sie bereits kurz nach der Übersiedlung verwenden, seien angeführt. Vgl. (B11) und (B12).[261]

(B11)

WS: Абы машина здесь больше съедает, чем пользы приносит.
WS: Aby mašina zdes' bol'še s''edaet, čem pol'zy prinosit.
WS: *Aby* das Auto frisst mehr, als es Nutzen bringt.

WS, Kass. 106

(B12)

MS: Ну да, конечно, абы какие, я не знаю.
MS: Nu da, konečno, aby kakie, ja ne znaju.
MS: Na ja, selbstverständlich, *aby* welche, weiß ich nicht.

MS, Notizen vom 4.8.95

4.3.2 In Deutschland

4.3.2.1 Erstes und zweites Aufenthaltsjahr

Kaum waren Marina und Walter Sennwald in Deutschland angekommen, fanden sie sich auch schon im Sprachkurs für Aussiedler wieder. Ihnen verging Hören und Sehen. Marinas Hauptproblem war das Verstehen. Sie sagte später /auf Russisch/: 'Gleich am Anfang gab es die ganze Grammatik, und wir konnten doch nicht einmal die einfachsten Wörter. Wir saßen acht Monate da und schwiegen. Am Ende verstand ich wenigstens ein bisschen.' Walters Problem mit dem Sprachkurs war anders geartet. 'Im Sprachkurs muss man le"rnen. Wenn du was lernen willst, setz dich ernsthaft hin. Aber ich konnte damals nicht. Ich saß anderthalb Monate im Wohnheim, ohne auch nur die Treppe hinunterzugehen. Ich dachte an die Heimat, an unser Haus, das mein Vater gebaut hatte. Alles hatten wir dagelassen. Was wir mitgebracht hatten, war nur *Sperrmüll*. Ich wollte wieder zurück. Ich konnte nicht lernen. Erst allmählich wurde ich ruhiger. Wenn ich jetzt noch einmal einen Sprachkurs hätte, würde ich mich ernsthafter verhalten. Jetzt habe ich verstanden, dass es nötig ist.' /Dies alles auf Russisch, außer dem Wort *Sperrmüll*./ (Kass. 074.)

Ich hatte im ersten Jahr des Aufenthalts der Familie Sennwald in Deutschland mehrfach Gelegenheit, die deutschsprachigen Kommunikationsfähigkeiten von Marina und Walter zu beobachten. Die Fähigkeiten der beiden unterschieden sich deutlich. Für Walter Sennwald war es offensichtlich

---

[261] Vgl. Protassova 1996, 7.

leichter, gesprochenes Deutsch zu verstehen als geschriebenes. Er war bald in der Lage, das Deutsch, das er von seinen Großeltern gehört hatte, mit dem Deutsch der neuen Umgebung zu vergleichen. Er stellte fest, dass seine Großeltern so ähnlich wie die Leute in Stuttgart gesprochen hatten, dass aber einige heute sehr gebräuchliche Wörter seinen Großeltern vollkommen unbekannt gewesen waren, z.B. *Tschüs* (Kass. 074b). Was ihm noch ganz fehlte, war das Vokabular, das er auf der Arbeit brauchte, denn unter Arbeitskollegen hatte er in Kasachstan nur Russisch geprochen: *Chab isch net gewusst auf Deutsch was is des Chammer oder Meisel* (Kass. 334a). Marina Sennwald fiel das Verstehen gedruckter Äußerungen leichter. Aber sie hatte auch mit dem Leseverstehen sehr große Schwierigkeiten. Als ich – sechs Monate nach ihrer Übersiedlung – versuchte, das erste sprachbiografische Gespräch mit ihr auf Deutsch durchzuführen, las ich – ihrer Bitte folgend – die jeweilige Frage vor, sie las sie auf dem Interviewbogen mit, ich wiederholte die Frage, sie versuchte, sie Wort für Wort ins Russische zu übersetzen – und dennoch kamen wir auf diesem Wege selten ans Ziel, ich musste schließlich auf Russisch fragen. Wenn Marina verstanden hatte, bemühte sie sich, auf Deutsch zu antworten. Das war in der Regel nur möglich, wenn die Fragen Themen betrafen, die im Unterricht öfter durchgenommen worden waren (Familie, Beruf u.a.). Die Antworten enthielten nicht selten elementare Fehler (z.B. *ich habe ein Kinder*) – und erstaunlicherweise auch regional gefärbte Ausdrücke, die Marina Sennwald kaum in der kurzen Zeit ihres Aufenthaltes in Deutschland erworben haben konnte: *Schatzele* – Spuren eines Familiendeutschs, das ihr in der Kindheit nur noch in vereinzelten Lexemen übermittelt worden war (Kass. 084). Marina Sennwald ging als Einzige von den Müttern der Mutter-Kind-Gruppe auf meine Anregung ein, mir zu Übungszwecken Briefe auf Deutsch zu schreiben. Sie arbeitete lange, doch mit Freude an jedem Brief: *mir diese Tat sehr gefällt,* schrieb sie mir über das Briefeschreiben. In den Briefen stellte sie dar, was Erich Neues gelernt hatte und wie der letzte Tag vergangen war.

Nach Abschluss des Sprachkurses finanzierte das Arbeitsamt für Walter ein dreiwöchiges Praktikum in einer kleinen Schlosserei. Dort lernte er für alle Werkzeuge die *richtigen Namen* und auch die *Spitznamen* – allerdings in einem *komischen Dialekt,* wie er mir sagte. Die Wasserwaage z.B. nannte man *Wasserwo:g*. Dort fühlte er sich auch ganz wohl; der Chef hatte Humor und Verständnis (Kass. 334a; siehe auch (T18)). Nach dem Praktikum machte sich Walter auf die Suche nach einem Arbeitsplatz. Bis er schließlich Erfolg hatte, hatte er *eine schlimmste Zeit*. Er musste sehr viel lernen, nicht nur Deutsch: Wie man sich mit einer Firma verabredet, wie man sich zum Vorstellungsgespräch kleidet, auf welche Tricks man bei Arbeitgebern gefasst sein muss, was realistische Lohnvorstellungen sind, wie man sie durchsetzt usw. Erst im sechsten Aufenthaltsjahr war Walter so weit, dass er mir seine Erfahrungen im Detail, mit Selbstironie und mit dem Selbstbewusstsein desjenigen schildern konnte, der die Schwierigkeiten überwunden hat. Aber im ersten Aufenthaltsjahr ... *Ich hab jeden Tag irgendwo hingegangen oder hingefahren, ohne Termin, ohne Termin, überall in Mannheim, Ludwigshafen, Heddesheim, 30 Kilo"meter um Mannheim, ich hab einfach im Telefonbuch geguckt, Adresse, ohne Termin, einfach gefahren, meischte Leute haben auf mich mit solche Augen rübergeguckt, was willsch du hier, musst (!) man zuerst einen Termin machen, so und so, tut mir Leid, entschuldigen, danke schön, Wiedersehn* (Kass. 334a). Walter versuchte nun, sich bei den Firmen telefonisch anzumelden. Das war immer mit Aufregung verbunden: Wird man Dialekt sprechen? Dann sank die Wahrscheinlichkeit, den Telefonpartner zu verstehen und richtig auf ihn zu reagieren, gleich um ein Vielfaches. Walter studierte auch die Stellenangebote in den Zeitungen und bewarb sich schriftlich. Er erhielt viele Absagen, *Tutmirleid-čiki* nannte er diese Briefe mit einem von ihm selbst gebildeten deutsch-russisch gemischten Wort: *Tutmirleid-linge* könnte man sagen, wenn es ganz deutsch sein sollte. Seine Mutter machte sich Sorgen um ihn: Er isst nicht, er schimpft und ist böse, sagte sie mir /sinngemäß/ (Kass. 127). Nach fast einem Jahr Arbeitssuche wurde ihm bei einer Firma für den Verleih von Arbeitskräften eine Aushilfstätigkeit angeboten, mit häufig wechselnden Arbeitsorten, für 12,50 DM die Stunde. Er nahm sie an. Das war nicht zuletzt aus finanziellen Gründen erforderlich. Die Familie hatte eine Wohnung bekommen. Es mussten Möbel gekauft werden. Walter konnte nicht länger auf eine Arbeit in seinem Beruf und mit normaler Bezahlung warten. Seine Mutter sagte: *Was willsch mache. Schaffe muss man. Vielleicht find er noch sei Arbeit. Is ja noch jung* (Kass. 100). Als er fast ein Jahr in der Leasingfirma gearbeitet hatte, hörte er, dass andere Arbeiter dort für die gleiche Arbeit 17,50 DM in der Stunde verdienen. Er ging zum Chef und sagte: *Isch kenn schon paar Leute von unsere Firma, die sind ri"chtige Deutsche, und diese Leute kriegen von Euch siebzehn Mark fuffzig. Sie sind mit mir zufrieden. Isch chab gearbeitet neun Monati. Sie chaben vom Meischder nix bekommen, keine Brief, dass isch bin schlecht oder so was, ja? Dann möchte isch auch selbe Geld kriegen.* Der Chef stellte 15.- DM in Aussicht. *Neue Arbeitsvertrag chat er net für mich gemacht, aber solsche Leute kannschd net glauben alles, ja?* Walter kündigte und studierte die Stellenangebote im Computer des Arbeitsamtes. Eine Firma hätte ihn genommen, wollte aber keinen Arbeitsvertrag ausstellen. Da wusste er: *Das ist Schwarzarbeit, hab schon was gelernt, danke schön, auf Wiedersehn* (Kass. 334a). Die Arbeitssuche ging weiter.

Die finanzielle Situation der Familie zwang auch Marina, nach Verdienstmöglichkeiten zu suchen, obwohl für den inzwischen dreijährigen Erich noch kein Kindergartenplatz zur Verfügung stand. Walters Mutter, die auf ihrer Arbeitsstelle gerade entlassen worden war, erklärte sich bereit, Erich zu betreuen. Selbstverständlich träumte Marina davon, in ihrem Beruf als Musiklehrerin zu arbeiten, wenn sie an ihrem aus Kasachstan mitgebrachten Klavier saß und spielte. Sie wusste, dass das aus sprachlichen Gründen nicht möglich sein würde, und hoffte, eine Umschulung zur Kinderpflegerin zu bekommen. Sie hatte beim Arbeitsamt mehrere Gespräche dazu und wurde zu einem Test beim psychologischen Dienst des Arbeitsamtes eingeladen. Im Test sollte sie verschiedene Aufgaben lösen, in denen es darum ging, Beziehungen zwischen Wörtern, Symbolen oder Zahlen zu entdecken, mechanisch-räumliches Verständnis zu zeigen und zu rechnen. Marina Sennwald gab mir später die Testunterlagen. Der Test war offensichtlich der gleiche, den auch binnendeutsche Klienten des Arbeitsamtes ablegen müssen, wenn sie sich um eine Umschulung bewerben. Alle Aufgaben wurden in deutscher Sprache gestellt und mussten binnen Minuten gelöst werden. Die in den Aufgaben oder Aufgabenbeschreibungen verwendeten Wörter waren Marina Sennwald großenteils fremd, so dass sie sie im Wörterbuch aufsuchen musste. Z.B. war im Test nach Wörtern gefragt, die mit dem deutschen Wort *Niederschlag* bedeutungsverwandt sind. *Niederschlag?* Marina Sennwald suchte im Wörterbuch und schrieb heraus: *Bedrückung*. Bevor sie ihre Überlegungen beenden konnte, hieß es, die Zeit sei um. Auf der Grundlage des Tests kam das Arbeitsamt zu dem Schluss, es gebe für Marina Sennwald so gut wie keine Möglichkeit, als Musiklehrerin zu arbeiten, und auch eine Bildungsmaßnahme sei wegen der äußerst schwachen Deutschkenntnisse nicht möglich, weil dem Unterricht nicht gefolgt werden könne; Marina Sennwald solle sich um eine Hilfstätigkeit bemühen, *einfach um mal die Sprache zu verbessern und auch mal zu sehen, ob eine Standfestigkeit, ein Durchhaltevermögen in der Arbeit gegeben sei* – dies die Information, die Marina Sennwald in meinem Beisein übermittelt wurde und die ich ihr auf Russisch zusammenfasste, in dem Moment froh, dass sie nur teilweise verstand. Dazu dann noch diese Ratschläge: *Keine andere Sprache mehr verwenden, gell? Sonst lernen Sie es nicht. Gell? Und dass man sich auch mal damit auseinander setzt, was bedeutet jetzt dieser Beruf für mich.* In dem Gespräch mit dem Arbeitsberater musste ich mit ansehen, dass Marina Sennwald nicht in der Lage war, die vorbereiteten Argumente und Fragen vorzutragen. Sie stotterte, wie ich es noch nie bei ihr bemerkt hatte (Gesprächsnotiz). Und dies zu einem Zeitpunkt, zu dem mir eine meiner Kolleginnen, die nicht Russisch konnte, berichtet hatte, man könne sich mit Marina Sennwald schon gut auf Deutsch unterhalten.

Nach diesem Gespräch im Arbeitsamt dachte Marina Sennwald intensiv darüber nach, was nun zu tun sei. Einerseits mussten die finanziellen Probleme der Familie gelöst werden, andererseits wollte sie auch ihre Deutschkenntnisse verbessern. Auch ich wurde um Rat gefragt und nahm an mehreren Gesprächen im Familienkreis über dieses Thema teil. Marina hätte gerne an der Volkshochschule einen weiteren Deutschkurs besucht (Kass. 089, 093), aber der hätte Geld gekostet und sie vom Geldverdienen abgehalten. Die Schwiegermutter verstand solche Wünsche kaum: *Sprachkurs?! Soll sie doch sprechen auf der Arbeit!* Marina /auf Russisch/: 'Ich werde verdienen, und dann gehe ich lernen, ich will lernen, ich bin noch jung' (Kass. 100). Die Schwiegermutter lenkte ein /sinngemäß/: Ja, wenn sie Walter fest anstellen und er zweieinhalbtausend verdient, kann sie sich etwas anderes suchen. Mit Ki"ndern kann sie umgehen, Fä"higkeiten hat sie ... (Kass. 127). Die Schwiegermutter war, wie ich aus verschiedenen ihrer Bemerkungen schließen konnte, auch der Ansicht, die Schwiegertochter könne von ihr Deutsch lernen, wenn sie nur wollte. Marina war diese Einstellung der Schwiegermutter bekannt; sie konnte sie aber nicht teilen. Sie sagte zu mir /auf Russisch/: 'Meine Schwiegermutter verstehe ich überhaupt nicht. Sie sagt alles anders, nicht *deutsch*, sondern *taitsch*, nicht *heute*, sondern *heire*. Ich mit meinem kleinen Deutschverstand verstehe sie überhaupt nicht' (Kass. 067).

Nach längerem Suchen fand Marina schließlich Arbeit – als Näherin, bei einer Arbeitskräfteverleihfirma, mit der Verpflichtung, jede Arbeit im Großraum Mannheim anzunehmen. Sie nähte Gardinen, Inletts und Bettwäsche – und das konnte sie dank der Arbeitsausbildung in Kasachstan. Sie nähte für anderthalb Arbeitskräfte und verdiente 1 100.- DM im Monat. Sie verließ jeden Morgen um sechs Uhr das Haus und war abends gegen sieben Uhr zurück. Die Schwiegermutter sagte: *Des is u:"meeglich dort nausfahre, so weit, ...* (Kass. 127). Aber Marina fuhr, und sie lernte etwas besser Deutsch sprechen und verstehen. Wieder die Schwiegermutter: *Die muss gehe arbeit. Uf der Arbeit werscht viel besser sich lerne. Jaja, und bei dere geh"ts scho besser seit zwei Monat, jaja, die sagt schon also a Wörter, a deutsche raus, a Antwort gebt se schon am Telefon deutsch, jaja, s geht, s geht all besser, ich sag, wenn die a a Johr a Johr schaffe ded, werre viel besser gehe. Die hat dort de Tele/ äh den Telefon hat se nebedra: un da muss sie muss sie sich lernen mit dene Künde Kündinne rede* (Kass. 127). Marina arbeitete, Walter arbeitete, beide nicht in ihrem Beruf, beide waren täglich stundenlang unterwegs, beide waren überanstrengt, nervös und deprimiert, die Schwiegermutter betreute Erich. Walter und seine Mutter meinten, die Situation würde erträglicher, wenn Marina zu Hause bliebe. Aber davon wollte Marina gar nichts wissen. Sie stellte mir /auf Russisch/ ihre Position folgendermaßen dar: 'In Kasachstan war es für mich ein Fest, zur Arbeit zu gehen, obwohl es auch dort manchmal Schwierigkeiten gab, manche Kinder lernten leicht, manche schwerer. Aber auf der Arbeit habe ich mich ausgeruht, erholt. Es war eine Abwechslung. Jetzt ist die Arbeit eine große Belastung, ich kann nicht in meinem Beruf arbeiten, ich muss eine viel niedrigere Arbeit machen. Aber ich will finanziell nicht abhängig sein' (Kass. 153b); und: 'Ich will ich selbst sein' (Kass. 151a). Zu den Deutschfähigkeiten von Marina und Walter Sennwald nach anderthalb Jahren Aufenthalt in Deutschland siehe (T14).

Marinas Russisch veränderte sich anfangs nicht sehr. Am auffälligsten war, dass sie bei einigen Themen deutsche Lexeme in ihren russischen Diskurs einflocht. Bei diesen Themen handelte es sich fast immer um die Lebensbedingungen in Deutschland. Bei Walter konnte man die gleiche Erscheinung beobachten. Sie war aber bei ihm so stark ausgeprägt, dass manche russischsprachige Besucher den Eindruck bekamen, mit einem neuen Substandard konfrontiert zu sein. Beispiele dafür sind (B13)-(B15).[262]

(B13)

WS spricht über den Deutschunterricht in seiner Schulzeit, und zwar zu einer russischen Besucherin, von der ihm gesagt worden war, sie verstehe nicht Deutsch.

WS: Две штунды pro Woche, два часа значит.
WS: Dve štundy pro Woche, dva časa značit.
WS: Zwei *Stunden pro Woche*, zwei Stunden heißt das.

WS, Kass.106

WS bildet aus dem deutschen Femininum *Stunde* das russische Femininum *штунда* (*štunda*) und dekliniert es wie ein solches. Diese Bildung könnte noch aus dem russlanddeutschen Schülerjargon im Herkunftsland stammen. Aber wahrscheinlicher ist – wie man aus der Verbindung mit *pro Woche* schließen könnte –, dass ihr deutsches Äquivalent *zwei Stunden pro Woche* am Anfang der sprachlichen Integration im Sprachkurs erworben wurde und dann in einer russisch-deutsch gemischten Form in den Jargon des Übergangswohnheims einging.

(B14)

WS: У меня есть сестра. Она сейчас ну не perfekt разговаривает, но чисто Deutsch. По крайней мере уже язык здесь не прилепляет, под дойчев подделывается, под местных.
WS: U menja est' sestra. Ona sejčas nu ne perfekt razgovarivaet, no čisto Deutsch. Po krajnej mere uže jazyk zdes' ne prilepljaet, pod dojčev poddelyvaetsja, pod mestnyh.
WS: Ich habe eine Schwester. Die spricht jetzt na nicht *perfekt*, aber sauber *Deutsch*. Jedenfalls bleibt die Zunge hier nicht mehr kleben, sie ahmt die *Deutsch*en nach, die Örtlichen.

WS, Kass.106

WS benutzt in seinem russischen Beitrag die deutschen Ausdrücke *perfekt* und *Deutsch* in unveränderter Form. Sodann bildet er eine deutsch-russisch gemischte Bezeichnung für die Deutschen, indem er den Stamm *Deutsch-* übernimmt und ihm substantivische Deklinationssuffixe für den Akkusativ Plural anfügt, wie die russische Präposition *под* (*pod*) es im vorliegenden Zusammenhang verlangt. Auf diese Weise integriert er das aus dem Deutschen übernommene Stammsuffix in die russische Syntax. Das Motiv für diese Übernahme kann keinesfalls eine lexikalische Lücke sein, sondern dürfte eher einstellungsbezogene Gründe haben.

---

[262] Vgl. Protassova 1996, 33-34.

(B15)

WS sagt seiner russischen Besucherin EP, wie viel Miete ein Bekannter für seine Wohnung zu zahlen hat.

WS: 980 она warm обходится.
WS: 980 ona warm obhoditsja.
WS: 980 kostet sie *warm*.

WS, Kass.106

Das deutsche Adverb *warm* wird hier benutzt, als ob es ein russisches wäre. Die Äußerung ist für jemanden, der nicht Deutsch kann und die deutschen Mietverhältnisse nicht kennt, unverständlich. Wenn WS hier an Stelle von *warm* auf Russisch *тепло* (*teplo*) gesagt und damit eine direkte Übersetzung vorgenommen hätte, wäre sie auf Russisch immer noch unverständlich. Auf den gemeinten Sachverhalt 'Miete plus Nebenkosten' bezieht man sich im gesprochenen Russisch mit *со всем* (*so vsem* – 'mit allem'), auf den Sachverhalt 'Miete ohne Nebenkosten' mit *безо всего* (*bezo vsego* – 'ohne alles').

Ein komplexeres Beispiel dafür, welche Konsequenzen die Themen des Lebens in Deutschland für die Gestaltung von Walters und Marinas russischen Gesprächen haben, ist (T15).

4.3.2.2   Drittes und viertes Aufenthaltsjahr

Im dritten und vierten Aufenthaltsjahr sah ich Marina seltener als zuvor und Walter fast gar nicht. Beide arbeiteten viel; und da sie mit Arbeitsinhalt und -bedingungen unzufrieden waren, suchten sie gleichzeitig nach anderen Arbeitsstellen und außerdem nach Gelegenheiten, stärker mit den einheimischen Deutschen in Kontakt zu kommen. Marina sang ein paar Monate lang in einem Kirchenchor, wie ihr neuer Berater im Arbeitsamt angeregt hatte (Kass. 207a). Endlich wieder Musik! Vielleicht auch Gespräch und Gemeinschaft? Marina berichtete /auf Russisch/, als wir in der Familie zusammen am Teetisch saßen: 'Ich bin dort die erste Russlanddeutsche. Alle kamen gleich zu mir und fragten, woher ich komme und ob ich auch Noten kenne. Sie denken, wir sind Wilde oder von einem anderen Planeten.' Marina sprach nicht vorwurfsvoll, wohl aber traurig. Ihre Großmutter Antonia Busemann nickte und sagte /auf Russisch/: 'Die Deutschen wissen ni"chts über Russland. Sie denken, da war nur Hunger und Kälte.' Marinas Vater sagte /auf Russisch/: 'Und wi"r wussten nichts über Deu"tschland' (Kass. 189b). Marina schied bald wieder aus dem Chor aus, aber nicht, weil es ihr dort nicht gefiel, sondern aus ganz anderen, aber durchaus charakteristischen Gründen: Sie hatte kein Auto, und die öffentlichen Verkehrsmittel ermöglichten es ihr nicht, alles zur rechten Zeit zu erledigen: von der Arbeit nach Hause zu fahren, den Sohn aus dem Kindergarten abzuholen und zu betreuen und sich dann zur Chorprobe zu begeben.

Marinas intensive Suche nach einer wenigstens relativ zufrieden stellenden Arbeit hatte schließlich Erfolg. Nachdem sie einige Zeit als Putzfrau gearbeitet hatte, wurde sie wieder Näherin – dieses Mal in der Flickstube eines Rehabilitationszentrums. Dort war ein Kindergarten, in den sie Erich bringen konnte, dort ergaben sich deutschsprachige Kommunikationsgelegenheiten mit Kollegen und Patienten. Ihre Chefin ahnte bald, dass MS nicht nur die Fähigkeit hatte, Bettwäsche und Schlafanzüge zu reparieren. Sie sprach zu ihr davon, dass man eigentlich Musiktherapie für die Patienten einrichten müsste – ob sie nicht Ideen dazu habe. Freudig erregt, rief Marina Sennwald Ekaterina Protassova an, um sie zu bitten, in Moskau nach einschlägiger Literatur zu suchen; sie erinnerte sich, aus der Zeitschrift *Огонёк* (*Ogonëk* – 'Das Feuerchen') Beeindruckendes über die musikalischen Praktiken eines russischen Therapeuten erfahren zu haben, und die russischen Therapeuten seien überhaupt sehr gut. Fast schon glaubte MS, für ihre berufliche Entwicklung 'ein winziges Lichtlein am Ende eines langen, langen Tunnels zu sehen', wie sie mir /auf Russisch/ sagte (Kass. 257a). Wir überlegten, ob sie vielleicht ein Aufbaustudium für Musiktherapie absolvieren könnte, und ließen uns von dafür zuständigen Universitäten Informationsmaterial schicken. Aber dann verlor Marina wieder Zuversicht und Entschlossenheit. Oder man muss wohl sagen: Sie dachte wieder realistischer. Die Chefin sprach nicht mehr von Musiktherapie, aber sie vermittelte ihr zwei Klavierschüler und bat sie, auf der Weihnachtsfeier für die Patienten Klavier zu spielen. Marina Sennwald fehlte es unter anderem wegen ihrer Deutschfähigkeiten an Selbstvertrauen. Sie berichtete mir /auf Russisch/: 'Immer, wenn jemand zu mir in die Nähstube kommt, spreche ich Deutsch. Aber sie fragen immer gleich: Woher kommst du?' (Kass. 257b.) 'Es ist mir peinlich mit meiner komischen Sprache, ich habe viele Komplexe im Kopf' (Kass. 257a).

Marina Sennwalds sprachliche Entwicklung im dritten und vierten Aufenthaltsjahr kann ich beurteilen, weil sie selbst regelmäßig Tonaufnahmen ihrer Gespräche mit Erich anfertigte, weil wir öfter miteinander telefonierten und auch hin und wieder einen ganzen Tag zusammen verbrachten, wenn MS Urlaub hatte oder wegen einer Erkrankung des Sohnes zu Hause bleiben musste. Ein Beispiel für MS' Russisch im dritten Aufenthaltsjahr im Gespräch mit Erich ist (T11).

Marinas Russisch änderte sich in dieser Zeit selbstverständlich nicht grundsätzlich. Es blieb ihre bevorzugte und auch geliebte Sprache, in die sie schnell zurückkehrte, wenn die Partnerkonstellation nicht mehr die Verwendung des Deutschen erforderte (Kass. 292). Unsere Telefongespräche begannen immer auf Deutsch, MS ging aber schnell ins Russische über, wenn geklärt war, wer sie anrief.

Die Einschaltung deutscher Elemente in den russischen Diskurs wurde nun zu einem ständigen Charakteristikum von MS' Sprechweise, wenn es auch immer wieder lange russischsprachige Passagen gab, in denen keine Spur des Deutschen zu finden war. Bei den deutschen Elementen handelte es sich zum großen Teil um in sich geschlossene formelhafte Hörersignale oder einfache Gesprächsbeiträge: *ach so, na gut, guck mal* (Kass. 163), manchmal in Form einer Dublette: *вкусно schmeckt gut* (*vkusno schmeckt gut* – 'schmeckt schmeckt gut', Kass. 217a). Zum kleineren Teil handelte es um den Einschluss einzelner Lexeme in russische Sätze, vor allem *aber* (Kass. 151), aber auch einzelne Substantive und Wörter anderer Wortarten. Siehe die Beispiele (B16)-(B18).

(B16)

MS und ihr Sohn ES sprechen darüber, was ES am vorhergehenden Tag im Kindergarten erlebt hat.

MS: С freund-то вчера виделся?
MS: S freund-to včera videlsja?
MS: Hast du dich denn gestern mit deinem *Freund* gesehen?

MS, Kass.163a

Das Wort *Freund* hat Erich höchstwahrscheinlich im Kindergarten gelernt und es dann in die Familie gebracht. Seine Verwendung durch die Mutter dürfte ein Versuch sein, ihre Sprechweise der des Sohnes anzupassen. Auffällig ist, dass MS das Wort unflektiert verwendet, obwohl es in einer Position steht, in der im Russischen der Instrumental erforderlich wäre. Vielleicht ist auch das ein intuitives Entgegenkommen gegenüber dem Sohn. Das Wort soll ihm nicht dadurch entfremdet werden, dass es eine russische Flexionsendung erhält.

(B17)

MS und ES betrachten das Bilderbuch „Max und das Auto".

MS: Они хотят bei"de играть.
MS: Oni hotjat bei"de igrat'.
MS: Sie wollen *beide* spielen.

MS, Kass.208b

Auch das Wort *beide* könnte aus dem Kindergarten stammen – ein Wort, das Erwachsene gerne belehrend und ermahnend gebrauchen, wenn Kinder sich um etwas streiten. Es ist dann eine Aufforderung zum Teilen oder, allgemeiner, zum Kompromiss. Eine solche Situation ist auch in dem Bilderbuch dargestellt. Indem MS sich darauf mit dem Wort *beide* bezieht, stellt sie eine Beziehung zwischen dem im Buch gezeigten Konflikt und der Erich bekannten Verhaltensmaxime her und unterstreicht die Gültigkeit dieser Maxime.

(B18)

MS fragt ihren Sohn ES.

MS: А тебе egal?
MS: A tebe egal?
MS: Aber dir ist das *egal*?

MS, Kass. 273b

Das Wort *egal* benutzt Erich sehr oft. Möglicherweise hat MS es von ihm gelernt.

Die Motive für die Übernahme deutscher Elemente in den russischen Diskurs mit dem Sohn konnten teilweise erschlossen werden – siehe die Kommentare in den Beispielen (B16)-(B18). Teilweise lagen sie offen zu Tage. Siehe (B19).

(B19)

Erich hat seiner Mutter erzählt, dass es auf dem Spielplatz Jungen gibt, die ihn ärgern. MS bringt ihm in einem umfangreicheren russischen Gesprächsbeitrag bei, wie er sich diesen Jungen gegenüber verhalten soll. Darin geht sie plötzlich für zwei Sätze ins Deutsche über, um Erich die Äußerungen zu lehren, die er in derartigen Situationen benutzen kann.

MS: Darf man nicht. Ich bin noch klein.

MS, Kass. 201a

Es ist jedoch nicht so, dass MS nur deutsche Elemente in ihren russischen Diskurs aufnahm, wenn sie mit dem Sohn sprach. Auch gegenüber russischsprachigen Erwachsenen kam das nun öfter vor. Siehe (B20)-(B24).[263]

(B20)

MS: Мне просто очень стыдно со своим ненормальным шпрахом беседовать с людьми.
MS: Mne prosto očen' stydno so svoim nenormal'nym šprahom besedovat' s ljud'mi.
MS: Mir ist es einfach sehr peinlich, mich mit meiner unnormalen *Sprache* mit den Leuten zu unterhalten.

MS, Kass. 257

MS übernimmt hier – wie viele Aussiedler – das deutsche Wort *Sprache* in ihren russischen Diskurs. Dabei verändert sie – wie viele Aussiedler – das Wort in seiner Bedeutung: Sie meint nicht ihre Sprachfähigkeiten generell, sondern nur ihre Deutschfähigkeiten; *Sprache* bedeutet für sie also 'deutsche Sprache'. MS behandelt das im Deutschen feminine Substantiv im Russischen als Maskulinum, wie man an der Kasus- und Genusendung des Substantivs und seiner Begleiter erkennen kann.

(B21)

MS: Вообще все продукты Umweltschutz.
MS: Voobšče vse produkty Umweltschutz.
MS: Überhaupt sind alle Lebensmittel *Umweltschutz* (d.h. umweltfreundlich).

MS, Kass. 272

Für die Bezeichnung der Eigenschaft der Umweltfreundlichkeit kann die Sprecherin keinen einfachen russischen Ausdruck finden, denn ein solcher existiert bisher nicht. Wahrscheinlich wäre die Kombination *экологически безвредные* (*ėkologičeski bezvrednye* – 'ökologisch unschädlich') geeignet. Sie ist der Sprecherin aber wohl nicht bekannt. Auch die deutschen Ausdrücke für die gemeinte Eigenschaft sind ihr noch nicht ganz vertraut.

---

[263] Vgl. Protassova 1996, 17-20.

(B22)

MS berichtet, wie sich ein Verwandter seinen Lebensunterhalt verdient, und fasst eine längere Beschreibung mit der folgenden Äußerung zusammen.

MS: Продажа von zu Hause aus.
MS: Prodaža von zu Hause aus.
MS: Verkauf *von zu Hause aus*.

MS, Kass. 272

Die Verkaufsform 'von zu Hause aus' gab es in der Sowjetunion nicht. Entsprechend fehlt eine russische Bezeichnung dafür. MS benutzt deshalb im Russischen den deutschen Ausdruck. Sie ist vielleicht stolz darauf, dass er ihr zur Verfügung steht, und benutzt ihn deshalb gern. Das führt jedoch dazu, dass sie sich nicht bemüht, ein passendes Äquivalent auf Russisch zu bilden.

(B23)

MS: И там было какая-то школа для Behindertov в движениях.
MS: I tam bylo kakaja-to škola dlja Behindertov v dviženijah.
MS: Und dort war/gab es so eine Schule für *Behinderte* in den Bewegungen (=Gehbehinderte).

MS, Kass. 257

An dieser russischsprachigen Äußerung fallen zwei Elemente auf: a) der zusammengesetzte Ausdruck *для Behindertov в движениях* (*dlja Behindertov v dviženijah* – 'für Behinderte in den Bewegungen' = Gehbehinderte) und b) die sächliche Endung des Prädikats *было* (*bylo*). Zu a) Die Übernahme des deutschen Wortes *Behinderte* in den russischen Diskurs könnte zunächst dadurch motiviert sein, dass MS es in dem Rehabilitationszentrum, in dem sie arbeitet, täglich hört. Weiterhin ist wichtig, dass es im Russischen keinen Ausdruck gibt, der verallgemeinernd Menschen mit Behinderungen zusammenfasst. Notfalls kann man von *инвалиды* (*invalidy* – 'Invaliden') sprechen. Dieses Wort assoziiert jedoch eher Menschen, die durch Krieg oder Unfall arbeitsunfähig geworden sind. Es gibt Ausdrücke für Menschen mit spezifischen Behinderungen (die russischen Äquivalente für Blinde, Hörgeschädigte usw.), allerdings kein Wort für Gehbehinderte. Man könnte nur sehr umständlich sagen: *люди с нарушениями двигательных функций* (*ljudi s narušenijami dvigatel'nyh funkcij* – 'Menschen mit Störungen der Bewegungsfunktionen'). MS versucht diese komplizierte Konstruktion zu vermeiden und die lexikalische Lücke auszufüllen, indem sie das ihr geläufige deutsche Wort *Behinderte* übernimmt und es mit üblichen russischsprachigen Mitteln bedeutungsmäßig einengt: 'in den Bewegungen Behinderte'. Das deutsche Wort *Behinderte* wird dabei von MS lautlich an russische Ausspracheregeln angepasst und morphosyntaktisch ins Russische integriert: Es bekommt nach der Präposition *для* (*dlja* – 'für'), die den Genitiv erfordert, die übliche Endung für maskuline Substantive im Genitiv Plural. Zu b) Die sächliche Endung des Prädikats entspricht im Genus nicht dem femininen Subjekt *школа* (*škola* – 'Schule'). Es ist zu vermuten, dass die sächliche Prädikatsform unter dem Einfluss des deutschen Äquivalents für *и там был* / (*i tam byl* / – 'und dort gab es ...') zustande gekommen ist. Alles in allem handelt es sich in diesem Beispiel also nicht um die einfache Übernahme eines deutschen Lexems in den russischen Diskurs, sondern um einen Einfluss des Deutschen auf mehreren sprachlichen Ebenen.

(B24)

MS: Он ел мороженое, шоколадное и и Erdbeeren.
MS: On el moroženoe, šokoladnoe i i Erdbeeren.
MS: Er aß Eis, schokoladenes und und *Erdbeeren*.

MS, Kass. 272

MS spricht darüber, welches Eis ihr Sohn Erich gerne isst. Dabei steht ihr gewiss vor Augen, wie die Eispackungen, die sie in der Kaufhalle kauft, beschriftet sind: Schokoladen- und Erdbeereis. Diese beiden Bezeichnungen sind sehr schwer ins Russische zu übertragen. Schokoladeneis wird auf Russisch durch eine Bezeichnung benannt, die aus einem Adjektiv und einem Substantiv besteht: 'schokoladenes Eis'. Hier hat die Sprecherin die adäquate russische Bezeichnung gefunden. Beim Erdbeereis ist es schwieriger. Im Russischen muss man stets zwischen Gartenerdbeeren (клубника – klubnika) und Walderdbeeren (земляника – zemljanika) unterscheiden. Aus was für Erdbeeren ist das Eis hergestellt? Das ist für normale Gespräche über Erdbeereis eine störende Komplikation, für die es keine eingespielte Lösung gibt, zumal Erdbeereis in Russland erst seit kurzem populär ist. Das dürfte der Grund dafür sein, dass – wie beobachtet – viele Russischsprechende in Deutschland das deutsche Wort *Erdbeeren* bald in ihre russischen Diskurse übernehmen.

Die Beispiele dürften gezeigt haben, dass Marinas Russisch im dritten und vierten Aufenthaltsjahr aus unterschiedlichen Gründen mehr und mehr Einflüsse der Kontaktsprache Deutsch erfährt. Die wichtigsten sind: Einige deutsche Lexeme stehen symbolisch für ganze Lebenszusammenhänge und werden aktualisiert, sowie von diesen Lebenszusammenhängen die Rede ist (z.B. *Freund* und *beide* für das Leben im Kindergarten); es müssen Dinge benannt werden, die es im Herkunftsland nicht gab und für die deshalb russische Lexeme fehlen; viele deutsche Bezeichnungen werden so oft benutzt, dass die in ihnen versprachlichte Spezifik bzw. Allgemeinheit der Klassifizierung der Welt zum Modell für die Ausdrucksweise im Russischen wird (*Behinderte*, *Erdbeeren*). Die Einflüsse der Kontaktsprache Deutsch auf das Russische beschränken sich nicht auf lexikalische Übernahmen und Bedeutungsveränderungen und die mit ihnen oft verbundenen phonologischen Integrationen. Da bedeutungsäquivalente Äußerungen und Äußerungselemente auf grammatisch unterschiedliche Weise gebildet werden können (z.B. im Deutschen als Kompositum – *Schokoladeneis*, im Russischen als Fügung aus Adjektiv und Substantiv: 'schokoladenes Eis'; russisch: 'dort war...', deutsch: *es gab*...) kommt es auch auf morphosyntaktischer und phraseologischer Ebene zu Wechselwirkungen.

Zur Entwicklung der Deutschfähigkeiten von Marina Sennwald konnte ich im dritten und vierten Aufenthaltsjahr folgende Beobachtungen machen: Für mich wurde bei jeder Begegnung offensichtlich, dass Marina im Verstehen deutschsprachiger Unterhaltungen Fortschritte machte, selbst bei telefonischer Kommunikation. Ihre Großmutter Antonia Busemann sagte: *Sie versteht schon viel, sprechen kann sie schlechter* (Kass. 195b). Ihre Verstehensfähigkeiten konnten aus den Inhalten und den Platzierungen ihrer Hörersignale und Gesprächsbeiträge in Unterhaltungen und Besprechungen erschlossen werden (Kass. 218a). Aber sie sprach auch mehr und mehr Deutsch: mit den Hilfskräften des Projekts über die Gewohnheiten und Eigenheiten ihres Sohnes (Kass. 151, 153, 224), mit den Erzieherinnen des Kindergartens – wie diese sagten: *von Monat zu Monat besser* (s. Notizen vom Oktober 1995), sie verhandelte mit den Vertretern einer Wohnungsbaugenossenschaft und mit ihrem Vormieter über die Konditionen der Übernahme von Küchenmöbeln (Kass. 257); manchmal, wenn ich sie darum bat, erzählte sie dem Sohn auch eine Geschichte auf Deutsch (Kass. 245). Als ich gegen Ende des vierten Jahres Manuela Nikolai mitbrachte, sagte diese nach dem Besuch /sinngemäß/: Marina Sennwald redet gut Deutsch, sie bemüht sich sehr, sie fängt von selbst an, es macht ihr Spaß. Wenn sie merkt, etwas könnte nicht klar geworden sein, dann versucht sie, eine neue, klarere Formulierung zu finden. Sie ist sehr motiviert. Aber mit der Wortstellung hat sie noch Schwierigkeiten. Man sagt immer, Russlanddeutsche radebrechen nur und wollen nicht Deutsch sprechen. Das ist bei Marina Sennwald gar nicht so. Der Besuch hat mich sehr beeindruckt (Kommentarkass. 2b). Marina Sennwalds Deutsch klang natürlich immer noch fremd, aber es war schon recht flüssig, und es enthielt keinerlei russische Lexeme, wenn es an nicht Russisch sprechende Adressaten gerichtet war.

Walter Sennwald fand gegen Ende des dritten Aufenthaltsjahres *richtige Arbeit*, d.h. Arbeit in seinem Beruf als Schlosser und Schweißer. *Es war ri"chtige Schlosserei mit Schweisgeräte, mit Schleifmaschine mit alles, mit fünfundzwanzisch Leute, des ist schon groß* – so berichtete er mir (Kass. 334a). In dieser richtigen und großen Schlosserei gelang es WS, telefonisch einen Termin zu verabreden und das Bewerbungsgespräch sowie einen Schweiß- und Schleiftest erfolgreich zu bestehen – *mit großem Angst* und der ständigen Befürchtung: *jetzt klappt des net*. Aber es klappte – zu WS' unendlicher Erleichterung: *ach Gott Gott sei Dank is des geklappt*. Jedoch war es nicht allein die Tatsache, dass er wieder als Schlosser arbeiten konnte, die Walter tief berührte, sondern auch, wie man ihm in der Schlosserei begegnete: Wie die Frau aus dem Büro – eine Schwester des Chefs – *ganz ruhisch, ohne Dialekt, ohne nix* mit ihm sprach; wie der junge Chef ihm *mit Spaß* einen Schleiffehler klar machte; wie der alte Chef *in Arbeitsklamotte* mitarbeitete, seine Aufregung mitfühlte, seine Deutschkenntnisse angesichts seines Lebenslaufes würdigte und ihm *ganz ruhisch, net so chopp chopp* zeigte, wie die neuen Geräte zu bedienen seien; wie sie seinen Stundenlohn erhöhten, als sie sahen, dass er sein Handwerk versteht und motiviert ist – *ganz einfach* ihr Versprechen einhielten, ohne dass er daran erinnern musste. Die Familie, der die Firma gehörte, waren – wie WS mir freudig mitteilte – *gewjohnliche normale Leute, vum Osddeutschland, bisschen gleiche wie die Russedeutsche*. Fast die ganze Firma war zusammen auf einer Baustelle tätig, einer *großen Baustelle in Mannheim, Idunagebäude auf Bahnhof, des war super, des war viel Spaß, des war wunderbar, da chab isch mein Job einfach widder zurückgekriegt, die haben auf misch geglaubt* (Kass. 334a).

Walter Sennwald aktivierte seine jahrelang nicht in Anspruch genommenen Fähigkeiten und Fertigkeiten als Schlosser, er erweiterte sie, er legte Prüfungen für neue Schweißverfahren ab und fühlte sich zu all dem von seinen Kollegen ermutigt und in dem anerkannt, was er war und konnte. Dabei trainierte und bereicherte er auch seine Deutschfähigkeiten. Ganz wichtig war dafür sein Arbeitspartner Fritz: *ganz lustiger netter Mann* (Kass. 334a). *Er spricht so Ludwigshafenisch Dialekt, deshalb bei mir auch immer 'isch, isch'. Ich hab von dem Mann mehr gelernt als von andre. Alles – wie muss man di"ss nennen und di"ss. Paar schlechte Wörter auch. Er bleibt für immer in meinem Herzen. Das war so" ein Mann: alle in Firma haben immer gespielt mit ihm, net so gute Wörter gesagt. I"ch war zufrieden, er hat mi"tgeschafft, mal e"r schwere Arbeit, mal i"ch schwere Arbeit. Er hat keine Grammatik, kann net schreiben, war vielleicht Sonderschule, er wollte darüber net reden, hat mit Eltern Probleme gehabt. Jetzt war er ganz normaler Mann, lustig, sauber, Familie, zwei Söhne, Frau. Er ist super. Von dem hab ich Deutsch gelernt. Ich wo"llte Deutsch lernen, auch schrei"ben. Fritz konnte nicht schreiben. Wir haben jede Woche aufgeschrei(!)ben, was wir gemacht haben. Ich musste alles schreiben. Das war nicht schlecht. Ich hab au"ch Probleme mit Schreiben, aber ich schrei"be. Probleme mit 'sch', Chef hat sich oft gewundert, das war lustig. Es war net schlecht auch, wenn du schreibst Wörter, dann du merkst besser* (Kass. 333a). Die Erfahrungen in dieser Firma ließen Walter noch zwei Jahre später, als er wegen eines Umzugs nicht mehr in Mannheim arbeiten konnte, zu mir sagen, er wolle nun nicht mehr nach Kasachstan zurück, ja, er fühle sich jetzt in Deutschland zu Hause, das sei durch die Arbeit und die Leute gekommen, die er bei der Arbeit kennen gelernt habe (Kass. 334a); siehe auch (T18).

Für Walters sprachliche Entwicklung im dritten und vierten Aufenthaltsjahr stehen mir keine Aufnahmen zur Verfügung, sondern nur das, was er mir im sechsten Aufenthaltsjahr darüber rückblickend und resümierend erzählte.

4.3.2.3 Fünftes und sechstes Aufenthaltsjahr

Für Marina Sennwald waren das fünfte und sechste Aufenthaltsjahr nach meinem Eindruck eine gute Zeit – keine ganz glückliche zwar, aber doch eine gute: Sie hatte eine Balance gefunden zwischen dem, was sie erträumt hatte, und dem, was sie unter den gegebenen Bedingungen verwirklichen konnte. Im Rehabilitationszentrum arbeitete sie immer noch als Näherin. Aber sie beteiligte sich auch an der Gestaltung des Lebens im Kindergarten, musizierte beim Sommerfest mit den Kindergartenkindern, sah, wie Erich sich im Kindergarten wohl fühlte und gern annahm, was man dort an musischen Betätigungen anbot. Sie erteilte weiterhin zwei Kindern Klavierunterricht. Ich fragte, wie ihr das sprachlich gelinge. Sie antwortete /auf Deutsch/: *Natürlich gibt nicht genüge Wörter manchmal zum Erklären, aber trotzdem das ist sehr richtige Spaß.* /Und weiter auf Russisch:/ 'Ich le"be jetzt auf der Arbeit. Natürlich gibt es verschiedene Menschen. Manche Frauen finden es vielleicht /auf Deutsch:/ *ganz normal,* /auf Russisch:/ nur in der Familie zu leben, ich liebe ein solches Leben nicht. Mir wäre das langweilig. Ich habe ein bi"sschen von dem erreicht, was ich immer wollte' (Kass. 303a).

Die Großfamilie pflegte weiterhin ihre herzlich-freundschaftlichen Beziehungen, man traf sich zu den Feiertagen, man spielte Karten, Erichs liebste Spielgefährten waren seine Cousinen. Marina hatte in der Stadt auch neue Freundinnen gefunden: drei junge russlanddeutsche Frauen, die sie öfter sah oder anrief. Zu ihrer Freude gab es auch in Kasachstan noch Menschen, die wissen wollten, wie es ihr geht. Sie sagte /auf Russisch/: 'Manche sind einfach abgefallen, aber Galka und Natalja, die schreiben und fragen, die interessieren sich, und ich antworte ein-, zweimal im Monat' (Kass. 362a). Sie stellte es sich schön vor, Natalja zu Besuch nach Deutschland einzuladen, und sprach mit Walter darüber. Es gefiel Walter und Marina auch, dass sich allmählich gutnachbarliche Beziehungen im Hause entwickelten. Jedenfalls klingelte manchmal der alte Nachbar und bat, ihm dieses oder jenes aus dem Supermarkt mitzubringen. Walter und Marina taten das gern (Kass. 364a). Es war eine neue Stufe der Integration erreicht. Kein Zufall war es, dass Marina, Walter und Erich in dieser Zeit zum ersten Mal in Urlaub fuhren, und zwar nicht zu Verwandten, sondern zum Wintersport nach Österreich, wenn auch nur auf drei Tage. Kein Zufall war es, dass sie mit Freunden und Verwandten zum ersten Mal in eine Gaststätte gingen, um dort gemeinsam zu speisen. Es war ein chinesisches Restaurant, sie hatten einen langen Tisch reserviert, ich war auch eingeladen – es war das erste Zusammensein nach dem Abschluss meiner Aufnahmen in der Familie. Und kein Zufall war es schliesslich, dass Marina und Walter ihrem Sohn den lang gehegten Wunsch erfüllten, einen kleinen Bruder oder eine kleine Schwester zu haben; Erich sollte *nicht allein* bleiben, wie seine Großmutter Paulina es ausdrückte (Gesprächsnotiz). Gegen Ende des sechsten Aufenthaltsjahres wurde in der Familie Sennwald ein Mädchen geboren: Elisa. Sie wurde von der ganzen Familie freudig begrüßt. Man hatte ihre Ankunft gut vorbereitet. Wenige Wochen vor ihrer Geburt war die Familie aus einer Zweizimmerwohnung in eine Dreizimmerwohnung umgezogen.

Sprachlich waren bei Marina im fünften und sechsten Jahr, wie mir schien, keine großen Veränderungen eingetreten. Wenn sie mit Menschen zusammen war, die Deutsch und Russisch verstanden, dann schwang das Gespräch meist zwischen diesen beiden Sprachen hin und her: manchmal kleinräumig von Wort zu Wort, oft sehr großräumig – auf lange russische Passagen folgten lange deutsche Passagen. Funktionen und Rhythmus dieses Wechsels wären auf der Basis umfangreicherer Transkripte zu analysieren.

Marinas Russisch blieb weiterhin mündlich und regional geprägt. Eine in dieser Hinsicht auffällige Erscheinung ihrer mitgebrachten Sprechweise wurde nun möglicherweise durch den Kontakt mit dem Deutschen verstärkt: die Verdeutlichung von Kasusbeziehungen, die im standardsprachlichen Russisch allein durch oblique Kasus ausdrückt werden, durch Präpositionen, z.B. *с* (s – 'mit'): Statt lediglich *вырезать но"жницами* (*vyrezat' no"žnicami* – 'mit der Schere ausschneiden') sagte sie *вырезать с ножничка"ми* (*vyrezat' s nožnička"mi*, Kass. 217, 245).[264] Sie zeigte damit eine analytische Tendenz – die Tendenz zur Abschwächung der Funktionen obliquer Kasus und zu ihrem Ersatz durch Präpositionalkonstruktionen –, die sich im standardsprachlichen Russisch des letzten Jahrzehnts abzeichnet, im mündlichen Russisch aber bereits seit langem wirkt.[265]

In Marinas russischen Gesprächsbeiträgen entstanden manchmal sehr merkwürdige Mischungen aus Deutsch und Russisch, über die sie selbst lachen musste, wenn sie sie bemerkte (Kass. 362a). Aber oft fiel ihr nicht auf, dass sie nun manchmal Fehler im Russischen machte, die charakteristisch für Deutsche sind, die Russisch als Fremdsprache lernen. So benutzte sie das Wort *фамилия* (*familija* – 'Familienname', ein 'falscher Freund' der Deutschen) in der Bedeutung 'Familie' anstelle des russischen Wortes *семья* (*sem'ja* – 'Familie') (Kass. 303). Gelegentlich baute sie Äußerungen, die in ihrer russischen Syntax fremd erschienen und von einem möglicherweise bereits tiefer gehenden Einfluss des Deutschen auf ihre Muttersprache zeugten. Siehe (B25)-(26).[266]

(B25)

MS: Или ещё бы чай?
MS: Ili eščë by čaj?
MS: Oder noch Tee?

MS, Kass. 303

Hier wird die Bedeutung des Konditionals lediglich durch die Partikel *бы* (*by*) ausgedrückt. Ein Verb in der Vergangenheitsform wäre jedoch unbedingt erforderlich.

---

[264] Vgl. Protassova 1996, 17.
[265] Vgl. Zemskaja (Hg.) 1996, 239-275, und Clyne 1992 zu 'drifts', d.h. sprachsystematischen Entwicklungstendenzen, und ihrer Wechselwirkung mit dem Sprachkontakt.
[266] Vgl. Protassova 1996, 20f.

(B26)

MS:	Больше я довольна, чем в том садике.
MS:	Bol'še ja dovol'na, čem v tom sadike.
MS:	Ich bin mehr zufrieden als in dem anderen Kindergarten.

MS, Kass. 303

Das, womit man zufrieden ist, muss unbedingt ausgedrückt werden, und zwar durch ein Substantiv im Instrumental.

Aufgrund solcher Äußerungen konnte man befürchten, dass Marinas Sprachnormbewusstsein im Hinblick auf das Russische durch die Isolierung von der russischen Sprachgemeinschaft bereits beeinträchtigt wurde. Sie war sich selbst dieser Gefahr bewusst. Das wurde mir deutlich, als sie einmal begeistert und seufzend zugleich von einem Besucher aus Russland erzählte, der /auf Russisch:/ 'so ein schönes, sauberes, klares Russisch' sprach (Kass. 303a). Ein Beispiel für MS' Russisch im sechsten Aufenthaltsjahr ist (T16).

Deutsch sprach Marina Sennwald natürlich mit den 'örtlichen Deutschen' und den Ausländern, unter Russlanddeutschen am ehesten noch mit den Kindern und auf jeden Fall in der Öffentlichkeit, damit *nicht alle wissen und hören ...* (Kass. 303a). Was nicht alle wissen und hören sollten, sagte MS nicht, aber es war eindeutig: Es sollten nicht alle wissen und hören, dass sie aus Russland ist. So weit ich Gelegenheit hatte, das zu beobachten, konnte ich in diesen Situationen bei MS keine Wechsel ins Russische feststellen. Auch die Erzieherinnen des Kindergartens hatten sie nie ein russisches Wort sprechen hören. Sie sagten /sinngemäß/: Marina Sennwald kann auf Deutsch alles sagen, was sie sagen möchte, aber sie macht viele Fehler, ihre Aussprache ist oft falsch, wahrscheinlich hat sie erst spät angefangen, Deutsch zu lernen (Kass. 363a). Aus meiner Sicht war für MS' Deutscherwerb vor allem problematisch, dass sie nur selten standardsprachliches Deutsch hörte. Ihre eigentliche Arbeit verrichtete sie allein in ihrer Nähstube. Mit den Patienten entwickelten sich keine langen Gespräche. Beim Frühstück und Mittag saß sie mit den Küchen- und Putzfrauen zusammen – *ein internationales Kollektiv*, wie MS sagte: eine Kroatin, eine Griechin, eine Türkin (Kass. 362a). Einmal nahm ich am Frühstück mit der Kroatin teil. Was ich zu hören bekam, war ein munteres, flinkes Deutsch mit unendlich vielen Fossilisierungen von Lernerformen einer mittleren Aneignungsstufe. Zu Marina Sennwalds Deutsch im sechsten Aufenthaltsjahr siehe (T17).

Walter Sennwald konnte zu seinem großen Bedauern die Arbeit bei seiner Mannheimer Lieblingsfirma nicht fortsetzen, weil die Familie in eine andere Stadt zog. Am neuen Wohnort fand er jedoch bald wieder Arbeit in seinem Beruf. Die neue Firma war auch *eine gute Firma, aber kleiner: zwei Chefe, dazu noch ein deutscher Mann – ein wunderschönes Mann – und ein Mann aus Jugoslawien, Flüchtling, auch gute Mann.* Zum Sprechen gab es dort nicht viele Gelegenheiten: Die Arbeit war laut, und man musste sich beeilen; für Unterhaltungen blieb nur die Mittagspause. Die *Chefe* sprachen auch dann wenig, ebenso der jugoslawische Kollege, der nur ein paar deutsche Wörter kannte und auf Deutsch immer dasselbe sagte, meist *Jugoslawisch* sprach und manchmal auch ein paar Wörter Russisch (Kass. 333a, 334a). Schreiben durfte Walter in dieser Firma nicht, das machten die *Chefe* selbst (Kass. 333a). Die Abende und Wochenenden verbrachte Walter, wenn er nicht bei Frau und Kindern blieb, mit seinen zahlreichen *Brüdern* (d.h. 'männlichen Verwandten seiner Generation') und Freunden aus Kasachstan, die sich allmählich alle in Deutschland wiederfanden. Unter den *Brüdern* und Freunden war fast immer jemand, der für sich und seine Familie ein Haus oder eine Wohnung baute, ausbaute oder umbaute und der sich selbstverständlich auf die Hilfe seiner Freunde und Verwandten verlassen musste – anders war Bauen bei den knappen Finanzen nicht möglich. Walter schloss sich natürlich nicht aus, und er war zudem als Fachmann gefragt.

In dem Kreis russlanddeutscher Männer sprach man über vielerlei: über Arbeitsmöglichkeiten und Arbeitsverhältnisse, über Löhne und selbstverständlich über Fußball: *Meine Brüder sind krank von Fußball,* sagte Walter, als er ausdrücken wollte, die Cousins seien Fußballfans (Kass. 334b). Die deutsche Formulierung zeigt, dass er sich an den russischen Gepflogenheiten, diesen Sachverhalt auszudrücken, orientierte. Auf Russisch hätte er im vorliegenden Zusammenhang das Verb *болеть* (*bolet'*) benutzt, das sowohl 'krank sein' als auch 'leidenschaftlich engagiert sein' bedeutet. Es gab auch manchen Erfahrungs- und Meinungsaustausch und sogar Streit über die sprachlichen Praktiken einzelner Bekannter oder Verwandter. Walter erzählte mir von einem Cousin, der partout nicht mehr Russisch sprechen wollte, sich auf die Brust schlug und schrie, er sei Deutscher, und seinen Kindern verbot, Russisch zu sprechen. Walter wurde darüber ganz *sauer* und wollte schon den Kontakt zu diesem Cousin abbrechen: *Wenn du willsch nur Deutsch sprechen, kannsch weitergehn,* sagte er zu ihm, wie er mir berichtete. Und er erklärte mir: *Ich will au"ch Deutsch sprechen, ich will Deutsch le"rnen, und da muss ich Deutsch spre"chen, aber nicht so", Russisch ist doch unsere ...,* sagte Walter, überlegte lange und fuhr dann fort: *unsere Heimsprache;* auf meine Bitte hin formulierte er diesen Gedanken noch einmal auf Russisch: *Русский язык, это наш родной язык* (*Russkij jazyk, èto naš rodnoj jazyk* – 'Die russische Sprache, das ist unsere Muttersprache', Kass. 333a). Seine Frau Marina andererseits sprach nach Meinung von Walter zu viel Russisch in der Familie. Das sei nicht gut für sie beide, sie brauchten mehr Übung im Deutschen, und Russisch würden sie ohnehin nicht vergessen. Walter verspottete sich auch selbst: Er habe sich schon so oft mit seinem Schwager zusammen vorgenommen, miteinander nur noch Deutsch zu sprechen, aber was komme heraus? Sie sprächen *halbe halbe* (Kass. 333a). Walter beobachtete an sich selbst, wie das *halber Deutsch, halber Russisch* zustande kam: *Wenn ich spreche Ru"ssisch, dann stelle ich zwi"schen viele deutsche*

Wörter. Weil isch ich denke jetzt mehr auf Deutsch, und in meinem Kopf manchmal das funktia(!)niert net sofort. Russische Wort? Wie muss man das sagen? Dann mache ich für mich deutsche Wort rein. So spreche er mit seiner Schwester, seiner Mutter und noch vielen anderen Russlanddeutschen (Kass. 333a). Aber Walter mochte dieses Russisch mit deutschen Einsprengseln eigentlich nicht. Er berichtete mir von einer Nichte, die ein *Phänomen* sei: *Die spricht ganz gut Ru:ssisch und Deutsch, und was gefällt mir, die macht kein Mischung mit dem Sprach. Wenn die spricht Ru:ssisch, dann die spricht Ru:ssisch, wenn Deutsch, dann Deutsch* (Kass. 333a). Bei den wenigen Malen, die ich WS im fünften und sechsten Aufenthaltsjahr sah, gelang es mir nicht, eine Aufnahme von seinem Russisch zu machen. Zu mir – und übrigens auch zu seinem Sohn Erich – sprach Walter in dieser Zeit ohnehin immer Deutsch.

Auf Deutsch gab mir Walter im fünften Jahr die Möglichkeit, einen ganzen Tag mit ihm zu verbringen. Er war glücklich und fröhlich, hatte unendlich viel zu erzählen und zu erklären und spielte mir voller Beobachtungsgabe und Witz manche Episode aus seinem Leben in Deutschland vor. Einen Ausschnitt daraus bietet (T18). WS sprach nun flüssig und lustvoll Deutsch. Er hatte sehr viel gelernt und konnte sich über die Probleme seines Lebens ohne nennenswerte Schwierigkeiten auf Deutsch verständigen. Mir fiel besonders sein umfangreicher Fachwortschatz auf: *Edelstahl, verzinkter Stahl, VIG-Gerät, Schlacke, Schutzgas* usw. Natürlich wirkte sein Deutsch immer noch fremd. Es blieb vom Russischen beeinflusst. Das zeigte sich unter anderem in der Aussprache von Fremdwörtern. Hier ersetzte er das *o* vor der betonten Silbe stets durch *a*, wie es im Russischen üblich ist: *Ma(!)ntage, Ma(!)ment, funktia(!)niert, ka(!)mpliziert* (Kass. 333a, 334a).[267] Er sprach viele Konsonanten vor folgenden weichen Vokalen palatal aus: *kampljizijiert, Tjermin.* Die Unterscheidung kurzer und langer Vokale glückte nicht immer; manchmal sagte er *Bri:lle* und *ru:ssisch*, manchmal *Brille* und *russisch*. Die nasalen Endungen in *bring* und *Leasing* ersetzte er nach russischer Art durch *brink* und *Leasink*. Beim Wortschatzerwerb hatte Walter oft noch nicht bemerkt, dass die verschiedenen Bedeutungen eines russischen Lexems manchmal durch verschiedene deutsche Lexeme wiedergegeben werden müssen. So sagte er unter dem Einfluss der Russischen *Ich weiß Deutsch* oder *Ich weiß einen Jugo*, statt hier die Verben *können* bzw. *kennen* zu benutzen. Bei der Aneignung der deutschen Grammatik bereiteten ihm – wie anderen Lernern auch – die deutschen Modalverben Schwierigkeiten: Er bildete übergeneralisierte Lernerformen wie *er kannt* statt *er kann* oder *er willt* statt *er will* (Kass. 333a, 334a). Zu weiteren Erwerbungen und Problemen in Walters Deutsch siehe (T18).

---

[267] Vgl. auch Berend 1998, Abschnitt 5.5.2 (Gebrauch von Internationalismen), wo ähnliche Beobachtungen bei anderen russlanddeutschen Sprechern in Deutschland mitgeteilt werden.

4.3.3 (T14) Erichs Eltern: *Džambul*, deutsch und russisch, 19 Monate

(T14) Eltern MS und WS: Džambul   7.10.93, 074aoVidWS(28)Džambuldt19

1 BW1:   kann das sein dass wir da durch Džambul gefahren sind↑
     WS: jā   jā jā jā

2 BW1:   jà   já
     WS: jà   эта дорога
     ÜbWS   Diese
     MS: jā * Alma-Ata Džambul Čimkent Taškent↓

3 BW1:   #hä"tt ich das
     BW1K   #ERFREUT - - - - - - - - - -
     WS: проходит мимо моего дома↓ *
     ÜbWS   Eisenbahnlinie geht an meinem Haus vorbei.
     MS: дā мимо дома↓
     ÜbMS   Ja, am Haus vorbei.

4 BW1:   gewu"sst→ Walter↓# LACHT   àhá
     BW1K   - - - - - - -   #
     WS: я я живу в девяносто метров * от
     ÜbWS   Ich ich wohne neunzig Meter von von dieser

5 BW1:   LACHT   жил→ jă *2* jà **
     ÜbBW1   Habe gewohnt.
     WS: от этой дороги↓   жил↓   м̆
     ÜbWS   Eisenbahnlinie entfernt. Habe gewohnt. Hm̆
     MS: жил↓
     ÜbMS   Habe gewohnt

6 BW1:   das is ja interessant↓ ich weiß also wie das da aussieht↓ und
     WS: in

7	BW1:	das ist /
	WS:	Džambul ist * die автовокзал→# *1,5* já#
	ÜbWS	Busbahnhof
	WSK	#SIEHT BW1 AN#

8	BW1:	der busbahnhof→ já **
	WS:	автовокзал↓ des/ já busbahnhof↓ und *
	ÜbWS	Busbahnhof
	MS:	der is noch nich /

9	BW1:	jă
	WS:	bissel weiter *1,5* zum Taškent richtung zur Taškent dort

10	BW1:	brücke↓
	WS:	steht eine große мост→ мост→ já ich weiß nicht wie die /
	ÜbWS	Brücke Brücke

11	BW1:	eine große brücke↓ jă
	WS:	brücke↓ eine große brücke↓ und dann *2*

12	BW1:	jă jă
	WS:	d=unten an die brücke ist ein kurve nach rechts→ un=dann

13	BW1:	haus↓ jáhà jă
	WS:	ist meine straße↓ já haus↓ rechts↓
	MS:	nein vier chäuser sein→ vier

14	BW1:	vier h"äuser↓
	WS:	ach
	MS:	chäuser↓ ** noch это sin vier chäuser↓ **
	ÜbMS	das/äh

15	BW1:	āch im
	WS:	woher→ fü"nf→ vier f:unf
	MS:	чет/ четвертый дом↓
	ÜbMS	Das vier/ vierte Haus.

16	BW1:	vierten→		im vie"rten haus
	WS:	fünfsde→	fünfde→	
	MS:		im vierte→	

17	BW1:	habt ihr gewohnt↓		+ten↓	im vierten↑
	WS:		im im fü"nfde		im
	MS:		im im vierte→	nein	

18	BW1:		+haus habt ihr gewohnt↑	
	WS:	fünften↓		jā jà
	MS:	im	im fünften↑	jà im fünften↓ ** hm̌

19	BW1:	āch siehs=du→ da" habt ihr gewohnt→ #da bin ich da
	BW1K	#ERFREUT- - - - - - -

20	BW1:	vorbeigefahren# LACHT also ihr kommt aus #Džambul in **
	BW1K	- - - - - - - - # #SCHREIBT - - - -

21	BW1:	Kasachstan↓#
	BW1K	- - - - - - - - - - #

Kommentar.[268] **Demonstrationszweck**: Das folgende Transkript vermittelt eine Vorstellung von den Deutschfähigkeiten bei Walter (WS) und Marina Sennwald (MS) nach 19-monatigem Aufenthalt in Deutschland. In der rezeptiven und produktiven Verwendung der Mehrheitssprache des Aufnahmelandes werden bei ihnen sowohl Gemeinsamkeiten als auch Unterschiede deutlich.

Zur Gesprächssituation: Das Transkript hält einen Ausschnitt aus einem sprachbiografischen Gespräch fest, das die Untersuchungsleiterin (=BW1) mit dem Ehepaar Sennwald durchführte. Ihm waren bereits mehr als zehn Begegnungen vorausgegangen, u.a. ein Interview mit MS nach sechsmonatigem Aufenthalt in Deutschland (Kass. 84; siehe Abschnitt 4.2). In dem erneuten Interview sollte nun versucht werden zu erkennen, wie sich MS' Deutschfähigkeiten inzwischen entwickelt hatten. Von WS wurde in diesem Interview erstmals eine umfangreichere Aufnahme gemacht.

---

[268] Autorinnen dieses Kommentars sind Eva Goldfuß-Siedl und Katharina Meng.

Es ist für die damaligen Deutschfähigkeiten von Marina und Walter Sennwald kennzeichnend, dass sie die deutschsprachigen Fragen der Interviewerin meist verstanden. Dabei war sich WS seines Verstehens in der Regel sicherer als MS. Er antwortete schneller und oft auch an Stelle seiner Frau. MS verstand bereits erheblich besser als im Erstinterview nach sechsmonatigem Aufenthalt. Aber sie empfand noch häufig das Bedürfnis, ihr Verstehen zu überprüfen, und formulierte auf Russisch, wie sie die Frage verstanden hatte. Dabei zeigten sich gelegentlich partielles Nichtverstehen oder Missverstehen. So verstand sie z.B. die Frage *Seit wann sind Sie in Deutschland?* als Frage nach der Aufenthaltsdauer ihrer Eltern, also dritter Personen – ein Verstehensfehler, der bei Russlanddeutschen anfangs sehr häufig vorkommt.[269] In diesem Fall – wie auch sonst öfter – korrigierte WS das Verstehen seiner Frau, indem er ihr auf Russisch erläuterte, was gemeint war.

Beim Beantworten der Fragen verfuhren MS und WS folgendermaßen: Sie sprachen Deutsch, so lange sich die erforderlichen deutschen Wörter und grammatischen Formen finden ließen. Die Antworten fielen auf dieser Grundlage sehr elementar aus, und es kam bald zu Konflikten zwischen dem Bedürfnis und der Freude, sich mitzuteilen, und den verfügbaren deutschsprachigen Mitteln. So ging das Interview nach kurzen deutschen Passagen, bestehend aus Frage und erster deutscher Antwort, immer schnell wieder ins Russische über und enthielt in den russischen Passagen lebhafte Erzählungen und Überlegungen zur eigenen Sprachentwicklung und zur Integration in Deutschland. Der gewählte Ausschnitt ist charakteristisch für die relativ kurzen Interviewpassagen, in denen Sennwalds versuchten, auf Deutsch zu antworten.

Zum Gesprächsverlauf: Im transkribierten Ausschnitt geht es inhaltlich um den Ort, in dem Sennwalds lebten, bevor sie nach Deutschland übersiedelten – die Stadt Džambul in Kasachstan. Marina und Walter zeigen BW1 im Atlas, wo Džambul liegt. Als BW1 das sieht, erinnert sie sich an ihre Eisenbahnfahrt von Kirgisien nach Usbekistan und fragt sich und ihre Gesprächspartner, ob sie damals wohl mit dem Zug durch Džambul gefahren ist (F1). Sie tut das auf Deutsch. Sowohl Walter als auch Marina verstehen die Frage und beantworten sie auf Deutsch mit *ja* (FF1-2). Marina erweitert ihre Antwort sofort, indem sie wichtige Städte nennt, die an der von BW1 benutzten Eisenbahnstrecke liegen. Die Namen der genannten Städte sind auf Russisch und Deutsch gleich, deshalb sagt diese Antworterweiterung nichts über Marinas produktive Deutschfähigkeiten zum Zeitpunkt des Interviews aus. Auch Walter möchte mehr zum Gespräch beitragen als eine einfache Bestätigung von BW1' fragend formulierter Vermutung. Er möchte mitteilen, dass sich das Haus der Familie in der Nähe der Bahnlinie befand. Er tut das auf Russisch (FF2-3). Möglicherweise haben die russischen Ortsnamen das Russi-

---

[269] Vgl. auch Weydt 1991, 364.

sche in ihm aktiviert, möglicherweise hat er aber auch Schwierigkeiten, diesen Gedanken auf Deutsch auszudrücken. Er fährt auch nach dem nächsten, wiederum auf Deutsch formulierten Beitrag von BW1 (FF3-4) fort, Russisch zu sprechen, und sagt, er wohne (!) 90 Meter von den Bahnschienen entfernt (FF4-5). Das Präsens ist verräterisch. Walter scheint sich im Moment vorzustellen, er lebe noch immer in Kasachstan. In der Tat bestätigt er in anderen Zusammenhängen, dass er zu der Zeit, als das Interview stattfand, häufig erwog, Deutschland wieder zu verlassen und nach Kasachstan zurückzukehren – er fühlte sich sehr unglücklich. Unter sprachlichem Gesichtspunkt mag das eine Ursache für die Verwendung des Russischen in dieser Gesprächspassage sein. Aber BW1 bleibt – nach einem kurzen Wechsel ins Russische zur Bestätigung von MS' und WS' Korrektur des Präsens ins Präteritum (F5) – im Deutschen (FF5-7). WS versucht nun auch, wieder ins Deutsche überzugehen, als er beschreibt, wie man in Džambul zu seinem Haus gelangen kann. Aber ihm fehlen dazu elementare Lexeme wie *Busbahnhof* und *Brücke*. Er benutzt stattdessen ihre russischen Äquivalente und integriert sie in deutsche Satzbaupläne – sie bekommen deutsche Artikel: *die автовокзал* (*die avtovokzal* – die 'Busbahnhof', F7) und *eine große мост* (*eine große most* – eine große 'Brücke', F10). Warum es ausgerechnet der feminine Artikel ist, lässt sich nicht genau sagen. Die beiden russischen Äquivalente jedenfalls können das nicht veranlasst haben, sie sind maskulin. WS ist sich durchaus dessen bewusst, dass er keine deutschen Lexeme verwendet hat. Er legt nach dem russischen Wort für 'Busbahnhof' eine längere Pause ein, sieht BW1 an, fragt durch ein *ja* mit steigendem Tonmuster, ob sie verstanden habe, und wiederholt den russischen Ausdruck (F8). BW1 stellt ihm nunmehr das fehlende deutsche Wort zur Verfügung: *der busbahnhof* (F8). WS bestätigt die Entsprechung und wiederholt *busbahnhof* (F8) und zeigt dadurch eine gewisse Vertrautheit mit diesem deutschen Wort. Ähnlich verhält er sich bei der nächsten lexikalischen Lücke, der für 'Brücke' (F11). Auch hier kann er das von BW1 gelieferte deutsche Wort sofort übernehmen und in eine Folgeäußerung einbauen (FF11-12).

Schließlich zeigt sich noch in einem dritten Beispiel, dass WS zwar erhebliche Lücken im Deutschen hat, dass diese Lücken jedoch nicht auf grundsätzlicher Unkenntnis, sondern auf mangelnder Aktivierung und Nutzung vorhandener Sprachkenntnisse und daher rührender Unsicherheit beruhen: Er möchte sagen, dass sie im fünften Haus gewohnt haben. Der erste Formulierungsversuch ist in mehrfacher Hinsicht unzureichend: *fünfsde* (F16). Die Ordnungszahl ist nicht regelkonform gebildet, die syntaktische Struktur ist unklar. Aus den Reaktionen der Gesprächspartner MS und BW1 greift er jedoch schrittweise Anregungen auf, um seine Äußerung formal angemessener zu gestalten und zugleich inhaltlich seinen Standpunkt zu bekräftigen, bis sie schließlich keiner weiteren Verbesserung bedarf: *im fünften* (F18).

Diese lernenden und selbstkorrigierenden Reaktionen von WS auf Äußerungen seiner Gesprächspartner liefern starke Argumente zur Stützung seiner Aussage, dass er bis zum Schuleintritt Deutsch gesprochen, es aber danach immer weniger genutzt und fast vergessen habe.

Auch Marina möchte zeigen, dass sie in den deutschsprachigen Passagen dem Gespräch folgen kann: In F8 versucht sie einen deutschsprachigen Beitrag zu leisten, kann aber das Rederecht nicht gewinnen. In FF13-14 bemüht sie sich, WS' Beschreibung der Lage ihres Hauses zu ergänzen und zu korrigieren. Ihre Beiträge wirken jedoch in Aussprache und Syntax viel fremdsprachlicher als die ihres Mannes, die in ihren Abweichungen vom Standarddeutsch eher dialektal anmuten. MS muss dann ins Russische übergehen (F15), kehrt aber wieder ins Deutsche zurück, wobei auch sie, Anregungen von BW1 aufgreifend, allmählich zu einer einfachen regelkonformen Äußerung gelangt: *im fünften* (F18).

Zusammenfassung: Nach etwa anderthalbjährigem Aufenthalt in Deutschland haben sich Walter Sennwalds Deutschkenntnisse so weit wieder aufbauen und erweitern lassen, dass er sich rezeptiv relativ gut an entfalteteren Gesprächen wie dem Interview beteiligen kann. Aber seine produktiven Deutschkenntnisse sind noch sehr eingeschränkt. Seine Frau Marina hat sowohl im Deutschverstehen als auch im Deutschsprechen größere Probleme. Dies folgt sowohl aus den Spracherwerbsbedingungen ihrer Kindheit (Russisch war ihre Erstsprache, nicht Deutsch – wie bei Walter) als auch aus ihren gegenwärtigen Lebensumständen: Sie ist durch die Betreuung von Erich fast ganz auf die häusliche Kommunikation angewiesen.

4.3.4 (T15) Erichs Eltern: *Steuern*, russisch, 23 Monate

(T15) Eltern MS und WS: Steuern   27.1.94, 106aVidWS(28)Steuernru23

1 EP: а * надо ли вам платить налоги↓ *2*
   ÜbEP   Und müssen Sie Steuern zahlen?
   MS: налоги→
   ÜbMS   Steuern?

2	EP:		STOCKT ну может быть а: с
	ÜbEP		Na vielleicht äh vom
	WS:	налоги→ какие↓	
	ÜbWS	Steuern? Welche?	
	MS:	ну в смысле какие↓ **	
	ÜbMS	Na in welchem Sinne?	
3	EP:	зарпла:ты там и всякие такие вещи↓	
	ÜbEP	Lohn dort und lauter solche Sachen.	
	WS:		всё: это мы
	ÜbWS		Alles das zahlen
	MS:		здесь /
	ÜbMS		Hier /
4	EP:		трудно это↓
	ÜbEP		Ist das schwer?
	WS:	плотим↓ *	м̌
	ÜbWS	wir.	Hm̌
	MS:	да: всё высчитывают↓	в общем-
	ÜbMS	Ja. Alles wird abgezogen.	Im
5	WS:		ну по-
	ÜbWS		Na nach u"nserer
	MS:	то высчитывают очень много↓ *1,5*	
	ÜbMS	allgemeinen zieht man sehr viel ab.	
6	WS:	на"шему мнению очень много↓ ну вот в	
	ÜbWS	Meinung sehr viel.	Na äh im Prinzip zieht
7	WS:	принципе та:м высчитывается arbeitslo"se→ **	
	ÜbWS	man dort Arbeitslo"se(ngeld) ab,	
8	WS:	потом ещё /	
	ÜbWS	dann noch /	
	MS:	всего по чуть-чуть→ понемножку→ а в общем	
	ÜbMS	Überall ein bisschen, ein wenig, aber insgesamt	

9	WS:	здесь существует такой steuerklass→ у Марины
	ÜbWS	Hier gibt es so eine *Steuerklass*(e), Marina hat die
	MS:	оно и набирается↓
	ÜbMS	häuft sich das auch.

| 10 | WS: | пятый→ у меня третий→ ну проценты по этому |
| | ÜbWS | fünfte, ich die dritte, na die Prozente werden nach |

| 11 | WS: | классу определяются проценты и сколько↓ ** |
| | ÜbWS | dieser Klasse bestimmt, die Prozente und wieviel. |

| 12 | WS: | допустим у неё будет сорок всё вместе |
| | ÜbWS | Angenommen, sie hat vierzig, alles zusammen berechnet, |

| 13 | WS: | высчитывая→ а у меня двадцать пять где-то |
| | ÜbWS | und ich habe fünfundzwanzig oder so Prozent. |

| 14 | WS: | процентов↓ ну у неё тридцать пять сорок |
| | ÜbWS | Na sie hat fünfunddreißig, vierzig, fünfunddreißig, |

| 15 | WS: | тридцать пять тридцать восемь вот такие |
| | ÜbWS | achtunddreißig, so solche Prozente vom Arbeitslohn. |

| 16 | WS: | проценты ** с заработной платы↓ уходит это |
| | ÜbWS | Das geht alles ab. |

| 17 | WS: | всё↓ steuerklass уходит→ ** потом в arbeitslose в |
| | ÜbWS | Die *Steuerklass*(e) geht ab, dann zahlen wir für die |

| 18 | WS: | kirche в церковь ** плотим→ ** что |
| | ÜbWS | *Arbeitslose*(nversicherung), für die *Kirche*, für die Kirche, was ist |

19	WS:	там→ kranken/ krankenversicherung→ ** всё это /
	ÜbWS	dort (noch)? *Kranken/ Krankenversicherung*, alles das /
	MS:	AOK там→
	ÜbMS	*AOK* ist dort (noch),

20	WS:	* всё / без этого здесь ника:к не получится↓ **
	ÜbWS	alles / ohne das geht es hier überhaupt nicht.
21	WS:	всё это надо↓ #не будешь платить в
	ÜbWS	Alles das ist nötig. Zahlst du nicht für die *Krankenversicherung*,
	WSK	#HALB LACHEND, AMÜSIERT- - - - - - - - - -
22	WS:	krankenversicherung лечить не будут↓ LACHT в
	ÜbWS	behandelt man dich nicht. Zahlst
	WSK	- -
23	WS:	kirche не будешь платить * не похоронят↓# LACHT
	ÜbWS	du nicht für die *Kirche*, beerdigt man dich nicht.
	WSK	- - - - - - - - - - - - - - - - - - #
24	EP:	скажите пожалуйста→ а вот с соседями
	ÜbEP	Sagen Sie bitte, und äh unterhalten Sie sich
	MS:	LACHT
25	EP:	вы здесь * общаетесь↓ **
	ÜbEP	hier mit den Nachbarn?
	MS:	практически нет↓ * вот
	ÜbMS	Praktisch nicht. Also
26	MS:	так * чисто по нужде я пару раз сходила это к
	ÜbMS	so, nur weil ich musste, bin ich ein paarmal äh zum Nachbarn
27	MS:	соседу→ спрашивала что и как делать↓ здесь мы
	ÜbMS	gegangen, habe gefragt, was und wie zu machen ist. Hier haben
28	MS:	дежурим по * это * по коридору↓ мы моем
	ÜbMS	wir im äh im Korridor Dienst. Wir wischen den
29	WS:	просто ещё тяжеловато→ мы ещё
	ÜbWS	Es ist einfach noch ein bisschen schwer, wir sprechen
	MS:	коридор→ там * моем keller→
	ÜbMS	Korridor, wischen dort den *Keller*,

30	WS:	не так хорошо разговариваем↓	ну
	ÜbWS	noch nicht so gut.	Na
	MS:	и я вот чисто спрашивала только↓ а так нет↓	
	ÜbMS	und ich habe einfach nur so gefragt. Aber sonst nicht.	

31	WS:	здесь и вообще * pff * в Германии можно сказать
	ÜbWS	hier und überhaupt #pff# in Deutschland, kann man sagen, ist
	WSK	#VERÄCHTLICH#

32	WS:	такая постановка есть→ ** здесь соседи→
	ÜbWS	eine solche Situation, hier die Nachbarn:

33	WS:	здравствуй здравствуй hallo→	кто-то
	ÜbWS	Tag, Tag, *hallo*,	Manche
	MS:		ну почему→ может
	ÜbMS		Na wieso? Vielleicht

34	WS:	между собой разгова/ когда больше проживём	
	ÜbWS	sprech/ untereinander, wenn wir länger (hier) leben, werden	
	MS:	быть / может если /	
	ÜbMS	/ Vielleicht wenn /	

35	WS:	может мы как-то тоже будем соседями с
	ÜbWS	wir vielleicht auch irgendwie als Nachbarn mit den Nachbarn leben.

36	WS:	соседями жить↓
	MS:	мы просто ещё счас это
	ÜbMS	Wir genieren uns jetzt äh einfach noch, äh äh

37	WS:	такого как в Русланде не было↓
	ÜbWS	So etwas wie in *Russland* gab es nicht.
	MS:	стесняемся * ээ это с ними разговаривать потому
	ÜbMS	mit ihnen zu sprechen, weil natürlich /

38	WS:	LACHT вот дворы открыты→ пошёл куда
	ÜbWS	Also die Höfe offen, du gingst, wohin du wolltest,
	MS:	что естественно /
	FS:	шарахаешься от всего→ от всего
	ÜbFS	Du schreckst zurück vor allem, vor allem schreckst du

39	WS:	захочешь→ LACHT да ну брось ты→
	ÜbWS	Na jetzt lass du bloß,
	FS:	шарахаешься→ уже едешь в straßenbahn→
	ÜbFS	zurück, fährst schon in der *Straßenbahn*,

40	WS:	#шарахаешься→# счас наговоришь→
	ÜbWS	schreckst zurück, jetzt schwatzt du,
	WSK	#ZITIERT FS IRONISCH#
	FS:	#молчишь→# #чтоб
	ÜbFS	schweigst, damit man nur
	FSK	#BETONT- - - - # #HALB

41	FS:	только твою речь не слышали→# LACHT
	ÜbFS	deine Rede nicht hört,
	FSK	LACHEND, AMÜSIERT#

Kommentar.[270] **Demonstrationszweck:** Das Transkript zeigt charakteristische sprachliche Verhaltensweisen von Russlanddeutschen im russischen Gespräch am Ende des zweiten Aufenthaltsjahres in Deutschland. Das zweite Aufenthaltsjahr ist eine wichtige Periode in der sprachlichen Integration. Der Deutschkurs ist absolviert. Man ist auf der Suche nach Arbeit und Wohnung. Die ersten Schritte in der deutschen Gesellschaft sind vollzogen. Das widerspiegelt sich auch im Russisch der Aussiedler, das mehr und mehr durch Übernahmen aus dem Deutschen gekennzeichnet ist. Dabei ist es interessant herauszufinden, warum manche Wörter im russischen Diskurs auf Deutsch erscheinen und welchen Charakter der Sprachkontakt in dieser Periode hat.

Zur Gesprächssituation: Das Gespräch findet in der neuen Wohnung der Familie Sennwald statt. Im transkribierten Abschnitt unterhalten sich Marina (MS) und Walter Sennwald (WS) sowie WS' Mutter Fanni Sennwald (FS) mit Ekaterina Protassova (EP). Die Begegnung mit EP gibt Familie Sennwald Gelegenheit, einem Neuling die Realien des Lebens in Deutschland zu

---

[270] Autorinnen dieses Kommentars sind Katharina Meng und Ekaterina Protassova.

erklären und ihre Erfahrungen im Vergleich mit der Sowjetunion zu durchdenken. EP ist an dieser Thematik sehr interessiert. Sie stellt Fragen in russischer Sprache zu verschiedenen Lebensbereichen in Deutschland. Für das Transkript wurden die Teilthemen 'Steuern' (FF1-23) und 'Nachbarschaftsbeziehungen' (FF24-41) ausgewählt.

Zu Merkmalen des Russischen bei Sennwalds: Marina und Walter Sennwald sprechen eine zweifellos muttersprachliche, regional-substandardsprachlich gefärbte Varietät des Russischen. Den Substandardcharakter erkennt man zum Beispiel an dem deutlich als *a* artikulierten *o* in Silben vor dem Wortakzent oder an der Verwendung von *пло"тим* (*plotim*) anstelle von *пла"тим* (*platim* – 'wir zahlen', WS in FF4, 18) usw.[271] Substandardsprachliche Elemente bei MS sind z.B. *по чуть-чуть* (*po čut'-čut'* – 'ein bisschen', F8), *чисто* (in der Bedeutung 'nur', FF26, 30), *по нужде* (in der Bedeutung 'ich musste', F26), *пару раз* (in der Bedeutung 'ein paar Mal', F26) sowie *это* als Verzögerungssignal ('äh', siehe FF26, 28, 36). WS liebt es, mit Ausdrucksmitteln zu spielen, die für die Kommunikation in der Verwaltung charakteristisch sind. Auch Walter Sennwalds Mutter FS spricht ein muttersprachliches Russisch. Es enthält Elemente russischer Dialekte. Weder im Russisch von Marina und Walter noch im Russisch von Fanni Sennwald sind Einflüsse eines deutschen Dialekts bemerkbar. Jedoch zeigen sich jetzt, gegen Ende des zweiten Aufenthaltsjahres in Deutschland, zahlreiche Übernahmen aus dem Deutschen. Wir werden sie im Zusammenhang mit dem Gesprächsverlauf genauer betrachten.

Zum Gesprächsverlauf: Das Transkript setzt mit EPs Frage ein, ob WS und MS Steuern zahlen müssen. Die Behandlung dieses Gegenstandes auf Russisch ist für alle Beteiligten neu[272] und darum schwer. In der Sowjetunion waren Steuern kein Gesprächsthema, denn sie waren für alle gleich, veränderten sich nicht und wurden automatisch von Lohn und Gehalt abgezogen, ohne dass es eine Verpflichtung zur Lohnsteuererklärung oder eine Möglichkeit der Steuerrückerstattung gegeben hätte. Nachdem WS und MS die Frage verstanden haben, versuchen sie, sie zu beantworten. Bei der Aufzählung der verschiedenen Arten von Abzügen vom Bruttoeinkommen und der Darstellung des Sachverhaltes 'Zugehörigkeit zu einer Steuerklasse' kommen MS und WS nicht umhin, deutsche Lexeme zu benutzen. Die einschlägigen Wörter *Steuerklasse, Arbeitslosenversicherung, Kirchensteuer, Krankenversicherung* usw. sind von der Wortbildung her sehr kompliziert, und auch bei einer guten dialektalen Deutschkenntnis haben Aussiedler nur eine unzureichende Basis dafür, ihre Bildungsweise zu durchschauen und über diese ei-

---

[271] Siehe Graudina 1977, 103-104.
[272] Protassova vesuchte, das Thema 'Steuern' auch mit anderen Aussiedlern zu diskutieren, natürlich auf Russisch. Eine ansonsten sehr gut Russisch sprechende Aussiedlerin hatte Schwierigkeiten, dies auf Russisch zu tun. Sie fragte, wie das russische Äquivalent für das deutsche Wort *Steuern* laute. Siehe Kass. 181a.

nen Zugang zur Bedeutung der Termini zu finden. Daher ist es nicht verwunderlich, dass die entsprechenden Ausdrücke oft lautlich entstellt und/oder um ganze Bestandteile reduziert werden. So wird *arbeitslo"se* (manchmal mit russischem Wortakzent auf der dritten Silbe, siehe F7, manchmal mit deutschem Wortakzent, siehe F18) gesagt statt *arbeitslosenversi"cherung*, *steuerklass* statt *steuerklasse* (FF9, 17, in Anlehnung an das russische maskuline Substantiv класс (*klass* – 'Klasse')) und *kirche* statt *kirchensteuer* (FF18, 23). In der russischen Sprache der Herkunftsgesellschaft gibt es das entlehnte Wort кирха (*kirha*), das die deutsche Kirche in Russland bezeichnet. Hier wird es erneut aus dem Deutschen in den russischen Diskurs übernommen, nunmehr allerdings mit einer anderen Bedeutung. Reduzierte Übernahmen deutscher Lexeme sind bei den Aussiedlern sehr häufig.[273] Monolingual deutsche Sprecher hätten Schwierigkeiten, sie so zu verstehen, wie sie von den Aussiedlern gemeint sind. In der Kommunikationsgemeinschaft der Aussiedler führen sie jedoch nicht zu Verstehensproblemen.

Da MS und WS davon ausgehen müssen, EP verstehe kein Deutsch, ist erstaunlich, dass sie so gut wie keine Anstrengungen unternehmen, die deutschen Steuer-Ausdrücke ins Russische zu übersetzen oder auf Russisch zu umschreiben. Nur einmal sehen wir einen solchen Versuch, als WS auf die Kirchensteuer zu sprechen kommt und diese zweimal, zunächst auf Deutsch und dann auf Russisch, annäherungsweise benennt (F18).[274] Für das Fehlen von Bemühungen, russische Ausdrücke für die Steuer-Thematik zu finden, könnte es drei Gründe geben: a) Es gab in der Sowjetunion und es gibt bisher in Kasachstan keine Praxis des Steuernzahlens, die mit der deutschen Praxis vergleichbar wäre. Daher fehlt ein Grundverständnis dessen, was Steuern sind, ein Grundverständnis, von dem ausgehend man sich die deutsche Praxis erschließen könnte. b) Die deutschen Steuer-Verhältnisse und die darauf bezogenen Lexeme sind den Sprechern selbst noch so unverständlich, dass eine Übertragung ins Russische oder eine Erklärung auf Russisch ihnen nicht möglich ist. Oder c): Die Sprecher bemerken gar nicht, dass sie deutsche Lexeme gegenüber einem Adressaten benutzen, der nach ihrem Wissen Deutsch nicht versteht. Die Darstellung bleibt für EP unverständlich – wegen der deutschen Ausdrücke, aber auch, weil sie kein grundlegendes Wissen über das deutsche Steuersystem hat, das ihr helfen würde, Hypothesen über die Bedeutung der verwendeten deutschen Lexeme zu bilden.

Den zweiten Teil des dokumentierten Gesprächsabschnitts leitet EP ein, indem sie nach Sennwalds Kontakten zu den Nachbarn fragt (FF24-25). MS reagiert als Erste, wahrscheinlich weil sie sich mehr an das Haus gebunden

---

[273] Dies gilt offensichtlich auch für andere Migranten. Eine junge in Deutschland lebende Italienerin teilte mir mit, im Bekanntenkreis ihrer Eltern nenne man im italienischen Gespräch Italiener, die die deutsche Staatsangehörigkeit angenommen haben, *Vaterland* in der Bedeutung 'Vaterlandsverräter'.
[274] Protassova (im Druck) nennt dies 'repetitive Setzung' oder 'Dublette'.

fühlt. Sie sagt, dass sie ihren Nachbarn angesprochen habe, als sie das Treppenhaus reinigen musste. Dann wird ihr klar, dass dies für jemanden aus Russland unverständlich bleiben muss, denn dort wurden die Flure von Putzfrauen sauber gehalten. Sie erklärt dem russischen Gast, dass die Mieter in Deutschland abwechselnd und wochenweise Korridor- und Keller*dienst* haben, und meint damit die Kehrwoche oder Hausordnung.

Ekaterina Protassovas Frage nach den Nachbarschaftsbeziehungen wirft ein Thema auf, das die Gastgeber – MS, WS, FS – lebhaft berührt: Alle drei möchten dazu Beiträge leisten und konkurrieren untereinander um das Recht. Es wird auch offensichtlich, dass man die Nachbarschaftsbeziehungen und überhaupt die Beziehungen zu den einheimischen Deutschen als nicht befriedigend erlebt und sie aus diesem Grunde schon öfter zum Gesprächsgegenstand der Familie machte. Es scheint in der Familie verschiedene Ansichten über die Gründe für die unbefriedigende Situation und die Möglichkeiten einer Besserung zu geben: Hängen die Schwierigkeiten nur mit den unzureichenden Deutschkenntnissen der Zuwanderer zusammen oder allgemeiner damit, was in Deutschland üblich ist? Man formuliert Verallgemeinerungen über die als entgegengesetzt empfundenen Nachbarschaftsbeziehungen in Deutschland und in *Russland*. Die Gesprächspassage lässt emotionale Spannungen zwischen den Familienmitgliedern erkennen. Diese könnten ein Ausdruck ihrer generellen Verunsicherung sein, die daraus folgt, dass sie sich in Deutschland nicht akzeptiert fühlen und angestrengt nach Bewältigungsstrategien für diese Situation suchen.

Auch im zweiten Teil dieses russischen Gesprächs verwenden die Sprecher einige deutsche Übernahmen: *keller* (F29), den von Russen als deutsch empfundene Lautkomplex *pff* (F31), *hallo* (F34), *Russland* (F37) und *straßenbahn* (F39). Diese Übernahmen tragen einen anderen Charakter als die Steuer-Termini, aber auch für sie kann man sich Motive vorstellen. Interjektionsartige Lautkomplexe wie *pff* werden häufig auch in Fällen nur spärlichen Sprachkontaktes übernommen; man vgl. z.B. die schnelle Verbreitung der englischen Interjektion *wow* in Deutschland. *Hallo* wird als charakteristische Grußformel der Deutschen in Deutschland zitiert, die den Russlanddeutschen vor der Übersiedlung unbekannt war. Die Bezeichnung des Herkunftslandes – im Falle der Familie Sennwald handelt es sich um Kasachstan – als *Russland* ist bei russlanddeutschen Aussiedlern außerordentlich verbreitet.[275] Die Verwendung von *keller* und *straßenbahn* lässt erkennen, welche Art von Alltagserfahrungen in Deutschland sich von den Alltagserfahrungen in Kasachstan abhebt. Das Wort *keller* ist MS vermutlich zuerst in schriftlicher Form begegnet – auf den im Treppenhaus ausgehängten Informationen, welche Familie in der laufenden Woche welche Pflichten der Hausordnung zu erledigen hat. Die Einhaltung der Hausordnung ist ein wesentlicher Maßstab

---

[275] Vgl. dazu. Abschnitt 3.3.2.

des Zusammenlebens der Mieter in einem deutschen Miethaus. Die Existenz einer solchen Hausordnung und die Aufmerksamkeit, die in ihrem Rahmen dem Kellerbereich zugemessen wird, das sind bemerkens- und erwähnenswerte Momente des neuen Lebens. Entsprechend erhalten die damit verbundenen deutschen Lexeme ein besonderes Gewicht. Das russische Wort *подвал* ('Keller') dürfte sich demgegenüber auf einen sehr anderen Vorstellungs- und Erfahrungskomplex beziehen und daher als unangebracht erscheinen.[276]

Zusammenfassung: Es ist für Aussiedler schon am Ende des zweiten Aufenthaltsjahrs in sprachlicher Hinsicht nicht mehr problemlos, sich mit einem Gast aus Russland zu verständigen. Das kann dadurch verursacht sein, dass sich die Aussiedler die Realitäten des Lebens in Deutschland selbst noch nicht völlig angeeignet haben. Die Kommunikation über alltägliche Gegenstände fällt leichter als über institutionsspezifische wie z.B. Steuern. Die Übernahme deutscher Lexeme in den russischen Diskurs scheint zu einer Gewohnheit zu werden, die die Sprecher nicht mehr immer auf ihre kommunikative Adäquatheit hin kontrollieren.

4.3.5 (T16) Mutter und Sohn: *Weg*, russisch und deutsch, 63 Monate

(T16) Mutter MS: Weg　　　　27.06.97,　363aoVidMS(29)Wegru63

1　ES:　　　тётя Катя→ wei"ßt du wo ist rechts→
　　ÜbES　　Tante Katja,
　　BW1:　　　　　　　　　　　　　　　　　nö *1,2* что мы
　　ÜbBW1　　　　　　　　　　　　　　　　　　　　　Was sollen

2　BW1:　　должны делать↑
　　ÜbBW1　wir machen?
　　MS:　　　　　　　　　　с бу:сом приедете до" * остановки
　　ÜbMS　　　　　　　　　Mit dem *Bus* fahrt ihr bi"s zur Haltestelle

3　ES:　　　　　　　　　hm̌ *　　　　hm̌ *
　　MS:　　　университет　где s-bahn↓　потом спустишься
　　ÜbMS　　Universität,　wo die *S-Bahn* ist.　Dann gehst du nach

---

[276] Interessanterweise beobachtete Birken-Silberman bei in Mannheim lebenden Sizilianern ebenfalls die Übernahme der deutschen Wörter *Keller* und *Straßenbahn* (neben anderen selbstverständlich); sie gibt eine ähnliche Erklärung wie wir (Vortrag von Birken-Silverman vom 2.6.1998 im soziolinguistischen Kolloquium der Universität Mannheim).

4	ES:		#*1,5* nach rechts↓
	ESK		#ÜBERLEGT---------
	MS:	вниз→ * и пойдёшь * направо↓	jà
	ÜbMS	unten und gehst nach rechts.	

5	ES:	aber / # àch só #da" lang↓# *
	ESK	-----# #ZEIGT----#
	MS:	#сюда↓ * вот так→ и
	ÜbMS	Hierhin. So lang und
	MSK	#ZEIGT------------------

6	ES:	#hm̄:# ich versteh" das nicht↓ *
	ESK	#UNZUFRIEDEN#
	MS:	сюда↓# * вот где
	ÜbMS	hierhin. Also wo die große,
	MSK	--- #

7	ES:		hm̆ **
	MS:	большая большая большая е"сть лестница↓	
	ÜbMS	große, große Treppe ist.	

8	ES:		mama→ aber
	MS:	#сюда" пойдёшь↓ направо↓ # * и ещё раз большая	
	ÜbMS	Hier gehst du hin. Nach rechts. Und nochmal eine große	
	MSK	#ZEIGT----------------------#	

9	ES:	aber ich weiß nicht wo is re"chts und wo ist
	MS:	лестница↓
	ÜbMS	Treppe.

10	ES:	li"nks→	
	BW1:		э/ это зн/ знаю я"↓ я
	ÜbBW1		D/ das wei/ weiß i"ch. Ich
	MS:	chaubdbahnhof→ *	
	ÜbMS	*Hauptbahnhof,*	

11	ES:	ókaỳ:
	BW1:	знаю где направо и где налево↓ дà *
	ÜbBW1	weiß, wo rechts und wo links ist. Ja.
	MS:	#дá# glas
	ÜbMS	Ja? *Gleis eins,*
	MSK	#AMÜSIERT#

12	ES:	glas eins↓
	MS:	ei:ns→ glas ei"ns muss sein↓ * chaubdbahnhof↓
	ÜbMS	*Gleis ei"ns muss es sein. Hauptbahnhof.*

13	ES:	hm̀ u::nd welche остановка brauchen wir→ **
	ÜbES	Haltestelle
	MS:	já и через
	ÜbMS	Und die dritte

14	ES:	āh chaubdbahngof→
	ÜbES	*Hauptbahnhof*
	MS:	две остановки chaubdbahnhof→ *
	ÜbMS	Haltestelle ist *Hauptbahnhof*,

15	ES:	*
	MS:	выйдешь→ и не беги вперёд↓ а жди→ * и иди
	ÜbMS	Du steigst aus, und renn nicht vorneweg, sondern warte und geh

16	MS:	вместе ** с тётей Катей↓ и покажи / * идти *
	ÜbMS	zusammen mit Tante Katja. Und zeig / Weiter müsst

17	ES:	ōh mann→ mu:tter→
	MS:	нужно будет на: н/ н/ на u-bahn drei↓
	ÜbMS	ihr zur z/ z/ zur *U-Bahn drei*.

18	ES:	ich muß mit di"r fahren↓ das versteh" ich ni:ch↓
	MS:	doch↓ *

19	MS:	как к=оме ехать↓ * точно так как к=оме ехать↓
	ÜbMS	Wie wenn du zu *Oma* fährst. Genauso wie wenn du zu *Oma* fährst.

20	ES:	#jā aber ich versteh"=s no"ch ni"cht so:"→# *
	ESK	#ERREGT- #
	MS:	а я всё
	ÜbMS	Aber ich
21	BW1:	#у меня всё есть
	ÜbBW1	Bei mir ist alles aufgeschrieben.
	BW1K	#ZEIGT SKIZZE- - - - - - - - - - - - - -
	MS:	всё написала как надо ехать↓
	ÜbMS	habe alles, alles aufgeschrieben, wie man fahren muss.
22	BW1:	написано↓# *2*
	BW1K	#
	MS:	на u-bahn третий сядешь→ *3*
	ÜbMS	In die *U-Bahn* drei steigst du ein,
23	ES:	nummer drei"→ *
	MS:	nummer drei↓ jā *1,5* и bis
	ÜbMS	Nummer drei. Ja. Und *bis Salzungen*
24	ES:	bis Salzunngen Bahngof→ aber
	MS:	Salzunngen Bahnhof↓ ** jā
	ÜbMS	Bahnhof.
25	ES:	*3* #ich versteh" das nicht→ mutter↓ # *
	ESK	#RESIGNIERT, WEINERLICH- - - - - -#
	MS:	тётя Катя
	ÜbMS	Tante Katja kennt
26	ES:	#jā so
	ESK	#SIEHT
	MS:	тоже знает немножко wjegg↓ * дорожку↓ **
	ÜbMS	den *Weg* auch ein bisschen. Das Weglein.

27	ES:	hast du=s auch hingeschrieben↓#
	ESK	AUF SKIZZE- - - - - - - - - - - - - - #
	MS:	#jà: я написала всё↓
	ÜbMS	Ja. Ich habe alles
	MSK	#SIEHT AUF SKIZZE- - - - - -
28	ES:	hm̌
	MS:	видишь↑ видишь как надо ехать↓#
	ÜbMS	aufgeschrieben. Siehst du? Siehst du, wie ihr fahren müsst?
	MSK	- #
29	MS:	но только ты ей будешь чуть-чуть помогать↓
	ÜbMS	Aber hilf ihr auch ein bisschen.
30	ES:	hm̌ hm̌
	MS:	хорошо↑ UNTERBRECHUNG так↓ дальше↓ * с
	ÜbMS	Gut? So. Weiter. Am
31	ES:	hm̌ *
	MS:	Зальцунгена банхофа сядете * на омин bus→
	ÜbMS	Salzungen Bahnhof steigt ihr in Omas Bus ein,
32	MS:	и до омы (...)→ * а пойдёте вот вот только не к не
	ÜbMS	und bis zu Oma (...), ihr geht aber äh äh nicht zu nicht zu Oma,
33	ES:	hm̌ #jă:#
	BW1:	LACHT *
	MS:	к оме→ а к тёте Анне↓ хорошо↑ **
	ÜbMS	sondern zu Tante Anna. Gut?
34	ES:	ókaỳ:→ jă: aber die:
	ESK	#FRÖHLICH#
	MS:	смо"жешь это↓ * сможешь→ dá
	ÜbMS	Ka"nnst du das? Du kannst das, ja?

35	ES:	die muss alles mir sa:"gen→
	MS:	#türlich↓#
	MSK	#LACHEND#

Kommentar.[277] **Demonstrationszweck:** Das Transkript soll die Sprachenwahl von Mutter (MS) und Sohn (ES) in der Kommunikation miteinander sowie das Russisch der Mutter und das Deutsch des Sohnes im sechsten Aufenthaltsjahr illustrieren.

Gesprächsituation und Gesprächsverlauf: Die Kommunikation findet im Gebäude des Rehabilitationszentrums statt, in dem MS arbeitet und zu dem auch ein Kindergarten gehört, den Erich besucht. Die Untersuchungsleiterin BW1 war an diesem Tag im Kindergarten, um mit Erichs Erzieherinnen über den Stand seines Deutscherwerbs kurz vor der Einschulung zu sprechen. Danach ist sie zusammen mit dem Jungen zu MS in die Nähstube gegangen. MS hat am Aufnahmetag noch länger zu arbeiten. ES und BW1 sollen nicht auf sie warten, sondern gleich mit den öffentlichen Verkehrsmitteln zu Erichs Tante Anna fahren, die in der Nähe der Großmutter wohnt. Der Weg ist kompliziert, man muss dreimal umsteigen und dabei jedes Mal das Verkehrsmittel wechseln:

- mit dem Bus vom Rehabilitationszentrum bis zur Universität: Umstieg in die S-Bahn,

- mit der S-Bahn von der Universität bis zum Hauptbahnhof: Umstieg in die U-Bahn,

- mit der U-Bahn vom Hauptbahnhof zum Bahnhof Salzungen: Umstieg in den Bus,

- mit dem Bus vom Bahnhof Salzungen bis zu *Omas* Haltestelle,

- zu Fuß von *Omas* Haltestelle zur Wohnung von Tante Anna.

Erich hat die Fahrt zusammen mit seiner Mutter oder anderen Verwandten schon häufig gemacht. Deshalb sagt ihm MS, er sei der Ortskundige, BW1 hingegen wisse nicht Bescheid, er sei also verantwortlich, dass sie den Weg fänden. Mit der Zuweisung der Verantwortung an Erich möchte die Mutter Selbstständigkeit und Verantwortungsbewusstsein des Jungen stärken und sein Selbstwertgefühl erhöhen. Schließlich ist er bald ein Schulkind.

---

[277] Autorinnen des Kommentars sind Katharina Meng und Ekaterina Protassova.

Damit Erich sich an die Stationen der Fahrt erinnert, gibt ihm die Mutter eine Wegbeschreibung. Eine Wegbeschreibung erfordert einen komplexen Diskurs, der überwiegend wahrnehmungsentbunden formuliert sein muss, damit die Adressaten aus ihm einen Plan für ihre künftigen Handlungen ableiten können. Im vorliegenden Fall ergeben sich besondere Anforderungen daraus, dass der Hauptadressat der Beschreibung ein Vorschulkind ist, dessen Fähigkeiten zur Verarbeitung komplexer Diskurse noch begrenzt sind – wie die aller Vorschulkinder –, und dass die Wegbeschreibung sich auf Realien bezieht, die für alle Gesprächspartner durch deutschsprachige Begriffe strukturiert sind, die Wegbeschreibung jedoch auf Russisch erfolgt. Die Sprecherin ist sich der Schwierigkeit der kommunikativen Aufgabe sowohl beim Formulieren als auch beim Verstehen bewusst. Daher hat sie für die Adressaten, ergänzend zur mündlichen Wegbeschreibung, einen Merkzettel mit Skizzen vorbereitet.

In der transkribierten Gesprächspassage beschreibt MS nacheinander alle Etappen der Fahrt. Sie spricht langsam, mit gliedernden äußerungsinternen Pausen sowie Pausen nach fast jedem Segment der Wegbeschreibung. Dabei blickt sie den Sohn unverwandt an, um zu verfolgen, ob er ihr zuhört und ob sie Anzeichen eines eventuellen Nichtverstehens findet. Erich hört aufmerksam zu. Man erkennt an seinem Blickverhalten und an seinen Gesten, dass er versucht, die Beschreibung der Mutter in Bewegungsvorstellungen umzusetzen. Es ist aber auch zu erkennen – aus Erichs Äußerungen und seinem Mienenspiel –, dass der Junge im Mitvollzug der sprachlich vermittelten Handlungsplanung auf Verstehensprobleme und -lücken stößt. So verunsichern ihn die Ausdrücke *rechts* und *links*, mit denen er sich seit einiger Zeit herumschlägt. In diesem Punkt beruhigt ihn, dass BW1 sich damit auskennt, wie sie erklärt. MS geht auf die von ES signalisierten Verstehensprobleme und -lücken ein und kann den Sohn schließlich überzeugen, dass er der übertragenen Aufgabe der Führung gerecht werden kann, zumal BW1 ihm ihre Unterstützung verspricht.

Sprachenwahl: Das transkribierte Gespräch ist in der Sprachenwahl von MS und ES charakteristisch für ihre Kommunikation in der gegebenen Integrationsphase. Zu den Erziehungszielen der Mutter gehört es, dass ihr Sohn das Russische nicht vergisst und auch lernt, komplexere Informationen auf Russisch zu verarbeiten. Außerdem traut sie sich möglicherweise eher zu, eine adressatenadäquate Wegbeschreibung auf Russisch zu geben als auf Deutsch. Sie spricht also zu ihrem Sohn Russisch. Der Sohn spricht zur Mutter Deutsch, weil seine Erstsprache Russisch durch den fast drei Jahre währenden Besuch des Kindergartens so weit durch das Deutsche verdrängt ist, dass es ihm schwerer und schwerer fällt, Russisch zu sprechen. Jedoch sind die rezeptiven Russischfähigkeiten von ES noch weitgehend erhalten. Die Verstehensprobleme, die ES in dem transkribierten Gespräch offenbart, ergeben sich nicht daraus, dass die Mutter Russisch zu ihm spricht, sondern daraus, dass es sich um einen komplexen Diskurs handelt und er einen starken Verantwortungsdruck spürt. MS wiederum kann die deutschsprachigen Beiträge ihres Sohnes verstehen, weil sie selbst inzwischen gute rezeptive Deutschfähigkeiten erworben hat. Das Transkript dokumentiert ein mehrsprachiges Gespräch, wie es in vielen Migrantenfamilien zwischen den Eltern der Generation 1A und den Kindern der Generation 1B vorkommt. Es funktioniert, da beide Teilnehmer in einem bestimmten Grade zweisprachig sind, wenn auch mit entgegengesetzten Dominanzen: Die starke Sprache der Mutter ist Russisch, für den Sohn ist Deutsch die Sprache, die zunehmend an Dominanz gewinnt. Auf dieser Basis können Verstehensprobleme mit den üblichen Reparaturverfahren bearbeitet werden. Die Voraussetzungen für eine gegenseitige Verständigung sind gegeben. Es ist auch eine Situation denkbar – und in vielen Migrantenfamilien Realität –, in der Eltern und Kinder nicht mehr über einander komplementierende Sprech- und Verstehensfähigkeiten verfügen, so z.B. wenn die Erstsprache der Kinder auch rezeptiv durch die Sprache der Mehrheitsgesellschaft verdrängt ist und die Mütter auch rezeptiv die Mehrheitssprache nicht erworben haben, z.B. weil ihnen kaum ein direktes sprachliches Angebot zur Verfügung steht.

Das Russisch der Mutter im sechsten Aufenthaltsjahr: MS' Russisch wirkt geläufig und selbstverständlich. Als Beispiel dafür sei eine Passage zitiert, in der durch Verben der Fortbewegung die für Wegbeschreibungen zentralen Veränderungen der Adressaten im Raum vorwegnehmend versprachlicht werden. Wie für russischsprachige Instruktionen charakteristisch, benutzt MS dazu Verbformen des perfektiven Futurs in der 2. Person, wobei die Subjekte – wie ebenfalls typisch – in der Äußerungsoberfläche nicht erwähnt werden: *выйдешь→ и не беги вперёд↓ а жди→ и иди вместе с тётей Катей↓ и покажи /* (*vyjdeš'→ i ne begi vperëd↓ a ždi→ i idi vmeste s tëtej Katej↓ i pokaži /* – 'Du steigst aus, und renn nicht vorneweg, sondern warte und geh zusammen mit Tante Katja. Und zeig /', FF15-16). MS' Russisch ist von muttersprachlich-substandardsprachlicher Qualität. Allerdings offenbart es erste Anzeichen von Normunsicherheit, wie sie für Sprecher charakteristisch sind, die bereits längere Zeit von der Herkunftssprachgemeinschaft getrennt leben. Ein Beispiel ist die folgende Äußerung *с бу:сом приедете до" * остановки университет→* (*s bu:som priedete do" * ostanovki universitet →* – 'Mit dem *Bus* fahrt ihr bis zur Haltestelle Universität', FF2-3). Hier ist das Verbpräfix *при-* (*pri-*) falsch verwendet, man müsste *поедете* (*poedete*) sagen. Außerdem liegt eine nicht-idiomatische Übersetzung der deutschen Wendung *mit dem Bus* vor. In normgerechtem Russisch müsste es heißen: *на автобусе* (*na avtobuse*, Lokativ) oder aber *автобусом* (*avtobusom*, Instrumental) ohne die Präposition *с* (*s* – 'mit').[278]

---

[278] In Abschnitt 4.3.2.3 sind weitere Belege für Normunsicherheit enthalten. Clyne 1992 hält letztere für eine generelle Folge kontinuierlichen Sprachkontakts.

Weiterhin fällt auf, dass MS' Russisch gegenüber dem Sohn durch hohe Emotionalität und Eindringlichkeit geprägt ist. Ein schönes Beispiel dafür ist die mehrfache Wiederholung des russischen Ausdrucks für 'groß' bei der Beschreibung der Treppe (F7). Emotionalität und Eindringlichkeit sind freilich keine generellen Merkmale ihres Russisch, sondern – zusammen mit den verständniserleichternden prosodischen Merkmalen (s.o.) – Kennzeichen einer spezifischen Adressaten- und Aufgabenorientierung.

Am auffälligsten im Russisch von MS sind jedoch die zahlreichen Übernahmen aus dem Deutschen. Wenn wir von der Verwendung des deutschen Lexems *Oma* absehen, lassen sich die Übernahmen vor allem zwei Gruppen zuordnen: Bezeichungen von Orten und Verkehrsmitteln sowie Ausdrücke der Sprecher-Hörer-Steuerung.

Zentrale Bestandteile von Wegbeschreibungen sind Angaben von Orten, an denen Fortbewegungen beginnen oder enden, sowie gegebenenfalls Angaben von Verkehrsmitteln, mit denen die Fortbewegungen zu vollziehen sind. In der hier vorliegenden Beschreibung handelt es sich nun um Orte in Deutschland und um deutsche Verkehrsmittel – Realien, die die Kommunikationspartner zusammen mit ihren deutschen Bezeichnungen kennen gelernt haben. Die Verkehrsmittel werden von MS und ES täglich benutzt, und sie hören und verwenden täglich die deutschen Lexeme, die sich auf sie beziehen. Selbstverständlich kennt MS aus dem Herkunftsland ähnliche Verkehrsmittel, z.B. Busse, und die darauf bezogenen russischen Bezeichnungen. Sie könnte also in ihrem russischen Diskurs von *автобус* (*avtobus* – '(Auto-)Bus') sprechen, aber sie tut es nicht, sondern übernimmt stattdessen das deutsche Wort *bus* (FF2, 31). Mit den Bezeichnungen von 'S-Bahn' und 'U-Bahn' auf Russisch ist es schon schwieriger als mit dem Wort für 'Bus'. Dem russischen (Fremd-)Wort *метро* (*metro*) stehen im Deutschen die sachlichen und sprachlichen Unterschiede von *S-Bahn* und *U-Bahn* gegenüber. Wie könnte man sie auf Russisch ausdrücken? Das Bezeichnungsproblem kann dadurch umgangen werden, dass die deutschen Ausdrücke in den russischen Diskurs übernommen werden. Das ist der Weg, den MS – und mit ihr fast alle Aussiedler – gehen (FF3, 17, 22). Ähnlich steht es mit den Orten, die die Adressaten der Wegbeschreibung passieren müssen. Dabei handelt es sich meistens um Stationen, die Namen tragen, die allgemein in schriftlicher und mündlicher Form benutzt werden: *Universität, Hauptbahnhof, Salzungen Bahnhof* usw. Auf Russisch bezeichnet MS alle diese *Stationen* zusammenfassend durch das russische Äquivalent *остановка* (*ostanovka* – 'Haltestelle, Station', FF2, 14). Die Namen der einzelnen Stationen übernimmt sie, integriert sie jedoch in das lautliche und grammatische System des Russischen: den Namen der Station *Universität* spricht sie wie das russische Wort *университет* (*universitet* – 'Universität', F3), die Stationsnamen *chaubdbahnhof* (FF12, 14) sowie *Salzunngen Bahnhof* (F24) realisiert sie lautlich z.T. nach russischen Lautmustern. Das bedeutet hier unter anderem, dass der

Laut -ng- nicht als Gaumen-Zungen-Nasallaut realisiert wird, sondern als Abfolge der beiden getrennten Phoneme *n* plus *g*:[279] Im Transkript ist das durch die Verdopplung des *n* gekennzeichnet. Der Stationsname *Salzungen Bahnhof* ist in einer späteren Verwendung lautlich noch stärker russischen Mustern angepasst sowie auch grammatisch integriert: *с Зальцунгена банхофа* (*s Salzunngena bahnchofa* – 'am Salzungen Bahnhof', FF30-31). Um Bezeichnungen von Verkehrsmitteln und Orten handelt es sich auch im Folgenden: *u-bahn drei* (F17) – gleichsam der Eigenname einer U-Bahn-Linie – und *glas ei:ns* (F12). Mit dem zuletzt zitierten Ausdruck meint MS, dass ES und BW1 auf *gleis eins* in die U-Bahn steigen müssen. MS kennt das Wort *gleis* vermutlich nur aus Lautsprecheransagen auf Bahnhöfen und nicht aus der Schriftform. Daher ist verständlich, dass sie es mit *glas* verwechselt. Dass sie überhaupt die deutsche Wendung benutzt und nicht stattdessen etwa sagt: *первая платформа* (*pervaja platforma* – 'erster Bahnsteig') dürfte damit zusammenhängen, dass die Strukturierung eines Bahnhofs in Gleise der Strukturierung in Bahnsteige nicht direkt entspricht und sich daher Umstrukturierungen erforderlich machen würden. Die Übernahme zahlreicher deutscher Ausdrücke für Orte und Verkehrsmittel dürfte insgesamt also vor allem durch das Bestreben veranlasst sein, eine möglichst einfache Beziehung zwischen den Angaben in der Wegbeschreibung, den sachlichen Strukturen und den zu erwartenden auf sie bezogenen Mitteilungen in Form von Orientierungsschildern und Lautsprecherdurchsagen herzustellen – Ausdrucks- und Verstehensökonomie als Auslöser lexikalischer Transferenz.

Die zweite große Gruppe von Übernahmen aus dem Deutschen bilden Ausdrücke der Sprecher-Hörer-Steuerung. MS wendet sich vor allem an einen Partner – ihren Sohn –, der seine Gesprächsbeiträge ständig auf Deutsch leistet und seine Verstehensprobleme wiederholt signalisiert. MS bearbeitet die Verstehensprobleme des Sohnes, in dem sie ihm auf Deutsch seine deutschsprachigen Äußerungen bestätigt oder rückbestätigt oder von ihm Bestätigung erbittet, so in F4: *jà*, F12: *já*; F18: *doch↓*[280], FF22-23: ES: *nummer drei"→* MS: *nummer drei↓ jà,* FF24, 27: *jà* sowie F35: *türlich↓*. Die Realisierung dieser Äußerungen auf Deutsch kann weder dadurch bedingt sein, dass MS sie nicht auf Russisch realisieren könnte oder ES sie auf Russisch nicht verstünde. Uns erscheinen zwei Motive als wahrscheinlich: MS möchte ihrem Sohn durch die deutschsprachige Anknüpfung an seine deutschsprachigen Äußerungen Verbundenheit und Nähe symbolisieren und ihm helfen, seine Erregung angesichts der bevorstehenden und als schwer empfundenen Führungsaufgabe zu überwinden. Weiterhin könnte es sein, dass die ständige

---
[279] Siehe auch Frohne 1992, 22-23.
[280] Das Wort *doch* wird von russischsprachigen Migranten in Deutschland relativ früh angeeignet, während russischsprachige Personen, die Deutsch als Fremdsprache lernen, es erst spät erwerben. Das dürfte daran liegen, dass *doch* in schriftlichen Texten selten vorkommt, häufig jedoch in konkreten Situationen mündlicher Kommunikation, in denen seine Funktion bald rekonstruiert werden kann.

Nutzung des Deutschen durch ES für MS einen starken Sog in Richtung Deutsch bedeutet. Es bedarf offenbar einer deutlichen Anstrengung, den Vorsatz, Russisch zu sprechen, zu realisieren, wenn der Partner einer entgegengesetzten Praxis folgt. Auch dürfte die Selbstkontrolle mit dem Ziel, sich keine unmotivierten Sprachwechsel zu erlauben, bei Interjektionen und Responsiven schwächer sein als bei anderen Äußerungstypen, denn sie sind syntaktisch unabhängig und haben nur geringe Konsequenzen für die Strukturierung der folgenden Äußerung bzw. Äußerungselemente.[281]

Neben den beiden Hauptgruppen von Transfers – Bezeichungen für Realien der Aufnahmegesellschaft und Ausdrücken der Sprecher-Hörer-Steuerung – begegnet im Transkript noch eine interessante Übernahme aus dem Deutschen: In F26 verwendet MS – in lautlich assimilierter Form – das Substantiv *Weg*. Gleich darauf verdoppelt sie seine Beutung, indem sie eine Äußerung anfügt, die allein aus dem russischen Wort *дорожка* – im Akkusativ – besteht (*dorožka* – 'Weglein', F26). Die russische Form, ein Diminutiv mit volkstümlicher Färbung, ist allerdings in dem vorliegenden Zusammenhang einer sachlichen Beschreibung stilistisch unangemessen. Vielleicht möchte MS ihre Äußerung damit für den Sohn redundanter gestalten und sein Verstehen absichern. Repetitive Setzungen dieser Art sind sehr charakteristisch für MS und überhaupt für Aussiedler in einem fortgeschrittenen Integrationsstadium. Ob und in welcher Hinsicht sie funktional sind, muss offen bleiben. Jedenfalls stellen sie ein Merkmal der Sprechweise von Aussiedlern und wahrscheinlich auch anderen russischsprachigen Migranten in Deutschland dar, das diese von den meisten Russischsprechenden im Herkunftsland abhebt.

Das Deutsch des Sohnes im sechsten Aufenthaltsjahr: Erich spricht im transkribierten Gespräch Deutsch. Sein Deutsch ist in vieler Hinsicht bereits von zielsprachlicher Qualität, insbesondere was seine Äußerungen zur Sprecher-Hörer-Steuerung betrifft. ES verfügt zweifellos über grundlegende Fähigkeiten zur Gestaltung deutschsprachiger Interaktionen. Jedoch ist sofort erschließbar, dass sein Deutsch-Input russisch-kontaktsprachliche Züge trägt. Wenn man ihn sprechen hört, nimmt man als Deutsch-Muttersprachler sein Deutsch als fremd getönt wahr. Die Fremdheit zeigt sich deutlich in der Aussprache, was im Transkript nur teilweise fixiert ist, z.B. in der Aussprache *Chaubdbahngof* (F14) und *Salzunngen Bahngof* (F24): Hier spricht ES das -*ng*- getrennt und nicht-nasal wie seine Mutter, und er realisiert das *h* in *Bahnhof* als *g*. Man vergleiche damit die Realisierungen des *h*-Phonems durch seine Mutter: In FF12, 14 ist sie von zielsprachlicher Qualität, in F31 nicht. Analog dazu hat ES in F14 und F24 Schwierigkeiten, das *h*-Phonem

---

[281] BW1, die die Verwendung des Russischen von MS gegenüber dem Sohn respektiert und billigt, verhält sich übrigens wie MS: In F1 realisiert sie ihr Responsiv *nö* auf Deutsch und fährt dann auf Russisch fort.

als von *g* und *ch* unterschieden wahrzunehmen und zu realisieren. In F18 zeigt ES die für Russischsprechende charakteristische Tendenz, den für das Deutsche typischen Unterschied langer und kurzer Vokale zu einer mittleren Vokallänge einzuebnen: *mu:tter*. Input-bedingt ist auch seine Realisierung von *gleis* als *glas*. ES übernimmt diesen Fehler von seiner Mutter und wird darin wiederum von der Mutter bestätigt (F12) – ein anschauliches Beispiel dafür, was geschieht, wenn eine Sprache durch nichtkompetente Sprecher weitergegeben wird.

Auch auf lexikalischer Ebene spüren wir in Erichs Deutsch russische Einflüsse. So spricht er BW1 als *тётя Катя* (*tëtja Katja* – 'Tante Katja', F1) an. Niemand hat ihm bisher beigebracht, wie er BW1 auf Deutsch ansprechen könnte. Allerdings ist das auch nicht trivial, denn die russischen und deutschen Höflichkeitsvorstellungen und die dazugehörigen Anredeformen korrespondieren nicht unmittelbar miteinander und die deutschen Höflichkeitsvorstellungen befinden sich gegenwärtig in einer Übergangsphase: Viele Erwachsene möchten sich nicht mehr als *Tante* oder *Onkel* ansprechen lassen, weil ihnen das überholt vorkommt; andererseits werden Generationsunterschiede sowohl von den Jüngeren als auch von den Älteren wahrgenommen, es haben sich jedoch noch keine neuen kommunikativen Verfahren dafür herausgebildet, wie man sie in Anredeformen ausdrücken kann. Damit liegt hier ein wirklicher Grund für eine Übernahme aus dem Russischen vor. Auch für 'Haltestelle/Station' benutzt ES ein russisches Wort: *остановка* (*ostanovka*, F13). Man weiß nicht, ob er das deutsche Wort nicht kennt oder ob er das benutzte Wort für ein deutsches Wort hält. Jedenfalls verwendet er es ohne irgendwelche Anzeichen von Unsicherheit und behandelt es wie ein normales deutsches Femininum. Die syntaktische Konstruktion, in die er es integriert, scheint eher russisch zu sein: *welche ostanovka brauchen wir* → (F13). Auch sonst zeigen sich in ES' deutscher Syntax Einflüsse des Russischen oder vielleicht richtiger gesagt: lernersprachliche Formen. So findet sich in den Nebensätzen das finite Verb oft nicht am Ende. Siehe F1: *wei"ßt du wo ist rechts* → und ähnlich auch in FF9-10.

Zusammenfassung: Im sechsten Aufenthaltsjahr erfolgt die Sprachenwahl in der Kommunikation zwischen Mutter MS und Kind ES nach einem Muster, das typisch für Eltern-Kind-Gespräche der ersten Generation ist, wenn die Eltern keine Gelegenheit zum Erwerb der Mehrheitssprache haben oder Wert auf den Erhalt der Minderheitssprache legen: Die Mutter spricht die mitgebrachte Sprache Russisch, das Kind versteht ihre Äußerungen, reagiert jedoch in der Mehrheitssprache Deutsch.

Die Mutter formuliert auf Russisch einen komplexen Diskurs des Typs Wegbeschreibung, der von muttersprachlich-substandardsprachlicher Qualität ist, jedoch zahlreiche Übernahmen aus dem Deutschen aufweist. Die Transfers sind vermutlich teilweise sachbedingt (Bezeichnungen von Orten als Punkten des zurückzulegenden Weges und von Verkehrsmitteln), teilweise durch die Beziehung zum Adressaten bedingt und teilweise Erscheinungsform eines Sogs hin zur Mehrheitssprache. Es handelt sich ausschließlich um Substantive, Interjektionen und Responsive, also um Wortarten und interaktive Einheiten, die nach Beobachtungen in vielen Sprachkontaktsituationen bevorzugte Kandidaten für Transfers und Codeswitching sind.[282] Das Russisch von MS wirkt zum Zeitpunkt der Aufnahme nicht in seiner Grundstruktur bedroht.

ES' Deutsch ist für einfache sprachliche Interaktionen hinreichend entwickelt, weist jedoch Einflüsse des Russischen und lernersprachliche Formen auf, die monolingual deutsch sozialisierte Kinder nicht verwenden. Unserer Meinung nach besteht jedoch bisher kein Grund, die russische Färbung von ES' Deutsch zu dramatisieren. Beim Spracherwerb im Allgemeinen und bei der Ausbildung von Zweisprachigkeit im Besonderen kommt es vor allem auf gut fundierte und stabile Fähigkeiten – im Sinne der Schwellen- und Interdependenzhypothese von Cummins und Skutnabb-Kangas[283] – an, für deren Aneignung andere Zeiträume veranschlagt werden müssen als für den Erwerb nur einer Sprache. Die sprachliche Entwicklung solcher Kinder ist jedoch in beiden Sprachen sorgfältig zu verfolgen. Darüber hinaus dürfte deutlich geworden sein, dass Kinder wie Erich zum vollen Erwerb des Deutschen eines qualifizierten deutschsprachigen Angebots in Kindergarten und Schule bedürfen. Familien müssen in ihren Erziehungs- und Bildungsbemühungen immer durch professionelle Pädagogen unterstützt werden. Für Familien in der Situation einer sprachlichen Minderheit gilt das jedoch in besonderem Maße.

4.3.6 (T17) Mutter MS: *Tiefe Sprache*, deutsch, 63 Monate

(T17) Mutter MS: Tiefe Sprache   **27.06.97,   364aoVidMS(29)CSdt63**

1   CS4:   конечно→ компьютер мы тоже купим→ aber das
    ÜbCS4   Natürlich,   einen Computer werden wir auch kaufen

2   CS4:   kann noch warten↓
    MS: LACHT   jä:
    BW1:   is=s au"ch ein gemischter satz↑

---

[282] Weinreich 1977/1953, 69-70.
[283] Siehe zur Diskussion und Prüfung dieser Hypothese Skutnabb-Kangas 1981, Fthenakis et al. 1985, Baur/Meder 1992.

3	MS:	ну chalbe chalbe↓	erster satz auf ru:ssisch
	ÜbMS	na	
	BW1:	jă **	jà LACHT

4	MS:	und zweiter satz auf deutsch↓
	BW1:	und↑ kannst du auch so /

5	MS:	äh wenn wenn manche sache *
	BW1:	sprichst du au"ch so↑ **

6	MS:	kann ich ni"cht auf deutsch sagen oder ** ich finde nicht
	BW1:	jà jà

7	MS:	passende wo"rte dann natürlich ich sage das * besser auf *

8	MS:	auf ru:ssisch↓ wenn bin ich zu chause↓ #wenn ich zu
	MSK:	#KORRIGIERT
	BW1:	jà jà **

9	MS:	hause bin# já dann /
	MSK:	SICH#
	BW1:	jà gu:"t↓ gu::"t↓ LACHT und↑ zu euerm

10	MS:	á àch
	ÜbMS	Wie?
	BW1:	hausmeister↑ * wenn du mit dem hausmeister sprichst↑

11	MS:	* dann natürlich auf deu"tsch↓
	BW1:	LACHT ach dann fi"ndest du

12	MS:	ну
	ÜbMS	na
	BW1:	auch die wörter↓ du wei"ßt dann wie du=s sagen sollst↓

13	MS:	ja: aber ungefäh"r de * worte→ * ganz ei"nfache worte

14	MS:	welche / * mit welche ka"nn man äh: so / MS WIRD

15	MS:	LÄNGERE ZEIT UNTERBROCHEN
	BW1:	jà also es geh"t auch→ es
16	MS:	hm̆
	BW1:	is auch möglich das auf deu"tsch zu sagen↓ já aber↑ **
17	MS:	jà:
	BW1:	es ist ein unterschied↓ und worin besteht der unterschied↓
18	MS:	hm̄ auf russisch kann man so sche:"n sagen→ und äh
	BW1:	**
19	MS:	irgendwie so * äh * ganz * ganz tie"fe sprache kann man
	BW1:	jă
20	MS:	benutzen→ und / * aber auf deutsch manchmal einfach * äh
21	MS:	** kommt nicht passende * worte dazu→ das / ** alle
	BW1:	jà
22	MS:	sachen ka"nn man nich so einfach sagen↓ * irgendwann
23	MS:	SEUFZT TIEF braucht deine seelje so * brei:"te wo:"rte oder
	ÜbMS	Seele
	BW1:	jà
24	MS:	breite sa:"tze sagen mit äh ganz tiefe bedeu:"tungen und
	BW1:	jà jà
25	MS:	was weiß ich no"ch dazu→ aber ** fehlt irgendwas
	BW1:	jà *
26	MS:	no"ch↓ und aus diesem grund * kommt manchmal
	BW1:	jà LACHT
27	MS:	russische sprache vo"r→
	BW1:	jà

Kommentar. Demonstrationszweck: Der Ausschnitt (T17) wurde aus inhaltlichen und sprachlichen Gründen gewählt. Inhaltlich ist interessant, wie russlanddeutsche Sprecher die von ihnen sehr häufig verwendeten deutsch-russisch gemischtsprachigen Äußerungen kommentieren. Sprachlich ist interessant, wie Marina Sennwald im sechsten Aufenthaltsjahr Deutsch spricht. Bei der Einschätzung muss berücksichtigt werden, dass MS ein nur geringes deutschsprachiges Angebot empfängt, das dazu noch meist kontaktsprachlich geprägt ist.

Zur Gesprächssituation: Der Gesprächsausschnitt stammt aus einer Untersuchung,[284] in der ich russlanddeutschen Informanten zehn russisch-deutsch gemischtsprachige Äußerungen auf Kassettenrekorder vorspielte und ihnen die Gelegenheit gab, die Äußerungen zu kommentieren. Durch die Untersuchung wollte ich die Sicht von Aussiedlern auf gemischtsprachige Äußerungen und ihre Verwendungsbedingungen erkunden. Das Transkript hält fest, wie Marina Sennwald die vierte gemischtsprachige Äußerung, CS4, kommentiert, in der ein augmentierter russischer Teilsatz und ein deutscher Teilsatz aufeinander folgen (FF1-2). Das Gespräch findet im Rehabilitationszentrum, MS' Arbeitsstelle, statt, wo die Untersuchungsleiterin BW1 gerade Gelegenheit hatte, ein Gespräch auf Deutsch zwischen MS und dem Hausmeister der Klinik zu beobachten.

Marina Sennwalds Kommentare zu gemischtsprachigen Äußerungen: MS charakterisiert die vorgespielte Äußerung CS4 sofort als eine gemischtsprachige (FF2-3) und erklärt, auch sie selbst spreche gelegentlich so. Aus der Erläuterung wird klar, dass MS hier an Situationen denkt, in denen sie Deutsch spricht. Dabei komme es vor, dass sie etwas nicht oder *nicht passend* auf Deutsch sagen könne; dann nehme sie zur russischen Sprache Zuflucht. MS begrenzt diese Praxis auf eine Konstellation: *wenn bin ich zu chause↓ wenn ich zu hause bin→* (FF8-9). MS ist mithin klar, dass die Verwendung russischer Äußerungen oder Äußerungsbestandteile gegenüber einheimischen Deutschen nicht möglich ist. MS empfindet, dass sie in ihren Ausdrucksmöglichkeiten eingeschränkt ist, wenn sie nur Deutsch sprechen muss, denn dann findet sie häufig nur *ungefäh"r de * worte* oder *ganz ei"nfache worte* (FF13-14), aber *alle sachen ka"nn man nich so einfach sagen↓* (FF21-22). Die Sprache, in der MS sich mit ihren Ansprüchen an eine differenzierte Kommunikation zu Hause fühlt, ist das Russische: Auf Russisch kann man *so sche:"n und ganz * ganz tie"f* (FF18-19) sprechen, und: *irgendwann braucht deine seelje so * brei:"te wo:"rte oder breite sa:"tze sagen mit äh ganz tiefe bedeu:"tungen* (FF22-24). Es ist für MS bezeichnend, dass sie die emotionale Bedeutsamkeit ihrer Erstsprache Russisch hervorhebt. MS äußert hier vermutlich ein anhaltendes tiefes Ungenügen, das für sie mit deutschsprachiger Kommunikation verbunden ist und das sich

---

[284] Siehe Meng (in Vorbereitung).

zweifellos zum großen Teil aus ihrer noch unzureichenden Beherrschung des Deutschen ergibt, wohl aber auch mit komplexeren Gefühlen von Verlust und Fremdheit infolge der Migration verbunden ist, wie man sie aus MS' sehnsuchtsvollen Beschreibungen des Lebens und Zusammenlebens in Kasachstan erschließen kann (Kass. 074, 303, 362 u.a.).

MS' Kommentare zu den anderen deutsch-russisch gemischtsprachigen Äußerungen der Untersuchung können hier nicht in Transkriptform zitiert, sondern nur zusammengefasst werden. MS empfindet alle vorgespielten Äußerungen als typisch für *uns Ru:sedeutsche*. Sie unterscheidet verschiedene Typen und Grade von Mischungen und ordnet diese Typen bestimmten Sprechern ihrer Umgebung zu. Besonders reiche Kommentare gibt sie zu den folgenden gemischtsprachigen Äußerungen der Untersuchung:

(CS5) Russischer Satz mit deutschen Konstituenten[285]

Originaläußerung: и его шеф im betrieb он им доволен→ взял его fescht→ и дал ему urlaub↓
Übersetzung: *Und sein Chef* im Betrieb, *er ist mit ihm zufrieden, stellte ihn* fest *ein und gab ihm* Urlaub.

MS' Kommentar lautet: *Vo"lle gemischt. Gemischt, gemischt und noch wie! Anders als vorhin. Ja, jetzt war ei"n Wo"rt auf Deu"tsch, ei"n Wo"rt auf Ru"ssisch. Nicht ganze Sät"ze.* Sinngemäß: Ich spreche auch manchmal so. Auch mein Mann. Meine Mutter nicht. Die Großmutter auch nicht.

(CS6) Deutscher Satz mit russischem Wort

Originaläußerung: er bruddelt wie ä свекровка↓
Übersetzung: Er bruddelt/meckert *wie eine Schwiegermutter* (die Mutter des Ehemannes).

MS' Kommentar, sinngemäß: So spricht meine Schwiegermutter.

(CS7) Russischer Satz mit einem deutsch-russisch gemischten Wort

Originaläußerung: когда ты анме"льдуешься↑
Когда ты anme"l'd-у-ешь-ся?
Übersetzung: *Wann* melde*st du dich* an?

MS' Kommentar, auf Russisch: 'So etwas hört man oft, so spreche ich auch. Das ist ein russischer Satz mit dem deutschen Wort *anmelden*. Wir hören das Wort ganz oft und immer nur auf Deutsch, wir merken es uns, es liegt im Kopf und auf der Zunge bereit. Wenn du es übersetzen willst, dann findest du nicht so leicht die richtige Übersetzung, du müsstest auf Russisch weit ausholen, du brauchtest auf Russisch fünf, sechs Wörter, während du es auf Deutsch mit einem Wort sagen kannst. Daher sagt man es eben auf Deutsch und drückt so viel schneller aus, was man sagen will. Als unsere Verwandten nach Deutschland übersie-

---

[285] Bei den CS-Äußerungen werden die russischen Bestandteile in der Übersetzung kursiv wiedergegeben.

delten, haben wir ihnen auch gesagt: *Вы должны Anmeldung сделать*. Sie haben komisch geguckt, und wir mussten es übersetzen.'

(CS9) Russischer Satz mit einem deutsch-russisch gemischten Wort
Originaläußerung: ты уже сгэкохала↑
ты уже с-ge-koch-a-л-а↑
Übersetzung: *Hast du schon* ge-koch-*t* ?

MS' Kommentar, auf Russisch, sinngemäß: Da sind deutsche Wörter mit russischen Endungen. Das hört man von Kindern. Aber nicht von allen. Meine ältere Nichte spricht so. Sie will Russisch sprechen, kann es aber nicht mehr richtig. Bei meinem Sohn kommen solche Sätze nicht vor, bei ihm ist es umgekehrt: Er sagt russische Wörter mit deutschen Endungen.

Marina Sennwald verallgemeinert in ihren Kommentaren ihre Beobachtungen zu gemischtsprachigen Äußerungen nur schwach. Überwiegend formuliert sie sie als Einschätzungen zur Sprechweise individueller Sprecher. Wenn man ihre Kommentare jedoch mit denen anderer Informanten vergleicht, dann summieren sich die sehr ähnlichen Beobachtungen zu folgenden überprüfenswerten Thesen:

a) Russlanddeutsche Aussiedler der Generation der jungen Eltern produzieren Sätze wie CS4 (siehe Transkript, FF1-2), CS5, CS7. Bzw.: Sätze wie CS4, CS5, CS7 sind charakteristisch für russlanddeutsche Aussiedler der Generation der jungen Eltern.

b) Russlanddeutsche Aussiedler der Großelterngeneration produzieren Sätze wie CS6. Bzw.: Sätze wie CS6 sind charakteristisch für russlanddeutsche Aussiedler der Großelterngeneration.

c) Russlanddeutsche Kinder sprechen bei der Übersiedlung nach Deutschland Russisch und produzieren daher später Sätze wie CS9. Bzw.: Sätze wie CS9 sind charakteristisch für russlanddeutsche Kinder, deren starke Sprache Russisch ist.

Marina Sennwalds Beobachtungen zu Formen des Switchens und Mischens offenbaren eine hohe Sensibilität für diesen Aspekt des Sprachgebrauchs, der für Migranten sehr charakteristisch ist.[286]

MS' Deutsch im sechsten Aufenthaltsjahr: Der Gegenstand, über den Marina Sennwald im vorliegenden Gesprächsausschnitt spricht, – die von Aussiedlern befolgten Verwendungsbedingungen für das Deutsche und das Rus-

---

[286] Es ist verblüffend, wie ähnlich die Kommentare meiner Informanten zu den russisch-deutsch gemischtsprachigen Äußerungen denen sind, die Haugen von seinen in Amerika lebenden norwegischen Informanten zu norwegisch-englisch gemischtsprachigen Äußerungen erhielt. Siehe Haugen 1953, Kapitel 4.

sische – ist komplex und von besonderer Relevanz für die Sprecherin. Daher fällt es ihr nicht leicht, ihn auf Deutsch zu behandeln. Die Formulierungsanstrengungen lassen sich an verschiedenen Merkmalen erkennen: MS spricht stockend, mit vielen ungefüllten und gefüllten äußerungsinternen und -externen Pausen (FF5-8, 12-14, 17-25); sie neigt anfangs dazu, nur relativ kurze Statements abzugeben, statt ihre Position im Detail zu entfalten, BW1 fühlt sich daher verpflichtet, immer wieder nachzufragen, manchmal sogar in Impulsreihungen (FF15-17); aber auch dann braucht MS zuweilen längere Zeit, um den Turn zu übernehmen (F5, F16).

Marinas Beiträge enthalten einige wenige Übernahmen aus dem Russischen, sämtlich Sprecher- und Hörersignale (FF3, 10, 12), die ihr vermutlich unterlaufen, ohne dass sie sie bemerkt. Hörer- und Sprechersignale scheinen sich der Kontrolle durch den Sprecher leichter zu entziehen als Ausdrücke, die zur Versprachlichung der eigentlichen Mitteilungen gebraucht werden.

MS' Äußerungen sind auf allen sprachlichen Ebenen durch das Russische beeinflusst oder – allgemeiner formuliert – durch lernersprachliche Formen gekennzeichnet. In der Aussprache haben wir die typische Realisierung des *h* als *ch*, die Nivellierung von Vokalkürze und -länge, die Palatalisierung von Konsonanten vor Vokalen der vorderen Reihe (*seelje* – 'Seele', F23) und die sowohl durch das Russische als auch durch regionale deutsche Varietäten bedingte Entrundung des *ö* zu *e:* (*sche:n* für *schön*, F18). Auffällig ist auch die Platzierung der Satzakzente. In der Morphosyntax heben sich – wie bei anderen Migranten mit Russisch als Erst- oder dominanter Sprache – die häufige Nichtverwendung des Artikels (FF3, 7, 19-21, 26-27) und die Satzgliedstellung ab, insbesondere bei den finiten Verben und den Negationsausdrücken (FF5-9, FF19-21, 23-24). Aber gerade bei der Wortstellung, über die MS und BW1 oft gesprochen haben, zeigt MS nunmehr gelegentlich Selbstüberwachung und Selbstkorrektur (FF8-9). Für die Kasusbildung wiederum ist der Ersatz des Dativs durch den Akkusativ kennzeichnend: *mit welche* (F14), *mit tiefe bedeutungen* (F24), der jedoch nicht einem russischen Einfluss angelastet werden darf. In der Wortwahl beobachten wir neben völlig üblichen Wortverbindungen wie *passende worte* (F7) oder *einfache worte* (F13) auch ungewöhnliche Kombinationen, die bei einem geringen Vorrat an Mitteln durchaus ausdrücken, worauf es der Sprecherin ankommt, und die zugleich ihre Ausdrucksnot symbolisieren: *tiefe sprache* (F19), *breite worte*, *breite sätze* (FF23-24) oder *tiefe bedeutungen* (F24). Schwierig ist für MS auch noch der semantische und syntaktische Unterschied zwischen dem Vollverb und dem Modalverb *brauchen* (FF23-24).

MS' Deutsch trägt im Unterschied zu dem ihres Mannes WS und erst recht dem ihrer Schwiegermutter FS nur wenig regional-dialektale Züge. Manchmal spürt man bei ihr Unsicherheit in der Verwendung von stimmhaften und stimmlosen Plosiven. So sagt sie z.B. *keh* statt *geh*. Das ist eine weit verbreitete Tendenz bei mittel- und oberdeutschen Sprechern, die Russlanddeutschen mit entsprechenden Herkunftsdialekten selbstverständlich ebenfalls eigen ist.

Zusammenfassung: Marina Sennwalds Kommentare zu gemischtsprachigen Äußerungen zeigen, dass sie diesen charakteristischen Aspekt der Aussiedler-Kommunikation bemerkt und reflektiert hat. Sie formuliert aufschlussreiche Beobachtungen zur Korrelation von Mischungsformen und Sprechern, die geeignet sind, zu Hypothesen weiterentwickelt zu werden.

Das Deutsch von MS im sechsten Aufenthaltsjahr ist nach der Selbsteinschätzung der Sprecherin noch unzureichend differenziert; es trägt fremdsprachliche, aber kaum dialektal-regionale Merkmale. Es ist MS mit Anstrengungen möglich, ihre deutschsprachigen Fähigkeiten auch zur diskursiven Behandlung komplexerer Zusammenhänge zu benutzen.

4.3.7   (T18) Vater WS: *Wasserwaage*, deutsch, 57 Monate

(T18)	Vater WS: Wasserwaage	24.01.97, 334aoVidWS(31)Wwdt57

1 BW1:   und da:" hast de noch gesagt→ ja: der anfang ist dir so:"

2 BW1:   schwe"rgefallen→ und du hast sogar überlegt ob du ga"nz

3 WS: nee neè LACHT jetz jetz chab isch mir a"nders
   BW1:   zurückgehst→   LACHT

4 WS: überlegt↓ zurück geht=s ne"t↓ *1,4*
   BW1:   já   jetzt hast du dich /

5 BW1:   jetzt fühlst d/ kann man das sagen dass du dich jetzt zu hause

6 WS: ja das kann man sagen schon↓
   BW1:   fühlst↑   jä: *1,3* und wodurch

7 WS: dursch arbeit glaub isch↓
   BW1:   ist dieser wandel gekommen↑ *   jä:

8 WS: dursch arbeit und die ** leute / durch deutsche leute was

9	WS:	kenn isch welche kenn ich→ aber die mei"schde leute
10	WS:	deutsche sind nur bei a"rbeitsplatz→ *1,5* wie ka=man das
11	WS:	richtig sagen→ isch isch weiß net↓ * ja isch glaub=s durch
12	WS:	die arbeit→ ** jà
	BW1:	dass du arbeit überhaupt gefu"nden hast→
13	WS:	hau"bdsache ri"chtige arbeit→ mei"n jo"b→ já
	BW1:	jà: jà
14	WS:	AUSLASSUNG
	BW1:	AUSLASSUNG wie hast du denn das gelernt diese geräte hier
15	BW1:	alle zu bedienen→ hast du noch ne umschulung gemacht↑
16	WS:	ja isch hab na:ch * nach dem sprachkurs * des
	BW1:	nèin * oder ne weiterbildung↑
17	WS:	war ende sprachkurs * und isch chab drei woche in ** in
18	WS:	Monnhei"m * neben Mannhei"m * Viernheim gibt=s so
19	WS:	eine stadt↓ isch chab dort drei drei mon/ drei woche
	BW1:	jà
20	WS:	praktikum gemacht↓ * kostenlos war→ * ну für mich chat
	ÜbWS	na
21	WS:	arbeitsamt bezahlt des alles→ wie im sprachkurs↓ selbe
	BW1:	jà jà
22	WS:	geld→ * aber in: in klei"ne schlosserei↓ des war ga"nz
23	WS:	klei"ner betribb→ nur chef u:nd ei:n so was *
24	WS:	schwarzarbeiter oder wie kann man sagen so au"ch vom

| 25 | WS: | leihnfirma glaub isch is→ der war pole já aus polen ein |
| | BW1: | ja |

| 26 | WS: | mann↓ ** u:nd * wir haben zu dritt gearbeitet↓ des chab |

27	WS:	isch bis: * #bis=s bis letzte werkzeug alles gelernt→# já
	WSK:	#AMÜSIERT----------------------#
	BW1:	der

| 28 | WS: | der hat mir erklä"rt des↓ |
| | BW1: | hat euch das erklärt der meister→ |

| 29 | WS: | früher chab isch net gewusst auf deutsch #was is des |
| | WSK: | #LACHEND------- |

30	WS:	chammer oder meisel↓# oder oder no"ch was↓ und des war
	WSK:	------------ #
	BW1:	ja

| 31 | WS: | des war i"mmer ko"misch→ ja und immer immer wann du |

| 32 | WS: | schaffschd mit den mit=n werkzeug dann me"rkschd du |

| 33 | WS: | schon↓ já * zum beispiel wann: jetzt im firme zeigt er mir |

| 34 | WS: | neu"es etwas werkzeug da muss isch fragen dann→ wie wie |

| 35 | WS: | heißt der auf deu"tsch→ oder wie is der ri"chtige name |
| | BW1: | ja |

36	WS:	oder so→ gibt=s so #spi"tzname für werkzeuge auch→#
	WSK:	#AMÜSIERT-----------------#
	BW1:	ja

| 37 | WS: | und dann me"rkd man das↓ aber * SEUFZT in dem die" |
| | BW1: | * |

| 38 | WS: | firma wo chab isch praktikum gemacht das war ein * |

39	WS:	ko"mische fall * fall bei uns mit chef→ er hat zu mir / er hat
40	WS:	mir mi"ch geschickt zum auto→ bei uns war mantageauto
41	WS:	voll mit werkzeug mit schrauben mit alles→ * er hat mich
42	WS:	geschickt zum auto→ un=er hat gesagt→ #brink mir
	ÜbWS:	#AMÜSIERT- - - - -
43	WS:	wasserwogg↓# ** mit dialekt já so kam/ ka/ komische
	ÜbWS:	- - - - #
	BW1:	já já
44	WS:	dialekt↓ wasserwogg↓ aber isch hab #überhau:"bt nix
	WSK:	#LACHEND- - - - - - - - - -
	BW1:	já
45	WS:	gewusst was is des→ wasserwo:g→ oder <
	WSK:	- -
46	WS:	wasserwaa"ge→># já un da chab isch #im auto
	WSK:	# #DRÜCKT
	BW1:	já LACHT
47	WS:	geguckt→# was was kann man mit wasser-→ #hä#
	WSK:	RATLOSIGKEIT AUS# #DRÜCKT
48	WS:	wasserei"mer↓ ei"nfach↓ #isch hab eimer genommen→
	WSK:	RATLOSIGKEIT AUS# #LACHEND- - - - - - - - - - - - - - -
49	WS:	gebracht zum den chef→ er nimmt des eimer→ stellt o/
	WSK:	- -
50	WS:	obendruff auf u"prafi"l→ des war ein großer u"prafi"l→
	ÜbWS:	U-Profil U-Profil
	WSK:	- -

51	WS:	und guckt auf den eimer→ wie kann isch jetzt au"srichten↓#
	WSK	`-------------------------------- #`
52	WS:	#so oder so oder so oder so↓# * und dann hat er se"lber
	WSK	#FÜHRT VOR, WIE DER CHEF VERSUCHT, DEN
	BW1:	LACHT
53	WS:	gelacht→ und hat gekommen * mit mir zusammen ru"nter *
	WSK	WASSEREIMER ALS WASSERWAAGE ZU BENUTZEN#
54	WS:	zum au"to→ un hat gezeigt→#de"s is wasserwogg↓# auf
	WSK	#LACHEND--------#
	BW1:	jà
55	WS:	russisch heißt der уровень↓ mein vater mein vater mein
	ÜbWS	Wasserwaage
	BW1:	уровень↑ jà
	ÜbBW1	Wasserwaage
56	WS:	vater chat au"ch gehabt уровень↓ já so für für=n
	ÜbWS	Wasserwaage
	BW1:	jà LACHT
57	WS:	tischlerarbeit so was vom cholz→ já wir haben zu hause
	BW1:	jà jà
58	WS:	au"ch gehabt→ aber isch hab net gewu"sst was des heißt→
	BW1:	jà
59	WS:	einfach wasserwogg→ LACHT jetzt weiß isch des ganz
	BW1:	jà LACHT jă
60	WS:	genau→ jà seitdem→ neè
	BW1:	jà seitdem hast du=s nie mehr vergessen↓
61	WS:	des war komische fall↓
	BW1:	nèin LACHT jà aber der war ganz nett

```
62  WS:                   jà der chef war gut↓
    BW1:   der chef→ já                    er hätt ja schimpfen

63  BW1:   können→ so→ bist du dumm→ und kannst das nicht→

64  WS:            nee neè er hat / er war ganz gute mann↓    das kann
    BW1:   oder↑                                      hm̌

65  WS:    isch ruhisch sagen↓
    BW1:              hm̌
```

Kommentar.[287] **Demonstrationszweck**: Der Transkriptausschnitt ist unter inhaltlichen und sprachlichen Gesichtspunkten interessant. Inhaltlich wird dargestellt – explizit, wie selten in den Aufnahmen –, nach welchen Kriterien ein Aussiedler seine Situation in Deutschland bewertet und welche Spracherwerbsstrategien er bevorzugt. Das Transkript ist in dieser Hinsicht repräsentativ und spricht für sich. Im Hinblick auf die sprachliche Integration soll hier ein Beispiel für Walter Sennwalds (WS) mündliche Deutschfähigkeiten nach 57 Monaten Aufenthalt in Deutschland gegeben werden. Im Vergleich mit (T14) vermittelt (T18) eine Vorstellung davon, welche Erwerbsprozesse er absolviert hat. Das Transkript wird unter den folgenden Gesichtspunkten analysiert:

– WS' konversationelles Erzählen,

– Fremdes in WS' Deutsch,

– Regionales in WS' Deutsch,

– Reformulierungen eigener Äußerungen.

Zur Gesprächssituation: Das Transkript fixiert einen Ausschnitt aus einem Interview, um das die Untersuchungsleiterin BW1 Walter Sennwald bat, als sie die Längsschnittaufnahmen in der Familie Sennwald beenden wollte. Sie hatte WS fast zwei Jahre nicht gesehen und ihn dann nur gelegentlich und flüchtig getroffen. Zum Abschluss der Aufnahmen wollte sie erfahren, wie es ihm seit dem ersten sprachbiografischen Gespräch ergangen ist und wie er seine Erfahrungen bilanziert. Zugleich war sie an einer Sprachaufnahme zu diesem Zeitpunkt interessiert. BW1 verfolgte in dem Interview keinen intern

---

[287] Autorinnen des Kommentars sind Eva Goldfuß-Siedl und Katharina Meng.

oder extern fixierten Ablaufplan. Jedoch stand für sie fest, dass sie vor allem Informationen über die sprachliche Entwicklung von WS in Deutschland und deren Rahmenbedingungen sowie über WS' Sicht auf die sprachliche und soziale Integration der Familie suchte. WS wusste, dass BW1 die sprachliche Entwicklung seines Sohnes verfolgt, mit ihm regelmäßig Ton- und Videoaufnahmen anfertigt und in dem Zusammenhang auch wissen möchte, wie sich die Eltern allmählich integrieren. Von daher war ihm die durch seine Frau übermittelte Bitte von BW1 um ein Gespräch verständlich. BW1 brauchte bei dieser Begegnung nicht viel zu fragen. WS stellte ihr mit Muße und Vergnügen seine Erfahrungen dar, großenteils in Form spontaner Äußerungen, zum Teil im Auto und dann leider nicht technisch fixiert, aber auch in dem mit Rekorder aufgezeichneten und relativ formell eingeleiteten Interview in der Wohnung. Das Interview begann damit, dass BW1 an das erste sprachbiografische Gespräch mit Walter Sennwald im 19. Aufenthaltsmonat erinnerte. Damals hatte WS gesagt, er erwäge, nach Kasachstan zurückzukehren. Die bloße Erinnerung an seine damaligen Überlegungen reichte aus, um WS entschieden ausdrücken zu lassen, dass er nunmehr anders denke: *zurück geht=s ne"t↓*(F4).

Die Erzählung *ein komische fall*. Walter Sennwald hat dem Interview zu seinen Erfahrungen in Deutschland ab FF26-27 eine sprachreflexive Wendung gegeben. Bei der Bilanzierung und Verallgemeinerung seiner sprachlichen Entwicklung erinnert WS sich auch eines Aspektes, der mit dem Spracherwerb in Arbeitssituationen assoziiert ist: der Komik, die darin liegt, dass ein arbeitender und mithin erwachsener Mensch mit Werkzeugen umgeht, die er nicht zu bezeichnen weiß (FF28-31). Diesen Aspekt entwickelt er ab F37 zu einer Erzählung mit der Funktion des Belegs. Die Erzählung wird durch eine Vorwegzusammenfassung eingeleitet: *aber * in dem die" firma wo chab isch praktikum gemacht das war ein * komische fall * fall bei uns mit chef→* (FF37-39). Aus ihr wird deutlich, dass man eine *komische* Begebenheit erfahren wird, dass diese sich in der Praktikumsfirma abspielte und dass an ihr der Sprecher und sein damaliger Chef beteiligt waren. Nach dieser Einleitung geht WS unmittelbar zur Darstellung des Geschehens über. Offenbar will er sofort die Äußerung des Chefs wiedergeben, die zur Komplikation führt: *er chat zu mir /* (F39). Aber er besinnt sich noch im Moment der Verbalisierung, bricht ab und stellt ein anderes Detail des Handlungsablaufes voran, das den Rahmen für die problematische Äußerung bildet: *er chat mir mi"ch geschickt zum auto→* (FF39-40). Als dies gesagt ist, wird dem Erzähler wahrscheinlich bewusst, dass die Zuhörerin nicht genug Hintergrundwissen über das *auto* und damit die Situation hat, in die der Held der Geschichte nun geraten wird. Daher liefert er Informationen nach: *bei uns war mantageauto voll mit werkzeug mit schrauben mit alles→* (FF40-41). WS, der Erzähler, hat die Planung und Realisierung seines Erzählungsanfanges nun abgeschlossen und stellt die ersten wichtigen Geschehensschritte noch einmal, und zwar nun chronologisch und vollständig dar: *er hat mich* *geschickt zum auto→ un=er hat gesagt→ brink mir wasserwogg↓* (FF41-42). Die Äußerung des Chefs ist durch parasprachliche Mittel von ihrer Umgebung abgehoben. Sie klingt amüsiert. Für die Zuhörerin könnte das ein Signal dafür sein, dass die Komik der angekündigten Begebenheit in eben dieser Äußerung ihre Quelle hat und dass diese somit die Komplikation des Geschehens darstellt. Der Erzähler ist an eine entscheidende Stelle seiner Erzählung gelangt. Er wartet lange – eine Sekunde lang (FF42-43), um zu erkennen, ob die Zuhörerin die Relevanz dieses Geschehens- und Erzählungssegments begriffen hat. Aber die Zuhörerin reagiert nicht: Sie hat *wasserwogg* mit seinem kurzen *o* nicht als kontaktsprachliche Realisierung von *wasserwo:g* oder *wasserwaage* erkannt und kann sich nicht denken, was der Chef gemeint haben könnte und was die Äußerung des Chefs für den Helden impliziert. Und der Erzähler begreift das. Wenn seine Erzählung Erfolg haben und die Zuhörerin die Komplikation verstehen soll, muss er nun zusätzliche Maßnahmen ergreifen. Und er tut das, indem er die Äußerung des Chefs kommentiert: *mit dialekt já so kam/ ka/ komische dialekt↓* (F43). BW1 reagiert schwach, indem sie fortgesetztes Zuhören signalisiert (F43); aber der Erzähler kann nicht erkennen, ob sie die Ursache seines Nichtverstehens begriffen hat. Deshalb gibt er eine weitere Verstehenshilfe, indem er dasjenige Wort des Chefs isoliert wiederholt, das für die Komplikation ausschlaggebend ist: *wasserwogg↓* (F44). Die Zuhörerin erkennt das Wort immer noch nicht; sie gibt bezeichnenderweise noch keine Verstehensbestätigung. WS prüft nun vermutlich weitere Hypothesen über die Gründe ihres reduzierten Reagierens: Er teilt mit, dass er damals überhaupt nicht gewusst habe, was gemeint sein könnte (FF44-45) – für den Fall, dass die Zuhörerin sich nicht vorstellen kann, wie begrenzt seine damaligen Verstehensfähigkeiten waren. Die Zuhörerin reagiert immer noch nicht. Der Erzähler wiederholt nunmehr das fragliche Wort in einer etwas anderen, dem Mannheimer Dialekt näheren Aussprache, nämlich mit langem *o:* (F45) und dann noch einmal lauter, in standardsprachlicher Form und mit Wortakzent auf dem entscheidenden Unterschied zwischen der dialektalen und der hochsprachlichen Form: *oder <wasserwaa"ge→>* (F45). Es ist bezeichnend, dass die Zuhörerin daraufhin nicht nur *ja* sagt, sondern auch lacht (F45). Der Erzähler hat mit seiner Diagnose der Verstehensblockade von BW1, seinen Intuitionen über deren mögliche Ursachen und geeignete Reparaturverfahren ein erstaunliches Gespür für sprachlich-kommunikative Zusammenhänge im Deutschen gezeigt, nämlich für die kommunikative Relevanz von langen und kurzen Vokalen und für dialektal-standardsprachliche Äquivalenzen. WS' Reparaturbemühungen hatten Erfolg. Er ist nun überzeugt, dass BW1 verstanden hat. WS beendet diese Phase seiner Erzählung, die zugleich retardierend-kommentierende und Reparaturfunktionen erfüllte, und fährt mit der Darstellung des Ereignisverlaufs fort: *un da chab isch im auto geguckt→ was was kann man mit wasser-→ hä* (FF45-47). Die Zuhörerin erfährt aus diesen Äußerungen des Erzählers, dass der Held seinen Chef nicht fragte, was das ihm unverständliche Wort bedeute, sondern zum Auto ging und sich dort umsah. Der Erzähler beschreibt das Umherblicken des Helden im Auto, und er formuliert die innere Frage, die der Held durch Wahrnehmung beantworten zu können hofft. Allerdings formuliert der Erzähler die Frage nicht vollständig. Ein Grund dafür dürfte darin bestehen, dass er den damaligen Stand der Deutschkenntnis des Helden vergegenwärtigen möchte: Der Held hatte von dem ihm unbekannten Wort nur den ersten Teil identifizieren können: *wasser-*. In der Frage fehlt weiterhin ein infiniter Prädikatsteil, etwa *meinen*. Es ist nicht ganz klar, warum WS ihn nicht realisiert. Vielleicht fehlt ihm ein passendes Lexem. Vielleicht ist die abgebrochene Formulierung aber auch ein Stilmittel, um zu unterstreichen, dass hier nicht äußere Kommunikation des Helden sprachlich wiedergegeben wird, sondern innere Rede, innere Problemlösungsbemühung. Durch die nächste – eher parasprachliche als sprachliche – Äußerung *hä* bringt WS zum Ausdruck, dass der Held von einer Problemlösung noch weit entfernt ist. Sie hört sich wie der unartikulierte Laut eines Menschen an, der begriffsstutzig, gleichsam mit offenem Munde, Wahrnehmungen konfrontiert ist, die er nicht einordnen kann. Die folgenden beiden Äußerungen beschreiben die Lösung, die der Held findet: *wasserei"mer↓ ei"nfach↓* (F47). Teilweise stellen sie den Lösungsprozess dar, teilweise 'malen' sie ihn mit sprachlichen Mitteln. Das sprachlich Darstellende besteht erstens in der Vervollständigung des bisher nur halb identifizierten Kompositums *wasser-* zu *wasserei"mer*. Zweitens besteht das sprachlich Darstellende in der Prädikation *ei"nfach↓*, die sich offenbar auf die Lösung des Problems bezieht: Als sich die Lösung schließlich eingestellt hat, erscheint sie als ganz *einfach*. Das Sprachmalende[288] besteht in Folgendem: Der Inhalt der gesuchten Lösung wird durch die Verschiebung des Wortakzents auf *ei"mer* hervorgehoben; Plötzlichkeit und Endgültigkeit der Lösungsfindung werden durch die knappest mögliche Gestaltung der syntaktischen Strukturen und terminale Grenzmuster bei beiden Äußerungen ausgedrückt. Die emotionalen Prozesse des Helden haben damit einen wirkungsvollen sprachlichen Ausdruck erfahren. Dieser birgt zugleich Komik in sich: Der Held meint, die Lösung seines Verstehensproblems gefunden zu haben, und ist erleichtert und stolz auf seine Leistung; aber dem Erzähler und gewiss auch der Zuhörerin ist klar, dass die vermeintliche Lösung keine tatsächliche Lösung ist. Die Ereignisse haben also noch keine entscheidende Wende erfahren. Die Spannung steigt. Darauf scheint es der Erzähler auch anzulegen. Zwar stellt er die aus der vermeintlichen Problemlösung folgenden Handlungen des Helden und seines Gegenspielers nun syntaktisch entfalteter dar als das blitzartige Ereignis des trügerischen Einfalls: *isch hab eimer genommen→ gebracht zum den chef→ er nimmt des eimer→ stellt o/ obendruff auf u"prafi"l→* (FF47-49). Es fällt jedoch auf, dass diese Äuße-

---
[288] Prozeduren des 'Malfeldes' von Sprache (Ehlich 1991) „haben es mit der Kommunikation von situativer 'Atmosphäre' und psycho-physischer Befindlichkeit, von Stimmungen und Emotionen zu tun" (Redder 1994, 240). Dabei dominieren Formen der Modulation. Für eine exemplarische Analyse von Formen und Funktionen malender Prozeduren beim konversationellen Erzählen siehe Redder 1994.

rungen asyndetisch aufeinander folgen, dass es sich um elementare Handlungssätze handelt, die das Geschehen in Kleinsteinheiten zerlegen, und dass ein Wechsel vom Perfekt ins szenische Präsens erfolgt. All das sind sprachliche Signale dafür, dass der Kulminationspunkt bevorsteht.[289] Bevor der Erzähler zu diesem hinführt, schiebt er – erneut retardierend und verständnissichernd – einen Kommentar ein: *des war ein großer u"prafi"l*→ (FF49-50) und beschreibt die äußeren und inneren Aktionen des Chefs mit einem für die Retardierung bedeutsamen syndetischen Anschluss: *und guckt auf den eimer*→ (F50). Die Denkprozesse des Chefs werden durch wörtliche Rede wiedergegeben: *wie kann isch jetzt au"srichten*→ (FF51). Dass das alles kein böses Ende nehmen wird, kann die Zuhörerin bereits erkennen: Der Erzähler stellt die auf den Ereignishöhepunkt hinführenden Handlungen lachend dar und berichtet von dem Chef, er habe sich angesichts des Wassereimers die Frage gestellt, wie er damit ausrichten könne – eine Frage, die nur humorvoll-spaßig gemeint sein kann. Der Ereignis- und Erzählungshöhepunkt liegt in den probeweisen Ausrichtungshandlungen des Chefs. Mit pantomimischen Mitteln führt der Erzähler vor, wie der Chef Wassereimer und U-Profil zueinander positioniert. Dabei verweist er durch die mehrfachen *so* auf seine Gesten, die die praktischen Handlungsversuche des Chefs symbolisieren, und markiert sie durch die mehrfachen *oder* als Alternativen (FF50-51). Der Erzähler gestaltet den Höhepunkt zugleich als Lösung der Spannung. Diese liegt darin, dass der Chef den Versuch des Helden, die Anweisung zu verstehen und zu erfüllen, spielerisch akzeptiert. Der Chef würdigt damit die Strategie des Helden, angesichts seines Verstehensproblems nicht aufzugeben, sondern durch aktives Suchen eine Lösung zu finden und anzubieten. Die Zuhörerin reagiert auf die gestisch-sprachliche Produktion des Höhe- und Wendepunktes der Erzählung mit Lachen. Der Erzähler kostet den Höhepunkt noch etwas aus, indem er ihre Aufmerksamkeit auf eine andere Erscheinungsform der Reaktion des Chefs lenkt, diesmal vor allem durch Symbolfeldausdrücke: * *und dann hat er se"lber gelacht*→ (FF51-52). Er tut das bezeichnenderweise nach einer kurzen Pause. Man schaue im Transkript zurück, WS' letzte Pause fand sich nach der Wiedergabe der die Komplikation verursachenden Aufforderung des Chefs (F42). Und WS tut das bezeichnenderweise mit einem einleitenden *und*. Auch die Darstellungen der nächsten Handlungen des Chefs werden jeweils mit *und* angeschlossen und durch äußerungsinterne Pausen gegliedert: *und hat gekommen * mit mir zusammen ru"nter * zum au"to*→ *un hat gezeigt*→ (FF52-53). Das heißt, WS führt die Zuhörerin vom Spannungshöhepunkt ruhig zum Abschluss des Ereignisses und symbolisiert damit 'malend' zugleich die allmähliche Beruhigung, die der Held gewiss durch die Reaktion des Chefs erfuhr. Die letzte erzählenswerte Handlung des Ereignisses ist für WS die Äußerung des Chefs: *de"s is wasserwogg*↓ (F54). Dabei handelt es sich um eine ostensive, empraktische

---

[289] Zu Strukturen und sprachlichen Strukturierungsmitteln von Erzählungen siehe u.a. Kallmeyer/Schütze 1977, Quasthoff 1980 sowie Meng 1988.

Definition des Wortes *wasserwo:g*. Sie orientiert den Helden durch die Objektdeixis *des* und die begleitende Geste des Chefs auf ein Element im Wahrnehmungsraum, der für Erzähler und Zuhörerin ein Vorstellungsraum ist, und kontrastiert dieses durch den Akzent *de"s* mit einem anderen Element, von dem im Laufe der Erzählung bereits die Rede war: dem Wassereimer. Der Erzähler gibt der Definitionshandlung des Chefs ein terminales Grenztonmuster und unterstreicht damit die Gültigkeit und Endgültigkeit der Definition und des durch sie ausgelösten Sprachlernprozesses des Helden. Die eigentliche Ereignisdarstellung ist damit beendet. Der Erzähler kommentiert das Ereignis jedoch noch in mehrfacher Hinsicht. Der erste Kommentar lautet: *auf russisch heißt der уровень↓* (F54). Die Adressatin kannte das russische Wort in der Bedeutung 'Wasserwaage' zuvor nicht. Sie versichert sich deshalb, ob sie es richtig gehört und verstanden hat, indem sie es mit steigendem Tonhöhenverlauf und gleichsam übend wiederholt und dann selbst ihren Lernprozess bestätigt (F55). Bei der Reflexion ihres Verstehens wird ihr klar, dass der russischen Bezeichnung für 'Wasserwaage' ein anderer Bezeichnungsanlass für das Werkzeug zugrundeliegt als der deutschen, denn *уровень* (*uroven'*) bedeutet auch und für die Adressatin in erster Linie 'Niveau, Ebene'. Dieser Sachverhalt kann WS auch veranlasst haben, BW1 das russische Wort zu nennen; er wäre eine Ursache dafür, dass er, ausgehend von *Wasser-* und bezogen auf das Montageauto einer Schlosserei, nicht in der Lage war zu erschließen, was mit *wasserwo:g* gemeint war, auch wenn er damals bereits in der Lage war, die Beziehung des dialektalen Ausdrucks zu seiner hochsprachlichen Variante *wasserwaage* herzustellen; dieser Umstand lässt WS' sprachliches Nichtwissen entschuldbarer erscheinen. Die nächste Kommentarfolge lautet: *mein vater mein vater mein vater chat au"ch gehabt уровень↓ já so für für=n tischlerarbeit so was vom cholz→ já wir haben zu hause au"ch gehabt→* (FF55-57). Die Zuhörerin kann – und soll vielleicht – die damit übermittelten Informationen zurückbeziehen auf das, was ihr der Gesprächspartner am Anfang des Gesprächs sagte, nämlich dass es in Deutschland Werkzeuge gibt, die man in Kasachstan nicht kannte; und sie kann – und soll vielleicht – daraus schließen, dass Wasserwaagen jedoch nicht zu diesen unbekannten Werkzeugen gehörten. Wie um das zu unterstreichen, gibt WS eine ungefähre Definition für Wasserwaagen: *so für für=n tischlerarbeit so was vom cholz→* Derartige Werkzeuge habe man *zu hause* sehr wohl gekannt, und nicht erst seit kurzem, sondern schon zu Leb- und Arbeitszeiten des Vaters. Dem komischen Ereignis während des Praktikums lagen also nicht Mängel in der technischen Ausstattung *zu hause* oder in der fachlichen Qualifikation des Erzählers zugrunde, sondern lediglich sprachliche Lücken. Und wie um das unmissverständlich klar zu machen, fährt er fort: *aber isch hab net gewu"sst was des heißt→ einfach wa"sserwogg→* (FF57-58) und lacht über sein damaliges Unwissen. BW1 drückt aus, dass sie das verstanden habe, indem sie lacht und mit fallend-steigendem Tonmuster nachdrücklich *já* sagt (F59). WS betont dann, dass seine sprachliche Lücke seit dem erzählten Vorfall beseitigt ist, und zwar endgültig: *jetzt weiß isch des ganz genau*→ (F59). Die Zuhörerin bestätigt die Verarbeitung gerade dieser Information, indem sie sie paraphrasiert: *jà seitdem hast du=s nie mehr vergessen*↓ (FF59-60). Nachdem sich Erzähler und Zuhörerin darauf geeinigt haben (F60), versucht WS die konversationelle Erzähleinheit zu beenden, indem er, die Formulierung seiner Vorwegzusammenfassung aufgreifend, nunmehr abschließend zusammenfasst: *des war komische fall*↓ (F60). Aber die Zuhörerin möchte noch eine Beziehung zu WS' Äußerung am Anfang des Interviews herstellen, wo er gesagt hatte, er fühle sich jetzt in Deutschland auch wegen *deutsche leute* (F8) zu Hause: *aber der war ganz nett der chef*→ *jà* (F61). Durch ihr einleitendes *aber* deutet sie auf ihr gemeinsames Wissen hin, dass die Reaktion von WS' Chef keine Selbstverständlichkeit war und dass andere Reaktionen denkbar gewesen wären. Diese versprachlicht sie, nachdem WS ihrem Urteil über den Chef zugestimmt hat (F61): *er hätt ja schimpfen können*→ *so*→ *du bist dumm*→ *und kannst das nicht*→ (FF61-63). WS stimmt BW1 erneut zu (FF63-64) und bestätigt damit den Zusammenhang, den sie zwischen dem erzählten *komischen fall* und seinem positiven Befinden in Deutschland sieht. Damit sind die Partner endgültig übereingekommen, diese Einheit des Erzählens und Zuhörens abzuschließen. Das Gespräch wendet sich einer anderen Phase der Integration zu: WS' langer Arbeitslosigkeit nach dem Praktikum.

Wir fassen zusammen. Am Anfang des Interviews bilanziert Walter Sennwald seinen fast fünfjährigen Aufenthalt in Deutschland als einen erfolgreichen Prozess. Er fühle sich nunmehr in Deutschland zu Hause. Das sei durch die *arbeit* und durch *deutsche leute* gekommen. Im Verlaufe des Interviews ergänzt WS die allgemeine Bilanzierung seiner Integration um eine Bilanz seines Deutscherwerbs und verallgemeinert darüber hinaus seine positiven Erfahrungen mit dem Deutscherwerb durch Arbeit in der folgenden Sentenz:[290] *und immer immer wann du schaffschd mit den mit=n werkzeug dann me"rkschd du schon*↓ (FF31-33). Die Orientierung auf den Deutscherwerb ermöglicht es WS auszuführen, wie *arbeit* und *leute* dazu geführt haben, dass er sich in Deutschland nunmehr wohl fühlt. Nach gedanklich und kommunikativ tastenden – hier nicht analysierten – Versuchen zum Zusammenhang von *arbeit* und *leute* belegt und verdeutlicht er mit Hilfe einer konversationellen Erzählung seine Perspektive. Er erzählt, wie er eine peinliche, seine Akzeptanz gefährdende Situation überwunden hat, in die er durch unzureichende Deutschkenntnisse geraten war. Er stellt sich als jemand dar, der sein Verstehensproblem aktiv und einfallsreich bearbeitete und dadurch sein Gegenüber von sich selbst überzeugte. Es gelingt WS, das von ihm als komisch angekündigte Ereignis als komisch nacherlebbar zu machen und zugleich damit die erzählte Situation als eine überwundene und überwindbare darzustellen. In der Erzählung zeigt WS hohe Kompetenz in der wirkungsvollen Gestaltung der Diskursform und Sensibilität für die Verstehensprozesse sei-

---

[290] Zu Sentenzen als Strukturtyp des Wissens siehe Ehlich/Rehbein 1977 und Redder 1995.

ner Zuhörerin und deren Zusammenhang mit regionalen Varianten des Deutschen. Es ist anzunehmen, dass WS bereits im Russischen Muster für das konversationelle Erzählen ausgebildet hatte und dann lernte, sie auf Deutsch zu realisieren. Ob das zutrifft oder ob WS für das Erzählen auf Deutsch eigene, neue Muster entwickelte, kann auf der Basis unserer Aufnahmen an anderer Stelle durch Vergleich mit russischen Erzählpassagen analysiert werden. Wie dem auch sei: Im 57. Monat ist es WS möglich, komplizierte biografische Zusammenhänge in einer deutschsprachigen Erzählung zu präsentieren und interaktiv zu bearbeiten – ein bemerkenswertes Ergebnis der sprachlichen Integration.

Dies zu betonen bedeutet nicht, die Augen gegenüber bisher Nicht-Gemeistertem in Walter Sennwalds Deutschentwicklung zu verschließen.

Fremdes in Walters Sennwalds Deutsch: Wenn Walter Sennwald Deutsch spricht, dann hört man sofort, dass er nicht immer im deutschen Sprachraum gelebt hat – sein Deutsch klingt fremd. Das bezieht sich zunächst ganz unmittelbar auf die Aussprache. Fremd anmutende Ausspracheeigentümlichkeiten sammeln und addieren sich bei Walter in dem Wort *U-Profil* (FF49, 50), hier allerdings in solchem Maß, dass mehrere deutschsprachige Personen, die die Aufnahme anhörten, nicht erkennen konnten, was Walter meint. Allerdings handelte es sich dabei bezeichnenderweise um weibliche Personen, die kein Hintergrundwissen über Schlosserarbeiten und Arbeitsgegenstände wie U- oder T-Profile hatten. Walter tilgt in der Aussprache des Wortes *U-Profil* die Grenze zwischen den beiden Bestandteilen des Kompositums. Er ersetzt das lange *u* des ersten Bestandteils des Kompositums (*U-*) durch ein relativ kurzes *u*, das lange *o* im zweiten Bestandteil des Kompositums (*Profil*) durch ein kurzes *a* und das lange *i* durch ein relativ kurzes *i*. In dieser Veränderung der Phonemstruktur des deutschen (Fremd-)Wortes *U-Profil* zeigt sich überdeutlich die Schwierigkeit von Sprechern mit Russisch als dominanter Sprache, zwischen langen und kurzen Vokalen zu unterscheiden. Die Wortakzente andererseits setzt Walter so, wie Sprecher mit Deutsch als dominanter Sprache es tun. Er spricht das Wort mit zwei Hauptakzenten – auf der ersten und der dritten Silbe: *u"prafi"l*. Das heißt, er überträgt den Wortakzent des russischen (Fremd-)Wortes профиль (*profil'*), das auf der ersten Silbe betont wird, nicht auf das deutsche Wort *Profil*, sondern betont dieses auf der Endsilbe. Die Endbetonung des deutschen Wortes *Profil* wiederum scheint in Walter die Anwendung einer Regel auszulösen, die im Russischen bewirkt, dass das *o* vor der betonten Silbe als *a* realisiert wird. In der Aussprache *u"prafi"l* kreuzen sich so auf mehrfache Weise Ausspracheregeln des Deutschen und des Russischen.

Fremdes zeigt sich auch in bestimmten morphosyntaktischen Eigentümlichkeiten von Walter Sennwalds Deutsch.[291] Häufig, aber bei weitem nicht immer fehlt bei ihm der bestimmte oder der unbestimmte Artikel: *für mich chat arbeitsam bezahlt des alles*→ (F21) bzw. *des war ganz kleiner betribb*→ (F23). Hinsichtlich des Genus von Substantiven werden Unsicherheiten deutlich, siehe z. B.: *vom leihnfirma* (FF24-25), *der werkzeug* (FF34-35), *des eimer* (FF48-49). In der Satzgliedfolge hat WS Schwierigkeiten mit der Bildung des prädikativen Rahmens und den Regularitäten für die 'Ausklammerung' bestimmter Satzglieder im Hauptsatz und mit der Platzierung des finiten Verbs im Nebensatz, siehe z.B.: *früher chab isch net gewusst auf deutsch was is des chammer oder meisel*→ (FF29-30). In den Äußerungen werden öfter notwendige Subjekt- und Objektausdrücke nicht realisiert, z.B. *kostenlos war*→ (F20). Auffällig ist, dass WS das Präteritum bisher nur bei dem Hilfsverb *sein* verwendet.

Im lexikalisch-idiomatischen Bereich ist Unsicherheit in der Wahl von Präpositionen zu erkennen: *neben Mannheim* (F18) statt: *bei Mannheim*, etwas *vom holz* (F56) statt: etwas *aus holz*. Ein weiteres Beispiel: *das war ein komische fall bei uns mit chef* (FF38-39) ist die Übertragung eines russischen Ausdrucks ins Deutsche, in idiomatischem Deutsch müsste es heißen: *mit* bzw. *zwischen meinem Chef und mir*.

Regionales in Walters Sennwalds Deutsch: WS' Deutsch ist nicht sehr stark dialektal geprägt. Das wird vor allem deutlich, wenn man es mit dem Deutsch seiner Mutter vergleicht. Es enthält jedoch einige sprachliche Merkmale, die es dem südwestdeutschen Sprachraum zuweisen. Das erkennt man an dem zu *sch* palatalisierten *s*: *isch* statt *ich* (F3 u.a.), *merkschd* und *schaffschd* (F32) für *merkst* bzw. *schaffst*. Regional sind auch folgende sprachliche Formen: *net* statt standardsprachlich *nicht* (F4 u.a.), *wann* (F31 u.a.) statt standardsprachlich *wenn*, die Verdumpfung des *a* zu *o* in *wasserwo:g* (F45 u.a.), die n-Apokope in *drei woche* (F20) statt standardsprachlich *drei wochen* und *spitzname* (F36) statt *spitznamen* sowie die Verwendung von *schaffen* in der Bedeutung 'arbeiten' (F32). Regional-umgangssprachlich ist auch das *des* (F17 u.a.) anstelle des standardsprachlichen *das*. Walter ersetzt den Dativ häufig durch den Akkusativ: *in kleine schlosserei* (F22) oder *mit alles* (F41). Diese Erscheinung haben wir bei vielen russlanddeutschen Aussiedlern beobachtet, sie ist aber auch bei Russlanddeutschen in Russland und in Kansas/USA sowie bei binnendeutschen Dialekten belegt, so dass man sie wohl als Ausdruck einer internen Tendenz zur Reduktion des Kasussystems ansehen muss und nicht als interferenzbedingte Erscheinung.[292] WS weiß von einigen Formen, dass sie dialektal-regionalen Ursprungs sind. So

---

[291] Viele der in WS' Deutsch bemerkbaren Einflüsse des Russischen sind auch für das Deutsch der Russlanddeutschen in der Herkunftsgesellschaft belegt. Siehe Anders 1993 und Goldfuß-Siedl 1995.

[292] Zur Diskussion dieser Frage siehe Keel 1994 sowie Kaul 1996, 35ff.

sieht er das *sch* anstelle des *s* als typisch für Sprecher aus Ludwigshafen an. Dass es in weiten Bereichen des Pfälzischen und Alemannischen verbreitet ist, hat er aus eigenen Spracherfahrungen noch nicht verallgemeinern können. Bei anderen Formen ist ihm der regionale oder umgangssprachliche Charakter vermutlich noch nicht bewusst geworden, so z.B. beim Ersatz des Dativs durch den Akkusativ.

Reformulierungen: Ein sehr auffälliges Merkmal von Walter Sennwalds Deutsch sind seine häufigen Reformulierungen.[293] Ein aufschlussreiches Beispiel findet sich am Anfang des Transkripts in FF7-12. BW1 fragt: *und wodurch ist dieser wandel gekommen*↑ (FF6-7). WS antwortet in mehrfachen Ansätzen:

(a) *dursch arbeit glaub isch*↓

(b) *dursch arbeit und die ** leute /*

(c) *durch deutsche leute was kenn isch welche kenn ich*→

(d) *aber die mei"schde leute deutsche sind nur bei a"rbeitsplatz*→ *1,5*

(e) *wie ka=man das richtig sagen*→

(f) *isch isch weiß net*↓ *

(g) *ja isch glaub=s durch die arbeit*→

Die erste Antwort – (a) – ist sprachlich vollständig. WS behandelt sie jedoch nicht als endgültige Antwort, denn in der nächsten Äußerung – (b) – antwortet er noch einmal auf dieselbe Frage. Die Antworten (a) und (b) sind syntaktisch gleich gebaut, zwischen ihnen produziert der Sprecher keinen Reformulierungsindikator, der eine Neubeantwortung der Frage erwarten ließe. (b) enthält jedoch gegenüber (a) ein zusätzliches Inhaltsmoment: Der Wandel ist durch *arbeit* bedingt – dies wird ausdrücklich noch einmal gesagt –, aber auch durch *leute*. Indem auch dies gesagt wird, leistet (b) eine inhaltliche Ergänzung zu (a). Ergänzungen dieser Art zeigen an, dass der Gedanke nicht abgeschlossen ist, wenn die Verbalisierung beginnt, sondern sich beim Sprechen allmählich entwickelt.

In der Antwort (b) registrieren wir eine auffällige äußerungsinterne Pause zwischen Artikel und Substantiv, der Stelle also, an der häufig adjektivische Attribute erscheinen, die den durch das Substantiv benannten Gegenstand näher charakterisieren und dadurch eingrenzen. Der Sprecher scheint jedoch

---

[293] Zur Diskussion der Reformulierungen übernehme ich Termini von Gülich/Kotschi 1987.

vergebens nach einem passenden charakterisierenden Ausdruck zu suchen. Er beendet das Satzglied ohne eine solche nähere Bestimmung. An ihrer Stelle nehmen wir nur die Pause wahr. Diese kann von der Hörerin als Indikator einer bevorstehenden Reformulierung, insbesondere zum Zwecke einer Eingrenzung interpretiert werden.

Antwort (c) greift den zweiten, neuen Teil der zweiten Antwortvariante (b) wieder auf und liefert in doppelter Hinsicht die durch die Pause in (b) erwartbare Eingrenzung: (c1) *durch deutsche leute* sowie (c2) *was kenn isch welche kenn ich*→. Die *leute*, denen WS seine gelungene Integration verdankt, sind *deutsche* Leute, aber nicht die Deutschen oder Deutsche schlechthin, sondern diejenigen, *was kenn isch*. Damit will WS vermutlich sagen, er meine die Deutschen oder Deutsche, mit denen er persönlich Umgang hatte. An den eingrenzenden Relativsatz schließt WS ohne Reformulierungsindikator einen zweiten eingrenzenden Relativsatz an, der keine neue Information bringt: *welche kenn ich*. Der zweite Nebensatz unterscheidet sich von dem ersten nur dadurch, dass zwei Non-Standard-Elemente des ersten Nebensatzes durch ihre Standard-Varianten ersetzt sind: *was* wird durch *welche* ersetzt, *isch* durch *ich*. Diese Reformulierung ist ein Ausdruck dessen, dass WS seine Äußerungen auch im Hinblick auf ihre Überstimmung mit der standardsprachlichen Norm überwacht. Als solche stellt sie eine sprachliche Selbstkorrektur dar.

Äußerung (d) wird durch ein *aber* eingeleitet. Ihr propositionaler Gehalt führt zu einer weiteren Einschränkung der bisherigen Charakterisierung der *deutschen leute*, denen WS seine positiven Integrationserfahrungen verdankt: *aber die mei"schde leute deutsche sind nur bei a"rbeitsplatz*→. Die Zuhörerin soll vermutlich erfahren, dass WS nur am Arbeitsplatz und nicht zum Beispiel in der Nachbarschaft oder an anderer Stelle bedeutsame positive Erfahrungen im Umgang mit Deutschen machte. WS selbst empfindet die Formulierung als noch nicht geglückt, vielleicht auch, weil seine Zuhörerin nicht reagiert. Es ist eine Pause von 1,5 Sekunden eingetreten – eine lange Pause.

Mit Äußerung (e) *wie ka=man das richtig sagen*→ bringt WS zum Ausdruck, dass er nach einer anderen Formulierung des bereits geäußerten Gedankens sucht, nach einer Formulierung, die *richtiger* ist. Vielleicht ersucht er auch BW1 um Formulierungshilfe. Wenn wir das Lexem *richtiger* wörtlich verstehen dürfen, dann scheint WS den Eindruck zu haben, dass seine letzte Formulierung Regularitäten oder Normen des Deutschen nicht entspricht und wahrscheinlich charakteristisch für Lerner dieser Sprache ist.

In der Äußerung (f) *isch isch weiß net*↓ drückt WS aus, dass er momentan keine korrektere oder stärker zielsprachliche Formulierung des zu übermittelnden Gedankens finden kann. Er gibt die Suche danach auf. Wenn man nachträglich zu erschließen versucht, was WS ab Äußerung (b) zu formulieren versucht, könnte man zunächst vermuten, er wollte über *deutsche kollegen* sprechen. Das deutsche Wort *kollege* und sein russisches Äquivalent sind einander jedoch sehr ähnlich, so dass es unwahrscheinlich ist, dass WS es nicht kannte oder es ihm nicht einfiel. Vermutlich passt das Wort *kollege* in WS' Augen nicht auf die Menschen, über die er sprechen will. Aus dem weiteren Verlauf des Interviews erfahren wir, dass es sich um Deutsche handelt, denen WS bei der Arbeit begegnete, die jedoch in der Hierarchie der Mitarbeiter einer Firma meist über ihm standen. Wenn er dies sagen wollte, dann steht kein fertiges Lexem zur Verfügung; die gemeinten Menschen können nur durch komplexe sprachliche Strukturen charakterisiert werden, z.B. *Deutsche, mit denen ich zusammen gearbeitet habe* oder *Deutsche, bei denen ich gearbeitet habe* oder *Deutsche, die ich bei der Arbeit kennen gelernt habe*. Auf Russisch könnte der Sprecher derartige Strukturen ohne langes Suchen bilden.

Mit Äußerung (g) *ja isch glaub=s durch die arbeit→* verzichtet WS nicht nur darauf, nach einer endgültigen Formulierung für die *deutschen leute* zu suchen, sondern er stuft die Bedeutung der *leute* auch zurück, indem er sie nicht mehr erwähnt. Sie können freilich noch mitverstanden werden, wenn er von *arbeit* spricht. Man kann aber auch annehmen, dass WS in seinem Nachdenken über die integrationsfördernden Faktoren nunmehr doch seiner eigenen Arbeitstätigkeit das entscheidende Gewicht einräumt. Der sprachlichen Struktur nach könnte Äußerung (g) eine hinreichende und vollständige Antwort auf die Ausgangsfrage sein. Deshalb könnte man auch argumentieren, mit (g) tilge WS alle vorherigen Formulierungsbemühungen und lasse nur (g) gelten. Eine solche Interpretation würde jedoch der interaktiven Wirkung der Abfolge von Formulierung und Reformulierung nicht gerecht.

Wir haben bereits an dem kurzen Transkriptstück FF7-12 gesehen, dass WS häufig reformuliert. Aus der Beziehung zwischen den Äußerungen, auf die sich spätere Reformulierungen beziehen, eventuell auftretenden Reformulierungsindikatoren und Formulierungsbewertungen und den Reformulierungen selbst können wir partiell erkennen, welcher Art die Formulierungsprobleme sind, an welchen Maßstäben und Kriterien sprachlichen Handelns der Sprecher sich orientiert und welche sprachlichen und diskursiven Verfahren ihm zur Lösung der Probleme zur Verfügung stehen. Es scheint uns aussichtsreich zu sein, nach Beziehungen zwischen Arten von Reformulierungen[294] und Stadien der sprachlichen Integration zu suchen. Dieser Fragestellung können wir jedoch im Rahmen eines solchen Kommentars nicht nachgehen. Hier müssen wir uns mit der Feststellung begnügen, dass Walter Sennwald

---

[294] Es wäre interessant zu verfolgen, welche Gemeinsamkeiten und Unterschiede z.B. Reformulierungen als Ausdruck institutioneller Adaptierungsprozesse (s. Bührig 1996) und Reformulierungen als Ausdruck von Spracherwerbsprozessen aufweisen.

eine deutliche Tendenz zeigt, seinen Diskurs zu überwachen und zu optimieren. Im Hinblick auf die hörerbezogene Auswahl und Anordnung versprachlichten Wissens und die damit zusammenhängende Abwicklung des Erzählschemas wurde das bereits oben belegt (siehe die Kommentare zu FF39-42). Es gilt jedoch auch im Hinblick auf inhaltliche Ergänzungen oder Eingrenzungen von Äußerungen oder ihre Korrekturen nach Maßgabe von sprachlichen Bewertungskriterien wie Standardsprachlichkeit oder Zielsprachlichkeit. Es ist deutlich, dass WS ein Sprachgefühl für das Deutsche zu entwickeln beginnt, das ihm als Kontrollinstanz und Auslöser für Reformulierungen eigener Äußerungen dient. Aber es zeigt sich auch, dass die deutschsprachige Kontrollinstanz nicht so beschaffen ist wie bei einem binnendeutschen Sprecher. Viele fremdsprachliche Eigentümlichkeiten werden von WS offensichtlich noch nicht bemerkt. Detaillierte Einzelanalysen wären hier wünschenswert.

Zusammenfassung: Walter Sennwald konnte die im Transkript dokumentierte Phase des sprachbiografischen Gesprächs erfolgreich gestalten. Gegen Ende des fünften Aufenthaltsjahres hat er im Deutschen entwickelte sprachliche Fähigkeiten ausgebildet. Er kann sich über Themen seines Arbeitslebens verständigen und dabei, falls die Gesprächssituation es ermöglicht, pointiert und witzig seine Perspektive zum Ausdruck bringen. Diesen Grad der sprachlichen Integration erreichte WS durch intensive Bemühungen um den Wiedererwerb und Ausbau des Deutschen im Rahmen seiner alltäglichen sprachlichen Interaktionen, d.h. im sog. ungesteuerten Spracherwerb. Seine Kommunikationspartner sprechen überwiegend regional und/oder kontaktsprachlich geprägte Varianten des Deutschen. Daher ist es nicht erstaunlich, dass auch WS' Deutsch diese Prägungen aufweist. Wenn ein Hörer bereit ist, die Zeichen von Fremdheit in WS' Deutsch zu tolerieren, kann die Kommunikation mit ihm ausgesprochen genussreich verlaufen und dem Hörer Einblicke in die Aufnahmegesellschaft und in die Gemeinschaft der Aussiedler vermitteln, die ihm ohne diese Kommunikationsgelegenheit verschlossen blieben.

4.3.8   Marina und Walter Sennwald – Zusammenfassung

Marina und Walter Sennwalds **sprachliche Praktiken und Fähigkeiten** sind zum **Zeitpunkt der Übersiedlung nach Deutschland** – MS ist 23 Jahre alt, WS 27 Jahre – durch folgende Merkmale gekennzeichnet. MS ist im Wesentlichen **einsprachig-russisch**. Die geringen Möglichkeiten, die sie hatte, Deutsch als Zweitsprache und als Fremdsprache zu erwerben, haben sich kaum auf ihre sprachlichen Fähigkeiten ausgewirkt. Ihr Russisch ist bis hin zu den Lese- und Schreibfertigkeiten gut entwickelt. Der wesentliche Kommunikationsbereich ist der mündliche. Ihr Russisch ist leicht asiatisch-regional gefärbt. Es enthält zudem in einigen Lexemen Spuren der deutschsprachigen Familientradition (*aby*, *Schatzele*, *Oma*, *Opa* usw.). Die sprachliche Integration in Deutschland stellt MS vor die Anforderung, **Deutsch** im Zweitspracherwerb des Erwachsenen, also in der Sprachpraxis und nur begrenzt durch Unterricht gesteuert, auszubilden. Für Walter Sennwald ist **Russisch** Zweitsprache, die er im sukzessiven Bilingualismus und durch Submersion in Wort und Schrift erworben hat. Aber sie ist seit langem seine am häufigsten verwendete, am vielseitigsten ausgebildete und am besten beherrschte Sprache. WS beherrscht das Russische auf muttersprachlichem Niveau. Das Schwergewicht seiner sprachlichen Fähigkeiten liegt im Mündlichen. Er spricht ein Russisch mit leicht asiatisch-regionaler und leicht deutsch-kontaktsprachlicher Prägung. WS hat beeindruckende Fähigkeiten im konversationellen Erzählen und nutzt sie gern. WS' Erstsprache war das **Deutsche**. Er eignete es sich in der Familie von den Großeltern an und erweiterte es später durch schulischen Fremdsprachenunterricht um elementare schriftliche Fähigkeiten. Allerdings hat er sein Deutsch seit Jahren kaum in Anspruch genommen; es ist verschüttet. Er ist durch die Übersiedlung nach Deutschland mit dem Erwerbstyp Wiedererwerb[295] konfrontiert.

Marina und Walter Sennwald haben teilweise unterschiedliche **Einstellungen** zu den Zielen von Bemühungen um Spracherwerb und -erhalt. In MS' Familie spielen Kenntnis und Achtung verschiedener Sprachen, Literaturen und Kulturen eine Rolle; sie sind verbunden mit der Wertschätzung der eigenen nationalen Tradition; es wird 'Reinheit' der jeweils gesprochenen Sprache geschätzt. Für MS sind diese Vorstellungen jedoch eher Wünsche und Ziele als Praxis; sie hält sich selbst für sprachlich unbegabt und sieht darin die Hauptursache dafür, dass sie keine anderen Sprachen neben dem Russischen erworben hat. WS' Einstellung zu Spracherwerb und Mehrsprachigkeit ist eher pragmatisch: Man lernt und benutzt die Sprache, die nötig ist, um mit den Menschen zu verkehren, auf die es ankommt. Das war in Kasachstan das Russische für den Umgang mit den Altersgefährten verschiedener Nationalität und nicht Deutsch, die Sprache der Groß- und Urgroßeltern. In Deutschland ist Deutsch die entscheidende Sprache: Deutsch als Sprache der Integration, des beruflichen Erfolgs bei Erwachsenen und des schulischen Erfolgs bei Kindern. Was aus den jeweils anderen Sprachen wird, die man kennt, ist nicht von Bedeutung. MS und WS gleichen sich darin, dass sie Spracherwerb durch rezeptive und produktive Teilnahme an der Kommunikation als den einzig für sie möglichen Weg des Spracherwerbs ansehen.

Das **sprachliche Angebot**, das Marina und Walter Sennwald am Anfang der sprachlichen Integration (**erstes und zweites Aufenthaltsjahr**) in der Familie erfahren, ist – wie bei Erich – durch folgende Merkmale gekennzeichnet: Es ist ein regionales, leicht deutsch beeinflusstes **Russisch**, das ähnlich auch von anderen russlanddeutschen Bekannten im Übergangswohnheim verwen-

---

[295] Klein 1992, 34-35.

det wird, wobei die regionale Prägung variieren kann. Standardsprachliches Russisch erfährt MS nach der Übersiedlung nur noch selten und in einem funktional eingegrenzten Spektrum, vor allem aus den russischen Büchern, die sie liest, um Erich Geschichten und Märchen erzählen zu können und ihn in seiner sprachlichen Entwicklung zu fördern (sprachdidaktische Literatur). WS liest kaum Russisch. Russische Fernsehprogramme empfängt die Familie nicht. **Deutsch** erfahren MS und WS zunächst im Sprachkurs für Aussiedler; es ist, soweit es von den Lehrern stammt, ein schriftsprachliches und standardsprachlich-mündliches Deutsch. Der Sprachkurs ist jedoch weit von MS' und WS' deutschsprachigen Voraussetzungen entfernt, und beide sind zu diesem Zeitpunkt ihrer Integration tief deprimiert, so dass der Sprachkurs nur wenig Konsequenzen für ihren Deutscherwerb bzw. Deutschwiedererwerb hat, wenn man von der Reaktivierung der Kenntnis des lateinischen Alphabets absieht. Darüber hinaus ist das Deutschangebot für MS wegen der Betreuung von Erich lange auf das beschränkt, was im russlanddeutschen Familien- und Bekanntenkreis gesprochen wird; dabei handelt es sich um ein stark kontaktsprachlich-lernersprachlich-regionales Angebot. Von besonderer Bedeutung ist das Deutsch von WS' Mutter Fanni Sennwald. Deren Deutsch jedoch lehnen MS und WS als Zielvarietät ab, sobald ihnen die tiefe Dialektalität bewusst geworden ist. Sie ziehen es deshalb vor, mit FS Russisch zu sprechen. Gegen Ende dieser Integrationsphase bekommt MS durch die Arbeit in einer Leihfirma ein quantitativ begrenztes deutschsprachiges Angebot in regional-mündlicher Qualität. WS empfängt von seinen meist binnendeutschen Kollegen ein regional-mündliches Deutschangebot mit dem für ihn erforderlichen berufsbezogenen Wortschatz

Marina und Walter Sennwalds **sprachliche Praktiken und Fähigkeiten** weisen im **ersten und zweiten Aufenthaltsjahr** folgende Merkmale auf: MS realisiert mündliche Kommunikation im russlanddeutschen Familien- und Bekanntenkreis fast vollständig auf **Russisch**. Mit wachsender Aufenthaltsdauer benutzt sie mehr deutsche Lexeme im russischen Diskurs, überwiegend mit Bezug auf die Lebensbedingungen in Deutschland. Sie zeigt in der Kommunikation mit einem nur Russisch sprechenden Kommunikationspartner kaum die Tendenz, die Anzahl von Übernahmen aus dem Deutschen zu reduzieren oder dem Zuhörer die Übernahmen verständlich zu machen. Auch WS realisiert mündliche Kommunikation im russlanddeutschen Familien- und Bekanntenkreis ganz überwiegend auf Russisch; auch er benutzt mehr und mehr deutsche Lexeme im russischen Diskurs, zum Teil mit Bezug auf die Lebensbedingungen in Deutschland, zum großen Teil aber auch ohne eine derartige Motivation; aus dem Deutschen übernommene Lexeme der Amtssprache werden von WS in ihrer Bildung oft nicht durchschaut und deshalb verkürzt (z.B. *arbeitslose* mit der Bedeutung 'Arbeitslosenversicherung'). Auch für WS ist es in der Kommunikation mit einem nur Russisch sprechenden Kommunikationspartner kaum möglich, die Übernahmen aus dem Deutschen quantitativ zu reduzieren oder sie dem Zuhörer zu erklären.

MS' Praktiken und Fähigkeiten im **Deutschen** verändern sich in dieser Phase wie folgt. Sie wendet sich eher gedrucktem als gesprochenem Deutsch zu und reaktiviert ihre deutschsprachigen Schreibfähigkeiten u.a. durch das Schreiben von Briefen zu Übungszwecken. Ihre Verstehensfähigkeiten sind sowohl in mündlicher als auch in schriftlicher Kommunikation sehr begrenzt. Gegen Ende dieser Periode erwirbt MS auf der Arbeit elementare Gesprächsfähigkeiten. Bei Walter Sennwald schreiten bereits in dieser Integrationsphase – im Unterschied zu MS – Wiedererwerb und Ausbau des Deutschen schnell voran, auch weil er sich nicht durch die Betreuung von Erich an das Haus binden lässt. WS versteht relativ bald deutsche Gespräche auf einem elementaren Niveau; dabei bereitet ihm standardnahes Deutsch weniger Schwierigkeiten als stark regionales. WS bemüht sich auch in Gesprächen mit bilingualen Partnern um eigene deutschsprachige Beiträge, muss aber wegen Mangels an deutschsprachigen Mitteln immer wieder ins Russische zurückkehren. WS ist in der Lage, deutschsprachige Unterstützungshandlungen seiner Gesprächspartner zu nutzen, um seine Gedanken auf Deutsch zu formulieren und seine Deutschfähigkeiten auszubauen. Er sucht aktiv nach deutschsprachigen Kommunikationsgelegenheiten, vor allem in Arbeitskontexten, und ist bestrebt, insbesondere seine arbeitsbezogenen Deutschfähigkeiten auszubauen. WS entwickelt früh Sensibilität für regionale Unterschiede und andere Varianten im gesprochenen Deutsch (z.B. *Spitznamen* und *richtige Namen* von Werkzeugen). Er möchte auch in seiner familiären Kommunikation möglichst bald zum Deutschen übergehen. WS hat größere Schwierigkeiten mit geschriebenem Deutsch als mit gesprochenem.

Das **sprachliche Angebot**, das MS und WS im **fünften bis sechsten Aufenthaltsjahr** empfangen, gleicht im **Russischen** dem ihres Sohnes: Das Russisch des russlanddeutschen Familien- und Freundeskreises wird zunehmend mit dem neuerworbenen oder reaktivierten und ausgebauten Deutsch verwoben, die Zahl der Sprachwechsel und der Übernahmen aus dem Deutschen nimmt zu; es steht nur ein sehr geringes russisch-standardsprachliches Angebot zur Verfügung (einige Videos und Kinderbücher). Das **Deutschangebot** kommt ebenfalls überwiegend aus dem russlanddeutschen Familien- und Bekanntenkreis und ist fast immer regional und kontaktsprachlich geprägt. Das Deutschangebot auf der Arbeit ist für MS und WS teils mündlich-standardsprachlich, teils regional, überwiegend aber – von den ausländischen Kollegen – kontaktsprachlich beeinflusst. Die Arbeit gibt wenig Gelegenheit zur Kommunikation. Ein standardsprachliches Deutschangebot erhalten MS und WS fast nur durch das Fernsehen.

Die **sprachlichen Praktiken und Fähigkeiten** sind bei MS und WS im **fünften und sechsten Aufenthaltsjahr** durch folgende Züge gekennzeichnet: Das **Russische** ist für MS weiterhin die bevorzugte Familiensprache; sie spricht es vor allem mit gleichaltrigen Verwandten und Freunden, aber auch zum Sohn, jedoch nicht in der Öffentlichkeit. MS betont ihre Wertschätzung der russischen Sprache. Sie konstruiert für die Kommunikation mit Erich eigene Wörter nach russischen Mustern, zum Teil bewusst, zum Teil, ohne es zu bemerken. Die Einschaltung deutscher Elemente (Äußerungen der Sprecher-Hörer-Steuerung, Interjektionen, Substantive, ganze Wendungen, Dubletten) in russische Gesprächsbeiträge ist zu einem ständigen Merkmal von MS' Sprechweise geworden; die deutschen Elemente dienen vor allem der Anpassung der Sprechweise an den Partner und der Bezeichnung neuer Realien. Die aus dem Deutschen übernommenen Elemente werden teilweise phonologisch und morphosyntaktisch ins Russische integriert. MS verschiebt unter dem Einfluss deutscher Lexeme die Bedeutung einzelner russischer Lexeme. In ihrer russischen Syntax folgt MS unter dem Einfluss des Deutschen verstärkt analytisch-substandardsprachlichen Tendenzen und bildet gelegentlich syntaktische Strukturen mit russischen Lexemen nach dem Vorbild deutscher Satzmuster. MS befürchtet, dass ihre Bewertungsmaßstäbe für russische Äußerungen unzuverlässig werden. Auch Walter Sennwald spricht im russlanddeutschen Familien- und Freundeskreis weiterhin viel Russisch, vor allem mit gleichaltrigen Männern. Er erfährt beim Russischsprechen häufig, dass ihm unwillkürlich deutsche Wörter einfallen und die russischen nicht zur Verfügung stehen, dann spricht er *halber Russisch halber Deutsch*. WS schätzt es, wenn nicht gemischtsprachig gesprochen wird, ist aber selbst dazu nur noch bedingt in der Lage. Bei der Verwendung des **Deutschen** sind bei MS und WS folgende Eigentümlichkeiten bemerkbar. MS spricht innerhalb der Familie am ehesten mit den Kindern Deutsch. Sie sucht Nachbarschaftsbeziehungen und Beteiligung an der Gestaltung des Kindergartenlebens und findet dadurch in einem bestimmten Grade Austausch mit binnendeutschen standard- und regionalsprachlichen Sprechern. MS versteht alltagssprachliches gesprochenes Deutsch fast immer. Sie führt informelle Gespräche und Gespräche in Institutionen, bedarf dabei jedoch der Unterstützung durch ihre binnendeutschen Kommunikationspartner. Sie spricht sichtlich gern Deutsch, sie spricht relativ standardnahe und überwacht die Verständlichkeit ihrer meist lernersprachlichen Formulierungen. MS' Aussprache ist russisch gefärbt, wodurch für binnendeutsche Sprecher manchmal Verständnisprobleme entstehen. Morphosyntax und Satzgliedfolge sind russisch oder allgemein lernersprachlich geprägt. Im Umgang mit einheimischen Deutschen enthält MS' Deutsch keine russischen Lexeme und Code-Wechsel, während es im Umgang mit Russlanddeutschen häufig russische Lexeme und Wechsel ins Russische aufweist, die die Sprecherin aus Mangel an deutschen Ausdrucksmitteln und Streben nach differenzierterer oder schnellerer Kommunikation erklärt, die aber wohl teilweise auch unwillkürlich vor sich gehen. Auch Walter Sennwald spricht gern Deutsch. Im Bestreben, das Deutsche häufiger zu verwenden, und angesichts oft nicht ausreichender deutschsprachiger Mittel spricht WS im russlanddeutschen Familien- und Freundeskreis häufig *halbe halbe*. Er bemüht sich, mit dem Sohn nur Deutsch zu sprechen. WS hat auf der Arbeit vorübergehend Gelegenheit, seine deutsch-schriftsprachlichen Fähigkeiten durch das Abfassen einfacher

Arbeitsberichte zu entwickeln. Er hat insbesondere seinen berufsbezogenen Wortschatz sehr erweitert und seine Deutschkenntnisse so weit ausgebaut, dass er seine Fähigkeiten zum konversationellen Erzählen nunmehr auch auf Deutsch realisieren kann. Dabei zeigt er hohe Sensibilität für die Verstehensprozesse des Partners. WS' gesprochenes Deutsch klingt russisch geprägt, gelegentlich in einem solchen Maße, dass deutschsprachige Adressaten Verstehensschwierigkeiten haben. WS gliedert Bedeutungsfelder des Deutschen manchmal in direkter Parallelität zu dem vergleichbaren russischen Feld (z.B. *wissen* und *können*). Er zeigt lernersprachliche Unsicherheiten in der Wahl von Präpositionen. WS' Morphosyntax ist durch kontaktsprachliche und lernersprachliche Formen gekennzeichnet: Oft fehlen Artikel, oft ist WS unsicher bezüglich des Genus der Substantive, der Satzgliedstellung und der Notwendigkeit, Subjekt- oder Objektausdrücke zu realisieren. WS' Deutsch ist regional geprägt, jedoch bei weitem nicht so stark wie das seiner Mutter. Er reflektiert regionale Unterschiede. WS' Gesprächsbeiträge sind durch häufige Reformulierungen gekennzeichnet, die anzeigen, dass er seine Äußerungen im Hinblick auf Standardsprachlichkeit und Zielsprachlichkeit überwacht und ein entsprechendes auf das Deutsche bezogenes Sprachbewusstsein entwickelt. WS bemerkt jedoch viele nichtzielsprachliche Eigentümlichkeiten seiner Sprechweise noch nicht.

4.4   Erichs Großmutter väterlicherseits Fanni Sennwald

4.4.1   Vor der Übersiedlung nach Deutschland

Erichs Großmutter väterlicherseits Fanni Sennwald geborene Post wurde 1937 in einer russlanddeutschen Familie in einem von Deutschen, Tataren und Russen bewohnten Dorf auf der Krim geboren. Sie besuchte fünf Jahre lang die Schule. Eine Berufsausbildung erfuhr sie nicht.

Die Erstsprache der kleinen Fanni war das Deutsche: *Deitsch*. Eine speziellere Bezeichnung für diese Sprache war in ihrem Umkreis nicht im Gebrauch. *Deitsch* lernte Fanni – wie ihre drei Geschwister – von den Eltern. Als die Familie 1941 nach Kasachstan deportiert wurde, war Fanni vier Jahre alt: *Ich hab kein Wort Russisch kenne, wie ma uns verschleppt hen. No koi"n Wort, noch kein Wort* (Kass. 127a). Sie kamen in ein Dorf in Nordkasachstan. Dort wohnten *mehre Kasache wie Russe, aber die hen alle Russisch gesproche. So wie da" die deutsche Sprache iberall rumgeht, so is doch da" die russisch Sprach romgange* (Kass. 127a). Die Familie erfuhr das typische Schicksal. Der Vater kam in die Arbeitsarmee. Die Mutter musste die vier Kinder – alle noch sehr klein – allein durchbringen. Hunger, Krankheiten, Läuse. *Mama, die hat uns net sterbe glasst*, sagte Fanni Sennwald (Kass. 127a). Fanni besuchte den russischsprachigen Kindergarten und die russischsprachige

Schule. Deutschunterricht gab es damals dort nicht. In der Schulzeit ging das Mädchen zur russischen Sprache über. Die Mutter sprach zwar weiterhin und bis zu ihrem Lebensende Deutsch zu ihr und den Geschwistern, aber die Kinder antworteten der Mutter bald nur noch auf Russisch. Die Geschwister sprachen untereinander und mit dem Vater Russisch, während die Sprache der Eltern untereinander das Deutsche blieb – lebenslang, so stellte Fanni Sennwald es mir dar (Kass. 127b).

Fanni begann früh zu arbeiten. Sie war an verschiedenen Stellen tätig, in Fabriken und vor allem in Krankenhäusern als Hilfspflegerin, mehr als vierzig Jahre lang, fast jeden *Samschdag, Sunndag, Feierdag*. Nach der Aufhebung des Kommandantur-Regimes übersiedelte sie nach Südkasachstan. Dort lernte sie auf einer Silvesterfeier ihren späteren Mann kennen, nicht ganz zufällig – Verwandte führten sie zusammen. Eine Tante sagte: *Do is so en Bu:, en sche:ner Bu:!* Liebe auf den ersten Blick wurde es nicht. Der Vater redete der jungen Frau zu, sich zu verheiraten: *Der Babbe* (= Papa) *hat mir gsagt: „Fanni, du bisch nimme so jung, bass uf"* (Kass. 127a). Und zu bedenken war auch: Der junge Mann passte in die Familie, er stammte ebenfalls von der Krim, sprach die gleiche *Sprache*, das heißt, den gleichen deutschen Dialekt, und war evangelisch wie sie. *Acht Monat sin mer gange,* dann war Hochzeit. Es wurden zwei Kinder geboren, zuerst eine Tochter (Erichs Tante Ljudmila), dann ein Sohn (Erichs Vater Walter). Fanni Sennwald fuhr fort zu arbeiten. Ihr Mann war sehr geschickt: *Der hat a"lles alles hot der kenne mache* (Kass. 127b), und er war fleißig. Aber er hatte einen schweren Arbeitsunfall, war seitdem in seinem Sehvermögen stark behindert und verdiente wenig. Er starb früh an Krebs. Fanni blieb mit ihren halbwüchsigen Kindern allein und arbeitete, um die Familie zu ernähren. Was Urlaub ist, erfuhr Fanni in Kasachstan nicht: *Ich hab net oi" dr Urlaub ghatt* (Kass. 127a).

Die Sprache der jungen Familie, zu der außer Fanni, ihrem Mann und den Kindern noch die Schwiegermutter gehörte, war das Russische. Der Mann und die Schwiegermutter konnten sehr wohl Deutsch, die Schwiegermutter hatte ein *Kirchbuch zum Singen,* darin las sie, nach dem Krieg abonnierte sie auch eine deutsche Zeitung, aber in der Kriegs- und Nachkriegszeit sei *das Russische vorgange, fertig!* Man sei immer gleich als Faschist beschimpft worden, wenn man Deutsch sprach, deshalb habe man sich daran gewöhnt, das Deutsche zu *versteckeln*[296] und zu *verhehlen*[297] (Kass. 127b). Erst nach

---

[296] Das Verb *versteckeln* wird im Pfälzischen Wörterbuch, Bd.2, 1288, als mundartliche Variante neben *verstecken* angeführt. Es ist auch für andere westmitteldeutsche und oberdeutsche Varietäten belegt. Post sieht in Diminuierungen von Verben mit Hilfe der Endung *-ele* oder *-le* ein charakteristisches Merkmal des Pfälzischen (Post 1992, 107).

[297] Auch das Verb *verhehlen* wird im Pfälz.Wb., Bd.2, 1175, als typisch pfälzisches Verb angeführt, wenngleich es auch für andere westmitteldeutsche und oberdeutsche Mundarten belegt ist.

der Aussiedlung nach Deutschland wird Fanni im Umgang mit der Schwiegermutter das Deutsche benutzen, und das ständig und ohne jegliche Umstellungsschwierigkeiten – Fanni Sennwald wunderte sich, dass ich mich darüber wunderte (Kass. 127b).

Das Russische, in Kasachstan in der Familie und auf der Arbeit fast ausschließlich benutzt, wurde Fanni Sennwalds starke Sprache. Sie sprach so gut Russisch, dass niemand sie an ihrer Sprechweise als Nicht-Russin erkannte. Als ihr Sohn Walter seine spätere Frau Marina kennen lernte und die Familien sich das erste Mal trafen, waren Marinas Eltern ganz erstaunt zu erfahren, dass die Frau, mit der sie stundenlang Russisch gesprochen hatten, Deutsche sei wie sie (Kass. 127b). Russisch war auch die einzige Sprache, in der FS – bis zur Aussiedlung – lesen und schreiben konnte. Bis heute verfasst Fanni ohne Schwierigkeiten, wie sie sagt, Briefe in russischer Sprache – an die in Kasachstan gebliebenen *Nachbare* und an eine Freundin. Allerdings dürften Lesen und Schreiben auch auf der Basis des Russischen keinen großen Raum in Fannis Alltag eingenommen haben. In der Schule war ihr das Lernen sehr schwer gefallen. Eine Klasse musste sie wiederholen. In ihren insgesamt fünf Schuljahren konnte sie also nur vier Klassen absolvieren. Zudem war sie immer überaus beansprucht von täglichen praktischen Pflichten auf der Arbeit und gegenüber Mann, Kindern, Schwiegermutter und Eltern: *Han misse:* „*no komm, springe schaffe dahoam!*" (Kass. 127a.) Lernen und Studieren schätzt sie längst nicht so wie alltagspraktische Fähigkeiten und Leistungen. Die Schwiegertochter, die ihre musikalische Ausbildung gerne fortgesetzt hätte und daher zögerte, nach Deutschland zu übersiedeln, bekommt das öfter zu spüren (Kass. 127b).

4.4.2 In Deutschland

4.4.2.1 Erstes bis viertes Aufenthaltsjahr

In Deutschland besuchte Fanni Sennwald zunächst fünf Monate lang den Sprachkurs. Dann fand sie Arbeit in einem Seniorenheim, wo sie gerne tätig war und ihre in vielen Jahren gesammelten Erfahrungen als *Helferpflegerin* gut nutzen konnte (Kass. 127b). Nach zwei Jahren wurde sie – zusammen mit einer türkischen Putzfrau – plötzlich entlassen. Das empörte und verletzte sie noch immer, als ich Monate später mit ihr sprach: *Des=s net recht, des=s ungerecht!* Sie war überzeugt, dass die türkische Putzfrau und sie besser als alle gearbeitet hätten, aber jemand habe ihre Arbeitsplätze gebraucht: *Die sin gange auf unser Platz* (Kass. 127b). Sie hätte gerne noch gearbeitet: *On jetzt kennt ich do"ch noch schaffe*[298] *fortschaffe, ich hätt noch fort-*

---

[298] Das Verb *schaffen* wird von sehr vielen Aussiedlern als der neutrale Ausdruck für 'arbeiten' verwendet. Binnendeutsche im nördlichen und östlichen deutschen Sprachraum empfinden das als abweichend und korrigieren die Aussiedler. Im Südwesten wiederum

gschafft bis sechzig Johr (Kass. 127a). Selbstverständlich blieb Fanni Sennwald nicht müßig zu Hause sitzen. Sie betreute die Kinder ihres Sohnes und ihrer Tochter, wenn die Eltern zur Arbeit oder zur Umschulung gingen. Das war anstrengend, vor allem mit dem kleinen Erich: *De ganze Dag babble, de ganze Dag, mit dem kehd – oje oje oje!* Fanni Sennwald freute sich auf die Wochenenden, denn dann könne sie ausruhen: *Wann doch äh de Freitag wo de äh do" isch, no freu ich mich scho, dass ich müßig bin. Zähl immer die Däg* (Kass. 127a). Fanni Sennwald betreute Erich, weil ihr Sohn als Leiharbeiter zu wenig verdiente, um seine Familie zu ernähren, weil also auch die Schwiegertochter arbeiten musste. Aber Fanni Sennwald wollte auch, dass die Schwiegertochter arbeiten ging – damit sie Deutsch lernte. Nur auf der Arbeit *dud*[299] *die lerne verzähle, lerne sich rede* (Kass. 127a). Wenn der Sohn vielleicht eines Tages eine feste Arbeit bekäme und dann mehr verdiene und die Schwiegertochter Deutsch gelernt habe, dann wäre schon viel geschafft; die Schwiegertochter könne sich dann eine andere Arbeit suchen, die jetzige – als Leiharbeiterin – sei wirklich *u:me:glich* (Kass. 127a), die Schwiegertochter sei so zart und habe doch gute Fähigkeiten, mit Kindern umzugehen; wie schön wäre es, wenn sie wieder als Musiklehrerin arbeiten könnte ... Es wurde ganz offensichtlich: Fanni Sennwald hatte in ihrem Leben vieles tun müssen, was ganz und gar nicht ihren Vorstellungen entsprach. Gerade hatte sie wieder Derartiges erfahren, als ihr die Arbeit im Altenheim, an der sie hing, weggenommen wurde. Sie beugte sich widerstrebend den Umständen und verlangte das auch von anderen, mir schien: mit Härte und Bedauern zugleich. Jedenfalls war es ihr eine Genugtuung zu beobachten, dass die Schwiegertochter Marina nach den ersten Monaten des Arbeitens begann, Deutsch zu sprechen, wenn sie auch andererseits ganz abgemagert war und sich abends kaum noch auf den Beinen halten konnte (Kass. 127a).

Als ich das Interview mit Fanni Sennwald im vierten Aufenthaltsjahr durchführte, berichtete sie in langen russischen und in langen deutschen Passagen über ihr Leben und ihre Erfahrungen in der Sowjetunion und in Deutschland. Es zeigte sich eine stabile Zweisprachigkeit. Fanni Sennwald sprach leben-

---

wird *schaffen* in dieser Bedeutung als so normal empfunden, dass Dialektbeschreibungen – zum Beispiel des Pfälzischen (Henn 1980, Post 1992) – diese Verwendung nicht für erwähnenswert halten. Im WDG wird unter dem Stichwort *schaffen* die Bedeutung 'arbeiten' als fünfte angeführt und als landschaftlich, besonders südwestdeutsch, süddeutsch, österreichisch und schweizerisch, charakterisiert (WDG 3157). König (1994, 235) reproduziert eine Karte aus dem „Wortatlas der deutschen Umgangssprachen" zur Verteilung von *arbeiten* und *schaffen*, die klare Nord-Süd-Unterschiede zeigt. Die selbstverständliche Verwendung von *schaffen* in der Bedeutung 'arbeiten' bei fast allen mir bekannten Aussiedlern ist ein Indiz für die meist süd- und südwestdeutsche Herkunft ihrer Vorfahren. Siehe zahlreiche Karten zur ursprünglichen Herkunft der Russlanddeutschen bei Stumpp 1972.

[299] Zur häufigen Verwendung von *tun* als Hilfsverb durch russlanddeutsche Sprecher siehe Berend 1998, 143.

dig, anschaulich und temperamentvoll, mit Sinn für Details, mit Witz – eine eindrucksvolle Gesprächspartnerin. Sie wusste, dass ihre Kompetenz im Russischen von muttersprachlicher Qualität ist, und lachte über Verwandte, die Russisch mit deutschem Akzent sprechen (Kass. 127a). Ihr Russisch war flüssig, lexikalisch reich, volkstümlich, mit substandardsprachlichen Komponenten. Für letztere seien einige Beispiele angeführt. Siehe (B27)-(B30).

(B27)

FS ersetzt die standardsprachliche Vorsilbe из-/ис- (iz-/is-) durch die substandardsprachliche Variante з-/с- (z-/s-) bzw. die standardsprachliche Präposition из (iz) durch die substandardsprachliche Variante с (s).

standardsprachlich *изжога* (*izžoga* – 'Sodbrennen') > substandardsprachlich *жжога* (*žžoga*)

standardsprachlich *испугалась* (*ispugalas'* – 'sie erschrak') > substandardsprachlich *спугалась* (*spugalas'*)

standardsprachlich *изготовить* (*izgotovit'* – 'zubereiten') > substandardsprachlich *сготовить* (*sgotovit'*)

standardsprachlich *а мы сажаем что–нибудь из овощей* (*a my sažaem čto-nibud' iz ovoščej* – 'und wir pflanzen irgendwelche Gemüse') > substandardsprachlich *а мы сажим что–то с овощей* (*a my sažim čto-to s ovoščej*) /Hier geht es um das Verhältnis von *iz/s*./

FS, Kass. 127

(B28)

FS realisiert die standardsprachliche Vorsilbe при- (pri-) substandardsprachlich als пры- (pry-).

standardsprachlich *приходишь* (*prihodiš'* – 'du kommst') > substandardsprachlich *прыходишь* (*pryhodiš'*)

standardsprachlich *привыкли* (*privykli* – 'sie haben sich gewöhnt') > substandardsprachlich *прывыкли* (*pryvykli*)

FS, Kass. 127

(B29)

FS ersetzt standardsprachliche Verbformen durch ihre substandardsprachlichen Varianten.

standardsprachlich *разносили обед* (*raznosili obed* – 'verteilten das Mittagessen') > substandardsprachlich *разнашивали обед* (*raznašivali obed*)

standardsprachlich *распределено* (*raspredeleno* – 'verteilt') > substandardsprachlich *распределёно* (*raspredelëno*) standardsprachlich *тут много томата кладут* (*tut mnogo tomata kladut* – 'man gibt viele Tomaten dazu') > substandardsprachlich *тут много с томатом ложут* (*tut mnogo s tomatom ložut*)

standardsprachlich *а мы сажаем что–нибудь из овощей* (*a my sažaem čto-nibud' iz ovoščej* – 'und wir pflanzen irgendwelche Gemüse') > substandardsprachlich *а мы сажим что–то с овощей* (*a my sažim čto-to s ovoščej*) /Hier geht es um das Verhältnis *sažaem/sažim*./

FS, Kass. 127

(B30)

FS verwendet anstelle standardsprachlicher Lexeme Lexeme, die als substandardsprachlich markiert sind.

standardsprachlich *а мы сажаем что–нибудь из овощей* (*a my sažaem čto-nibud' iz ovoščej* – 'und wir pflanzen irgendwelche Gemüse') > substandardsprachlich *а мы сажим что–то*[300] *с овощей* (*a my sažim čto-to s ovoščej*) /Hier geht es um das Verhältnis *čto-nibud'/ čto-to*./

FS, Kass. 127

FS' Russisch wirkt auch schriftfern und unausgebildet.[301] Sie verwechselt gelegentlich lautlich ähnliche, aber bedeutungsverschiedene Ausdrücke. Siehe (B31)-(B32).

(B31)

FS benutzt anstelle des Lexems *например* (*naprimer* – 'zum Beispiel') *примерно* (*primerno* – 'vorbildlich'), obwohl die Bedeutung 'zum Beispiel' intendiert ist.

FS, Kass. 127

(B32)

FS charakterisiert ihre Schwiegertochter.

FS: у неё есть способия.
FS: u neë est' sposobija.
FS: Sie hat Fähigkeiten.

FS, Kass. 127a

FS vermischt hier vermutlich die Ausdrücke *пособие* (*posobie* – 'Unterstützung, Lehrbuch') und *способность* (*sposobnost'* – 'Fähigkeit'). Allerdings vermerkt Dal', dass *способие* (*sposobie*) dialektal im Sinne von *приноровка* (*prinorovka* – 'Fähigkeit'), *способность* (*sposobnost'* – 'Fähigkeit'), *способ* (*sposob* – 'Verfahren, Methode'), *умение* (*umenie* – 'Fähigkeit') gebraucht wird (siehe Dal' 1994/1903-1909, 461).

---

[300] Siehe Ickovič 1968, 58-60.
[301] Siehe Protassova 1996, 8-9 und 15-16.

Erwartbare grammatische Endungen werden häufig nicht realisiert, Regeln der Wortfolge nicht eingehalten. Zwei charakteristische Beispiele dafür seien angeführt. Siehe (B33)-(B34).

(B33)

FS:	а здесь надо работать до шестьдесят лет.
FS:	a zdes' nado rabotat' do šest'desjat' let.
FS:	Aber hier muss man bis 60 arbeiten.

FS, Kass. 127

FS dekliniert das Numerale nicht.

(B34)

FS:	кофе не было достать.
FS:	kofe ne bylo dostat'.
FS:	Es gab keinen Kaffee.

FS, Kass. 127

Gemäß standardsprachlichen Normen müsste die Verneinungspartikel hier vor dem Infinitiv stehen.

Wie kam Fanni Sennwald mit ihrem Deutsch in Deutschland zurecht? Das erste Jahr war schwer. In der mündlichen Kommunikation machte Fanni vor allem ihr Dialekt zu schaffen. Sie selbst verstand zwar die einheimischen Deutschen, aber sie, die gern und schnell spricht, konnte sich häufig nicht verständlich machen: *Ich hab noch mit meine Dile/ Dia/ Dialekte schlecht mich verstanne* (Kass. 127b). (Es fiel FS auch im vierten Aufenthaltsjahr schwer, das ihr offensichtlich noch nicht vertraute Wort *Dialekt* auszusprechen.) Selbst die Mitarbeiter des Aussiedler-Projekts verstanden sie zu diesem Zeitpunkt nur ungefähr. Kein Informant und keine Informantin war so schwer zu transkribieren wie Fanni Sennwald. Besonders jüngere Menschen und Menschen aus nord- oder ostdeutschen Sprachräumen konnten ihr nicht folgen. Mit älteren und/oder südwestdeutschen Partnern ging es besser. Fanni Sennwald begann den Mannheimer Dialekt zu beobachten. Sie fand zahlreiche Gemeinsamkeiten mit ihrer eigenen Sprechweise, aber auch Unterschiede: *Ich sage 'grad naus', da* (d.h. 'hier, in Mannheim') *muss man 'gerade naus' sagen, ich sage 'Spi:llumbe', da muss man 'Spi:llabbe'* (Spüllappen) *sagen* (Kass. 127b). Die Erfahrung, dass sie oft nicht verstanden wurde, wenn sie Deutsch sprach, verschlug FS – fast im wahrsten Sinne des Wortes – die Sprache. Sohn und Schwiegertochter, die früher überzeugt gewesen waren, die Mutter spreche perfekt Deutsch, und nun den Deutschkurs besuchten, begannen, das Deutsch der Mutter voller Argwohn anzuhören: *Die beide verstehn meine Sprache net, sperre de Auge uf!* (Kass. 127b.) Sie wollten mit der Mutter nicht Deutsch sprechen und brauchten doch so dringend Übungsgelegenheiten, berichtete mir Fanni Sennwald, und ich nahm wahr, wie schwer es ihr fiel, diese Kränkung zu verwinden. Auch Fanni Sennwalds Tochter, Erichs Tante Ljudmila, kam in Deutschland zu einer neuen Bewertung des Deutschs ihrer Mutter. Sie sagte mir, es stimme sie jetzt lustig zu hören, wie die Mutter spricht, nämlich: *große Dialekt* (Kass. 009b). Walter Sennwald nannte den Dialekt seiner Mutter *Schwabisch* (Gesprächsnotiz). In der Tat fanden sich in FS' Sprechweise einige Merkmale, die charakteristisch für das Schwäbische sind, so die einheitliche verbale Pluralendung -*et* im Präsens.[302] Fanni Sennwald sagte *mir habet* für standardsprachlich *wir haben*; sie sagte *esset ehr* für standardsprachlich *esst ihr* (in der Bedeutung: *essen Sie)*; sie sagte *die habet* für standardsprachlich *die haben* (Kass. 127). Andere Formen, die in der dialektologischen Literatur als typisch schwäbisch angegeben werden, fehlten bei FS, so z.B. die alten Diphthonge *ie* und *uo* (Schirmunski 1992/1928, 50) und der neue Diphthong *au* aus mhd. *o* (schwäbisch *daut* für standardsprachlich *tot*).[303] Andererseits fielen typisch mitteldeutsche Varianten auf, so zum Beispiel die Verdumpfung des standardsprachlichen *a* zu *o* (standardsprachlich *Tag* zu *Dog*). Für Fanni Sennwalds Sprechweise im Deutschen waren insgesamt eine außerordentlich hohe Variabilität und eine starke Reduktion der Lautformen charakteristisch – zwei Eigenschaften, die für die schwere Verstehbarkeit verantwortlich gewesen sein könnten. Durch eine genauere Analyse ihrer Sprechweise müsste man prüfen, ob ihr Deutsch auf die Varietät des 'Krimer Schwäbisch' zurückgeht – eine bis zum Zweiten Weltkrieg auf der Krim gesprochene Mischmundart des Südfränkischen und Schwäbischen (Schirmunski 1992/1928, 52). Ihr Dialekt war mit Sicherheit bereits eine Mischmundart, als sie aus Kasachstan nach Deutschland übersiedelte.[304] Leider stehen keine Aufnahmen mit FS aus Kasachstan oder der ersten Zeit in Deutschland zur Verfügung. Im Laufe der sprachlichen Integration kam es dann – unter dem Druck der gravierenden Misserfolge bei der mündlichen Kommunikation – zu Annäherungen an die Varietäten des Deutschen, denen Fanni Sennwald in Deutschland begegnete. In den Aufnahmen aus dem vierten Jahr fanden sich bereits Sequenzen, die diesen Annäherungsprozess auf kürzestem Raum widerspiegeln. Siehe (B35).

---

[302] Žirmunskij weist darauf hin, dass die Russlanddeutschen die Bezeichnung *Schwäbisch* in einem weiten Sinn verstanden; sie fassten damit die Varietäten des Deutschen zusammen, die die aus Westdeutschland stammenden lutherischen Kolonisten sprachen (Schirmunski 1992/1928, 51).

[303] Vgl. Jedig 1994, 15.

[304] Zur Mundartmischung als einem charakteristischen Prozess bei der Entwicklung der russlanddeutschen Dialekte siehe u.a. Schirmunski 1992/1930, Berend/Mattheier (Hg.) 1994 und Rosenberg 1997 und als einem für Sprachinseln generell typischen Vorgang siehe Wiesinger 1980.

(B35)

FS berichtet BW1, dass ihr Sohn bei seiner Schwester war, um sich von ihr die Haare schneiden zu lassen.

FS: die hat en gsche/ äh gschurt do de gschea→ nu" * de haare gschnitte→
BW1: ach so'

FS, Kass. 127a

FS versucht zunächst – wie in ihrer Mundart üblich –, den zu übermittelnden Inhalt mit Hilfe des Verb *scheren* auszudrücken. Dazu probiert sie verschiedene Formen für das Perfektpartizip aus: Eine Form bricht sie ab, es folgt die Form *gschurt*, dann die Form *gschea*. Sie scheint aber auch nach dem dritten Anlauf keine Gewissheit darüber zu haben, ob eine der Formen richtig und/oder für ihre Adressatin verständlich war. Danach äußert sie einen (wohl eher russischen) Reformulierungsindikator: *nu* (auf Deutsch: 'na') und formuliert nach einer Pause den Sachverhalt mit Hilfe eines erheblich standardnäheren Ausdrucks: *de haare gschnitte*→, worauf BW1 signalisiert, verstanden zu haben.

Die Überwindung tiefer Dialektalität ist besonders schwer, wenn der Sprecher oder die Sprecherin kaum Zugang zur Schriftsprache hat. Fanni Sennwald war, als sie nach Deutschland kam, im Hinblick auf das Deutsche Analphabetin. Im Sprachkurs für Aussiedler lernte sie auf Deutsch etwas lesen und schreiben: *Ich konnte verzähle, aber nicht lese und schreibe, hab nicht ei"n Buchstabe schreibe kenne* (Kass. 127b). Als sie das erste Mal in der Sparkasse unterschreiben musste, stand, wie sie mir mit wieder vergegenwärtigter Erregung schilderte, der Bruder neben ihr und versuchte, sie bei der Unterschrift anzuleiten, indem er jeden benötigten deutschen Buchstaben mit einem ähnlichen russischen verglich /sinngemäß/: Zuerst ein umgekehrtes russisches *g* (kyrillisch: *г*), das ist auf Deutsch ein *s*, das *e* ist gleich, das deutsche *n* sieht aus wie ein russisches *p* (kyrillisch: *п*) – *Senn/* ... Mit dem Schreiben auf Deutsch stand es bei Fanni Sennwald auch im vierten Aufenthaltsjahr noch schlecht. Wenn ein Formular auszufüllen war, musste sie immer *die Kinder verlange*. Aber mündlich verstehe sie, wie sie mir sagte, was man auf den Ämtern von ihr wissen wolle, und sie könne auch antworten (Kass. 127b).

Frau Sennwalds Deutsch war im vierten Aufenthaltsjahr vor allem dialektal. Es wies – im Unterschied zu anderen und vor allem jüngeren Aussiedlern – nur relativ wenige Einflüsse des Russischen auf. Gelegentlich kam eine Lehnübersetzung vor. Siehe (B36)-(B37).

(B36)

FS zu ihrem Sohn:

FS: Schmeiß s rauche.
FS: Hör auf zu rauchen.

FS, Kass. 127a

FS orientiert sich am russischen Muster *брось* oder *бросай курить* (*bros'* oder *brosaj kurit'*). Das russische Verb *бросить* (*brosit'*) hat viele Bedeutungen, unter anderem auch 'werfen' und 'aufhören'.

(B37)

FS: Hab misse das haus schmiere.
FS: Ich habe das Haus streichen müssen.

FS, Kass. 127a

FS nimmt offensichtlich die folgende russische Wendung zum Vorbild: *обмазывать дом* (*obmazyvat' dom*).

Die Interjektion *aha* gebrauchte FS auch im deutschen Diskurs mit russischer Bedeutung (i.S.v. 'ja/wirklich/tatsächlich') und mit russischen Tonmustern. Manche Lexeme hatte sie auf Deutsch bisher nicht erworben, so z.B. Termini für Krankheiten oder Wendungen, die für die Behörden- und Schriftsprache charakteristisch sind und die sie deshalb in Kasachstan nur auf Russisch kennen gelernt hatte. So konnte sie nicht auf Deutsch sagen, dass ihre Schwiegertochter eine 'Stelle für 1½ Arbeitskräfte' habe. In solchen Fällen übernahm sie die russischen Bezeichnungen: *работать на полторы ставки* (*rabotat' na poltory stavki*, Kass. 127a). Dieses und jenes deutsche Wort erklärte sie sich russisch-volksetymologisch, so z.B. das Wort *Berater* im Arbeitsamt, das in ihrem Deutsch zu *Operator* wurde, in Anlehnung an das russische Fremdwort, das einen Menschen bezeichnet, der Handlungen mit Hilfe technischer Geräte ausführt (Kass. 127a). Im Gespräch mit bilingualen Sprechern bildete sie öfter deutsch-russische Dubletten, vor allem wenn sie nicht sicher war, ob sie die Äquivalenzbeziehungen zwischen dem jeweiligen deutschen und russischen Lexem richtig erfasst hatte. Typische Beispiele sind (B38)-(B40).

(B38)

FS erzählt BW1, wie ihr Schwiegervater gestorben ist.

FS: Und dort hat er a"rge Durchfall kriegt, un so is er gschtorbe.
BW1: Was hat er gekriegt?
FS: De Durchfall hot er kriegt.
BW1: Durchfall.

FS: Ja. Понос.
BW1: Ach, denn war das wohl Typhus.
                                                           FS, Kass. 127a

BW1 signalisiert und charakterisiert ein Verstehensproblem, indem sie fragt: *Was hat er gekriegt?* FS wird unsicher, ob das von ihr benutzte Wort *Durchfall* richtig war und trägt – nach einer Wiederholung ihrer Äußerung – auf alle Fälle noch das russische Äquivalent понос (*ponos*) für *Durchfall* nach. Das Verstehensproblem kann gelöst werden.

(B39)

FS erzählt BW1, wie ihr Vater aus der Arbeitsarmee zurückgekommen ist.

FS: Is do"ch komme, doch zurickkomme, voll mit Geschwüre, so чиреи чиреи waret, weiß ich noch.
                                                           FS, Kass. 127a

Hier verwendet FS unmittelbar nach dem deutschen Wort *Geschwüre* sein russisches Äquivalent чиреи (*čirei* – 'Geschwüre'). Vielleicht zweifelt sie daran, dass sie das deutsche Wort *Geschwüre* angemessen gewählt hat.

(B40)

FB nimmt wahr, wie Sohn und Schwiegertochter abmagern, als sie für die Leihfirma arbeiten und täglich mehr als zwölf Stunden unterwegs sind. Sie rät ihnen:

FS: Вам вам надо молоко пить а * так хле/ булочки на/ так кушать белые *brötchen*.
FS: Vam vam nado moloko pit' a * tak hle/ buločki na/ tak kušat' belye *brötchen*.
FS: Ihr ihr müsst Milch trinken, und so Bro/ Kuchenbrötchen mü/ so weiße *Brötchen* essen.
                                                           FS, Kass. 127a

Die Sprecherin ist sich nicht darüber im Klaren, wie sie das Backwerk bezeichnen soll, das sie Sohn und Schwiegertochter zu essen empfiehlt. Zunächst beginnt sie mit dem russischen Wort хлеб (*hleb*), spricht es aber nicht bis zu Ende, denn es handelt sich um kleines Backwerk, das man nicht хлеб (*hleb*) nennen kann. Als russisches Wort für kleine 'Brote' bietet sich булочки (*buločki* – 'Kuchenbrötchen') an. Diese sind jedoch aus einem speziellen süßen Teig gebacken, aus dem die gemeinten Brötchen nicht hergestellt sind. Da die Sprecherin im Russischen kein Wort findet, das sowohl für die Form als auch für den Teig des gemeinten Backwerks treffend wäre, übernimmt sie das deutsche Wort *Brötchen* in ihren russischen Diskurs. Die Reformulierungsreihe mit der russisch-deutschen Dublette булочки/*Brötchen* scheint durch die Suche nach einer treffenden Bezeichnung für einen Gegenstand bedingt zu sein, den es in dieser Art in der Herkunftssprachgemeinschaft nicht gab.

Selbstverständlich switchte FS öfter zwischen Deutsch und Russisch, entweder ganz und gar oder vorübergehend und mit charakteristischen Funktionen, z.B. um einen Wortwechsel wiederzugeben, der sich auch in der Wirklichkeit auf Russisch abgespielt hatte.

Für ihre Sprachenwahlen konnte Fanni Sennwald keine speziellen Vornahmen oder Prinzipien nennen. Wenn ihre Gesprächspartner sowohl Deutsch als auch Russisch verstanden und sprachen, dann sprach sie *so on so, wie s kommt, als*[305] *Russisch, als Deutsch* (Kass. 127a). Sie wollte selbst beide Sprachen bewahren, wünschte, dass ihre Enkel beide Sprachen zu verwenden in der Lage seien, und verstand ihren Bruder, der immer *bruddelt*,[306] weil seine Enkel nicht mehr Russisch sprechen (Kass. 127b). Sie beschrieb mir begeistert einen in Mannheim lebenden italienischen Jungen, der frei zwischen dem Deutschen und dem Italienischen wechsele (Kass. 127b).

4.4.2.2 Im achten Aufenthaltsjahr

Im achten Aufenthaltsjahr traf ich Fanni Sennwald auf dem Fest zum 80. Geburtstag von Erichs Urgroßmutter Antonia Busemann. Es waren auch Gäste anwesend, die nicht Russisch verstanden, und ich hörte, wie Fanni Sennwald mit ihnen Deutsch sprach: lebhaft und kommunikationsfreudig, wie ich sie kannte. Aus den Reaktionen ihrer binnendeutschen Gesprächspartner war zu erkennen, dass sie keine Verstehensschwierigkeiten hatten. Einen von ihnen fragte ich, ob es ihm schwer gefallen sei, sie zu verstehen. Er sagte mir, dass sei nicht der Fall gewesen, ihre Sprechweise habe ja viele Ähnlichkeiten mit der der Pfälzer, freilich habe er sich darauf einstellen müssen (Notiz vom Oktober 1998). Es wäre aufschlussreich, eine neuere Aufnahme mit FS zu machen und zu analysieren, in welchen Elementen sich ihre zuvor außerordentlich dialektale Sprechweise seit dem vierten Aufenthaltsjahr verändert hat und wie dies mit ihrer erheblich erleichterten Verständlichkeit für einheimische Deutsche zusammenhängt.

4.4.3 Fanni Sennwald – Zusammenfassung

Erichs Großmutter Fanni Sennwald – bei der Übersiedlung nach Deutschland 53 Jahre alt – bringt folgende **sprachliche Voraussetzungen** mit. Sie spricht **Russisch** – ursprünglich ihre Zweit- oder Drittsprache – als ihre 'normale' Sprache. Sie hat es in der Form eines sukzessiven Bilingualismus und durch schulische Submersion erworben. Es ist ein muttersprachliches Russisch schriftferner, substandardsprachlicher Prägung. FS verfügt auf Russisch über Lese- und Schreibfähigkeiten. **Deutsch** war FS' Erstsprache. Sie beherrscht es in einer stark dialektalen Varietät, die westmitteldeutsche und oberdeutsche Varianten enthält (wahrscheinlich 'Krimer Schwäbisch'). Sie hat es im Herkunftsland mit Menschen ihrer Elterngeneration benutzt, aller-

---

[305] Im Pfälzischen hat *als* u.a. die Bedeutung 'manchmal'. Siehe Pfälz.Wb., Bd.1, 175.
[306] Das Verb *bruddeln* in den Bedeutungen 'schnell und halblaut reden, murmeln' und 'widerreden, murren, brummen' ist für verschiedene oberdeutsche Varietäten belegt, siehe z.B. Schweizerisches Idiotikon, Band 5, 411-412.

dings in einem funktional eingeschränkten Bereich. Schriftsprachliche Fähigkeiten im Deutschen stehen FS bei der Einreise nicht zur Verfügung.

Das **sprachliche Angebot**, das FS am **Anfang der sprachlichen Integration** erhält, unterscheidet sich im Russischen nicht von dem ihrer erwachsenen Angehörigen. Zu ihrem **Deutschangebot** gehört zunächst der Deutschkurs des Arbeitsamtes mit seinem Standard- und Schriftdeutsch, später das Seniorenheim, in dem FS' Kolleginnen und die Senioren überwiegend Mannheimer Deutsch sprechen.

FS' sprachliche Praktiken und Fähigkeiten sind im **Russischen** die gleichen wie bei den anderen beobachteten Aussiedlern. Ihre **Deutschfähigkeiten** entwickeln sich dadurch, dass sie elementare schriftsprachliche Fertigkeiten erwirbt und nutzt (Vorlesen der Speisekarte) und in der mündlichen Kommunikation durch die Bearbeitung häufig erlebter Situationen des Nichtverstehens und vor allem des Nichtverstandenwerdens darauf orientiert wird, ihre Sprechweise der der neuen Umgebung anzunähern. Dieser Prozess dauert viele Jahre. Noch im vierten Aufenthaltsjahr verstehen binnendeutsche Gesprächspartner Fanni Sennwald nur teilweise und mit Mühe.

Die weitere sprachliche Entwicklung von FS wurde nicht im Detail beobachtet und dokumentiert. Sie lebt in ihren **späteren Aufenthaltsjahren** – nach der Entlassung aus dem Arbeitsverhältnis im Seniorenheim – fast ausschließlich im Kreis von Aussiedlern und empfängt sowohl im Russischen als auch im Deutschen die für diese Sprechergruppe charakteristische Sprechweise als **sprachliches Angebot**, zusätzlich selbstverständlich das deutsche Fernsehen. Ihr **Deutsch** ist im achten Aufenthaltsjahr in einem erheblichen Maße der neuen regionalen Umgebungsvarietät angepasst und so in gewisser Weise 'verhochdeutscht'. Es weist weiterhin eine starke Prägung durch das Russische auf, die sich vor allem in Lehnübersetzungen, lexikalischen Übernahmen und Code-Wechseln zeigt.

4.5 Erichs Großeltern mütterlicherseits: Paulina und Gildebert Schlee

4.5.1 Vor der Übersiedlung nach Deutschland

Erichs Großmutter mütterlicherseits Paulina Schlee geborene Busemann wurde 1940 in Evpatorija, einer nicht unbedeutenden Stadt auf der Krim, geboren. Erichs Großvater mütterlicherseits Gildebert Schlee wurde ebenfalls 1940 auf der Krim geboren, in einem Dorf in der Nähe der Stadt Feodossija. Beide haben zehn Klassen der allgemeinbildenden Schule besucht und dann eine Berufsausbildung absolviert. Paulina ist Schneiderin und Gildebert Elektromechaniker.

Die Eltern von Paulina waren beide Krimdeutsche.[307] Paulina hörte als ganz kleines Kind die Mutter Deutsch sprechen. Sie kann sich daran nicht erinnern, aber ihre Mutter ist sich dessen ganz sicher. Deutsch blieb auch in der ersten Zeit nach der Deportation nach Kasachstan die Sprache der Mutter zu ihrem Kind. Zwar hatte die Familie nur wenige Bücher mitnehmen können, und Märchenbücher waren nicht darunter. Aber Paulinas Mutter hatte, wie sie mir erzählte, *alles im Kopf behalten, Die sieben Geißlein und viel viel сказки* (*skazki* – 'Märchen'), *hab ich selbst nicht gedenkt*,[308] sagte sie (fast wie eine Pfälzerin). Zuerst erzählte sie Paulina die Märchen auf Deutsch, später auf Russisch, *Золотой козлик* (*Zolotoj kozlik* – 'Das goldene Böckchen') und andere (Kass. 208, 245).

Deutsch also wurde Paulinas Muttersprache. Ihre Vatersprache wurde Russisch – die Eltern sprachen Russisch miteinander (siehe 4.6.1). Aber mit dem Vater war sie nur in ihrer Säuglingszeit zusammen, dann musste er zur Arbeitsarmee, und sie sah ihn erst wieder, als sie schon sechs Jahre alt war. So kam es, dass nicht das Russische für sie zur Zweitsprache wurde, sondern das Kasachische. In Kasachstan arbeiteten die Mütter in der Landwirtschaft. Die Kinder wurden teils von russlanddeutschen, teils von kasachischen Frauen betreut. Sie lernten die neue Umgebungssprache schnell, vor allem im Umgang mit den kasachischen Kindern (Kass. 195, 271a).

Russisch erlernte Paulina erst in einem erwähnenswerten Grade, als sie 1946 mit Mutter und Großmutter zum Vater in den Ural und d.h. auch in eine überwiegend russischsprachige Umgebung übersiedelte, dort in die Schule kam, auf Russisch lesen und schreiben lernte und dabei, wie sie sagt, *das Deutsche vergaß*. Paulina ist der Ansicht, dass sie Russisch *perfekt* beherrscht. Nie hat sie jemand an ihrem Russisch als Nicht-Russin erkannt. Russisch war für sie die Sprache, in der sie mit ihrem Mann, ihren Kindern, den Geschwistern, Kollegen und Nachbarn selbstverständlich verkehrte (Kass. 271a).

Doch ging das Deutsche nicht ganz verloren. Paulina hatte an der Schule fünf Jahre lang Deutschunterricht. Sie hat, wie sie sagt /auf Deutsch, sinngemäß/, das Schulprogramm in Deutsch perfekt beherrscht, sie konnte gut Deutsch lesen und schreiben (Kass. 271a). Hinzu kam: In Korkino, der Bergarbeiterstadt im Ural, wohnte sie in einer Straße, in der viele russlanddeutsche Familien lebten – zusammengehalten durch die Arbeitsarmee und das erst 1955

---

[307] Einige meiner Informanten, die aus der Ukraine stammen, nennen Deutsche von der Krim *Krimer Deutsche*, so die Großeltern Schumann und der Urgroßvater Steiner. Den Ausdruck *Krimer Deutsche* habe ich in der Familie Sennwald nie gehört – vermutlich wegen ihrer Orientierung sowohl auf das Hochdeutsche als auch auf das Russische als Kultur- und Verkehrssprache in der Sowjetunion.
[308] Siehe zur Partizipform *gedenkt* und ähnlichen Formen mit 'systematischem Ausgleich' im Pfälzischen Post 1992, 130-131.

aufgehobene Kommandantur-Regime, die wöchentliche Meldepflicht. Sie ging mit den Kindern aus diesen Familien zur Schule, sie besuchte sie zu Hause, und dort sprachen die älteren Leute Deutsch, wenn auch zunehmend im Wechsel mit Russisch und aus symbolischen Gründen. In ihrer Straße und in ihrer Klasse sah sie jeden Tag auch Gildebert.

Gildebert Schlee weiß nur aus den Berichten seiner Mutter, dass Deutsch seine Erstsprache war. Er hat sie von ihr und seinen Großeltern gelernt. In Kasachstan, wohin er als Kleinkind mit Mutter und Großmutter übersiedeln musste, lebten in seinem Dorf vorwiegend Kasachen und Deutsche. Gildebert lernte – wie Paulina – erst Russisch, als die Mutter und er zum Vater in den Ural ziehen durften und er dort zur Schule kam (Kass. 207a). Mit dem Eintritt in die Schule hörte Gildebert *wie abgeschnitten* – so seine Mutter – auf, Deutsch zu sprechen: Im Ural *war er doch mit denen Schülern da zusammen, hat er a"lles auf Russisch. Hab ich gesagt: Du musst Deutsch reden. Ah, sagt er, die Jungens lachen über mich* (Kass. 220a). Großeltern und Eltern sprachen ihn weiterhin auf Deutsch an, er aber antwortete auf Russisch. Großeltern und Eltern hätten zwar Russisch gesprochen, jedoch man habe es gleich gehört, dass sie *keine Russe* waren, sagte mir Gildebert Schlee. *Auf Deutsch ging es ihnen leichter.* Er glaubt, dass er selbst Russisch ohne fremden Akzent spricht. An der Schule hatte Gildebert zunächst Englisch- und dann Deutschunterricht. Den Deutschunterricht besuchte der Junge, wie ich aus GS' Art des Berichtens schließe, ohne große Begeisterung. Das Übersetzen ins Russische fiel ihm leicht, mit dem Sprechen und Schreiben auf Deutsch war es nicht weit her, meint er heute (Kass. 207a).

Gildebert und Paulina verliebten sich ineinander. Sie heirateten blutjung, mit 18 Jahren, 1958, und nutzten die neugewonnene Freiheit, die mit der Aufhebung des Kommandantur-Regimes über die Russlanddeutschen eingetreten war: Sie übersiedelten nach Kasachstan. Sprachlich hatte das eine – wenn auch nur vorübergehende – Lösung von der Eltern-Generation und deren Russlanddeutsch zur Folge. Das Russische wurde als ihre starke Sprache befestigt, auch dadurch, dass selbst die Kasachen mehr und mehr zum Russischen übergingen. Das galt vor allem für den schriftlichen Bereich (Arbeitsanweisungen und -berichte, Formulare usw.). Später zogen dann auch die Eltern und Schwiegereltern nach Kasachstan, und das bedeutete, dass Paulina und Gildebert wieder Deutsch hörten und gelegentlich einen Blick in eine russlanddeutsche Zeitung warfen. Sie berichteten mir, sie hätten alles verstanden, was die älteren Verwandten im Familienkreis auf Deutsch sagten (Kass. 207a, 271a). Aber die Sprache, in der sie lebten und untereinander sowie mit ihren zahlreichen, verschiedenen Nationalitäten zugehörenden Kollegen und Freunden verkehrten, war das Russische. Das heißt nicht, dass sie ihre emotionalen Bindungen an deutsche Traditionen aufgegeben hatten.[309] Diese signalisierten sie sprachlich untereinander und gegenüber Freunden mit anderem nationalem Hintergrund gern, bewusst und mit spielerischer Freude, indem sie in ihrem russischen Diskurs einige Dinge stets auf Deutsch sagten, wofür insbesondere GS in der Familie und im Freundeskreis bekannt war. Seine Tochter MS und seine Frau PS berichteten mir: Wenn Gäste da waren und er ihnen nachschenken wollte, dann fragte er immer auf Deutsch: *Noch ein Schluck?* (Kass. 303b.) Selbst derjenige der beiden Schwiegersöhne, der nicht Deutscher war, nannte ihn auf Deutsch *Vater*, denn er wusste, dass GS sich über diese Anrede freute und sie als Symbol der Nähe verstand. Wenn GS' Kindern und später Enkeln eine Ungeschicklichkeit passiert war oder er sie dabei erwischte, dass sie ihre Sachen nicht in Ordnung hielten, dann rief er zärtlich-schimpfend: Какая ты шухтель! (*Kakaja ty šuchtel'!* – 'Was bist du für ein *Schuchtel*!', Notizen vom 8.8. und 11.8.1998). Alle Familienmitglieder hielten das Wort *Schuchtel* für ein deutsches Wort.[310] Später in Deutschland gebrauchte GS es auch in deutschen Äußerungen. Siehe (B42)-(B43).

4.5.2 In Deutschland

4.5.2.1 Erstes und zweites Aufenthaltsjahr

Paulina und Gildebert besuchten nach ihrer Übersiedlung den sechsmonatigen Deutschkurs des Arbeitsamtes. Paulina war der Ansicht, dass er ihr sehr geholfen hat, ihre Grammatikkenntnisse und ihre jahrelang nicht genutzten deutsch-schriftsprachlichen Fähigkeiten *zurückzulernen* (Kass. 271a). Auch Gildebert schätzte den Sprachkurs als für ihn nützlich ein: *Mussten lesen und antworten, lernt man sich doch.* Am Sprachkurs hielt er für problematisch, dass Teilnehmer mit ganz unterschiedlichen Voraussetzungen zusammen lernen sollten. Wer nur geringe Deutschkenntnisse mitbringe, komme nicht mit (Kass. 207b).

Zu der Zeit, als ich Paulina und Gildebert interviewte (im zweiten Aufenthaltsjahr), verstanden sie, wie sie sagten, das mündliche Deutsch im Alltag gut, und sie lasen Zeitungen. Aber das Schriftdeutsch der Ämter machte ihnen noch erheblich zu schaffen. Schriftliche Anforderungen (Bewerbungen schreiben, Formulare ausfüllen) versuchten sie mit Hilfe von Wörterbuch und Grammatik selbstständig zu erledigen. Das Sprechen fiel ihnen auch

---

[309] Kloss' Unterscheidung von 'Kulturdeutschen' und 'Sprachdeutschen' erscheint mir gerade mit Bezug auf die jüngeren Mitglieder der Familie Sennwald, aber auch auf andere Russlanddeutsche sehr sinnvoll zu sein. Siehe Kloss 1980, 537.

[310] Als Erich später das Wort *Schuchtel* in der Schule gebrauchte, um Klassenkameraden zurechtzuweisen, die ihn störten, erfuhr er, dass niemand das Wort verstand. Daraufhin nahm er an, es sei ein russisches Wort und sein deutsches Äquivalent sei *Nervensäge* (Notiz vom 13.3.1999).

nach zweijährigem Leben in Deutschland, wie sie sagten, sehr schwer. Gildebert sagte: *Ich weiß, dass ich mach Million Fehler, Grammatik is noch bei mir / –* er winkte ab (Kass. 207a). Paulina sagte, sie würden jede Äußerung zuerst auf Russisch konzipieren und dann ins Deutsche übersetzen, darum dauere es so lange, wenn sie Deutsch sprächen. Sie formulierte diesen Gedanken mehrfach, u.a. auch so: *Dort, wo wir mussen nu"r Deutsch sprechen, wir suchen die Wörter und sprechen do"ch. Aber bei uns ist noch diese Problem. Wir übersetzen Deutsch. Wir nehmen alles an auf Russisch in unsere Kopf, und dann wir mussen noch Zeit haben bisschen übersetzen, und deshalb geht es bei uns noch so langsam* (Kass. 271a). Diese ihre Beschreibung traf sich genau mit meinen damaligen Wahrnehmungen von Paulinas und Gildeberts Verhalten in einer deutschsprachigen Unterhaltung. Sie sprachen langsam, machten lange Pausen und überwachten ihre Äußerungen. Wenn sie unsicher waren, wechselten sie lieber ins Russische.

In der Familie sprachen Paulina und Gildebert, wie ich beobachten konnte, überwiegend Russisch. Das war für sie normal, das ging schnell, und das war für sie Erholung, denn *aŭ (aj –* 'ach'), *der Kopf raucht oft* (Kass. 271a). Auf Russisch war es ihnen möglich, zu scherzen, mit der Sprache zu spielen und all die emotionalen Varianten auszudrücken, auf die es ihnen ankam. Ein Beispiel dafür ist (B41).

(B41)

Der vierjährige Erich kommt vom Kindergarten in die Wohnung zurück, in der er mit Eltern, Großeltern und Urgroßmutter wohnt. Großmutter PS und Großvater GS begrüßen ihn.

PS: Здравствуй, моё солнышко.
PS: Zdravstvuj, moë solnyško.
PS: Guten Tag, meine kleine Sonne.

GS: Это уже не солнышко, это целое солнце.
GS: Èto uže ne solnyško, èto celoe solnce.
GS: Das ist keine kleine Sonne mehr, das ist schon eine volle Sonne.

Bericht von Mutter u. Großmutter, 8.8.1998

Allmählich begannen sie, die Scherz- und Zärtlichkeitsformeln, die in Kasachstan aus russischen Äußerungen und deutschen Einsprengseln bestanden hatten, zu verdeutschen. Vergleiche (B42) als Form, die für die Anfangsjahre in Deutschland charakteristisch war, mit (B43), einer Äußerung aus späteren Jahren.

(B42)

Erich kann seine Schuhe nicht finden.
GS: Schuchtel! Всё у тебя не на месте!
GS: Schuchtel! Vsë u tebja ne na meste!
GS: Schuchtel! Nichts ist bei dir an seinem Platz!
Bericht von Mutter u. Großmutter, 8.8.1998

(B43)

Erich will den Großvater necken und macht das Licht in dem Zimmer aus, in dem sich der Großvater gerade befindet.
GS: Schuchtel! Mach das Licht an!
Bericht von Mutter u. Großmutter, 8.8.1998

Auch zu Übungszwecken sprachen Paulina und Gildebert nun öfter miteinander Deutsch. Gildebert wartete darauf, dass Erich im Kindergarten so viel Deutsch lernen würde, dass er seinerseits von seinem Enkel lernen könnte: *Ich will mich lernen.* Er sagte, er schäme sich, wenn die Leute einander fragten oder vielleicht auch nur dächten: *Von wo ist der Kerl?* (Kass. 207b). Ansonsten sprachen Paulina und Gildebert selbstverständlich Deutsch bei Behörden, in Geschäften und auf der Arbeit – soweit die Arbeit das zuließ und erforderte. Paulina arbeitete als Reinigungskraft in einem Hotel, aber auch stundenweise in einem Privathaushalt, wo sich erfreuliche Beziehungen zur Arbeitgeberin entwickelten, die auch für Paulinas Deutsch-Wiedererwerb förderlich waren (Kass. 271, 274). Gildebert hatte größere Schwierigkeiten, Arbeit zu finden, als seine Frau. Die Arbeitssuche machte ihm seine sprachlichen Grenzen erneut sehr deutlich: *Wenn ich wen anrufe, erste, was wenn ich sage ein Wort, schon fragen sie: Aus wo sind Sie? Aus Russland.* (Kass. 207a). Und die Arbeit, für die er schließlich als (55 Jahre) *alter Mann* akzeptiert wurde, war gesundheitsschädigend und arm an geistigen und kommunikativen Möglichkeiten, *aber was kann man tun?* Er verstand, was die Kollegen zu ihm sagten, wenn sie *nicht zu schnell schwätzten.* Er registrierte, dass sie viele Wörter verwendeten, die er nie gehört hatte, aber auch, dass manche sprachen wie *von Schwabeland*, denn diesen Dialekt kannte er von seinen Eltern und älteren Verwandten, die auch gesagt hatten: *willschu, kannschu, gessen* statt *willst du, hast du, gegessen.* Aber im Allgemeinen zog er es vor, wenn seine deutschen Gesprächspartner nicht Dialekt sprachen, denn: *Einer[311] Dialekt versteh ich besser, anderer überhaupt versteh ich net* (Kass. 207a und 189).

---

[311] Für Leser, die mit dem südwestlichen regionalen Deutsch nicht vertraut sind, sei gesagt, dass darin der Unterschied von Nominativ und Akkusativ bei Maskulina im Schwinden begriffen ist (siehe König 1994, 154). Im Pfälzer Dialekt hört man Äußerungen wie die folgende: *is ihrn bsuch schunn widder fort?* ('Ist Ihr Besuch schon wieder fort?'). Das Kasussystem des Dialekts verursacht auch Unsicherheiten in der Nominativ-Akkusativ-

Paulina und Gildebert sahen meistens kein Problem darin, dass sie in der Familie überwiegend Russisch sprachen. Sie glaubten, dass ihre drei Enkel dennoch gut und schnell Deutsch lernen würden, und verfolgten aufmerksam deren Entwicklung. Manchmal allerdings überkamen sie Zweifel, ob sie es so richtig machten, insbesondere, wenn sie Erich beobachteten. Aber die beiden anderen Enkelkinder bestätigten ihre Haltung. GS und PS wollten, dass die Kinder *perfekt* Deutsch lernen und Russisch nicht vergessen (Kass. 271a). Paulina sah es als einen ernsten Fehler an, dass sie – noch in Kasachstan, aber schon die Ausreise vor Augen – nicht darauf gedrängt hatte, die damals siebenjährige älteste Enkelin in die Schule zu geben, sie hätte jetzt schon Russisch lesen und schreiben können, und das wäre von großem Wert für die Bewahrung des Russischen bei dem Kind gewesen (Kass. 272). Paulina Schlee hoffte, dass ihre Enkelinnen bald und für längere Zeit von ihrer zweiten Großmutter aus Kasachstan Besuch erhielten, das würde ihr Russisch festigen (Kass. 189).

Wenn Paulina damals um etwas Sprachliches besorgt war, dann war es eher der Deutscherwerb ihrer Tochter Marina. Sie sei ohne Deutschkenntnisse nach Deutschland gekommen und hätte im Sprachkurs nicht verstanden, wovon die Rede ist. Sie habe in den Jahren ihres Lebens in Deutschland schon viele Wörter gelernt und verstehe nunmehr ganz gut, *aber*, sagte Paulina /auf Russisch/, 'wenn ich sie am Telefon Deutsch sprechen höre, dann höre ich, dass sie die Wörter nicht richtig anordnet, sie braucht unbedingt noch einen Sprachkurs. Wir erspüren nicht all die Unterschiede, die Artikel, und 'ich ha"be gekommen' oder 'ich bi"n gekommen', darum sprechen wir so komisch, die deutsche Sprache ist unser erstes Problem' (Kass. 271a).

GS' und PS' Russisch ist ein Russisch von muttersprachlicher Qualität. Es enthält viele Substandardelemente. GS spricht eine südrussische Varietät, was vor allem bei der Realisierung des russischen *g* auffällt. So sagt er unter dem Einfluss seiner südrussischen Aussprache auch auf Deutsch z.B. *Prahra"mm* ('Programm', Kass. 207a). Südrussische Varietäten werden von russischen Standardsprechern nicht geschätzt.[312]

GS' und PS' Deutsch hört sich – vor allem im Vergleich zu Fanni Sennwalds Deutsch – standardnah an. Dies ist sicher eine Folge des mehrjährigen Deutschunterrichts in der Schule. Bei GS (Kass. 207) zeigen sich gelegentlich Varianten, die aus binnendeutschen Regionalsprachen bekannt sind: *schwätzen* für *sprechen* oder *reden*, *net* für *nicht*, *arg* für *sehr*, *wann* für *wenn*

Unterscheidung, wenn die Sprecher sich bemühen, standardnäher zu sprechen und dabei zwischen Dialekt und Standard fluktuieren. So hört man beispielsweise von Verkäuferinnen oft Äußerungen wie die folgende: *da is ihrn kassezettel*. Oder als Abschlussfloskel: *än scheener tach* oder *ein schöner tag*.

[312] Siehe Kommentare von Protassova zu den Kassetten 207 und 271.

oder *als, gestert* für *gestern, Schatzele* für *Schätzlein, halber* für *halb, ihm seine Eltern* für *seine Eltern, mehrste* für *meistens* oder *die meisten*, Verwechslung von Nominativ und Akkusativ usw. Es zeigen sich altertümliche Elemente: z.B. *etliche Menschen*. Es zeigen sich Lexeme, die charakteristisch für Russlanddeutsche sind: *Russeleut* für *Russen, Ureltere* für *Vorfahren, Halbbruder* für *Cousin*. Es zeigen sich Einflüsse des Russischen: *im 46.* für *1946, Berge sind* für *Dort sind Berge* oder *Dort gibt es Berge, sich lernen* für *lernen, ich beschäftige sich* für *ich beschäftige mich, Respu"blik* für *Republi"k, Platz* für *Ort* sowie die doppelte Verneinung: *Hab ich niemals nicht gehört*. Es zeigen sich lernersprachliche Formen: *Amte* für *Ämter, sagen* für *sprechen* usw. Und es zeigen sich erhebliche lexikalische Lücken. Bei PS zeigen sich ebenfalls gelegentlich Varianten, die aus binnendeutschen Regionalsprachen bekannt sind: *sche:n* für *schön, wann* für *wenn* oder *als*, Ersatz des Dativs durch den Akkusativ: *Wir sprechen in die Familie Russisch* usw. Es zeigen sich altertümliche Elemente: z.B. *manches Mal* für *manchmal*. Es zeigen sich Einflüsse des Russischen: *sich lernen* für *lernen;* doppelte Verneinung: *Niemals nicht hat ein Mensch gesagt;* ferner: *sie wissen kein Deutsch* für *sie können nicht Deutsch, die Problem* u.a. Es zeigen sich lernersprachliche Formen, so z.B. bei der Satzgliedstellung, besonders der Prädikatsteile und der Verneinungsausdrücke; die Wendung: *Die Grammatik wieder erholt sich bei mir*. Und es zeigen sich lexikalische Lücken. Aber trotz all dieser Merkmale eines fremden Deutschs bilanzierte Paulina ihre Kommunikationserfahrungen im zweiten Aufenthaltsjahr mit vollem Recht folgendermaßen: *Sprechen, das geht schon, langsam, wir müssen noch denken, aber das geht schon* (Kass. 271a).

4.5.2.2 Viertes bis sechstes Aufenthaltsjahr

Auch im vierten Aufenthaltsjahr arbeiteten Gildebert und Paulina Schlee noch dort, wo sie zuerst Arbeit bekommen hatten: GS in einer Farbenfabrik, wo er Farben und Lacke in Behältnisse füllte und sehr unter den Ausdünstungen litt, PS als Reinigungskraft in einem Hotel. Beide hatten sich damit abgefunden, dass sie nicht mehr als qualifizierte Fachkräfte galten wie in Kasachstan, sondern als Arbeiter, die jeden Broterwerb akzeptieren müssen. GS versuchte, sich nicht mehr verletzt zu fühlen, wenn man ihm, der in einem modernen Wasserkraftwerk gearbeitet hatte, simpelste technische Zusammenhänge und Gerätschaften erklärte wie jemandem, der sich erstmals in einem Industriebetrieb aufhält. PS war mit ihren Arbeitsumständen einigermaßen zufrieden. Was sie hauptsächlich störte, war der Arbeitsrhythmus: Sie musste jeden Tag um vier Uhr aufstehen; jeder Abend war davon überschattet. Ansonsten beobachtete und kommentierte sie bereits mit der Weisheit einer integrierten Aussiedlerin, wie später nach Deutschland übersiedelte Russlanddeutsche es schwer haben, sich mit ihrem beruflichen Abstieg und dem damit verbundenen Verlust an Selbstwertgefühl abzufinden (Notizen vom 8.8.1998).

Gegen Ende des vierten Aufenthaltsjahres hatte ich noch einmal Gelegenheit zu einem ausführlichen Gespräch mit Schlees. Dieses Gespräch fand auf meine Bitte hin statt. Ich war u.a. an ihrer Meinung zum gemischtsprachigen Sprechen interessiert und spielte ihnen daher Äußerungen mit Code-Wechsel und russisch-deutscher Sprachmischung auf Kassettenrekorder vor.[313] Das Gespräch wurde im Sog der vorgespielten gemischtsprachigen Äußerungen und als Folge des Gesprächsgegenstandes selbst in hohem Grade gemischtsprachig und wäre es wert, transkribiert und im Detail analysiert zu werden. Als äußerst gemischtsprachiges Kommunikationsereignis war es jedoch nicht charakteristisch für die beiden Sprecher. Das weiß ich aus eigenen Beobachtungen (z.B. bei Familienfeiern, an denen ich teilnehmen konnte) und aus den Selbstaussagen von Schlees. Herr und Frau Schlee selbst unterschieden in ihrer Sprachverwendung vor allem zwei Typen: Gespräche mit einheimischen Deutschen und Gespräche unter Russlanddeutschen. In der Kommunikation mit einheimischen Deutschen, die ja so gut wie nie Russisch könnten, spreche man Deutsch. Dabei käme es nicht zu gemischtsprachigen Äußerungen, auch nicht unwillkürlich. PS sagte /auf Russisch/: 'Wenn wir uns darauf einstellen, dass wir mit einem Menschen nur Deutsch sprechen können, dann finden wir auch die Sprache dafür. Wir sprechen vielleicht simpel, vielleicht mit Fehlern, aber nur Deutsch. Wir sprechen mit ihm nicht Russisch und Deutsch gleichzeitig' (Kass. 364b). 'Wenn wir untereinander, in der Familie sind, ja, dann sprechen wir halbe halbe' – so Gildebert Schlee. Paulina beschrieb die familiäre Sprachverwendung genauer /auf Russisch/: 'Häufig sprechen wir Deutsch. Aber dann geht es oft nicht schnell genug. Oder wir wollen etwas genauer und ausführlicher sagen oder aber schöner – dann sprechen wir Russisch. Wenn wir etwas gut, genau, ausführlich oder schön sagen wollen, dann müssen wir Russisch sprechen'.[314] GS und PS hatten aber auch, wie sie mir berichteten, an sich selbst beobachtet, dass sie beim Russischsprechen plötzlich deutsche Wörter gebrauchten. PS sagte, sie sage nur noch selten die russischen Wörter für 'danke' oder 'gut', GS sagte, er benutze das deutsche Wort *aber* auch oft beim Russischsprechen. Nach

---

[313] Siehe Meng (in Vorbereitung).

[314] Die Kriterien, die Schlees für die Schönheit einer Ausdrucksweise haben, wären es ebenfalls wert, analysiert zu werden. Auffällig ist, dass sie gelegentlich schriftsprachlich oder sogar gehoben getönte Lexeme oder Wendungen benutzen, die im jeweiligen Diskurszusammenhang fremd wirken. Man vergleiche zum Beispiel den russischen Ausdruck für 'reizend' in der folgenden Äußerung: *Наш дом был такой уютный, прелестный* (*Naš dom byl takoj ujutnyj, prelestnyj* – 'Unser Haus war so gemütlich, reizend'). Für Sprecher, die wenig Gelegenheit haben, rezipierend, sprechend und schreibend an standardsprachlicher Kommunikation teilzunehmen, ist charakteristisch, dass ihre Sensibilität für die spezifischen Leistungen spezifischer sprachlicher Mittel unzureichend ausgebildet ist. Vgl. Kitajgorodskaja 1988.

den Gründen dafür gefragt, wussten beide nicht recht zu antworten. GS sagte, das sei nicht Absicht, das passiere einfach. PS sagte: *Das kommt einfach so vorwärts.* Nach längerem Nachdenken fügte sie hinzu /sinngemäß, auf Russisch/: Wir leben hier in Deutschland und stellen uns darauf ein, dass wir besser Deutsch können müssen. Uns geht nicht aus dem Kopf, dass wir meh"r Deutsch sprechen und auch Deutsch de"nken müssen. Da ist ein Gefühl der Verpflichtung, das verlässt uns nie. Vielleicht mischen wir daher auch, wenn wir Russisch sprechen (Kass. 364b). GS stimmte zu und ergänzte /auf Russisch/: 'Die deutschen Wörter haken sich in unseren Gehirnen fest, die deutsche Sprache drängt sich hinein' (Kass. 364b).

Mehr als ein Jahr später, im sechsten Aufenthaltsjahr, bilanzierte Paulina Schlee ihre Deutschentwicklung mir gegenüber folgendermaßen /auf Russisch/: 'Ich verstehe Deutsch, ich spreche Deutsch, ich lese Deutsch, ich schreibe Deutsch, aber ich werde nie ri"chtig Deutsch lernen, so wie Sie" nie richtig Ru"ssisch lernen werden. Mein Deutsch und Ihr Russisch, das wird sich immer a"nders anhören. Wahrscheinlich werden auch meine Töchter nie richtig Deutsch lernen. Aber die Enkel!' Ich stimmte PS' Bilanz zu. Aber PS hatte nicht nur eine sachliche Zustandsbeschreibung geben wollen. Sie erlebte den Zustand offensichtlich als etwas nicht Akzeptables, für das sie sich zu rechtfertigen habe. Daher stellte sie ihre Sprachsituation in der multinationalen, aber dominant russischsprachigen Stadt Džambul der Sprachsituation von Russlanddeutschen in kompakt russlanddeutschen Dörfern gegenüber: Dort habe man selbstverständlich Deutsch gesprochen. Die Aussiedler, die von dort kämen, könnten mithin auch richtig Deutsch. Ich antwortete ihr, ihre sprachliche Entwicklung sei völlig normal, sie hätte sich überall auf der Welt so ähnlich zugetragen. Z.B. seien über 10 Millionen Deutsche nach Amerika ausgewandert. Von ihnen verstünden und sprächen heute nur noch diejenigen Deutsch, die in kleinen religiösen Gemeinschaften zurückgezogen von der modernen amerikanischen Gesellschaft lebten. Die deutschen Schulen und Kirchen seien meist schon während des Ersten Weltkriegs geschlossen worden, als man wegen der Kriegsgegnerschaft auch die Amerika-Deutschen hasste und z.T. verfolgte.[315] PS hörte zu und sagte dann /auf Russisch/: 'Das habe ich nicht gewusst, und das hätte ich nicht gedacht, ich dachte, nur bei uns in Russland sei man so kulturlos mit den nationalen Minderheiten umgegangen.'

---

[315] „Im Jahre 1970 war ... Dt., einschließl. Pennsilfaanisch, die Kindheitssprache von 6 093 100 Personen (zum Vergleich: Spanisch 7,8, Ital. 4,1 Mill.). Für die übergroße Mehrheit der im Inland Geborenen ist es jedoch nicht mehr die Hauptsprache (Umgangssprache) des Alltags. Das fast völlige Erlöschen des Dten. als Muttersprache (abgesehen natürlich von künftigen Einwanderern) scheint trotz dieser großen Zahlen unabwendbar; es handelt sich dabei, soweit erkennbar, um den zahlenmäßig größten Assimilationsvorgang, der sich je an einer einzigen Sprachgemeinschaft in einem einzigen Staat und einem einzigen Jahrhundert vollzogen hat" (Kloss 1980, 543). Siehe auch Kloss 1966, Born/Dickgießer 1989 und Bausch 1997.

Am gleichen Tag noch und bei der nächsten Begegnung kamen wir auch auf das Thema 'Heimat' zu sprechen. PS sagte /auf Russisch, sinngemäß/: Was die Russlanddeutschen als ihre Heimat ansähen, sei sehr unterschiedlich – je nachdem, wo man gelebt habe, was man erlebt habe, wann man die Sowjetunion verlassen habe, wann man nach Deutschland gekommen sei. Das wüsste sie, denn das sei Gegenstand vieler Gespräche. Sie jedenfalls habe in der Sowjetunion viel Gutes erlebt und ihr tue es in der Seele weh, dass die einheimischen Deutschen eine so schlechte Meinung über das Land hätten, aus dem sie komme. Jetzt freilich wäre die Sowjetunion auseinander gefallen und die Gesellschaft gespalten in Menschen, die fast hungern, und in Superreiche, und sie wünsche sich nichts sehnlicher als verlässliche Lebensgrundlagen für Kinder und Enkel (Notizen vom 8.8. und 11.8.1998).

Das Russisch von Gildebert und Paulina Schlee blieb im fünften und sechsten Aufenthaltsjahr – wenn man von der zunehmenden Anzahl deutscher Einsprengsel absieht –, wie sie es mitgebracht hatten: die dominante Sprache intelligenter, nachdenklicher Menschen, deren wesentliche Qualifikation jedoch stärker in nichtsprachlichen Tätigkeiten liegt. Ihr Deutsch hatte sich so weit entwickelt, dass sie alltägliche sprachliche Anforderungen im Umgang mit einheimischen Arbeitgebern, Kollegen, Behörden, Nachbarn usw. erfüllen und es auch in ihrer Familie verwenden konnten. Aber es war weiterhin russisch beeinflusst (vor allem in der Aussprache und der Satzgliedstellung) und enthielt weiterhin nichtzielsprachliche Formen (u.a. Kasus- und Genusfehler, individuelle Motivierungen von Lexemen),[316] die zum Teil vermutlich fossilisieren werden. Einheimische Deutsche, die sich in die Besonderheiten dieses Deutschs einhören, werden bei der Kommunikation jedoch nicht mehr Schwierigkeiten erfahren, als sie für jeden Austausch normal sind, wohl aber werden sie Aufschlussreiches und oft auch Herzerwärmendes erfahren.

4.5.3 Paulina und Gildebert Schlee – Zusammenfassung

Die Großeltern Paulina und Gildebert Schlee – bei der Übersiedlung nach Deutschland beide 53 Jahre alt wie die andere Großmutter – bringen die folgenden Voraussetzungen für ihre sprachliche Integration mit. **Russisch** war ihre Dritt- bzw. Zweitsprache. Sie haben sie in der Form des sukzessiven Bilingualismus und durch schulische Submersion erworben. Es ist ihre dominante Sprache geworden. Sie sprechen sie in einer südrussischen regionalen, überwiegend durch das Mündliche geprägten und kaum deutsch beeinflussten Varietät. **Deutsch** war ihre Erstsprache. Sie nutzten ihre in der

---

[316] Als Beispiel sei die von PS produzierte Wortform *Vorschritt* anstelle von *Fortschritt* angeführt, die die Sprecherin vermutlich gebildet hatte, als sie dem Wort *Fortschritt* in mündlicher Kommunikation begegnete und es sich aus den ihr bekannten Elementen *vor* und *Schritt* erklärte (Gesprächsnotiz vom 11.8.1998).

Kindheit erworbenen Deutschkenntnisse vor der Ausreise lange fast nur rezeptiv und sporadisch im Umgang mit einigen Vertretern ihrer Elterngeneration. PS und GS haben durch Deutschunterricht (Deutsch als Fremdsprache) elementare schriftsprachliche Fähigkeiten erworben, aber nach dem Schulabschluss kaum genutzt. PS und GS verwendeten bereits im Herkunftsland in ihrem russischen Diskurs bewusst einige deutsche Lexeme und Wendungen.

Das **sprachliche Angebot**, das die Großeltern Schlee im **ersten und zweiten Aufenthaltsjahr** empfangen, unterscheidet sich im Russischen und im Deutschen kaum von dem ihrer erwachsenen Familienmitglieder. Der Großvater GS erfährt standardsprachliches **Russisch** durch die Lektüre russischer Zeitungen und Bücher. Im **Deutschen** kommt bei PS zu dem für alle Typischen hinzu, dass sie von ihrer binnendeutschen Arbeitgeberin ein standardsprachliches Deutsch und von ihren ausländischen Kollegen ein kontaktsprachlich-lernersprachlich-regionales Deutsch hört. Der Großvater GS hört auf der Arbeit ebenfalls von seinen ausländischen Kollegen ein kontaktsprachlich-lernersprachlich-regionales Deutsch.

Im **ersten und zweiten Aufenthaltsjahr** zeigen PS und GS folgende **sprachliche Praktiken und Fähigkeiten**. PS und GS realisieren mündliche Kommunikation im russlanddeutschen Familien- und Bekanntenkreis ganz überwiegend auf **Russisch**, jedoch nur in privaten Räumen. Sie nehmen mehr und mehr deutsche Elemente in ihren russischen Diskurs auf und praktizieren häufig Wechsel zwischen Deutsch und Russisch, teils aus symbolischen Gründen, teils um Deutsch zu üben oder den Enkeln Übungsgelegenheiten zu gewähren, teils zur Füllung lexikalischer Lücken im Russischen mit Bezug auf Realien des Lebens in Deutschland. GS liest russischsprachige Zeitungen und Bücher. Für ihre Verwendung des **Deutschen** ist charakteristisch, dass sie sich aktiv am Deutschkurs beteiligen und zu beteiligen in der Lage sind – im Unterschied zur nächstjüngeren Generation – und mit seiner Hilfe vor allem ihre Kenntnisse der deutschen Grammatik und ihre deutschschriftsprachlichen Fähigkeiten auffrischen. PS und GS verstehen das Deutsch alltäglicher Kommunikation meist. Sie sprechen langsam, mit bewusster Selbstkontrolle und aus dem Russischen übersetzend. Ihr Deutsch ist relativ standardnah. Es enthält regional-binnendeutsche und regional-russlanddeutsche Elemente sowie russisch-kontaktsprachliche und lernersprachliche Formen. Sie haben lexikalische Lücken. PS und GS üben miteinander Deutsch, können Deutsch aber nicht als ihre *normale* Familiensprache praktizieren. Sie lernen zunehmend, Varietäten des Deutschen rezeptiv zu unterscheiden. In der Öffentlichkeit sprechen sie prinzipiell Deutsch. Sie lesen in beschränktem Umfang deutschsprachige Zeitungen. Post von Institutionen verstehen sie nur mit Mühe und partiell. Den Schriftverkehr mit Institutionen erledigen sie nach Möglichkeit selbstständig.

Im **fünften und sechsten Aufenthaltsjahr** erfahren die Großeltern Schlee folgendes **sprachliches Angebot**. Im **Russischen** ist es genau so dominant mündlich, wie es für sie immer war, und so verstärkt deutsch-kontaktsprachlich wie für alle ihre Kommunikationspartner aus dem russlanddeutschen Familien- und Bekanntenkreis. Im **Deutschen** ist es wie bei ihrer Tochter MS und ihrem Schwiegersohn WS: Das sprachliche Angebot stammt überwiegend aus der russlanddeutschen Umgebung und ist fast immer regional-kontaktsprachlich geprägt. Das Deutschangebot auf der Arbeit ist teils mündlich-standardsprachlich, teils regional, überwiegend aber – von den ausländischen Kollegen – kontaktsprachlich. Die Arbeit gibt wenig Kommunikationsgelegenheiten. Ein standardsprachliches Deutschangebot erhalten PS und GS fast nur durch das Fernsehen.

Die **sprachliche Praxis** der Großeltern PS und GS und ihre **sprachlichen Fähigkeiten** sind im **fünften und sechsten Aufenthaltsjahr** folgendermaßen beschaffen: Sprache des Familien- und Freundeskreises ist nicht mehr das **Russische**, das sie vor der Übersiedlung nach Deutschland sprachen, sondern eine ständige Verbindung von Russisch und Deutsch, die GS scherzhaft *halbe halbe* nennt. **Deutsch** sprechen PS und GS ihrer Meinung nach in der Kommunikation mit einheimischen Deutschen ohne Übernahmen aus dem Russischen, jedoch mit Fehlern und vereinfacht. Sie machen immer wieder und immer noch die Erfahrung, dass sich ihr Deutsch für die Einheimischen fremd anhört.

4.6 Erichs Urgroßeltern Antonia und Heinrich Busemann und die Urgroßmutter Adele Schlee

4.6.1 Vor der Übersiedlung nach Deutschland

Erichs Urgroßeltern besuchten sieben Jahre lang die Schule. Beim Urgroßvater handelte es sich in allen Klassen um Unterricht mit der Schulsprache Deutsch. In den Schulen der Urgroßmütter wurde die ersten vier Jahre auf Deutsch unterrichtet, später auf Russisch. Heinrich Busemann erlernte die Berufe Elektroschlosser und Fernmeldetechniker. Antonia Busemann ist ausgebildete Krankenschwester. Adele Schlee hat keinen Beruf. Wenn man in der Familie Sennwald von den Urgroßmüttern spricht, dann sagt man auf Russisch: *омы старенькие* (*omy staren'kie*) und auf Deutsch *die alten Omas*. Der russische Ausdruck hört sich zärtlich an – wegen des aus dem Deutschen übernommenen Lexems *Oma* und des Diminutivsuffixes *-еньк-* (*-en'k-*) nach dem russischen Stammmorphem für 'alt'. Die deutsche Variante kann diese Konnotation nicht wiedergeben.

Erichs Urgroßmutter mütterlicher-großmütterlicherseits, Antonia Busemann geborene Berger, wurde – wie sie mir berichtete – 1918 buchstäblich auf dem Schwarzen Meer geboren. Als Geburtsort wurde in ihre Papiere später das Dorf eingetragen, aus dem der Vater stammte. Die Familie befand sich auf dem Weg von Tiflis (auf Georgisch: Tbilissi), der georgischen Hauptstadt im Kaukasus, zur Krim, in das Heimatdorf des Vaters. Der Vater war 1889 in einem deutschen Dorf geboren worden. Er hatte 1910 das Deutsche Pädagogische Institut der Stadt Simferopol/Krim mit der Lehrberechtigung für den Anfangsunterricht absolviert und bekam seine erste Arbeitsstelle in Tiflis. An seiner dortigen Schule wurde er mit einer jungen deutschen Kollegin bekannt, die im Kaukasus geboren worden war. Die beiden heirateten. 1918 übersiedelte die junge Familie in die Heimat des Mannes, zu seinen Verwandten. Von 1916 bis 1931 wurden dem Ehepaar sieben Kinder geboren. Erichs Urgroßmutter war das zweite Kind in der Geschwisterreihe. 1932 starb die Mutter im Alter von 35 Jahren. Der Vater heiratete erneut, wiederum eine Deutsche, *eine sehr, sehr gute Frau*, wie Erichs Urgroßmutter sagte: *Danke vielmals, dass sie gegangen ist, uns sieben Kinder aufzuziehn, war doch viel Arbeit, und da war noch die Kuh* (Kass. 195).

In den Erinnerungen von Antonia Busemann an ihre Kindheit wurde deutlich, dass der Vater Bildung hoch schätzte und diese Einstellung auf seine Kinder übertrug. Antonia Busemann ist stolz darauf, dass ihre Eltern das Lehrerdiplom hatten. Sie erwähnte mehrmals, dass ihr Vater *seine Bildung fortsetzte*: Er, der zunächst nur Grundschullehrer war, habe während seiner Berufstätigkeit die Lehrbefähigung bis zur zehnten Klasse erworben und viel Wert darauf gelegt, auch das Russische *gut und richtig* zu sprechen, er *lernte Russisch speziell* und bildete sich selbstständig darin weiter. Schließlich unterrichtete er Deutsch, Russisch, Geschichte und Geographie, zuletzt vor der *Evakuierung* im August 1941 an der *Städtischen Schule Nummer 1* in der Stadt Evpatorija. Er war *ein arch guter Lehrer und nicht großartig*, sagte Antonia Busemann, man habe ihn auf der Straße anhalten und um Rat fragen können, er habe immer Auskunft gegeben. Seine Kinder scholt er, wenn sie Russisch und Deutsch mischten und beide Sprachen *verdarben*, er empfahl ihnen, laut aus ihren deutschen und russischen Märchenbüchern vorzulesen, damit sie die beiden Sprachen *rein* sprechen und schreiben lernten. Siehe (T21). Es erfüllte ihn mit Genugtuung, dass seine beiden Söhne nach dem Krieg *das Institut endigten* und Ingenieure wurden und dass von seinen fünf Töchtern zwei Lehrerinnen und zwei Krankenschwestern wurden. Auch Antonia Busemann ist darauf stolz. Sie betont, dass der Vater außer Deutsch und Russisch noch Tatarisch (*Auf der Krim lebten doch viele Tataren!*), Englisch und Französisch gesprochen habe; insbesondere die Tatarischkenntnisse hätten es ihm später ermöglicht, in kasachischen und baschkirischen Dörfern weiterhin als Lehrer tätig zu sein (Kass. 195, 231, 245).

Und der Vater war nicht nur Lehrer, er hatte auch einen kleinen Bauernhof mit einer Kuh und drei Pferden, von denen zwei, als *das Kollektiv anfing*, zum Kolchos kamen. Im Kolchos erledigte er vorübergehend auch die Aufgaben eines Buchhalters, denn – so Antonia Busemann – es gab wenig Leute, die lesen und schreiben konnten. In den Jahren der Hungersnot nach der Kollektivierung baute er Mais an, mahlte den Mais zu Maisgrütze und konnte so seine große Familie ernähren.

Antonia Busemann ihrerseits besuchte zunächst vier Jahre lang eine deutschsprachige Schule. Ende der Zwanziger- oder Anfang der Dreißigerjahre – genau konnte sie sich nicht mehr erinnern –, jedenfalls aber im Zusammenhang mit der Kollektivierung wurden dann die deutschen Schulen und Kirchen geschlossen. In den Klassen 5 bis 8 der allgemeinbildenden Schule und in den zwei Jahren der medizinischen Ausbildung zur Krankenschwester in der Stadt Evpatorija musste sie *auf Russisch weiterlernen, das war doch sehr schwer*. Antonia Busemann verglich ihre damalige schulische Situation mit der heutigen ihrer Enkel und Urenkel in Deutschland. Sie stellte jedoch diese Phase ihrer Sprachbiografie nur kurz dar und wurde erst ausführlicher, als ich fragte, wie die Umstellung von der deutschsprachigen auf die russischsprachige Schule vor sich ging. Sie sagte: Fast alle deutschen Lehrer *wurden fortgenommen* (d.h., sie verschwanden, ohne dass man je wieder etwas von ihnen hörte), *manche mussten fahren le"rnen, viele Deutsche wurden ins Gefängnis geschmissen, einer sagt, sie haben den Brunnen vergiftet, ein anderer sagt, sie haben etwas anderes gemacht, mein Vater ist aber doch geblieben, oü* (*oj* – 'ach'), *wenn mein Vater wär fortgenommen, wir wären alle verhungert, sieben Kinder. Aber mein Vater sein Bruder ist fortgenommen, mein Mann sein Vater ist auch fortgenommen, die gelernte Leute haben sie alle fortgenommen* (Kass. 231).[317] Nach der Beendigung der Schule beherrschte Antonia – wie sie sagte – das Russische in Wort und Schrift gut, wenn auch nicht fehlerfrei. Sie arbeitete dann in einer Milchküche in Evpatorija, wo Nahrung für Säuglinge und kranke Kinder auf ärztliche Verordnung zubereitet wurde (Kass. 195, 231).

Im Jahre 1939 heiratete sie Heinrich Busemann. Heinrich stammte aus einer wohlhabenden, in einem krimdeutschen Dorf ansässigen Familie, die u.a.

---

[317] Nach Scherbakowa 1996 kam es 1937-1938 zu Massenverhaftungen, für die Stalin genau bezifferte Vorgaben für jede ethnische Gruppe, Nationalität und nationale Minderheit festlegte. Die Autorin stellte mir freundlicherweise Fotokopien von NKVD-Unterlagen und Analysen der Gesellschaft „Memorial" zur Verfügung, aus denen hervorgeht, in wie hohem Maße die Russlanddeutschen betroffen waren, aber mindestens in gleichem Grade 'Russlandpolen' und Ukrainer. Auch die Zahlen über die Verhaftung von Vertretern anderer Nationen und Nationalitäten der Sowjetunion einschließlich der Russen sind immer noch furchtbar genug. Als Grund für die Verhaftungen wird neben „traditionellen Beschuldigungen" Mitgliedschaft in „nationalistischen konterrevolutionären Organisationen" angegeben.

eine Ziegelei, Pferde und Esel besaß. In seinem 1990 geschriebenen Lebenslauf charakterisiert Heinrich seinen Vater als Mittelbauern. Die Familie wurde bei der Kollektivierung als *Kulaken*familie eingestuft und dreimal *entkulakisiert*. Siehe (T19). Für Heinrich hatte das – wie er selbst schreibt und wie mir seine Frau erzählte – zur Folge, dass er in den 30er und 40er Jahren als *Sohn eines Kulaken immer wieder ausgeschlossen* wurde, wenn er sich bei der schulischen oder beruflichen Ausbildung oder in der Armee durch schnelle Auffassungsgabe und Lernbereitschaft hervortat. So wurde er zwar zur Armee einberufen – bei den Russlanddeutschen keine Selbstverständlichkeit – und konnte zunächst auf einem Unterseeboot dienen. Dann aber wurde er wieder entlassen. *Er war sehr beleidigt,* sagte seine Frau, *bis ans Ende* (Kass. 195, 231).

Ich vermute, dass die Erfahrungen in der Sowjetunion der 30er Jahre dazu beitrugen, dass die jungen Eheleute in der Kommunikation miteinander schon bald zum Russischen übergingen. Antonia Busemann gab für diesen Sprachwechsel allerdings eine andere Erklärung an: Sie habe den *Belmeser*-Dialekt[318] von Heinrich und seiner Mutter nicht verstehen können, da sie selbst nur *Literaturdeutsch* gelernt hatte und Deutsch sprach, *wie es im Buch geschrieben ist. Er konnte meins verstehen, ich ihrs nicht, re"den konnt ich seins gar nicht.* Mann und Schwiegermutter ihrerseits seien nicht in der Lage gewesen, Hochdeutsch zu sprechen, wenn sie auch Deutsch lasen; die Schwiegermutter habe Deutsch *auf Gotisch* geschrieben. Aber eben nicht Hochdeutsch gesprochen. So habe man Russisch sprechen müssen.[319] Heinrichs Mutter allerdings *sprach ganz schlecht Russisch und musste doch immer Russisch sprechen,* berichtete mir Antonia Busemann, und alle zuhörenden Familienmitglieder lachten (Kass. 231, 271, 274): Antonia Busemann hatte am Beispiel ihrer Schwiegermutter die kommunikative Situation umrissen, in die die Russlanddeutschen bis heute immer wieder geraten – früher in der Sowjetunion mit dem Russischen, heute in Deutschland mit dem Deutschen. Diese Situation empfindet man nur in einem Moment familiärer und freundschaftlicher Geborgenheit als erheiternd und komisch.

---

[318] Zum Belmeser-Dialekt, einer oberhessischen Mundart in der Ukraine, siehe Sokolskaja/Sinder 1930.

[319] Für Antonia Busemanns Erklärung spricht: Heinrich hatte bereits eine berufliche Bildung in russischer Sprache erfahren und dürfte also über relativ gute Russischkenntnisse verfügt haben. Ähnlich war es bei Antonia. Gegen diese Erklärung spricht, was mir Antonia Busemann und Adele Sennwald in anderen Zusammenhängen berichteten: Heinrich und seine Mutter, die – 1889 geboren – immerhin vier Klassen der deutschen Schule absolviert hatte, konnten Deutsch lesen und schreiben. Und da soll es ihnen nicht möglich gewesen sein, Hochdeutsch sprechen zu lernen? An dieser Stelle wird beispielhaft deutlich, mit welchen Problemen der autobiografische Zugang zur Sprachbiografie verbunden ist: Es entstehen gelegentlich Implausibilitäten oder Erklärungslücken, die man entweder gar nicht oder nur mit Hilfe spezieller zusätzlicher Techniken aufklären kann.

Für Antonia und Heinrich wurde das Russische bald zur Familiensprache. Und da sie auch auf der Arbeit Russisch sprachen, wurde es allmählich zu ihrer besser beherrschten Sprache: *So ist es rausgekommen, dass das Russische ist vorgegangen.* Sogar mit dem Vater sprach Antonia seit ihrer Heirat Russisch, mit der Stiefmutter allerdings weiterhin Deutsch. Antonia Busemann spricht nach eigener Einschätzung und nach Einschätzung ihrer Enkelin Marina – Erichs Mutter – ein gutes Russisch, aber an ihrem *weichen Akzent*, den ihre jüngeren Geschwister nicht hätten, sei bis heute zu erkennen, dass sie zuerst Deutsch und dann Russisch gelernt habe, sagte Marina (Kass. 195).[320]

Im Jahre 1940 wurde Antonias und Heinrichs erstes Kind geboren: Paulina, Erichs Großmutter mütterlicherseits. Mit ihr sprach die Mutter zuerst Deutsch, später aber, als sie selbst mehr und mehr zum Russischen überging, zunehmend Russisch.

Im Jahre 1941, nach Kriegsbeginn, mussten Busemanns wie alle anderen Deutschen die Krim verlassen. Sie wurden zusammen mit ihren Verwandten nach Kasachstan an den Aralsee *evakuiert.* Die Männer kamen bald in die Arbeitsarmee, die Frauen, Kinder und Alten blieben in Kasachstan. Heinrich Busemann wurde, nachdem er kurze Zeit in der Taiga Bäume gefällt hatte, zum Bergbau in den Ural verpflichtet; insgesamt wird er dort 30 Jahre lang im *Steinkohlentagebau Nr. 1-2 arch arbeiten,* von 1941 bis 1971 (Kass. 195).

Antonia Busemann blieb während des Krieges mit der Tochter Paulina, dem Vater, der Stiefmutter und der Schwiegermutter in Kasachstan, im Gebiet Kzyl-Orda am Fluss Syrdar'ja. Sie arbeitete fünf Jahre lang in der Landwirtschaft, zunächst mit Kasachen zusammen, später mit Koreanern, die aus dem sowjetischen Fernen Osten ebenfalls nach Kasachstan umgesiedelt worden waren, als es zu Konflikten mit Japan kam.[321] In sprachlicher Hinsicht war das erneut eine tief greifende Umstellung. Von den Kasachen sprachen nur einige jüngere Leute etwas Russisch, im Verkehr mit den Älteren musste das Kasachische benutzt werden. Antonia lernte zwar bald etwas Kasachisch verstehen, aber letzten Endes wäre sie *doch verloren gewesen,* wenn nicht ihre kleine Tochter Paulina schnell Kasachisch gelernt hätte und bald in der Lage war, das Notwendigste für die Mutter aus dem Kasachischen ins Russische und aus dem Russischen ins Kasachische *zu überführen* (Kass. 245).

---

[320] Es ist in den russlanddeutschen Familien ein häufig anzutreffendes Faktum, dass bereits ein Altersunterschied von wenigen Jahren, wie er für Geschwister charakteristisch ist, mit erheblichen Unterschieden in den deutsch- und/oder russischsprachigen Fähigkeiten verbunden ist.

[321] Vgl. Scherbakowa 1996, 197, und Bal'burov 1997.

Nach dem Krieg bekam Antonia die Erlaubnis, zu ihrem weiterhin zur Bergwerksarbeit verpflichteten Mann in den Ural zu fahren – *am 26. Juli 1946*, dem unvergesslichen Datum der *Wiedervereinigung der Familie*. Dort nahm auch sie eine Arbeit im *Steinkohlentagebau Nr. 1-2* auf: Am Förderband sammelte sie elf Jahre lang die Steine aus der Kohle. Die Familie wuchs. Es wurden noch zwei Kinder geboren.

Im Jahre 1971, als Heinrich ab seinem 55. Lebensjahr Bergmannsrente beziehen konnte, beschloss die Familie, den klimatisch rauen Ural zu verlassen und nach Kasachstan zu übersiedeln. Dort starb Heinrich 1992, als er schon den Aufnahmebescheid aus Deutschland in Händen hielt. Zwei Nachrichten *brachen ihm das Herz,* wie seine Frau sagte: die Nachricht aus Odessa, dass sein Vater in den Dreißigerjahren unschuldig erschossen worden war, und die Nachricht aus Deutschland, dass seine zweite Tochter nicht dorthin übersiedeln darf, denn, da ihr Mann und ihr Sohn dem Ausweis nach Russen sind, hat sie auch bei sich die russische Nationalität eintragen lassen. Sollte sich die Familie wieder trennen müssen? (Kass. 195, 231).

Erichs Urgroßmutter mütterlicher-großväterlicherseits, Adele Schlee geborene Krummbach, wurde 1913 in einem Dorf bei Feodossija/Krim geboren. In dem Dorf lebten Tataren, Russen und Deutsche: *Mir hen alle sehr gut einig gelebt, so was war nicht /* – sagte Adele Schlee und winkte ab. Womit verglich sie ihre Kindheitserfahrungen, ohne es zu sagen: mit den interethnischen Spannungen, die sich in jüngster Zeit in der Sowjetunion und ihren Nachfolgestaaten ereigneten, oder mit den Einstellungen der einheimischen Deutschen zu den Zuwanderern? Als ich Adele Schlee fragte, wann sie angefangen habe, Russisch zu lernen, sagte ihr zuhörender Freund, der aus dem gleichen Dorf stammte wie sie: *Na als sie geboren wurde!* Adele Schlee lachte und stimmte zu. Es sei in ihrer Kindheit selbstverständlich gewesen, dass man die Sprache der jeweils anderen irgendwie konnte (Kass. 220a). Später bat ich Marina Sennwald, noch einmal nachzufragen, ab wann und von wem die Großmutter denn Russisch gelernt habe. Marina übermittelte mir: Adele Schlee und ihr Freund hätten gesagt, die Krim und ihr Kindheitsdorf seien in den 20er Jahren schon *sehr modern* gewesen. Zwar seien alle Kinder in eine gemeinsame Schule gegangen, aber es habe für die verschiedenen Nationalitäten auch verschiedene Klassen gegeben. Die russlanddeutschen Kinder hätten in ihren Klassen auf Deutsch gelernt, die tatarischen Kinder auf Tatarisch und die russischen Kinder auf Russisch. Die höheren Schulen hätten dann Russisch als Unterrichtssprache gehabt. So habe dort eine Fachschule für Agronomen existiert, wo die Studenten auf Russisch studierten. Es sei wirklich selbstverständlich gewesen, dass man Russisch lernte. In der Familie freilich hätten Adeles Eltern Deutsch gesprochen. Von ihnen habe sie als Muttersprache Deutsch gelernt. Was für ein Deutsch das war und ob die Eltern in ihren Familiengesprächen zwischen Deutsch und Russisch wechselten, konnte Adele Schlee nicht sagen. Spätestens habe sie

Russisch gehört und gelernt, als sie begann, mit den Nachbarkindern zu spielen. Die Kinder seien sehr schnell in die russischsprachige Gesellschaft hineingewachsen, zu der alle gehörten: Russen, Tataren und Deutsche, sagte sie (Notizen vom 16.9.1998).

Adele Schlee war das jüngste Kind von neun Geschwistern. Der Vater war krank und starb, als Adele acht Jahre alt war. Adele besuchte fünf Jahre die deutsche Klasse der Elementarschule, dann ein Jahr die russische Klasse und fast zwei Jahre lang eine weiterführende russische Schule. Ihrer Darstellung entnehme ich, dass der Schulwechsel nicht von außen erzwungen wurde, sondern auf Entscheidungen der Familie beruhte. Der Abbruch der Mittelschulbildung war dem frühen Tod des Vaters geschuldet. Die Mutter und die Geschwister waren darauf angewiesen, dass Adele mitverdiente. Sie verdingte sich zusammen mit einer älteren Schwester als Dienstmädchen in Feodossija. Sie sprach, las und schrieb zu diesem Zeitpunkt Deutsch und Russisch. *Ich kann Deutsch und Russisch, das bleibt, wir sind doch dort geboren in Russland*, sagte sie nicht ohne Stolz zu mir. In Feodossija heiratete sie 1936 einen Russlanddeutschen. Sie sprachen miteinander *Deutsch und Russisch, wie s kommt, alles beides* (Kass. 220a).

1937 oder 1938 verließ die junge Familie die Stadt – warum? *Habbe se doch die Leute genommen in тюрьмы, ja?* (*tjur'my* – 'Gefängnisse') – und zog in das Dorf, in dem Adeles Schwiegereltern lebten, acht Kilometer von ihrem Heimatdorf entfernt. Dort fingen sie an, sich ein Haus zu bauen. Das Haus war gerade fertig, der Sohn Gildebert geboren, da begann der Krieg: Deportation nach Kasachstan, Arbeitsarmee für die Männer, Schwerstarbeit für die Frauen in der Landwirtschaft, Wiedervereinigung der Familie nach dem Krieg im Ural, nach Aufhebung der Meldepflicht gemeinsame Übersiedlung nach Kasachstan – dies die charakteristischen Stationen des Lebens von Urgroßmutter Schlee (Kass. 220a). Sie stärkten die Rolle des Russischen auch in der Familie Schlee, ohne das Deutsche ganz zu verdrängen.

4.6.2   In Deutschland

Erichs Urgroßmutter mütterlicher-großmütterlicherseits, Antonia Busemann, hatte in Deutschland kaum Schwierigkeiten mit der deutschen Sprache. Bei ihrer Ankunft stellte sie mit Erstaunen fest: *Aber hier sprechen die Menschen auch nicht egal. Ich hab das nicht gedacht. Ich hab gedacht, sie sprechen alle gleich, so wie s im Buch geschrieben ist. Aber es kommt nicht so raus. Wi"r haben auf Deutsch gesprochen, wie s im Bu"ch geschrieben ist.* (Kass. 195, siehe auch (T21)). Antonia Busemann verstand, wie sie sagte, fast alles, was auf der Straße oder im Fernsehen gesprochen wurde. Sie las täglich, manchmal stundenlang. Das Lesen fiel ihr auf Deutsch schon bald leichter als auf Russisch. Beim Schreiben musste sie zunächst noch aufpassen, es kamen immer noch russische Buchstaben zwischen die deutschen. Beim Deutschsprechen zeigten sich manchmal russische Einflüsse. Siehe (B44).

(B44)

AB zu BW1 über ihren Schwiegersohn.
AB: Er is gangen, hat sein Zahn gedoktert.

AB will sagen, dass ihr Schwiegersohn beim Zahnarzt war, um seinen schmerzenden Zahn behandeln zu lassen. *doktern* dürfte unter dem Einfluss des russischen Verbs *лечиться* (*lečit' sja*) gebildet worden sein, das sowohl 'sich kurieren' als auch 'sich behandeln lassen' bedeutet.

AB, Kass. 195a

Unmittelbarere Einflüsse des Russischen kann man darin erkennen, wie AB zusammengesetzte deutsche Zahlwörter bildet. So sagte sie, als sie sich auf das Jahr 39 bezog, *dreiundneunzig* statt *neununddreißig,* denn auf Russisch sagt man: *тридцать девять* (*tridcat' devjat'* – 'dreißig neun'). Manchmal fehlten ihr passende deutsche Ausdrücke, vor allem wenn es um Sachverhalte außerhalb des häuslichen Bereichs ging, z.B. um *история* (*istorija* – 'Geschichte') oder *география* (*geografija* – 'Geographie'). Dann stellten sich russische Wörter ein. Aber das beunruhigte sie nicht: *ну* (*nu* – 'na') *aber das kommt noch alles nach und nach.* Sie stellte fest, dass das Deutsche ihr viel leichter fiel als ihren Kindern, von den Enkeln ganz zu schweigen (Kass. 195).

Ich beobachtete – das war im dritten bzw. vierten Aufenthaltsjahr der Familie –, dass Antonia Busemann im Gespräch mit Tochter, Schwiegersohn, Enkelin und Urenkel fast nur Russisch sprach, Deutsch war für sie die Sprache des Verkehrs mit den Einheimischen, z.B. mit mir; und ich hatte den Eindruck, dass ihr Russisch weniger mit deutschen Elementen durchsetzt war als das Russisch ihrer Tochter und ihrer Enkelin. Auf jeden Fall sprach sie Deutsch und Russisch mühelos und wechselte von einer Sprache zur anderen, ohne einer längeren Umstellungszeit oder einer besonderen Konzentration zu bedürfen. AB sprach laut ihrer eigenen Meinung und der von Verwandten Russisch mit einem deutschen 'Akzent'. Sie sagte, sie sei gelegentlich an ihrer Sprechweise als Deutsche erkannt worden. Die leicht deutsch gefärbte Aussprache des Russischen werde ihr besonders bewusst, wenn sie überlege, wo sie beim Schreiben auf Russisch zögere und nachdenken müsse: Sie könne den Unterschied zwischen harten und weichen Konsonanten oft nicht hören, daher unterliefen ihr auch Schreibfehler in diesem Bereich. Nach Einschätzung von Protassova ist ABs Russisch eher charakteristisch für die älteste Generation der gegenwärtig lebenden russischen Muttersprachler, vor allem dadurch, dass sie die Lautkomplexe nicht so stark reduziere, wie jüngere Sprecher das tun; davon abgesehen spreche sie ein ausgebildetes muttersprachliches Russisch mit einzelnen Substandardelementen, z.B. *накушать-ся* statt standardsprachlich *наесться* (*nakušat'sja* statt *naest'sja* – 'sich satt essen', Kass. 245). Eine Russisch-Probe von AB liegt in (T20) vor, eine Deutsch-Probe in (T21).

Als Antonia Busemann 80 Jahre alt wurde, veranstalteten die Kinder und Enkel ein Fest für sie. Es wurden alle Verwandten und einige Freunde eingeladen. Über fünfzig Gäste kamen: aus Baden-Württemberg, Niedersachsen und Mecklenburg-Vorpommern. Antonia Busemanns Brüder – beide in den 70ern – lebten noch in Russland. Auch sie reisten nach Deutschland, um die Schwester zu ehren. Zu dem Fest hatte man sich den Gemeindesaal einer Kirche gemietet. Alles Essen war selbst gekocht, aller Kuchen selbst gebacken, alle Gäste privat untergebracht. Lediglich zwei Menschen hatte man zur Gestaltung der Feier engagiert, zwei Russlanddeutsche: einen Musiker, der auf dem Keyboard spielte, und eine Sprecherin, die den Ablauf des Festes leitete – eine Frau in der Funktion des *тамада* (*tamada"* – 'Festleiter, Leiter eines Festmahls', siehe Ožegov 1963, 777). Zwischen der Familie und der Festleiterin hatten offensichtlich keine detaillierten Absprachen getroffen werden müssen. Es existierte bereits im Herkunftsland ein Ablaufmuster für solche Jubiläen, dessen Positionen nur jeweils konkret ausgefüllt werden müssen. Die Feier begann mit dem gemeinsamen Mittagessen, das der Sohn des Geburtstagskindes in russischer Sprache eröffnete. Nach dem Mittagessen übernahm die Festleiterin ihre Rolle. Sie ließ – mit Hilfe eines Mikrofones sprechend – zuerst einen Walzer spielen, den die Jubilarin mit einem ihrer Brüder tanzte. Dann rief sie die Gratulanten nach einer von den Anwesenden erwarteten Reihenfolge auf, damit sie ihre Glückwünsche – ebenfalls am Mikrofon – vortrügen: zuerst die Geschwister, dann die Kinder einschließlich der Schwiegerkinder, dann die Enkel einschließlich der Schwiegerenkel, dann die Urenkel, dann andere Verwandte in selbstbestimmter Reihenfolge, dann die Freunde, ebenfalls in selbstbestimmter Reihenfolge. Fast alle Erwachsenen hatten den Wortlaut ihres Glückwunsches auf ihrer Glückwunschkarte fixiert, sie lasen den Glückwunsch vor und übergaben den Text dann der Jubilarin. Die Glückwünsche aller Erwachsenen waren in russischer Sprache abgefasst. Die Festleiterin und die meisten Gratulanten sprachen ein feierliches, gehobenes Russisch, zum Teil formelhaft und quasi-literarisch,[322] zum Teil selbst erdacht und formuliert, wie zum Beispiel die vier Geschwister, die *частушки* (*častuški* – 'Folge vierzeiliger Verse, auf eine bekannte Melodie gesungen') vortrugen, die eine der Schwestern über den Lebensweg der Jubilarin gedichtet hatte. Viele Redner waren bei der Darbietung ihrer Glückwünsche sehr bewegt und konnten oft die Tränen kaum zurückhalten. Erich sagte seinen Glückwunsch in deutscher Sprache auf. Er hatte ein Versehen auf seine Urgroßmutter umgemünzt, das er im Kindergarten bei Kindergeburtstagen gehört hatte. Vgl. (B45).

---

[322] Zum Begriff des Quasi-Literarischen s. Gülich 1980.

(B45)

ES: Ungefähr vor 80 Jahren kam ein Baby angefahren,
ohne Strümpf und ohne Schuh,
liebe Oma, das warst du.
Dein Erich

Danach machte er eine tiefe Verbeugung in Richtung seiner Urgroßmutter, wie er es von den erwachsenen Gratulanten gesehen hatte.

Das Publikum hörte alle Glückwünsche aufmerksam an und spendete Beifall. In den Pausen, während der nächste Redner seinen Auftritt vorbereitete und sich zum Mikrofon begab, gingen die Tischgespräche weiter. Sie verliefen je nach persönlicher Präferenz und Partnerkonstellation auf Deutsch oder Russisch oder im Wechsel zwischen Deutsch und Russisch. Jedoch war Russisch häufiger zu hören. Es war ganz offensichtlich, dass man im Rahmen dieses Festes zwei Situationen unterschied, für die jeweils spezielle Regeln der Sprachenwahl galten: Wenn du in kleiner Runde, gleichsam privat sprichst, steht es dir frei, wie du sprichst: Deutsch oder Russisch oder beides; wenn du für alle sprichst, gleichsam öffentlich, dann wähle die Sprache, in der du angemessen – d.h. gehoben, feierlich und schön – sprechen kannst; mischen darfst du bei deinem öffentlichen Auftritt nicht.

Erichs anderer Urgroßmutter, Adele Schlee, fiel die sprachliche Integration in Deutschland schwerer. Ihr Sohn sagte: *Ist ihr jetzt auch schwer auf Deutsch. Hier gibt s so viele neue Wörter, hat sie niemals nicht gehört. Hat zuerst immer gesagt: Ich versteh net! Wie" sprechen die"!?* zitierte Herr Schlee seine Mutter (Kass. 207a). Urgroßmutter Schlee sagte zu mir: *Bis heutzutage verstehn mir net. Manche Fra:, wenn ich mit ihr erzähl, kann ich mit ihre sche:n erzähln. Могу делиться, всё как надо.*[323] *Aber manche ... Beim Lesen muss ich mich sehr a"strengen. Aber allmählich wird es schon leichter* (Kass. 220a).[324]

Adele Schlees Deutsch war dadurch charakterisiert, dass es zu häufigen Wechseln zwischen ausgesprochen hochsprachlichen Realisierungen und regional-dialektalen Varianten kam. Eine Äußerungsfolge in hochsprachlicher Realisierung ist die folgende: *Is mein Bruder gekommen – waren doch so schwere Jahre – und hat gesagt: Liebe Schwester, ich muss dich runternehmen vom Lernen. Ich kann nicht mehr zahlen. Mir langt s nicht zu.* Die Hochsprachlichkeit der Realisierung bestand in der deutlichen, ja fast über-

---

[323] *Mogu delit'sja, vsë kak nado* – 'Kann mich mitteilen, alles wie es sein muss.'
[324] Die Sprechweise von Frau Schlee weist manche Verwandtschaft mit dem pfälzischen Vokalismus auf, so bei *Fra:* für standarddeutsch *Frau* oder der Nasalierung, z.B. *a"strengen* für *anstrengen*. Siehe auch Post 1992, 75-87.

deutlichen Aussprache aller Endungen und im Verzicht auf *e-* und *n-*Apokopen und -Synkopen. Die hochsprachliche Realisierung könnte hier eine diskursive Funktion haben: Die Sprecherin stellte eine herausgehobene Episode ihres Lebens dar; die wiedergegebenen Äußerungen des Bruders waren von lebensgeschichtlicher Bedeutung für sie. An vielen anderen Stellen fiel eine derartige Funktion hochsprachlicher Varianten nicht auf. Regionale Varianten in AS' Deutsch waren die, die in vielen westmitteldeutschen Varietäten begegnen: Entrundungen von *ü, ö, eu/äu* zu *i:, e:* und *ei: Sti:bchen* für *Stübchen, angewehnt* für *angewöhnt, Streiß* für *Sträuße*; Spirantisierungen der *g*-Laute: *die Seiniche* für *die Seinigen, e-*Synkope und *n-*Apokope: *mitgfahre* für *mitgefahren*, Reduktion der Endungen, vor allem beim Partizip Perfekt: *Die habbe gearbeit* statt *Die haben gearbeitet*, Ersatz des Dativs durch den Akkusativ: *zu dene Leute, von de Kinder* u.a. Die regionalen Formen wurden jedoch im Wechsel mit ihren standardsprachlichen Varianten gebraucht, und sie waren – wie mir schien – seltener als die standardsprachlichen. Andere, in den westmitteldeutschen Varietäten sonst oft anzutreffende Varianten fehlten, so z.B. das palatalisierte *s*, das zu *w* spirantisierte *b* oder das zu *o* verdumpfte *a*. Auf Grund der Merkmale und ihrer – freilich nur geschätzten – geringen Häufigkeiten wirkte AS' Deutsch insgesamt relativ standardnah – im Unterschied zu Großmutter Fanni Sennwald und zu den Großeltern Butz aus der Familie Kirillov. AS selbst war der Ansicht, sie spreche so ähnlich Hochdeutsch wie BW1, ihre Interviewerin, deshalb könne sie sie auch so gut verstehen. Zu AS' Deutsch siehe auch (T22).

Adele Schlees Deutsch war – außer durch das Fluktuieren zwischen Standard und Regionalität – durch Einflüsse des Russischen gekennzeichnet. Diese Einflüsse waren unterschiedlicher Art. AS übernahm einzelne Lexeme aus dem Russischen in ihre deutschen Äußerungen. Dabei handelte es sich vor allem um diskursgliedernde Ausdrücke (z.B. *вот* (*vot* – 'also, so, äh')), Ausdrücke der Sprecher-Hörer-Steuerung (z.B. *á* – 'já') und Substantive. Siehe (B46)-(B47). Die übernommenen Substantive waren lautlich und grammatisch nicht ins Deutsche integriert. Neben den Übernahmen aus dem Russischen zeigten sich russisch-deutsche Dubletten (siehe (B48)-(B49)), deutsch-russische Anakoluthe (siehe (B50)) und Nachbildungen russischer Strukturmuster mit Mitteln des Deutschen (siehe (B50))

(B46)

Urgroßmutter AS fragt ihren Urenkel ES:

AS: Warst du heut im садик?
AS: Warst du heute im sadik?
AS: Warst du heut im *Gärtchen*?

AS, Kass. 220a

Садик (*sadik*) bedeutet wörtlich 'Gärtchen'. Das russische Wort für 'Gärtchen' ist die übliche umgangssprachliche Bezeichnung für 'Kindergarten'.

(B47)

Urgroßmutter AS fragt ihre Enkelin MS:
AS: Die is mitgfahre zum дядя?
AS: Die is mitgfahre zum djadja?
AS: Die is mitgfahre zum *Onkel*?

AS, Kass. 220a

(B48)

Der kleine Erich hat seiner Urgroßmutter AS erklärt, er habe Hunger. AS schneidet Brot ab und fragt den Urenkel, womit sie das Brot bestreichen soll.
AS: С маслом будешь кушать? Mit Butter?
AS: S maslom budeš' kušat'? Mit Butter?
AS: Mit Butter wirst du essen? *Mit Butter*?

AS, Kass. 220a

(B49)

Urgroßmutter AS gibt ihrem Urenkel etwas zu essen.
AS: Ну смотри, pass auf.
AS: Nu smotri, pass auf.
AS: Na schau, pass auf.

AS, Kass. 220a

Es scheint so zu sein, dass AS vor allem dann Dubletten gebraucht, wenn sie sich an ihren Urenkel ES wendet, der zu diesem Zeitpunkt noch wenig Deutsch spricht. Dubletten und Übersetzungen sind eine Methode, die meiner Beobachtung nach Erwachsene verwenden, um Kinder bei der Aneignung einer zweiten Sprache zu unterstützen. Die Konsequenzen dieser Methode für die zweisprachige Entwicklung der Kinder sind jedoch zweispältig.

(B50)

AS stellt der Untersuchungsleiterin BW1 ihren Bildungsweg dar.
AS: Hab ich пятый класс я там окончила.
AS: Hab ich pjatyj klass ja tam okončila.
AS: Hab ich *die fünfte Klasse habe ich dort abgeschlossen*.

AS, Kass. 220a

Diese Äußerung ist ein Anakoluth im Sinne von Hoffmann[325]: Die Sprecherin hatte offenbar den Plan, ihren Bildungsweg auf Deutsch darzustellen, und begann mit der Realisierung

---

[325] „Anakoluthisch sind Äußerungseinheiten mit Teilen, die sich syntaktisch nicht einfach integrieren, sich nicht bruchlos anschließen lassen. Sie sind das Ergebnis spezifischer Prozeduren, mit denen Diskrepanzen zwischen Sprecherplan, Verwendungsbedingungen

dieses Plans. Bei seiner Umsetzung in eine lineare Äußerungsstruktur stieß sie jedoch auf lexikalische Lücken in ihrem Deutsch und wechselte daher vom Deutschen ins Russische.

(B51)

AS spricht über das Leben ihres Vaters.
AS: Im 21. Jahr ist der Vater gestorben. Tausendneunhunderteinundzwanzig.

AS, Kass. 220a

Bei Jahresangaben orientiert sich AS auch im Deutschen klar an russischen Mustern. Auf Russisch würde die Jahresangabe hier lauten: *в 21ом году* (*v 21om godu* – 'im 21. Jahr'). Sie verfügt andererseits über ein Gespür dafür, dass diese Art der Angabe nicht charakteristisch für das Deutsche ist, und unternimmt daher einen zweiten Versuch: *Tausendneunhunderteinundzwanzig*. Auch diese Formulierung ist noch nicht idiomatisches Deutsch. Sie stellt aber einen Schritt dorthin dar. In AS' deutschen Äußerungen finden sich mehrere Sequenzen, in denen die Sprecherin eine Jahresangabe zunächst mehr oder weniger automatisiert nach dem russischen Muster formuliert, dann zögert und schließlich einen oder mehrere Neuansätze versucht, die immer in die richtige Richtung gehen, jedoch das Ziel – Angabe nach dem deutschen Strukturmuster – nie ganz erreichen. Auch in anderen Fällen wird deutlich, dass AS ihre deutschen Äußerungen im Hinblick auf russische Einflüsse überwacht und sich bemüht, sie zu korrigieren, falls ihr das erforderlich erscheint.

AS' Russisch war zum Zeitpunkt der Aufnahme – am Beginn des zweiten Aufenthaltsjahres in Deutschland – von muttersprachlicher Qualität.[326] Nur vereinzelt zeigten sich in einigen Besonderheiten der Aussprache Einflüsse des Deutschen: So unterschied AS nicht in allen Positionen zwischen den russischen Phonemen *ы* (*y*) und *и* (*i*); so vollzog sie nicht durchgängig die für das Russische charakteristische Stimmangleichung in der Verbindung von Präposition und Substantiv, sie sprach z.B. die Präposition *в* (*v* – 'in') in der Verbindung *в бедноте* (*v bednote* – 'in der Not') nicht stimmhaft aus, wie es die Norm ist, sondern stimmlos: *ф бедноте* (*f bednote*);[327] gelegentlich irrte sie sich bei der Wahl des verbalen Aspekts, so z.B. in dem folgenden Äußerungssegment: *человек, который ей всегда советы дал* (*čelovek, kotoryj ej vsegda sovety dal* – 'Der Mensch, der ihr immer Ratschläge gab') statt *человек, который ей всегда советы давал* (*čelovek, kotoryj ej vsegda sovety daval*). Neben den allgemein für Russischmuttersprachler charakteristischen Merkmalen (wie z.B. dem Gebrauch zahlreicher Diminutive) wies AS' Russisch Eigenschaften auf, die für ihre Generation (die der am Anfang des 20. Jahrhunderts Geborenen) und für die Gruppe überwiegend mündlich kommunizierender Sprecher typisch sind. Die Generationscharakteristik betraf vor allem Intonation, Wortstellung und Wort-

---

sprachlicher Mittel und Verbalisierung systematisch bearbeitet werden" (Hoffmann 1991, 99).
[326] Siehe die Kommentare von Protassova zu Kass. 220.
[327] Zu diesem Unterschied zwischen dem Deutschen und dem Russischen siehe Müller 1983, 47, und Frohne 1992, 21.

wahl. Die Dominanz der Mündlichkeit ließe sich – so vermutet Protassova – u.a. in der Art der Verknüpfung von Segmenten in Sprechhandlungsverkettungen nachweisen.

Urgroßmutter Busemann wollte, dass Erich und die anderen *Urkinder* das Russische nicht vergessen, es sei gut, Russisch zu können; aber vor allem müssten sie Deutsch lernen. Sie wusste, dass systematischer Unterricht für das Erlernen einer Sprache sehr wichtig ist, denn sie hatte in ihrer Familie beobachtet, dass diejenigen – ob Russe oder Russlanddeutscher – besser Deutsch sprechen, die in der Schule Deutschunterricht hatten (so z.B. ihre Tochter Paulina und ihre russische Schwiegertochter), als diejenigen, die sich nur im alltäglichen Umgang Deutsch aneigneten (wie ihr Sohn) (Kass. 195, 271). Adele Schlee, die andere Urgroßmutter, antwortete auf meine Frage, welche Sprachen Erich lernen soll: *Deutsch, Deutsch, weiter nix als Deutsch.* Und als ich fragte, ob nicht auch Russisch, sagte sie: *Das kommt von allein* (Kass. 220a).

4.6.3 (T19) Erichs Urgroßvater HB: *Eltern*, russisch, geschrieben in Kasachstan

(T19) Urgroßvater HB: Eltern   **1990 geschrieben von HB (75)**

1 HB: Мои родители. (мои родители и дедушка и
   ÜbHB Meine Eltern. (meine Eltern und Großväterchen und

2 HB: бабушка)   Отец Буземанн Фридрих Фридрихович
   ÜbHB Großmütterchen) Vater - Busemann, Friedrich Friedrichovič,

3 HB: 1885 года   немец   образование 4 класса сельской
   ÜbHB Jahrgang 1885, Deutscher, Bildung: 4 Klassen der Dorfschule,

4 HB: школы сын крестянина родился в деревне Т.
   ÜbHB Sohn eines Bauern,   wurde geboren im Dorf T., Saksker

5 HB: Сакского р-она Крымской Обл. довольно
   ÜbHB R(ay)on, Krim-G(ebiet),   (aus) einer ziemlich

6 HB: состоятельно семьи В 1906 женился на девицу
   ÜbHB wohlhabenden Familie.   1906 heiratete er die Jungfrau Delius,

7 HB: Делиус Елизавету Кристофовну немка 1889 года
   ÜbHB Elisabeth Christofovna,   Deutsche, Geburtsjahr

8	HB:	рождения тоже из довольно состоятельно семьи,
	ÜbHB	1889, auch aus einer ziemlich wohlhabenden Familie,
9	HB:	после брачного церемониала стала Буземанн
	ÜbHB	nach der Trauungszeremonie wurde sie Busemann, Elisabeth
10	HB:	Елизавета Кристофовна (моя мать) В 1920 в бою
	ÜbHB	Christofovna (meine Mutter). 1920 nahm die
11	HB:	за Крым Врангелевской армия оттобрала у
	ÜbHB	Wrangel-Armee den Eltern im Kampf um die Krim für die Bedürfnisse
12	HB:	родителей для нужд армия лучших лошадей, быков
	ÜbHB	der Armee die besten Pferde, Ochsen und Kühe und Getreide weg,
13	HB:	и коров и хлеб с приходом Красной армии это
	ÜbHB	mit dem Einmarsch der Roten Armee wiederholte
14	HB:	операция аналогична повторилась. К 1921 года -
	ÜbHB	sich diese Operation analog. Zum Jahr 1921 –
15	HB:	голодный год у моих родителей остались 2 лошади
	ÜbHB	Hungerjahr – verblieben meinen Eltern 2 Pferde, 2 Ochsen und 2 Kühe.
16	HB:	2 быков и 2 коровы. при установление Советской
	ÜbHB	Bei der Errichtung der Sowjetmacht auf der
17	HB:	власти в Крыму мои родители считали нет
	ÜbHB	Krim sahen meine Eltern keine Notwendigkeit, ihre Wirtschaft zu
18	HB:	надопности раширить свое хозяйство так как
	ÜbHB	vergrößern, denn das Land wurde ihnen abgenommen, aufgeteilt, zu
19	HB:	земля у них была оттобрана разделена, по ровну
	ÜbHB	gleichen Teilen unter die die Arbeit liebenden Bauern und Faulenzern.
20	HB:	между труду любивым крестянами, и лентяйями

21	HB:	Так вот жили они до 1929 года Когда началась
	ÜbHB	So also lebten sie bis zum Jahre 1929. Als die Kollektivierung
22	HB:	коллективизация 1929 г. моих родителей
	ÜbHB	1929 begann, zwang man meine Eltern, in den Kolchos einzutreten,
23	HB:	принудили вступить в колхоз куда надо было сдать
	ÜbHB	wohin man die Pferde und das Rindvieh abgeben musste.
24	HB:	Лошадей и крупный рогатый скот Мои родители
	ÜbHB	Meine Eltern wurden
25	HB:	были разкулачены в 1929 г. в 1931 год и в 1933 году
	ÜbHB	1929, 1931 und 1933 entkulakisiert.
26	HB:	В 1936 году мои родители от разочарования
	ÜbHB	1936 verließen meine Eltern aus Enttäuschung ihr Haus und ihren
27	HB:	бросили свой дом и своё скудное хозяйство
	ÜbHB	ärmlichen Hof, übersiedelten in die Stadt Evpatorija.
28	HB:	переехали в город Евпатория. А что мог делать
	ÜbHB	Aber was konnte ein einfacher
29	HB:	простой крестянин в городе не специальность ни
	ÜbHB	Bauer in der Stadt machen, kein Fachgebiet, keine
30	HB:	квалификация только работать сторожем 50 руб м-
	ÜbHB	Qualifikation, nur als Wächter arbeiten. 50 Rubel im
31	HB:	ц Так прожили до 1938 год. 8го марта этого
	ÜbHB	Monat. So lebten sie bis zum Jahre 1938. Am 8. März dieses Jahres
32	HB:	года мой отец органами Н.К.В.Д. был арестован и
	ÜbHB	wurde mein Vater von den Organen des NKVD verhaftet und von einer
33	HB:	тройкой осужден – за что – на сколько нам по сей
	ÜbHB	Trojka verurteilt, wofür, für wie lange ist uns bis auf diesen

34	HB:	день неизвестно, также нам не известно его
	ÜbHB	Tag nicht bekannt, auch ist uns sein weiteres Schicksal nicht
35	HB:	дальнейша судьба, умер ли он естественной
	ÜbHB	bekannt, ob er eines natürlichen Todes starb oder absichtlich getötet
36	HB:	смертью или был умышлено умерштвлен. Мать
	ÜbHB	wurde. Die Mutter
37	HB:	осталась у меня на иждевение которая умерла в
	ÜbHB	blieb bei mir zum Unterhalt, die am 1.12.1966 an Herzschlag starb.
38	HB:	1966 году 1/XII от разрыва сердца.

Kommentar.[328] **Demonstrationszweck:** Dieser Text gehört zu den wenigen schriftlichen Dokumenten in unserer Datensammlung, die die russisch-schriftsprachlichen Fähigkeiten von Russlanddeutschen vor ihrer Übersiedlung nach Deutschland belegen. Zweck des Kommentars ist ein Versuch, das schriftliche Russisch eines 1915 geborenen Russlanddeutschen zu diskutieren. Unseres Wissens gibt es zu diesem Thema bisher weder Daten noch Analysen. Auch inhaltlich ist der Text aufschlussreich. Zur Einordnung der dargestellten Lebensgeschichten in die historische Situation siehe Johannson 1929, Buchsweiler 1984 und Dönninghaus 1995.

Zu Entstehung und Beschaffenheit des Textes: Der Text gehört zu mehreren biografischen und autobiografischen Darstellungen, die Erichs Urgroßvater Heinrich Busemann (HB) 1990 im Alter von 75 Jahren schrieb, als er für sich und seine Familie die Ausreise nach Deutschland vorbereitete. Familie Sennwald stellte der Projektleiterin die Texte zur Einsicht, Kopie und wissenschaftlichen Auswertung zur Verfügung. Die Originaltexte sind mit Tinte auf einfaches, kariertes Papier aus einem Schulheft geschrieben. Die Schrift war bereits etwas verwischt, das Papier von den Umzügen beeinträchtigt, als die Dokumente fotokopiert wurden. Das gilt auch für den von uns ausgewählten Text. Er wurde hier aus der Handschrift in die Druckschrift übertragen, wobei alle Eigentümlichkeiten in Orthografie, Interpunktion und Auszeichnung (z.B. Unterstreichungen, Einklammerungen) bewahrt werden sollten. Die materielle Beschaffenheit des Textes und die Handschrift des Schreibers erlaubten jedoch nicht immer, Entscheidungen mit letzter Sicherheit zu treffen. Der Text wurde mit dem Programm syncWriter geschrieben, obwohl es sich nicht um die Dokumentation von Gesprochenem handelt, um

---

[328] Autorinnen des Kommentars sind Katharina Meng und Ekaterina Protassova.

die Originaläußerungen gut mit den Übersetzungsäußerungen synchronisieren zu können.

Zur sprachlichen Struktur des Textes: An dem Text ist zunächst bemerkenswert, dass er in russischer Sprache geschrieben wurde. Daraus folgt, dass er nicht unmittelbar an die deutschen Behörden adressiert war. Auch von Plänen des Urgroßvaters, den Text selbst ins Deutsche zu übertragen oder übertragen zu lassen, wusste die Familie nichts. Der Text hatte aus der Sicht des Schreibers offenbar zwei Funktionen: das eigene Wissen über die Geschichte der Familie zu ordnen und zu fixieren sowie es an die jüngeren Mitglieder der Familie weiterzugeben. Er ist nicht für eine fremde Institution oder die Öffentlichkeit gedacht und musste von daher auch nicht bis ins Letzte ausgefeilt sein. Für diese familieninternen Funktionen stand die deutsche Sprache dem Schreiber des Textes und seinen Adressaten Ende der 80er Jahre nicht (mehr) zur Verfügung. Das Russische war auch zum schriftsprachlichen Medium innerhalb der russlanddeutschen Familie geworden.

Wie wird das Russische für diesen Zweck beherrscht? Der Text ist für russischsprachige Leser problemlos les- und rezipierbar. Er ist flüssig geschrieben, verrät einen reichen Wortschatz und folgt im Wesentlichen den orthografischen und grammatischen Normen. Er erfüllt seine Funktionen ohne jede Einschränkung. Gleichzeitig wird deutlich, dass der Schreiber ein älterer Mensch ist, für den das Schreiben weder zu den bevorzugten noch gar zu den professionellen Tätigkeiten gehört. Dafür sind folgende Merkmale verantwortlich.

In der Orthografie, die in der sowjetischen Zeit mehrfach reformiert wurde, folgt der Schreiber älteren Normen, so bei der Getrennt- und Zusammenschreibung: Er schreibt noch *по ровну* (*po rovnu*, F19) und *на сколько* (*na skol'ko*, F36). Auch die Schreibung von *раз-* (*raz-*) und *рас-* (*ras-*, FF18, 26) entspricht den älteren Normen.

In einigen Wörtern fehlen Buchstaben. So steht z.B. in F6 *состоятельно* (*sostojatel'no*) statt *состоятельной* (*sostojatel'noj*) oder in F35 *дальнейша судьба* (*dal'nejša sud'ba*) statt *дальнейшая судьба* (*dal'nejšaja sud'ba*). Manchmal fehlt auch ein Wort, z.B. die Präposition *из* (*iz*) in F5, die an einer vergleichbaren anderen Stelle (F8) vorhanden ist. Manchmal wird ein Laut unter dem Höreindruck schriftlich nicht normgerecht wiedergegeben. Z.B. schreibt HB in F14 *аналогична* (*analogična*) statt *аналогично* (*analogično*), in F36 *умерштвлен* (*umerštvlen*) statt *умерщвлен* (*umerščvlen*) und in F37 *иждевение* (*iždevenie*) anstelle von *иждивение* (*iždivenie*). Manchmal remotiviert HB die Wörter, die er schreibt. Das wird aus seiner Schreibweise *труду любивым* (*trudu ljubivym*, F20) deutlich. Wenn er die Bestandteile des Kompositums getrennt schreibt und die Kasusendung für maskuline Substantive im Dativ Singular verwendet, ergibt sich die Bedeutung 'die Arbeit liebend'. HB wollte aber gewiss die Bedeutung 'arbeitsam, fleißig' ausdrücken. Dazu hätte er die beiden Wörter zusammenschreiben und durch das Infix *-о-* verknüpfen müssen: *трудолюбивым* (*trudoljubivym*).

Biografische Dokumente enthalten typischerweise verschiedene Daten. Für die Schreibung von Jahreszahlen hat HB kein konsequentes System entwickelt. Das Geburtsjahr des Vaters gibt er im Genitiv an: *1885 года* (*1885 goda* – 'des 1885. Jahres'); das Wort *рождения* (*roždenija* – 'der Geburt') wird nach umgangsprachlichen Regeln ausgelassen (F3). Bei der Angabe des Geburtsjahres der Mutter heißt es schriftsprachlich vollständig: *1889 года рождения* (*1889 goda roždenija*, FF7-8). In F6 und F10 werden Jahresangaben allein mit Zahlen ausgedrückt. Das entspricht nicht den schriftsprachlichen Regeln des Russischen. In F14 ist die Rektion *к 1921 года* (*k 1921 goda* – 'zum Jahr 1921') falsch. Anstelle des Genitivs müsste nach der Präposition *к* (*k*) ein Dativ stehen. Bei den weiteren Jahresangaben gebraucht der Schreibende bald eine Abkürzung, die kein Urteil über den verwendeten Kasus erlaubt (FF22, 25), bald einen Nominativ anstelle des Lokativs (F25) oder des Genitivs (F31), bald auch richtige Kasusformen (FF26, 38). Solche Inkonsistenzen sind für eine dominant mündliche Kultur charakteristisch.

Auch andere Zahlenangaben werden uneinheitlich und in für das Mündliche typischer Weise gemacht. So heißt es in FF15-16: *остались 2 лошади 2 быков и 2 коровы* (*ostalis' 2 lošadi 2 bykov i 2 korovy*) statt *осталось 2 лошади 2 быка и 2 коровы* (*ostalos' 2 lošadi 2 byka i 2 korovy*). Dabei ist einerseits die Endung des finiten Verbs *остались* (*ostalis'*) typisch mündlich, andererseits aber auch die Form *2 быков* (*2 bykov*), in der die im gesprochenen Russisch häufige Vermischung der Formen *два* (*dva* – 'zwei') + Mask.Gen.Sg. und *двое* (*dvoe* – 'zwei', Kollektivzahl) + Mask.Gen.Pl. vorliegt.

Eine nicht angemessene Form des Verbaspekts finden wir in *разширить* (*razširit'* – 'erweitern') statt *разширять* (*razširjat'*, F18). Der Gebrauch der Tempora entspricht oft der gesprochenen Sprache, ebenso das Auslassen von Konnektiven.

Auf der stilistischen Ebene wirkt das Dokument wie ein typischer Text eines begabten, zum Schreiben fähigen, aber nicht sehr ausgebildeten Menschen der sowjetischen Zeit. HB gebraucht ab und zu feierliche, gehobene oder veraltete Redewendungen: *женился на девицу* (*ženilsja na devicu* – 'heiratete die Jungfrau', F6), *после брачного церемониала* (*posle bračnogo ceremoniala* – 'nach der Trauungszeremonie', F9), *от разочарования бросили свой дом и своё скудное хозяйство* (*ot razočarovanija brosili svoj dom i svoe skudnoe hozjajstvo* – 'vor Enttäuschung verließen sie ihr Haus und ihre ärmliche Wirtschaft', FF26-27). Sehr oft sind im Text so genannte Kanzelarismen und Sowjetismen zu treffen: *при установлении Советской власти* (*pri ustanovlenii Sovetskoj vlasti* – 'bei der Errichtung der Sowjetmacht', FF 16-17), *мой отец органами Н.К.В.Д. был арестован и тройкой осуждён* (*moj otec organami N.K.V.D. byl arestovan i trojkoj osuždën* – 'mein Vater wurde von den Organen des NKVD verhaftet und von einer Trojka[329] verurteilt', FF32-33). Manche Passagen erinnern an Märchen oder an die schöne Literatur, z.B.: *так прожили до 1938 года* (*tak prožili do 1938 goda* – 'so lebten sie bis zum Jahre 1938', F31). Andere sind umgangssprachlich: *а что мог делать простой крестьянин в городе не специальность ни квалификация* (*a čto mog delat' prostoj krest'janin v gorode ne special'nost' ni kvalifikacija* – 'aber was konnte ein einfacher Bauer in der Stadt machen, kein Fachgebiet, keine Qualifikation', FF28-30). Die Doppelkonjunktion *ни/ни* (*ni/ni* – 'weder noch') ist hier nicht in standardsprachlicher Form gebraucht. Erforderlich wäre nach der Verneinung auch der Genitiv statt des Nominativs. Viele Sätze sind aus fertigen Wendungen zusammengesetzt, die aus ganz unterschiedlichen Sphären der sprachlichen Kommunikation stammen.

Neben diesen Einflüssen des gesprochenen Russisch auf HBs geschriebenes Russisch finden sich auch Erscheinungen, in denen man Wirkungen der deutschen Muttersprache des Schreibers vermuten könnte. So verwendet er oft Substantive im Nominativ, wenn ein anderer Kasus erforderlich wäre. Man betrachte in diesem Zusammenhang erneut die Wendung *не специальность ни квалификация* (*ne special'nost' ni kvalifikacija*, FF29-30; s.o.). In F12 heißt es z.B.: *для нужд армия* (*dlja nužd armija* – 'für die Bedürfnisse der Armee'). Hier wird das letzte Substantiv im Nominativ statt im Genitiv gebraucht. Ähnlich finden wir in *при установление* (*pri ustanovlenie* – 'bei der Errichtung', F16) einen Nominativ statt des Lokativs. Es müsste heißen: *при установлении* – *pri ustanovlenii*. In F37 *на иждевение* (*na iždevenie*) lesen wir einen Nominativ statt des Lokativs *на иждивении* (*na iždivenii* – 'zum Unterhalt'). Ein deutscher Einfluss ist hier wahrscheinlich, weil die Kasus im Deutschen sehr häufig nur durch die Artikelendungen markiert werden, während für das artikellose Russische eine reiche substantivische Flexionsmorphologie kennzeichnend ist. Das Verb *жениться на ком-то* (*ženit'sja na kom-to* – 'jemanden heiraten') regiert den Lokativ. HB jedoch verwendet es mit dem Akkusativ – wie im Deutschen: *женился на девицу Делиус Елизавету Кристофовну* (*ženilsja na devicu Delius Elisabeth Christofovna* – 'heiratete die Jungfrau Delius, Elisabeth Christofovna' – FF6-7). Der appositiv angeschlossene Ausdruck *немка* (*nemka* – 'eine Deutsche') steht wieder im Nominativ, was allerdings in der Umgangssprache durchaus üblich ist.

---

[329] Ein aus drei Mitgliedern bestehendes Sondergericht zur Aburteilung politisch suspekter Personen. Vgl. Maurach 1955, 276-277.

Auch einige orthografische Besonderheiten könnten auf die deutsche Muttersprache des Schreibers zurückzuführen sein. Es zeigen sich Unsicherheiten bei der Schreibung von Doppelkonsonanz, denn die ihr zugrundeliegenden Prinzipien sind im Deutschen und Russischen unterschiedlich. So schreibt HB fehlerhaft Doppel-*t* in den Wörtern оттобрала (*ottobrala* 'nahm weg', F11) und оттобрана (*ottobrana* – 'weggenommen', F19), aber ebenso fehlerhaft nur einfaches *n* in умышлено (*umyšleno* – 'absichtlich', F36). Deutlicher durch das Deutsche bedingt ist die Wiedergabe russisch stimmhafter Konsonanten in der Schrift durch stimmlose. So schreibt HB нет надопности (*net nadopnosti* – 'keine Notwendigkeit') statt нет надобности (*net nadobnosti*, FF17-18). Dies ist durch die Lautmuster bedingt, die Deutsche produzieren, wenn sie ein phonologisch unvollkommenes Russisch sprechen. Diese Erscheinung wird in der schönen Literatur ständig benutzt, um die Sprechweise der Deutschen im russischen Gespräch darzustellen oder einen Deutschen als solchen kenntlich zu machen. Schließlich fällt auf, dass HB Schwierigkeiten mit der Schreibung der jotierten Vokale hat. Er schreibt крестянин (*krestjanin* – 'Bauer') statt крестьянин (*krest'janin*, FF4, 20, 29) und umgekehrt лентяйями (*lentjajjami* – 'Faulenzer') statt лентяями (*lentjajami*, F20). Hier könnte man einen Einfluss der deutschen Aussprache und der deutschen Rechtschreibung sowie der Transliteration russischer Ausdrücke mit lateinischen Buchstaben vermuten, die im Russlanddeutschen durchaus üblich war; schließlich musste man in den verschiedensten Schriftstücken russische Eigennamen verwenden.

Zusammenfassung: Bei der Autobiografie von HB handelt es sich um einen typischen Text der sowjetischen Epoche mit Spuren eines deutschen Einflusses. Allein die Germanismen unterscheiden ihn von analogen Dokumenten, die Menschen mit russischer Muttersprache, aber ansonsten gleichen Alters und gleicher beruflicher und schulischer Entwicklung schreiben. Der Text übt trotz oder vielleicht gerade wegen der Vereinigung disparater sprachlicher Mittel eine eigene Faszination aus. Seine Authentizität beruht wohl nicht zuletzt darauf, dass er im Sinne Bachtins[330] die vielfältigen Stimmen der russlanddeutsch-russisch-sowjetischen Geschichte sprachlich anschaulich in sich vereinigt.

4.6.4 (T20) Erichs Urgroßmutter AB: *Bildung*, russisch, 33 Monate

(T20) Urgroßmutter AB: Bildung   12.7.94,   245bVidAB(76)Bildungru33

1	BW1:	у всех вас высокое образование↓
	ÜbBW1	Sie haben alle eine hohe Bildung.

---

[330] Zu den verschiedenen Stimmen in einem Text vgl. Bachtin 1979.

| AB: | агă мой папа wollt immer |
| ÜbAB | Ja, mein Vater *wollt immer haben* |

2 | AB: | haben dann / * он всегда говорил↓ де"ти↓ вы
  | ÜbAB | *dann /*   Er sagte immer: Ki"nder. Lernt!

3 | AB: | учитесь↓ * что у вас в голове никто не отберёт↓
  | ÜbAB | Was ihr im Kopf habt, nimmt niemand weg.

4 | BW1: | hm̌
  | AB: | остальное вы всё" можете потерять↓   война
  | ÜbAB | A"lles andere könnt ihr verlieren.   Der Krieg

5 | BW1: | hm̌
  | AB: | на"чалась→ всё" потеряли↓
  | ÜbAB | begann,   wir haben a"lles verloren.

Kommentar.[331] **Demonstrationszweck:** Die kurze Passage wurde aus mehreren umfangreichen Aufnahmen mit Erichs Urgroßmutter Antonia Busemann (AB) ausgewählt, um das Russisch einer Vertreterin der ältesten Generation russlanddeutscher Aussiedler wenigstens andeutungsweise zu demonstrieren. AB stammt nach eigenem Verständnis aus einer gebildeten Familie, in der man nicht nur Deutsch, sondern auch Russisch pflegte, und Mehrsprachigkeit als einen Reichtum ansah. AB ist eine der ältesten bilingualen Sprecher und Sprecherinnen in unserer Untersuchung. Ihre Altersgefährten sprechen neben Russlanddeutsch meist nur ein sehr elementares Russisch. Die kleine Passage ist auch für ABs Einstellung zur Bildung kennzeichnend.

Zur Gesprächssituation: Gesprächspartnerinnen sind Antonia Busemann (AB), Ekaterina Protassova (EP) und Katharina Meng (BW 1).

Zu einigen Merkmalen des Russischen von Antonia Busemann: ABs Russisch wirkt flüssig und leicht altertümlich. Es ist offensichtlich, dass die Sprecherin diese Sprache oft gebraucht und gut beherrscht. Der Eindruck, mit einer älteren Varietät des Russischen konfrontiert zu sein, beruht zunächst auf der Aussprache: AB reduziert die Lautfolgen nicht so stark, wie jüngere Sprecher das tun. Der Eindruck des Altertümlichen ergibt sich weiterhin aus der Intonation und der Verwendung einiger Wörter, die heute nicht mehr so gebräuchlich sind wie früher, obwohl sie sonst nichts Auffälliges an

---

[331] Autorinnen des Kommentars sind Katharina Meng und Ekaterina Protassova.

sich haben. Im Munde von AB muten die Interjektion *agă (agă)*, die in einem Gespräch mit einem relativ unbekannten Partner nicht üblich ist und stattdessen durch das Responsiv *da (da* – 'ja') ersetzt werden sollte, und der Akzent auf der ersten Silbe in *на"чалась (na"čalas'* – 'begann') eher veraltet an als substandardsprachlich – also anders als bei anderen russlanddeutschen Sprechern.

Wenn man die Aufnahme wiederholt anhört, merkt man, dass AB mit einem leichten deutschen Akzent Russisch spricht. Dieser wurde wahrscheinlich nicht erst in Deutschland ausgebildet, sondern stammt aus der Kindheit. Das wird besonders an der Aussprache der russischen weichen Konsonanten und der Laute *x (h), ц (c), ч (č)* und *ж (ž)* deutlich. Nicht selten werden die Konsonanten behaucht.

AB geht innerhalb ihres russischen Diskurses gelegentlich ins Deutsche über, so auch in der im Transkript festgehaltenen Passage (FF1-2). Möglicherweise hat sie das auch schon vor der Übersiedlung nach Deutschland getan; und möglicherweise wurden diese Wechsel in Deutschland häufiger.

4.6.5 (T21) Erichs Urgroßmutter AB: *Schelte*, deutsch, 29 Monate

(T21) Urgroßmutter AB: Schelte   06.03.95,   195aoVidAB(77)Scheltedt29

1 AB: aber hier verst/ äh äh sprechen die menschen au"ch nicht äh

2 AB: egal↓ *   a:rg↓ ich hab das nicht gedacht↓ * ich hab
   BW1:   nei:n↓

3 AB: gedacht sie sprechen alle äh glei"ch↓ já
   BW1:   alle hochdeutsch→

4 AB: so=s ja: a/ af/ wie is im bu"ch geschrieben↓ já u:nd
   BW1: nich↑ alle alle literatursprache→   jà

5 AB: es kommt nicht so raus↓   (und laute→)
   BW1:   nei:n↓   jà: * hier

6 AB: jà: *
   BW1: sprechen viele leute pfälzisch↓   und das haben sie

7	AB:	jà:
	BW1:	vielleicht auch nich so ge/ nich so gehö"rt früher↓ nich↑
8	AB:	natürlich nicht↓ wir haben auf deutsch gesprochen wie * wie
9	AB:	die / wie=s im buch geschrieben ist↓ jà so" haben
	BW1:	já haben sie↑
10	AB:	wir gesprochen↓ ** nur manch/ manche werter natürlich
11	AB:	haben wir auch gemi:"scht schon wieder→ zu hause
	BW1:	jà
12	AB:	manchmal→ * es kam=s nich so raus→ *1,5* mein mein
	BW1:	jà
13	AB:	vater hat immer gesagt→ ihr kennt nicht ru:ssisch und kennt
14	AB:	auch nicht deutsch→ * ihr tut * verde"rben die sprache→
	BW1:	jà:
15	AB:	ihr kennt nicht ru:ssisch und auch nicht deutsch↓
	BW1:	und wann
16	AB:	wie man muss spre"chen↓ nu:
	BW1:	hat er das gesagt↑ wann hat er das gesagt↑
17	AB:	schon lange→ noch vor dem krie:g→ óh jà * wir warn
	BW1:	jà
18	AB:	noch ganz klei"n↓ so kleines n=kind noch↓ jà und dann
	BW1:	so wie Erich↓ jà
19	AB:	hat=er uns noch gesagt→ ihr sprecht / * ihr misst ri"chtig
20	AB:	spre"chen→ * das / dann werd ihr auch richtig schreiben↓

21 AB: wenn ihr ä bissel falsch sprecht dann merkt=ma auch beim
   BW1: jà

22 AB: schreiben↓   hat=er i"mmer uns gescholten↓
   BW1:   jà *

Kommentar. Demonstrationszweck: Das Transkript soll das Deutsch der 77-jährigen Urgroßmutter Antonia Busemann (AB) im dritten Aufenthaltsjahr repräsentieren. Zudem ist der Gesprächsausschnitt inhaltlich interessant. Er zeigt die Vorstellungen über die sprachliche Situation in Deutschland, mit denen AB aus Kasachstan gekommen ist; und er zeigt, welche Wahrnehmungen und Einstellungen es in ABs Familie in den 20er und 30er Jahren zum deutsch-russischen Sprachkontakt gab.

Zur Gesprächssituation: Gesprächspartnerinnen sind Antonia Busemann (AB) und Katharina Meng (BW1). BW1 ist kurz vor Beginn des transkribierten Abschnitts in der Wohnung der Familie Busemann-Schlee-Sennwald eingetroffen. Sie hat Erich ein paar Mitbringsel gegeben und nach dem Befinden der Familie gefragt, da beginnt AB aus eigenem Antrieb, über ihre sprachliche Entwicklung zu sprechen. Sie vergleicht zunächst die gegenwärtige schulische Situation ihrer Urenkel in Deutschland mit ihrer eigenen schulischen Situation in der Sowjetunion Ende der 20er, Anfang der 30er Jahre: In beiden Fällen mussten die Kinder mit einem abrupten Wechsel der Schulsprache zurechtkommen: *ox* (*oh* – 'ach') *das ist schwer!* (Kass. 195a.) Dann vergleicht AB allgemein die sprachliche Situation in Deutschland mit der ihrer Kindheit. Dies ist im Transkript festgehalten.

Das Ideal sprachlicher Bildung in ABs Familie: (mindestens) zwei Schriftsprachen[332] – Deutsch und Russisch. Antonia Busemann hat ihre Maßstäbe für Bildung im Allgemeinen und sprachliche Bildung im Besonderen in der Kindheit von ihrem Vater, einem krimdeutschen Lehrer, empfangen und hängt ihnen weiterhin an. Sie würde es schätzen, wenn alle Menschen einer Sprachgemeinschaft *egal* oder *gleich* (FF2,3) sprächen, und zwar so, *wie=s im buch geschrieben ist*↓ (FF8-9). AB hat keine Bezeichnung für diese Sprechweise. BW1 schlägt ihr *hochdeutsch* und – in Kenntnis russischer und russlanddeutscher Traditionen – *literatursprache*[333] vor, aber AB greift weder den einen noch den anderen Ausdruck auf. AB ist – mit ihrem Vater – der Meinung, dass man nur dann *richtig* spricht und *richtig* schreiben

---

[332] Der Ausdruck 'Schriftsprache' wird hier benutzt, um möglichst dicht bei dem zu bleiben, was AB durch ihre Formulierung *wie=s im buch geschrieben ist* sagt. Gleichzeitig knüpft er an die gängige russlanddeutsche Terminologie zur Zeit von ABs Kindheit an: Dinges 1923 und Ström 1928 stellen 'Schriftdeutsch' und 'Mundart' einander gegenüber.

[333] Siehe z.B. Girke/Jachnow 1974 oder Skvorcov 1984.

lernt, wenn man spricht wie *im buch*. Aber mehr noch: *richtig* zu sprechen bedeutete nach den Vorstellungen des Vaters von AB und ihren eigenen Vorstellungen – in der für die Krim überaus charakteristischen Situation des Sprachkontakts[334] – auch, die Sprachen nicht zu *mischen* (FF10-11) und also nicht zu *verderben* (F14). Jedoch dürfe die Furcht vor Sprachmischung nicht dazu führen, dass man sich von den Sprechern anderer Sprachen – den Tataren und Russen beispielsweise – zurückzieht und ihnen gegenüber abkapselt; im Gegenteil: Man müsse ihre Sprachen erlernen, um mit ihnen kommunizieren zu können. Diese Auffassung von Antonia Busemann und ihrem Vater lässt sich durch den in (T21) fixierten Gesprächsausschnitt nicht belegen, jedoch durch zahlreiche andere Passagen (siehe Abschnitt 4.6); und dies wurde nicht nur postuliert, sondern auch gelebt. Hingegen lassen sich in den Aufnahmen keine Anhaltspunkte dafür finden, dass in ABs Familie auch regionale Varietäten geschätzt und in ihrer spezifischen Leistungsfähigkeit anerkannt wurden.[335]

Stellt man die Orientierung von Antonia Busemann auf ein einheitliches Schriftdeutsch in Rechnung, dann ist bemerkenswert, dass sie nach relativ kurzem Aufenthalt in Deutschland zu der Einschätzung gelangt, in Deutschland spräche man *au"ch nicht egal* (wie in ihrem Herkunftsland). Diese Einschätzung mag sie von anderen Aussiedlern übernommen haben – die Regionalität des Deutschen ist unter den von mir beobachteten Aussiedlern ein häufig behandeltes Thema –, aber sie muss zumindest mit ihren eigenen Spracherfahrungen im Aufnahmeland übereinstimmen, denn AB äußert sich wiederholt und voller Überzeugung in diesem Sinne. Die Erfahrung der Regionalität des Deutschen in (Südwest-)Deutschland ist für AB einerseits unerwartet und enttäuschend, andererseits vermittelt sie AB einen kleinen Gewinn an Selbstbewusstsein, denn sie ist sich sicher, dass in ihrer Familie Schriftdeutsch gesprochen wurde: *wir haben auf deutsch gesprochen wie * wie die / wie=s im buch geschrieben ist↓* (FF8-9). Aber Antonia Busemanns Urteile über Sprechweisen sind nicht dogmatisch-lebensfremd. Sie weiß, dass ein Unterschied besteht zwischen dem, wie man sprechen möchte, und dem, wie man tatsächlich spricht: *es kommt nicht so raus* (FF4-5, siehe auch FF11-12).

Antonia Busemanns Deutsch im dritten Aufenthaltsjahr: Spricht AB Deutsch, *wie=s im buch geschrieben ist*? Selbstverständlich nicht, das tut niemand. Spricht sie mündliches Standarddeutsch? Weitgehend. Ihr Deutsch enthält einige wenige Merkmale westmitteldeutscher und oberdeutscher Varietäten, vor allem Entrundungen. So sagt sie *werter* anstelle von *wörter* (F10), *kennt* anstelle von *könnt* (F13), *misst* anstelle von *müsst* (F19). Aber

---
[334] Siehe Dönninghaus 1995.
[335] Dies aber war der Fall bei Dinges 1923, Schirmunski 1992/1928 (Abschnitt „Unsere Mundarten"), z.T. auch bei Ström 1928.

die literarische Umschrift, die wir für die Transkription benutzen, vergröbert und vergrößert ABs Tendenz zur Entrundung eher. In anderen Fällen zeigt sich diese Tendenz deutlich nicht. So sagt AB nicht *deitsch*, sondern *deutsch* (F8) und nicht *nati:rlich* oder *nadi:rlich*, sondern *natürlich* (F10). Ein regional-umgangssprachliches Merkmal bei Antonia Busemann ist die Bildung einer Verbform mit Hilfe von *tun: ihr tut verderben die sprache*→, lässt AB ihren Vater (mit russlanddeutscher Wortfolge) sagen (F14). Deutliche Schriftnähe ist darin zu sehen, dass AB fast keine *e*- und *n*-Apokopen bzw. -Synkopen, keine Spirantisierungen des *g* und *b* und keine Palatalisierungen des *s* vollzieht.

Im Transkript zeigen sich auch nur wenige Einflüsse des Russischen. Sie liegen hier sämtlich in der Minderung des Kontrastes zwischen langen und kurzen Vokalen, was binnendeutschen Ohren besonders an der Dehnung kurz auszusprechender Vokale auffällt: *gemi:scht* (F11) und *ru:ssisch* (FF13, 15). In anderen Passagen wird deutlich, dass ABs deutscher Wortschatz für manchen Bereich des gegenwärtigen Lebens nicht hinreichend ausdifferenziert ist und die Sprecherin ihn dann mit russischen Lexemen auffüllt. Aber durch einen diesbezüglichen Vergleich früherer und späterer Aufnahmen in Deutschland ließe sich gewiss nachweisen, dass es für AB kein Problem ist, sich auf der Basis ihres mitgebrachten Deutschs zuvor unbekannte deutsche Wörter anzueignen. Selbstverständlich ist bei dieser Einschätzung zu bedenken, dass die sprachlichen Ansprüche, die das Leben an eine 77-jährige Sprecherin stellt, nicht mit denen zu vergleichen sind, denen jüngere Personen in Schule und Beruf standhalten müssen.

Zusammenfassung: Antonia Busemann hat in ihrer Kindheit die Einstellung erworben, Deutsch in seiner schriftsprachlichen Varietät zu erlernen und zu benutzen und es von Einflüssen des Russischen möglichst frei zu halten. Auf dieser Basis befremdet sie die starke regionale Prägung des Sprachgebrauchs in Baden-Württemberg. Ihr Deutsch entspricht weitgehend den eigenen Wertmaßstäben und den kommunikativen Notwendigkeiten ihrer Lebenspraxis in Deutschland.

4.6.6 (T22) Erichs Urgroßmutter AS: *Poliklinik*, deutsch und russisch, 13 Monate

(T22) Urgroßmutter AS: Poliklinik 10.04.95, 220aoVidAS(81)Polikl13

1 AS: und dana:ch ** hab ich mich im: * polikli"nik eingericht↓

2 AS: wie sa:cht ma denn→ ** wie sa:"cht=ma zum polikli"nik↓

| 3 | AS: | nájà war=ich |
| | BW1: | jà sagt man so↓ ich kenn das wort au"ch↓ ** jà |

4	AS:	dort * санитарочка↓ aufgeräumt→ nache"r * hat die
	ÜbAS	(Hilfs-)Schwesterchen
	BW1:	áhà: jà

5	AS:	* главврач / * die hat mich so se"hr ge"rne bekommen↓
	ÜbAS	Chefarzt
	BW1:	jă der /

| 6 | AS: | die is immer morjens gange→ UNTERBRECHUNG |
| | BW1: | jà |

| 7 | AS: | durchgegangen→ já u:n * un ä schöne ta:ch / dort hab ich |
| | BW1: | jà: |

| 8 | AS: | doch wohl monates=zwei gearbeitet→ hab ich gleich o:ch ä |
| | BW1: | jà: |

| 9 | AS: | quartie:"r gekriegt bekommen im hof↓ ** mit meiner |
| | BW1: | jà |

| 10 | AS: | schwester (... ...) ware=ma immer zusammen↓ * unne / |
| | BW1: | jà jà |

11	AS:	# *1,5*# #des fliegt so schnell vom kopf→#
	ASK	#ÜBERLEGT# #KLAGEND- - - - - - - - - - - - - - - - #
	BW1:	jā *1,5*

12	AS:	àh da hat die * äh: главврач gesagt→ ** Adela
	ÜbAS	Chefarzt
	BW1:	ham sie /

13	AS:	Au"gustovna↓ ви мне та:"к нравитесь↓
	ÜbAS	Sie gefallen mir so:" gut.
	BW1:	Adela Aug/

14 AS: jà   та:"к
    ÜbAS   So:" gefällt
    BW1:   Adela Au"gustovna↓ ja da"s schreib ich mir auf↓

15 AS: нравится / * я вас хочу перевести на другую
    ÜbAS   /   Ich will Sie an einen anderen Arbeitsplatz versetzen.

16 AS: работу↓ я вижу↓ ви гра"мотные↓ *   вы не
    ÜbAS   Ich sehe: Sie können lesen und schreiben. Sie sind nicht

17 AS: такие как ви себя ставите↓ so hat sie gesagt↓ sach=
    ÜbAS   die, als die Sie sich hinstellen.
    BW1:   jà   jà

18 AS: ich→ wohi:"n↑ wo wollen sie mich / * da sagt sie→ in die
    BW1:   jà

19 AS: регистратура→   do"rt werden sie a"rbeiten→ s=la"ngt
    ÜbAS   Registratur
    BW1:   jă:

20 AS: sagt sie den lumpen in der hand halten↓ >sie war aber
    BW1:   jà

21 AS: #ei=ru"ssefrau→#< der ihre familie war Ivjanskaja↓
    ÜbAS   Familienname
    ASK   #BEDEUTUNGSVOLL#
    BW1:   jà

Kommentar.[336] **Demonstrationszweck**: Das Transkript vermittelt einen Eindruck von den Erzählfähigkeiten und dem Umgang mit den beiden verfügbaren Sprachen Deutsch und Russisch bei der 81-jährigen Adele Schlee (AS) kurz nach der Übersiedlung nach Deutschland. Auch inhaltlich ist der Ausschnitt interessant.

---

[336] Autorinnen des Kommentars sind Katharina Meng und Ekaterina Protassova.

Zur Gesprächssituation: Das Gespräch findet im Altenwohnheim statt. Marina Sennwald und ihr Sohn Erich besuchen die Großmutter bzw. Urgroßmutter. Sie haben die Untersuchungsleiterin BW1, deren Wunsch entsprechend, eingeladen, sie zu begleiten. BW1 informiert AS zu Beginn dieser ihrer ersten Begegnung über die Zielstellung des Projekts und bittet sie um ein Gespräch über ihre sprachliche Entwicklung. BW1 sagt AS auch, sie könne Russisch sprechen, wenn sie möchte, BW1 verstehe sie. AS bietet ihren Gästen zunächst etwas zu essen und zu trinken an, fragt dann nach den Angehörigen und beschreibt ihr eigenes Befinden. Schließlich beginnt sie, BW1 über ihr Leben zu berichten. Adele Schlee spricht mit stark wechselndem Detaillierungsniveau. Zu manchen Aspekten teilt sie von sich aus fast gar keine Fakten mit, sondern nur zusammenfassende Bewertungen: *oй (oj – 'oh')*, *mir hen schon so arg viel durchgmacht, des kann man gar net alles no:cherzählen* (Kass. 220a). Anderes schildert sie sehr detailliert, wobei es sich ausschließlich – wie bei vielen sehr alten Menschen üblich – um Ereignisse der Kindheit und Jugend und des frühen Erwachsenenalters handelt, und zwar in folgender Reihenfolge: wie ihr erstgeborenes Kind, ein Mädchen, im Alter von nur elf Tagen starb; wie die Mutter, die älteste Schwester und sie durch den Verkauf von Blumen aus dem eigenen Garten Geld verdienten und wofür sie es benutzten: *dass die Kinder – die sieben Geschwister – sind angezogen*; wie ihre jüdischen Freunde sie liebten und sie und ihre Schwester in ihre Wohnung in der Stadt aufnahmen, damit sie sich dort Arbeit suchen konnten; wie sie in der Poliklinik geschätzt wurde; wie ihr Mann dafür sorgte, dass sie nicht im Bergwerk arbeiten musste, sondern an einer anderen Stelle im Betrieb, weil er fürchtete, die Arbeit im Bergwerk übersteige ihre Kräfte. Das Transkript hält den größten Teil dessen fest, was AS über ihre Arbeit in der Poliklinik mitteilt.

Die Erzählung: AS erzählt hier eine Episode aus ihrem Leben, in der sie auf Grund ihrer Fähigkeiten und Eigenschaften zu Akzeptanz und Erfolg in der Arbeit kam. Sie stellt zunächst die Rahmenbedingungen der Tätigkeit dar: Sie arbeitete nach dem unfreiwilligen Abbruch ihrer Schulbildung und ohne berufliche Qualifikation, wie AS' Zuhörerin im Verlaufe des vorhergehenden Gesprächs erfahren hatte, in einer Poliklinik, und zwar als *санитарочка* (*sanitaročka* – '(Hilfs-)Schwesterchen', F4). AS benutzt zur Charakterisierung ihrer Tätigkeit keine offizielle Berufsbezeichnung. Diese würde lauten: *санитарка* (*sanitarka*). Damit sind Hilfskräfte in medizinischen Einrichtungen gemeint, die den Krankenschwestern bei der Betreuung der Kranken helfen, vor allem aber mit Aufräumen und Saubermachen beschäftigt sind, d.h. *den lumpen in der hand halten*, wie AS in FF19-20 die Chefärztin sagen lässt. Anstelle der offiziell-neutralen Berufsbezeichnung benutzt AS eine Diminutivableitung mit dem Suffix *-оч- (-oč-)*. In dieser Form könnte sie seinerzeit von den Kranken angesprochen worden sein, die damit ihre Sympathie für die Hilfsschwester und ihren Wunsch nach Fürsorge und Nähe ausgedrückt haben dürften. Die Zuhörerin erfährt bald, dass nicht nur die

Kranken die junge Schwester mochten, sondern auch die Chefärztin: *die hat mich so se"hr ge"rne bekommen*↓ (F5). Die Chefärztin kontrollierte täglich die Arbeit (*die is immer morjens gange*→ *durchgegangen*→, FF6-7) und gewann dabei einen Eindruck von den Arbeitskräften. AS und ihre Schwester wurden von ihr offenbar schnell als tüchtig erkannt. Bereits nach zwei Monaten bekamen sie eine Unterkunft in der Klinik (FF8-9) – in jenen Zeiten etwas sehr Wertvolles. Aber nicht nur das: Die Chefärztin bemerkte, dass AS über eine damals durchaus nicht selbstverständliche Qualifikation verfügte: Sie konnte lesen und schreiben. Die Chefärztin beschloss daher, AS in der Registratur einzusetzen, wo die Patientenkartei geführt wird und viele schriftliche Arbeiten anfallen.

AS informiert ihre Zuhörerin über diese Entscheidung der Chefärztin, indem sie das damalige entscheidende Gespräch zwischen der Chefärztin und sich selbst in wörtlicher Rede wiedergibt, das Geschehen damit in hohem Grade detailliert und es so als Kernstück der Erzählung markiert. Die Erzählerin beginnt mit einer Redeeinleitung, in der das verbum dicendi *sagen* im Perfekt erscheint:[337] *da hat die * äh главврач (glavvrač) gesagt*→ (F12) Die Erzählerin lässt die Chefärztin sodann das Gespräch durch die respektvoll-distanzierte Anredeform mit Vor- und Vatersnamen eröffnen: *Adela Au"gustovna*→ (FF12-13). Die damit ausgedrückte Einstellung wird im Folgenden durch die Verwendung der Anredeform für 'Sie' kontinuiert: вы (*vy*) bzw. – kontaktsprachlich abgewandelt – ви (*vi*). Die Darstellung einer Gesprächseröffnung durch Anrede mit Vor- und Vatersnamen bewirkt, dass die Zuhörerin ein nicht alltägliches Kommunikationsereignis erwartet. Die Erwartung wird durch die beiden nächsten wiedergegebenen Äußerungen der Ärztin bekräftigt: *ви мне та:"к нравитесь* (*vi mne ta:"k nravites'* – 'Sie gefallen mir so:" gut.', F13) sowie *та:"к нравится* / (*ta:"k nravitsja* – 'So:" gefällt /', FF14-15). Bei diesen beiden Äußerungen handelt es sich um Ausrufe, die als solche durch ihren Exklamativakzent[338] auf dem russischen Wort für 'so' identifiziert sind. Mit Hilfe dieser Ausrufe bekundet die Chefärztin ihre positiven Empfindungen gegenüber der jungen Hilfspflegerin (so im ersten, vollständigen Ausruf) bzw. ihrer Arbeitsweise (so vermutlich im zweiten, abgebrochenen Ausruf: 'So:" gefällt /', den man vielleicht angesichts dessen, was unmittelbar danach gesagt wird, folgendermaßen ergänzen darf: '... mir, wie Sie arbeiten.'). Die Erzählerin lässt die Chefärztin sodann mit einer Sprechhandlungsfolge fortfahren (FF15-17), bei deren Wiedergabe sie zahlreiche Untergliederungen durch sinkende Grenztonmuster vornimmt und äußerungsexterne Pausen macht. Dadurch wird der Inhalt jeder einzelnen

---

[337] Zum Gebrauch des Verbs *sagen* als Äquivalent der gesprochenen Sprache für die Anführungsstriche in der geschriebenen Sprache siehe Quasthoff 1980, 238.
[338] Exklamativakzent ist „eine Kombination von Gipfeltonmuster mit Dehnung, besonderer Intensität und relativ langem Anstieg der Tonbewegung und Diskrepanz zwischen Intensitätsgipfel und Grundfrequenz-Gipfel" (Zifonun/Hoffmann/Strecker 1997, 154).

Sprechhandlung hervorgehoben. Es entsteht der Eindruck einer nachdrücklichen, ernsten Ansprache. Er wird bekräftigt durch das, was die Chefärztin sagt: Sie kündigt der Schwester zunächst ihre Versetzung an, indem sie ihren Entschluss dazu verbalisiert: *я вас хочу перевести на другую работу↓* (*ja vas hoču perevesti na druguju rabotu↓* – 'ich will Sie auf einen anderen Arbeitsplatz versetzen', FF15-16). Um was für eine Versetzung es sich handelt, bleibt noch offen: Wird eine Verbesserung oder eine Verschlechterung der Arbeitsbedingungen eintreten? Danach informiert die Chefärztin die Schwester über ihren auf diese selbst bezogenen Erfahrungs- und Erkenntnisprozess: *я вижу↓ ви грамотные↓* (*ja vižu↓ vi gramotnye↓* – 'ich sehe: Sie können lesen und schreiben', F16), ferner darüber, dass sie einen Widerspruch zwischen dieser Erkenntnis und dem Bild sieht, das die Schwester bisher von sich vermittelte: *вы не такие как ви себя ставите↓* (*vy ne takie kak vi sebja stavite↓* – 'Sie sind nicht die, als die Sie sich hinstellen', FF16-17). Nach der Wiedergabe dieser Äußerung der Chefärztin formuliert die Erzählerin eine Rede'ausleitung': *so hat sie gesagt↓* (F17), und zwar erneut im Perfekt. Damit unterstreicht sie die Authentizität ihrer Redewiedergabe. Zugleich hält sie die Ereignisdarstellung für einen Moment spannungssteigernd an. Die Spannung rührt daher, dass immer noch nicht klar ist, was für eine Versetzung der Schwester bevorsteht. Nach der retardierenden Sprechhandlung formuliert die Erzählerin eine Redeeinleitung zur Wiedergabe einer eigenen Äußerung in der damaligen Situation. Das geschieht bezeichnenderweise im Präsens:[339] *sach= ich→*. Daraus erkennt man, dass sich die Erzählerin nunmehr dem Höhe- und Wendepunkt des Ereignisses nähert. Durch die sprachliche Gestaltung der Wiedergabe ihrer damaligen Äußerung deutet die Erzählerin Überraschung, ja fast Erschrecken bei der Heldin an: Die Heldin fragt zweimal, zuerst in äußerster sprachlicher Reduktion (*wohi:"n↑*) und dann mit einer abgebrochenen Äußerung (*wo wollen sie mich /*, F18), wohin sie versetzt werden soll. Die Redeeinleitung für die Antwort der Chefärztin formuliert die Erzählerin wiederum – szenisch-vorführend – im Präsens: *da sagt sie→* (F18). Die dann folgenden Äußerungen der Chefärztin lösen endlich die Ungewissheit auf – in einem für die Heldin glücklichen Sinne: Sie soll künftig in der Registratur arbeiten, denn sie habe – so die Chefärztin – *den lumpen* lange genug in der Hand gehalten, die Poliklinik lange genug gereinigt (FF19-20). Die Erzählerin sagt nicht und braucht nicht zu sagen, dass die Entscheidung der Chefärztin eine ungewöhnliche Genugtuung für die Heldin bedeutete und ihren schweren Alltag – die Unterstützung der Mutter bei der Ernährung zahlreicher Geschwister – erleichterte. Das versteht sich nach allem, was zuvor gesagt worden war, von selbst. Aber einen Punkt möchte die Erzählerin noch hervorheben: Der Mensch, der sie in ihrer Jugend in ihren Fähigkeiten erkannte und förderte, war eine Russin. Das hält AS für ausdrücklich

---

[339] Siehe zur interaktiven Funktion von Präsensformen bei verba dicendi Quasthoff 1980, Abschnitt 5.2.

erwähnenswert, das kontrastiert sie mit einer vorausgesetzten zuwiderlaufenden Annahme durch die Konjunktion *aber*: *sie war aber ei=ru"ssefrau*→ (FF20-21), und die Behauptung stützt sie durch den Hinweis auf den Familiennamen der Chefärztin, aus dem man die Nationalität erkennen kann.[340] Bei der Erwähnung der Nationalität gibt sie ihrer Stimme einen bedeutungsvollen, ja fast geheimnisvollen Klang. Damit hebt sie den Kontrast zwischen der erzählten Erfahrung und einer unterstellten konträren Verallgemeinerung noch mehr hervor. Offen bleibt, bei wem und für welchen Zeitraum die Erzählerin eine konträre Annahme über die Russen und deren Verhältnis zu den Russlanddeutschen voraussetzt: ob bei sich selbst oder bei der Zuhörerin, ob für den Zeitraum des erzählten Ereignisses oder für einen späteren Zeitraum oder für die Gegenwart.

Erzählen in zwei Sprachen: Die Basissprache der Erzählung von AS ist das Deutsche. Bei der Verwendung des Deutschen bewegt sich die Sprecherin in einem relativ breiten Variationsraum. Sie benutzt einerseits verschiedene regional gefärbte Varianten, andererseits auch deren standardsprachliche Äquivalente. So ist das Nebeneinander spirantisierter Formen des *g* in *sa:cht* und *sach* (FF2, 17), *morjens* (F6) und *ta:ch* (F7) neben den standardsprachlichen Form *gesagt* und *sagt* (FF12, 17, 18, 20) auffällig. Ähnlich gebraucht sie die regionalen Formen *un* und *unne* (F7, 10) neben der standardsprachlichen Form *und* (F1), verkürzte Endungen in *eingericht* (F1) neben Vollformen der gleichen Endungen in *gearbeitet* (F8), auch regional *gange* (F6) neben standardsprachlich *durchgegangen* (F7). Die Possessivform *der ihre* (F21) ist ausgesprochen umgangssprachlich. An einigen Stellen gewinnt man den Eindruck, dass AS ihre Sprechweise kontrolliert und sich um standardsprachliche Formen bemüht, so z.B. wenn sie in F9 *gekriegt* durch *bekommen* ersetzt. An anderen Stellen könnte man vermuten, AS benutze standardsprachliche Formen, um Sprecher zu charakterisieren, so z.B. die Chefärztin in FF19-20: Die Endungen sind deutlich artikuliert, wir finden keine *n*-Apokopen, das Wort *lumpen* anstelle von *lappen* oder *tuch* mag regional-umgangssprachlich gefärbt sein, aber AS spricht es standardsprachlich aus, ohne *n*-Apokope und Lenisierung des *p* zu *b* wie bei vielen Aussiedlern aus dem westmitteldeutschen Sprachraum: *lumbe*. Eine typisch russlanddeutsches Kompositum ist *russefrau* (F21) anstelle von standardsprachlich *russin*. Insgesamt spricht AS, verglichen mit anderen Aussiedlern und Aussiedlerinnen, relativ standardnah.

AS erzählt im vorliegenden Ausschnitt auf Deutsch. Dies geschieht jedoch nicht durchgängig. Hin und wieder geht sie ins Russische über, und zwar aus zwei Gründen. Zum einen benutzt AS russische Ausdrücke, weil es für die Gegenstände, über die sie spricht, keine deutschen Bezeichnungen gibt oder

---

[340] Die Bedeutung von Familiennamen für die Einordnung eines Menschen wird von mehreren russlanddeutschen Informanten zur Sprache gebracht.

ihr die deutschen Bezeichnungen unbekannt sind, zum anderen dient der Übergang ins Russische der Charakterisierung von Personen der Erzählung. Die Gegenstände, für die AS russische Bezeichnungen benutzt, stammen charakteristischerweise alle aus der Arbeitswelt. Für AS war die Arbeitswelt seit Anfang der 30er Jahre russischsprachig. Seit den 30er Jahren also spricht sie von *санитарочка* (*sanitaročka* – '(Hilfs-)Schwesterchen'), *главврач* (*glavvrač* – Abkürzung von *glavnyj vrač* – 'Chefarzt', als generische Bezeichnung auch für 'Chefärztin' benutzt) und *регистратура* (*registratura* – 'Registratur, Anmeldung') usw. Die deutschen Äquivalente hat AS zum Zeitpunkt der Tonaufnahme – zu Beginn des zweiten Aufenthaltsjahres – noch nicht gelernt. Es ist jedoch bemerkenswert, dass die Sprecherin die russischen Bezeichnungen im deutschen Diskurs meist nicht automatisch verwendet. Bevor sie das Wort *санитарочка* (*sanitaročka*) benutzt, zögert sie (F4); nachdem sie es benutzt hat, trägt sie eine Erklärung nach: *aufgeräumt→* (F4). Auch vor und nach der Verwendung des russischen Wortes für 'Chefarzt' zögert sie, bricht ihre Äußerung gar ab und fährt erst fort, als BW1 ihr Verstehen bestätigt hat (FF4-5), ähnlich auch bei der zweiten Verwendung in F12. Diese Phänomene zeigen, dass die Sprecherin zwischen dem Deutschen und dem Russischen trennt. Ein Indiz dafür ist auch die Verwendung von *poliklinik* (FF1-2). Sie verbindet dieses Wort mit dem Russischen und ist sich nicht sicher, ob es auch im Deutschen existiert und so existiert, wie sie es benutzt. Das zeigt ihr Zögern vor seiner Realisierung (F1), das zeigt ihr zweimaliges Fragen, welches deutsche Wort hier angebracht sei. Die Transformation des russischen Substantivs *поликли"ника* (*polikli"nika* – 'Poliklinik') in das deutsche Substantiv *poliklinik* ist zwar im Hinblick auf die Endung geglückt, nicht jedoch in der Transformation des russischen Femininums in ein deutsches Maskulinum oder Neutrum: *im polikli"nik*. Auch der Wortakzent ist russisch. AS spürt, dass hier etwas noch nicht in Ordnung ist. Da aber ihre Gesprächspartnerin keine Hilfe gewährt und lediglich ihr Verstehen bestätigt, lässt AS – nicht ganz zufrieden: *naja* (F3) – die Sache auf sich beruhen und fährt mit ihrer Mitteilung fort.

An anderen Stellen bemerkt AS nicht, wie sich ihre Vertrautheit mit dem Russischen auf ihren deutschen Diskurs auswirkt. Dies ist immer dann der Fall, wenn sie russische Ausdrucksmuster mit Mitteln des Deutschen nachbildet – ein Vorgang, der sich offenbar automatisiert abspielt. Ihre Formulierung *und danach ** hab ich mich im: * polikli"nik eingericht↓* (F1) ist insbesondere in der Wahl des Verbs dem folgenden russischen Ausdruck nachgebildet: *устроиться в поликлинику* (*ustroit'sja v polikliniku* – 'sich in der Poliklinik einrichten/in der Poliklinik unterkommen'). Die Formulierung *die hat mich so seh"r ge"rne bekommen* (F5) ist eine Nachbildung der russischen Struktur *она меня полюбила* (*ona menja poljubila* – 'sie hat mich lieb gewonnen'). Die Formulierung *monates=zwei* (F8) ist – wahrscheinlich bis hin zur Genitivendung – eine Nachbildung der russischen Wendung *месяца два* (*mesjaca dva* – 'zwei Monate'). In F21 sagt AS: *der ihre fami-*

lie war Ivjanskaja↓. Unter dem Einfluss des russischen Wortes фамилия (*familija* – 'Familienname') hat AS hier die Beutung des deutschen Fremdwortes *Familie* verändert.

Die bisher genannten Einflüsse des Russischen auf das Deutsche waren der Sprecherin teils bewusst, aber nicht willkommen, sie waren von ihr nicht gewählt, teils wurden sie von ihr nicht bemerkt. Jetzt ist schließlich noch ein dritter Fall darzustellen: Ab F12 geht AS für eine ganze Äußerungsfolge ins Russische über, und zwar bei der Wiedergabe der Äußerungen der Chefärztin. Dies dürfte ein bewusstes Stilmittel der Erzählerin sein. Da ihr ohnehin wichtig ist, dass die Chefärztin Russin war, leuchtet ein, dass sie deren Äußerungen auch auf Russisch wiedergeben möchte. Allerdings ist sie dabei nicht ganz konsequent: Bei einer durchgängigen Bewahrung der Sprache des ursprünglichen Dialogs hätte sie auch die eigenen Äußerungen und die Fortsetzungsäußerungen der Chefärztin (FF17-20) auf Russisch formulieren müssen. Vielleicht können wir als Erklärung für diese Inkonsequenz in Anspruch nehmen, was die Sprecherin – wiederum in Nachbildung einer russischen Formulierung: *так быстро из головы вылетает* (*tak bystro iz golovy vyletaet* – 'das fliegt so schnell aus dem Kopf') – über sich selbst sagt: *des fliegt so schnell vom kopf* (F11).

Es ist jedoch nicht nur so, dass AS' Russisch ihr Deutsch beeinflusst. Auch entgegengesetzte Wirkungen zeigen sich. Bei der Realisierung der wiedergegebenen russischen Äußerungen kommt es zu Einflüssen des Deutschs von AS auf ihr Russisch. Das zeigt sich in diesem Transkript ausschließlich in der Aussprache. AS unterscheidet weiche und harte Konsonanten nicht, sondern spricht alle mittelweich, was sich vor allem vor den *i*- und *y*- Lauten bemerkbar macht. So sagt sie *ви* (*vi*) statt *вы* (*vy* – Höflichkeitsform 'Sie'). Bei ihrem nach russischer Tradition gebildeten Vatersnamen *Au"gustovna* bleibt sie nach deutschem Muster bei dem Diphthong *au*- und überträgt ihn nicht in die russische Form *av-*: *A"vgustovna* (F13), folgt aber dem russischen Wortakzent. Ansonsten spricht sie ein fließendes Russisch ohne Spuren des Deutschen. Das wird besonders deutlich, wenn sie sich an ihre Enkelin Marina wendet. Dabei zeigen sich hin und wieder veraltete oder substandardsprachliche Formen, z.B. wenn sie sagt: *вы грамотные* (*vy gramotnye* – 'Sie sind schriftkundig') und hier dem Prädikativum eine Pluralform statt einer femininen Singularform gibt. Dies ist wiederum ein Indiz dafür, dass AS das Russische vor allem als mündliches Medium benutzt.

Zusammenfassung: Das Transkript zeigt, dass die hochbetagte Sprecherin über beachtliche Fähigkeiten im konversationellen Erzählen verfügt und dabei die beiden ihr zur Verfügung stehenden Sprachen Deutsch und Russisch adressaten- und funktionsspezifisch einzusetzen weiß. Darüber hinaus zeigen sich im Russischen der Sprecherin von ihr nicht kontrollierbare Einflüsse des Deutschen, vor allem in der Aussprache, und im Deutschen lexikalische und phraseologische Lücken, die sie zum großen Teil selbst erkennt und nur notgedrungen mit russischen Lexemen ausfüllt. Auch kommen Nachbildungen russischer Muster mit deutschen Mitteln vor, die AS vermutlich unwillkürlich hervorbringt und die eine Konsequenz der Tatsache sind, dass das Russische im Herkunftsland die von AS meistbenutzte Sprache war. Diese Nachbildungen beeinträchtigen die Verständlichkeit von AS' Deutsch kaum. Bei regelmäßiger Beteiligung an deutschsprachiger Kommunikation wäre es für sie keine Schwierigkeit, die lexikalischen Lücken im Deutschen schnell auszufüllen.

Insgesamt finden sich also Überkreuztransfers in AS' Russisch und AS' Deutsch, jedoch in jeweils unterschiedlichen sprachlichen Bereichen. Sowohl das Russische als auch das Deutsche von AS sind mündlich geprägt und standardnah. AS ist in einem hohen Maße zweisprachig. Diese Zweisprachigkeit dürfte sie im Wesentlichen bereits im Herkunftsland entwickelt haben, denn sie ist zum Zeitpunkt der Aufnahme erst 13 Monate in Deutschland – ein kurzer Zeitraum für die Hervorbringung neuer sprachlicher Strukturen.

4.6.7 Die Urgroßmütter Antonia Busemann und Adele Schlee – Zusammenfassung[341]

Bei der **Ankunft in Deutschland** verfügen die Urgroßmütter Antonia Busemann (AB) – 74 Jahre alt – und Adele Schlee (AS) – 80 Jahre alt – über folgende **sprachliche Voraussetzungen** für die Integration in Deutschland: **Russisch** war für AB Zweitsprache; sie hat sie in der Form des sukzessiven Bilingualismus erworben. AB spricht ein ausgebildetes, etwas altertümliches Russisch. Es enthält in der Aussprache leichte Spuren der deutschsprachigen Familientradition. AB hat aufgrund ihrer Zweitalphabetisierung in Russisch sowie ihrer beruflichen Ausbildung mit Russisch als Unterrichtssprache Erfahrungen und Fähigkeiten in schriftsprachlicher russischer Kommunikation. **Deutsch** war ABs Erstsprache. Ihr Deutsch ist standardnah. Sie verfügt aufgrund ihrer vierjährigen allgemeinen Schulbildung mit Deutsch als Unterrichtssprache über elementare Erfahrungen und Fähigkeiten in schriftsprachlicher deutscher Kommunikation. AB ist seit ihrer Kindheit auf Standardsprachlichkeit und Sprachentrennung orientiert. Sie hat das Deutsche stets zur Kommunikation mit einigen Vertretern ihrer eigenen Generation und der Elterngeneration genutzt. Die andere Urgroßmutter – AS – war in ihrer Kindheit früher mit **Russisch** konfrontiert als AB. Da aber die Familiensprache Deutsch war, muss man auch bei ihr von der Ausbildung eines sukzessiven Bilingualismus sprechen. AS' Russisch enthält in der Aussprache leichte

---

[341] Von Erichs Urgroßvater Heinrich Busemann soll hier nicht mehr die Rede sein, da er noch in Kasachstan verstarb. Die Zusammenfassungen konzentrieren sich auf die sprachlichen Veränderungen in Deutschland.

Spuren der deutschsprachigen Familientradition. Sie verfügt durch schulische Zweitalphabetisierung ebenfalls über Erfahrungen und Fähigkeiten in schriftsprachlicher russischer Kommunikation. **Deutsch** war AS' Erstsprache. Ihr Deutsch fluktuiert zwischen leichter Regionalität und Standardnähe. AS hat, ausgehend von ihrer fünfjährigen allgemeinen Schulbildung mit Deutsch als Unterrichtssprache, Erfahrungen und Fähigkeiten in schriftsprachlicher deutscher Kommunikation. Sie hat das Deutsche stets zur Kommunikation mit einigen Vertretern ihrer eigenen Generation und der Elterngeneration genutzt. Die frühe sprachliche Entwicklung der Urgroßmütter ist dadurch gekennzeichnet und von der aller anderen Familienmitglieder abgehoben, dass sie ihre beiden Sprachen Deutsch und Russisch in Wort und Schrift erwerben konnten und dass der Unterricht in der Zweitsprache Russisch erst einsetzte, nachdem der Unterricht mehrere Jahre in der Erstsprache Deutsch erteilt worden war. Sie erfuhren mithin eine systematische bilinguale Bildung und Erziehung, freilich bereits im Schatten des Bruchs in der Nationalitätenpolitik, den Stalin in den 30er Jahren vollzog.

Das **sprachliche Angebot**, das die Urgroßmütter im ersten und zweiten Aufenthaltsjahr bekommen, gleicht im **Russischen** dem ihrer Familienangehörigen. Das gilt auch für das **Deutsche**, mit dem Unterschied allerdings, dass die Urgroßmütter keinen Sprachkurs besuchen und AB durch ständige Lektüre deutschsprachiger Bücher und Zeitungen regelmäßig standardsprachliches Deutsch erfährt.

Die **sprachlichen Praktiken und Fähigkeiten** der Urgroßmütter sind im **ersten und zweiten Aufenthaltsjahr** durch folgende Merkmale gekennzeichnet. Urgroßmutter AB benutzt das **Russische** als ihre 'normale' Familiensprache. Sie vermeidet nach Möglichkeit gemischtsprachige Äußerungen. Das **Deutsch** des Alltags und des Fernsehens versteht sie ohne nennenswerte Schwierigkeiten. Sie kann sich ohne Anstrengung und gesteigerte Selbstkontrolle in deutscher Sprache verständigen. Ihr Deutsch weist lexikalische Lücken und einige russische Einflüsse auf. AB vermeidet auch in deutschsprachiger Kommunikation gemischtsprachige Äußerungen. Sie erkennt mit Erstaunen die regionale Varianz des Deutschen in Deutschland. Sie liest ohne Schwierigkeiten einfache deutsche Belletristik und schreibt auch in deutscher Sprache, jedoch mit aufmerksamer Selbstkontrolle, um Einflüsse des kyrillischen Alphabets auszuschließen. Deutsch ist für AB vor allem die Sprache des Verkehrs mit den Einheimischen. Die andere Urgroßmutter – AS – benutzt das **Russische** als Familiensprache, wenn ihre Adressaten nur Russisch verstehen. Sie wechselt in der familiären Kommunikation häufig zwischen Russisch und Deutsch, wenn die Adressaten ebenfalls zweisprachig sind. AS versteht standardnahes **Deutsch**, wenn auch nicht mühelos. Binnendeutsch-regionales Deutsch versteht sie nur teilweise. AS stellt bei sich zahlreiche lexikalische Lücken fest. Ihr Deutsch weist deutliche Einflüsse des Russischen auf; ihre deutschen Diskurse enthalten russische Lexeme (vor allem Substantive und Ausdrücke der Sprecher-Hörer-Steuerung), Dubletten und Nachbildungen russischer Muster mit deutschen Mitteln. AS ist sich der russischen Bestandteile ihres Diskurses weitgehend bewusst und ist bestrebt, sie abzustreifen, indem sie lernt, die lexikalischen Lücken in ihrem Deutsch zu schließen. AS zeigt beeindruckende Fähigkeiten im konversationellen Erzählen auf Deutsch und im funktionsspezifischen Einsatz von Code-Switching.

Für das **fünfte und sechste Aufenthaltsjahr** liegen bei AB und AS keine Beobachtungen vor. Es ist jedoch sicher, dass ihre Kommunikation sich im Großen und Ganzen auf den russlanddeutschen Familien- und Bekanntenkreis beschränkt. Daher dürften sich die sprachlichen Praktiken und Fähigkeiten nicht sehr ändern.

4.7   Sprachliche Netze in der Familie Sennwald

Wie bereits für Kirillovs (vgl. Abschnitt 3.7) wird nun auch für Sennwalds eine Zwischenbilanz mit Hilfe der Netzwerkmethode nach Barden/Großkopf 1998 gezogen.[342] Sie beschränkt sich wiederum auf die Familienmitglieder, die im Zentrum der Beobachtungen standen: Erich, seine Mutter Marina und seinen Vater Walter.

Abb. 35:   Das sprachliche Netz von Erich (6;6) am Anfang des sechsten Aufenthaltsjahres (Kass. 361b)

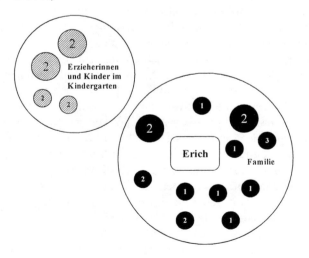

---

[342] Zur Durchführung des Verfahrens und zur verwendeten Symbolik s. Abschnitt 3.7.

Abb. 36: Das sprachliche Netz von Marina Sennwald am Anfang des sechsten Aufenthaltsjahres (Kass. 361b, 362a)

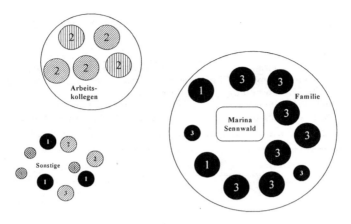

Abb. 37: Das sprachliche Netz von Walter Sennwald am Ende des fünften Aufenthaltsjahres (Kass. 333a)

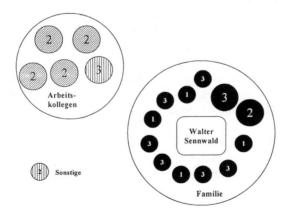

Für Erich und seine Eltern sind – wie bereits für Familie Kirillov – die familiären Kommunikationsbeziehungen die wichtigsten und dichtesten. In der Familie verwenden die drei befragten Personen ihrer eigenen Meinung nach die deutsche und die russische Sprache, wie in Tabelle 21 zusammengefasst ist.[343]

Tab. 21: *Auskünfte von Erich, Marina Sennwald und Walter Sennwald über ihre Sprachenwahlen*

Informant	Anzahl der Familienangehörigen, mit denen die Kommunikation vorwiegend auf Russisch stattfindet	Anzahl der Familienangehörigen, mit denen die Kommunikation vorwiegend auf Deutsch stattfindet	Anzahl der Familienangehörigen, mit denen die Kommunikation auf Deutsch und auf Russisch stattfindet
Erich	9	4	1
Marina Sennwald	2	0	9
Walter Sennwald	4	1 (Sohn)	7

Die Auskunft von Erich über die Sprachen, die in der Kommunikation zwischen ihm und den Angehörigen verwendet werden, überrascht. Seiner Meinung nach spricht er in der Familie fast nur Russisch und sprechen fast alle Russisch zu ihm. Diese Aussage widerspricht meinen Beobachtungen und den Auskünften von Erichs Eltern. Zum Zeitpunkt der Aufstellung des sprachlichen Netzes hat Erich bereits erhebliche Schwierigkeiten, Russisch zu sprechen; er spricht überwiegend Deutsch, freilich ein russisch-kontaktsprachliches Deutsch. Zur gleichen Zeit wird er – wie die anderen Kinder der Familie – von den meisten erwachsenen Verwandten auf Deutsch angesprochen. Die Auskunft von Erich, mit wem er Deutsch spricht, nämlich mit seinem Vater und seinen Cousinen, stimmt insofern mit meinen Beobachtungen und den Aussagen der Eltern überein, als in den Gesprächen mit diesen Partnern das Deutsche tatsächlich eindeutig dominiert.[344]

Die Auskünfte von Marina und Walter Sennwald über ihre Sprachenwahlen kann ich nur partiell mit anderen Daten vergleichen, weil ich nicht Gelegenheit hatte, Kommunikationsereignisse mit allen erwähnten Verwandten teil-

---

[343] Die sprachlichen Netze von ES, MS und WS enthalten die gleichen Informationen über die familiären Sprachenwahlen.

[344] Aus Erichs Aussagen zu seinem sprachlichen Netz kann man vor allem methodische Erkenntnisse ableiten: Die Methode der sprachlichen Netze ist mit Vorschulkindern und vielleicht auch jüngeren Schulkindern praktizierbar. Die Kinder beteiligen sich sehr gern daran. Die Ergebnisse sind aussagekräftig im Hinblick auf die Personen, die zum sprachlichen Netz gehören. Im Hinblick auf die praktizierten Sprachenwahlen sind sie jedoch ohne korrigierende Daten anderer Art (Aussagen von Verwandten, Beobachtungen) nicht verwendbar. Den Kindern fällt eine differenzierte Zuordnung kommunikativer Beziehungen zu den verwendeten Sprachen schwer, möglicherweise besonders in solchen Familien, in denen der Sprachengebrauch stark zwischen verschiedenen Sprachen fluktuiert.

nehmend zu beobachten. Was die Sprachenwahlen gegenüber den in diesem Kapitel sprachbiografisch dargestellten Angehörigen betrifft, so stimmen die Auskünfte von Sennwalds mit meinen Feststellungen überein. Auf jeden Fall wird deutlich, dass die Familienkommunikation durch die ständige Anwesenheit sowohl des Deutschen als auch des Russischen gekennzeichnet ist.

Erich gehört außer seiner Familie einer weiteren Kommunikationsgemeinschaft an: dem Kindergarten. Dort sind vor allem die Erzieherinnen für ihn bedeutsam, weniger die anderen Kinder. Diese Art von sprachlichem Netz teilt er mit vielen Vorschulkindern, allerdings meist mit solchen, die jünger sind als er. Anders als die Schulkinder Xenia und Georg Kirillov unterhält er noch keine eigenen Kontakte in der Nachbarschaft oder anderen Orts. Das Bedürfnis nach sehr engem Kontakt mit einigen wenigen Personen scheint bei ihm besonders ausgeprägt zu sein. Das erschwert den Aufbau von Beziehungen zu weiteren erwachsenen und kindlichen Partnern, z.B. im Rahmen von Sportgemeinschaften,[345] die den Ausbau seiner Deutschfähigkeiten durch ein anregendes Sprachangebot fördern könnten. Es ist schwer zu beurteilen, worin Erichs auffällige Zurückhaltung gegenüber neuen Kontakten begründet ist. Seine Eltern jedenfalls haben den Eindruck, dass Erich sich vor unbekannten Kommunikationssituationen *fürchtet*.

Für die sprachliche Entwicklung von Marina Sennwald ist außer der Familie die Kommunikation an ihrem Arbeitsplatz, der Klinik, von besonderer Bedeutung. Dort spricht sie regelmäßig mit Kollegen und Patienten Deutsch und hört von ihnen teils regional gefärbtes muttersprachliches und teils kontaktsprachliches Deutsch. Die Klinik ist ihre eigentliche 'Deutschschule'. Aber es ist eine Deutschschule von beschränkter Anregungskraft. Marina Sennwalds Arbeit ist nicht kommunikationsintensiv, und die sprachlichen Angebote und Anforderungen sind einförmig. Neben den beiden Kommunikationsgemeinschaften der Familie und der Klinik unterhält Frau Sennwald verschiedenartige für sie wichtige Kontakte, die für die Stabilisierung der russlanddeutschen Kontaktvarietäten zwischen Russisch und Deutsch von Bedeutung sind, kaum jedoch für den Ausbau der Deutschfähigkeiten.

Auch für Walter Sennwalds sprachliche Integration ist die Kommunikation auf der Arbeit wichtig. Allerdings war sie zum Zeitpunkt der Aufstellung des sprachlichen Netzes nicht so anregungsreich wie zu früheren Zeitpunkten. Arbeitsplatzbezogene sprachliche Netze verändern sich oft sehr schnell. So bleibt das wichtigste sprachliche Angebot auch für Walter Sennwald das Deutsch, das er in der Familie hört.

---

[345] Sportgemeinschaften gelten mit Recht als wichtige Integrationsinstanzen für zugewanderte Kinder und Jugendliche.

4.8 Familie Sennwald – Zusammenfassung

4.8.1 Mitgebrachte sprachliche Voraussetzungen für die Integration in Deutschland

Alle erwachsenen Mitglieder der Familie Sennwald verfügen bei ihrer Ankunft über ein muttersprachliches, regional und mündlich geprägtes **Russisch** als ihre dominante Sprache; es enthält kaum merkliche Spuren des Deutschen, der verdrängten Familiensprache; alle haben auch Lese- und Schreibfähigkeiten im Russischen. Bei den Urgroßmüttern wurden diese durch Zweitalphabetisierung erworben. Die Urgroßmütter haben demnach eine bilinguale Schulbildung erfahren, allerdings bereits in der Phase der sowjetischen Geschichte, in der sich der Übergang von einer nationalitätenfreundlichen Politik zu einer Politik der russischen Dominanz vollzog. Als die Großeltern zur Schule kamen, war die Politik der russischen Dominanz bereits fest etabliert und die Submersion der Minderheitenkinder unter das Russische selbstverständliches Unterrichtsmodell. Die mitgebrachten Russischfähigkeiten der Familienmitglieder unterscheiden sich nach der Bildungsstufe, die die einzelnen Personen absolvierten. Gemeinsam ist allen, dass das Russische in räumlicher Distanz zur Metropole Moskau, deren Russisch Grundlage der standardsprachlichen Norm ist, und in sozialer Distanz zu den Schichten, deren Russisch als Indikator von Bildung gilt, erworben wurde.

Die mitgebrachten **Deutschfähigkeiten** differieren stärker als die Russischfähigkeiten. Die Mutter MS hat nahezu keine Deutschfähigkeiten. Sie muss sich das Deutsche im Typ Zweitspracherwerb des Erwachsenen aneignen. Der Vater WS und die Großeltern FS, PS und GS verfügen bedingt über ein russisch geprägtes, funktional eingegrenztes, mündliches Deutsch, das bei FS außerordentlich dialektal und bei WS, PS und GS leicht regional gefärbt ist. Der bedeutende Unterschied im Grad der Regionalität einerseits bei FS und andererseits bei WS, PS und GS hängt u.a. damit zusammen, dass FS in ihrer Erstsprache Deutsch nie alphabetisiert wurde, während WS, PS und GS in Deutsch als Fremdsprache unterrichtet wurden. Der Vater WS und die drei Großeltern haben ihre Deutschfähigkeiten lange nicht in Anspruch genommen. Sie müssen sie reaktivieren und ausbauen. Die Urgroßmütter AS und AB sprechen ein relativ standardnahes, aber auch russisch geprägtes Deutsch, das ihnen ohne weiteres zur Verfügung steht. AB hat auch regelmäßig in Anspruch genommene Lesefähigkeiten. Die beiden Urgroßmütter müssen ihr Deutsch funktional erweitern.

Erich befindet sich in der Übergangsphase von der vorsprachlichen zur sprachlichen Kommunikation. Da seine Mutter bei der Ankunft nicht Deutsch spricht und Russisch die Familiensprache ist, wird er einen sukzessiven Bilingualismus ausbilden müssen.

Für die Integration sind neben den mitgebrachten sprachlichen Fähigkeiten auch die mitgebrachten **Einstellungen zu sprachlichen Konstellationen** und die mitgebrachten **Strategien zu ihrer Bearbeitung** wichtig. In dieser Hinsicht sind folgende Aspekte bedeutsam:

- Sennwalds wissen, dass Erwerb und Beherrschung des Deutschen bei jedem Familienmitglied ausschlaggebend für die sprachliche und soziale Integration sind; sie fühlen sich als Deutsche in einem höheren Maße zum Deutscherwerb und zur Verwendung des Deutschen verpflichtet als andere Zuwanderer.

- Es ist ihr Wunsch und Ziel, die deutsche Sprache so verwenden zu lernen, wie Deutsche aus Deutschland das tun; sie möchten sich durch ihre Sprache nicht von den *örtlichen Deutschen* abheben.

- Sennwalds möchten ihre familiäre Kommunikation so gestalten, dass sie ihren grundlegenden kommunikativen Bedürfnissen gerecht wird. Sie soll Nähe zwischen den Familienmitgliedern herstellen und eine unaufwendige Effektivität in der Bewältigung alltäglicher sprachlicher Aufgaben gewährleisten.

- Sennwalds haben positive Erinnerungen an die frühe Multikulturalität auf der Krim und das spätere Zusammenleben verschiedener Nationalitäten in Kasachstan. Sie möchten diese Erinnerungen nicht verleugnen müssen. Sie sind für sie fest mit dem Russischen assoziiert.

- Sennwalds haben als Sprecher und als Hörer Erfahrung mit mehrsprachiger Kommunikation. Die Verwendung unterschiedlicher kontaktsprachlicher und lernersprachlicher Varietäten des Russischen und Code-Wechsel zwischen dem Russischen und anderen Sprachen sind für sie etwas Selbstverständliches. Allerdings schätzen sie sprachliche „Reinheit".

- Sennwalds haben keine positiven Erfahrungen mit dem durch Fremdsprachenunterricht gesteuerten Spracherwerb. Sie sind auf den „ungesteuerten", „natürlichen" Erwerbstyp orientiert.

Die genannten Einstellungen widersprechen einander partiell; die einzelnen Familienmitglieder folgen zum Teil unterschiedlichen Präferenzen; einige der genannten Einstellungen stehen im Gegensatz zu herrschenden Meinungen in der Aufnahmegesellschaft. Der Prozess der sprachlichen Integration der Familie Sennwald kann daher nicht konfliktfrei verlaufen. Er wird auf jeden Fall den Erwerb bzw. Ausbau des Deutschen enthalten. Dabei ist offen, ob das auf der Grundlage des Russischen oder zu Lasten des Russischen erfolgt und welche Form von Zweisprachigkeit sich herausschält: eine stabile oder eine transitorische.

4.8.2 Das sprachliche Angebot in Deutschland

Erwerb und Veränderung von Zweisprachigkeit hängen u.a. vom sprachlichen Angebot ab. Das **Russischangebot**, das Sennwalds erfahren und sich gegenseitig vermitteln, ist dadurch gekennzeichnet, dass es nur partiell standardsprachlich ist. Vor allem ist es regional (südrussisch und asiatisch), mündlich und zunehmend deutsch bestimmt und büßt quantitativ und qualitativ zunehmend an Wirkung ein. Das **Deutschangebot**, das Sennwalds empfangen, ist größtenteils ebenfalls durch Regionalität, Mündlichkeit, Lernersprachlichkeit und Kontaktsprachlichkeit gekennzeichnet. Das betrifft das Deutsch, das Sennwalds in der Familie, im russlanddeutschen Bekanntenkreis und von den meisten Kollegen hören. Regionales Deutsch und gesprochenes Standarddeutsch einheimischer Sprecher hören sie kaum. Nur bei Erich ist das etwas anders, allerdings auch erst, als er mit knapp vier Jahren beginnt, den Kindergarten zu besuchen.

Schriftsprachlich-deutsche Kommunikation durch Lesen und Schreiben spielt nach dem Sprachkurs bei den Erwachsenen nur eine sehr geringe Rolle. Das wirkt sich auf ihre Möglichkeiten aus, Erich bei seinem Deutscherwerb – auch später in der Schule – zu unterstützen.

4.8.3 Veränderungen in den sprachlichen Praktiken und Fähigkeiten

Im Verlaufe der sprachlichen Integration verliert die mitgebrachte Familiensprache **Russisch** bei Sennwalds an Verwendungshäufigkeit, Unabhängigkeit und Selbstverständlichkeit, allerdings bei den Familienmitgliedern in unterschiedlichem Grade – je nach dem sprachlichen Angebot und den sprachlichen Anforderungen, mit denen sich die Einzelnen auseinander zu setzen haben, und je nach ihren persönlichen Präferenzen. Bei allen bleibt das Russisch regional und mündlich geprägt, bei allen verstärkt sich die deutsche Prägung, wenn auch wiederum in unterschiedlichem Grade und mit unterschiedlichen Qualitäten. Das hat – wie bei Kirillovs – zur Folge, dass die im Herkunftsland erworbene muttersprachliche Gewissheit über die sprachlichen Form-Funktionsbeziehungen allmählich erschüttert wird und sich eine neue gruppenspezifische Gewissheit ausbildet, die sich von der der Russischsprechenden im Herkunftsland unterscheidet und die Kommunikation mit ihnen erschwert. Marina Sennwald widersetzt sich diesen Veränderungen im Gebrauch des Russischen, indem sie es bewusst immer wieder für ihre familiäre Kommunikation wählt und gerne russische Bücher liest und Erich vorliest. Aber sie kann nicht viel ausrichten und unterliegt selbst der Korrosion ihrer Erstsprache.

Bei Erich belastet der später einsetzende Deutscherwerb den Ausbau seines noch elementaren Russischen so stark, dass er es bei Schulbeginn fast nicht mehr aktiv verwendet.

Komplementär verändern sich Gebrauch und Fähigkeiten im **Deutschen.** Das Deutsche wird in der beobachteten Phase der sprachlichen Integration zunächst überhaupt zu einer der beiden Familiensprachen und dann für Erich und seinen Vater zur bevorzugten Familiensprache. Es bleibt ein überwiegend mündliches Medium. Die mitgebrachte Dialektalität wird abgelehnt, partiell abgelegt bzw. nicht übernommen, soweit sie den Sprechern selbst auffällt; einige Merkmale der neuen Umgebungsvarietät werden angeeignet. Das Deutsch ist gegen Ende des sechsten Aufenthaltsjahres bei allen Familienmitgliedern noch russisch kontaktsprachlich geprägt, wenn auch in unterschiedlichen Qualitäten. Die erwachsenen Familienmitglieder akzeptieren dies nun für sich selbst als nicht mehr überwindbares Faktum, hoffen aber, dass Erich noch *richtig* Deutsch lernt. Dies ist jedoch aus ihrer und meiner Perspektive nicht selbstverständlich. Erich stehen bei Schulbeginn deutlich geringere deutschsprachige Formulierungs- und Verstehensvoraussetzungen zur Verfügung als gleichaltrigen Kindern aus monolingual deutschen Familien.

Die Beurteilungsinstanz für Richtigkeit und Angemessenheit deutschsprachiger Formen – 'Sprachgefühl' – hat bei keinem Familienmitglied den Charakter muttersprachlicher Gewissheit erreicht.

Die sprachlichen Veränderungen sind bei allen Familienmitgliedern in den ersten sechs Jahren des Aufenthalts in Deutschland beträchtlich. Deutsch ist für sie die Sprache der Öffentlichkeit, des Umgangs mit den Einheimischen und mit anderen Zuwanderern geworden, zum Teil aber auch Familiensprache, insbesondere gegenüber den Kindern. Der Wiedererwerb bzw. Erwerb des Deutschen ist so weit vorangeschritten, dass alle Familienmitglieder einen Großteil ihrer nur auf Deutsch erfüllbaren Bedürfnisse selbstständig erfüllen können. Das Russische bleibt eine wichtige Familiensprache, allerdings in ständig zunehmender Verflechtung mit dem Deutschen.

5. Zusammenfassung: sprachliche Integration durch Veränderungen in der deutsch-russischen Zweisprachigkeit

5.1 Schwerpunkte der Zusammenfassung

In diesem Kapitel fasse ich meine Beobachtungen und Analysen zur sprachlichen Integration von Russlanddeutschen zusammen. Sie beziehen sich auf ein Korpus aus insgesamt 42 Aussiedlerfamilien. 37 Familien wurden querschnittlich – meist im zweiten Aufenthaltsjahr – beobachtet (siehe vor allem Kapitel 2); fünf Familien wurden längsschnittlich bis ins sechste und teilweise bis ins siebente Aufenthaltsjahr hinein beobachtet. Zwei dieser fünf Familien wurden in den Kapiteln 3 und 4 durch Sprachbiografien vorgestellt. Beide Familien gehören zu den Russlanddeutschen, die während des Zweiten Weltkrieges in asiatischen Regionen der Sowjetunion lebten.

Die Analysen beziehen sich schwerpunktmäßig auf die sprachliche Integration der jungen Eltern, Großeltern und Urgroßeltern und damit auf die familiären Integrationskontexte der Kinder. Die sprachliche Entwicklung der Kinder ist durch drei Sprachbiografien repräsentiert: in Kapitel 3 durch Xenia und Georg, die als ältere Vorschulkinder nach Abschluss des primären Russischerwerbs nach Deutschland kamen, und in Kapitel 4 durch Erich, dessen primärer Russischerwerb in Deutschland bereits im Kindergartenalter durch den Erwerb des Deutschen überlagert wird.

Nach meiner Einschätzung handelt es sich bei den erwachsenen Informanten um sehr charakteristische Verläufe der sprachlichen Integration. Das Bild dürfte sich allenfalls dann leicht verschieben, wenn die Familie während des Zweiten Weltkrieges unter deutscher Besatzung lebte. Die Verallgemeinerbarkeit der Beobachtungen zu den drei Kindern steht für mich im Hinblick auf die sprachlichen Familienverhältnisse außer Zweifel. Ob sie auch für die Verläufe und Ergebnisse der sprachlichen Entwicklung von Aussiedlerkindern gilt, lässt sich ohne weitere Analysen nicht mit Sicherheit sagen. Es gibt in meinen Längsschnittfamilien Kinder, die sich – verglichen mit Erich – sprachlich unproblematischer zu entwickeln scheinen. Aber es ist zu bedenken, dass man sich bei der alltäglichen Einschätzung der Deutschfähigkeiten von Zuwandererkindern leicht irrt. Zu schnell ist man geneigt, aus einer flüssigen Beteiligung an einfachen Gesprächen auf stabile und differenzierte Deutschkenntnisse zu schließen. – Zu russlanddeutschen Jugendlichen habe ich kaum Daten und bisher keine Analysen.

In der Zusammenfassung behandle ich folgende Schwerpunkte: lebensgeschichtliche Voraussetzungen der sprachlichen Integration (5.2), allgemeine

Integrationsbedingungen in Deutschland (5.3), das mitgebrachte Russisch, seine Funktionen und Veränderungen in Deutschland (5.4) sowie Ausbau, Wiederwerb und Erwerb des Deutschen (5.5). Im letzten Abschnitt (5.6) lasse ich noch einmal eine Aussiedlerin zu Wort kommen.

5.2 Lebensgeschichtliche Voraussetzungen der sprachlichen Integration

Es ist in den Aussiedlerfamilien allgegenwärtig, dass die russlanddeutsche Sprach- und Kommunikationsgemeinschaft seit etwa 70-80 Jahren Veränderungen unterworfen ist, die an Tempo und Wucht ihresgleichen suchen. Der Übergang von der Einsprachigkeit in der Minderheitensprache über eine transitorische Zweisprachigkeit zur Einsprachigkeit in der Mehrheitssprache, der sich in anderen Minderheitengruppen über weit mehr als hundert Jahre erstreckt,[346] wurde in der russlanddeutschen Kommunikationsgemeinschaft tendenziell auf wenige Jahrzehnte zusammengepresst; jetzt soll die Entwicklung in Deutschland in kürzester Frist umgekehrt werden. Der Übergang vom Deutschen zum Russischen in der Herkunftsgesellschaft folgte zwar allgemeinen Entwicklungstendenzen wie der Industrialisierung und Urbanisierung, wurde aber durch die Tatsache, dass Deutschsprechende und Russischsprechende einander in zwei Weltkriegen als Todfeinde gegenübergestellt wurden, in einem Maße beschleunigt, das die Familien als primäre Institutionen der sprachlichen Sozialisation nicht mehr bewältigen konnten. Eine staatlich-institutionelle Unterstützung wurde ihnen bisher nur sehr kurzfristig – in den 20er Jahren – zuteil. Im Ergebnis kommen die Russlanddeutschen mit folgenden Voraussetzungen für ihre sprachliche Integration nach Deutschland:

– Vor der Übersiedlung nach Deutschland wird das Deutsche in der Kommunikationsgemeinschaft der Russlanddeutschen und auch von den meisten meiner Informanten nur noch in residualer Form beherrscht oder jedenfalls verwendet. Seine funktionale Differenzierung ist gering. Dies ist jedoch nicht Ausdruck dessen, dass sich die Russlanddeutschen selbst nicht als Deutsche empfinden und in ihrer Herkunftsgesellschaft nicht als Deutsche wahrgenommen werden. Die Selbstidentifizierung als Deutsche beruht einerseits auf bestimmten kulturellen Traditionen des Arbeits- und Alltagslebens und andererseits auf Fremdidentifizierung durch deutsche und russische bzw. sowjetische Institutionen und Behörden. Es ist historisch nicht gerechtfertigt, die Russlanddeutschen individuell für den weitgehenden Verlust der deutschen Sprache verantwortlich zu machen. Unterschiede in der Verfügung über das Deutsche liegen in unterschiedlichen Bedingungen des Erwerbs und des Gebrauchs der deutschen Sprache begründet und nicht in der politischen Orientierung oder in unter-

---

[346] Vergleiche Kloss 1966 zur Sprachgeschichte der in die USA ausgewanderten Deutschen.

schiedlichen Graden der Identifizierung mit der deutschen bzw. russischen Kultur.

- Der Verlust der Minderheitensprache Deutsch wurde nur bedingt durch den Erwerb der Mehrheits-, Bildungs- und Kultursprache Russisch kompensiert.

- Wegen der forcierten Entwertung der Minderheitensprache Deutsch und der unzureichend unterstützten, begrenzten Aneignung der Mehrheitssprache Russisch kam es meist weder auf Deutsch noch auf Russisch zum Erwerb differenzierter standard- und schriftsprachlicher Fähigkeiten, zur Aneignung komplexer Diskurs- und Textformen, zur Ausbildung von Techniken und Kriterien eines selbstgesteuerten Spracherwerbs und zur Entwicklung anspruchsvoller Methoden geistigen Arbeitens. Mehrere Russlanddeutsche beobachteten bei sich und sprachen mir gegenüber davon, dass es ihnen schwer fällt, mit *Lern*anforderungen zurecht zu kommen – im Unterschied zu *Arbeits*anforderungen (NI, F25; WB, F48). Eine vergleichsweise niedrige allgemeine und berufliche Bildung ist einerseits Folge dieser sprachlichen Entwicklungen und andererseits Ursache für bestimmte Formen der Auseinandersetzung mit neuen geistigen und sprachlichen Aufgaben, z.B. für die ausschließliche Orientierung auf den Ausbau des Deutschen in der Kommunikation und durch sie.

5.3 Allgemeine Integrationsbedingungen in Deutschland

Die meisten meiner Informanten kamen zwischen 1990 und 1993 nach Deutschland. Die Integrationsbedingungen waren damals nicht gut und haben sich seither noch verschlechtert. Die Vereinigung der beiden deutschen Staaten, krisenhafte Zustände in zahlreichen Ländern (in Russland, auf dem Balkan, in Afrika usw.), die zunehmende Globalisierung der Wirtschaft und die wachsende Arbeitslosigkeit in Deutschland, das alles belastete und belastet die Aufnahmegesellschaft und führt dazu, dass die Aussiedler häufig auf Abwehr und Misstrauen treffen statt auf das erhoffte interessierte Entgegenkommen. Die ersten Erfahrungen in Deutschland erschütterten das Selbstbewusstsein der Aussiedler:

- Die Migranten sind auf einmal nicht mehr mit Selbstverständlichkeit agierende und mit Selbstverständlichkeit akzeptierte, normale Mitglieder eines Gemeinwesens, sondern Menschen in einer Gesellschaft, die nicht nach den ihnen vertrauten Regeln funktioniert, und Menschen, die als fremd wahrgenommen werden. Dies ist eine allgemeine Folge von Auswanderung.

- Die Erfahrung aus der Herkunftsgesellschaft, stets als einsatzfreudige, gewissenhafte und findige Arbeitskraft willkommen zu sein, wird in Deutschland nicht bestätigt. Die Aussiedler müssen lernen, für jegliche Arbeit dankbar zu sein, auch wenn die Umstände eine Zumutung darstellen.

- Der in Deutschland beobachtbare Wohlstand lässt es plötzlich als lächerlich erscheinen, dass man im Herkunftsland auf die oft überdurchschnittlichen Lebensbedingungen stolz war. Wer kann und will in einer Gesellschaft mit zahllosen Baumärkten und hunderterlei Typen von Fertighäusern ermessen, was es bedeutet, sich Baumaterialien zu besorgen oder gar selbst herzustellen und gemeinsam mit Verwandten und Kollegen ein eigenes Haus zu bauen? Wer kann und will in einer Gesellschaft mit zahllosen Gartencentern ermessen, was es bedeutet, sich Samen, Zwiebeln und Pflanzen selbst zu ziehen und einen Garten anzulegen, der Nachbarn und Freunde erfreut? Wer kann und will in einer Gesellschaft mit zahllosen Supermärkten ermessen, was es bedeutet, Gäste das ganze Jahr über mit selbst angebautem und auf traditionelle Art konserviertem Gemüse und Obst bewirten zu können? Usw.

- In Deutschland erfahren die Russlanddeutschen eine Verknüpfung von Sprache und Nationalität, die in ihrer multiethnischen und mehrsprachigen Herkunftsgesellschaft viele Jahre lang unbekannt war. Dort galt man nicht als deutsch, weil man Deutsch sprach, sondern weil man im Arbeits- und Familienalltag bestimmte Werte lebte: Man war fleißig, ausdauernd, vorausplanend, häuslich, familienorientiert, handwerklich vielseitig und geschickt usw. Darüber hinaus fühlte man sich den europäischen, *weißen* Nationalitäten (den Russen, Ukrainern, Esten usw.) enger verbunden als den asiatischen, *schwarzen* (den Kasachen, Kirgisen, Tataren usw.).[347] Dabei spielten Traditionen von Sesshaftigkeit vs. Nomadentum, Christentum vs. Islam oder Naturreligion, Beziehungen zwischen Mann und Frau sowie zwischen Eltern und Kindern und nicht zuletzt Ernährungsgewohnheiten eine Rolle. Schließlich aber empfand man sich auch der Gemeinschaft der *Russischsprechenden* zugehörig, gleich welcher Nationalität die Einzelnen sein mochten. In Deutschland dagegen gilt vielen nur als deutsch, wer Deutsch spricht und in Deutschland von deutschen Eltern geboren wurde. Darüber hinaus bezeichnen sich manche Binnendeutsche als *Europäer* und meinen damit 'Westeuropäer' – Russlanddeutsche sind ausgeschlossen.

---

[347] Die Unterscheidung von weißen und schwarzen Nationalitäten im oben aufgeführten Sinn stammt von meinem Informanten Gildebert Schlee (s. Abschnitt 4.5). In russischsprachigen Zeitungen finde ich gegenwärtig mehr Verwendungen des russischen Äquivalents für 'schwarz', die sich auf kaukasische Nationalitäten beziehen.

– Die Nachrichten, die die Aussiedler in Deutschland privat oder offiziell über ihre Herkunftsgesellschaft empfangen, und die Interpretationen, die ihnen in Deutschland gegeben werden, beeinträchtigen das Selbstverständnis der Russlanddeutschen und das Fremdverständnis für sie zusätzlich. Das Gefühl, sich *dort,* in der alten Heimat, vergebens angestrengt zu haben und aus einer anscheinend zu vernünftiger Selbstregulation unfähigen Gesellschaft zu kommen, mündet in Trauer, Scham und Bitterkeit, bei einigen auch in Verachtung und Wut gegenüber der Herkunftsgesellschaft und in eine unkontrollierte und demütige Bewunderung für Deutschland.

Das alles sind schlechte Voraussetzungen für die sprachliche Integration. Wer die Mehrheitssprache von den Einheimischen (und nicht aus Büchern und Medien) lernen will, darf bei der gegebenen Macht- und Ressourcenverteilung nicht unsicher und ängstlich agieren. Er muss offensiv und selbstbewusst auf Arbeitssuche gehen, Beziehungen zu Unbekannten aufbauen und bei den Einheimischen Sympathie und Interesse zu gewinnen suchen, um regelmäßig an deutschsprachiger Kommunikation teilnehmen zu können – wohlfeile Ratschläge, die den Aussiedlern und anderen Zuwanderern oft gegeben werden und die auch bei großer Selbstverleugnung häufig nicht zum Erfolg führen.

5.4 Das mitgebrachte Russisch und seine Entwicklung in Deutschland[348]

5.4.1 Das linguistische Analyse-Instrumentarium

Bei der Erarbeitung der Sprachbiografien im Hinblick auf das mitgebrachte Russisch und seine Veränderungen in Deutschland mussten notwendig Gesichtspunkte und Kategorien der Russistik benutzt werden, die nicht für die Art von Sprechern, Sprachfähigkeiten und Sprachverwendungen entwickelt wurden, mit denen ich es in meiner Untersuchung zu tun hatte. Die Kategorien der Russistik sind – wie analog zunächst auch die anderer sprachwissenschaftlicher Disziplinen – vor allem für die Äußerungen monolingualer Träger eines als vorbildlich empfundenen schriftsprachlichen Russischs konzipiert worden. Dabei werden wichtige Merkmale der sprachlichen Kommunikation außer Acht gelassen, die gerade im vorliegenden Zusammenhang von großer Bedeutung sind. Das sind:

– die gesprochene Sprache im Allgemeinen und die gesprochene Sprache von Menschen, deren kommunikative Praxis im Wesentlichen in mündlicher Kommunikation besteht,

---

[348] Autorin dieses Unterkapitels ist Ekaterina Protassova.

- die großräumig-regionale Variation des Russischen: Russisch im Kontakt mit dem Ukrainischen, Russisch in den asiatischen Teilen der ehemaligen Sowjetunion usw.,

- das Russische in mehrsprachigen Kommunikationsgemeinschaften,

- die außerordentlich tiefgreifenden Veränderungen des Russischen einerseits in der sowjetischen Zeit und andererseits seit dem Zerfall der Sowjetunion, Veränderungen, die auch die soziolektale Interpretation sprachlicher Varianten durch die Sprachträger betreffen.[349]

Über alle diese Varietäten des Russischen gibt es bisher nur wenige Untersuchungen.[350] Die Entwicklung geeigneter Gesichtspunkte und Analysekategorien befindet sich erst in den Anfängen, sie wird noch erheblicher Diskussion bedürfen.[351] Die im Rahmen dieser Untersuchung erhobenen russischsprachigen Daten können dazu zahlreiche Anregungen bieten. Gegenwärtig besteht jedoch eine große Diskrepanz zwischen den verfügbaren russistischen Kategorien und den sprachlichen Eigentümlichkeiten der russlanddeutschen Informanten.

Die Russistik geht davon aus, dass die russische Gegenwartssprache vor allem als 'Literatursprache' und als 'Prostorečie' existiert. Unter Literatursprache wird die Gesamtheit von Varietäten verstanden, die den Normen eines vorbildlichen Russischs entsprechen und jeweils funktional angemessen sind.[352] Sprecher mit hoher Sprachkultur kennen die von der Norm zugelassenen Varianten, unterscheiden funktionale Varietäten der Sprache und wenden sie gemäß der jeweiligen Kommunikationsaufgabe und -situation an (siehe Skvorcov 1970, Deševiev 1987, Graudina et al. 1995). Die Literatursprache wird in der Schule gelehrt. Im Unterschied zur Literatursprache ist Prostorečie (wörtlich: 'Einfachrede') eine Menge von unsystematisch variierenden sprachlichen Eigentümlichkeiten bei Sprechern, die die Normen der Literatursprache nicht beherrschen (siehe Zemskaja/Šmelëv (Hg.) 1984, 3). Die Normabweichungen können unterschiedlicher Natur sein. Es kann sich um Varianten dialektaler oder regionaler Herkunft handeln oder aber um

---

[349] So fordert Zybatow, die traditionelle linguistische Vorstellung, Menschen mit höherer Bildung sprächen nur Standardrussisch und bewerteten die Nichtstandardformen negativ, auf ihre Gültigkeit in der Gegenwart hin zu überprüfen (vgl. Zybatow 1995, 226-227).

[350] Nach der Einschätzung von Glovinskaja und Zemskaja ist die russische Sprache der Mehrheit der Benutzer, vor allem außerhalb des europäischen Teils Russlands (mit Ausnahme einiger sibirischer Dialekte), noch nicht erforscht worden (persönliche Mitteilung 1997 und 1998).

[351] Vgl. Lapteva 1995.

[352] Die Varietät 'razgovornaja reč'' z.B. wird von gebildeten Russen unter den Bedingungen unmittelbarer, unvorbereiteter und inoffizieller Kommunikation gesprochen (siehe Zemskaja (Hg.) 1973, 15-17, sowie Koester-Thoma/Zemskaja (Hg.) 1995, Kapitel 1).

(noch) nicht akzeptierte Neubildungen verschiedener Art. Die Unnormiertheit bzw. Unkodifiziertkeit ist im Prostorečie mit Undifferenziertheit verbunden: Man verwendet Varianten, weil man nicht weiß, welche Form die richtige ist; oder man verwendet Varianten, ohne sich dessen bewusst zu sein und ohne mit ihrer Hilfe bestimmte kommunikative Ziele zu verfolgen, z.B. bei der Verwendung poetischer oder amtlicher Ausdrücke (Kitajgorodskaja 1988). Erscheinungen des Prostorečie fallen den Trägern der Literatursprache auf. Jemanden als Prostorečie-Sprecher wahrzunehmen bedeutet, ihn als muttersprachlichen Sprecher des Russischen zu erkennen und anzuerkennen, jedoch als einen Sprecher mit geringer sprachlicher Bildung. Prostorečie wird überwiegend in Städten und ländlichen Siedlungen gesprochen, in denen Menschen unterschiedlicher Herkunft eine neue Sprach- und Kommunikationsgemeinschaft bilden. Die Sprecher des Prostorečie kann man, angelsächsischen und deutschen Traditionen folgend, auch als Substandardsprecher bezeichnen. Das tue ich auch in dieser Publikation.

5.4.2 Das mitgebrachte Russisch

Aus der Sprachgeschichte der Russlanddeutschen ist bekannt, dass die ersten Jahrhunderte in Russland relativ gleichförmig verliefen, das zwanzigste Jahrhundert jedoch schroffe Brüche zeitigte.[353] Gleiches gilt aber auch für die russische Sprache in diesem Zeitalter der Industrialisierung, der gesellschaftlichen und kulturellen Revolutionen und der massenhaften Umsiedlungen von Menschen. Nur sesshafte Dorfbewohner, vorwiegend Frauen, haben noch ihren ehemaligen Dialekt bewahrt. Ansonsten lösten die verschiedenen erzwungenen und freiwilligen Migrationen die traditionellen familiären und dörflichen Beziehungen auf, mit denen auch eine volkstümliche, größtenteils mündlich überlieferte Kultur auf dialektaler Basis verbunden war. Aber abgesehen davon, waren die russischen Dialekte nie in dem gleichen Maße voneinander unterschieden wie die deutschen. In den letzten Jahrzehnten hat sich die einst vorhandene dialektale Verschiedenheit noch mehr reduziert, auch weil die Dialekte nicht als etwas Bewahrenswertes, sondern stets nur als etwas Überholtes angesehen wurden.

In genau dieser Periode tiefgreifender Veränderungen der russischen Sprache eigneten sich die Russlanddeutschen das Russische an. Es ist für die meisten meiner Informanten die dominante und/oder am häufigsten benutzte Sprache, wenn sie nach Deutschland kommen.[354] Die Russlanddeutschen lernten keine russischen Dialekte mehr, denn sie lebten nie in homogenen russischen Dialektgemeinschaften. Die Russlanddeutschen erlernten aber auch die russische

---

[353] Siehe Berend 1998, Kapitel 2.
[354] Dies wird auch in früheren Untersuchungen festgestellt. Siehe Rosenberg/Weydt 1992, Dietz/Hilkes 1994 und Berend 1998.

Literatursprache meist nicht, zumindest nicht umfassend. Eine Ausnahme bilden zwar diejenigen, die eine akademische Bildung erwarben, aber das waren unter den Russlanddeutschen insgesamt nur wenige.[355] Die Hochschulabsolventen unter den Russlanddeutschen neigen zum Teil auch dazu, nicht nach Deutschland überzusiedeln, weil sie den Verlust ihres Berufes in Deutschland befürchten müssen und geringere Chancen haben, als Spätaussiedler anerkannt zu werden. Aus diesen Gründen gehören nur ganz wenige Personen mit höherer Bildung zu meinen Informanten.

Das mitgebrachte Russisch meiner Informanten bildet eine Varietät, die man weder als Dialekt noch als Literatursprache bezeichnen kann. Es handelt sich um eine Form des Prostorečie, um eine Substandardvarietät. Das folgt aus den Bedingungen ihres Russischerwerbs. Während des Krieges kamen die Russlanddeutschen in Sibirien, Kasachstan und den mittelasiatischen Sowjetrepubliken in gemischtsprachige Siedlungen, in denen auch die russischsprachige Bevölkerung aus verschiedenen Gegenden stammte und zum größten Teil fremd war. Nach dem Kriege hatten es die Russlanddeutschen im Alltag vorwiegend mit Arbeitern und Kolchosarbeitern zu tun, die ebenfalls Substandard sprachen. In den kasachischen, kirgisischen und teilweise auch in den sibirischen Siedlungen wurde der Unterricht oft von Lehrern erteilt, die selbst nicht Träger der literarischen russischen Norm waren. Jedoch ist die sprachliche Situation der Russlanddeutschen in dieser Hinsicht nicht anders als die der meisten Russen. Durch die Emigration nach der Oktoberrevolution und die Massenmorde der Stalinzeit war die Hochkultur vernichtet worden. Presse und Lehrbücher vermittelten die neue sowjetische Sprache, die durch eine Menge stehender Redewendungen und Floskeln charakterisiert war. Das sprachliche Angebot in der mündlichen Kultur war gering. Für die Russlanddeutschen kam zu dieser für alle sowjetischen Bürger gleichen Situation jedoch hinzu, dass sie das Russische meist als Zweitsprache im Erwachsenen- oder Kindesalter und unter den Bedingungen der Submersion erwarben und dass ihre Erstsprache – anders als z.B. bei den Kasachen – stigmatisiert war. Ihr Russischerwerb war damit zusätzlichen Erschwernissen ausgesetzt.

Folgende Merkmale der Sprechweise der von mir beobachteten Russlanddeutschen gelten als Indikatoren eines sprachlichen Substandards. Die Kinder werden mit Anreden wie *сына, сыночка* (*syna, synočka* – 'Sohn, Söhnchen', mit femininer Endung, z.B. Kass. 091) angesprochen. Die übermäßige Verwendung von Diminutiva wird als ein Charakteristikum des Substandards angesehen (siehe Graudina 1977, 83-85). Häufig wird nach Verbformen, die auf einen Vokal enden, die Reflexivendung -*ся* statt standardsprachlich -*сь* (-*sja* statt –*s'* – 'sich') verwendet: *разбилася* (*razbilasja* – 'zerbrach'), *выпачкалася* (*vypačkalasja* – 'beschmierte sich'), *торопилася* (*toropilasja* –

---

[355] Zur Bildung der Russlanddeutschen siehe auch Dietz/Hilkes 1993, Kapitel II, sowie Dietz/Hilkes 1994, Kapitel II.

'beeilte sich', sämtlich Kass. 091, aber auch sonst außerordentlich häufig). Das *g* wird wie in den südrussischen oder ukrainischen Varietäten oft frikativ gesprochen, und südrussische oder ukrainische Varianten im Russischen gelten als Anzeichen geringer Bildung. Viele Sprecher lassen Unsicherheit in Bezug auf die Literatursprache erkennen, indem sie mehrere Varianten unentschlossen aneinanderreihen. Eine regionale Färbung zeigt sich im Gebrauch der Präposition *c* (*s*) statt *из* (*iz* – 'aus') und der homophonen Vorsilbe bei Verben, die eine Bewegung oder Herkunft bezeichnen, z. B.: *несёт с магазина* (*nesët s magazina* – 'trägt aus dem Geschäft', Kass. 057). Die Deixeis *тута, здеся* (*tuta, zdesja* – beides: 'hier'), *тама* (*tama* – 'da, dort'), *потома* (*potoma* – 'dann') verwendet man der literarischen Norm gemäß ohne -*a* am Ende. Von den Anaphern und Para-Possessiva *его, её* und *их* (*ego, eë, ih*)[356] werden adjektivähnliche Formen gebildet, die in der Literatursprache inakzeptabel sind, z.B.: *у еёшнего отца* (*u eëšnego otca* – 'bei ihrem Vater') statt: *у её отца* (*u eë otca*).

Die substandardsprachliche Gestaltung ganzer Äußerungen lässt Schlüsse auf die allgemeine Russischkompetenz der Russlanddeutschen und ihre Spracheinstellungen zu. So kann man annehmen, dass ein geringes sprachliches Normbewusstsein und eine mangelhafte Differenzierung stilistischer Varianten und Varietäten für sie charakteristisch sind. Ihre sprachlichen Einstellungen dürften auch Konsequenzen für den Wiedererwerb und Ausbau des Deutschen im Prozess der sprachlichen Integration haben. Jedoch soll nochmals betont werden, dass die Verwendung des Substandards nicht allein für die Russlanddeutschen charakteristisch war und ist. Sie war vielmehr in der ganzen Sowjetunion weit verbreitet und wurde häufig als Ausweis der Zugehörigkeit zu einer bestimmten sozialen Gruppe empfunden.

Wenn auch die meisten Informanten meiner Untersuchung ein substandardsprachliches Russisch sprechen, sind doch generationsbedingte Unterschiede bemerkbar. Die Älteren hatten teilweise noch einen direkten Zugang zu den russischen Dialekten und lernten, mit dialektalen Varianten kreativ umzugehen (siehe vor allem die Märchen von Paul Butz; Kapitel 3.5). Die Jüngeren orientierten sich eher am Substandard und den russischen Ausgleichsvarietäten. Oft sprechen die Russlanddeutschen ein und derselben Familie ein unterschiedliches Russisch – als Folge dessen, welche russischen Varietäten ihnen zur Zeit ihres Russischerwerbs zugänglich waren und in welchem Erwerbstyp sie Russisch lernten.

Im Laufe ihres Lebens in Russland, der Sowjetunion und den GUS-Staaten kamen die Russlanddeutschen auch mit anderen Sprachen außer dem Russi-

---

[356] Es handelt sich um die Genitivformen von *он* (*on* – mask. Sg.: 'er'), *она* (*ona* – fem. Sg.: 'sie') und *они* (*oni* – Pl.: 'sie'), die undekliniert auch mit der Bedeutung mask. Sg.: 'sein', fem. Sg.: 'ihr' bzw. Pl.: 'ihr' verwendet werden.

schen in Kontakt. Ich konnte jedoch kaum Spuren dieser Sprachen entdecken. Eine Ausnahme bildet höchstens das Ukrainische, wie man an folgenden Formen erkennen kann, die von einigen meiner Informanten verwendet werden: *пойти до* (*pojti do*) statt *пойти в* oder *к* (*pojti v* oder *k* – 'gehen nach, zu') oder *бо* (*bo* - 'weil') statt *потому что* (*potomu čto*).

Bei mehreren meiner russlanddeutschen Informanten und ihren russischen oder ukrainischen Angehörigen konnte ich im Russischen Merkmale entdecken, die von einem bereits mitgebrachten Einfluss der deutschen Sprache zeugen. So verwendeten sie im Russischen einzelne deutsche Wörter und Wendungen wie z.B.: *куссе* (*kussje* – *Küsschen*, Kass. 091 und 097), *шац* (*šac* – *Schatz*, Kass. 108), *майн кинд* (*majn kind* – *mein Kind*, Kass. 091), *зо* (*zo* – *so*, Kass. 057), *ома* und *опка* (*oma* – *Oma* und *opka* – *Opachen*, Kass. 039) usw. Die Rektion des Verbs *жениться* (*ženit'sja* – 'heiraten') ist oft deutsch oder gemischt: z.B. *жениться + на + русской девчонку* (*ženit'sja + na + russkoj devčonku* mit einer Adjektivendung im Präpositiv und einer Substantivendung im Akkusativ, letztere in Parallele zum transitiven deutschen Verb *heiraten* gebildet) statt *жениться + на + русской девчонке* (*ženit'sja + na + russkoj devčonke* 'ein russisches Mädchen heiraten', Kass. 123 und (T19)).

5.4.3 Funktionen und Veränderungen des Russischen in Deutschland

Das Russisch der in Deutschland lebenden Russlanddeutschen lässt eine steigende Anzahl deutscher Anteile erkennen. Die deutschen Ausdrucksmittel werden dem russischen Diskurs auf unterschiedliche Weise angepasst. Dabei beobachtete ich folgende Formen:

- Entlehnungen aus dem Deutschen: Ausdrücke, die nicht nur von einzelnen Aussiedlern, sondern in ganzen russlanddeutschen Sprachgemeinschaften, und zwar bereits regelmäßig, verwendet werden,

- 'Übernahmen' aus dem Deutschen: gelegentliche, individuelle oder vorläufige Verwendungen von deutschen Ausdrücken anstelle von russischen im russischen Diskurs, unter anderem Zitate, repetitive Setzungen in zwei Sprachen, russifizierte deutsche Ausdrücke, syntaktische Eingliederungen und syntaktische Sprengungen,

- 'Nachbildungen': Gestaltung russischer Äußerungen und Äußerungsteile nach Modellen des Deutschen (siehe dazu ausführlicher Protassova (im Druck)).

Der für diese Erscheinungen eingeführte überdachende Begriff der 'Sprachkorrosion'[357] bezeichnet die sprachlichen Veränderungen in einer Erst- bzw. Zweitsprache unter dem Einfluss einer Zweit- bzw. Erstsprache. Er bedeutet Desintegration oder Auflösung einer L1-Struktur durch den Kontakt mit einer L2 bzw. in einer Situation der Konkurrenz zwischen verschiedenen Sprachen, nachdem eine Sprache völlig oder in einem bestimmten Maße ausgebaut war.[358] Ob es einen Grad der Sprachkorrosion gibt, nach dessen Überschreitung eine Sprache aufhört zu existieren oder sich in eine andere verwandelt, ist umstritten.

In meinen Aufnahmen findet man Veränderungen der russischen Sprache auf allen Ebenen: in Phonologie und Intonation, Lexik und Syntax. Manche Sätze erscheinen dadurch agrammatisch, andere wirken tolerierbar. Wenn die lexikalischen Übernahmen sich häufen, werden die Äußerungen für einen Hörer ohne Deutschkenntnisse unverständlich. Eine veränderte Aussprache macht sie fremd. Die syntaktischen Sprengungen wirken merkwürdig und fehlerhaft. Im Folgenden wird zusammengefasst, welche Prozesse des Russischwandels beobachtet werden konnten und wie sie vermutlich zu erklären sind.

5.4.3.1 Die Funktionen der russischen Sprache für die Aussiedler

Die sprachliche Integration der russlanddeutschen Aussiedler in die deutsche Gesellschaft vollzieht sich nicht nur durch Wiedererwerb und Ausbau der deutschen Sprache, sondern auch mit Hilfe der russischen Sprache als eines verfügbaren Werkzeugs zur Bearbeitung von Erfahrungen und zum Erwerb neuen Wissens. Die Eingliederung in die deutsche Gesellschaft ist nicht möglich, ohne dass die Zuwanderer durch Erfahrung und täglichen sprachlichen Austausch allmählich verstehen lernen, welcher Integrationsweg für sie durch Gesetze und Verordnungen vorgezeichnet ist und vor allem welche Selbstverständlichkeiten darüber hinaus das Leben in Deutschland ausmachen, worin sich diese von den ungeschriebenen Regeln des Lebens im Herkunftsland unterscheiden und wie man selbst sich dazu verhalten kann, will oder muss.[359] Diese anspruchsvolle geistige Arbeit des Aneignens einer neu-

---

[357] Den Ausdruck 'Sprachkorrosion' hat Protassova (im Druck) als deutsche Übersetzung für engl. und franz. *attrition* vorgeschlagen; zum Inhalt dieses Begriffs siehe Seliger/Vago 1991, Clyne 1992, de Bot/Weltens 1995 und Waas 1996, 17-26.
[358] Siehe Golubeva-Monatkina 1994, Gusejnov 1997, Pfandl 1994, Protassova 1994 und Zemskaja 1995 zu Veränderungen des Russischen bei Russischsprechenden, die in einer anderssprachigen Umgebung leben.
[359] Der Integrationsprozess der Russlanddeutschen enthält durchaus Elemente von 'Kultur als Kritik selbstverständlicher Handlungspraxen' im Sinne von Redder/Rehbein 1987. Das müsste an anderer Stelle im Detail nachgewiesen werden.

en Kultur und des Kulturen-Vergleichs[360] fällt naturgemäß leichter, wenn man dazu die Sprache benutzt, die am besten und differenziertesten ausgebildet ist, und das ist bei der Ankunft in Deutschland für fast alle Aussiedler das Russische. Andererseits bedarf man des Austausches gerade mit Menschen, die die Kultur des Aufnahmelandes gut kennen und die fähig und bereit sind, sie im Gespräch ihrer Selbstverständlichkeit zu entledigen, sie anderen Kulturen gegenüberzustellen und so zugänglicher zu machen. Diese Menschen sprechen meist nicht oder nicht gut Russisch. Mit ihnen muss man eine gemeinsame Sprache finden, die notwendigerweise zwischen dem normalen Russisch und dem normalen Deutsch steht. In jedem Fall kommen die Aussiedler nicht umhin, ihr mitgebrachtes Russisch so weiterzuentwickeln, dass sie es für das Sprechen über das Leben in Deutschland benutzen können. Das ist eine sprachschöpferische Aufgabe, die in der Regel nicht allein von Menschen mit der beruflichen und sprachlichen Qualifikation meiner Informanten gelöst wird; vielmehr widmen sich ihr Institutionen (wissenschaftliche Einrichtungen, Medien, Schulen), die arbeitsteilig mit Sprache und Kommunikation befasst sind. In Deutschland werden in den letzten Jahren zwar zahlreiche russischsprachige Zeitungen herausgegeben, die sich auch dieser Aufgabe stellen. Aber da das Lesen nur für relativ wenige Aussiedler eine wichtige Rolle spielt, kann man von den russischsprachigen Zeitungen keine starken normierenden Wirkungen für die russische Sprache in Deutschland erwarten. Die überwiegend mündlich kommunizierenden Russlanddeutschen etablieren in der alltäglichen Kommunikation ihrer Gruppe allmählich eine neue mündliche Norm, die in den verschiedenen Gegenden Deutschlands sowohl Gemeinsamkeiten als auch regionale Unterschiede aufweisen dürfte. Ihr neues Russisch widerspiegelt die neue Wirklichkeit in Deutschland, und die deutsche Wirklichkeit wird für sie durch dieses veränderte Russisch verstehbar, erkennbar und lebbar. Zugleich wird es selbst durch die neue deutsche Wirklichkeit gegenüber dem Russisch im Herkunftsland verfremdet, so dass russischsprechende Personen aus dem russischen Sprachraum verwundert sind, wieviele deutsche Wörter und Ausdrucksweisen sich im Russisch der Aussiedler finden (vgl. 5.4.3.5).

Die russische Sprache ist für die Aussiedler in Deutschland aber nicht nur ein Werkzeug zum Erwerb neuen Wissens. Als problemlos verfügbare Sprache ist sie zugleich lange Zeit die Sprache, in der die Alltagskommunikation vollzogen und das emotionale Gleichgewicht aufrecht erhalten wird. Mehrere Informanten (darunter Marina Sennwald, siehe Kapitel 4.3) berichteten, dass sie sich in der russischen Sprache erholen, dass sie nur in der russischen Sprache das Lesen genießen können, dass sie auf Russisch die Wörter schneller und passender finden, dass sie auf Russisch besser erklären können,

---

[360] Oxen 1999 unternimmt einen Versuch, Deutschen, die Russland nicht aus eigener Erfahrung kennen, Besonderheiten der russischen Kultur durch Vergleich mit der deutschen zu erschließen.

um was es ihnen geht, und dass das Russische ihnen symbolisch und praktisch zur Selbstidentifizierung dient: Russlanddeutsche sind Deutsche mit einer speziellen gemeinsamen Vergangenheit; die russische Sprache ist für viele von ihnen mit der Erinnerung an das Herkunftsland und der Vermittlung traditioneller familiärer Werte sowie mit den zurückgelegten Phasen der Integration verbunden.[361] Alle Forderungen, sich entweder nur zu den mit der russischen Sprache verbundenen Erfahrungen oder aber nur zu den mit der deutschen Sprache verbundenen Erfahrungen zu bekennen, gehen an der besonderen Erfahrungswelt der Russlanddeutschen vorbei und fügen ihnen Verletzungen zu.

5.4.3.2 Allgemeine Veränderungen des Russischen der Aussiedler

Die Integrationsfunktion des Russischen drückt sich zunächst und am offensichtlichsten darin aus, dass aus dem alltäglichen Kontakt mit der deutschen Wirklichkeit und der deutschen Sprache deutsche Bezeichnungen für Realien des neuen Lebens ins Russische übernommen und diesem angepasst werden. Eine russifizierte deutsche Lexik geht in das Russisch der Aussiedler ein. So hört man im Russisch der Übergangswohnheime folgende Wörter: *хаусмайстер* (*hausmajster* – 'Hausmeister'), *киндергельд* (*kindergel'd* – 'Kindergeld'), *банхоф* (*banho"f* – 'Bahnhof', betont auf der zweiten Silbe), *ферзихер* (*ferziher* – 'Versicherungsvertreter'), *кунды* (*kundy* – 'Kunden'), *социал* und *социалка* (*social* und *socialka* mit den verschiedenen kontextabhängigen Bedeutungen 'Sozialamt', 'Sozialwohnung' oder 'Sozialhilfe'), die beide gegenüber dem deutschen Wort eine Verkürzung darstellen. Die Russifizierung wird im Fall von *социалка* (*socialka*) nach einem sehr produktiven Modell des modernen gesprochenen Russischen durch das Suffix -*к*- (-*k*-) und die feminine Endung -*а* (-*a*) bewirkt.

Die schon längere Zeit in Deutschland Lebenden übermitteln den Neuankömmlingen durch diese Lexik ihr bereits erworbenes Wissen über wichtige Umstände und Bedingungen der Existenz in Deutschland. Ein charakteristisches Beispiel ist (B1).

(B1)
PS: Она ж сейчас поставила антраг в баугеносеншафт на вонунг.
PS: Ona ž sejčas postavila antrag v baugenosenšaft na vonung.
PS: Sie hat doch jetzt in der *Baugenossenschaft* einen *Antrag* auf eine *Wohnung* gestellt.
Kass. 272

In diesem Beispiel alternieren lexikalische Elemente beider Sprachen. *Поставила* (*postavila*) für *gestellt* ist eine Übersetzung aus dem Deutschen. In der Syntax ist die Äußerung russisch.

---

[361] Vergleiche dazu Protassova (im Druck a).

Später bezieht man eine eigene Wohnung und eignet sich die dazugehörigen deutschen Wörter an: *киндерцимер* (*kinderzimer* – Kinderzimmer), *келер* (*keler* – Keller), *тепих* (*tepih* – Teppich), *шлафцимер* (*šlafzi"mer* – Schlafzimmer), *тапеты* (*tapety* – 'Tapeten') usw. Man bekommt *рехнунги* (*rehnungi* – 'Rechnungen'). Man findet eine Arbeit und bekommt dort *кюндигунг* (*kjundigung* – Kündigung), man macht *умшулунги* (*umšulungi* – 'Umschulungen'), *эргенцунги* (*ėrgencungi* – 'Ergänzungen'), man erlernt einen neuen Beruf, z.B. *бюрокауффрау* (*bjurokauffrau* – Bürokauffrau) oder *штаплер* (*štapler* – 'Staplerfahrer') usw. (sämtlich häufig belegt, z.B. Kass. 263 u. 266). Da die deutschen Wohnungen, Arbeitsplätze, Lebensmittel und Waren sich von denen des Herkunftslandes unterscheiden, eignet man sich die neue Realität zusammen mit ihren deutschen Bezeichungen an. Es könnte sogar lächerlich wirken, wenn ein typisch deutscher Gegenstand mit einem russischen Wort benannt würde. Wenn ein Sprecher das tut, bedeutet das, dass er die Dinge kontrastiv behandelt und Gemeinsamkeiten und Unterschiede herausarbeiten möchte.

Die neu ins Russische aufgenommenen deutschen Wörter werden nach produktiven russischen Paradigmen flektiert und in zahlreichen Kotexten verwendet. So hört man beispielsweise das Wort *Angebot* in folgenden Zusammenhängen: *купить по ангеботу* (*kupit' po angebotu* – 'etwas zu einem Sonderangebot kaufen'), *когда у них ангебот будет* (*kogda u nih angebot budet* – 'wenn sie es zu einem Sonderangebot verkaufen werden', Gesprächsnotiz vom 11.08.96), *ангебот где идёт* (*angebot gde idët* – 'wo es ein Sonderangebot gibt'), *был ангебот фюр митарбайтер* (*byl angebot fjur mitarbeiter* – 'es gab ein Sonderangebot für Mitarbeiter'), *без ангебота стоит* (*bez angebota stoit* – 'ohne Sonderangebot kostet es', Kass. 307). Die russischen Äquivalente für das Wort (Sonder-)*Angebot* (*уценка* (*ucenka*) und *скидка* (*skidka*)) stammen noch aus der sowjetischen Zeit. Damals waren sie mit einer schlechten Warenqualität verbunden. Neuere Konnotationen (dass z.B. auch eine gute Qualität möglich ist) konnten sich bei den Russlanddeutschen im Herkunftsland nicht mehr entwickeln. Die veränderte russische Verkaufsterminologie, die sich in Russland inzwischen etabliert hat, ist den Aussiedlern fremd.

In Deutschland müssen die Aussiedler immer wieder Angaben zu Lebenslauf, Alter und Adresse, Telefon- und Hausnummer machen, sie müssen Preise nennen und vergleichen und Wege beschreiben (die Nummer der Straßenbahn angeben usw.). Alle diese Informationen enthalten zahlreiche Numeralien. Da sie oft auf Deutsch formuliert werden müssen, werden die russischen Numeralien allmählich aus dem Gebrauch verdrängt, obwohl es zunächst leichter fällt, Zahlenangaben in der Sprache der schulischen Sozialisation zu machen, wie aus der psycholinguistischen Forschung bekannt ist. Die Verdrängung der russischen Muster zeigt sich darin, dass die normgemäßen russischen Formen allmählich nicht mehr zur Verfügung stehen und statt dessen die deutschen Formen mit Mitteln des Russischen nachgebildet werden, z.B. *до девятого девятого* (*do devjatogo devjatogo* – 'bis zum 9. 9.') statt des üblichen *до девятого сентября* (*do devjatogo sentjabrja* – 'bis zum 9. September'), *шестнадцать на девять приедет* (*šestnadcat' na devjat' priedet* – 'Er kommt sechzehn nach neun') statt *в шестнадцать минут десятого* (*v šestnadcat' minut desjatogo* – 'in sechzehn Minuten der zehnten (Stunde)', Kass. 205). Diese Korrosionserscheinungen sind bei den russlanddeutschen Schulkindern am auffälligsten, denn diese erwerben die deutschen Zeitangaben und generell deutsche Zahlwörter in der Schule und verwenden sie dort täglich.

Nicht selten werden interessanterweise auch deutsche Bezeichnungen für geistige Aktivitäten und psychische Zustände in den russischen Diskurs übernommen. Ich finde dort Substantive wie *Gedanken* (Kass. 257), *Lust, Freude, Spaß, Erlebnis* (zahlreiche Hörbelege) und Verben wie *träumen* (Kass. 304). Mehrere Neuschöpfungen werden vom Stamm *sprach-/sprech-* abgeleitet. Darin spiegelt sich, dass Sprachprobleme und sprachliches Lernen wichtige Gesprächsgegenstände sind. So hört man das Verb *шпрехать* (*šprehat'* – 'Deutsch *sprech*en'), das Substantiv *шпрах* (*šprah* – 'die deutsche *Sprach*e'), das Pluraletantum *шпрахи* (*šprahi* – 'Sprachkurs, Deutschkurs') statt *языковые курсы* (*jazykovye kursy* – 'Sprachkurs', in der Pluralform) usw. Diese neugebildeten Wörter werden nach üblichen russischen Paradigmen flektiert. Ein weiterer Bereich für Entlehnungen und Übernahmen aus dem Deutschen sind die deutschen Feste und Bräuche.

Ein großer Bereich, in dem es häufig zu Entlehnungen und Übernahmen kommt, ist der der homophonen Ausdrücke. Meist handelt es sich um Internationalismen. Bei diesen Lexemen bemüht man sich oft gar nicht, sie korrekt ins Russische zu übersetzen. Was man schon von anderen Menschen gehört und als angemessen empfunden hat, wird übernommen und wiederholt, ohne dass man sich länger um eine Neuschöpfung bemüht. Zum Beispiel hat das deutsche Wort *Termin* auf Russisch kein Äquivalent. Daher wird es von allen Russischsprechenden in Deutschland aus dem Deutschen entlehnt. Das fast homophone und -grafische russische Wort *термин* (*termin*) bedeutet 'Fachausdruck, Terminus' und wird auf der ersten Silbe betont. Beispiele, in denen das deutsche Wort *Termin* im russischen Diskurs gebraucht wird, sind: *врач даст термин* (*vrač dast termin* – 'der Arzt gibt einen Termin', Kass. 199), *я вся в терминах* (*ja vsja v terminah* – 'ich bin ganz in Terminen/ich bin mit Terminen überhäuft', Beispiel von Nina Berend). Dabei betont man das Wort wie im Deutschen auf der zweiten Silbe, spricht es aber mit russischen Phonemen. Zu derselben Gruppe von Entlehnungen gehören Wörter wie *Familie* (russ.: *семья* – *sem'ja* – 'Familie'). Das ähnlich klingende russische Wort *фамилия* (*familija*) hat eine andere Bedeutung: 'Familienname'. Wenn man es im russischen Diskurs in der Bedeutung 'Familie' benutzt (Kass. 303), entsteht im Wechselspiel mit der ursprünglichen russischen Bedeutung ein Doppelsinn, der auch witzig wirken kann. Es kommt vor, dass beides auf einmal gemeint ist. Wenn eine Familie im gleichen Aufgang wohnt, dann hat sie auch ein entsprechendes Namensschild, das sie für die Nachbarn vertritt (diese Schilder gibt es in Russland normalerweise nicht).

Auch deutsche Lebensmittelbezeichnungen begegnen in russischen Diskursen häufig. Manche werden mit russischen Mitteln nachgebildet. Andere deutsche Bezeichnungen werden übernommen. Man erfindet auch vereinfachte Benennungen für die Dinge, z.B. *красный салат* (*krasnyj salat* – 'roter Salat' statt *Lolorosso*). Das kann im letzten Beispiel auch damit verbunden sein, dass eine Häufung von -*o*- für Russischsprechende schwer zu artikulieren ist, denn unbetontes -*o*- wird – grob formuliert – durch -*a*- ersetzt. Das Thema 'Auslandsreisen' ist in der russischen Kultur relativ neu. Es hat sich erst in den letzten Jahren entwickelt. Es steht kein überlieferter russischer Wortschatz dafür zur Verfügung. Daher wird es von den Aussiedlern mit zahlreichen Entlehnungen bearbeitet. So sagt man u.a. *приехать по райзе* (*priehat' po raize* – 'mit Hilfe eines *Reise*büros innerhalb einer *Reise*gesellschaft/nach Deutschland/kommen, d.h. nicht auf der Grundlage einer Einladung', Kass. 266). Bei der Wiedergabe deutscher Zeitungstexte oder Rundfunknachrichten auf Russisch stützt man sich auf die deutschen Formulierungen, viele werden Wort für Wort übersetzt oder übernommen.

Weit verbreitet sind im korrodierten Russisch auch repetitive Setzungen. Darunter verstehe ich das Phänomen, dass Inhalte nacheinander sowohl auf Russisch als auch auf Deutsch ausgedrückt werden. Ein Grund dafür könnte das Bestreben sein, bestimmte Gegebenheiten beider Gesellschaften – der Herkunftsgesellschaft und der Aufnahmegesellschaft – zu vergleichen. Ein anderer Grund könnte in sprachlichen Unsicherheiten liegen. Für solche repetitiven Setzungen ist typisch, dass sie oft von Verzögerungsmerkmalen, Pausen, Rechtfertigungen und Erläuterungen begleitet sind, z.B.: *ну как (это) сказать* (*nu kak èto skazat'* – 'na wie soll man das sagen'), *как же* (*kak že* – 'wie denn'), *это значит* (*èto značit* – 'das heißt'), *то же что* (*to že čto* – 'dasselbe wie') oder *по-немецки/по-русски это* (*po-nemecki/po-russki èto* – 'auf Deutsch/auf Russisch ist das ...'). Auf diese Weise werden oft Äußerungen über menschliche Eigenschaften, Daten oder amtliche Bezeichnungen eingeleitet, wie z.B. *kindergarten детский сад* (*detskij sad* – 'Kindergarten') oder *Arzt фельдшер* (*fel'dšer*).[362] Aber auch ganz elementare und teilweise formelhafte sprachliche Handlungen werden repetitiv vollzogen, z. B. *danke спасибо* (*spasibo* – 'danke'), *ja да* (*da* – 'ja'), *auf Wiedersehen до свидания* (*do svidanija* – 'auf Wiedersehen') oder *hier здесь*

---

[362] Das russische Wort *fel'dšer* ist ursprünglich eine Entlehnung aus dem Deutschen, die jedoch im Russischen eine eigene Bedeutung erlangte: 'Fachkrankenschwester, Fachkrankenpfleger'. Das deutsche Wort *Feldscher* ist heute nicht mehr gebräuchlich.

(*zdes'* – 'hier'). Ein Motiv für solche repetitiven Setzungen sehe ich darin, dass die Sprecher so viel wie möglich Deutsch sprechen möchten und dass die Verwendung kommunikativer Formeln leichter fällt als die Formulierung eines neuen Gedankens. Wahrscheinlich verändern sich die Motive auch: Am Anfang des Aufenthalts in Deutschland haben die repetitiven Setzungen die Funktion, den Eingliederungswillen des Sprechers zu symbolisieren, später symbolisieren sie Erinnerungen an die Vergangenheit. Im Gespräch mit den Kindern können sie zuerst auch ein Mittel der Eltern sein, die Kinder Deutsch zu lehren, später können sie dann ein Mittel der Eltern sein, die Kinder bei der Suche nach den allmählich in Vergessenheit geratenden russischen Ausdrücken zu unterstützen.

Nach und nach werden nicht nur deutsche Wörter und Redewendungen erworben, sondern auch deutsche Wortbildungsmodelle und syntaktische Muster. Auf ihrer Grundlage können aus russischen Wörtern deutsche konstruiert werden, die in der deutschen Sprachgemeinschaft nicht üblich sind, z.B. *Plastmass* mit der Bedeutung 'Plast' aus dem russischen Femininum пластмасса (*plastmassa*, Kass. 272). Es kommen auch Fälle von Wortartwechsel vor. Z.B. wird ein deutsches Adverb in ein russisches Substantiv verwandelt: для зихера (*dlja sihera* – von dt. *sicher* oder *Sicherheit*, gemeint ist: 'für die *Sicher*heit', Kass. 272). Vermutlich hat der Sprecher die Wortartzugehörigkeit des deutschen Lexems *sicher* nicht erkannt. Daher wirken solche Bildungen auf Kenner des Deutschen eher substandardsprachlich. Andererseits können deutsche Adverbien auch in der eigenen ursprünglichen Funktion im russischen Diskurs anstelle russischer Adverbien erscheinen, zum Beispiel *normalerweise* oder *selbstverständlich*. Allerdings werden sie oft auf einer anderen Silbe als im Deutschen betont und mehr oder weniger russisch ausgesprochen.

Die beobachteten Kontakterscheinungen sind aus folgenden Gründen linguistisch interessant:

– In den Entlehnungen, Übernahmen und Nachbildungen zeigen sich produktive Modelle.

– Die Neuschöpfungen schließen Lücken des Russischen (und auch des Deutschen).

– Auf dem Hintergrund der Neuschöpfungen werden die kultur- und einzelsprachspezifischen Elemente jeder der beiden Sprachen deutlich, denn sie lassen sich mit Hilfe der jeweils anderen Sprache nur sehr ungefähr oder überhaupt nicht nachbilden.

- Auch die Ähnlichkeiten beider Sprachen treten klarer in Erscheinung, denn es werden immer wieder solche Einheiten bevorzugt, die Gemeinsamkeiten in Form, Funktion oder Bedeutung aufweisen.

- Die mentalen Gliederungen oder die sprachlichen Formen der Verarbeitung des Wissens werden den Sprechern partiell bewusst. Die zweisprachige Situation fordert auch von Menschen, die keine Linguisten sind und wahrscheinlich selten in ihrem Leben zum Schreiben veranlasst werden, ihren Sprachgebrauch zu reflektieren.

5.4.3.3 Generationsbedingte Unterschiede in der Veränderung des Russischen

Art und Ausmaß der Veränderungen des Russischen in Deutschland und seine Widerstandsfähigkeit gegenüber dem deutschsprachigen Einfluss hängen u.a. vom Grad der Aneignung des Russischen durch den jeweiligen Sprecher bei der Übersiedlung ab.

Bei den Kindern, die im Kleinkind- und Vorschulalter nach Deutschland kommen, ist der elementare Russischerwerb noch nicht abgeschlossen. Er wird unter der Wirkung der neuen Mehrheitssprache häufig abgebrochen oder schwer beeinträchtigt. Viele russlanddeutsche Klein- und Vorschulkinder erhalten in der neuen Umgebung nur ein quantitativ und qualitativ geringes russisches Sprachangebot. Sie verstehen auf Russisch noch viel, aber nicht alles, sie antworten zunehmend gemischt oder auf Deutsch. Sie verwenden oft noch einzelne russische Wörter, aber es scheint, dass sie nicht immer unterscheiden können, ob es sich um russische oder deutsche Ausdrücke handelt. Manche Kinder haben ein Interesse daran, Parallelen festzustellen oder Übersetzungen vorzunehmen, und fragen die Eltern danach. Diese metasprachlichen Fähigkeiten könnten eine Basis für die weitere geistige und sprachliche Entwicklung und für den späteren bewussten Wiedererwerb oder Ausbau des Russischen sein.

Kinder, die im Grundschulalter nach Deutschland kommen, haben zum Zeitpunkt der Übersiedlung den elementaren Russischerwerb abgeschlossen und erste Schritte bei der Aneignung russisch-schriftsprachlicher Fähigkeiten getan. Für die Festigung und Weiterentwicklung ihrer mitgebrachten Russischfähigkeiten gibt es aber in Deutschland kaum Voraussetzungen. Es fehlt in der Mehrheitsgesellschaft an einem grundlegenden Verständnis der Bedeutsamkeit der kindlichen Erstsprache für den Erwerb der Zweitsprache Deutsch und für die gesamte Entwicklung des Kindes. Dadurch werden auch die russlanddeutschen Eltern und Großeltern in ihrem Wunsch verunsichert, ihre Kinder zweisprachig heranwachsen zu sehen. Weiterhin gibt es zu wenig institutionelle Unterstützung für den weiteren Ausbau der Erstsprache Russisch bei den Kindern.[363] Hinzu kommt, dass die Eltern – wegen ihrer Verunsicherung – die wenigen Möglichkeiten oft nicht einmal hinreichend in Anspruch nehmen.

In dieser Situation verändert sich die Motivation der russlanddeutschen Kinder, Russisch zu sprechen und die Russischfähigkeiten zu erweitern. Die mitgebrachten Russischfähigkeiten werden abgebaut. Im lexikalischen Bereich zeigt sich die Korrosion u.a. darin, dass zuvor geläufige Wörter durch Umschreibungen ersetzt werden. So kann sich z.B. ein Kind nicht mehr des Wortes *лейка* (*lejka* – 'Gießkanne') entsinnen und sagt statt dessen: *для поливания* (*dlja polivanija* – 'das zum Begießen'). Bei solchen Umschreibungen spielen Wörter mit allgemeiner Semantik (wie z.B. die russischen Äquivalente für deutsch *geben, nehmen, bekommen, machen*) eine große Rolle. Die Kinder vergessen beispielsweise das Verb *забрать* (*zabrat'* – 'zurücknehmen') und sagen statt dessen *получить назад* (*polučit' nazad* – 'zurückbekommen', Hörbeleg). Der Einfluss der deutschen Syntax zeigt sich im Gebrauch der Kopula, die im Russischen nur ausnahmsweise realisiert wird, in der Bildung analytischer Tempusformen nach dem Vorbild etwa des deutschen Perfekts, in der Wortstellung, in dem artikelähnlichen Gebrauch von Numeralien (z.B. *один* (*odin* – 'eins')) und Demonstrativa (z.B. *этот* und *тот* (*ètot* und *tot* – 'dieser' und 'jener')) sowie bei der Negation. Die für das Russische charakteristischen verbalen Aspektformen werden vermischt; die Kinder versuchen, aspektuale Bedeutungen mit sprachlichen Mitteln auszudrücken, die für das Russische nicht charakteristisch sind (in der Regel mit analytischen Mitteln). Dennoch entwickelt sich auch bei diesen Kindern das Russische weiter, allerdings nicht in altersgemäßer Weise.

Bei den Eltern und den meisten Großeltern ist das Russische zum Zeitpunkt der Übersiedlung voll ausgebildet. Es ist für sie die bestbeherrschte Sprache, die in der Kommunikation mit Gleichaltrigen in Deutschland auch die meistverwendete bleibt. Zumindest gilt das für die beobachtete Integrationsphase, die ersten sechs Aufenthaltsjahre in Deutschland. Die Einflüsse des Deutschen schlagen sich bei den Eltern und Großeltern vor allem im lexikalischen Bereich nieder.

Auch bei den meisten beobachteten Urgroßeltern ist Russisch eine gut beherrschte Sprache, allerdings eine Zweitsprache, die immer Einflüsse des

---

[363] Es gibt in einigen deutschen Städten Europaschulen und Gymnasien mit Russischunterricht sowie russischsprachige Sonnabend-Schulen auf privater Basis, letztere in der Regel von russischsprachigen Juden organisiert. Initiativen wie die des Mädchenzentrums in Berlin-Marzahn, wo russischsprechende Kinder auf Russisch lesen und schreiben lernen können, müssen unbedingt gewürdigt und propagiert werden. Vgl. Anhang 2, Dokument 13. Sie tragen nicht nur dazu bei, die Russischkenntnisse der Aussiedlerkinder und damit ihre sprachliche und mentale Basis für den Deutscherwerb zu festigen, sondern auch das Selbstbewusstsein.

Deutschen aufwies. Die bereits mitgebrachten kontaktsprachlichen Besonderheiten in der Phonetik (Aussprache der palatalisierten Konsonanten, des Phonems ы (y) usw.) und in der Syntax (Wortstellung, Gebrauch der Konnektive usw.) bleiben erhalten. Ansonsten erfährt ihr Russisch die gleichen Veränderungen wie das der Großeltern und Eltern.

5.4.3.4 Das russischsprachige Angebot in Deutschland

Bis zum Ende der 80er Jahre gab es nur wenige russlanddeutsche Aussiedler in Deutschland. Sie integrierten sich auch nicht als Großfamilien, sondern als Einzelne in das Leben der neuen Gesellschaft. Im Unterschied dazu kamen in den 90er Jahren gleichzeitig mit meinen Informanten zahlreiche Russlanddeutsche und andere Russisch sprechende Zuwanderer nach Deutschland. Binnen kurzem entstand eine russischsprachige Infrastruktur: Zeitungen und Zeitschriften, Kleinunternehmen (Reisebüros, Einrichtungen zur Partnerschaftsvermittlung, Musikgruppen, die private Feste professionell nach den mitgebrachten Traditionen gestalten, Fernsehmonteure, die Anlagen zum Empfang russischer Fernsehsender installieren usw.), Geschäfte, Restaurants, Diskotheken, Arzt- und Anwaltspraxen usw. Die sprachliche Integration der zuletzt übersiedelten Russlanddeutschen verläuft bereits im Kontext dieser russischsprachigen Kommunikationsmöglichkeiten. Meine Informanten nutzen sie gelegentlich, vor allem in ihrer mündlichen Form (Besuch von Geschäften, Restaurants und Arztpraxen).

Darüber hinaus empfangen sie ein russischsprachiges Angebot vor allem in russlanddeutschen Familien- und Freundeskreisen, in denen das Russische – je nach Einstellung der Familien- und Gruppenmitglieder – mehr oder weniger häufig gebraucht wird, aber stets in der zunehmend durch das Deutsche beeinflussten Form, die ich beschrieben habe. Das deutsch-kontaktsprachliche russische Angebot, das die Informanten hören, und das deutsch-kontaktsprachliche Russisch, das sie selbst sprechen, bestärken sich gegenseitig. In diesem kommunikativen Netz verliert auch ein Standardsprecher allmählich seine Orientierung auf die mitgebrachte sprachliche Norm. Das Russisch der Aussiedler entwickelt sich im Laufe von vier bis sieben Jahren des Aufenthalts in Deutschland zu einer Varietät, die zahlreiche Veränderungen gegenüber dem Russischen der Herkunftsgesellschaft aufweist.

5.4.3.5 Russisch in der Kommunikation mit russischsprechenden Gesprächspartnern aus den GUS-Staaten

Außer im Kreis der nach Deutschland übersiedelten Verwandten und Bekannten haben die Aussiedler nur wenig Gelegenheit, auf Russisch zu kommunizieren. Gelegentlich jedoch fahren sie zu Besuch in ihre alte Heimat oder empfangen Gäste von dort. Dann sprechen sie Russisch mit Menschen, die ständig im russischen Sprachraum leben und nicht dem Einfluss des Deutschen als Mehrheitssprache ausgesetzt sind. Gesprächsgegenstand ist meist jedoch gerade in dieser Konstellation das Leben in Deutschland. Aus den Berichten mehrerer Informanten konnte ich entnehmen, dass diese Begegnungen häufig in folgenden Phasen verlaufen. Die Aussiedler sprechen so, wie sie es in ihrem Verwandten- und Bekanntenkreis in Deutschland gewohnt sind. Dabei gehen sie von der intuitiven, ihnen selbst nicht bewussten Annahme aus, dass ihre Gesprächspartner wenigstens rezeptiv über Deutschkenntnisse verfügen. Zu ihrer eigenen Überraschung jedoch lösen sie bei den Adressaten – je nachdem – Verwunderung, Irritation, Unverständnis oder Gelächter aus. Erst daraufhin reflektieren sie ihre Äußerungen und werden sich der deutschen Anteile bewusst. Sie versuchen nun, die deutschen Elemente ins Russische zu übertragen und vorausplanend deutsche Elemente zu vermeiden. Aber das fällt schwer. Viele vertraut gewesene russische Lexeme stehen nicht mehr unproblematisch zur Verfügung. Um diese Blockade zu überwinden, genügt jedoch eine kurze Zeit des Umgangs mit dem Besucher. Schwieriger ist es mit einer anderen Art von Blockade: Für viele Gegebenheiten in Deutschland existiert kein russischer Ausdruck. Hier hilft nur eines: Der Besucher muss etwas Deutsch lernen. Der Aussiedler bringt es ihm bei. Andererseits ist auch der Aussiedler durch die Weise seines Besuchers, Russisch zu sprechen, irritiert. Er erlebt, in welchem Maße sich das Russisch seiner alten Heimat in wenigen Jahren verändert hat.

5.5 Ausbau, Wiedererwerb und Erwerb des Deutschen

5.5.1 Das mitgebrachte Deutsch

Infolge der Auflösung der deutschen Sprachinseln (der deutschen Rayons und der Autonomen Republik der Wolgadeutschen) durch die Deportation der Russlanddeutschen nach Beginn des Zweiten Weltkriegs sowie infolge der Urbanisierung und der damit zunehmenden Anzahl interethnischer Ehen veränderte sich die Erwerbsform des Deutschen bei den Russlanddeutschen. Von den Urgroßeltern und Großeltern wurde es normalerweise als einzige Erstsprache (monolingualer Erstspracherwerb des Deutschen) erworben; bei den jungen Eltern war dieser Erwerbstyp einer unter mehreren anderen; bei den Kindern war er die Ausnahme. Für die Kinder ist der Erwerb des Russischen als einziger Erstsprache zum Normalfall geworden (monolingualer Erstspracherwerb des Russischen).

Bei den Urgroßeltern wurde die Erstalphabetisierung charakteristischerweise in der Erstsprache Deutsch durchgeführt. Dementsprechend verfügen sie über relativ standardnahe mündliche und über einfache schriftsprachliche Deutschfähigkeiten, die sie auch ihr Leben lang, bis zur Übersiedlung nach Deutschland, mehr oder weniger umfangreich genutzt haben – in einer funktionalen Arbeitsteilung mit dem Russischen. Ihr Deutsch steht ihnen bei der Übersiedlung zur Verfügung.

Die Großeltern[364] haben auf Deutsch oft nicht Lesen und Schreiben gelernt und auf Russisch erst spät. Ihr Deutsch ist daher meist viel stärker dialektal als das der Urgroßeltern. Sie haben ihr Deutsch in eingeschränkten Kommunikationsbereichen regelmäßig benutzt. Daher steht es ihnen bei der Übersiedlung auch zur Verfügung, allerdings in einer dialektalen Form, die zwar viele Gemeinsamkeiten mit binnendeutschen Dialekten hat, daneben aber auch Eigentümlichkeiten aufweist, die in Deutschland nicht mehr bekannt sind oder nie bekannt waren, wenn sie durch charakteristisch russlanddeutsche dialektale Ausgleichsprozesse entstanden sind.

Die jungen Eltern haben zwar Deutsch oft als Erstsprache erworben und ihre Elementarkenntnisse später im Fremdsprachenunterricht um einfache schriftsprachliche Fähigkeiten erweitert, aber es wurde bereits im Vorschulalter oder spätestens in der Schule so stark durch das Russische überlagert, dass es zum Zeitpunkt der Übersiedlung nur noch in Bruchstücken gegenwärtig ist.

Die Kinder verfügen im Prinzip über keinerlei Deutschkenntnisse.

Das Deutsch, das die Russlanddeutschen aus ihrer alten Heimat mitbringen, weist bei allen die Gemeinsamkeit auf, dass es in Funktionsteilung mit dem Russischen verwendet wurde und durch diesen Kontakt beeinflusst ist. Es ist ein russisch-kontaktsprachlich geprägtes Deutsch. Das gilt insbesondere für die Funktionsbereiche, die mit Bildung, Öffentlichkeit und Institutionen verschiedener Art verbunden waren. Diese Funktionsbereiche waren in der Herkunftsgesellschaft Domänen des Russischen. Für sie muss das mitgebrachte Deutsch in Deutschland ausgebaut werden.

Sprachliche Integration in Deutschland bedeutet für die Russlanddeutschen der verschiedenen Generationen teilweise Gleiches und teilweise Unterschiedliches. Als für alle gemeinsame Aufgabe steht die Reduzierung des russisch-kontaktsprachlichen Anteils in ihrem Deutsch, denn dieser beeinträchtigt Verständlichkeit und Akzeptanz durch die Einheimischen und steht dem Wunsch der Aussiedler entgegen, Deutsch wie die Binnendeutschen zu sprechen. Unterschiedliches ergibt sich aus den unterschiedlichen mitgebrachten Deutschkenntnissen und aus den unterschiedlichen sprachlichen Lebensanforderungen in Deutschland. Letztere haben zur Folge, dass der Grad der Bewältigung der sprachlichen Integration sich bei den Aussiedler-

---

[364] Bei der Generation der Großeltern ist mit einer größeren Varianz der Spracherwerbsbedingungen und daher auch der mitgebrachten Sprachfähigkeiten zu rechnen als bei den anderen drei Generationen. Siehe dazu Kapitel 2.

generationen unterschiedlich stark auf ihre Befindlichkeit in Deutschland auswirkt.

Die Urgroßeltern verfügen bei der Einreise über die entwickeltsten Deutschfähigkeiten. Diese ermöglichen es ihnen, bei relativ kurzfristiger und einfacher Hilfe durch die Binnendeutschen die schriftsprachlichen Anforderungen der institutionellen Eingliederung (Lesen und Ausfüllen von Formularen usw.) zu erfüllen und ihr Bedürfnis nach nachbarschaftlichem Kontakt zu befriedigen. Wenn nachbarschaftlicher Kontakt von den Binnendeutschen verweigert wird, wird das zwar als verletzend erlebt, aber der wichtigste Lebensbereich, die Kommunikation im russlanddeutschen Familien- und Bekanntenkreis, bleibt sprachlich meist abgesichert. Die Anforderungen der sprachlichen Integration an die Urgroßeltern sind vergleichsweise gering. Sie bedeuten einen relativ einfachen Ausbau des Vorhandenen. Ein eventuelles Scheitern hat keine tiefgreifenden und langfristigen Folgen.

Die meisten Großeltern haben kaum schriftsprachliche Deutschfähigkeiten und stoßen mit ihrer mitgebrachten dialektalen Sprechweise auf Verstehensprobleme bei den Binnendeutschen und Akzeptanzprobleme bei ihren jüngeren Angehörigen. Sprachliche Integration bedeutet für sie Ausbau des Vorhandenen, Annäherung ihrer Sprechweise an die mündliche Standardsprache oder die regionale Umgangssprache und Aneignung eines neuen Kommunikationsmediums für das Deutsche: Schrifterwerb. Diese Anforderungen stellen sich besonders stark, wenn die Großeltern einer Erwerbsarbeit nachgehen möchten. Aber auch, wenn sie es vorziehen oder sich gezwungen sehen, ihren Wirkungskreis auf die Familie zu beschränken und ihre Kinder bei der Betreuung der Enkel zu unterstützen, ist es für ihre Stellung in der Familie und ihr Selbstwertgefühl wichtig, die für sie charakteristischen Anforderungen der sprachlichen Integration möglichst weitgehend zu bewältigen.

Bei den jungen Eltern ist die Diskrepanz zwischen den verfügbaren Deutschfähigkeiten und den sprachlichen Anforderungen in Deutschland sehr groß. Die jungen Eltern erinnern sich bei der Einreise meist nur an einzelne deutschsprachige Floskeln aus der Kommunikation mit den Großeltern (residuale Erstsprache). Aber sie sollen und wollen ihre Kinder nach Möglichkeit gut auf Deutsch sozialisieren, so dass sich diese schulisch aussichtsreich entwickeln; sie möchten eine tunlichst an die bisherige berufliche Laufbahn anknüpfende Arbeit aufnehmen; sie müssen die Kommunikation mit den verschiedenen deutschen Institutionen (Behörden, Arzt, Schule usw.) im Auftrag der Familie erledigen; und sie ersehnen unkomplizierte und dichte Nachbarschaftsbeziehungen, wie sie sie in der Herkunftsgesellschaft hatten. Ihre sprachliche Integration erfordert den Wiedererwerb der einst verfügbaren deutschsprachigen Fähigkeiten und deren komplexen Ausbau. Es ist deutlich, dass eine unzureichende Bewältigung dieser sehr anspruchsvollen Integrationsaufgaben sich stark auf das Leben der jungen Eltern und auch das ihrer Kinder auswirken wird.

Auch für die Kinder besteht eine sehr große Diskrepanz zwischen den mitgebrachten Deutschfähigkeiten und den deutschsprachigen Anforderungen. Sie können bei ihrer Ankunft nicht Deutsch, müssen aber von Anfang an deutschsprachige Erziehungs- und Bildungsinstitutionen absolvieren. Sie haben niemanden – weder in der Familie noch in Kindergarten und Schule –, der in der Lage ist, sie bei ihrem Erwerb des Deutschen als Zweit- und Schulsprache effektiv zu unterstützen. Zwar können die Kinder bei ihrem Deutscherwerb die noch sehr formbaren sprachspezifischen Lernfähigkeiten in Anspruch nehmen, sie sind aber dennoch überfordert, weil sie in der Zweitsprache zuviel auf einmal lernen müssen und die Lehr-Lernsituation des Submersionstyps problematisch ist. Wenn sie die für sie charakteristischen Integrationsanforderungen ungenügend meistern, muss man mit lebenslangen Konsequenzen rechnen, eventuell sogar mit Konsequenzen für die nächste Generation, wie wir aus den sprachlichen Familiengeschichten der Russlanddeutschen und anderer Migrantengruppen wissen.

5.5.2 Das deutschsprachige Angebot in Deutschland

Alle mir bekannten Russlanddeutschen möchten Deutsch lernen, weil Deutsch die Mehrheitssprache und die Sprache des schulischen und beruflichen Erfolgs darstellt und die Beherrschung des Deutschen selbstverständliches Merkmal eines in Deutschland lebenden Deutschen und Voraussetzung der Akzeptanz durch die Binnendeutschen ist. Alle mir bekannten Russlanddeutschen möchten Deutsch so verstehen und sprechen lernen, wie die Binnendeutschen es verstehen und sprechen.[365]

Eine Bedingung für die Erreichung dieses Ziels ist, dass die Zuwanderer Gelegenheit bekommen, Binnendeutsche bei ihrer Kommunikation zu beobachten, aus der Kommunikation der Binnendeutschen ein Modell oder alternative Modelle für den eigenen Deutschausbau abzuleiten und sich durch und in Kommunikation mit den Binnendeutschen probierend und interagierend dem Modell bzw. den Modellen anzunähern. Das sprachliche Angebot ist für jeden sprachlichen Aneignungsprozess von wesentlicher Bedeutung.

Das deutschsprachige Angebot für die von mir beobachteten Russlanddeutschen ist durch folgende Merkmale gekennzeichnet:

---

[365] Das heißt aber nicht, dass die Russlanddeutschen ihre Vergangenheit auslöschen wollen. Fast alle wünschen, dass auch das Russische in ihrer Familie bewahrt bleibt; und die meisten sind gern bereit, über ihr früheres Leben zu berichten. Aber sie möchten nicht ständig als Fremde auffallen, und sie möchten selbst entscheiden, wem sie sich als Zuwanderer zu erkennen geben und wem nicht.

- Das einzige ständig verfügbare Angebot binnendeutscher Kommunikation stammt aus den Medien: Fernsehen als Medium der wichtigeren mündlichen Kommunikation; Zeitungen, Kataloge, Bücher, Schulbücher usw. als Medien der schwerer erschließbaren schriftlichen Kommunikation.

- Das in direkter Kommunikation vermittelte binnendeutsche Angebot ist in fast allen Fällen quantitativ zu gering. Das gilt selbst für die Schulkinder, die am ehesten kontinuierlichen Kontakt mit Binnendeutschen haben.

- Der Deutschkurs am Anfang der sprachlichen Integration ist zu wenig auf die verfügbaren Deutschkenntnisse der Zuwanderer bezogen. Er ist sehr kompakt und bereits beendet, bevor sich ein Wechselspiel zwischen den Spracherwerbsbedürfnissen und -angeboten herausbilden kann.

- Die erwachsenen Russlanddeutschen sind meist auf Arbeitsplätzen tätig, die keine intensive und komplexe sprachliche Kommunikation erfordern oder ermöglichen.

- Die binnendeutschen Kollegen der Russlanddeutschen sprechen in der Regel kein standardsprachliches Deutsch, sondern eine mehr oder weniger stark regional und soziolektal gefärbte Varietät.

- Die meisten Kollegen der Russlanddeutschen sind selbst wieder Russlanddeutsche oder andere Zuwanderer. Von ihnen hören die Aussiedler verschiedene kontakt- und lernersprachliche Varietäten.

- Die beständigsten und intensivsten kommunikativen Beziehungen pflegen die Russlanddeutschen in ihrem meist großen Verwandten- und Bekanntenkreis. Dies gilt nicht nur für die ersten ein bis zwei Jahre im Übergangswohnheim, sondern für die ganze von mir beobachtete Periode. Die Verbindungen verstärken sich möglicherweise noch, weil man zunehmend nicht mehr auf Zufallsbekanntschaften aus den Heimen angewiesen ist, sondern wegen der kontinuierlich fortgesetzten Aussiedlung aus der Herkunftsgesellschaft nunmehr auch in Deutschland langjährig bewährte Beziehungen wieder aufnehmen und fortsetzen kann. Die Pflege der russlanddeutschen Beziehungen beruht nicht auf der Ablehnung von neuen Beziehungen und von Beziehungen zu Binnendeutschen, sondern auf der Gemeinschaftlichkeit der materiellen, finanziellen und geistigen Möglichkeiten und Bedürfnisse und der darauf beruhenden Komplementarität von Geben und Nehmen. Diese Gemeinschaftlichkeit liegt im Verhältnis zu den Binnendeutschen meist nicht vor und ist schwer herzustellen. Deshalb ist es sowohl für die Russlanddeutschen als auch für die Binnendeutschen nicht einfach, einander kennenzulernen und langfristige Beziehungen zur beiderseitigen Zufriedenheit aufzubauen. – Im russlanddeutschen Verwandten- und Bekanntenkreis hören die Aussiedler nur russischkontaktsprachliches Deutsch.

5.5.3 Ziele, Strategien, Etappen und Ergebnisse der sprachlichen Integration in den ersten sechs Aufenthaltsjahren

5.5.3.1 Allgemeine Beobachtungen

Ein wichtiger Aspekt der sprachlichen Integration ist das Ziel, das sich die Zuwanderer selbst setzen, und die zunehmende Differenzierung des Ziels durch Erfahrung mit den sprachlichen Praktiken und Anforderungen der Aufnahmegesellschaft und mit den eigenen Spracherwerbsmöglichkeiten. Angesichts der qualitativen und quantitativen Begrenztheit des deutschsprachigen Angebots verwundert es nicht, dass sich die Zielsprache Deutsch im Verlaufe der sprachlichen Integration vergleichsweise wenig differenziert. Das Anfangsziel bleibt bestehen, wenn es vielleicht auch mehr und mehr aus einem Ziel zu einem Traum wird: Verstehen und Sprechen wie die Binnendeutschen. Die Vorstellung davon, wie Binnendeutsche sprechen, wird im Verlaufe der sprachlichen Integration konkreter: Es gibt Binnendeutsche, die einen Dialekt sprechen, und es gibt Binnendeutsche, die *Literatursprache* sprechen. Der Unterschied wird vor allem auf der lautlichen Ebene wahrgenommen, kaum auf der grammatischen Ebene. Übergangsstufen und soziolektale Nuancen werden selten bemerkt. Man selbst möchte eher zu denen gehören, die Literatursprache sprechen. Hinsichtlich der Komplexität mündlicher Kommunikation nehmen mehrere Informanten nach und nach Unterscheidungen vor. Diese möchten nicht nur Grüßen, Danken, Antworten und andere einfache reaktive Interaktionsformen lernen. Sie würden z.B. gern auch lernen, ein Telefongespräch im Auftrag einer Institution zu führen und einen Wissenskomplex professionell zu vermitteln (etwa als Sachbearbeiterin in einem Steuerbüro) oder eine zusammenhängende Präsentation eigener Standpunkte zu geben, sei es, um bestimmte Arbeitsbedingungen zu erstreiten, sei es um differenzierte Erfahrungen gegenüber Vorurteilen zur Geltung zu bringen, z.B. durch Argumentieren oder Erzählen. Komplexe Verstehensleistungen werden vor allem im Zusammenhang mit Weiterbildungen und Umschulungen zum Problem- oder Prognosegegenstand. Würde oder wird man in Aufbaulehrgängen beispielsweise für Erzieherinnen oder Finanzkaufleute dem Vortrag der Lehrkräfte folgen können? In diesem Kontext setzt man sich auch prognostisch mit den eigenen deutsch-schriftsprachlichen Fähigkeiten auseinander. Aber das gilt nur für einige meiner Informanten. Die meisten scheinen den Erwerb komplexer schriftsprachlicher Fähigkeiten im Deutschen bereits früh als unrealistisch auszublenden.

Die von mir beobachteten erwachsenen Russlanddeutschen schätzen sprachliche Reinheit, aber nicht auf eine dezidierte Weise. Sie sind aus ihrer Herkunftsgesellschaft als Hörer und teilweise auch als Sprecher mit Erscheinungen des Sprachkontakts vertraut. Kontaktsprachliche Kommunikationsmerkmale sind für sie etwas Normales.

Meine Informanten sind fast ausschließlich darauf eingestellt, Deutsch in der Kommunikation zu erlernen. Nur wenige können aus einem formalen Sprachunterricht Nutzen für sich ziehen, nur wenige besuchen daher nach dem vom Arbeitsamt finanzierten Deutschkurs weitere Kurse.

Verlauf und Ergebnisse der sprachlichen Integration werde ich im Folgenden nur für die jungen Eltern und die Kinder etwas detaillierter zusammenfassen. Über die Urgroßeltern möchte ich nur sagen: Es gelingt ihnen, die russisch-kontaktsprachliche Prägung ihres mitgebrachten Deutschs so weit zu reduzieren und ihren deutschen Wortschatz so zu erweitern, dass Alltagskommunikation mit den Binnendeutschen bald möglich ist. Für die Großeltern gilt: Sie reduzieren die russisch-kontaktsprachliche Prägung ihres Deutschs ebenfalls partiell; ihre starke Dialektalität vermögen sie meist erst im Verlaufe mehrerer Jahre so weit einzuschränken, dass Alltagskommunikation mit Binnendeutschen unproblematisch wird. Wenn die Großeltern bei der Einreise nicht über deutsch-schriftsprachliche Fähigkeiten verfügten, besteht das Integrationsergebnis meist nur in elementarsten Schreibfertigkeiten (vor allem Unterschreiben bei Behörden) und sehr einfachen Lesefähigkeiten. Bei deutschschriftkundigen Großeltern verläuft die sprachliche Integration etwa so wie bei den Urgroßeltern.

5.5.3.2 Die sprachliche Integration der jungen Eltern

Verlauf und Ergebnisse der sprachlichen Integration der jungen Eltern sollen durch Gegenüberstellung der Anfangs- (erstes und zweites Aufenthaltsjahr) und der Endphase (fünftes und sechstes Aufenthaltsjahr) meiner Untersuchung skizziert werden.

In der Anfangsphase steht – wie bei jeglichem sprachlichem Lernen – das Bemühen um Verstehen im Vordergrund. Die meisten jungen Eltern orientieren sich außerhalb des Deutschkurses auf das Verstehen in mündlicher Alltagskommunikation. Dabei erleben sie Erfolge und Niederlagen, unter anderem auch in Abhängigkeit vom Grad der Dialektalität des einheimischen Sprechers, wie sie bald erkennen. Das führt zu einer Verstärkung der bereits mitgebrachten negativen Einstellung zu regionalen Sprechweisen. Schriftsprachlich basiertes Verstehen wird vor allem im Supermarkt geübt: durch Studieren der Aufdrucke auf den Schildern und Verpackungen. Lange Zeit bleiben die Verstehensversuche äußerst anstrengend und gehen viel häufiger negativ als positiv aus, und man zweifelt daran, ob überhaupt Fortschritte eintreten. Das bündelt sich in der Aussage der jungen Eltern,[366] dass man Monate und gar Jahre nach der Übersiedlung schlechter Deutsch versteht als vor der Übersiedlung (siehe Abschnitt 2.4.4) – eine Selbsteinschätzung, die nur dann nicht entmutigt, wenn man die enorme Steigerung und Diversifizierung der Verstehensanforderungen bedenkt.

Die Verarbeitung mündlicher und schriftlicher Inputäußerungen reaktiviert lang verdrängte Lexeme, Wendungen und grammatische Formen. Manchmal kommt es zu Ereignissen sprachlichen Wiedererkennens, die von tiefer emotionaler Bedeutung sind und helfen, sich trotz des überall begegnenden Zweifels der Aufnahmegesellschaft als nach Deutschland gehörig zu empfinden.[367] Siehe dazu (B2).

(B2)

BW1 ist bei der Familie Steiner zu Besuch. Sie hat der zweijährigen Katja einen Hampelmann mitgebracht und zeigt ihr, wie er sich bewegt.

BW1: Guck mal, ein Hampelmann, ein Hampelmann. Guck mal, wie er tanzt.

Der junge Vater JS horcht überrascht auf, sieht BW1 konzentriert an und lauscht dann in sich hinein. Dabei bewegt er die Lippen.

JS: Hampelmann? Nicht: Hammelmann? Hampelmann? /auf Russisch:/ Meine Oma hat immer gesagt /auf Deutsch:/ Sitz nicht wie Hammelmann! /auf Russisch:/ wenn ich bei Tisch nicht still saß.

JS ist bewegt.

Gesprächsnotiz

Die rezeptive Beteiligung an deutschsprachiger Kommunikation führt auch zur Aneignung neuer Elemente. Diese werden allmählich aktiv verwendet und bewusst trainiert. Meine Informanten benutzen sehr viele deutsche Ausdrücke zuerst im russischsprachigen Diskurs (siehe Abschnitt 5.4.3). Hier können Unsicherheiten im Verständnis dieser Elemente und Grenzen in der Fähigkeit zur Äußerungssynthese durch russischsprachige Wiederholungen, Ergänzungen und Einbettungen ausgeglichen und sprachliche Hilfeleistungen der Partner unproblematisch eingefordert werden. Der russische und russischdeutsch gemischte Diskurs ist eine wichtige Form der sprachlichen Integration. Der Vorteil dieser Form besteht darin, dass sie emotional entlastete Kommunikation ermöglicht. Gegen sie spricht, dass die Deutsch-'Lehrer' in

---

[366] Ähnliche Erfahrungen berichten auch die Großeltern und Urgroßeltern. Vgl. 2.5.4 und 2.6.4.

[367] Auch die Entdeckung, dass der eigene russlanddeutsche Familienname, der in der Herkunftsgesellschaft unter historisch oder sozial prekären Umständen ungern angegeben wurde, in Deutschland üblich und normal ist, kann ein solches Gefühl der Zugehörigkeit auslösen.

der Regel selbst nicht über ein zielsprachliches Deutsch verfügen. In der Konsequenz schleifen sich neue kontaktsprachliche Deutschformen ein. Es bildet sich eine für die Zuwanderergruppe charakteristische Varietät des Deutschen aus, die nur bedingt für die Kommunikation mit den Binnendeutschen geeignet ist.

Die Gestaltung durchgängig deutscher Gesprächsbeiträge und Gespräche ist schwerer. Misserfolge dabei müssen durch Verfehlung des kommunikativen Ziels und Gesichtsverlust teuer bezahlt werden: 'Ich stehe da wie ein Idiot' (GS, F04, russisch, Gesprächsnotiz). 28% der jungen Eltern erklären noch im zweiten Aufenthaltsjahr, nur etwas Deutsch zu sprechen (siehe Abschnitt 2.4.4). Im vollständig deutschsprachigen Gespräch benötigen die Zuwanderer in dieser Etappe der sprachlichen Integration aktivste Unterstützung durch ihre binnendeutschen Partner, sei es beim wechselseitigen Verstehen, sei es beim Formulieren, sei es durch Bekundung von Empathie oder Anpassung des Gesprächsrhythmus. Da diese Unterstützung durchaus nicht selbstverständlich ist, fürchten sich manche Russlanddeutsche vor der Kommunikation mit Einheimischen. Sie weichen auf nonverbale Kommunikation aus, lassen andere Personen für sich sprechen oder verzichten auf die Verfolgung bestimmter kommunikativer Ziele. Andere versuchen Deutsch zu sprechen, wo und wie immer es ihnen möglich ist, sie mobilisieren sämtliche kommunikativen Ressourcen, um fehlende deutschsprachige Mittel auszugleichen und ihre Entschlossenheit zur deutschsprachigen Kommunikation zu bekunden, und nehmen es in Kauf, als radebrechender Ausländer eine Abfuhr von Binnendeutschen zu bekommen. Diese Strategie überzeugt nicht immer, sie ist aber oft auch erfolgreich (siehe (T18)). Schließlich hoffen sehr viele Russlanddeutsche darauf, dass ihre Kinder eines Tages sein werden, was ihnen fehlt: ein kommunikationswilliger Partner, der die Mehrheitssprache spricht wie ein Einheimischer und bereit ist, ihr Deutschlehrer zu sein.

Im fünften und sechsten Aufenthaltsjahr ist die sprachliche Integration weit fortgeschritten, ohne dass man sagen könnte, die Aussiedler hätten erreicht, was sie selbst und was Binnendeutsche als wünschenswert ansehen.

Alle jungen Eltern sind nunmehr in der Lage, einen großen Teil ihrer mündlich-deutschsprachigen oder deutschsprachig vermittelten Bedürfnisse selbstständig zu erfüllen. In den Alltagsbegegnungen mit Einheimischen und in institutionellen Gesprächen zu Routineangelegenheiten (z.B. bei der Arbeitsbesprechung, auf der Elternversammlung, im Wohnungsamt und beim Arzt) verstehen sie, um was es geht, und vertreten ihre Interessen, wenn auch meist mit Hemmungen. Sie sprechen oft langsam und mit offensichtlicher sprachlicher Selbstkontrolle. Sie formulieren ihre Gedanken einfach und vielleicht sogar simpel. Lautlich bewegen sie sich meist nahe dem gesprochenen Standard oder der regionalen Umgangssprache. In der Grammatik und insbesondere dem Kasusgebrauch fallen Normverstöße auf, die auch bei Binnendeutschen vorkommen und als soziolektale Anzeichen niederer Bildung interpretiert werden. Die Befangenheit, insbesondere vor mehreren Zuhörern das Wort zu ergreifen, rührt daher, dass komplexe Verstehensanforderungen, wie sie sich bei einem Vortrag des Lehrers oder durch Fachlexik ergeben, verunsichern. Auch möchte man nicht immer wieder an der eigenen Sprechweise sofort als Fremder erkannt werden.

Die Sprechweise der jungen Eltern mutet Binnendeutsche aufgrund folgender – vermutlich nicht mehr abstreifbarer – Merkmale als fremd an: Die Aussprache weist Spuren des Russischen auf, vor allem beim *r*, in der Palatalisierung der Konsonanten vor *e* und *i* und in der unzureichenden Differenzierung langer und kurzer Vokale. Lexeme (Substantive, Verben und – besonders häufig – Präpositionen, aber auch Responsive und Interjektionen) werden öfter mit partiell oder vollständig anderen Bedeutungen und in anderen Verknüpfungen gebraucht als von Binnendeutschen. In der Grammatik fallen Unsicherheiten beim Genus der Substantive, im Gebrauch der Artikel und der Satzgliedfolge auf. Manchmal ist es schwer, längeren Gesprächsbeiträgen zu folgen, weil die Verwendung der sog. Personalpronomen (der Sprecherdeixeis *ich*, *wir*, *du*, *ihr*, *Sie* und der Anaphern *er*, *sie*, *es* samt ihren verschiedenen Kasusformen) anders ist als gewohnt. Einige dieser Merkmale mögen Wirkungen des Russischen sein, andere Lernerformen beim Ausbau der mitgebrachten Deutschfähigkeiten.

Aber wie dem auch sei: Die alltägliche mündliche Verständigung in deutscher Sprache ist mit den russlanddeutschen Eltern nun meist problemlos möglich. Nur noch manchmal müssen die Binnendeutschen dazu etwas mehr Kooperationsbereitschaft aufbringen, als sie gewöhnt sind.

Das mehrjährige Leben in Deutschland hat auch die Kommunikation in den jungen russlanddeutschen Familien tiefgreifend verändert. War die russische Sprache in der Herkunftsgesellschaft und in der ersten Zeit nach der Übersiedlung die einzige Sprache, in der die jungen Eheleute miteinander und mit den Kindern verkehrten, ist jetzt auch die deutsche Sprache zu einer Familiensprache geworden, insbesondere gegenüber den Kindern. Einige Väter und Mütter bemühen sich, zu Hause nur noch Deutsch zu sprechen, andere bewahren ihre Loyalität gegenüber ihrer einst dominanten Sprache Russisch und sprechen je nach Situation Russisch oder Deutsch, dritte würden gern stets Deutsch sprechen, empfinden aber eine Diskrepanz zwischen ihren Ausdrucksbedürfnissen und ihren deutschsprachigen Ausdrucksmöglichkeiten und benutzen deshalb in den Konstellationen, in denen die Adressaten entsprechende Verstehensvoraussetzungen haben, sowohl die deutsche als auch die russische Sprache.

Im Zusammenwirken der unterschiedlichen sprachlichen Präferenzen und Fähigkeiten der einzelnen Mitglieder der Familien und Freundeskreise ist es allmählich zu einer engen Verknüpfung der russischen und der deutschen Sprache gekommen. Es erscheint mehr und mehr problematisch, das Deutsche und das Russische als je separate Sprachen anzusehen. Man kann – in Analogie zu Romaines Charakterisierung der Panjabi-Sprecher in Großbritannien[368] – den Sprachengebrauch der jungen russlanddeutschen Eltern beschreiben, indem man ihn auf ein Kontinuum von Varietäten mit den Polen Russisch und Deutsch bezieht. Siehe Abbildung 38.

Abb. 38: Der Sprachengebrauch der jungen russlanddeutschen Eltern nach mehrjährigem Aufenthalt in Deutschland

1	**Russisch**	**Russisch/ Deutsch**	**Deutsch**
2	**Alltagsgespräch** mit russischsprechenden Partnern aus der Herkunftsgesellschaft	**Alltagsgespräch** mit gleichaltrigen Russlanddeutschen in Deutschland (seltener mit älteren oder jüngeren)	**Alltagsgespräch** mit älteren und vor allem mit jüngeren Russlanddeutschen in Deutschland, mit Binnendeutschen und anderen Zuwanderern
3	**Relativ öffentliches Gespräch** unter Russlanddeutschen z.B. Festansprache, Firmenvorstellung		**Relativ öffentliches Gespräch** in Anwesenheit von Binnendeutschen z.B. im Bus

Abbildung 38 gibt in der ersten Zeile an, welche Formen des Sprachengebrauchs auftreten können, und in den Zeilen 2 und 3, unter welchen Bedingungen die jeweilige Form des Sprachengebrauchs beobachtet wurde. Es sind, abstrakt gesehen, drei Formen des Sprachengebrauchs möglich: russischsprachige Äußerungen, deutschsprachige Äußerungen und Äußerungen, die teilweise russisch und teilweise deutsch sind (*halbe halbe*, wie viele Aussiedler sagen) (Zeile 1). Bei genauer Betrachtung zeigt sich, dass die Aussiedler nach mehrjährigem Aufenthalt in Deutschland kein vom Deutschen unbeeinflusstes Russisch und kein vom Russischen unbeeinflusstes Deutsch sprechen. Dies wird in der Abbildung dadurch ausgedrückt, dass die Anfangs- und Endzellen der Zeilen 2 und 3 unbesetzt sind. Dennoch verfügen die Sprecher über einen erheblichen Variationsraum.

---

[368] Siehe Romaine 1986.

Gegenüber russischsprachigen Partnern aus der Herkunftsgesellschaft (Zeile 2) und in offiziellen Situationen unter Russlanddeutschen (Zeile 3) sprechen sie Russisch und verzichten dabei auf Äußerungselemente, die ihnen selbst als nicht-russisch auffallen. Aber es stellen sich unbeabsichtigt und unbemerkt russische Formen ein, die einen Einfluss des Deutschen aufweisen.

Deutsch sprechen sie in folgenden Situationen: gegenüber ihren Eltern und vor allem gegenüber ihren Kindern sowie gegenüber nicht-russischsprachigen Partnern (Zeile 2) und generell in der deutschsprachigen Öffentlichkeit (Zeile 3). Dabei verzichten sie auf Äußerungselemente, die ihnen selbst als nicht-deutsch auffallen. Wiederum aber stellen sich unbeabsichtigt und unbemerkt deutschsprachige Formen ein, die einen Stempel des Russischen auf sich tragen.

Die bisher genannten Situationen verlangen eine relativ strenge sprachliche Selbstkontrolle. Diese ist in den Situationen größer, die von Vertretern der deutschen Mehrheitsgesellschaft dominiert werden. Dafür gibt es Indizien, und das leuchtet ein.

Im Unterschied zu den bisher genannten Situationen ist die Alltagskommunikation mit Gleichaltrigen (mit dem Ehepartner, den Geschwistern und Freunden) die am wenigsten kontrollierte. Hier kann man sprechen, *как получается* (*kak polučaetsja* – 'wie es sich ergibt', häufig belegt). Meist *ergibt sich* ein Fluktuieren zwischen dem Deutschen und Russischen.[369] Dieses Fluktuieren drückt aus, dass man sich entspannt und frei fühlt. Es macht Spaß und hat seine eigene Poesie.

5.5.3.3 Die sprachliche Integration der Kinder

Die sprachliche Situation der Kinder aus russlanddeutschen Familien ist durch folgende Merkmale charakterisiert:

- Die Kinder kommen mit altersgemäß entwickelten Russischkenntnissen nach Deutschland. Fast alle Eltern und auch die Großeltern und Urgroßeltern meiner Untersuchung möchten, dass die Kinder die russische Sprache nicht vergessen.

- Die Kinder können bei der Übersiedlung nicht Deutsch. Sie sollen nach dem Willen der Aufnahmegesellschaft und der Familien *perfekt* Deutsch

---

[369] Es wäre durch detaillierte Analysen festzustellen, welche Strukturen und Funktionen das Alternieren zwischen dem Deutschen und Russischen hier kennzeichnen. Vergleiche u.a. mit Auer 1984, Heller (Hg.) 1988, Auer (Hg.) 1998 und Nieweboer 1998 sollten vorgenommen werden.

lernen, und sie wollen das auch selbst, sobald sie verstehen, dass sie nunmehr in einer anderen Sprachgemeinschaft leben.

Die beiden Ziele für die sprachliche Entwicklung der Kinder müssen sich nicht ausschließen. Sie wären beide realisierbar. Die Kinder sind in einem Alter, in dem ihnen der gleichzeitige Erwerb zweier Sprachen psycholinguistisch keine Schwierigkeiten bereitet. Aber die soziolinguistische Situation in Deutschland gestattet ihnen den gleichzeitigen Erwerb dieser beiden Sprachen nicht. Ihre soziolinguistische Situation besteht in Folgendem:

- Die Eltern und die Kinder möchten gleichberechtigte Mitglieder der Mehrheitsgesellschaft werden und wissen, dass der vollständige Erwerb der deutschen Sprache dafür eine Voraussetzung ist.

- Die Eltern und die Kinder erleben die negative Bewertung der russischen Sprache und fast alles Russischen durch die Aufnahmegesellschaft sowie generell die Missachtung von Minderheitensprachen.

- Die Eltern und die Kinder erfahren, dass die deutsche Mehrheitsgesellschaft Mitgliedschaftszuweisungen nach einem Entweder-Oder-Prinzip vornimmt: Entweder du bist Deutscher oder du bist Russe/Türke/Italiener usw. Ein Sowohl-Als-auch wird nicht akzeptiert.

- Mit dem Entweder-Oder konfrontiert, werden viele Eltern selbst unsicher und signalisieren ihren Kindern, dass es wichtiger für sie ist, nur Deutscher zu sein und nur Deutsch zu lernen.

- Die Eltern und die Aufnahmegesellschaft sind über die Bedingungen und Möglichkeiten eines doppelten kindlichen Spracherwerbs wenig informiert.

- Die russlanddeutschen Erwachsenen haben auf Grund ihrer kriegsbedingten Sprach- und Bildungsgeschichte und der für sie bestehenden sprachlichen Angebotssituation in Deutschland kaum andere Möglichkeiten, sich sprachlich zu integrieren als durch schrittweise Anwendung und Übung der deutschen Sprache in den Familien. Im Ergebnis kommt es zur gemischtsprachigen Familienkommunikation und zu einem extrem heterogenen und variablen Sprachangebot für die Kinder, das sie weder hinreichend darin unterstützt, ihr mitgebrachtes Russisch zu bewahren und auszubauen, noch darin, ein differenziertes und komplexes Deutsch zu erwerben.

- Auch in Bildungsinstitutionen außerhalb der Familie bekommen die russlanddeutschen Kinder kein hochwertiges und für sie ausreichendes Russischangebot und kein für sie ausreichendes Deutschangebot.

In meiner Untersuchung habe ich durch die Sprachbiografien zu Xenia, Georg und Erich gezeigt, wie problematisch sich diese soziolinguistische Situation auf ihren Russisch- und ihren Deutscherwerb auswirkt. Die neue Mehrheitssprache Deutsch verdrängt ihre mitgebrachte Sprache Russisch – ein Verdrängungsprozess, den ihre Eltern und Großeltern einst in umgekehrter Richtung erfahren haben. Die Aneignung der Mehrheitssprache Deutsch schreitet bei ihnen zweifellos voran. Aber da sie im Elementarbereich noch nicht abgeschlossen ist – zu einer Zeit, in der immer komplexere Anforderungen an den allein deutschsprachig vermittelten Wissenserwerb, an das Verstehen und an das Formulieren gestellt werden –, muss man befürchten, dass die Distanz zu den monolingual deutschsprachigen Kindern eher größer wird als kleiner.

Sprachentwicklungen – auch von Kindern – können nur langfristig beurteilt werden, und es ist auch eine große individuelle Varianz in Rechnung zu stellen. Daher sind weitere Analysen zur sprachlichen Integration von Aussiedlerkindern (und selbstverständlich anderen Zuwandererkindern) unbedingt erforderlich. Jedoch schon jetzt kann und sollte die Aufnahmegesellschaft – vor allem Kindergärten, Schulen und Kirchen – viel mehr tun, um der Entwertung der mitgebrachten russischen Sprache und Kultur entgegenzuwirken[370] und die Kinder gleichzeitig in anregende und vielfältige deutschsprachige Interaktionen einzubeziehen. Anderenfalls wird das Kriegsfolgeschicksal der Russlanddeutschen in Deutschland durch die Zementierung von Sprach-, Bildungs- und Berufsschranken fortgeschrieben.

5.6   (T23) Urgroßmutter UM: *Heimat*, deutsch, 41 Monate

Zum Schluss möchte ich noch einmal eine Russlanddeutsche zu Wort kommen lassen: Ursula Markmann, 1924 auf der Krim geboren, mit 17 Jahren nach Kasachstan deportiert, drei Jahre verpflichtet zur Arbeitsarmee, zehn Jahre Leben in einer „Sondersiedlung" unter Kommandanturaufsicht, dort Heirat, Geburt und Erziehung von sechs Kindern, mit 66 Jahren Übersiedlung nach Deutschland.[371] Die Aufnahme, aus der das Transkript einen Ausschnitt festhält, entstand zufällig, als ich das sprachbiografische Erstgespräch mit einer Enkelin von Ursula Markmann, einer jungen Mutter, führte und Ursula Markmann kam, um ihre Enkelin zu besuchen. Auf einen Kommentar zu der Aufnahme verzichte ich.

---

[370] Aufforderungen wie die von Waffenschmidt (siehe Anhang 2, Dokument 11) drücken aus, dass die Mehrheitsgesellschaft den Gebrauch des Russischen in Aussiedlerfamilien nicht zu tolerieren bereit ist.

[371] Die Sprachbiografie von Ursula Markmann findet sich in tabellarischer Form in Meng (im Druck).

Zusammenfassung 475

(T23) Urgroßmutter UM: Heimat   23.2.94,   123aoVidUM(69)Heimatdt41

1	UM:	mir hat mol eine frau gsagt→ was we"lle sie denn hier↓ *
2	UM:	eine a"lte frau↓ ich hab gesagt→ sie sin wohl eine
3	UM:	glaubische frau↓ sagt sie→ jà: sag ich→ da haben sie gro:ße
4	UM:	si"nde↓ * sag ich→ wissen sie dass se groß sinde habe
	BW1:	jà
5	UM:	(könn)↓ * sag ich→ ich bin nicht * v/ von / * wie soll ich
6	UM:	sagn grad so * aus wohlstand oder wie dari:bergekomme aus
7	UM:	/ ich will do: nicht / * ich war dri:be au"ch nicht arm↓ ich
8	UM:	hab ein gro:ßes haus gehabt→ ich sag→ das soll eich noch
9	UM:	treime wie ich ein haus gehabt habbe↓ und hab mei mei äh
10	UM:	rente hab ich verdient * for / net für ei"n mensche for drei"
11	UM:	hab ich sie verdient↓ ich hab drei"mol mehr geschafft wie a/
12	UM:	nehme sich ihre drei fraue→ sag ich→ stelle sie hi:↓ * sag
13	UM:	ich→ und bin ich mir so si"cher wie ich da sitze uf dem
14	UM:	stuhl→ hab SCHLUCKT * ich hab meh"r geschafft wie die
15	UM:	drei alle z/ drei zusamme geschafft habbe↓ ich hab vier johr
16	UM:	im wald geschafft→ mit der handsäg gesägt↓ *
	BW1:	das war in
17	UM:	jà unne und sie" sage jetzt→ ich
	BW1:	der trudarmee↓ já jă ** jà
18	UM:	bin zu ih"ne kumme↑ * nee↓ ich hab gsagt→ sie sind e"rst

19	UM:	zu mi"r gekomm↓ zu u"ns gekomme↓ * wenn sie" im
20	UM:	einundvierzigste zu uns nit gekomme wäre wäre mir nie:"
	BW1:	richtig↓
21	UM:	und nie:"mals nicht gekomme zu ihne↓ mir
	BW1:	richtig↓ das ist richtig↓ jà
22	UM:	habe so:"ne schöne platz gewohnt↓ das war=n kurort↓ n
	BW1:	jà
23	UM:	großer↓ * e/ es Sch/ es Sch/ Schwarze Mee"r war daneben↓
24	UM:	haben so sche:ne häuser gehabt↓ und habe se uns rausges/
	BW1:	jà
25	UM:	gejagt im einundvierzig→ ich hab / ich war ä mädchen von
26	UM:	siebzehn jahr→ ich hab sie"ben kleider von mir a:nghabt
27	UM:	dass ich hab kenne mehr mit mir schleife↓ *
	BW1:	jā * das war
28	BW1:	eine ganz w/ wunderbare antwort die sie gegeben haben↓ *
29	UM:	und mit was
	BW1:	ihnen wär das ja nicht passiert wenn die deutschen da nicht
30	UM:	ja' und jetzt sage sie→ ich sag zu
	BW1:	einmarschiert wärn↓jă *
31	UM:	ih"ne→ * sie sagt→ ich will ihne emal was sagen↓ * ich
32	UM:	sag→ wa"rten sie mol↓ ich wei"ß ja was sie sage wolle↓ *
33	UM:	ich: bin nicht von dene ganz dumme eine↓ * sag ich→ ich
34	UM:	wei"ß was sie sage wollde↓ sie wollde jetzt mir sage→ wo

35	UM:	meine wiege stand do is mein heimatsland→ das weiß ich
36	UM:	auch↓ * das weiß ich von kind u"f weiß ich des↓ dass
	BW1:	jă jă
37	UM:	wo" meine wiege stand do is mein heimatsland↓ jă:" * aber
38	UM:	sie" habe uns grad vernichtet die heimatsland↓ sie habe uns
	BW1:	jă
39	UM:	ja alles genomme↓ alles habe sie uns genomme↓ *2*
	BW1:	jă
40	UM:	SEUFZT ich sag→ * sie sin=a a"lte frau↓ sag ich→ aber
41	UM:	meine o"ma war vo"r ih"ne eine deutsche↓ * und
	BW1:	LACHT jă
42	UM:	hier vor ihne auf die welt gekomme↓ * erschtens↓ und
43	UM:	zweitens sag ich habe sie a gro"ße si:"nd dass sie so was
44	UM:	sage zu mir u"nschuldige mensche↓

6. Anhang 1

6.1 Leitfaden für die sprachbiografischen Gespräche

1. Wie heißen Sie?
2. Wann wurden Sie geboren?
2a. Woher kommen Sie? Wo haben Sie zuletzt gewohnt?
3. Wann wurde Ihr Ehepartner geboren?
4. Wann wurde Ihr Kind geboren?
5. Wo wurden Sie geboren?
6. Welches ist Ihr Familienstand?
7. Welchen Beruf haben Sie?
8. Welche Schulbildung haben Sie?
9. Woher stammt Ihre Familie (Eltern, Großeltern)?
10. Woher stammt die Familie Ihres Ehepartners?
11. Welche Nationalität haben Sie?
12. Welche Nationalität hat Ihr Ehepartner?
13. Wie haben Sie Ihren Ehepartner kennengelernt?
14. Welche Familienangehörigen sind jetzt zusammen mit Ihnen in Deutschland?
    - Großeltern
    - Eltern
    - Geschwister
    - Ehepartner
    - Kinder
15. Seit wann sind Sie in Deutschland?
16. In welchen Orten in Deutschland haben Sie bisher gewohnt?

17. Welche Sprachen sprechen Sie?

18. Welche Sprache haben Sie in Ihrer Kindheit zuerst gelernt?

19. Von wem haben Sie diese Sprache gelernt?

20. Sind Sie später zu einer anderen Sprache als Ihrer wichtigsten Sprache übergegangen? Wann? Unter welchen Umständen?

21. Welche Sprache konnten Sie in Ihrer alten Heimat am besten sprechen?

22. Haben Sie in der Schule Deutschunterricht gehabt? Bitte erzählen Sie darüber.

    Falls zu wenig gesagt wird, dann fragen nach:

    - Anzahl der Jahre, in denen ein Deutschunterricht besucht wurde
    - Anzahl der Wochenstunden,
    - Einstellung zum Deutschunterricht

23. Wie gut haben Sie in Ihrer alten Heimat Deutsch

    - verstanden
    - gesprochen
    - gelesen
    - geschrieben?

24. Wie gut haben Sie in Ihrer alten Heimat Russisch beherrscht?

    Wenn Russisch Erstsprache ist, keine weitere Unterteilung.
    Wenn Russisch die Zweitsprache ist, dann fragen nach:

    - Verstehen
    - Sprechen
    - Lesen
    - Schreiben

25. In welcher Sprache haben Sie vor der Ausreise mit folgenden Personen gesprochen:
    - Ehepartner
    - Kind
    - Mutter
    - Vater
    - Geschwistern
    - russlanddeutschen Verwandten und Bekannten
    - Kollegen

26. Gab es Situationen, in denen Sie eine andere (d.h. als die bevorzugte) Sprache verwendeten?

27. Wie schätzen Sie Ihre Deutschkenntnisse gegenwärtig ein?
    - Verstehen
    - Sprechen
    - Lesen
    - Schreiben

28. In welcher Sprache sprechen Sie jetzt mit
    - Ehepartner
    - Kind
    - Mutter
    - Vater
    - Geschwistern
    - russlanddeutschen Verwandten und Bekannten
    - (falls Sie arbeiten) Kollegen?

29. Gibt es Situationen, in denen Sie sich besonders bemühen, mit Ihren Angehörigen und Bekannten
    - Deutsch zu sprechen
    - Russisch zu sprechen?

30. Haben Sie einen Sprachkurs besucht? Besuchen Sie ihn noch?

31. Wie viele Monate haben Sie ihn besucht/besuchen Sie ihn schon?

32. Welche Sprachen sollte Ihr Kind lernen?

33. Glauben Sie, dass es für Ihr Kind Schwierigkeiten geben könnte, diese (beiden) Sprachen zu lernen?

34. Haben Sie sich überlegt, wie Sie Ihr Kind beim Lernen dieser Sprachen unterstützen könnten?

6.2 Transkriptionszeichen

Kennzeichnung der Sprecherzeile: MK: (Sprechersigle)
Kommentarzeilen zu einem Sprecher:

MKK	(Sprechersigle + K = Kommentar zur Sprechweise, ohne Doppelpunkt)
+	unmittelbarer Anschluss/Anklebung bei Sprecherwechsel
*	kurze Pause
**	etwas längere Pause (bis max. 1 Sekunde)
3,5	längere Pause mit Zeitangabe in Sekunden
=	Verschleifung (Elision) eines oder mehrerer Laute zwischen Wörtern z.B. *sa=mer* für *sagen wir*
/	Wort- und Konstruktionsabbruch
(... ...)	unverständliche Sequenz
(war)	vermuteter Wortlaut
(gunst?kunst)	Alternativlautungen
↑	steigende Intonation (z.B. *kommst du mit*↑)
↓	fallende Intonation (z.B. *jetzt stimmt es*↓)
→	schwebende Intonation (z.B. *ich sehe hier*→)
↑↑	Echofrage
hm̃, hm̄, hḿ, hm̀, hm̂, hm'	funktionsrelevante Tondifferenzierungen bei Interjektionen und Responsiven
hm'	abrupter Stop bei Interjektionen und Responsiven

Die tonale Struktur der Interjektionen ist nur eingetragen, wenn sie leicht und eindeutig identifizierbar war.

"	auffällige Betonung (z.B. *aber ge"rn* ; *seh"r*): "- steht nach dem betonten Vokal bzw. ggf. nach dem Dehnungszeichen
:	auffällige Dehnung (z.B. *ich war so: fertig*)
<<immer ich>>	langsamer (relativ zum Kontext)
>>immerhin<<	schneller (relativ zum Kontext)
>vielleicht<	leiser (relativ zum Kontext)
<manchmal>	lauter (relativ zum Kontext)

LACHT	Wiedergabe nichtmorphemisierter Äußerung auf der Sprecherzeile in Großbuchstaben
IRONISCH	Kommentar zur Äußerung (auf der Kommentarzeile)
# #	Extensionszeichen für den Kommentarbereich (auf Sprecher- und Kommentarzeile)

7. Anhang 2: Dokumente zur Geschichte und sprachlichen Entwicklung der Russlanddeutschen

7.1 Dokument 1: Manifest der Kaiserin Katharina II. vom 22. Juli 1763

Von Gottes Gnaden!

Wir Catharina die Zweite, Kaiserin und Selbstherrscherin aller Reußen zu Moskau, Kiew, Wladimir, Nowgorod, Zarin zu Casan, Zarin zu Astrachan, Zarin zu Sibirien, Frau zu Pleskau und Großfürstin zu Smolensko, Fürstin zu Esthland und Lifland, Carelien, Twer, Jugorien, Permien, Wjatka und Bolgarien und mehr anderen; Frau und Großfürstin zu Nowgorod des Niedrigen Landes von Tschernigow, Resan, Rostow, Jaroslaw, Belooserien, Udorien, Obdorien, Condinien, und der ganzen Nord-Seite Gebieterin und Frau des Jurischen Landes, der Cartalinischen und Grusinischen Zaren und Cabardinischen Landes, der Tscherkessischen und Gorischen Fürsten und mehr andern Erb-Frau und Beherrscherin.

Da Uns der weite Umpfang der Länder Unseres Reiches zur Genüge bekannt, so nehmen Wir unter anderem wahr, daß keine geringe Zahl solcher Gegenden noch unbebaut liege, die mit vorteilhafter Bequemlichkeit zur Bevölkerung und Bewohnung des menschlichen Geschlechtes nutzbarlichst könnte angewendet werden, von welchem die meisten Ländereyen in ihrem Schoose einen unerschöpflichen Reichtum an allerley kostbaren Erzen und Metallen verborgen halten; und weil selbiger mit Holzungen, Flüssen, Seen und zur Handlung gelegenen Meerung gnugsam versehen, so sind sie auch ungemein bequem zur Beförderung und Vermehrung vielerley Manufacturen, Fabriken und zu verschiedenen Anlagen. Dieses gab Uns Anlaß zur Erteilung des Mnifestes, so zum Nutzen aller Unserer getreuen Unterthanen den 4. Dezember des abgewichenen 1762 Jahres publiciert wurde. Jedoch, da Wir in selbigen Ausländern, die Verlangen tragen würden, sich in Unserem Reich häuslich niederzulassen, Unser Belieben nur summarisch angekündigt; so befehlen Wir zur besseren Erörterung desselben folgende Verordnung, welche Wir hiermit feierlichst zum Grunde legen, und in Erfüllung zu setzen gebieten.

1.

Verstatten Wir allen Ausländern in Unser Reich zu kommen, um sich in allen Gouvernements, wo es einem jeden gefällig, häuslich niederzulassen.

2.

Dergleichen Fremde können sich nach ihrer Ankunft nicht nur in Unsere Residenz bey der zu solchem Ende für die Ausländer besonders errichteten Tütel-Canzeley, sondern auch in den anderweitigen Gränz-Städten Unseres Reiches nach eines jeden Bequemlichkeit bey denen Gouverneurs, der wo dergleichen nicht vorhanden, bey den vornnehmsten Stadts-Befehlshabern zu melden.

3.

Da unter denen sich in Rußland niederzulassen Verlangen tragenden Ausländern sich auch solche finden würden, die nicht Vermögen genug zu Bestreitung der erforderlichen Reisekosten besitzen: so können sich dergleichen bey Unseren Ministern und an auswärtigen Höfen melden, welche sie nicht nur auf Unsere Kosten ohne Anstand nach Rußland schicken, sondern auch mit Reisegeld versehen sollen.

4.

Sobald dergleichen Ausländer in Unserer Residenz angelangt und sich bei der Tütel-Canzley oder in einer Gränz-Stadt gemeldet haben werden; so sollen dieselben gehalten sein, ihren wahren Entschluß zu eröffnen, worinn nehmlich ihr eigentliches Verlangen bestehe, und ob sie sich unter die Kaufmannschaft oder unter Zünfte einschreiben lassen und Bürger werden wollen, und zwar nahmentlich, in welcher Stadt; oder ob sie Verlangen tragen, auf freyem und nutzbarem Grunde und Boden in ganzen Kolonien und Landflecken zum Ackerbau oder zu allerley nützlichen Gewerben sich niederlassen; da sodann alle dergleichen Leute nach ihrem eigenen Wunsche und Verlangen ihre Bestimmung unverweilt erhalten werden; gleich denn aus beifolgendem Register*[372]) zu ersehen ist, wo und an welchen Gegenden Unseres Reiches nahmentlich freye und zur häuslichen Niederlassung bequeme Ländereyen vorhanden sind; wiewohl sich außer der in bemeldetem Register aufgegebenen noch ungleich mehrere weitläufige Gegenden und allerley Ländereyen finden, allwo Wir gleichergestalt verstatten sich häuslich niederzulassen, wo es sich ein jeder am nützlichsten selbst wählen wird.

5.

Gleich bei der Ankunft eines jeden Ausländers in Unser Reich, der sich häuslich niederzulassen gedenket und zu solchem Ende in der für die Ausländer errichteten Tütel-Canzley oder aber in anderen Gränz-Städten Unseres Reiches meldet, hat ein solcher, wie oben im 4ten § vorgeschrieben stehet, vor allen Dingen seinen eigentlichen Entschluß zu eröffnen, und sodann nach eines jeden Religions-Ritu den Eid der Unterthänigkeit und Treue zu leisten.

6.

Damit aber die Ausländer, welche sich in unserem Reiche niederzulassen wünschen, gewahr werden mögen, wie weit sich Unser Wohlwollen zu ihrem Vorteile und Nutzen erstrecke, so ist, dieser Unser Wille–:

1. Gestatten Wir allen in Unser Reich ankommenden Ausländern unverhindert die freie Religions-Übung nach ihren Kirchen-Satzungen und Gebräuchen; denen aber, welche nicht in Städten, sondern auf unbewohnten Ländereyen sich besonders in Colonien oder Landflecken nieder zu lassen gesonnen sind, erteilen Wir die Freyheit Kirchen und Glocken-Thürme zu bauen und die dabey nöthige Anzahl Priester und Kirchendiener zu unterhalten, nur einzig den Klosterbau ausgenommen. Jedoch wird hierbey jedermann gewarnt keinen in Rußland wohnhaften christlichen Glaubensgenossen, unter gar keinem Vorwande zur Annehmung oder Beypflichtung seines Glaubens und seiner Gemeinde zu bereden oder zu verleiten, falls er sich nicht der Furcht der Strafe nach aller Strenge Unserer Gesetze auszusetzen gesonnen ist. Hievon sind allerley an Unserm Reiche angrenzende dem Mahometanischen Glauben zugethane Nationen ausgeschlossen; als welche Wir nicht nur auf eine anständige Art zur christlichen Religion zuneigen, sondern auch sich selbige unterthänig zu machen, einem jeden erlauben und gestatten.

2. Soll keiner unter solchen zur häuslichen Niederlassung nach Rußland gekommenen Ausländern an unsere Cassa die geringsten Abgaben zu entrichten, und weder gewöhnliche oder außerordentliche Dienste zu leisten gezwungen, noch Einquartierung zu tragen verbunden, sondern mit einem Worte, es soll ein jeder von aller Steuer und Auflagen folgendermaßen frey sein: diejenigen nehmlich, welche in vielen Familien und ganzen Colonien eine bisher noch unbekannte Gegend besetzen, genießen dreyßig Frey-Jahre; die sich aber in Städten niederlassen und sich entweder in Zünften oder unter der Kaufmannschaft einschreiben wollen, auf ihre Rechnung in Unserer Residenz Sankt-Petersburg oder in benachbarten Städten in Lifland, Estland, Ingermanland, Carelien und Finland, wie nicht weniger in der Residenz-Stadt Moscau nehmen, haben fünf Frey-Jahre zu genießen. Wonechst ein jeder, der

---

[372] Es folgt im Register die Aufzählung der Gebiete, wo sich die Auswanderer niederlassen können.

nicht nur auf einige kurze Zeit, sondern zur würklichen häuslichen Niederlassung, nach Rußland kommt, noch überdem ein halbes Jahr hindurch frey Quartier haben soll.

3. Allen zur häuslichen Niederlassung nach Rußland gekommenen Ausländern, die entweder zum Kornbau und anderer Hand-Arbeit, oder aber Manufacturen, Fabriken und Anlagen zu errichten geneigt sind, wird alle hülfliche Hand und Vorsorge dargeboten und nicht allein hinlänglich und nach eines jeden, erforderlichen Vorschub gereichet werden, je nachdem es die Notwendigkeit und der künftige Nutzen von solchen zu errichtenden Fabriken und Anlagen erheischet, besonders aber von solchen, die bis jetzo in Rußland noch nicht errichtet gewesen.

4. Zum Häuser-Bau, zu Anschaffung verschiedener Gattung im Hauswesen benöthigten Viehes, und zu allerley wie beym Ackerbau, also auch bey Handwerken, erforderlichen Instrumenten, Zubehör und Materialien, soll einem jeden aus Unserer Cassa das nöthige Geld ohne alle Zinsen vorgeschossen, sondern lediglich das Kapital, und zwar nicht eher als nach Verfließung von zehn Jahren, in drey Jahren zu gleichen Theilen gerechnet, zurück gezahlt werden.

5. Wir überlassen denen sich etablirten ganzen Colonien oder Landflecken die innere Verfassung der Jurisdiction ihrem eigenen Gutdünken, solchergestalt, daß die von Uns verordneten obrigkeitlichen Personen an ihren inneren Einrichtungen gar keinen Antheil nehmen werden, im übrigen aber sind solche Colonisten verpflichtet sich Unserem Civil-Rechte zu unterwerfen. Falls sie aber selbst Verlangen trügen eine besondere Person zu ihrem Vormunde oder Besorger ihrer Sicherheit und Verteidigung von uns zu erhalten bis sie sich mit den benachbarten Einwohnern dereinst bekannt machen, der mit einer Salvegarde von Soldaten, die gute Mannszucht halten, versehen sey, so soll Ihnen auch hierinnen gewillfahret werden.

6. Einem jeden Ausländer, der sich in Rußland häuslich niederlassen will gestatten Wir die völlige zollfreye Einfuhr seines Vermögens, es bestehe dasselbe worinn es wolle, jedoch mit dem Vorbehalte, daß solches Vermögen in seinem eigenen Gebrauche und Bedürfnis, nicht aber zum Verkaufe bestimmt sey. Wer aber außer seiner eigenen Nothdurft noch einige Waaren zum Verkauf mitbrächte, dem gestatten Wir freyen Zoll für jede Familie vor drey Hundert Rubel am Werte der Waaren, nur in solchem Falle, wenn sie wenigstens zehen Jahre in Rußland bleibt: widrigenfalls wird bey ihrer Zurück-Reise der Zoll sowol für die eingekommene als ausgehende Waaren abgefordert werden.

7. Solche in Rußland sich niedergelassene Ausländer sollen während der ganzen Zeit ihres Hierseins, außer dem gewöhnlichen Land-Dienste, wider Willen weder in Militär noch Civil-Dienst genommen werden; ja auch zur Leistung dieses Land-Dienstes soll keines eher als nach Verfließung obangesetzter Freyjahre verbunden seyen: wer aber freywillig geneigt ist, unter die Soldaten in Militär-Dienst zu treten, dem wird man außer dem gewöhnlichen Solde bey seiner Envollirung beym Regiment Dreißig Rubel Douceur-Geld reichen.

8. Sobald sich Ausländer in der für sie errichteten Tütel-Canzley oder sonst in Unsern Gränz-Städten gemeldet und ihren Entschluß eröffnet haben, in das innerste des Reiches zu reisen, und sich daselbst häuslich niederzulassen, so bald werden selbige auch Kostgeld, nebst freyer Schieße an den Ort ihrer Bestimmung bekommen.

9. Wer von solchen in Rußland sich etablirten Ausländern dergleichen Fabriken, Manufacturen oder Anlagen errichtet, und Waaren daselbst verfertigt, welche bis dato in Rußland noch nicht gewesen, dem gestatten Wir, dieselben Zehen Jahre hindurch, ohne Erlegung irgend einigen inländischen See- oder Gränze-Zolles frey zu verkaufen, und aus Unserm Reiche zu verschicken.

10. Ausländische Capitalisten, welche auf ihre eigenen Kosten in Rußland Fabriken, Manufacturen und Anlagen errichten, erlauben Wir hiermit zu solchen ihren Manufacturen, Fabri-

ken und Anlagen erforderliche leibeigene Leute und Bauern zu erkaufen. Wir gestatten auch

11. allen in Unserm Reiche sich in Colonien oder Landflecken niedergelassenen Ausländern, nach ihrem eigenen Gutdünken Markt-Tage und Jahrmärkte anzustellen, ohne an Unsere Cassa die geringsten Abgaben oder Zoll zu erlegen.

7.

Aller obengenannten Vorteile und Einrichtung haben sich nicht nur diejenigen zu erfreuen, die in Unser Reich gekommen sind, sich häuslich nieder zu lassen, sondern auch ihre hinterlassene Kinder und Nachkommenschaft, wenn sie auch gleich in Rußland geboren, solchergestalt, daß ihre Freyjahre von dem Tage der Ankuft ihrer Vorfahren in Rußland zu berechnen sind.

8.

Nach Verfließung obangesetzter Freyjahre sind alle in Rußland sich niedergelassene Ausländer verpflichtet, die gewöhnlichen und mit gar keiner Beschwerlichkeit verknüpften Abgiften zu entrichten, und gleich Unsern andern Unterthanen, Landes-Dienste zu leisten.

9.

Endlich und zuletzt, wer von diesen sich niedergelassenen und Unsrer Bothmäßigkeit sich unterworfenen Ausländern Sinnes würde sich aus Unserm Reiche zu begeben, dem geben Wir zwar jederzeit dazu die Freyheit, jedoch mit dieser Erleuterung, daß selbige verpflichtet seyn sollen von ihrem ganzen in Unserm Reiche wohlerworbenen Vermögen einen Theil an Unsere Cassa zu entrichten; diejenigen nehmlich, die von Einem bis Fünf Jahre hier gewohnet, erlegen den Fünften, die von fünf bis zehen Jahren aber, und weiter, sich in Unsern Landen aufgehalten, erlegen den zehenden Pfennig; nachher ist jedem erlaubt ungehindert zu reisen, wohin es ihm gefällt.

10.

Wenn übrigens einige zur häuslichen Niederlassung nach Rußland Verlangen tragende Ausländer aus einem oder anderen besonderen Bewegungsgründen, außer obigen noch andere Conditiones und Privilegien zu gewinnen wünschen würde; solche haben sich deshalb an Unsere für die Ausländer errichteten Tütel-Canzley, welche uns alles umständlich vortragen wird, schriftlich oder persönlich zu wenden: worauf Wir alsdann nach Befinden der Umstände nicht entstehen werden, um so viel mehr geneigte Allerhöchste Resolution zu ertheilen, als sich solches ein jeder von Unserer Gerechtigkeitsliebe zuversichtlich versprechen kann.

Gegeben zu Peterhof, im Jahre 1763 den 22ten Juli,
im Zweyten Jahre Unsrer Regierung.

Das Original haben Ihre Kayserliche Majestät
Allerhöchst eigenhändig folgendergestalt unterschrieben:
Gedruckt beym Senate den 25. Juli 1763.

Quelle: Stumpp 1972, 14-18.

7.2 Dokument 2: Dekret über die Gründung des Gebiets der Wolgadeutschen vom 19. Oktober 1918

Dekret des Rates der Volkskommissare der RSFSR über die Autonomie des Gebiets der Wolgadeutschen

Zwecks Verstärkung des Kampfes um die soziale Befreiung der deutschen Arbeiterschaft und der deutschen armen Bevölkerung des Wolgagebietes und in Entwicklung der Grundsätze, die den Statuten des am 30. Mai d.J. bestätigten Kommissariats für deutsche Angelegenheiten des Wolgagebietes und des Beschlusses des Rates der Volkskommissare vom 26. Juli d.J. zugrunde gelegt sind, sowie im Einvernehmen mit den einmütig ausgedrückten Wünschen des ersten Kongresses der Räte der deutschen Kolonien des Wolgagebietes beschließt der Rat der Volkskommissare:

1. Die Ortschaften, die von deutschen Kolonisten des Wolgagebietes besiedelt und laut den Statuten des Kommissariats des Wolgagebietes in Bezirks-Deputierten-Räte ausgeschieden sind, bilden auf Grund des Paragraphen 11 des Grundgesetzes der Russischen Sozialistischen Föderativen Sowjet-Republik eine Gebietsvereinigung mit dem Charakter einer Arbeitskommune, in deren Bestand die betreffenden Teile des Territoriums des Kamyschiner und Atkarsker Bezirkes im Saratower Gouvernement und des Nowousenser und Nikolajewsker Bezirkes im Samaraer Gouvernement eingereiht werden.

2. Alle Fragen, die aus der Bildung der neuen territorialen Vereinigung mit deutscher Bevölkerung auftauchen, werden auf gewöhnlichem Wege entschieden, wobei das Kommissariat für deutsche Angelegenheiten des Wolgagebiets und die Samaraer und Saratower Gouvernements-Deputiertenräte verpflichtet werden, unverzüglich einen Liquidationsausschuß zu wählen, um diese Vereinigung in kürzester Frist zum Abschluß zu bringen.

3. In genauer Übereinstimmung mit dem Paragraphen 11 des Grundgesetzes wählt der Kongreß der Deputiertenräte des ausgeschiedenen Territoriums mit deutscher Bevölkerung einen Vollzugsausschuß, der das Zentrum der sozialistischen Sowjetarbeit unter der deutschen werktätigen Bevölkerung bildet, die genaue Durchführung der Dekrete und Verordnungen der Rätemacht überwacht und in dieser Beziehung alle notwendigen Direktiven an Ort und Stelle erteilt.

4. Die ganze Macht an Ort und Stelle innerhalb der Grenzen, die durch den 61. Paragraphen des Grundgesetzes in dem laut Paragraph 1 vereinigten Territorium bezeichnet sind, gehört dem Vollzugsausschuß, der von dem Kongreß der Deputiertenräte der deutschen Kolonien des Wolgagebiets gewählt ist, und den örtlichen Räten der deutschen Arbeiter und der deutschen armen Bevölkerung.

5. Alle Maßnahmen der Rätemacht, die auf die Verwirklichung der Diktatur des Proletariats und der armen Bevölkerung sowie auf die Umgestaltung des ganzen politischen und ökonomischen Lebens auf sozialistischen Grundlagen gerichtet sind, werden in dem oben genannten Gebiet, das von deutschen Kolonisten besiedelt ist, von dem Vollzugsausschuß der Deputiertenräte der deutschen Kolonien des Wolgagebiets durchgeführt.

6. Meinungsverschiedenheiten zwischen dem Vollzugsausschuß der Deputiertenräte der deutschen Kolonien des Wolgagebiets und den Gouvernements-Deputiertenräten werden zur Schlichtung dem Rat der Volkskommissare und dem Hauptvollzugsausschuß unterbreitet.

7. Das kulturelle Leben der deutschen Kolonisten: Der Gebrauch der Muttersprache in den Schulen, in der örtlichen Verwaltung, im Gericht und im öffentlichen Leben unterliegt laut der Räteverfassung keinerlei Beeinträchtigung.

Der Rat der Volkskommissare drückt die Überzeugung aus, daß bei Verwirklichung dieser Bestimmungen der Kampf um die soziale Befreiung der deutschen Arbeiter und armen Bevölkerung im Wolgagebiet keinen nationalen Zwiespalt hervorruft, sondern, im Gegenteil, zur Annäherung der deutschen und russischen werktätigen Massen dient, deren Eintracht das Unterpfand ihres Sieges und ihrer Erfolge in der internationalen proletarischen Revolution ist.

Der Vorsitzende des Rates der Volkskommissare: W. Uljanow (Lenin)
Der Sekretär des Rates der Volkskommissare: L. Fotiewa

19. Oktober 1918, Moskau, Kreml.

Quelle: Meissner/ Neubauer/ Eisfeld (Hg.) 1992, 176-178.

7.3 Dokument 3: Denkschrift von Heinrich Himmler vom Mai 1940

Einige Gedanken über die Behandlung der Fremdvölkischen im Osten

Bei der Behandlung der Fremdvölkischen im Osten müssen wir darauf sehen, so viel wie möglich einzelne Völkerschaften anzuerkennen und zu pflegen, also neben den Polen und Juden, die Ukrainer, die Weissrussen, die Goralen, die Lemken und die Kaschuben. Wenn sonst noch irgendwo Volkssplitter zu finden sind, auch diese.

Ich will damit sagen, dass wir nicht nur das grösste Interesse daran haben, die Bevölkerung des Ostens nicht zu einen, sondern im Gegenteil in möglichst viele Teile und Splitter zu zergliedern.

Aber auch innerhalb der Völkerschaften selbst haben wir nicht das Interesse, diese zu Einheit und Grösse zu führen, ihnen vielleicht allmählich Nationalbewusstsein und nationale Kultur beizubringen, sondern sie in unzählige kleine Splitter und Partikel aufzulösen.

Die Angehörigen aller dieser Völkerschaften, insbesondere der kleinen, wollen wir selbstverständlich in den Stellen von Polizeibeamten und Bürgermeistern verwenden.

Spitzen in solchen Völkerschaften dürfen nur die Bürgermeister und die örtlichen Polizeibehörden sein: bei den Goralen die einzelnen, sich ohnedies schon befehdenden Häuptlinge und Sippenältesten. Eine Zusammenfassung nach oben darf es nicht geben, denn nur dadurch, dass wir diesen ganzen Völkerbrei des Generalgouvernements von 15 Millionen und die 8 Millionen der Ostprovinzen auflösen, wird es uns möglich sein, die rassische Siebung durchzuführen, die das Fundament in unseren Erwägungen sein muss, die rassisch Wertvollen aus diesem Brei herauszufischen, nach Deutschland zu tun, um sie dort zu assimilieren.

Schon in ganz wenigen Jahren – ich stelle mir vor, in 4 bis 5 Jahren – muss beispielsweise der Begriff der Kaschuben unbekannt sein, da es dann ein kaschubisches Volk nicht mehr gibt (das trifft besonders auch für die Westpreussen zu). Den Begriff der Juden hoffe ich, durch die Möglichkeit einer grossen Auswanderung sämtlicher Juden nach Afrika oder sonst in eine Kolonie völlig auslöschen zu sehen. Es muss in einer etwas längeren Zeit auch möglich sein, in unserem Gebiet die Volksbegriffe der Ukrainer, Goralen und Lemken verschwinden zu lassen. Dasselbe, was für diese Splittervölker gesagt ist, gilt in dem entsprechenden grösseren Rahmen für die Polen.

Eine grundsätzliche Frage bei der Lösung aller dieser Probleme ist die Schulfrage und damit die Frage der Sichtung und Siebung der Jugend. Für die nichtdeutsche Bevölkerung des Ostens darf es keine höhere Schule geben als die vierklassige Volksschule. Das Ziel dieser Volksschule hat lediglich zu sein:

Einfaches Rechnen bis höchstens 500. Schreiben des Namens, eine Lehre, dass es ein göttliches Gebot ist, den Deutschen gehorsam zu sein und ehrlich, fleissig und brav zu sein. Lesen halte ich nicht für erforderlich.

Ausser dieser Schule darf es im Osten überhaupt keine Schulen geben. Eltern, die ihren Kindern von vorneherein eine bessere Schulbildung sowohl in der Volksschule als später auch an einer höheren Schule vermitteln wollen, müssen dazu einen Antrag bei den Höheren SS- und Polizeiführern stellen. Bei Antrag wird in erster Linie danach entschieden, ob das Kind rassisch tadellos und unseren Bedingungen entsprechend ist. Erkennen wir ein solches Kind als unser Blut an, so wird den Eltern eröffnet, dass das Kind auf eine Schule nach Deutschland kommt und für Dauer in Deutschland bleibt.

So grausam und tragisch jeder einzelne Fall sein mag, so ist diese Methode, wenn man die bolschewistische Methode der physischen Ausrottung eines Volkes aus innerer Überzeugung als ungermanisch und unmöglich ablehnt, doch die mildeste und beste.

Die Eltern dieser Kinder guten Blutes werden vor die Wahl gestellt, entweder das Kind herzugeben – sie werden dann wahrscheinlich keine weiteren Kinder mehr erzeugen, sodaß die Gefahr, daß dieses Untermenschenvolk des Ostens durch solche Menschen guten Blutes eine für uns gefährliche da ebenbürtige Führerschicht erhält, erlischt – oder die Eltern verpflichten sich, nach Deutschland zu gehen und dort loyale Staatsbürger zu werden. Eine starke Handhabe, die man ihnen gegenüber hat, ist die Liebe zu ihrem Kind, dessen Zukunft und dessen Ausbildung von der Loyalität der Eltern abhängt.

Abgesehen von der Prüfung der Gesuche, die die Eltern um eine bessere Schulbildung stellen, erfolgt jährlich insgesamt bei allen 6- bis 10-jährigen eine Siebung aller Kinder des Generalgouvernements nach blutlich wertvollen und nichtwertvollen. Die als wertvoll Ausgesiebten werden in der gleichen Weise behandelt wie die Kinder, die auf Grund des genehmigten Gesuches ihrer Eltern zugelassen werden.

Als gefühls- und verstandesmäßig selbstverständlich erachte ich es, daß die Kinder und die Eltern in dem Augenblick, wo sie nach Deutschland kommen, in den Schulen und im Leben nicht wie Aussätzige behandelt werden, sondern nach Änderung ihres Namens in das deutsche Leben – bei aller Aufmerksamkeit und Wachsamkeit, die man ihnen widmen muß – vertrauensvoll eingebaut werden. Es darf nicht so sein, daß die Kinder sich wie ausgestoßen fühlen, denn wir glauben doch an dieses unser eigenes Blut, das durch die Irrtümer deutscher Geschichte in eine fremde Nationalität hineingeflossen ist, und sind überzeugt, daß unsere Weltanschauung und unsere Ideale in der rassisch gleichen Seele dieser Kinder Widerhall finden werden. Hier muß aber dann vor allem von den Lehrern und von den Führern in der HJ. ein ganzer Strich gezogen werden, und es darf niemals wie in der Vergangenheit bei den Elsass-Lothringern der Fehler gemacht werden, daß man einesteils die Menschen als Deutsche gewinnen will und sie anderenteils bei jeder Gelegenheit durch Mißtrauen und Beschimpfung in ihrem menschlichen Wert, Stolz und Ehrgefühl kränkt und abstößt. Beschimpfungen wie „Polacke" oder „Ukrainer" oder ähnliches müssen unmöglich sein. Die Erziehung hat in einer Vorschule zu erfolgen, nach deren 4 Klassen man dann entscheiden kann, ob man die Kinder weiter in die deutsche Volksschule gehen läßt oder ob man sie einer Nationalpolitischen Erziehungsanstalt zuführt.

Die Bevölkerung des Generalgouvernements setzt sich dann zwangsläufig nach einer konsequenten Durchführung dieser Massnahmen im Laufe der nächsten 10 Jahre aus einer verbleibenden minderwertigen Bevölkerung, die noch durch abgeschobene Bevölkerung der Ostprovinzen sowie all der Teile des Deutschen Reiches, die dieselbe rassische und menschliche Art haben (Teile, z.B. der Sorben und Wenden), zusammen.

Diese Bevölkerung wird als führerloses Arbeitsvolk zur Verfügung stehen und Deutschland jährlich Wanderarbeiter und Arbeiter für besondere Arbeitsvorkommen (Strassen, Steinbrüche, Bauten) stellen; sie wird selbst dabei mehr zu essen und zu leben haben als unter der polnischen Herrschaft und bei eigener Kulturlosigkeit unter der strengen, konsequenten und gerechten Leitung des deutschen Volkes berufen sein, an dessen ewigen Kulturtaten und Bauwerken mitzuarbeiten und diese, was die Menge der großen Arbeit anlangt, vielleicht erst ermöglichen.

(AGK, NTN 252, Bl. 65-70)

Quelle: Hansen 1995, 24-27.

7.4 Dokument 4:[373] Richtlinien des Reichsstatthalters des Reichsgaues Wartheland vom 25. September 1940

25. 9. 1940
Umgang der deutschen Bevölkerung
des Reichsgaues Wartheland mit Polen.

In der politischen Linie des Reichsgaues Wartheland ist der Grundsatz der Trennung von Deutschtum und Polentum von Anfang an ständig beobachtet worden. Diese klare Trennungslinie gegenüber dem Polentum wird infolge des engen Zusammenlebens der deutschen Bevölkerung im Reichsgau Wartheland mit einer heute noch weit überwiegend polnischen Bevölkerung in zahlreichen Einzelfällen überschritten. Es wird erst im Verlauf einer längeren Erziehungs- und Aufklärungsarbeit möglich sein zu erreichen, dass jeder deutsche Volksgenosse dem Polentum gegenüber ein der nationalen Würde entsprechendes und nach den Zielen der deutschen Politik richtiges Verhalten einnimmt. Auch bevor diese Haltung gegenüber dem Polentum jedem Volksgenossen etwas Selbstverständliches geworden ist, ist es notwendig, dass der Verkehr mit Polen sich unbedingt auf das dienstlich und wirtschaftlich notwendige Mass beschränkt. Da die polnischen Arbeitskräfte zur Zeit noch nicht zu entbehren sind, ist ein tägliches Zusammensein zwischen deutschen und polnischen Angehörigen eines Betriebes noch nicht zu vermeiden. Ebenso ist infolge des Mangels an Wohnungen und an Hauspersonal, die Nachbarschaft mit Polen, oder gar das Zusammenwohnen in einer Wohnung zur Zeit noch nicht zu umgehen. Es ist daher notwendig, die deutsche Bevölkerung durch geeignete Massnahmen auf die Notwendigkeit eines unbedingt einzuhaltenden persönlichen Abstandes von polnischen Volkszugehörigen hinzuweisen. Ich halte eine weitergehende Unterstützung dieser Aufklärungsbestrebungen durch die Ihnen unterstehenden Dienststellen und Organe für äusserst wünschenswert. Unter Bezugnahme auf eine Besprechung zwischen dem Inspekteur der Sicherheitspolizei und des SD., dem Leiter der Staatspolizei-Leitstelle und meinem Sachbearbeiter für Volkstumsfragen bitte ich daher, Ihre nachgeordneten Dienststellen anzuweisen, in Übereinstimmung mit der bereits bisher geübten Praxis künftig allgemein nach folgenden Richtlinien zu verfahren:

1./ Deutsche Volkszugehörige, die über das dienstlich oder wirtschaftlich notwendige Mass hinaus Umgang mit Polen pflegen, werden in Schutzhaft genommen. In schweren Fällen, besonders dann, wenn der deutsche Volkszugehörige durch den Umgang mit Polen das deutsche Reichsinteresse erheblich gefährdet hat, kommt Überführung in ein Konzentrationslager in Betracht.

2./ Als Nichteinhaltung des gebotenen Abstandes gilt unter allen Umständen die Aufrechterhaltung eines wiederholten freundschaftlichen Verkehrs mit Polen. Ausgenommen davon ist nur der Umgang mit Blutsverwandten eines fremdvölkischen Ehegatten. Deutsche Volkszugehörige, die durch eine Polizeistreife in der Öffentlichkeit mit fremden Volkszugehörigen angetroffen worden, haben sich auf Verlangen über die berufliche Veranlassung ihres gemeinsamen Auftretens mit Polen auszuweisen.

3./ Deutsche Volkszugehörige, die in der Öffentlichkeit oder im persönlichen Umgang mit Polen angetroffen werden, ohne dass eine glaubhafte dienstliche Veranlassung dazu vorliegt, können in Schutzhaft genommen werden. Deutsche Volkszugehörige, die mit Polen geschlechtlich verkehren, werden in jedem Falle in Schutzhaft genommen. Polnische weibliche Personen, die sich mit deutschen Volkszugehörigen im Geschlechtsverkehr einlassen, können einem Bordell zugewiesen werden. Kann im Einzelfall, insbesondere in leichte-

---

[373] Die in diesem Dokument fixierten Richtlinien galten auch für die in den „Reichsgau Wartheland" umgesiedelten Russlanddeutschen. Vgl. 2.6.3.

ren Fällen, das Ziel der Aufklärung und Erziehung der deutschen Volkszugehörigen durch Belehrung und Verwarnung erreicht werden, so kann es nach dem Ermessen des Inspekteurs der Sicherheitspolizei und des SD. oder eines Beauftragten dabei sein Bewenden haben.

5./   Sofern es sich um Jugendliche unter 16 Jahre handelt, trifft die vorstehende Bestimmung für den Umgang mit Polen die Erziehungsberechtigten. Die Jugendämter sind von Inschutzhaftnahmen zu unterrichten.

6./   Gegen Beamte, die sich eines Verstosses im Sinne der obenstehenden Richtlinien schuldig machen, ist neben den Massnahmen gemäss Ziffer 1-5 unverzüglich von der durch Meldung zu benachrichtigenden Dienststelle Antrag auf Einleitung des Dienststrafverfahrens bei der zuständigen Behörde zu stellen. Über jeden derartigen Fall ist ausserdem meiner Behörde zu berichten.

Greiser
(AGK, Reichsstatthalter 285, Bl. 1 - 1Rs.)

Quelle: Hansen 1995, 33-35.

7.5   Dokument 5: Die Deportation der Wolgadeutschen. Erlass vom 29. August 1941

ERLASS
DES PRÄSIDIUMS DES OBERSTEN SOWJETS
DER UNION DER SSR

Über die Übersiedlung der Deutschen, die in den Wolgarayons wohnen

Laut genauen Angaben, die die Militärbehörden erhalten haben, befinden sich unter der in den Wolgarayons wohnenden deutschen Bevölkerung Tausende und aber Tausende Diversanten und Spione, die nach dem aus Deutschland gegebenen Signal Explosionen in den von den Wolgadeutschen besiedelten Rayons hervorrufen sollen. Über das Vorhandensein einer solch großen Anzahl von Diversanten und Spionen unter den Wolgadeutschen hat keiner der Deutschen, die in den Wolgarayons wohnen, die Sowjetbehörden in Kenntnis gesetzt, folglich verheimlicht die deutsche Bevölkerung der Wolgarayons die Anwesenheit in ihrer Mitte der Feinde des Sowjetvolkes und der Sowjetmacht.

Falls aber auf Anweisung aus Deutschland die deutschen Diversanten und Spione in der Republik der Wolgadeutschen oder in den angrenzenden Rayons Diversionsakte ausführen werden und Blut vergossen wird, wird die Sowjetregierung laut den Gesetzen der Kriegszeit vor die Notwendigkeit gestellt, Strafmaßnahmen gegenüber der gesamten deutschen Wolgabevölkerung zu ergreifen.

Zwecks Vorbeugung dieser unerwünschten Erscheinungen und um kein ernstes Blutvergießen zuzulassen, hat das Präsidium des Obersten Sowjets der UdSSR es für notwendig gefunden, die gesamte deutsche in den Wolgarayons wohnende Bevölkerung in andere Rayons zu übersiedeln, wobei den Überzusiedelnden Land zuzuteilen und eine staatliche Hilfe für die Einrichtung in den neuen Rayons zu erweisen ist. Zwecks Ansiedlung sind die an Ackerland reichen Rayons des Nowosibirsker und Omsker Gebiets, des Altaigaus, Kasachstan und andere Nachbarortschaften bestimmt.

In Übereinstimmung mit diesem wurde dem Staatlichen Komitee für Landesverteidigung vorgeschlagen, die Übersiedlung der gesamten Wolgadeutschen unverzüglich auszuführen und die überzusiedelnden Wolgadeutschen mit Land und Nutzländerein in den neuen Rayons sicherzustellen.

Vorsitzender des Präsidiums des
Obersten Sowjets der UdSSR
M. KALININ

Sekretär des Präsidiums des
Obersten Sowjets der UdSSR
A. GORKIN

Moskau, Kreml, 29. August 1941

Quelle: Eisfeld 1992, 120, dort zitiert nach „Nachrichten. Organ des Gebietskomitees der KPdSU(B) und des Obersten Sowjets der ASSRdWD, des Stadtkomitees der KPdSU(B) und des Stadtsowjets der Deputierten der Werktätigen von Engels", Nr. 204, 24. Jg., 30. August 1941, 1.

7.6 Dokument 6: Die Mobilisierung russlanddeutscher Männer für die Arbeitsarmee. Beschluss vom 10. Januar 1942

Streng geheim

Beschluss des Staatskomitees für Verteidigung

vom 10. Januar 1942   Nr. GKO-1123 ss
Moskau, Kreml

Über die Art des Einsatzes der deutschen Umsiedler im militärpflichtigen Alter von 17 bis 50 Jahren.

Zum Zwecke des rationellen Einsatzes der männlichen deutschen Umsiedler im Alter von 17 bis 50 Jahren beschließt das Staatskomitee für Verteidigung:

1. Alle männlichen Deutschen im Alter von 17 bis 50 Jahren, die zu körperlicher Arbeit fähig und in den Gebieten Novosibirsk und Omsk, in den Regionen Krasnojarsk und Altai sowie der Kasachischen SSR angesiedelt sind, für die gesamte Kriegszeit in einer Stärke von bis zu 120 Tausend Mann in Arbeitskolonnen zu mobilisieren und von ihnen zuzuteilen:

    a) dem NKVD[374] der UdSSR zur staatlichen Holzbeschaffung   45 000 Pers.

    ---''--- für den Bau der Werke Bakal und Bogoslovka   35 000 Pers.

    b) dem NKPS[375] der UdSSR für den Bau der Eisenbahnlinien Stalinsk-Abakan, Stalinsk-Barnaul, Akmolinsk-Kartaly, Akmolinsk-Pavlodar, Sos'va-Alapaevsk, Orsk-Kandagač, Magnitogorsk-Sara   40 000 Pers.

    Die Durchführung der Mobilisierung dem NKO[376] (Gen. Ščadenko) gemeinsam mit dem NKVD und dem NKPS zu übertragen.

    Die Mobilisierung unverzüglich zu beginnen und am 30. Januar 1942 abzuschließen.

2. Alle mobilisierten Deutschen zu verpflichten, sich an den Sammelpunkten des Volkskommissariats für Verteidigung in intakter Winterkleidung, mit Wäschevorrat, Bettzeug, Krug, Löffel und Lebensmittelvorrat für zehn Tage einzufinden.

3. Das NKPS und die Verwaltung der militärischen Transporte des NKO zu verpflichten, den Transport der mobilisierten Deutschen im Januar sicherzustellen, so dass sie spätestens zum 10. Februar an ihrem Arbeitsort eintreffen.

4. Das NKVD der UdSSR und des NKPS der UdSSR zu verpflichten, in den Arbeitskolonnen und -abteilungen aus mobilisierten Deutschen eine klar festgesetzte Ordnung und Disziplin herzustellen, um eine hohe Arbeitsproduktivität und die Erfüllung der Produktionsnormen zu gewährleisten.

---

[374] Народный комиссариат внутренних дел – 'Volkskommissariat für Innere Angelegenheiten'
[375] Народный комиссариат путей сообщений – 'Volkskommissariat für Verkehrswesen'
[376] Народный комиссариат обороны – 'Volkskommissariat für Verteidigung'

5. Dem NKVD der UdSSR folgende Angelegenheiten zu übertragen: Nichterscheinen von Deutschen an den Einberufungs- oder Sammelpunkten sowie Verletzung der Disziplin und Arbeitsverweigerung, Nichterscheinen bei der Mobilisierung und Desertion aus den Arbeitskolonnen bei denjenigen Deutschen, die sich in Arbeitskolonnen befinden; diese Angelegenheiten werden vor dem Sonderrat des NKVD der UdSSR verhandelt, wobei gegen die Unverbesserlichsten das höchste Strafmaß zu verhängen ist.

6. Normen für die Versorgung der mobilisierten Deutschen mit Lebensmitteln und Gebrauchsgütern festzusetzen gemäß den für den GULAG[377] des NKVD der UdSSR festgesetzten Normen.

Das Narkomtorg[378] der UdSSR zu verpflichten, dem NKVD der UdSSR und dem NKPS der UdSSR für die Gesamtzahl der mobilisierten Deutschen einen Lebensmittel- und Gebrauchsgütervorrat vollständig gemäß diesen Normen zuzuteilen.

7. Dass vom Narkomzem[379] der UdSSR im Verlauf der Monate Januar/Februar dem NKVD der UdSSR für die Waldbearbeitung 3500 Pferde zugeteilt werden.

Dass vom Narkomzag[380] der UdSSR ein zusätzlicher Futtervorrat für 3500 Pferde zugeteilt wird.

8. Dass vom Narkomfin[381] der UdSSR gemeinsam mit dem NKVD der UdSSR im Finanzplan des NKVD der UdSSR die notwendigen Mittel für die Bezahlung des Transports der Deutschen und andere Ausgaben bezüglich ihrer wirtschaftlichen Ausstattung vorgesehen werden.

Der Vorsitzende des Staatskomitees für Verteidigung
J. Stalin

RCChIDNI, f 644, op. 1, d. 19, l. 49

Quelle: Auman/Čebotareva (Hg.), 168-169.

Aus dem Russischen von Eva Goldfuß-Siedl

---

[377] Главное управление исправительно-трудовых лагерей – 'Hauptverwaltung der Arbeits- und Besserungslager'
[378] Народный комиссариат торговли – 'Volkskommissariat für Handel'
[379] Народный комиссариат земледелия – 'Volkskommissariat für Landwirtschaft'
[380] Народный комиссариат заготовок – 'Volkskommissariat für Erfassung' (landwirtschaftlicher Produkte)
[381] Народный комиссариат финансов – 'Volkskommissariat für Finanzen'

7.7 Dokument 7: Die erweiterte Mobilisierung von Russlanddeutschen für die Arbeitsarmee. Beschluss vom 7. Oktober 1942: Über die zusätzliche Mobilisierung von Deutschen für die Volkswirtschaft der UdSSR

Streng geheim

Beschluss des Staatskomitees für Verteidigung

vom 7. Oktober 1942   GOKO Nr. 2383 ss
Moskau, Kreml

Über die zusätzliche Mobilisierung von Deutschen für die Volkswirtschaft der UdSSR

In Ergänzung zu den Beschlüssen GOKO Nr. 1123 ss vom 10. Januar 1942 und Nr. 1281 ss vom 14. Februar 1942 beschließt das Staatskomitee für Verteidigung:

1. Für die gesamte Kriegszeit zusätzlich alle männlichen Deutschen im Alter von 15-16 Jahren und 51-55 Jahren – einschließlich –, die zu körperlicher Arbeit fähig sind, zu mobilisieren, sowohl diejenigen, die aus zentralen Gebieten der UdSSR und der Republik der Wolgadeutschen in die Kasachische SSR und die östlichen Gebiete der RSFSR umgesiedelt wurden, als auch diejenigen, die in anderen Gebieten, Regionen und Republiken der Sowjetunion leben.

2. Gleichzeitig für die gesamte Kriegszeit auch die weiblichen Deutschen im Alter von 16 bis 45 Jahren – einschließlich – in Arbeitskolonnen zu mobilisieren.

   Weibliche Deutsche, die schwanger sind oder Kinder unter 3 Jahren haben, von der Mobilisierung zu befreien.

3. Vorhandene Kinder, die älter als 3 Jahre sind, werden den verbliebenen Mitgliedern der jeweiligen Familie zur Erziehung übergeben. Falls es außer den mobilisierten keine Familienmitglieder gibt, werden die Kinder den nächsten Verwandten oder deutschen Kolchosen zur Erziehung übergeben.

   Die örtlichen Sowjets der Werktätigendeputierten zu verpflichten, Maßnahmen zur Unterbringung der ohne Eltern verbliebenen Kinder der mobilisierten Deutschen zu treffen.

4. Die Durchführung der Mobilisierung dem NKO[382] und dem NKVD[383] unter Hinzuziehung der örtlichen Organe der Sowjetmacht zu übertragen.

   Die Mobilisierung der Deutschen unverzüglich zu beginnen und innerhalb eines Monats abzuschließen.

5. Alle mobilisierten Deutschen zu verpflichten, sich an den Sammelpunkten in intakter Winterkleidung, mit Wäschevorrat, Bettzeug, Krug, Löffel und Lebensmittelvorrat für 10 Tage einzufinden.

6. Die strafrechtliche Verantwortlichkeit der Deutschen sowohl für das Nichterscheinen an den Einberufungs- oder Sammelpunkten bei der Mobilisierung als auch für das eigenmächtige Verlassen der Arbeit oder für die Desertion aus den Arbeitskolonnen gemäß dem Erlaß des Präsidiums des Obersten Sowjets der UdSSR „Über die Verantwortlichkeit der Arbeiter und Angestellten in den Betrieben der Rüstungsindustrie für eigenmächtiges Verlassen des Betriebes" vom 26.12.1941 festzusetzen.

---

[382] Народный комиссариат обороны – 'Volkskommissariat für Verteidigung'
[383] Народный комиссариат внутренних дел – 'Volkskommissariat für Innere Angelegenheiten'

7. Die gemäß dem vorliegenden Beschluss mobilisierten männlichen Deutschen zur Arbeit in Betriebe der Trusts „Čeljabugol'" und „Karagandaugol'" des Narkomugol'[384] zu schicken.

   Die mobilisierten weiblichen Deutschen in Betriebe des Narkomneft'[385] gemäß der Einteilung desselben zu schicken.

8. Das NKPS (Gen. Chrulev) und die Verwaltung der militärischen Transporte des NKO (Gen. Kovalev) zu verpflichten, den Transport der mobilisierten Deutschen entsprechend den Anforderungen von NKO und NKVD sicherzustellen.

9. Das Narkomneft' der UdSSR und das Narkomugol' der UdSSR zu verpflichten, den Empfang, die Unterbringung und den rationellen Einsatz der geschickten Arbeitskraft der mobilisierten Deutschen sicherzustellen.

   Die Ausgaben für Mobilisierung und Transport der Mobilisierten zum Bestimmungsort dem Narkomugol' und dem Narkomneft' in Rechnung zu stellen.

10. Das Narkomtorg der UdSSR (Gen. Ljubimov) zu verpflichten, die Versorgung der Mobilisierten unterwegs mit Lebensmitteln sicherzustellen.

11. Dass vom NKVD der UdSSR und vom NKO dem Staatskomitee für Verteidigung Bericht über die Ergebnisse der Mobilisierung der Deutschen und die Zahl der in die Betriebe des Narkomugol' und des Narkomneft' geschickten Deutschen erstattet wird.

Der Vorsitzende des Staatskomitees für Verteidigung
J. Stalin

RCChIDNI, f. 644, op. , d. 61, l. 138-140

Quelle: Auman/Čebotareva (Hg.), 172-173.

Aus dem Russischen von Eva Goldfuß-Siedl

---

[384] Народный комиссариат угольной промышленности – 'Volkskommissariat für Kohleindustrie'
[385] Народный комиссариат нефтяной промышленности – 'Volkskommissariat für Erdölindustrie'

7.8 Dokument 8: Die Einführung der Kommandaturaufsicht. Beschluss vom 8. Januar 1945

Streng geheim

Beschluss des Rates der Volkskommissare der UdSSR

vom 8. Januar 1945

Moskau, Kreml

Über die Rechtsstellung der Sonderumsiedler

Der Rat der Volkskommissare der Union der SSR *beschließt:*
1. Die Sonderumsiedler genießen alle Rechte der Bürger der UdSSR mit Ausnahme der Beschränkungen, die der vorliegende Beschluss vorsieht.
2. Alle arbeitsfähigen Sonderumsiedler sind verpflichtet, einer gesellschaftlich nützlichen Arbeit nachzugehen.

    Zu diesem Zwecke organisieren die örtlichen Sowjets der Werktätigendeputierten in Abstimmung mit den Organen des NKVD[386] die Arbeitseingliederung der Sonderumsiedler in der Landwirtschaft, in Produktionsbetrieben, auf Baustellen sowie in wirtschaftlichkooperativen Organisationen und Einrichtungen.

    Für die Verletzung der Arbeitsdisziplin werden die Sonderumsiedler gemäß den bestehenden Gesetzen zur Verantwortung gezogen.
3. Die Sonderumsiedler sind nicht berechtigt, sich ohne die Erlaubnis des Kommandanten der Sonderkommandantur des NKVD aus dem Rayon der Ansiedlung, der zur entsprechenden Sonderkommandantur gehört, zu entfernen.

    Eigenmächtiges Entfernen vom Rayon der Ansiedlung, der zur entsprechenden Sonderkommandantur gehört, wird als Flucht betrachtet und ist strafrechtlich zu verantworten.
4. Die Sonderumsiedler – entweder das Familienoberhaupt oder die Personen, die es vertreten – sind verpflichtet, die Sonderkommandantur des NKVD innerhalb einer Frist von 3 Tagen über alle Veränderungen, die die Zahl der Familienmitglieder betreffen, zu unterrichten (Geburt eines Kindes, Tod eines Familienmitgliedes, Flucht usw.).
5. Die Sonderumsiedler sind zur strengen Einhaltung des für sie errichteten Regimes und der gesellschaftlichen Ordnung an den Siedlungsorten sowie zur Befolgung aller Anordnungen der Sonderkommandantur des NKVD verpflichtet.

    Für die Verletzung des Regimes oder der gesellschaftlichen Ordnung an den Siedlungsorten werden die Sonderumsiedler mit einer Administrativstrafe in Form einer Geldstrafe bis zu 100 Rubeln oder eines Arrests bis zu 5 Tagen belegt.

Der stellvertretende Vorsitzende des Rates der Volkskommissare der Union der SSR
V. Molotov

Der Geschäftsführer des Rates der Volkskommissare der UdSSR
Ja. Čadaev

Quelle: Auman/Čebotareva (Hg.), 175.

Aus dem Russischen von Eva Goldfuß-Siedl

---

[386] Народный комиссариат внутренних дел – 'Volkskommissariat für Innere Angelegenheiten'

7.9 Dokument 9: Die Aufhebung der Kommandanturaufsicht. Erlass vom 13. Dezember 1955

Erlass des Präsidiums des Obersten Sowjets der UdSSR

Über die Aufhebung der Beschränkungen in der Rechtsstellung der Deutschen und ihrer Familienmitglieder, die sich in der Sondersiedlung befinden

In Anbetracht der Tatsache, dass die bestehenden Beschränkungen in der Rechtsstellung der deutschen Sonderumsiedler und ihrer Familienmitglieder, die in verschiedenen Rayons des Landes angesiedelt sind, künftig nicht mehr notwendig sind,

beschließt das Präsidium des Obersten Sowjets der UdSSR:

1. Die Registrierung der Sondersiedlung aufzuheben und die Deutschen und ihre Familienmitglieder, die während des Großen Vaterländischen Krieges in der Sondersiedlung angesiedelt wurden, sowie die deutschen Staatsbürger der UdSSR, die nach der Repatriierung aus Deutschland der Sondersiedlung unterstellt wurden, von der administrativen Aufsicht durch die Organe des MVD[387] zu befreien.

2. Festzusetzen, dass die Aufhebung der Beschränkungen durch die Sondersiedlung für die Deutschen nicht die Rückgabe des Vermögens, das bei der Aussiedlung konfisziert wurde, nach sich zieht und dass sie nicht berechtigt sind, an die Orte, von denen sie ausgesiedelt wurden, zurückzukehren.

Moskau, Kreml
13. Dezember 1955[388]

Quelle: Auman/Čebotareva (Hg.), 177.

Aus dem Russischen von Eva Goldfuß-Siedl

---

[387] Министрство внутренних дел – 'Ministerium für Innere Angelegenheiten', neue Bezeichnung für das Volkskommissariat für Innere Angelegenheiten.
[388] Auman/Čebotareva führen keine Unterschrift an.

7.10 Dokument 10: Die teilweise Rehabilitierung der Russlanddeutschen. Erlass vom 29. August 1964

ERLASS
des Präsidiums des Obersten Sowjets der UdSSR

**Betreffs Änderungen am Erlaß des
Präsidiums des Obersten Sowjets der UdSSR
vom 28. August 1941
„Über die Umsiedlung der Deutschen, die im Wolgagebiet leben"**

Im Erlaß des Präsidiums des Obersten Sowjets der UdSSR vom 28. August 1941 „Über die Umsiedlung der Deutschen, die im Wolgagebiet leben" wurden große Gruppen von deutschen Sowjetbürgern beschuldigt, den faschistischen deutschen Landräubern aktive Hilfe und Vorschub geleistet zu haben.

Das Leben hat gezeigt, daß diese wahllos erhobenen Anschuldigungen unbegründet und ein Ausdruck der Willkür unter den Bedingungen des Kults der Person Stalins waren. In Wirklichkeit hat die überwältigende Mehrheit der sowjetdeutschen Bevölkerung in den Jahren des Großen Vaterländischen Krieges zusammen mit dem ganzen Sowjetvolk durch ihre Arbeit zum Sieg der Sowjetunion über das faschistische Deutschland beigetragen, und in den Nachkriegsjahren beteiligt sie sich aktiv am kommmunistischen Aufbau.

Dank der großen Hilfe der Kommunistischen Partei und des Sowjetstaates hat die deutsche Bevölkerung in den vergangenen Jahren an den neuen Wohnorten festen Fuß gefaßt und genießt alle Rechte von Bürgern der UdSSR. Die Sowjetbürger deutscher Nationalität arbeiten gewissenhaft in den Betrieben, Sowchosen, Kolchosen und Ämtern, beteiligen sich aktiv am gesellschaftlichen und politischen Leben. Viele von ihnen sind Deputierte der Obersten Sowjets und der örtlichen Sowjets der Werktätigendeputierten in der RSFSR, der Ukrainischen, der Kasachischen, der Usbekischen, der Kirgisischen und anderen Unionsrepubliken, befinden sich auf leitenden Posten in der Industrie und Landwirtschaft, im Apparat der Sowjets und der Partei. Tausende deutsche Sowjetbürger sind für die Erfolge in der Arbeit mit Orden und Medaillen der UdSSR und Ehrentiteln der Unionsrepubliken ausgezeichnet. In den Rayons einer Reihe von Gebieten, Regionen und Republiken mit deutscher Bevölkerung gibt es Mittel- und Grundschulen, in denen der Unterricht in deutscher Sprache erfolgt bzw. das deutsche Sprachstudium für die Schulkinder organisiert ist, dort finden regelmäßig Rundfunksendungen in deutscher Sprache statt, werden Zeitungen in deutscher Sprache herausgegeben und andere kulturelle Veranstaltungen für die deutsche Bevölkerung durchgeführt.

Das Präsidium des Obersten Sowjets der UdSSR beschließt:

1. Der Erlaß des Präsidiums des Obersten Sowjets der UdSSR vom 28. April 1941 „Über die Umsiedlung der Deutschen, die im Wolgagebiet leben" (Protokoll der Sitzung des Präsidiums des Obersten Sowjets der UdSSR, 1941, Nr. 9, Artikel 256) ist in dem Teil aufgehoben, der wahllos erhobene Anschuldigungen gegen die deutsche Bevölkerung enthält, die im Wolgagebiet lebte.

2. In Anbetracht dessen, daß die deutsche Bevölkerung an ihrem neuen Wohnort auf dem Territorium einer Reihe von Republiken, Regionen und Gebieten des Landes festen Fuß gefaßt hat, während die Gegenden ihres früheren Wohnorts besiedelt sind, werden die Ministerräte der Unionsrepubliken zwecks weiterer Entwicklung der Rayons mit deutscher Bevölkerung beauftragt, der deutschen Bevölkerung, die auf dem Territorium der

jeweiligen Republik lebt, auch künftig Hilfe und Beistand beim wirtschaftlichen und kulturellen Aufbau unter Berücksichtigung ihrer nationalen Besonderheiten und Interessen zu leisten.

Vorsitzender des Präsidiums des Obersten Sowjets der UdSSR
A. MIKOJAN

Sekretär des Präsidiums des Obersten Sowjets der UdSSR
M. GEORGADSE

Moskau, Kreml, 29. August 1964

Quelle: Eisfeld 1992, 137.

7.11 Dokument 11: Faltblatt des Beauftragten der Bundesregierung für Aussiedlerfragen vom Juli 1997

Der Beauftragte der Bundesregierung
für Aussiedlerfragen
Dr. Horst Waffenschmidt
Mitglied des Deutschen Bundestages
Parlamentarischer Staatssekretär a.D.

im Juli 1997

Liebe Rußlanddeutsche!

Verbessert Eure Deutschkenntnisse und sprecht deutsch!

Heute wende ich mich noch einmal an Sie mit der dringenden Bitte: Lernt Deutsch und sprecht deutsch!

Dies ist entscheidend für alle Rußlanddeutschen, für diejenigen, die in ihrer heutigen Heimat bleiben wollen, für alle, die nach Deutschland aussiedeln möchten und für diejenigen, die bereits als deutsche Aussiedler in Deutschland leben!

Eine Volksgruppe wird nur Zukunft haben, wenn sie ihre eigene Sprache kennt und anwendet. Darum appelliere ich an alle Rußlanddeutschen: Verbessert Eure Deutschkenntnisse und sprecht deutsch!

Im übrigen können die Rußlanddeutschen um so besser Brücken bauen zwischen Deutschland und ihrer heutigen Heimat, wenn sie beide Sprachen gut beherrschen. Dies ist für die menschlichen und kulturellen Beziehungen nützlich und sicherlich auch für das berufliche Fortkommen von Vorteil.

Für alle Rußlanddeutschen, die nach Deutschland aussiedeln wollen, sind ausreichende Deutschkenntnisse eine der wichtigsten Voraussetzungen für eine Aufnahme in Deutschland. Auch darum wurden verstärkt Sprachtests in der Russischen Föderation und Kasachstan eingerichtet, um die gesetzlichen Voraussetzungen für einen Aufnahmebescheid zu prüfen. Aussiedlerinnen und Aussiedler sollen sicher sein können, daß sie die Aufnahmebedingungen erfüllen und auch in Deutschland bleiben können, wenn sie einmal ausgesiedelt sind. Die von der Bundesregierung eingeleitete Intensivierung des außerschulischen Deutschunterrichts für Deutsche mit Sprachkursen in über 400 Orten in Rußland und Kasachstan gibt zusätzliche Möglichkeiten, die Deutschkenntnisse aufzufrischen. *Auch die Familienangehörigen, die mit aussiedeln wollen, sollten so viel wie möglich Deutsch können! Das ist entscheidend wichtig!*

Es kommmt aber nicht nur darauf an, daß man Deutsch kann, sondern die Deutschkenntnisse müssen auch angewendet werden in der Familie und im Alltag. Das gilt ganz besonders für die Rußlanddeutschen, die inzwischen in Deutschland leben. Für ihre Integration in Deutschland ist es sehr bedeutsam, daß sie deutsch sprechen, denn auf diese Weise können sie am besten ihrer Umwelt deutlich machen, daß sie sich dem deutschen Volk zugehörig fühlen.

Liebe Rußlanddeutsche, ich schreibe Ihnen das alles, um Ihnen zu helfen. Die Gedanken und Vorschläge kommen aus vielen Erfahrungen, die ich täglich in meinem Amt als Aussiedlerbeauftragter der Bundesregierung wahrnehme.

Ich bitte Sie herzlich und dringend, aus den genannten Vorschlägen und Anregungen für sich persönlich die notwendigen Folgerungen zu ziehen. Es geht um Ihre Zukunft, die Zukunft Ihrer Kinder und die Zukunft viele Rußlanddeutscher!

Mit besten Grüßen

Ihr

Unterschrift

Quelle: Waffenschmidt 1997, Faltblatt

7.12 Dokument 12: Rechtsauskunft des Rechtsanwaltes Viktor Schulz zu statusrechtlichen Fragen vom September 1998

Nenne mir deinen Paragraphen, und ich sage dir, wer du bist!

Aus: *Semljaki /Landsleute/. Russischsprachige Zeitung für Deutschland*[389]

Rechtsauskünfte erteilt:
Rechtsanwalt Dr. Viktor Schulz
Anwaltskanzlei Schulz & Partner
Senefelderstr. 9
70178 Stuttgart
Tel.: 0711-6154649
Fax: 0711-6154650

Anfrage:

Jeder in unserer Familie hat einen anderen Paragraphen

In unserer verhältnismäßig kleinen Familie besitzt fast jedes Familienmitglied und jeder Verwandte – wenn man noch die Großeltern und die anderen Verwandten vonseiten der Tante und des Onkels berücksichtigt – seinen eigenen, sich von den anderen unterscheidenden „Paragraphen" bzw. Status. Wir sind ganz verwirrt und können gar nicht verstehen, was sie bedeuten und worin sie sich unterscheiden. Uns ist unklar, auf welcher Grundlage sie zuerkannt werden, welche Rechte sie verleihen oder welche Beschränkungen sie auferlegen.

Wegen dieses Durcheinanders und der Unkenntnis ist es schon zu nicht wenigen unangenehmen Überraschungen und schweren Erlebnissen gekommen. Nicht ein einziger hiesiger Beamter konnte uns eine klare Antwort auf unsere Fragen geben. Wir bitten sehr darum, dass Ihre Zeitung *Semljaki* die Situation erklärt, denn diese Fragen bewegen sicher viele Leser der Zeitung.

Irina und Helena Klett, Heilbronn

Antwort:

Nenne mir deinen Paragraphen, und ich sage dir, wer du bist!

In Deutschland leben zurzeit mehr als zwei Millionen Bürger aus der ehemaligen Sowjetunion. Sie bilden jedoch durchaus keine einheitliche Gruppe. Sie unterscheiden sich in den für sie geltenden Rechten und Pflichten, den rechtlichen Grundlagen, der Ankunft und dem Ziel ihres Aufenthalts in Deutschland deutlich voneinander. Insgesamt kann man die Bürger aus der ehemaligen Sowjetunion, die gegenwärtig in der Bundesrepublik Deutschland leben, nach ihrem Rechtsstatus in **neun Hauptgruppen** unterteilen:

1. **Vertriebene, § 1 BVFG**

---

[389] Die hier publizierte deutsche Fassung wurde im Hinblick auf die Übersetzung aus dem Russischen von Dr. Viktor Schulz korrigiert und inhaltlich leicht ergänzt.

Anhang 2 507

Zu dieser Gruppe gehören Personen, die bis zum 31.12.1992 nach Deutschland eingereist sind und den Vertriebenenausweis erhalten haben.

Die Aussiedler, die den Status „Vertriebene" haben, haben auf Grund des Fremdrentengesetzes einen Rentenanspruch. Allerdings wurden ihre Renten in den letzten Jahren um 40 Prozent gekürzt.

Gemäß § 1 Abs. 3 BVFG erhalten auch Personen nichtdeutscher Herkunft den Status „Vertriebener", wenn sie als Ehepartner des Vertriebenen gemeinsam mit ihm aus der ehemaligen Sowjetunion ausgereist sind. Das bedeutet, dass z.b. die russische Ehefrau eines Vertriebenen, die die ehemalige Sowjetunion gemeinsam mit ihm bis zum 31.12.1992 verlassen hat, auch auf Grund des „Fremdrentengesetzes" Rente beziehen wird. In jedem Fall werden die in Russland oder Kasachstan geleisteten Dienstjahre bei der Berechnung der Höhe der Rente in Deutschland berücksichtigt.

2. Spätaussiedler, § 4 Abs. 1, 2 BVFG

Zu dieser Gruppe gehören Personen, die nach dem 31.12.1992 in die Bundesrepublik Deutschland eingereist sind.

An Stelle des „Vertriebenenausweises" erhalten sie gemäß § 15 BVFG n. F. eine Bescheinigung zum Nachweis ihrer Spätaussiedlereigenschaft.

Zu den Spätaussiedlern zählen nur deutsche Volkszugehörige. Wer sich zu dieser Gruppe rechnen kann, ist durch § 6 Abs. 2 BVFG definiert. Nach dieser Bestimmung gilt als deutscher Volkszugehöriger, wer 1. deutscher Herkunft ist (dafür ist ausreichend, dass ein Elternteil – Mutter oder Vater – Deutscher ist); wem durch die Eltern oder andere Verwandte solche bestätigenden Eigenschaften wie 2. die deutsche Sprache, 3. eine deutsche Erziehung, 4. die deutsche Kultur vermittelt wurden; wer sich schließlich 5. als Deutscher bekannt hat, mit anderen Worten, bei wem im Ausweis in der Spalte Nationalität „Deutscher" bzw. „Deutsche" eingetragen ist.

Ein Spätaussiedler ist Deutscher im Sinne des Artikels 116 Abs. 1 des deutschen Grundgesetzes und bekommt die deutsche Staatsangehörigkeit. Er erhält einen kostenlosen sechsmonatigen Sprachkurs und eine Eingliederungshilfe (seit dem 01.01.1994 nur noch 6 Monate lang). Er kann gemäß § 94 BVFG seinen Vornamen und Familiennamen ändern. Im Unterschied zu den anderen Bürgern aus der ehemaligen Sowjetunion kommen Spätaussiedler in den Genuss aller Vergünstigungen, die von der deutschen Gesetzgebung vorgesehen sind. Der Hauptunterschied ist jedoch, dass sie gemäß § 9 BVFG das sog. „Kommandanturgeld"[390] erhalten (4000 DM für Personen, die vor dem 01.04.1956 geboren wurden; 6000 DM für Personen, die vor dem 01.01.1946 geboren wurden) und dass ihnen nach dem Fremdrentengesetz eine Rente zusteht. Allerdings wurde diese Rente in den letzten Jahren erheblich gekürzt und auf die Höhe der Eingliederungshilfe reduziert.

Außerdem erhalten nur Spätaussiedler Vergünstigungen zur Förderung einer selbstständigen Erwerbstätigkeit. Zu diesem Zweck sind gemäß § 14 Abs. 1 BVFG die Gewährung von Krediten zu günstigen Zins-, Tilgungs- und Sicherungsbedingungen und andere Förderungsmaßnahmen vorgesehen.

3. Ehepartner eines Spätaussiedlers, wenn die Ehe vor der Ausreise in die BRD drei Jahre und länger bestanden hat, § 7 Abs. 2/ 1. Variante BVFG

Diese Personengruppe erhält in Übereinstimmung mit dem Artikel 116 der deutschen Verfassung auch den Status eines Deutschen und die deutsche Staatsangehörigkeit. Ihre Lage unterscheidet sich kaum von der Lage der Spätaussiedler. Sie bekommen auch einen Aussiedlerausweis, einen Sprachkurs und Eingliederungshilfe. Aber im Unterschied zu den Spät-

---

[390] So bezeichnen viele Aussiedler die „pauschale Eingliederungshilfe", die gemäß BVFG auf Antrag „zum Ausgleich für erlittenen Gewahrsam" gezahlt wird.

aussiedlern erhält die genannte Gruppe kein „Kommandanturgeld" gemäß § 9 BVFG. Außerdem wird ihnen gemäß § 13 BVFG und „Fremdrentengesetz" keine Rente gewährt. Die in der ehemaligen UdSSR geleisteten Dienstjahre werden bei der Rentenberechnung nicht berücksichtigt.

4. Ehepartner eines Spätaussiedlers, wenn die Ehe vor der Ausreise in die BRD weniger als drei Jahre bestanden hat, § 7 Abs. 2/ 2. Variante BVFG

Alle Personen, die unter diesen Paragraphen fallen, erhalten den Status eines Ausländers. Sie bekommen keinen Personalausweis und müssen eine Aufenthaltserlaubnis haben, die regelmäßig verlängert wird; ein Antrag auf Erlangung der deutschen Staatsangehörigkeit kann frühestens nach drei Jahren gestellt werden. Auf dieser Grundlage verliert z.B. eine Frau, die die deutsche Staatsangehörigkeit nicht erhalten hat, bei einer Scheidung das Aufenthaltsrecht. Allerdings betrifft dies nicht jene Frauen, deren Kinder bereits die deutsche Staatsangehörigkeit erhalten haben. Die genannten Personen können ihren Vornamen und Familiennamen nicht gemäß § 94 BVFG ändern; sie bekommen selbstverständlich kein „Kommandanturgeld" und keine Rente. Um eine Arbeit aufnehmen zu können, benötigen sie eine Arbeitserlaubnis vom Arbeitsamt. Sehr wichtig ist aber, dass diese Gruppe wie auch die vorgenannte Gruppe einen Sprachkurs und Eingliederungshilfe bekommt.

5. Abkömmlinge eines Spätaussiedlers, § 7 Abs. 2/3. Variante BVFG

Die Abkömmlinge eines Spätaussiedlers sind gemäß Artikel 116 der deutschen Verfassung sogar dann Deutsche, wenn in ihrem Ausweis eine andere Nationalität als die deutsche eingetragen ist. Sie erhalten die deutsche Staatsangehörigkeit; bei Vollendung des 16. Lebensjahres wird ihnen ein Personalausweis ausgehändigt. Die Kinder eines Spätaussiedlers bekommen einen Sprachkurs und Eingliederungshilfe. Sie können den Familien- und Vornamen gemäß § 94 BVFG ändern, wenn sie dies wünschen. Die Abkömmlinge eines Spätaussiedlers bekommen keine Rente und kein „Kommandanturgeld".

6. Andere Familienangehörige eines Spätaussiedlers, § 8 Abs. 2 BVFG

Allen sonstigen Familienangehörigen eines Spätaussiedlers, die nicht unter eine der drei Varianten des § 7 Abs. 2 BVFG fallen, wird § 8 BVFG zugeordnet. Sie haben den Status eines Ausländers und erhalten keinen Personalausweis. Ihnen wird die Möglichkeit gewährt, in Abhängigkeit vom Alter, dem Bestehen der Ehe und dem Verwandtschaftsverhältnis zu einem Spätaussiedler die deutsche Staatsangehörigkeit erst nach 3, 5, 8 bzw. 15 Jahren zu erlangen. Diese Personen bekommen keine Eingliederungshilfe und keinen kostenlosen Sprachkurs; sie haben nicht das Recht, den Vornamen oder den Familiennamen zu ändern; ihre Abschlusszeugnisse werden nicht anerkannt; ihnen wird nicht die Möglichkeit gewährt, eine Ausbildung mit Unterstützung des Garantiefonds und der Otto-Benecke-Stiftung zu absolvieren. Jedoch wird den genannten Personen, die auf dem Wege des Bundesvertriebenen- und Flüchtlingsgesetzes BVFG in Deutschland einreisen, Sozialhilfe gewährt; sie können gemäß § 9 RVO (SGBV) als Familienangehörige bei einer Krankenkasse versichert werden; Personen, die an einer Hochschule studieren, wird ein Stipendium gewährt, sie haben Anspruch auf Wohngeld, Kindergeld und Erziehungsgeld.

7. Personen, die als deutsche Staatsangehörige in die Bundesrepublik Deutschland einreisen, weil ihr Vater oder Großvater die deutsche Staatsangehörigkeit erlangt hat

Zu dieser Gruppe von Bürgern aus der ehemaligen UdSSR, die sich jetzt in Deutschland aufhalten, gehören Personen, die die deutsche Staatsangehörigkeit, die sie oder ihre Eltern während des Aufenthalts in Deutschland in den Jahren des Zweiten Weltkrieges erhielten, zurückerlangen konnten.

Bei der Einreise nach Deutschland müssen diese Personen nicht die komplizierte Prozedur der Anerkennung als Spätaussiedler durchlaufen. Mit anderen Worten, sie müssen nicht beweisen, dass ein Elternteil Deutsche bzw. Deutscher ist, sie müssen keinen Sprachtest ablegen oder den Beweis erbringen, dass sie die deutsche Kultur kennen und im deutschen Geist erzogen wurden. Es ist auch nicht notwendig, dass im Ausweis in der Spalte Nationalität das Wort Deutscher bzw. Deutsche steht. Es ist jedoch wichtig zu wissen, dass den genannten Personen **nicht die Vergünstigungen gewährt werden**, die für die Spätaussiedler vorgesehen sind, die auf dem Wege des BVFG, des Vertriebenengesetzes, nach Deutschland einreisen. Sie bekommen keine Eingliederungshilfe und keinen kostenlosen Sprachkurs; sie haben keinen Anspruch auf „Kommandanturgeld" und Rente. Wenn jemand die Möglichkeit hat, als Deutscher auf dem Wege der Wiedererlangung der Staatsangehörigkeit oder aber auf dem Wege des Vertriebenengesetzes als Spätaussiedler nach Deutschland zu kommen, sollte er den zweiten Weg wählen, auch wenn er komplizierter ist.

8. Personen, die zu einem besonderen Kontingent von Flüchtlingen gehören (Kontingentflüchtlinge)

Den Status von Kontingentflüchtlingen erhalten Juden aus der ehemaligen UdSSR im Rahmen der seit dem 1. August 1980 durchgeführten internationalen humanitären Aktion und auf Grund des auf Initiative von Kanzler Kohl und der jüdischen Gemeinde in Deutschland beschlossenen „Gesetzes über Maßnahmen für im Rahmen humanitärer Hilfsaktionen aufgenommene Flüchtlinge" vom 22. Juli 1980. Während die Zahl der deutschen Aussiedler aus der GUS in Deutschland deutlich zurückgeht, wächst die Zahl der jüdischen Kontingentflüchtlinge aus den Staaten der GUS. Allein aus der Ukraine reisten in letzter Zeit mehr als 27 000 Juden nach Deutschland ein, womit diese Zahl um ein Mehrfaches höher liegt als die Zahl der Deutschen, die aus dieser Republik ausgereist sind. Die Mehrzahl der Juden aus den GUS-Staaten reist heute nicht nach Israel, in ihre historische Heimat, aus, sondern nach Deutschland. Der Rechtsstatus der Kontingentflüchtlinge unterscheidet sich, wenn man von einigen Schwierigkeiten bei der Erlangung der deutschen Staatsangehörigkeit absieht, praktisch nicht von der rechtlichen Lage der deutschen Spätaussiedler aus der GUS; in mancher Hinsicht ist die Lage der Kontingentflüchtlinge sogar günstiger. Auf jeden Fall werden die Kontingentflüchtlinge bei Nichtbeherrschung der deutschen Sprache nicht wie die Deutschen aus der GUS zurück nach Sibirien oder Kasachstan geschickt. Es genügt darauf hinzuweisen, dass die Zahl der Rußlanddeutschen, die gezwungen wurden, Deutschland, d.h. das Territorium ihrer historischen Heimat, zu verlassen, sich annähernd auf 1000 beläuft. Nach meiner Ansicht stellt das eine unermessliche Grausamkeit dar. Hier spielen sich menschliche Tragödien ab.

9. Personen, die gemäß dem Ausländergesetz, § 15-27 AuslG, als Ausländer in die Bundesrepublik Deutschland eingereist sind

Die genannte Personengruppe reist im Rahmen der Familienzusammenführung auf der Grundlage des Ausländergesetzes nach Deutschland ein. Diese Notwendigkeit ergibt sich meist nach der Eheschließung zwischen deutschen Staatsangehörigen einerseits und Ausländern andererseits. Besonders aktiv sind hierbei Frauen aus Polen, die jährlich etwa 20 000 Ehen mit Männern aus Deutschland schließen; unter den Männern heben sich die Türken von den anderen ab. Doch auch Bürger aus den GUS-Staaten unternehmen immer mehr Anstrengungen, um einen Lebenspartner in Deutschland zu finden.

Gemäß § 23 AuslG wird dem Partner des oder der Deutschen nach der Eheschließung eine Aufenthaltserlaubnis für Deutschland für eine Frist von ein bis drei Jahren mit dem Recht auf Verlängerung gewährt.

Da dem Ausländer die Aufenthaltserlaubnis für die Bundesrepublik Deutschland anfangs nur zwecks Zusammenführung mit dem deutschen Ehepartner ausgestellt wird, wird diese Erlaubnis im Falle einer Auflösung der ehelichen Lebensgemeinschaft aufgehoben. Die ausländischen Ehepartner verlieren auf diese Weise das Aufenthaltsrecht in Deutschland und sind gezwungen, Deutschland zu verlassen.

Ausländische Bürger dürfen in solchen Fällen nur dann in Deutschland bleiben, wenn sie vier Jahre lang ohne größere Unterbrechungen mit ihrem Ehepartner zusammengelebt haben

(§ 19 Abs. 1 AuslG) oder wenn ihre Aufenthaltserlaubnis unbefristet verlängert wurde (§ 19 Abs. 4 AuslG). Die Gesetzgebung lässt in einigen Fällen auch andere Ausnahmen von der genannten Forderung, das Land zu verlassen, zu. Für ausländische Ehepartner ist es wichtig zu wissen, dass sie auf Grund von § 8 und 9 des Reichs- und Staatsangehörigkeitsgesetzes (RuStAG) nach drei Ehejahren einen Antrag auf Gewährung der deutschen Staatsangehörigkeit stellen können. Allerdings erhalten sie im Unterschied zu den Aussiedlern, für die § 4 Abs. 1 und 2 oder § 7 Abs. 2 erste Variante und § 7 Abs. 2 dritte Variante BVFG zutrifft, die deutsche Staatsangehörigkeit nicht automatisch, sondern nur im Falle einer positiven Entscheidung der zuständigen Behörde, die diese Entscheidung nach eigenem Ermessen trifft. Die Gewährung der deutschen Staatsangehörigkeit wird abgelehnt, wenn der Ausländer vorbestraft ist, wenn er nicht über das für seinen Lebensunterhalt notwendige Minimum verfügt oder andere Umstände vorliegen, die nicht zulassen, den künftigen Bürger Deutschlands als einen zuverlässigen Menschen zu charakterisieren. Ein ausländischer Ehepartner, der die deutsche Staatsangehörigkeit erlangt hat, verliert im Falle einer Scheidung nicht das Aufenthaltsrecht für Deutschland.

Ausländer können auch Sozialhilfe empfangen, was viele nach Deutschland zieht. Ihnen wird jedoch kein Stipendium für eine Hochschulausbildung gewährt.

Kann man den Paragraphen wechseln?

In der russischsprachigen Presse findet man manchmal eine bejahende Antwort auf diese Frage. In einer dieser Zeitungen musste ich lesen, dass „man von § 8 BVFG zu § 4 BVFG wechseln kann. Man muss nur fleißig arbeiten, sich anständig benehmen und einen Antrag beim Vetriebenenamt stellen". Das ist natürlich Unsinn. Es ist nicht möglich, nach einer bestimmten Zeit den früher zugesprochenen Paragraphen gegen einen günstigeren einzutauschen. Ich möchte die Leser jedoch auf Folgendes aufmerksam machen. Der Rechtsstatus oder der gemäß BVFG zutreffende Paragraph wird anfänglich zunächst bei Erhalt des Aufnahmebescheids sowie bei Ausgabe des Registrierscheins bestimmt. Endgültig jedoch wird der Rechtsstatus des Aussiedlers (oder mit anderen Worten der „Paragraph") bei Beantragung der Spätaussiedlerbescheinigung vom Vetriebenenamt bestimmt. Beim Ausfüllen dieses Antrags ist es wichtig anzukreuzen, auf Grund welches Paragraphen Sie die Spätaussiedlerbescheinigung bekommen möchten. Diese Bescheinigung hat drei Absätze. Dabei ist **Absatz 1** mit § 4 BVFG (Spätaussiedler) gleichbedeutend; **Absatz 2** mit § 7 Abs. 2 erste Variante BVFG (Ehepartner eines Spätaussiedlers, wenn die Ehe vor der Einreise nach Deutschland drei Jahre oder länger bestanden hat); **Absatz 3** mit § 7 Absatz 2 dritte Variante BVFG (Abkömmlinge des Spätaussiedlers). Wenn die Behörde der Auffassung ist, dass alle Voraussetzungen für die Zuerkennung eines günstigeren Paragraphen als des im Aufnahmebescheid aufgeführten vorhanden sind, dann kann sie den entsprechenden Paragraphen zusprechen. Meistens werden unsere Landsleute bei der Beantragung der Spätaussiedlerbescheinigung mit unangenehmen Überraschungen konfrontiert. Im günstigsten Fall wird ihnen an Stelle des Status nach § 4 Abs. 1 und 2 BVFG (Spätaussiedler) der Rechtsstatus nach § 7 Abs. 2 dritte Variante BVFG (Abkömmling) zuerkannt; öfter jedoch erhalten sie den Ausländerstatus; nicht selten wird gefordert, dass sie nach Russland oder nach Kasachstan zurückgehen. Mit der Ausgabe der Spätaussiedlerbescheinigung wird der Status endgültig festgelegt. Wenn man mit dem Status nicht einverstanden ist, besteht die Möglichkeit, innerhalb eines Monats bei der oben genannten Behörde Widerspruch einzulegen.

Quelle: Semljaki, September 1998, 12.

Aus dem Russischen von Sabine Danilejko

7.13 Dokument 13: Angebot von Deutsch- und Russischkursen für Kinder in Berlin-Marzahn aus dem Jahr 1999

Ihr Kind ist im Alter von 8-12 Jahren?
Kann es Russisch lesen und schreiben?
Hat es den Wunsch, dies zu lernen?
Wünschen Sie sich, dass Ihr Kind zwei oder mehr Sprachen perfekt beherrscht?
Für den Anfang

bieten wir an: einen

RUSSISCH-KURS

für russischsprachige Kinder

Konversation
Lesen und Schreiben

Das alles führen wir in spielerischer Form durch, ohne unnötige Belastung für Ihr Kind. Geben Sie ihm die Möglichkeit, schon jetzt eine zweite Muttersprache zu beherrschen. Nehmen Sie Ihrem Kind keine zusätzlichen Chancen für die Zukunft.

Die Gruppe besteht aus 6-8 Personen. (Es gibt noch freie Plätze.)
Der Unterricht findet jeden Mittwoch von **16.00 - 17.30 Uhr** statt.
Und zwar im Kinder- und Jugendhaus Marzahn, Zimmer 314-315,
Glambecker Ring 80-82, 12679 Berlin.
Interessenten melden sich bitte
unter Tel. 93 49 79 43 oder 933 93 68.
Für Mütter besteht zur selben Zeit die Möglichkeit,
in der Nähstube zu arbeiten
oder Kaffee zu trinken.

Wir freuen uns auf Ihre Ideen und Vorschläge!

Quelle: Mädchenzentrum beim MiM e.V. Berlin-Marzahn 1999, Faltblatt

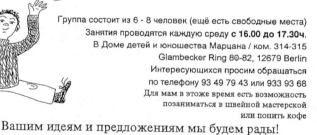

Вашему ребёнку от 8 до 12 лет?
Умеет ли он читать и писать по-русски?
Есть ли у него желание научиться этому?
Желаете ли Вы, чтобы Ваш ребёнок знал в совершенстве
два языка или более?
Для начала
Мы предлогаем

КУРС РУССКОГО ЯЗЫКА
для детей разговаривающих по-русски

развитие разговорной речи
обучение чтению и письму

Всё это мы проводим в игровой форме, без лишней нагрузки для ребёнка
Дайте ему возможность уже сейчас овладеть вторым родным языком
Не лишайте своего ребёнка дополнительных шансов в будующем

Группа состоит из 6 - 8 человек (ещё есть свободные места)
Занятия проводятся каждую среду **с 16.00 до 17.30ч.**
В Доме детей и юношества Марцана / ком. 314-315
Glambecker Ring 80-82, 12679 Berlin
Интересующихся просим обращаться
по телефону 93 49 79 43 или 933 93 68
Для мам в этоже время есть возможность
позаниматься в швейной мастерской
или попить кофе

Вашим идеям и предложениям мы будем рады!

RUSSISCH FÜR KINDER
jeden Mittwoch von 16. 00 bis 17.30 Uhr

Im Kinder- und Jugendhaus Marzahn
Mädchenzentrum beim MiM e.V.
Glambecker Ring 80-82, 12679 Berlin
Anmeldungen unter tel. 93 49 79 43 oder 933 93 68

"Вроде бы всё понимаю, а сказать не могу"
Знакомы ли Вам эти слова?
Наверняка Вы сами повторяли это не раз.
Чтобы быть стройной и красивой- нужно заниматься физкультурой.
Также и язык нуждается в постоянной тренировке, чтобы не оставаться "костяным",
поэтому

КУРС НЕМЕЦКОЙ РАЗГОВОРНОЙ РЕЧИ

предлогает Вам
проект Меридиан
Каждый понедельник и пятницу
с 10.00 ч. до 11,30 ч. для всех и во вторник
с 10.00 ч. до 11.30 ч. для начинающих,
каждую среду с 18.30 ч. до 20.00 ч.
для всех, у кого нет времени до обеда
(просьба заранее позвонить по тел. 9339368)
в Доме детей и юношества Марцана/
Glambecker Ring 80-82/
3-ий этаж /Ком.313

Einen
KONVERSATIONS DEUTSCH-SPRACHKURS
bietet Ihnen das Meridian-Projekt
im Kinder- und Jugendhaus Marzahn/
Glambecker Ring 80-82 / Raum 313 an.
Der Kurs läuft montags und freitags von 10.00-11.30 Uhr
für Fortgeschrittene und dienstags von 10.00-11.30 Uhr
für Anfänger. Auch mittwochs von 18.30 -20.00 Uhr,
für alle, die vormittags keine Zeit haben
(wir bitten um Voranmeldung unter Tel. 933 93 68).

Nicht nur der Körper braucht Training für gutes Aussehen,
auch die Zunge muß trainiert werden.
Nach einiger Zeit werden auch Sie
die deutsche Sprache beherrschen und nicht mehr sagen
"Ich verstehe alles, aber ich kann nicht sprechen".

Wir warten auf Euch!

8. Literatur

Anders, Kerstin (1993): Einflüsse der russischen Sprache bei deutschsprachigen Aussiedlern. Untersuchungen zum Sprachkontakt Deutsch-Russisch. Mit Transkriptionen aus fünf Gesprächen. Hamburg: Germanisches Seminar/Deutsch als Fremdsprache. (= Arbeiten zur Mehrsprachigkeit 44).

Appel, René und Muysken, Pieter (1987): Language contact and bilingualism. London: Arnold.

Auer, Peter (1984): Bilingual conversation. Amsterdam: Benjamins.

Auer, Peter (Hg.) (1998): Code-switching in conversation. Language, interaction and identity. London/New York: Routledge.

Auman, Vladimir A. und Čebotareva, Valentina G. (Hg.) (1993): Istorija rossijskich nemcev v dokumentach (1763-1992 gg.) /Geschichte der russländischen Deutschen in Dokumenten (1763-1992)/. Moskva: MIGUP /Meždunarodnyj institut gumanitarnych nauk/.

Bachtin, Michail M. (1979): Problema rečevyh žanrov /Das Problem der Redegattungen/. In: Bachtin, Michail M., Èstetika slovesnogo tvorčestva /Ästhetik des sprachlichen Schaffens/. Moskva: Iskusstvo. 237-280.

BAGIV (Bundesarbeitsgemeinschaft der Immigrantenverbände in der Bundesrepublik Deutschland und Berlin West) (Hg.) (1985): Muttersprachlicher Unterricht in der Bundesrepublik Deutschland. Sprach- und bildungspolitische Argumente für eine zweisprachige Erziehung von Kindern sprachlicher Minderheiten. Mit der 2., neubearb. Fassung des „Memorandums zum Muttersprachlichen Unterricht". Hamburg: Rissen.

Bal'burov, Dmitrij (1997): Korejskij poezd pamjati /Der koreanische Zug der Erinnerung/. In: Moskovskie novosti 39, 8.

Barden, Birgit und Großkopf, Beate (1998): Sprachliche Akkomodation und soziale Integration. Sächsische Übersiedler und Übersiedlerinnen im rhein-/moselfränkischen und alemannischen Sprachraum. Tübingen: Niemeyer. (= Phonai. Texte und Untersuchungen zum gesprochenen Deutsch 43).

Baur, Rupprecht S./Chlosta, Christoph/Krekeler, Christian und Wenderott, Claus (1999): Die unbekannten Deutschen. Ein Lese- und Arbeitsbuch zu Geschichte, Sprache und Integration rußlanddeutscher Aussiedler. Unter Mitarb. von Iris Bäcker, Dimitri Buchanow und Gregor Meder. Baltmannsweiler: Schneider Verlag Hohengehren.

Baur, Rupprecht S. und Meder, Gregor (1989): Die Rolle der Muttersprache bei der schulischen Sozialisation ausländischer Kinder. In: Diskussion Deutsch 20, 106, 119-135.

Baur, Rupprecht S. und Meder, Gregor (1992): Zur Interdependenz von Muttersprache und Zweitsprache bei jugoslawischen Migrantenkindern. In: Baur, Rupprecht S./Meder, Gregor und Previsic, Vlatko (Hg.), Interkulturelle Erziehung und Zweisprachigkeit. Baltmannsweiler: Schneider Verlag Hohengehren. 109-140.

Bausch, Karl-Heinz (1997): „In other words – was gschwind in English ded 's mena?" Beobachtungen zum Pennsylvaniadeutsch heute. In: Sprachreport 4, 1-6.

Bechert, Johannes und Wildgen, Wolfgang (1991): Einführung in die Sprachkontaktforschung. Unter Mitarb. von Christoph Schroeder. Darmstadt: Wiss. Buchgesellschaft.

Benz, Wolfgang (1992): Fremde in der Heimat: Flucht – Vertreibung – Integration. In: Bade, Klaus J. (Hg.), Deutsche im Ausland – Fremde in Deutschland. Migration in Geschichte und Gegenwart. München: Beck. 374-386.

Berend, Nina (1998): Sprachliche Anpassung. Eine soziolinguistisch-dialektologische Untersuchung zum Rußlanddeutschen. Tübingen: Narr. (= Studien zur deutschen Sprache. Forschungen des Instituts für Deutsche Sprache 14).

Berend, Nina und Jedig, Hugo (1991): Deutsche Mundarten in der Sowjetunion. Geschichte der Forschung und Bibliographie. Marburg: Elwert.

Berend, Nina und Mattheier, Klaus J. (Hg.) (1994): Sprachinselforschung. Eine Gedenkschrift für Hugo Jedig. Frankfurt/M. etc.: Lang.

Berend, Nina/Meng, Katharina und Reitemeier, Ulrich (1999): Untersuchungen zur sprachlichen Integration von Aussiedlern. Bibliographie. Mannheim: IDS.

Bericht über die Schulbildung von Migrantenkindern in der Europäischen Union (1994). Brüssel: Kommission der Europäischen Gemeinschaften.

Betten, Anne (1996): Das Deutsch der 20er Jahre in Israel. Bericht über ein Forschungsprojekt. In: Sprachreport 4, 5-10.

Betten, Anne und Du-nour, Miryam (Hg.) (1995): „Wir sind die Letzten. Fragt uns aus." Gespräche mit den Emigranten der dreißiger Jahre in Israel. Gerlingen: Bleicher.

Birken-Silverman, Gabriele (1998): Sizilianer in Mannheim. Vortrag auf dem soziolinguistischen Kolloquium der Universität Mannheim vom 2.6.1998.

Born, Joachim und Dickgießer, Sylvia (1989): Deutschsprachige Minderheiten. Ein Überblick über den Stand der Forschung für 27 Länder. Mannheim: Institut für deutsche Sprache im Auftrag des Auswärtigen Amtes.

Bose, Ines und Gutenberg, Norbert (Im Druck): „Es war einmal ein Drach." Zum Sprechstil des Erzählens von Erwachsenen und Kindern - Interpretationen im Notationssystem HAN. In: Meng, Katharina und Rehbein, Jochen (Hg.), Kinderkommunikation – einsprachig und mehrsprachig. Münster etc.: Waxmann.

Bot, Kees de und Weltens, Bert (1995): Foreign language attrition. In: Annual review of applied linguistics 15, 151-164.

Brandes, Detlef (1997): Von den Verfolgungen im Ersten Weltkrieg bis zur Deportation. In: Stricker, Gerd (Hg.), Deutsche Geschichte im Osten Europas. Rußland. Berlin: Siedler. 131-212.

Buchsweiler, Meir (1984): Volksdeutsche in der Ukraine am Vorabend und Beginn des Zweiten Weltkriegs – ein Fall doppelter Loyalität? Gerlingen: Bleicher. (= Schriftenreihe des Instituts für Deutsche Geschichte Universität Tel Aviv 7).

Bührig, Kristin (1996): Reformulierende Handlungen. Zur Analyse sprachlicher Adaptierungshandlungen in institutioneller Kommunikation. Tübingen: Gunter Narr. (=Kommunikation und Institution 23).

Clyne, Michael (1975): Forschungsbericht Sprachkontakt. Untersuchungsergebnisse und praktische Probleme. Kronberg/Ts.: Scriptor.

Clyne, Michael G. (1980): Sprachkontakt/Mehrsprachigkeit. In: Althaus, Hans Peter/Henne, Helmut und Wiegand, Herbert Ernst (Hg.), Lexikon der Germanistischen Linguistik. 2., vollständig neu bearb. u. erw. Aufl. Tübingen: Niemeyer. 641-646.

Clyne, Michael (1992): Linguistic and sociolinguistic aspects of language contact, maintenance and loss. Towards a multifacet theory. In: Fase, Willem/Jaspaert, Koen und Kroon, Sjaak (Hg.), Maintenance and loss of ethnic minority languages. Amsterdam/ Philadelphia: Benjamins. 17-35.

Dal', Vladimir I. (1994/1903-1909): Tolkovyj slovar' živogo velikorusskogo jazyka /Erklärendes Wörterbuch der lebendigen großrussischen Sprache/. 4 Bände. Sankt Peterburg/Moskva: Vol'f.

Dešeriev, Junus D. (1987): Vzaimovlijanie i vzaimoobogaščenie jazykov narodov SSSR /Die gegenseitige Beeinflussung und Bereicherung der Sprachen der Völker der UdSSR/. Moskva: Nauka.

Dietz, Barbara und Hilkes, Peter (1993): Rußlanddeutsche: Unbekannte im Osten. Geschichte, Situation, Zukunftsperspektiven. 2. Aufl. München: Olzog. (= Geschichte und Staat 292).

Dietz, Barbara und Hilkes, Peter (1994): Integriert oder isoliert? Zur Situation rußlanddeutscher Aussiedler in der Bundesrepublik Deutschland. München: Olzog. (= Geschichte und Staat 299).

Dimroth, Christine (1993): Introspektion: Eine neue Erklärungsperspektive für den Zweitspracherwerb. Wiss. Hausarbeit zur Ersten Wiss. Staatsprüfung für das Amt der Studienrätin. Berlin: Freie Universität.

Dinges, Georg (1923): Über unsere Mundarten. In: Beiträge zur Heimatkunde des deutschen Wolgagebiets. Pokrovsk: Zentralstelle zur Erforschung der deutschen Mundarten. 60-72 und 86-88.

Domaschnew, Anatoli (1995): Zur Sprachsituation in Rußland im internationalen Vergleich: Muttersprache und Bildungssprache der kleineren nationalen Gemeinschaften. In: Scharnhorst, Jürgen (Hg.), Sprachsituation und Sprachkultur im internationalen Vergleich. Aktuelle Sprachprobleme in Europa. Mit einem Geleitwort von Erika Ising. Frankfurt/M. etc.: Lang. 131-142.

Donath, Joachim (1986): Zur Bedeutung situativer Faktoren für die Beeinflussung der Redeweise in Gesprächen. In: Deutsch als Fremdsprache 23, 5, 257-262.

Dönninghaus, Victor (1995): Die deutschen Kolonien auf der Krim in der ersten Hälfte der zwanziger Jahre des 20. Jahrhunderts: politische, wirtschaftliche und kulturelle Aspekte. In: Forschungen zur Geschichte und Kultur der Rußlanddeutschen 5, 65-80.

Ehlich, Konrad (1986): Xenismen und die bleibende Fremdheit des Fremdsprachensprechers. In: Hess-Lüttich, Ernest W. B. (Hg.), Integrität und Identität. Tübingen: Narr. 43-54.

Ehlich, Konrad (1991): Funktional-pragmatische Kommunikationsanalyse – Ziele und Verfahren. In: Flader, Dieter (Hg.), Verbale Interaktion. Studien zur Empirie und Methodologie der Pragmatik. Stuttgart: Metzler. 127-143.

Ehlich, Konrad (1996): Kindliche Sprachentwicklung, ihre Daten und ihre Konzeptualisierungen. In: Ehlich, Konrad (Hg.), Kindliche Sprachentwicklung. Konzepte und Empirie. Opladen: Westdeutscher Verlag. 1-16.

Ehlich, Konrad und Rehbein, Jochen (1977): Wissen, kommunikatives Handeln und die Schule. In: Goeppert, Herma C. (Hg.), Sprachverhalten im Unterricht. München: Fink. 36-114.

Ehlich, Konrad und Rehbein, Jochen (1986): Muster und Institution. Untersuchungen zur schulischen Kommunikation. Tübingen: Narr. (= Kommunikation und Institution 15).

Eisfeld, Alfred (1992): Die Russlanddeutschen. München: Langen Müller. (= Studienbuchreihe der Stiftung Ostdeutscher Kulturrat 2).

Fishman, Joshua A. (Hg.) (1966): The United States. The maintenance and perpetuation of Non-English mother tongues by American ethnic and religious groups. London etc.: Mouton.

Fletcher, Paul und MacWhinney, Brian (Hg.) (1995): The handbook of child language. Oxford/Cambridge: Blackwell.

Franceschini, Rita (1999): Sprachbiographien randständiger Sprecher. In: Franceschini, Rita (Hg.), Biographie und Interkulturalität: Diskurs und Lebenspraxis. Tübingen: Stauffenburg.

Frohne, Günter (1992): Schwierigkeiten beim Deutschlernen für Schüler mit Russisch als Ausgangssprache. Berlin: Pädagogisches Zentrum.

Fthenakis, Wassilios E./Sonner, Adelheid/Thrul, Rosemarie und Walbiner, Waltraud (1985): Bilingual-bikulturelle Entwicklung des Kindes. Ein Handbuch für Psychologen, Pädagogen und Linguisten. München: Hueber.

Garlin, Edgardis (1994): Erstsprach(en)erwerb: Vom 'Ausprobieren' zum sprachlichen Handeln. In: Redder, Angelika (Hg.), Diskursanalysen in praktischer Absicht. OBST Osnabrücker Beiträge zur Sprachtheorie 49, 82-105.

Girke, Wolfgang und Jachnow, Helmut (1974): Sowjetische Soziolinguistik. Probleme und Genese. Kronberg/Ts.: Scriptor.

Glazer, Nathan (1966): The process and problems of language-maintenance: an integrative review. In: Fishman, Joshua A. (Hg.), The United States. The maintenance and perpetuation of non-English mother tongues by American ethnic and religious groups. London etc.: Mouton. 358-368.

Goldfuß-Siedl, Eva (1995): Zum russischen Einfluß auf die Deutschen und ihre Dialekte in den Ländern der ehemaligen UdSSR. Dem Institut für Übersetzen und Dolmetschen der Universität Heidelberg zur Erlangung des akademischen Grades einer Diplomübersetzerin vorgelegt. Heidelberg.

Golubeva-Monatkina, Natal'ja I. (1994): Russkaja ėmigracija o russkom jazyke /Die russische Emigration über die russische Sprache/. In: Russkaja slovesnost' 3, 73-77.

Graudina, Ljudmila K. (1977): Razgovornye i prostorečnye formy v grammatike /Mündlichstandardsprachliche und substandardsprachliche Formen in der Grammatik/. In: Skvorcov, Lev I. (Hg.), Literaturnaja norma i prostrečie /Literatursprachliche Norm und Substandard/. Moskva: Nauka. 77-111.

Graudina, Ljumila K./Dmitrieva, Ol'ga L./Novikova, Natal'ja V. und Sirjaev, Evgenij N. (1995): My sohranim tebja, russkaja reč'! /Wir bewahren dich, russische Rede!/. Moskva: Nauka.

Grießhaber, Wilhelm (1990): Transfer, diskursanalytisch betrachtet. In: Linguistische Berichte 129, 386-414.

Grießhaber, Wilhelm (im Druck): „und faren in die andere seite" – Der Gebrauch lokaler Präpositionen durch türkische Grundschüler. In: Meng, Katharina und Rehbein, Jochen (Hg.), Kinderkommunikation – einsprachig und mehrsprachig. Münster etc.: Waxmann.

Gülich, Elisabeth (1980): Konventionelle Muster und kommunikative Funktionen von Alltagserzählungen. In: Ehlich, Konrad (Hg.), Erzählen im Alltag. Frankfurt/M.: Suhrkamp. (= Suhrkamp Taschenbuch Wissenschaft 323). 335-384.

Gülich, Elisabeth und Kotschi, Thomas (1987): Reformulierungshandlungen als Mittel der Textkonstitution. Untersuchungen zu französischen Texten aus mündlicher Kommunikation. In: Motsch, Wolfgang (Hg.), Satz, Text, sprachliche Handlung. Berlin: Akademie. (= studia grammatica XXV). 199-261.

Gusejnov, Gasan (1997): Nabludenija nad osobennostjami rečevogo povedenija v novyh russkih anklavah Germanii /Beobachtungen zu Besonderheiten des sprachlichen Verhaltens in den neuen russischen Enklaven Deutschlands/. In: 11. Fortbildung für Russischlehrer an bayerischen Gymnasien. Regensburg.

Haberland, Jürgen (Hg.) (1991): Eingliederung von Aussiedlern. Sammlung von Texten, die für die Eingliederung von Aussiedlern aus den osteuropäischen Staaten von Bedeutung sind. Leverkusen: Heggen.

Hansen, Georg (Hg.) (1994): Schulpolitik als Volkstumspolitik. Quellen zur Schulpolitik der Besatzer in Polen 1939-1945. Münster etc.: Waxmann.

Hansen, Georg (1995): Ethnische Schulpolitik im besetzten Polen. Münster etc.: Waxmann.

Hartung, Wolfdietrich und Schönfeld, Helmut (Hg.) (1981): Kommunikation und Sprachvariation. Berlin: Akademie. (= Sprache und Gesellschaft 17).

Hasselberg, Joachim und Wegera, Klaus-Peter (1976): Hessisch. Düsseldorf: Schwann. (= Dialekt/Hochsprache – kontrastiv. Sprachhefte für den Deutschunterricht 1).

Haugen, Einar (1953): The Norwegian language in America. A study in bilingual behavior. Philadelphia: University of Pennsylvania Press.

HDP (1975): Heidelberger Forschungsprojekt 'Pidgin-Deutsch'. Sprache und Kommunikation ausländischer Arbeiter. Kronberg/Ts.: Scriptor.

Heath, Shirley B. (1983): Ways with words: Language, life, and work in communities and classrooms. Cambridge etc.: Cambridge University Press.

Heath, Shirley B. (1986): What no bedtime story means: narrative skills at home and school. In: Schieffelin, Bambi B. und Ochs, Eleanor (Hg.), Language socialization across cultures. Cambridge: Cambridge University Press. 97-124.

Heller, Monica (Hg.) (1988): Codeswitching. Anthropological and sociolinguistic perspectives. Berlin etc.: Mouton de Gruyter. (= Contributions to the sociology of language 48).

Heller, Monica und Pfaff, Carol W. (1996): Code-switching. In: Goebl, Hans/Nelde, Peter H./Starý, Zdeněk und Woelck, Wolfgang (Hg.), Kontaktlinguistik. Ein internationales Handbuch zeitgenössischer Forschung = Contact linguistics. 1. Halbbd. Berlin/New York: de Gruyter. (= HSK 12.1). 594-609.

Henn, Beate (1980): Pfälzisch. Düsseldorf: Schwann. (= Dialekt/Hochsprache – kontrastiv. Sprachhefte für den Deutschunterricht 7).

Hilkes, Peter (1997): Rußlanddeutsches Bildungswesen. Von der Deportation zum Massenexodus. In: Stricker, Gerd (Hg.), Deutsche Geschichte im Osten Europas. Rußland. Berlin: Siedler. 482-490.

Hilkes, Peter und Stricker, Gerd (1997): Die Jahre nach dem Zweiten Weltkrieg. In: Stricker, Gerd (Hg.), Deutsche Geschichte im Osten Europas. Rußland. Berlin: Siedler. 221-260.

Hoffmann, Ludger (1991): Anakoluth und sprachliches Wissen. In: Deutsche Sprache 2, 97-119.

Hommel, Kerstin und Meng, Katharina (1997): Bildbezogene und bildunabhängige Ereignisdarstellungen in der Erwachsenen-Kind-Kommunikation. Berlin: Abteilung Grundschulpädagogik Philosophische Fakultät IV der Humboldt-Universität zu Berlin. (= Studien zur Grundschulpädagogik Band 2 und Anhang).

Houwer, Annick de (1995): Bilingual language acquisition. In: Fletcher, Paul und MacWhinney, Brian (Hg.), The handbook of child language. Oxford/Cambridge: Blackwell. 219-250.

Ickovič, Viktor A. (1968): Jazykovaja norma /Sprachliche Norm/. Moskva: Prosveščenie.

Info-Dienst Deutsche Aussiedler. Hg. vom Beauftragten der Bundesregierung für Aussiedlerfragen.

Irons, Peter (1983): Justice at war: The story of the Japanese American internment cases. Oxford: Oxford University press.

Ivaškin, Aleksandr V. (Hg.) (1994): Besedy s Al'fredom Snitke /Gespräche mit Alfred Schnittke/. Moskva: RIK Kul'tura.

Jacobmeyer, Wolfgang (1992): Ortlos am Ende des Grauens: „Displaced Persons" in der Nachkriegszeit. In: Bade, Klaus J. (Hg.), Deutsche im Ausland – Fremde in Deutschland. Migration in Geschichte und Gegenwart. München: Beck. 367-373.

Jedig, Hugo H. (1994): Die deutschen Mundarten in der Sowjetunion. In: Berend, Nina und Mattheier, Klaus J. (Hg.), Sprachinselforschung. Eine Gedenkschrift für Hugo Jedig. Frankfurt/M. etc.: Lang. 11-17.

Johannson, Ellinor (1929): Eine Schönhengster Sprachinsel in der Krim. In: Sudetendeutsche Zeitschrift für Volkskunde 2, 15-23.

Juncker, Horst (1994): Rechtsgrundlagen. BVFG, Aufnahmeverfahren und Statusfragen. Göttingen: ibbw.

Jur'ev, S. S. (2000): Pravovoj status nacional'nyh men'šinstv (teoretiko-pravovye aspekty) /Der Rechtsstatus nationaler Minderheiten /rechtstheoretische Aspekte/. 2., korr. u. ergänzte Aufl. Moskva: Editorial URSS.

Kallmeyer, Werner (1994): Das Projekt „Kommunikation in der Stadt". In: Kallmeyer, Werner (Hg.), Kommunikation in der Stadt. Teil 1: Exemplarische Analysen des Sprachverhaltens in Mannheim. Berlin/New York: de Gruyter. (= Schriften des Instituts für Deutsche Sprache 4.1). 1-38.

Kallmeyer, Werner und Schütze, Fritz (1977): Zur Konstitution von Kommunikationsschemata der Sachverhaltsdarstellung. In: Wegner, Dirk (Hg.), Gesprächsanalysen. Hamburg: Buske. 159-274.

Kaul, John Patrick (1996): Migration, Erhalt und Untergang des Wolgadeutschen in Kansas. Magisterarbeit. Mannheim: Universität.

Keel, William D. (1994): Reduction and loss of case marking in the noun phrase in German-American speech islands: Internal development or external interference? In: Berend, Nina und Mattheier, Klaus J. (Hg.), Sprachinselforschung. Eine Gedenkschrift für Hugo Jedig. Frankfurt/M. etc.: Lang. 93-104.

Kitajgorodskaja, Margarita V. (1988): Nabljudenija nad postroeniem ustnogo razgovornogo teksta /Beobachtungen zum Aufbau des mündlichen standardsprachlichen Texts/. In: Smelev, Dmitrij N. und Zemskaja, Elena A. (Hg.), Raznovidnosti gorodskoj ustnoj reči. /Varietäten der städtischen gesprochenen Sprache/. Moskva: Nauka. 156-182.

Klein, Wolfgang (1992): Zweitspracherwerb. Eine Einführung. 3. Aufl. (=Athenäums Studienbuch Linguistik). Frankfurt/M.: Hain.

Kloss, Heinz (1966): German-American language maintenance efforts. In: Fishman, Joshua (Hg.), Language loyality in the United States. London etc.: Mouton. 206-252.

Kloss, Heinz (1980): Deutsche Sprache außerhalb des geschlossenen deutschen Sprachgebiets. In: Althaus, Hans Peter/Henne, Helmut und Wiegand, Herbert Ernst (Hg.), Lexikon der germanistischen Linguistik. 2., vollständig neu bearb. u. erw. Aufl. Tübingen: Niemeyer. 537-546.

König, Werner (1994): dtv-Atlas zur deutschen Sprache. 10., überarb. Aufl. München: Deutscher Taschenbuch Verlag.

Koester-Thoma, Soia und Zemskaja, Elena A. (Hg.) (1995): Russische Umgangssprache. Berlin: Lenz.

Kohlheim, Rosa (1998): Duden. Das große Vornamen-Lexikon. Bearbeitet von Rosa und Volker Kohlheim. Mannheim etc.: Dudenverlag.

Krieger, Viktor (1996): Die Sprachsituation der Rußlanddeutschen wird immer fataler. In: Volk auf dem Weg 11, 5.

Kummer-Hudabiunigg, Ingrid (1986): Geglückte Zweisprachigkeit im Erwachsenenalter. Hamburg: Germanistisches Seminar/Deutsch als Fremdsprache. (= Arbeiten zur Mehrsprachigkeit 17).

Lapteva, Ol'ga A. (1995): Izučenie russkoj gorodskoj razgovornoj reči v mestnyh centrah /Untersuchung der russischen städtischen gesprochenen Standardsprache in regionalen Zentren/. In: Voprosy jazykoznanija 5, 127-140.

Liebert, Wolf-Andreas und Schmitt, Reinhold (1998): Texten als Dienstleistung. Sprachwissenschaftler schreiben die besseren Gebrauchsanweisungen. In: Sprachreport 1, 1-5.

Lötzsch, Ronald (1992): Sowjetische Nationalitätenpolitik von Lenin bis Gorbatschow. In: Hertzfeldt, Lothar (Hg.), Die Sowjetunion. Zerfall eines Imperiums. Berlin: Verlag für Interkulturelle Kommunikation. 67-101.

Lohovic, A. B. (1960): Russko-nemeckij slovar' /Russisch-deutsches Wörterbuch/. Moskva: Gosudarstvennoe izdatel'stvo inostrannyh i nacional'nyh slovarej.

Lord, Albert B. (1960): The singer of tales. Cambridge: Harvard University Press.

Lüdi, Georges (1996): Migration und Mehrsprachigkeit. In: Goebl, Hans/Nelde, Peter H./ Starý, Zdeněk und Woelck, Wolfgang (Hg.), Kontaktlinguistik. Ein internationales Handbuch zeitgenössischer Forschung = Contact linguistics. 1. Halbbd. Berlin/New York: de Gruyter. (= HSK 12.1). 320-327.

Lüdi, Georges und Py, Bernard (1984): Zweisprachig durch Migration. Einführung in die Erforschung der Mehrsprachigkeit am Beispiel zweier Zuwanderergruppen in Neuenburg (Schweiz). Tübingen: Niemeyer.

Mackey, William F. (1987): Bilingualism and Multilingualism. In: Ammon, Ulrich/Dittmar, Norbert und Mattheier, Klaus J. (Hg.), Sociolinguistics. Soziolinguistik. An International Handbook of the Science of Language and Society Ein internationales Handbuch zur Wissenschaft von Sprache und Gesellschaft. Berlin/New York: de Gruyter. 699-713.

Martenstein, Harald (1999): Der Totmacher stirbt zu Hause. In: Der Tagesspiegel 21. Mai 1999, 3.

Maurach, Reinhart (1955): Handbuch der Sowjetverfassung. München: Isar.

Meissner, Boris/Neubauer, Helmut und Eisfeld, Alfred (Hg.) (1992): Die Rußlanddeutschen. Gestern und heute. Köln: Markus.

Meng, Katharina (1988): Erzählen und Zuhören im Alltag. Skizze eines Kommunikationstyps. In: Linguistische Studien 181, 1-68.

Meng, Katharina (1991): ERZÄHLEN und ZUHÖREN bei Drei- und Sechsjährigen. Eine Längsschnittstudie zur Aneignung der Erzählkompetenz. In: Meng, Katharina/Kraft, Barbara und Nitsche, Ulla, Kommunikation im Kindergarten. Studien zur Aneignung der kommunikativen Kompetenz. Berlin: Akademie. (= Sprache und Gesellschaft 22). 20-131.

Meng, Katharina (1995): Sprachbiographien in einer rußlanddeutschen Aussiedlerfamilie. In: Deutsch lernen 1, 30-51.

Meng, Katharina (1995a): Narrative Sozialisationen. In: Der Deutschunterricht 1, 100-107.

Meng, Katharina (2000): Erzählen in einer russlanddeutschen Aussiedlerfamilie. In: Die Grundschulzeitschrift 132, 56-57.

Meng, Katharina (im Druck): Russlanddeutsche Sprachbiografien – Rückblick auf ein Projekt. In: Fraceschini, Rita (Hg.), Leben mit mehreren Sprachen: Sprachbiografien im mitteleuropäischen Kontext.

Meng, Katharina (in Vorbereitung): Aussiedlerisch. In: Hinnenkamp, Volker und Meng, Katharina (Hg.), Sprachgrenzen überspringen. Sprachliche Hybridität und polykulturelles Selbstverständnis.

Meng, Katharina und Borovkova, Elena (1999): Das Märchen vom goldenen Fischchen – russisch und rußlanddeutsch. In: Bührig, Kristin und Matras, Yaron (Hg.), Sprachtheorie und sprachliches Handeln. Festschrift für Jochen Rehbein zum 60. Geburtstag. Tübingen: Stauffenburg. 113-130.

Meng, Katharina und Kruse, Karen (1984): Verständnissicherung. Allgemeine und ontogenetische Aspekte eines Typs von Sequenzen kommunikativer Handlungen. In: Linguistische Studien 118, 1-65.

Meyer, Ute/Roebers, Claudia und Schneider, Wolfgang (1997): Bilingualität, der Königsweg zur Akkulturation? In: Gogolin, Ingrid und Nauck, Bernhard (Hg.), Folgen der Arbeitsmigration für Bildung und Erziehung (FABER). Dokumentation der Konferenz vom 20.-22. März 1997 in Bonn. 283-298.

Mills, Anne E. (1986): The acquisition of German. In: Slobin, Dan Isaac (Hg.), The crosslinguistic study of language acquisition. Bd. 2, 1. Hillsdale, New Jersey/London: Erlbaum. 141-254.

Mitteilung der Beauftragten der Bundesregierung für die Belange der Ausländer (1997): Integration oder Ausgrenzung? Zur Bildungs- und Ausbildungssituation von Jugendlichen ausländischer Herkunft. 7.

Müller, Ursula (1983): Theoretische Grundlagen für phonetische Übungen mit Russischsprechenden. In: Deutsch für Anfänger. Theoretische Grundlagen für phonetische Übungen. Karl-Marx-Universität Leipzig: Herder-Institut. 37-48.

Nelde, Peter Hans (2000): Sprachideologie als Herrschaftsinstrument. Vortrag auf dem Kolloquium „Die Verschiedenheit von Kulturen und das Sprachproblem" vom 13.-14. Oktober 2000 in Berlin.

Nieuweboer, Rogier (1998): The Altai dialect of Plautdiitsch (West-Siberian Mennonite low German). Dissertationsschrift. Groningen: Rijksuniversiteit.

Niieja, Brian (Hg.) (1993): Japanese American History. An A-to-Z reference from 1868 to present. Japanese American National Museum.

Nikolai, Manuela (1996): Die Herstellung von Verständigung in Interviews zwischen deutschen Interviewern und rußlanddeutschen Schulkindern. Magisterarbeit. Mannheim: Universität.

Nitsche, Ulla (1991): Eine empirische Untersuchung zur VERSTÄNDNISSICHERUNG in Instruktionsdialogen bei älteren Vorschulkindern. In: Meng, Katharina/Kraft, Barbara und Nitsche, Ulla, Kommunikation im Kindergarten. Studien zur Aneignung der kommunikativen Kompetenz. Berlin: Akademie. 217-261.

Öktem, Ayse und Rehbein, Jochen (1987): Kindliche Zweisprachigkeit. Eine kommentierende Bibliographie zum kindlichen Erwerb von zwei Sprachen und zu Aspekten des Erstspracherwerbs. Hamburg: Germanisches Seminar/Deutsch als Fremdsprache. (= Arbeiten zur Mehrsprachigkeit 29).

Oxen, Valentina (1995): Affektive Faktoren im Kontext der Psychogenese der unmittelbaren Vor- und Nach-Aussiedlungsphase: der gesteuerte Deutscherwerb erwachsener Aussiedlerinnen und Aussiedler aus den Nachfolgestaaten der Sowjetunion. In: Zeitschrift für Fremdsprachenforschung 6, 1, 11-68.

Oxen, Valentina (1999): Über einige kulturbedingte Besonderheiten der russischen Seele. Flensburg: Universität. (= Flensburger Papiere zur Mehrsprachigkeit und Kulturenvielfalt im Unterricht 21).

Ožegov, S. I. (1963): Slovar' russkogo jazyka /Wörterbuch der russischen Sprache/. Moskva: Gosudarstvennoe izdatel'stvo inostrannyh i nacional'nyh slovarej.

Pfälzisches Wörterbuch (1965-1997): Bände 1-6. Wiesbaden: Steiner.

Pfandl, Heinrich (1994): Russkojazyčnyj émigrant tret'ej i četvërtoj volny: neskol'ko razmyšlenij /Der russischsprachige Emigrant der dritten und vierten Welle: einige Überlegungen/. In: Russkij jazyk za rubežom 5-6, 101-108.

Pomeranceva, Erna (Hg.) (1966): Russische Volksmärchen. 3. Aufl. Berlin: Akademie.

Post, Rudolf (1992): Pfälzisch. Einführung in eine Sprachlandschaft. 2. aktual. u. erw. Aufl. Landau: Pfälzische Verlagsanstalt.

Protassova, Ekaterina Ju. (1994): Russko-finskoe dvujazyčie i russkij jazyk: opyt Finljandii (k voprosu o bytovanii russkogo jazyka kak rodnogo za predelami Rossii) /Russisch-finnische Zweisprachigkeit und russische Sprache: Die Erfahrung Finnlands (Zur Existenz der russischen Sprache als Muttersprache außerhalb Russlands)/. In: Slavjanovedenie 4, 44-52.

Protassova, Ekaterina (1996): Das mitgebrachte Russisch der Russlanddeutschen und seine Entwicklung unter dem Einfluss des Deutschen. 46 Seiten. Unveröffentlichtes Manuskript.

Protassova, Ekaterina (im Druck): Sprachkorrosion: Veränderungen des Russischen bei russischsprachigen Erwachsenen und Kindern in Deutschland. In: Meng, Katharina und Rehbein, Jochen (Hg.), Kinderkommunikation – einsprachig und mehrsprachig. Münster etc.: Waxmann.

Protassova, Ekaterina (im Druck a): Russkojazyčnaja pressa Germanii pod nemeckojazyčnym vlijaniem /Die russischsprachige Presse Deutschlands unter dem Einfluss des Deutschen/. In: Izvestija Akademii Nauk, Serija literatury i jazyka.

Puskeppeleit, Jürgen (1995): Die Minderheit der (Spät-)Aussiedler und (Spät-)Aussiedlerinnen. In: Schmalz-Jacobsen, Cornelia und Hansen, Georg (Hg.), Ethnische Minderheiten in der Bundesrepublik Deutschland. Ein Lexikon. Redakt. Bearb. Rita Polm. München: Beck. 75-89.

Quasthoff, Uta (1980): Erzählen in Gesprächen. Linguistische Untersuchungen zu Strukturen und Funktionen am Beispiel einer Kommunikationsform des Alltags. Tübingen: Narr. (= Kommunikation und Institution 1).

Redder, Angelika (1994): 'Bergungsunternehmen' – Prozeduren des Malfeldes beim Erzählen. In: Brünner, Gisela und Graefen, Gabriele (Hg.), Texte und Diskurse. Methoden und Forschungsergebnisse der Funktionalen Pragmatik. Opladen: Westdeutscher Verlag. 238-264.

Redder, Angelika (1995): 'Stereotyp' – eine sprachwissenschaftliche Kritik. In: Jahrbuch Deutsch als Fremdsprache 21, 311-329.

Redder, Angelika und Martens, Karin (1983): Modalverben ausprobieren. Wie Kinder mit Modalverben handeln. In: Boueke, Dietrich und Klein, Wolfgang (Hg.), Untersuchungen zur Dialogfähigkeit von Kindern. Tübingen: Narr. 163-181.

Redder, Angelika und Rehbein, Jochen (1987): Zum Begriff der Kultur. In: Redder, Angelika und Rehbein, Jochen (Hg.), Arbeiten zur interkulturellen Kommunikation. OBST Osnabrücker Beiträge zur Sprachtheorie 38, 7-21.

Reershemius, Gertrud (1987): Jiddischsprecher in Israel – Untersuchung einer biographischen Erzählung. In: Redder, Angelika und Rehbein, Jochen (Hg.), Arbeiten zur interkulturellen Kommunikation. OBST Osnabrücker Beiträge zur Sprachtheorie 38, 173-190.

Rehbein, Jochen (1985): Typen bilingualen Unterrichts. In: BAGIV (Bundesarbeitsgemeinschaft der Immigrantenverbände in der Bundesrepublik Deutschland und Berlin West) (Hg.), Muttersprachlicher Unterricht in der Bundesrepublik Deutschland. Sprach- und bildungspolitische Argumente für eine zweisprachige Erziehung von Kindern sprachlicher Minderheiten. Mit der 2., neubearb. Fassung des „Memorandums zum muttersprachlichen Unterricht". Hamburg: Rissen. 246-273.

Rehbein, Jochen (1987): Sprachloyalität in der Bundesrepublik? Ausländische Kinder zwischen Sprachverlust und zweisprachiger Erziehung. Hamburg: Germanisches Seminar/Deutsch als Fremdsprache. (= Arbeiten zur Mehrsprachigkeit 26).

Rehbein, Jochen und Grießhaber, Wilhelm (1996): L2-Erwerb versus L1-Erwerb: Methodologische Aspekte ihrer Erforschung. In: Ehlich, Konrad (Hg.), Kindliche Sprachentwicklung. Konzepte und Empirie. Opladen: Westdeutscher Verlag. 67-119.

Rehbein, Jochen/Grießhaber, Wilhelm/Löning, Petra/Hartung, Marion und Bührig, Kristin (1993): Manual für das computergestützte Transkribieren mit dem Programm Sync-WRITER nach dem Verfahren der Halbinterpretativen Arbeitstranskriptionen (HIAT). Arbeitspapier 1. Hamburg: Germanisches Seminar. (= Hamburger computergestützter Transkriptionsthesaurus (HcTT)).

Reitemeier, Ulrich (Im Druck): Aussiedler treffen auf Einheimische. Paradoxien der interaktiven Identitätsarbeit und Vorenthaltung der Marginalitätszuschreibung in Situationen zwischen Aussiedlern und Binnendeutschen.

Romaine, Suzanne (1986): Sprachmischung und Purismus: Sprich mir nicht von Mischmasch. In: Zeitschrift für Literaturwissenschaft und Linguistik 16, 62, 92-107.

Romaine, Suzanne (1995): Bilingualism. 2. Aufl. Oxford/Cambridge: Blackwell (= Language in society 13).

Rösch, Olga (1995): Deutsch-Deutsch-Deutsches. Rußlanddeutsche in Berlin. In: Scharnhorst, Jürgen (Hg.), Sprachsituation und Sprachkultur im internationalen Vergleich. Aktuelle Sprachprobleme in Europa. Mit einem Geleitwort von Erika Ising. Frankfurt/M. etc.: Lang. 227-250.

Rosenberg, Peter (1997): Die Sprache der Deutschen in Rußland. In: Stricker, Gerd (Hg.), Deutsche Geschichte im Osten Europas. Rußland. Berlin: Siedler. 585-608.

Rosenberg, Peter und Weydt, Harald (1992): Sprache und Identität. Neues zur Sprachentwicklung der Deutschen in der Sowjetunion. In: Meissner, Boris/Neubauer, Helmut und Eisfeld, Alfred (Hg.), Die Rußlanddeutschen. Gestern und heute. Köln: Böhlau. 217-238.

Scarcella, Robin (1983): Discourse accent in second language performance. In: Gass, Susan und Selinker, Larry (Hg.), Language transfer in language learning. Rowley, MA: Newbury. 33-53.

Schafer, Andrea/Schenk, Liane und Kühn, Günter (1995): Arbeitslosigkeit, Befindlichkeit und Bildungsbereitschaft von Aussiedlern. Eine empirische Studie. Frankfurt/M. etc.: Lang. (= Sozialwissenschaften 6).

Scherbakowa, Irina (1996): Ethnische Vielfalt und zentrale Kontrolle – das russisch-sowjetische Imperium. In: Bade, Klaus J. (Hg.), Die multikulturelle Herausforderung. Menschen über Grenzen – Grenzen über Menschen. München: Beck. 188-205.

Schirmunski, Viktor (1992/1926-1931): Linguistische und ethnographische Studien 1926-1931. Hg. von Claus Jürgen Hutterer. München: Südostdeutsches Kulturwerk.

Schirmunski, Viktor (1992/1928): Die deutschen Kolonien in der Ukraine. Geschichte, Mundarten, Volkslied, Volkskunde. In: Schirmunski, Viktor, Linguistische und ethnographische Studien 1926-1931. Hg. von Claus Jürgen Hutterer. München: Südostdeutsches Kulturwerk. 15-110.

Schirmunski, Viktor (1992/1930): Sprachgeschichte und Siedlungsmundarten. In: Schirmunski, Viktor, Linguistische und ethnographische Studien 1926-1931. Hg. von Claus Jürgen Hutterer. München: Südostdeutsches Kulturwerk. 112-134.

Schott, Reinhard (1998): Aussiedler in der Gemeinde. D18 Studienbrief. Berlin: Arbeitsgemeinschaft Missionarische Dienste im Diakonischen Werk der EKD.

Schweizerisches Idiotikon. Wörterbuch der schweizerdeutschen Sprache. Bd. 5 (1905): Frauenfeld: Huber & Co.

Seliger, Herbert W. und Vago, Robert M. (Hg.) (1991): First language attrition: Structural and theoretical perspectives. Cambridge: Cambridge University Press.

Simon, Gerd (1986): Nationalismus und Nationalitätenpolitik in der Sowjetunion. Von der totalitären Diktatur zur nachstalinschen Gesellschaft. Baden-Baden: Nomos.

Sinjavskij, Andrej (1991): Očerki russkoj kul'tury /Skizzen der russischen Kultur/. Paris: Sintaksis.

Skutnabb-Kangas, Tove (1981): Bilingualism or not. The education of minorities. Clevedon: Multilingual Matters Ltd. (= Multilingual Matters 7).

Skvorcov, Lev I. (1970): Norma. Literaturnyi jazyk. Kul'tura reči /Norm. Literatursprache. Kultur der Rede/. In: Kostomarov, Vitalij G. und Skvorcov, Lev I. (Hg.), Aktual'nye problemy kul'tury reči /Aktuelle Probleme der Kultur der Rede/. Moskva: Nauka, 40-103.

Skvorcov, Lev I. (Hg.) (1984): Osnovy kul'tury reči. Hrestomatija /Grundlagen der Kultur der Rede. Chrestomatie/. Moskva: Vysšaja škola.

Snow, Catherine E. (1995): Issues in the study of input: Finetuning, universality, individual and developmental differences, and necessary causes. In: Fletcher, Paul und MacWhinney, Brian (Hg.), The handbook of child language. Oxford/Cambridge: Blackwell. 180-193.

Sokolskaja, Tatiana und Sinder, Leo (1930): Eine oberhessische Sprachinsel in der Nordukraine. In: Beiträge zur Geschichte der deutschen Sprache und Literatur 54, 334-355.

Solschenizyn, Alexander (1974): Der Archipel GULAG. Bern/München: Scherz.

Sozialberatungsstelle für Aussiedler des Caritasverbandes Mannheim e.V.(1998): Jahresbericht. Unveröffentlicht.

Spiegel (1998): Gnadenlos niedergeschossen. In: Der Spiegel 12, 80-82.

Stölting-Richert, Wilfried (1988): Migration und Sprache. In: Ammon, Ulrich/Dittmar, Norbert und Mattheier, Klaus J. (Hg.), Sociolinguistics. Soziolinguistik. An International Handbook of the Science of Language and Society. Ein internationales Handbuch zur Wissenschaft von Sprache und Gesellschaft. Berlin/New York: de Gruyter. 1564-1574.

Stölting-Richert, Wilfried (1996): Die Sprachlichkeit von Menschen in der Migrationsgesellschaft und die Interkulturelle Pädagogik. In: Deutsch lernen 3, 238-248.

Stricker, Gerd (Hg.) (1997): Rußland. Deutsche Geschichte im Osten Europas. Berlin: Siedler.

Ström, Alfred (1928): Deutschunterricht in mundartlicher Umgebung. Ein Handbuch für Dorfschullehrer und Studierende. Charkow: Zentral-Völker-Verlag.

Stumpp, Karl (1972): Die Auswanderung aus Deutschland nach Rußland in den Jahren 1763 bis 1862. Tübingen: Selbstverlag.

Swiaczny, Frank (1999): Aussiedler-Migration und räumliches Verhalten dargestellt am Beispiel der Stadt Mannheim. In: Materialien zur Bevölkerungswissenschaft 94, 39-60.

Tabouret-Keller, Andrée (1963): L'acquisition du langage parlé chez un petit enfant en milieu bilingue. In: Problèmes de Psycholinguistique 8, 205-219.

Tietz, Christian (Hg.) (o.J.): Zuhause in der Fremde. Aussiedler und Aussiedlerinnen erzählen von deutschem Leben im Alten Rußland. Beckum: Volkshochschule Beckum-Wadersloh und Weiterbildungswerk.

Tietz, Christian (Hg.) (1995): Die Erinnerungen der Elisabeth Driediger, einer deutschen Frau aus Sibirien. Beckum: Volkshochschule Beckum Wadersloh und Weiterbildungswerk.

Tolzmann, Don H. (Hg.) (1995): German-Americans in the world wars. Bd.1. München etc.: Saur.

Tracy, Rosemarie (1996): Vom Ganzen und seinen Teilen: Überlegungen zum doppelten Erstspracherwerb. In: Sprache & Kognition 15, 1-2, 70-92.

Uhlisch, Gerda (1992): Spracherwerb und Interferenz. In: Wissenschaftliche Zeitschrift der Humboldt-Universität zu Berlin. Reihe Geistes- und Sozialwissenschaften 41, 5, 41-48.

Uhlisch, Gerda (1995): Schwierigkeiten beim Lernen und beim Gebrauch der deutschen Sprache bei Aussiedlern mit Russisch als dominanter Sprache – Sprachkontrastive Betrachtungen. In: Deutsch lernen 1, 19-30.

UNHCR, Der Hohe Flüchtlingskommissar der Vereinten Nationen (Hg.) (1994): Brennpunkt: Nach der Sowjetunion – Flüchtlinge. 4.

UNHCR, Der Hohe Flüchtlingskommissar der Vereinten Nationen (Hg.) (1996): GUS-Konferenz Flüchtlinge und Migranten, 30.-31. Mai 1996. Information der UNHCR-Abteilung für Presse- und Öffentlichkeitsarbeit.

Unwerth, Wolf von (1918): Proben deutschrussischer Mundarten aus den Wolgakolonien und dem Gouvernement Cherson. Abhandlungen der Preußischen Akademie der Wissenschaften 11. Berlin: Verlag der Akademie der Wissenschaften.

Vasmer, Max (1953-1958): Russisches etymologisches Wörterbuch. 3 Bände. Heidelberg: Winter.

Volin, B.M. und Ušakov, D.N. (1939): Tolkovyj slovar' russkogo jazyka /Erklärendes Wörterbuch der russischen Sprache/. Bd. 3. Moskva: GIIINS.

Waas, Margit (1996): Language attrition downunder. German speakers in Australia. Frankfurt/M. etc.: Lang. (= Studien zur Allgemeinen und Romanischen Sprachwissenschaft 3).

Walter, Eric und Knorr, Dagmar (1990-1994): syncWriter Handbuch. 2. Aufl. Hamburg: med-i-bit GmbH.

Wegener, Heide (1995): Die Nominalflexion des Deutschen verstanden als Lerngegenstand. Tübingen: Niemeyer. (= Reihe Germanistische Linguistik 151).

Weinreich, Uriel (1977/1953): Sprachen in Kontakt. Ergebnisse und Probleme der Zweisprachigkeitsforschung. (Erstveröffentlichung in englischer Sprache 1953). München: Beck.

Weitershaus, Friedrich Wilhelm (1990): Das neue Vornamenbuch. 8000 Vornamen Herkunft und Bedeutung. München: Orbis.

Weydt, Harald (1991): Zu den Sprachkenntnissen der Sowjetdeutschen. In: Klein, Eberhard (Hg.), Betriebslinguistik und Linguistikbetrieb. Tübingen: Niemeyer. 363-369.

Wiesinger, Peter (1980): Deutsche Sprachinseln. In: Althaus, Hans Peter/Henne, Helmut und Wiegand, Herbert Ernst (Hg.), Lexikon der Germanistischen Linguistik. 2., vollständig neu bearb. u. erw. Aufl. Tübingen: Niemeyer. 491-500.

Wildgen, Wolfgang (1988): Bremer Sprachbiographien und die Verdrängung des Niederdeutschen als städtische Umgangssprache in Bremen. In: Niederdeutsch und Zweisprachigkeit. Befunde – Vergleiche – Ausblicke. Leer: Schuster. 115-135.

Wörterbuch der deutschen Gegenwartssprache (WDG) (1964-1977). 6 Bände. Hg. von Ruth Klappenbach und Wolfgang Steinitz. Berlin: Akademie.

Wolgadeutscher Sprachatlas (WDSA) (1997): Aufgrund der von Georg Dinges 1925-1929 gesammelten Materialien hg. u. bearb. von Nina Berend unter Mitarb. von Rudolf Post. Tübingen/Basel: Francke.

Wygotski, Lew S. (1964): Denken und Sprechen. In dt. Sprache hg. von Johannes Helm. Berlin: Akademie.

Wygotski, Lew (1987): Ausgewählte Schriften. Band 2: Arbeiten zur psychischen Entwicklung der Persönlichkeit. In dt. Sprache hg. von Joachim Lompscher. Berlin: Volk und Wissen.

Zemskaja, Elena A. (Hg.) (1973): Russkaja razgovornaja reč' /Die gesprochene russische Standardsprache/. Moskva: Nauka.

Zemskaja, Elena A. (1995): Eščë raz o jazyke russkogo zarubež'ja /Noch einmal zur Sprache des russischen Auslands/. In: Jazyk – sistema. Jazyk – tekst. Jazyk – sposobnost'. /Sprache als System. Sprache als Text. Sprache als Fähigkeit/. Moskva: Institut russkogo jazyka. 233-241.

Zemskaja, Elena A. (Hg.) (1996): Russkij jazyk konca XX stoletija (1985-1995) /Die russische Sprache am Ende des 20. Jahrhunderts (1985-1995)/. Moskva: Jazyki russkoj kul'tury.

Zemskaja, Elena A. und Smelëv, Dmitrij N. (Hg.) (1984): Gorodskoe prostorečie. Problemy izučenija /Städtischer Substandard. Probleme der Forschung/. Moskva: Nauka.

Zifonun, Gisela/Hoffmann, Ludger und Strecker, Bruno (1997): Grammatik der deutschen Sprache. 3 Bände, Berlin/New York: de Gruyter.

Zimmer, Dieter E. (1999): Zeitspiegel. In: Die Zeit 37, 2.

Zybatow, Lew N. (1995): Russisch im Wandel. Die russische Sprache der Perestrojka. Wiesbaden: Harrassowitz. (= Veröffentlichungen der Abteilung für slavische Sprachen und Literaturen des Osteuropa-Instituts (Slavisches Seminar) der Freien Universität Berlin 8).

9. Detailliertes Inhaltsverzeichnis

Inhalt (Kurzfassung) 5

Vorbemerkung 7

1.	**Einführung**	9
1.1	Zum Kontext der Untersuchung	9
1.2	Die Entwicklung des Untersuchungszuschnitts	10
1.3	Der sprachbiografische Ansatz: Die sprachliche Integration aus lebensgeschichtlicher und situativ-interaktiver Perspektive	12
1.4	Die Datengrundlage der Sprachbiografien	15
1.5	Die sprachbiografischen Gespräche	16
1.6	Die Informanten	18
1.7	Die Erarbeitung der Sprachbiografien	21
1.8	Zur verwendeten Terminologie	23
1.9	Zum Aufbau des Buches	24
2.	**Sprachliche Entwicklungen im Überblick**	25
2.1	Zielstellung des Kapitels	25
2.2	Schwerpunkte der sprachbiografischen Erstgespräche	25
2.2.1	Schwerpunkt 1: Der Erstspracherwerb	26
2.2.2	Schwerpunkt 2: Die Sprachentwicklung im Vorschul- und Schulalter	28
2.2.3	Schwerpunkt 3: Die sprachliche Situation vor der Ausreise nach Deutschland	31
2.2.4	Schwerpunkt 4: Ergebnisse und Bedingungen der sprachlichen Integration in Deutschland	33
2.3	Ergebnisse der sprachbiografischen Gespräche: Die Kinder ...	34
2.4	Ergebnisse der sprachbiografischen Gespräche: Die jungen Eltern	36
2.4.1	Der Erstspracherwerb der jungen Eltern	36
2.4.2	Die Sprachentwicklung der jungen Eltern im Vorschul- und Schulalter	43
2.4.3	Die sprachliche Situation der jungen Eltern vor der Ausreise nach Deutschland	46

2.4.4 Ergebnisse und Bedingungen der sprachlichen Integration der jungen Eltern in Deutschland zum Zeitpunkt des sprachbiografischen Gesprächs 52
2.5 Ergebnisse der sprachbiografischen Gespräche: Die Großeltern ... 59
2.5.1 Der Erstspracherwerb der Großeltern 59
2.5.2 Die Sprachentwicklung der Großeltern im Vorschul- und Schulalter 60
2.5.3 Die sprachliche Situation der Großeltern vor der Ausreise nach Deutschland 63
2.5.4 Ergebnisse und Bedingungen der sprachlichen Integration der Großeltern in Deutschland 67
2.6 Ergebnisse der sprachbiografischen Gespräche: Die Urgroßeltern 73
2.6.1 Der Erstspracherwerb der Urgroßeltern 73
2.6.2 Die Sprachentwicklung der Urgroßeltern in der späteren Kindheit und in der Jugend 73
2.6.3 Die sprachliche Situation der Urgroßeltern vor der Ausreise nach Deutschland 74
2.6.4 Ergebnisse und Bedingungen der sprachlichen Integration der Urgroßeltern in Deutschland 79
2.7 Vergleich der Generationen 82
2.7.1 Der Erstspracherwerb 82
2.7.2 Die Sprachentwicklung im Vorschul- und Schulalter 85
2.7.3 Die sprachliche Situation vor der Ausreise nach Deutschland 89
2.7.4 Ergebnisse und Bedingungen der sprachlichen Integration in Deutschland 92
2.8 Zusammenfassung 96
2.9 (T01) Jakob Isaak: Brief aus der Arbeitsarmee, deutsch, geschrieben 1943 in der Sowjetunion 98
2.9.1 (T01) Brief aus der Arbeitsarmee 98
2.9.2 Kommentar zu (T01) 101

3. Sprachbiografien zu einer russlanddeutschen Familie: Kirillovs 103
3.1 Die Großfamilie Kirillov 103
3.2 Die Kinder Xenia und Georg 106
3.2.1 In Kasachstan: Xenia im Alter bis zu 5;9 Jahren, Georg im Alter bis zu 4;10 Jahren 106

3.2.2	In Deutschland	106
	3.2.2.1 Erstes und zweites Aufenthaltsjahr: Xenia im Alter von 5;9 – 8 Jahren; Georg im Alter von 4;10 – 7 Jahren	106
	3.2.2.2 Drittes und viertes Aufenthaltsjahr: Xenia im Alter von 8 – 10 Jahren; Georg im Alter von 7 – 9 Jahren	109
	3.2.2.3 Fünftes und sechstes Aufenthaltsjahr: Xenia im Alter von 10 – 12 Jahren; Georg im Alter von 9 – 11 Jahren	115
3.2.3	(T02) Xenia (9;2) *Kommunion*, russisch, 42 Monate	120
3.2.4	(T03) Xenia (10;7) Aufsatz *Operation*, deutsch, 59 Monate	128
3.2.5	(T04) Georg (9;0) *Kerze*, deutsch, 51 Monate	132
3.2.6	(T05) Georg (10;2) *Geißlein*, russisch, 65 Monate	139
3.2.7	Xenia und Georg – Zusammenfassung	149
3.3	Xenias und Georgs Vater: Valerij Kirillov	153
3.3.1	In Kasachstan	153
3.3.2	In Deutschland	155
	3.3.2.1 Erstes und zweites Aufenthaltsjahr	155
	3.3.2.2 Drittes und viertes Aufenthaltsjahr	155
	3.3.2.2 Fünftes und sechstes Aufenthaltsjahr	159
3.3.3	Valerij Kirillov – Zusammenfassung	160
3.4.	Xenias und Georgs Mutter: Margarita Kirillov	161
3.4.1	In Kasachstan	161
3.4.2	In Deutschland	162
	3.4.2.1 Erstes und zweites Aufenthaltsjahr	162
	3.4.2.2 Drittes und viertes Aufenthaltsjahr	164
	3.4.2.3 Fünftes und sechstes Aufenthaltsjahr	168
3.4.3	(T06) Mutter MK: *Sagt deutsch*, deutsch, 15 Monate	173
3.4.4	(T07) Mutter MK: *Nudeln*, deutsch, 61 Monate	183
3.4.5	Margarita Kirillov – Zusammenfassung	200
3.5	Xenias und Georgs Großeltern mütterlicherseits: Nora und Paul Butz	203
3.5.1	In Kasachstan	203
3.5.2	In Deutschland	205
	3.5.2.1 Erstes und zweites Aufenthaltsjahr	205
	3.5.2.2 Drittes bis sechstes Aufenthaltsjahr	207
3.5.3	(T08) Großvater PB: *Privat*, deutsch, 20 Monate	209
3.5.4	(T09) Großvater PB: *Sivka-Burka*, russisch, 20 Monate	218
3.5.5	Nora und Paul Butz – Zusammenfassung	224
3.6	Xenia und Georgs Urgroßmutter: Emma Dankert	226
3.6.1	In Russland und Kasachstan	226

3.6.2	In Deutschland: Sechstes bis achtes Aufenthaltsjahr	228
3.6.3	(T10) Urgroßmutter ED: *Lesen*, deutsch, 68 Monate	229
3.6.4	Emma Dankert – Zusammenfassung	234
3.7	Sprachliche Netze in der Familie Kirillov	235
3.8	Familie Kirillov – Zusammenfassung	241
3.8.1	Mitgebrachte sprachliche Voraussetzungen für die Integration in Deutschland	241
3.8.2	Das sprachliche Angebot in Deutschland	243
3.8.3	Veränderungen in den sprachlichen Praktiken und Fähigkeiten	244
4.	**Sprachbiografien zu einer russlanddeutschen Familie: Sennwalds**	**247**
4.1	Die Großfamilie Sennwald	247
4.2	Erich	248
4.2.1	In Kasachstan: Erich im Alter bis 1;3 Jahren	248
4.2.2	In Deutschland	249
	4.2.2.1 Das sprachliche Angebot der Familie für Erich: die ersten Jahre	249
	4.2.2.2 5. – 30. Aufenthaltsmonat: Erich bis zum Eintritt in den Kindergarten	253
	4.2.2.3 Drittes und viertes Aufenthaltsjahr	257
	4.2.2.4 Fünftes und sechstes Aufenthaltsjahr: Erich im Alter von 5;2 – 6;8	262
4.2.3	(T11) Erich (3;5): *Reparatur*, russisch, 27 Monate	266
4.2.4	(T12) Erich (6;6): *Lili*, deutsch, 64 Monate	274
4.2.5	(T13) Erich (6;6): *Lili*, russisch, 64 Monate	282
4.2.6	Erich – Zusammenfassung	291
4.3	Erichs Eltern: Marina und Walter Sennwald	293
4.3.1	In Kasachstan	293
4.3.2	In Deutschland	297
	4.3.2.1 Erstes und zweites Aufenthaltsjahr	297
	4.3.2.2 Drittes und viertes Aufenthaltsjahr	303
	4.3.2.3 Fünftes und sechstes Aufenthaltsjahr	310
4.3.3	(T14) Erichs Eltern: *Džambul*, deutsch und russisch, 19 Monate	316
4.3.4	(T15) Erichs Eltern: *Steuern*, russisch, 23 Monate	321
4.3.5	(T16) Mutter und Sohn: *Weg*, Russisch und deutsch, 63 Monate	330
4.3.6	(T17) Mutter MS: *Tiefe Sprache*, deutsch, 63 Monate	342
4.3.7	(T18) Vater WS: *Wasserwaage*, deutsch, 57 Monate	349
4.3.8	Marina und Walter Sennwald – Zusammenfassung	366

4.4	Erichs Großmutter väterlicherseits: Fanni Sennwald	371
4.4.1	Vor der Übersiedlung nach Deutschland	371
4.4.2	In Deutschland	373
	4.4.2.1 Erstes bis viertes Aufenthaltsjahr	373
	4.4.2.2 Im achten Aufenthaltsjahr	382
4.4.3	Fanni Sennwald – Zusammenfassung	382
4.5	Erichs Großeltern mütterlicherseits: Paulina und Gildebert Schlee	383
4.5.1	Vor der Übersiedlung nach Deutschland	383
4.5.2	In Deutschland	386
	4.5.2.1 Erstes und zweites Aufenthaltsjahr	386
	4.5.2.2 Viertes bis sechstes Aufenthaltsjahr	390
4.5.3	Paulina und Gildebert Schlee – Zusammenfassung	393
4.6	Erichs Urgroßeltern Antonia und Heinrich Busemann und die Urgroßmutter Adele Schlee	395
4.6.1	Vor der Übersiedlung nach Deutschland	395
4.6.2	In Deutschland	401
4.6.3	(T19) Erichs Urgroßvater HB: *Eltern*, russisch, geschrieben in Kasachstan	408
4.6.4	(T20) Erichs Urgroßmutter AB: *Bildung*, russisch, 33 Monate	416
4.6.5	(T21) Erichs Urgroßmutter AB: *Schelte*, deutsch, 29 Monate	417
4.6.6	(T22) Erichs Urgroßmutter AS: *Poliklinik*, deutsch und russisch, 13 Monate	421
4.6.7	Die Urgroßmütter Antonia Busemann und Adele Schlee – Zusammenfassung	430
4.7	Sprachliche Netze in der Familie Sennwald	432
4.8	Familie Sennwald – Zusammenfassung	436
4.8.1	Mitgebrachte sprachliche Voraussetzungen für die Integration in Deutschland	436
4.8.2	Das sprachliche Angebot in Deutschland	438
4.8.3	Veränderungen in den sprachlichen Praktiken und Fähigkeiten	438
5.	**Zusammenfassung: sprachliche Integration durch Veränderungen in der deutsch-russischen Zweisprachigkeit**	**441**
5.1	Schwerpunkte der Zusammenfassung	441
5.2	Lebensgeschichtliche Voraussetzungen der sprachlichen Integration	442
5.3	Allgemeine Integrationsbedingungen in Deutschland	443

5.4	Das mitgebrachte Russisch und seine Entwicklung in Deutschland	445
5.4.1	Das linguistische Analyse-Instrumentarium	445
5.4.2	Das mitgebrachte Russisch	447
5.4.3	Funktionen und Veränderungen des Russischen in Deutschland	450

5.4.3.1 Die Funktionen der russischen Sprache für die Aussiedler 451
5.4.3.2 Allgemeine Veränderungen des Russischen der Aussiedler............ 453
5.4.3.3 Generationsbedingte Unterschiede in der Veränderung des Russischen 458
5.4.3.4 Das russischsprachige Angebot in Deutschland 460
5.4.3.5 Russisch in der Kommunikation mit Russisch sprechenden Gesprächspartnern aus den GUS-Staaten 460

5.5	Ausbau, Wiedererwerb und Erwerb des Deutschen	461
5.5.1	Das mitgebrachte Deutsch	461
5.5.2	Das deutschsprachige Angebot in Deutschland	464
5.5.3	Ziele, Strategien, Etappen und Ergebnisse der sprachlichen Integration in den ersten sechs Aufenthaltsjahren	466

5.5.3.1 Allgemeine Beobachtungen 466
5.5.3.2 Die sprachliche Integration der jungen Eltern 467
5.5.3.3 Die sprachliche Integration der Kinder 472

5.6	(T23) Urgroßmutter UM: *Heimat*, deutsch, 41 Monate	474
6.	**Anhang 1**	479
6.1	Leitfaden für die sprachbiografischen Gespräche	479
6.2	Transkriptionszeichen	482
7.	**Anhang 2**	485
7.1	Dokument 1: Manifest der Kaiserin Katharina II. vom 22. Juli 1763	485
7.2	Dokument 2: Dekret über die Gründung des Gebiets der Wolgadeutschen vom 19. Oktober 1918	489
7.3	Dokument 3: Denkschrift von Heinrich Himmler vom Mai 1940	491
7.4	Dokument 4: Richtlinien des Reichsstatthalters des Reichsgaues Wartheland vom 25. September 1940	493
7.5	Dokument 5: Die Deportation der Wolgadeutschen. Erlass vom 29. August 1941	495

7.6	Dokument 6: Die Mobilisierung russlanddeutscher Männer für die Arbeitsarmee. Beschluss vom 10. Januar 1942	496
7.7	Dokument 7: Die erweiterte Mobilisierung von Russlanddeutschen für die Arbeitsarmee. Beschluss vom 7. Oktober 1942: Über die zusätzliche Mobilisierung von Deutschen für die Volkswirtschaft der UdSSR	498
7.8	Dokument 8: Die Einführung der Kommandanturaufsicht. Beschluss vom 8. Januar 1945	500
7.9	Dokument 9: Die Aufhebung der Kommandanturaufsicht. Erlass vom 13. Dezember 1955	501
7.10	Dokument 10: Die teilweise Rehabilitierung der Russlanddeutschen. Erlass vom 29. August 1964	502
7.11	Dokument 11: Faltblatt des Beauftragten der Bundesregierung für Aussiedlerfragen vom Juli 1997	504
7.12	Dokument 12: Rechtsauskunft des Rechtsanwaltes Viktor Schulz zu statusrechtlichen Fragen vom September 1998	506
7.13	Dokument 13: Angebot von Deutsch- und Russischkursen für Kinder in Berlin-Marzahn aus dem Jahr 1999	511
8.	**Literatur**	515
9.	**Detailliertes Inhaltsverzeichnis**	529
10.	**Stichwortverzeichnis**	537

10. Stichwortverzeichnis

Abbau (s. auch Korrosion/Sprachkorrosion) 33, 86, 263

Abwertung 118, 150, 226

Akzent 38, 64, 116, 152, 229, 258, 260, 359, 375, 385, 399, 402, 417

alltägliches Erzählen (s. Erzählen)

Alphabetisierung (Erst-; Zweit-) 123, 204
- Erstalphabetisierung 28, 36, 61, 85, 461
- Zweitalphabetisierung 430f., 436

Anakoluth 405f.

Analepse (s. auch Nichtrealisierung) 197

Analphabet 61, 64, 71, 203, 227, 379

analytische Tendenz 113, 148, 166, 312, 370, 459

Anapher 126, 146, 197, 199, 223, 279, 449, 470

Angebot, sprachliches 10, 58, 119, 149f., 160f., 200, 202, 225f., 235, 241, 243f., 249f., 253, 284, 289, 291ff., 337, 342, 345, 367ff., 383, 394f., 431, 435, 438, 448, 460, 464ff., 473

Anredeform 114, 212f., 296, 341, 386, 425, 448

Ansehen (s. auch Prestige/Status) 97, 244

Ansiedlung/Sonderansiedlung/Zwangsansiedlung 19, 61, 495, 500

Antworten 70, 107ff., 111, 157, 162, 167, 170, 254, 257, 259, 264, 272, 291f., 298, 301, 319, 363ff., 372, 379, 385f., 458, 466

Apokope (s. *e*-Apokope; *n*-Apokope)

Arbeitsarmee 64, 74, 101, 203, 227, 381, 384, 399, 401, 474

Arbeitssprache 204

Artikel 109, 125, 127, 131, 148, 197, 199, 265, 288, 290, 320, 348, 362f., 371, 414, 470

Aspekt des Verbs 146ff., 188, 290, 407, 459

Assimilation, sprachliche 84, 95, 233, 392

Ausbau sprachlicher Fähigkeiten 52, 98, 182, 201f., 240, 265, 366, 369, 435, 437, 439, 442f., 449, 451, 458, 461, 463, 470

Ausdrucksnot 272f., 348

Aussprache 100, 116, 127, 142, 150, 257, 260f., 264, 271, 279, 281, 285, 293, 296, 307, 313, 315, 321, 340, 348, 356, 361, 370, 389, 393, 402, 405, 407, 415ff., 429f., 451, 460, 470

Baby Talk 273

Bedeutungserklärung 293

Bedeutungsveränderung 308

Begriff, kontaktlinguistischer (s. Integration als kontaktlinguistischer Begriff)

berufliche Bildung (s. Bildung, schulische bzw. berufliche)

Betonung 171, 270f., 286f., 482

Bewertungskriterium für sprachliches Handeln 242, 366

Bezeichnung 23, 59, 144, 158f., 173, 228, 302, 306ff., 329, 338f., 341, 359, 370f., 378, 380f., 406, 419, 427f., 453, 455f., 501

Bilderbuch 15, 107, 172f., 259, 263, 276, 278, 285, 292, 305

Bildung, schulische bzw. berufliche 31, 45, 47, 62, 87ff., 97, 226, 242, 396, 398, 416, 419, 431, 436, 443, 446ff., 462, 470

Bildungssprache 47, 96

bilingual/Bilingualismus (s. auch zweisprachig/Zweisprachigkeit)
– bilinguale Person 11, 293, 369, 380, 416
– bilinguale Schule 19, 61, 73, 263, 431, 436
– bilingualer Erstspracherwerb 26, 36, 38, 40, 42f., 96
– bilingualer Ort 39
– Bilingualismus, subtraktiver 44
– Bilingualismus, sukzessiver 28, 60, 85, 149, 200, 224, 293, 367, 382, 393, 430

Code-Wechsel/Codeswitching (s. auch Wechsel zwischen Sprachen bzw. Varietäten) 151, 201f., 225f., 242, 342, 370, 383, 391, 437

Deixis 124f., 137f., 145, 148, 197, 212, 214, 218, 247, 272f., 359, 449, 470

Deportation 19, 60f., 75, 83, 97, 101, 205, 227, 384, 401, 461

Deutschangebot 244, 368f., 383, 395, 438, 473

Deutscherwerb 11, 40, 42, 57ff., 117, 128, 131, 150, 155, 251, 257, 259, 264f., 281, 313, 335, 360, 368, 389, 437ff., 459, 464, 474

Deutschfähigkeit 17, 31, 33, 46f., 50, 52, 54, 63, 67ff., 72, 77, 79, 81, 89, 93ff., 101, 114, 150, 152, 163, 176, 190, 198, 200f., 234, 240ff., 261, 266, 294, 301, 304, 306, 308, 310, 318f., 337, 354, 369, 383, 435f., 441, 461, 463f., 470

Deutschkurs 18, 33, 55, 57, 71, 79, 95, 155, 160, 162f., 201, 225, 253, 300, 326, 377, 383, 386, 394, 455, 465, 467

Deutschunterricht 31, 45, 60, 155, 161, 204, 235, 294, 302, 372, 384f., 389, 394, 408, 480, 504

Dialekt 9f., 37f., 50, 70, 73f., 78, 97, 114, 129, 169, 198, 200f., 203, 205, 207, 212, 213, 223ff., 233, 245, 288, 298f., 309f., 327, 356, 362, 368, 372, 374, 377ff., 388f., 398, 439, 446ff., 462, 466f.

Diminutiv 126, 271, 288, 296, 340, 372, 395, 407, 424, 448

Diskriminierung 50, 56, 180f.

Diskursform, komplexe (s. komplexe Diskurs- und Textform)

dominante Sprache 32, 36, 48, 58f., 65f., 92, 98, 157, 166, 173, 178f., 181f., 190, 208, 224, 241, 252, 348, 361, 392f., 395, 413, 436, 447, 470

doppelter Erstspracherwerb (s. Erstspracherwerb)

Dopplung/Dublette (s. auch repetitive Setzung) 126, 151, 173, 305, 328, 370, 380f., 405f., 432

e-Apokope 127, 212, 233

e-Synkope 212, 233, 405

Einstellung, sprachliche 12, 28, 31, 71, 96, 103, 151, 161, 179f., 201, 204, 226, 242, 244, 265, 367, 396, 416, 419, 421, 425, 437, 449, 460, 467, 480

Eltern, Sprachentwicklung der jungen 11, 15, 19ff., 25, 35-59, 82-96, 160f., 200ff., 252, 366-371, 457-464, 467-474

empraktische Kommunikation 118, 198f., 202, 358

Entlehnung 156, 450, 455ff.

Entrundung 212

Entwertung einer Sprache 44, 242, 443, 474

Entwicklung, sprachliche/Sprachentwicklung 9ff., 13ff., 17, 21-26, 31, 34f., 44, 58f., 70, 72, 74, 92, 95ff., 104, 106f., 117f., 129, 139, 141, 144, 159, 199, 203, 205, 207, 234f., 241f., 247, 250, 252, 257f., 260ff., 270, 272f., 275, 279, 284f., 290, 293, 304, 308, 310, 312, 342, 355, 368, 378, 383, 389, 392, 406, 415, 419, 424, 431, 435, 441ff., 445, 458, 473

Ereignisdarstellung 278f., 285, 359, 426

Erstalphabetisierung (s. Alphabetisierung)

Erstspracherwerb (s. auch bilingual/Bilingualismus)
– bilingualer/doppelter Erstspracherwerb 11, 26, 36f., 39, 40ff., 59, 82, 85, 96
– monolingualer Erstspracherwerb 11, 26, 36f., 39, 40ff., 59f., 73, 82, 85, 96, 160, 280, 461

Erwerbsaufgabe, sprachliche 128f., 280

Erzählen, alltägliches/konversationelles 107, 172, 221ff., 265, 292, 319, 354-361, 366f., 371, 423-429, 432, 466

ethnisch 9, 19, 27, 33, 40f., 44, 50, 67, 84, 252, 397, 400

Fachwortschatz 315

Fähigkeiten, sprachliche (s. Ausbau sprachlicher Fähigkeiten)

familiäre Kommunikation 11, 16, 27, 33, 50, 67, 88, 117, 130, 156, 169, 189, 202, 208, 223, 226, 239f., 247, 253, 262, 264, 289, 293, 369, 391, 398, 431, 433f., 437f., 441, 447, 453

Familiensprache 27, 37, 40, 84, 149f., 153, 162, 180, 202f., 225f., 240, 244, 251, 369, 394, 399, 430f., 436, 438f., 470

Fehler, sprachlicher 117f., 127f., 132, 146, 188, 197f., 287, 298, 312f., 341, 387, 391, 395

Flexion 110, 113, 271, 305, 414

Flüstersprache 56, 180

Form, sprachliche, Reduktion (s. Reduktion einer sprachlichen Form)

Formulierungsangebot/-hilfe 183, 215, 285

Formulierungsversuch 126, 135, 145, 148, 159, 190, 201, 217, 287, 290, 320, 348

Fossilisierung 77, 292, 313, 393

Fragen 9, 163, 170, 215f., 257f., 262, 357f., 428

fremd/fremdsprachlich/Fremdheit (s. auch kontaktsprachlich; Xenismus) 10, 32, 72, 102, 147f., 152, 170, 180, 196ff., 205, 212, 251, 259f., 305, 309, 312, 315, 321, 340, 346, 349, 354, 361f., 366, 385, 390f., 395, 442f., 445, 448, 451f., 464, 470

Funktionalität 196

Generation und Sprachentwicklung 12, 24, 35, 44, 49, 52, 59, 71, 73, 75, 82-96, 103, 162f., 190, 199, 226, 228, 234, 247, 295, 297, 314, 341, 347, 385, 394, 402, 407, 416, 430f., 449, 458, 462, 464

Genus des Substantivs 126f., 130, 146, 148, 154, 171, 188, 197, 199, 280f., 290, 293, 306f., 362, 371, 470

Geschwister und Sprachentwicklung 32f., 38, 43, 48, 50, 56, 59, 66, 75, 78, 118, 160, 162, 294, 371f., 384, 396, 399, 401, 403, 424, 426, 472

Gespräch, sprachbiografisches (s. sprachbiografisches Gespräch)

Grammatik 102, 112, 114, 116, 128ff., 146, 150ff., 154, 168, 202, 205, 235, 253, 257f., 271, 291, 297, 308, 310, 315, 319, 338f., 377, 386f., 390, 394, 405, 412, 451, 466, 468ff.

Großeltern, Sprachentwicklung der 16, 19ff., 24f., 35f., 38, 59-72, 82-96, 111, 142, 224ff., 241, 243, 382f., 393ff., 441, 458-463, 467f., 472, 474

Handeln, sprachliches (s. Bewertungskriterium für sprachliches Handeln)

Heimat 32, 50, 61, 66, 75, 208, 213, 227, 297, 393, 396, 445, 460ff., 474, 480, 504, 509

Heimatbestimmung 213, 297, 393, 396

Herkunftssprachgemeinschaft 44, 337, 381

Hochdeutsch 37, 178, 182f., 208, 249, 384, 398, 405

Höflichkeit 67, 114, 212, 341, 429

Hörersignal 228, 305, 308, 348

Immersion 29f.

Institutionssprache 27

Integration als kontaktlinguistischer Begriff 102, 228, 235, 271

Integration, sprachliche 9-16, 23ff., 31, 33, 37, 40, 52, 54f., 58, 67, 88, 92, 94, 96, 98, 134, 149, 150, 160, 167, 176, 199f., 202, 207f., 210, 213, 223, 234, 239-245, 253, 291, 302, 311, 319, 326, 354f., 360f., 364ff., 378, 383, 393, 404, 430, 435ff., 441f., 445, 449, 451, 453, 460, 462, 463, 465ff., 472, 474, 504

Integrationsphase 44, 336, 368f., 459

Interaktion, narrative (s. narrative Interaktion)

Interdependenzhypothese 342

Interferenz 152, 201, 281

Interjektion 124, 138, 160, 212, 222, 254, 286, 329, 340, 342, 370, 380, 417, 470, 482

Internationalismus 126, 315, 455

Intonation 127, 142, 286, 407, 416, 451, 482

Jargon 157, 159, 302

juristische Kategorie, Status als (s. Status als juristische Kategorie)

Kasus 102, 124, 129, 146, 166, 171, 205f., 280f., 286, 306, 312, 348, 362, 388, 393, 412ff., 469

Kategorie, juristische, Status als (s. Status als juristische Kategorie)

Kinder, Sprachentwicklung der 10ff., 15ff., 19ff., 24, 26-45, 58ff., 64f., 72f., 82ff., 95ff., 103f., 149ff., 237ff., 241, 244, 291ff., 432-439, 441, 444, 448, 450, 453f., 456ff., 461ff., 467, 469, 470, 472ff.

Kollektivzahl 146, 413

Kommandanturaufsicht 97

Kommunikation
- empraktische (s. empraktische Kommunikation)
- familiäre (s. familiäre Kommunikation)
- mündliche (s. mündliche Kommunikation)
- situationsentbundene (s. situationsentbundene Kommunikation; s. auch wahrnehmungsentbundene Kommunikation)
- wahrnehmungsentbundene (s. wahrnehmungsentbundene Kommunikation; s. auch situationsentbundene Kommunikation)

Kommunikationsgelegenheit 34, 57, 72, 304, 366, 369, 395

Kommunikationsgemeinschaft 14, 42, 83, 96f., 236, 239ff., 328, 435, 442, 446f.

Kommunikationshindernis 30, 213

kommunikative Strategie (s. Strategie, kommunikative)

komplexe Diskurs- und Textform 31, 85, 106, 112, 116, 122-129, 138, 141, 149, 151f., 154, 172, 190, 198f., 225f., 245, 261f., 265, 278, 281f., 285, 292, 303, 336f., 341, 348f., 365, 443, 463, 465f., 470, 473f.

Kongruenz 146, 290

Konjunktion 178, 181, 199, 296, 427

Konnektiv 279, 285, 413, 460

Konsonant, stimmhafter bzw. stimmloser 116, 129, 143, 198, 271, 315, 348, 402, 407, 415, 417, 429, 460, 470

kontaktlinguistischer Begriff, Integration als (s. Integration) kontaktsprachlich (s. auch fremd; Xenismus) 58, 64, 150ff., 160f., 201, 225f., 234f., 241ff., 286, 291ff., 308, 340, 345, 356, 366ff., 371, 394f., 425, 434f., 437ff., 460, 462, 466f., 469

Kontinuum, sprachliches 198, 240, 471

konversationelles Erzählen (s. Erzählen)

Kopulaverb 148, 197, 199

Korrosion/Sprachkorrosion (s. auch Abbau) 111, 123, 141, 151, 451

Kriegsfolgenschicksal 88, 97f.

Kulturdeutscher 386

Kultursprache 443

kurzer Vokal (s. Vokal, kurzer bzw. langer)

langer Vokal (s. Vokal, kurzer bzw. langer)

Lautmuster 181, 259, 338, 415

Lautrealisierung 144, 151, 179, 202, 205, 207, 213, 215, 232f., 235, 254, 307, 328, 338ff., 405, 466

Lehnübersetzung 170, 379, 383

lernersprachlich 58, 77, 130, 152, 181f., 201f., 241f., 280, 293, 313, 315, 341f., 348, 368, 370f., 390, 394, 437f., 465, 470

Lesen 31, 46, 53ff., 58, 63, 69, 71, 77f., 80f., 90, 94, 116, 123, 152, 154, 201, 206, 229, 234f., 265, 373, 401, 404, 438, 452, 462f., 480f., 491, 511

Lexik 54, 102, 112ff., 125, 131, 142ff., 148, 150ff., 168, 178f., 182, 196, 201f., 205f., 212, 214, 216f., 223, 225f., 228, 235, 254, 258f., 262, 264f., 271, 287-293, 298, 301f., 305, 307ff., 315, 320, 327f., 330, 338f., 341, 357, 362, 364ff., 368, 370, 375f., 380, 383, 390f., 393ff., 405, 407, 421, 429ff., 451, 453, 455, 459, 461, 468, 470

lexikalische Lücke (s. Lücke, lexikalische)

Literatursprache 70, 223f., 446ff., 466

Loyalität 179, 470, 492

Lücke, lexikalische 25, 112, 114, 151f., 199, 262, 265, 290, 292, 302, 307, 320, 359, 390, 394, 407, 430ff., 457

Märchen 106, 112f., 142ff., 149, 151, 154, 172, 206f., 212, 221f., 224f., 250, 258, 262, 368, 384, 396, 414, 449

Mehrheitsgesellschaft 29, 234, 337, 458, 472ff.

Mehrheitssprache 29f., 39ff., 43ff., 47f., 56, 65, 83ff., 98, 150, 160, 241ff., 318, 337, 341f., 442f., 445, 458, 461, 464, 469, 474

mehrsprachig 13, 18f., 21, 28, 39f., 59, 96, 117, 187, 198, 242f., 337, 367, 416, 437, 444, 446

Migrationsgeneration 18f., 337

mimisch 114, 152, 178, 254, 256

Minderheitensprache, Unterstützung einer (s. Unterstützung einer Minderheitensprache)

Mischsprache 100ff., 118, 157, 255, 257, 280, 296, 312, 315, 346f., 349, 378

Missverstehen 114, 319

Mitteldeutsch 178, 198, 200, 205, 207, 212f., 232f., 372, 378, 382, 405, 420, 427

Modalverb 196, 315, 348

monolingual 11f., 26, 30, 36ff., 40, 42ff., 59f., 73, 92, 96, 116, 130f., 138, 149, 160, 227, 235, 242, 264f., 279, 281, 293, 342, 439, 441, 461, 474

monolingualer Erstspracherwerb (s. Erstspracherwerb)

Morphologie 142, 145f., 151, 228, 292

Morphosyntax 265, 286, 290, 292, 307f., 348, 362, 370f.

multilingual 28, 43, 60, 85, 106, 153, 160, 204

mündliche Kommunikation 16, 36, 47, 55, 63, 72, 77, 85, 91, 116, 126f., 129f., 149f., 152, 160ff., 164, 176, 191, 200f., 213, 221, 224ff., 234, 241f., 244, 281, 292, 312, 336, 338f., 354, 366, 368f., 377ff., 383, 386, 393ff., 407, 413, 420, 429f., 436, 438f., 445, 447f., 452, 460f., 463, 465-470

Muttersprache 19, 26f., 29, 60, 64, 78, 104, 108, 112, 131, 134, 143, 149, 155f., 162, 165, 188, 197, 204, 224, 291, 296, 327, 337, 341, 367, 375, 382, 389, 402, 407, 435f., 438f., 489, 511

muttersprachlich 32, 64, 112, 127, 135, 138, 160, 171, 176, 182, 196, 200, 235, 241, 244f., 291, 296, 327, 337, 341, 367, 375, 382, 389, 402, 407, 435f., 438f., 447

n-Apokope 212, 233, 362, 405

Nachbildung 71, 168, 180, 263, 405, 428ff., 432, 441, 457

Name 18, 38, 103, 106f., 117, 125, 159, 164, 169, 223, 247, 249, 258, 296, 298, 319, 338, 369, 456, 491f.

narrative Interaktion 17, 103, 129f.

Nationalität 14, 18ff., 26f., 32f., 38, 40, 44, 50, 60, 65ff., 74, 76, 83f., 157, 159, 188, 199, 208, 248, 294f., 367, 385, 397, 400, 427, 431, 437, 444, 479, 492, 502, 507f.

Negation 348, 459

Netz, sprachliches 23, 103, 115, 208, 235-241, 249, 432ff., 460

Neuschöpfung 296, 455, 457

Nichtrealisierung (s. auch Analepse) 160, 197, 199, 260

Nichtverstehen (s. Verstehen bzw. Nichtverstehen)

Norm 13, 99, 113, 146, 150, 154, 191-196, 213, 224, 270, 281, 290, 337, 364, 377, 407, 412, 436, 446, 448f., 452, 460f., 467, 469, 497

Numerale (s. auch Zahlenangabe) 125, 288, 337, 454, 459

Öffentlichkeit 49f., 56f., 71, 76, 78, 152f., 155, 164, 177, 179ff., 189, 201, 204, 313, 369, 394, 404, 412, 439, 462, 471f., 493

Ort, bilingualer (s. bilingual/Bilingualismus)

Orthografie 102, 110, 131f., 265 , 411f., 415

Ortstyp 27, 39f.

Palatalisierung 116, 200, 205, 348, 421, 470

pantomimisch 114, 152, 178, 254, 256, 358

Partizip 280, 290, 384, 405

Pause 135, 145, 148, 177, 179, 215, 222, 278, 285, 287f., 320, 336, 348, 358, 363f., 379, 387, 404, 425, 456, 482

Perfekt 279ff., 288f., 358, 379, 405, 425f., 459

Person, bilinguale (s. bilingual/Bilingualismus)

Pfälzisch 160, 178, 198, 200, 205, 213, 363, 372, 374, 382, 384, 404

Phonem 262, 286, 290, 292, 339f., 361, 407, 455, 460

Phonologie 32, 102, 131, 142, 150, 258, 286, 308, 370, 415

Plosiv 198, 286, 348

Plural 114, 126f., 130, 146f., 167, 212, 228, 233, 265, 289, 302, 307, 378, 429, 455

Plusquamperfekt 130, 166

Possessiv 126, 129, 147, 171, 205, 252, 281, 288, 290, 296, 427, 449

prädikativer Rahmen (s. Rahmen, prädikativer; s. auch Satzrahmen)

Praktik, sprachliche 12, 22, 149ff., 161, 187, 200ff., 225f., 234f., 244, 291f., 314, 366, 368f., 383, 394, 431f., 438, 466

Präposition 113f., 124, 131, 148, 265, 280f., 286ff., 293, 302, 312, 337, 362, 371, 375, 407, 412f., 449, 470

Präsens 130, 153, 262, 279, 287, 320, 358, 378, 426

Präteritum 130, 137, 262, 279, 281, 320, 362

Prestige (s. auch Ansehen; Status) 27, 96f., 242

Prostorečie (s. auch Substandard) 171, 446ff.

Rahmen, prädikativer (s. auch Satzrahmen) 11f., 16, 291, 330, 355, 365f., 404, 435, 446, 491, 509

Realie 168, 202, 326, 336, 338, 340, 370, 394, 453

Rechtschreibung 128f., 152, 415

Redewiedergabe 177, 223, 426

Reduktion einer sprachlichen Form 102, 129, 205, 264, 362, 378, 405

Reformulierung 354, 363ff., 371, 379, 381

regionale Sprachform 47, 54, 102, 124, 129, 148-153, 160f., 165, 171f., 196, 198, 200, 202, 206, 211, 224ff., 228, 232, 235, 241f., 244, 249, 270, 280, 291f., 296, 298, 312, 327, 348f., 361ff., 366-371, 383, 388, 393ff., 404f., 420f., 427, 431, 436, 438, 446, 449, 452, 463, 465, 467, 469

Reparatur 139, 266, 337, 356

Repertoire, sprachliches 172, 206, 213, 271, 273

repetitive Setzung (s. auch Dopplung/Dublette) 126, 328, 340, 450, 456f.

Responsiv 138, 340, 342, 417, 470, 482

Russifizierung 71, 189, 450, 453

Russischangebot 243f., 438, 473

Russischerwerb 10, 74, 85, 96, 149, 258, 292, 441, 448f., 458

Russischfähigkeit 32f., 47, 55, 64, 78, 91f., 110ff., 151, 161, 199, 228, 241, 263, 336, 436, 458f.

Satzgliedfolge (s. auch Wortfolge) 173, 179, 187, 205, 281, 362, 370, 470

Satzrahmen (s. auch Rahmen, prädikativer) 281, 289

Schreiben 16, 31, 46, 53ff., 58, 63, 69ff., 77f., 80f., 91, 94, 116, 123, 154, 163, 170, 201, 206, 234, 265, 310, 314, 369, 373, 379, 382, 385, 401f., 412f., 436, 438, 458, 462, 480f., 491, 511

Schriftdeutsch 383, 386, 419f.

Schriftsprache 31, 36, 77, 91, 94f., 97f., 101, 129f., 132, 149ff., 160f., 170, 200ff., 204, 225, 234f., 241f., 244f., 368, 370, 379f., 383, 386, 394, 411ff., 419, 421, 430f., 438, 443, 445, 458, 461ff., 466f.

Schule, bilinguale (s. bilingual/Bilingualismus)

schulische Bildung (s. Bildung, schulische bzw. berufliche)

Schulsprache 19, 88, 204, 395, 419, 464

Schwäbisch 74, 247, 258, 378, 382

Schwellenhypothese 342

Selbstbewusstsein 31, 44, 50, 112, 298, 420, 443, 445, 459

Selbstkontrolle, sprachliche 340, 394, 431, 469, 472

Selbstkorrektur, sprachliche 144, 182, 348, 364

Selbstwertgefühl 30, 72, 335, 391, 463

Setzung, repetitive (s. repetitive Setzung; s. auch Dopplung/Dublette)

situationsentbundene Kommunikation (s. auch wahrnehmungsentbundene Kommunikation) 12, 14f., 22f., 85, 172, 198, 282, 357

Sonderansiedlung (s. Ansiedlung/Zwangsansiedlung)

soziolektal 152, 446, 465f., 470

Spirantisierung 129, 212, 233, 286, 405, 421

Sprachbiografie 12f., 21ff., 103, 105, 247f., 398, 435, 441, 445, 474

sprachbiografisches Gespräch 15ff., 22, 24ff., 33f., 36, 48, 52-59, 67ff., 73, 79ff., 92ff., 176, 298, 318, 354f., 366, 479

Sprachdeutscher 386

Sprache, dominante (s. dominante Sprache)

Sprache, Entwertung (s. Entwertung einer Sprache)

Sprachen, Wechsel zwischen Varietäten bzw. (s. Wechsel zwischen Sprachen bzw. Varietäten; s. auch Code-Wechsel/Codeswitching)

Sprachengebrauch 32f., 35, 48, 51, 56, 65, 70, 78, 81, 434, 471

Sprachentwicklung (s. Entwicklung, sprachliche; Generation und Sprachentwicklung; Geschwister und Sprachentwicklung)
– der Großeltern (s. Großeltern, Sprachentwicklung der)
– der jungen Eltern (s. Eltern, Sprachentwicklung der jungen)
– der Kinder (s. Kinder, Sprachentwicklung der)
– der Urgroßeltern (s. Urgroßeltern, Sprachentwicklung der)

Sprachenwahl 17, 49f., 65, 67, 105, 176f., 179ff., 188, 190, 240, 253, 263, 292, 335f., 341, 382, 404, 434f., 474

Spracherhalt 21, 26f., 31, 61, 97

Spracherwerb 10f., 13, 19, 23, 26ff., 34, 38ff., 43, 59, 61, 72, 84, 96f., 114, 118, 126, 130, 149, 235, 242f., 249, 256, 258, 273, 288f., 291, 293, 321, 342, 354f., 365ff., 437, 443, 462, 465f., 473

Spracherwerbskonstellation 29, 114

Sprachform, regionale (s. regionale Sprachform)

Sprachgefühl 245, 366, 439

Sprachinsel 27, 40, 378, 461

Sprachkontakt 21, 23, 98, 102, 107, 125, 288, 312, 326, 329, 337, 342, 419f., 467

Sprachkorrosion (s. Korrosion; s. auch Abbau)

Sprachlernstrategie 57

sprachlich
– sprachliche Assimilation (s. Assimilation, sprachliche)
– sprachliche Einstellung (s. Einstellung, sprachliche)
– sprachliche Entwicklung (s. Entwicklung, sprachliche)
– sprachliche Erwerbsaufgabe (s. Erwerbsaufgabe, sprachliche)
– sprachliche Fähigkeiten (s. Ausbau sprachlicher Fähigkeiten)
– sprachliche Form, Reduktion (s. Reduktion einer sprachlichen Form)
– sprachliche Integration (s. Integration, sprachliche)
– sprachliche Praktik (s. sprachliche Praktik)
– sprachliche Selbstkontrolle (s. Selbstkontrolle, sprachliche)

– sprachliche Selbstkorrektur (s. Selbstkorrektur, sprachliche)
– sprachliche Unterstützung (s. Unterstützung, sprachliche)
– sprachlicher Fehler (s. Fehler, sprachlicher)
– sprachliches Angebot (s. Angebot, sprachliches)
– sprachliches Handeln (s. Bewertungskriterium für sprachliches Handeln)
– sprachliches Kontinuum (s. Kontinuum, sprachliches)
– sprachliches Netz (s. Netz, sprachliches)
– sprachliches Repertoire (s. Repertoire, sprachliches)

Sprachminderheit 30, 44, 92, 95

Sprachprobieren 114

Sprachvermittlungsstrategie 34

Sprachwechsel 27, 291, 340, 369, 398

Sprecher-Hörer-Steuerung 338ff., 370, 405, 432

Sprechweise 32, 34, 47, 56, 64, 102, 149f., 169, 171, 180, 197f., 207, 212f., 232f., 270f., 304f., 312, 340, 347, 370f., 373, 377f., 382f., 402, 404, 415, 419f., 427, 448, 463, 467, 470, 482

standardnah 65, 170, 198, 201f., 211, 228, 241f., 369f., 389, 394, 405, 427, 430f., 436, 461

Standardsprache 112, 127, 129f., 142, 148f., 151, 153f., 156, 160f., 170ff., 178f., 183, 198, 200ff., 205, 207, 225f., 232ff., 242, 244, 270f., 292, 296, 312f., 327, 331, 337, 341, 356, 362, 364, 366, 368ff., 375ff., 382, 394f., 403, 405, 414, 417, 427, 429ff., 436, 438, 448f., 457, 463, 465

Status (s. auch Ansehen; Prestige) 27, 29, 31, 83, 157

Status als juristische Kategorie 9, 506ff.

stimmhafter Konsonant (s. Konsonant)

stimmloser Konsonant (s. Konsonant)

Strategie, kommunikative 14, 71, 135, 138, 199, 215, 242, 270, 272f., 358, 437, 466, 469

Submersion 23, 29f., 36, 43f., 60, 85, 97, 150, 200, 224f., 243, 293, 367, 382, 393, 436, 448, 464

Substandard (s. auch Prostorečie) 112, 142, 148, 154, 156, 171f., 242, 270, 296, 302, 327, 337, 341, 370, 375, 376, 382, 389, 403, 417, 429, 447ff., 457

Substantiv (s. Genus des Substantivs)

subtraktiver Bilingualismus (s. bilingual/Bilingualismus)

sukzessiver Bilingualismus (s. bilingual/Bilingualismus)

Symbol 77, 235f., 242, 252, 300, 308, 339, 348, 358, 385f., 394, 432, 453, 457

Symbolfeldausdruck 125, 136, 138, 212, 271ff., 288

Synkope (s. *e*-Synkope)

Syntax 32, 112, 142, 147, 151, 162, 167f., 196, 199, 202, 206, 216, 224, 260, 265, 281, 286f., 290, 292, 302, 307f., 312, 320f., 340f., 348, 357, 362f., 370f., 406, 450f., 453, 457, 459f.

Tempus 130, 290, 413, 459

Tendenz, analytische (s. analytische Tendenz)

Textform, komplexe (s. komplexe Diskurs- und Textform)

Tonmuster 286, 320, 359

Transfer (s. auch Übernahme) 107, 339ff.

Übergangswohnheim 34, 47, 57, 106f., 115, 149f., 160, 200, 205, 211, 214, 216, 249, 256, 302, 367, 453, 465

Übergeneralisierung 178, 182, 258, 262, 280, 292f.

Überkreuztransfer 151, 430

Übernahme (s. auch Transfer) 102, 150f., 159, 168, 201f., 212, 225f., 228, 235, 252, 254, 291, 302, 306ff., 326ff., 338ff., 348, 368f., 383, 395, 405, 450f., 455, 457

Umgebungssprache 27, 43, 116, 128, 168, 188, 202, 384

unanalysiert 167, 202, 272

Unterricht 19, 28ff., 36, 44f., 60f., 108, 115, 117, 127, 171, 279, 294, 298, 300, 367, 395, 408, 431, 448, 502, 511

Unterrichtssprache 19, 28ff., 44f., 60f., 65, 73, 85f., 150, 163, 243, 263, 400, 430f.

Unterstützung, sprachliche 144, 151f., 163, 202, 245, 278, 292, 370, 469

Unterstützung einer Minderheitensprache 11, 98, 244, 442, 458

Urgroßeltern, Sprachentwicklung der 16, 19ff., 24f., 35, 52, 60, 73-98, 225, 234f., 243, 248, 367, 430f., 441, 459, 461ff., 467f., 472

Variationsraum 213, 427, 471

Varietät 27, 47, 96, 118, 149ff., 178, 203, 208, 210f., 213, 232, 234, 241f., 249, 270, 280, 292f., 327, 348, 372, 378, 382, 389, 393f., 405, 416, 420f., 437, 446, 448f., 460, 465, 469, 471

Varietäten, Wechsel zwischen Sprachen bzw. (s. Wechsel zwischen Sprachen bzw. Varietäten; s. auch Code-Wechsel/Codeswitching)

Verb, Aspekt des (s. Aspekt des Verbs)

Verdumpfung 212, 362, 378

Verkehrssprache 84, 384

Verstehen bzw. Nichtverstehen 18, 30ff., 38, 46ff., 50ff., 54, 63, 68ff., 77ff., 81, 89, 93f., 108, 111f., 114, 116f., 124, 134-139, 144, 146, 148, 150ff., 155, 158, 161ff., 170, 177ff., 182f., 188f., 196, 199, 201, 211ff., 216ff., 225, 227ff., 250, 261ff., 271, 273, 291f., 297ff., 301, 308, 319, 321, 328, 336f., 339f., 356ff., 369, 371, 381ff., 394, 398f., 405, 428, 431, 439, 451, 458, 463f., 466ff., 474, 480f., 506

Verzögerungssignal 145, 212, 215, 222, 327

Vokal, kurzer bzw. langer 131, 181, 233, 262, 271, 286, 315, 341, 348, 356, 361, 404, 415, 421, 448, 470, 482 wahrnehmungsentbundene Kommunikation (s. auch situationsentbundene Kommunikation) 123, 336

Wechsel zwischen Sprachen bzw. Varietäten (s. auch Code-Wechsel/Codeswitching) 13, 26, 58, 88, 114, 171, 183, 190, 201f., 204, 206f., 225f., 232, 242, 263, 278f., 308, 312f., 320, 358, 370, 383, 385, 391, 394, 404f., 417, 419, 437, 455, 465

Wegbeschreibung 336ff., 341

Westmitteldeutsch 200, 205, 207, 212f., 232, 372, 382, 405, 420, 427

Wiedererwerb 52, 98, 198, 366f., 388, 439, 449, 451, 458, 463

Wissen 9ff., 17, 21f., 27f., 59, 123, 135ff., 170, 206, 211, 270, 328, 360, 366, 411f., 451ff., 458, 466, 474

Wortakzent 252, 279f., 327f., 356f., 361, 428f.

Wortfindungsproblem 173, 202

Wortfolge (s. auch Satzgliedfolge) 124, 147, 181, 260, 377, 421

Wortwahl 280, 286, 348, 407

Xenismus (s. auch fremd; kontaktsprachlich) 34, 197

Zahlenangabe (s. auch Numerale) 413, 454

Zielsprache 34, 48, 58, 72, 95, 136, 160, 280, 340, 364, 366, 368, 371, 393, 466, 469

Zugehörigkeit 27, 33, 40, 44, 50f., 67, 84, 156, 198, 213, 327, 449, 468

Zuhörer 112, 114, 142, 144f., 179, 182, 199, 221, 223, 278, 288, 355-361, 364, 368, 424f., 427, 470

Zwangsansiedlung (s. Ansiedlung/Sonderansiedlung)

zweisprachig/Zweisprachigkeit (s. auch bilingual/Bilingualismus) 10f., 13, 17, 21, 26, 29f., 38, 41, 43f., 48f., 59, 65, 71, 86, 88, 92, 98, 119, 212, 243, 247, 252, 256, 265, 293, 337, 342, 374, 406, 430f., 437f., 441f., 458

Zweitalphabetisierung (s. Alphabetisierung)

Zweitspracherwerb 11, 19, 28, 43, 73, 77, 116, 130f., 160, 234, 367, 436

Studien zur deutschen Sprache
FORSCHUNGEN DES INSTITUTS FÜR DEUTSCHE SPRACHE

Marcel Schilling
Reden und Spielen
Die Kommunikation zwischen Trainern und Spielern im gehobenen Amateurfußball

Studien zur deutschen Sprache 23, 2001, ca. 350 Seiten, ca. DM 138,–/€ 69,–/SFr 124,–
ISBN 3-8233-5153-2

Nach dem Spiel ist vor dem Spiel – sowohl für Gewinner wie Verlierer. Die einen müssen ihre Fehler erkennen und bearbeiten, um nicht erneut zu verlieren, die anderen müssen ihre erfolgreichen Verfahren perfektionieren, um nicht auf einmal zu den Verlierern zu zählen. Die Bearbeitung des Vergangenen und die Orientierung auf das Neue: all das geschieht im Training – und vor allem geschieht es verbal. Dieser Band analysiert die Kommunikation zwischen Trainern und Spielern im Amateurfußball. Die Sprache der Fußballer wird erst dann verständlich, wenn man die Strukturen der Fußball-Welt kennt: Wo und wie begegnen sich Trainer und Spieler, wer hat was zu leisten, welche sozialen Regeln sind einzuhalten, was und wer kann die Interaktion beeinflussen? Vor dem Hintergrund dieser sozialen Strukturen werden dann auch die rhetorischen Strategien der Trainer erklärbar: als funktionale, individuell geprägte kommunikative Verfahren, um die Spieler möglichst effektiv auf das nächste Spiel einzustellen.

Gisela Harras (Hrsg.)
Kommunikationsverben
Konzeptuelle Ordnung und semantische Repräsentation

Studien zur deutschen Sprache 24, 2001, 229 Seiten, DM 78,–/€ 39,–/SFr 74,–
ISBN 3-8233-5154-0

Kommunikations- und speziell Sprechaktverben sind in den letzten 20 Jahren kaum systematisch bearbeitet worden. Dies ist umso erstaunlicher, als dieser Bereich einen nicht unbeträchtlichen Bestandteil des Verbwortschatzes aller indoeuropäischen Sprachen ausmacht. Die Vernachlässigung ist aber auch aus qualitativen Gründen unverständlich, denn schließlich sind Kommunikationsverben der Indikator für die Konzeptualisierung des kommunikativen Verhaltens innerhalb einer Sprach- und Kulturgemeinschaft. Mit diesem Band wird ein erster Versuch unternommen, diese Lücke zu schließen. Er enthält Beiträge zu Fragen der Performativität, Ereignisstruktur, semantischen Dekomposition, Lexikalisierung und Synonymik.

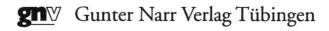

narr studienbücher

Ludwig M. Eichinger
Deutsche Wortbildung
Eine Einführung

2000, 244 Seiten,
DM 32,80/€ 16,40/SFr 32,80
ISBN 3-8233-4976-7

Nina Janich
Werbesprache
Ein Arbeitsbuch

2., vollständig überarb. u. erw. Aufl. 2001,
271 Seiten, zahlr. Abb.,
DM 36,80/€ 18,40/SFr 36,80
ISBN 3-8233-4974-0

Seit den 70er Jahren gibt es eine vielfältige Forschung, die sich mit der Rolle der Wortbildung in der deutschen Gegenwartssprache beschäftigt. Das Studienbuch erläutert, welche Beschreibungs- und Erklärungsziele sich die Wortbildungsforschung in jüngster Zeit gesetzt hat. Dargestellt werden die Techniken und Modelle der Wortbildung, wobei sich das Spektrum von den im Rahmen derselben Wortart oder semantischen Klasse bleibenden Kompositionstechniken bis hin zur Konversion, in der der Wechsel der Wortart seine prägnanteste Form gefunden hat, spannt. Deutlich wird auch, daß die Schwerpunkte der Wortbildung bei Substantiv, Adjektiv und Verb jeweils auf unterschiedlichen Bildungstypen liegen.

Abschließend geht der Verfasser der Frage nach, welche Konsequenzen die dargestellten Sachverhalte für eine syntaktische, lexikalische und textuelle Betrachtung der deutschen Wortbildung haben. Der Leser erhält so grundlegende Informationen zu Strukturen und Bildungstypen der deutschen Wortbildung, und er lernt, den Gebrauch von Wortbildungstechniken in Texten selbständig zu beschreiben und zu beurteilen.

Werbeanzeigen und Fernsehspots sind schon seit längerer Zeit beliebtes Forschungsobjekt der germanistischen Sprachwissenschaft. Aber nicht nur die wissenschaftlichen Publikationen zu diesem Thema nehmen zu, auch für Studierende ist die Werbesprache gern und oft gewähltes Thema für Seminar-, Magister- und Examensarbeiten.

Nina Janichs allseits positiv aufgenommenes Arbeitsbuch "Werbesprache" geht bereits zwei Jahre nach dem ersten Erscheinen in die 2. Auflage. Für diese wurden zahlreiche Leserhinweise berücksichtigt, der Text wurde aktualisiert, überarbeitet und ergänzt. Das Buch enthält u.a. ein neues Kapitel über die Sprache der Werbung im Internet.

Pressestimme:

"Die Adressaten dieses Buchs werden die unprätentiöse und doch nicht ungefällige, in jedem Fall aber durchweg auf Verständlichkeit zielende Schreibweise zu würdigen wissen. Der Subtitel ist keineswegs ein leeres Versprechen, man kann mit diesem Buch in universitären Veranstaltungen wirklich arbeiten." *DAAD Letter*

Euro-Preise gültig ab 01.01.2002

 Gunter Narr Verlag Tübingen
Postfach 2567 · D-72015 Tübingen · Fax (07071) 75288
Internet: http://www.narr.de · E-Mail: info@narr.de